평화의 예수

평화의 예수
ⓒ 김근수

초판 1쇄 펴낸날 2018년 11월 5일

지은이 김근수
펴낸이 이건복
펴낸곳 도서출판 동녘

등록 제311-1980-01호 1980년 3월 25일
주소 (10881) 경기도 파주시 회동길 77-26
전화 영업 031-955-3000 편집 031-955-3005 **전송** 031-955-3009
블로그 www.dongnyok.com **전자우편** editor@dongnyok.com

ISBN 978-89-7297-927-2 03200

평화의 예수

평화를 선포하는 〈요한복음〉

김근수 지음

동녘

임피제Patrick J. McGlinchey 신부님(1928-2018)께
이 책을 바칩니다.

신학은 말을 가르치지 않고
실천을 가르친다
Facere docet Theologia, non dicere.

일러두기

1. 성서 텍스트
   구약성서(공동성서): 공동번역성서(개정판 대한성서공회, 1999)
   신약성서: 공동번역성서(개정판 대한성서공회, 1999)
   구약성서 원문: *Septuaginta: Das Alte Testament Griechish*, Alfred Rahlfs und Robert Hanhart Hg, 2014.
   신약성서 원문: *Novum Testamentum Gräce*, Barbara und Kurt Aland Hg, 2015(28판).
2. 일부 성서 구절은 저자가 임의로 번역하기도 했다.
3. 우리말 번역문은 가능한 한 존댓말로 다듬었다.
4. 〈마르〉는 〈마르코의 복음서〉, 〈마태〉는 〈마태오의 복음서〉, 〈루가〉는 〈루가의 복음서〉, 〈요한〉은 〈요한의 복음서〉를
   의미하며, 본문에 나오는 각 성서명은 공동번역성서에 나오는 약어(〈창세〉〈출애〉〈로마〉〈1고린〉 등)로 표기했다.
5. 지명과 인명 표기는 대부분 공동번역성서를 따랐지만, 잘못 표기된 부분은 저자가 바로잡았다.
6. 히브리어, 그리스어, 라틴어는 알파벳으로 표기했다.
7. 성서 인용은 다음과 같이 표기했다.
   1장 1절부터 5절=1,1─5
   1장 1절과 5절=1,1.5
   1장 1절부터 2장 1절=1,1─2,1
   1장 1절과 2장 1절=1,1; 2,1

서문
가난한 사람이 고통 받을 때 함께 피 흘리는 예수

〈요한〉은 역사 현실에 관심이 많다

〈요한〉은 이해하기 어렵고, 가난한 사람에게 관심이 없다고 생각하는 사람이 적지 않다. 〈요한〉은 정말 이해하기 어려운가. 〈요한〉은 가난한 사람에게 관심이 없는가. 그렇지 않다. 더구나 〈요한〉은 21세기 한반도에 사는 우리에게 평화의 메시지를 준다.

〈마르〉〈마태〉〈루가〉는 소설 같고, 〈요한〉은 논문 같다는 말이 있다. 〈마르〉〈마태〉〈루가〉가 프란치스코 교황의 설교와 비슷하다면, 〈요한〉은 베네딕토 16세의 설교에 비유할까. 〈마르〉〈마태〉〈루가〉에서 소설 같은 매력을 느낀다면, 〈요한〉에서 철학 강의의 답답함을 느낄 수도 있다.

〈요한〉은 영지주의靈智主義, Gnosticismus와 싸웠다. 영지주의는 선택받은 소수만 비밀스런 방법으로 예수를 이해할 수 있다는 엘리트주의를 내세웠다. 〈요한〉은 엘리트주의와 싸우면서 누구나 쉽게 예수를 이해할 수 있다고 선언했다. 〈요한〉은 예수의 인성人性을 무시하고 이 세상을 멸시하며, 사후 세계만 강조하는 가현설假現說, Doketismus과도 싸웠다.

〈요한〉은 세상 속에서 세상을 이겨내라고 격려한다. 〈요한〉은 역사 현실을 외면하는 사람들을 강하게 비판한다. 역사에 무관심하고 하늘만 쳐다보는 사람은 가현설을 따른다. 우리 시대 한국에는 어떤 영지주의와 가현설이 날뛰는가. 〈요한〉은 이론적 가현설과 싸웠지만, 지금 한국 그리스도교는 실제적 가현설과 싸워야 한다. 예수의 인성을 인정하지 못하고 신성만 받아들이는 그리스도인이 의외로 많다. 성직주의는 영지주의에 속한다.

〈요한〉에 추상명사가 자주 나온다. 명사를 동사로 풀어 쓰면 이해하기 쉽다. 예수는 길이니, 우리는 예수와 함께 걷는다. 예수는 진리이니, 가짜 뉴스나 나쁜 언론에 속지 않고 진실을 밝힌다. 예수는 생명이니, 불평등을 강요하고 생명을 억압하는 불의의 세력과 싸우며 생명을 지킨다. 예수는 사랑이니, 가난한 사람을 먼저 선택하는 사랑을 한다. 예수는 평화이니, 전쟁에 반대하고 정의를 실현하며 한반도 평화통일을 위해 애쓴다. 명사를 동사로 풀고, 우리 상황에 맞게 구체적으로 해설하면 〈요한〉이 한층 가깝게 다가온다.

〈요한〉은 가난한 사람을 먼저 선택한다
〈요한〉은 예수의 저항과 갈등을 〈마르〉 〈마태〉 〈루가〉보다 확대하고 강조했다. 〈요한〉 처음부터 예수가 성전 항쟁을 일으키고, 예수를 죽이려는 세력이 등장한다. 예수는 갈등을 수동적으로 겪지 않고 적극적으로 일으켰다. 예수는 유다교 사회에서 내부 고발자였다. 예수의 삶은 실패한 것 같지만, 그 삶이 진짜 생명의 삶이다. 〈요한〉은 예수의 삶이 옳았으며, 우리도 예수처럼 살아야 한다고 강조한다.

〈요한〉은 사회 통합론이 아니라 사회 갈등론 입장에서 봐야 정확하게 이해할 수 있다. 예수는 악으로 가득한 세상과 싸워서 이겼다. 부활은 정의가 불의를 이긴다는 하느님의 선언이다. 불의에 저항하고 투쟁하는 사람들의 고통과 죽음은 무의미하지 않다. 〈요한〉은 보수파의 전유물이 아니며, 해방신학에 소중한 가르침을 준다.

〈요한〉은 하느님과 예수의 일치를 어느 복음서보다 풍부하고 폭넓게 강조한다. 우리는 하느님과 예수의 일치 덕분에 예수와 가난한 사람이 일치한다는 사실을 더 잘 알았다. 〈요한〉은 나자렛 예수가 전한 하느님 나라의 메시지는 생명에서 완성된다고 설명한다.

하느님의 영광은 살아 있는 사람이다 Gloria Dei vivens Homo.
하느님의 영광은 살아 있는 가난한 사람이다 Gloria Dei vivens Pauper.

〈마르〉 저자가 제2의 바오로라면, 〈요한〉 저자는 제2의 〈마르〉 저자인가. 믿음의 바오로는 하느님 나라의 〈마르〉를 거쳐 생명의 〈요한〉으로 발전한다. 〈요한〉은 생명을 추상적으로 보지 않는다. 생명은 죽음 가까이 있는 가난한 사람을 통해 가장 잘 알 수 있다. 〈요한〉의 생명은 가난한 사람을 먼저 선택함으로써 제대로 이해될 수 있다. 〈요한〉은 해방신학을 통해 풍부해질 수 있다. 〈요한〉은 중산층 신자의 자기만족을 위한 묵상 서적이 아니다.

〈요한〉은 불의에 저항하는 십자가 신학

〈요한〉을 말씀 신학으로 설명하는 책은 많지만, 십자가 신학 theologia crucis으로 해설하는 책은 드물다. 나는 〈요한〉을 말씀 신학보다 십자가 신학으로 보고 싶다. 말씀으로 오신 예수는 십자가에서 드높아졌다. 〈요한〉

은 처음부터 빛이 어둠 속에서 빛나며, 어둠이 빛을 이겨본 적이 없다고 말한다. 빛은 어둠을 이기고, 세상을 이기고, 사람이 되었다.

〈요한〉은 정의가 불의를 이겼다는 역사 해석학이다. 예수 고난의 역사는 이 세상 고통 받는 사람들과 운명을 나눈 희생의 역사다. 〈요한〉은 희생자 입장에서, 희생자를 위해 쓰인, 희생자를 위한 복음이다. 예수의 저항과 싸움이 예수를 영광스럽게 만들었다. 예수와 같이 불의에 저항하거나 투쟁하지 않은 사람에게는 〈요한〉의 참맛을 느낄 자격이 주어지지 않았다.

〈마르〉가 길고 자세한 서문이 있는 고난의 역사라면, 〈요한〉은 처음부터 고난 복음이다. 나는 〈요한〉이 고난 복음보다 십자가 복음이라고 이름 붙이고 싶다. 십자가는 고난 이전에 저항이다. 저항이 없었으면 십자가도 없었다. 불의에 저항하다가 생긴 고난이 아닌 고난은 참거나 받아들일 필요가 없다. 예수는 고난을 당했다기보다 고난을 불러일으키고 부추기고 기쁘게 맞이했다.

일본 제국주의에 맞선 독립투사들도 마찬가지다. 앉아서 죽은 것이 아니라, 일어나 외치고 맞서 싸우다 고난을 당했다. 그동안 그리스도교는 고난을 가르쳤지만, 저항은 거의 가르치지 않았다. 십자가의 수동적인 모습만 언급하고 적극적인 모습은 애써 외면했다. 고난의 십자가보다 저항의 십자가를 강조해야 한다. 해방신학은 십자가 신학의 적극적인 모습을 강조한다. 〈요한〉도 저항의 십자가를 강조한다.

종교는 인민의 아편이 아니라 인민 편

가난한 사람은 불평등과 소외로 죽기 전에 때 이른 죽음을 강요당한다. 가난한 사람의 삶의 자리Sitz im Leben뿐 아니라 죽음의 자리Sitz im Tod도 봐야 한다. 부활 이전에 부활을 경험하며 사는 위대한 성인도 있지만, 죽음 이전에 죽음을 경험하며 사는 가난한 사람도 있다. 나는 성인보다 가난한 사람에게 관심이 가고 애정이 쏠린다.

가난한 사람이 보는 예수와 부자가 보는 예수는 같지 않다. 가난한 사람이 보는 복음과 부자가 보는 복음은 같지 않다. 가난한 사람이 보는 그리스도교와 부자가 보는 그리스도교는 같지 않다. 가난한 사람이 바치는 주님의 기도와 부자가 바치는 주님의 기도는 절실함이 크게 다르다. 가난한 사람은 주일미사나 예배도 버거울 수 있다. 부자의 눈을 버리고 가난한 사람의 눈으로 보면 좋겠다. 그러면 교회도 세상도 역사도 달라질 수 있다. 우리는 성서를 덜 봐서가 아니라 가난한 사람의 눈으로 보지 않았기 때문에, 여전히 성서를 잘 이해하지 못한다.

가난한 사람의 눈으로 〈요한〉을 보자. 〈요한〉에서 생명이란 단어가 달리 보일 것이다. 추상명사 생명이 아니라 하루 세 끼 먹고 사는 생존부터 생각할 것이다. 생존이 생명보다 우선이다. 〈요한〉의 예수는 해방신학자다. 계급 모순은 성서를 보는 중요한 관점 중 하나다. 억압과 불평등이 판치는 분단된 한반도에서 〈요한〉을 어떻게 볼 것인가.

'종교는 인민의 아편'이라는 아픈 말이 있다. 우리는 세상이 종교를 걱정하는 시대에 살고 있다. 나는 '종교는 인민의 아편이 아니라 인민 편'이라고 고쳐 말하고 싶다. 세상을 걱정하는 종교의 진짜 모습도 소개하고 싶다. 백성을 깨우치고 편드는 종교의 긍정적인 모습도 소개하고 싶다. 누가 무엇을 위해 성서를 보느냐가 중요하다. 악마도 성서를 인용하고 악용할 수 있다. 누가, 어느 세력이 성서를 악용하는지 지켜봐야 한다.

왜, 무엇을 위해 성서를 공부하는가. 가난한 사람을 먼저 사랑하고 역사의 희생자를 편들기 위해 성서를 공부한다. 불의로 가득한 세상을 뒤집어엎고 한반도에 평화를 가져오기 위해 성서를 공부한다. 중산층 신자의 지식 욕심을 채우기 위한 성서 공부는 올바른 성서 공부가 아니다. 부자와 권력자에게 봉사하는 성서 공부는 올바른 성서 공부가 아니다. 성서를 공부하고 해설할 때 정의를 대변하고 세상의 변화에 참여하는 내용을 포함해야 한다.

〈요한〉은 한반도에 평화를 선사한다

얼마 전 입적한 오현 스님 말씀이다. "세월호가 교황의 방한 내내 화두였다. 프란치스코 교황의 화두는 살아 있는 오늘의 문제다. 중생이 없으면 부처도 필요 없다. 부처는 중생과 고통을 같이해야 한다. 프란치스코 교황이 세월호 유족들과 고통을 같이하듯이 말이다." 성서 공부도, 종교 생활도 마찬가지 아닐까. 시대의 아픔과 희망을 안고 〈요한〉을 보자.

〈요한〉에서 예수는 죽음을 앞두고 제자들에게 평화를 선사했다. 부활한 예수는 제자들에게 평화를 선물했다. 〈요한〉이 오늘 한반도에 주고 싶은 단어도 '평화' 아닐까. 〈요한〉의 예수는 21세기 한반도에 평화를 선사하고 격려한다. 〈요한〉에서 단어 하나만 고르라면 나는 기꺼이 평화를 선택하겠다.

평화는 전쟁이 없는 상태뿐 아니라 정의 실현을 뜻한다. 한반도에 전쟁이 없어야 하고 정의가 실현되어야 한다. 한반도에 드디어 평화의 바람이 불기 시작했다. 하느님의 선물이요, 조상의 피땀 어린 희생 덕택이다. 평화는 하느님의 선물이자, 우리 노력의 열매다. 평화를 기다리지 말고 평화를 만들어가야 한다.

우리말 성서는 왜 예수의 말을 반말 투로 옮겼을까. 우리 문화를 존중하고 예법에 걸맞은 어투로 번역하면 더 좋지 않을까. 예수의 반말 투는 한국 독자에게 매력 있거나 아름답게 보이지 않는다. 반말 투 문장이 예수의 권위나 품위를 더 빛나게 하지도 않는다. 그래서 나는 예수가 한 말을 전부 존댓말로 바꿨다. 학문적인 글에서 사람 이름에 경칭을 붙이지 않는 관례에 따라 하느님에게만 경칭 접미사를 썼다. 장애인이나 여성에게 불쾌감을 줄 수 있는 단어도 가능하면 다른 용어로 바꿨다.

남양주 성베네딕도회 요셉수도원 최종근(파코미오) 신부는 〈마르〉를 초등학교, 〈마태〉〈루가〉를 중·고등학교, 〈요한〉을 대학교에 비유했다. 기초 없이 성숙 없다. 기초로 만족할 수 없다. 복음서를 언제나 연결해서 보는 습관이 중요하다.

나는 이 책을 해방신학 관점에서 썼다. 〈요한〉을 가난한 사람의 눈으로 보려고 애썼다. 우리 시대의 징표인 여성의 목소리도 담아내려고 애썼다. 성서학계의 연구 성과를 두루 참조하고, 한반도의 역사와 운명을 의식했다. 급변하는 한반도 상황을 몸으로 느끼며 책 제목을《평화의 예수》라고 기쁘게 지었다. 복음서 해설서를 준비하는 데 30년, 쓰는 데 7년이 걸렸다. 이제 겨우 복음서 해설을 한 바퀴 마쳤다. 주님이 허락하신다면, 한평생 복음서 연구에 몸 바치고 싶다.

2018년 11월 14일 시성식에 프란치스코 교황은 로메로 대주교가 살해된 날 남긴 피 묻은 허리띠를 매고 나왔다. 예수가 세례자 요한을 계승한 것처럼, 프란치스코 교황은 로메로 대주교를 계승하고 있다. 로메로 대주교가 군사독재에 저항했다면, 프란치스코 교황은 자본주의가 낳은 불평등에 저항한다.

문재인 대통령의 제안과 중재로 김정은 위원장은 프란치스코 교황의 평양 방문을 열렬하게 환영할 뜻을 밝혔다. 교황은 한반도 평화를 위한 문재인 정부의 프로세스를 지지하면서 "멈추지 말고 앞으로 나아가시오. 두려워하지 마시오" 하고 문재인 대통령과 한민족에게 격려 인사를 했다. 교황의 평양 방문은 문재인 대통령의 말처럼 "한반도 분단의 고통을 위로하고 오랜 상처를 치유하는 시간이 될 것"이라고 나는 믿는다.

교황은 한반도 평화를 간절히 바라고 있다. 예수를 믿고 따르는 사람들이 그동안 평화를 위해 애써 왔는지 깊이 반성하고 더 노력해야 하겠다. 시성식에 참여한 후 나는 아씨시 성프란치스코 성당을 찾아 이렇게 기도했다.

가난과 평화의 사도 성프란치스코여, 한반도 평화를 위해 빌으소서. 증거자요 예언자 성로메로여, 한반도 평화를 위해 빌으소서. 선의의 모든 사람들이여, 한반도 평화를 위해 빌어주소서. 평화의 예수여, 한반도 평화를 이루어주소서.

내 처가와 가족과 제주 성클라라수도원에 큰 사랑을 베풀어주신 성골롬반외방선교회 임피제 신부 영전에 이 책을 바친다. 내 마음의 고향 제주 성클라라수녀원, 성가소비녀회, 남양주 성베네딕도회요셉수도원에 감사드린다. 수많은 은인과 지인께 감사드린다. 좋은 책을 만들어주신 도서출판 동녘 관계자 여러분께 감사드린다.

처형 성클라라수녀원 김지혜(미리암) 수녀와 착한목자수녀회 김지연(로사) 수녀께 감사드린다. 존경하고 사랑하는 내 어머님, 아내 김지숙, 딸 호수, 아들 준한, 형제자매에게 감사드린다. 가족의 도움과 희생 없이 이 책은 나올 수 없었다. 우리는 기도와 사랑으로 일치하며 지상 순례 길을 함께 걷고 있다.

하느님 감사합니다 Deo gracias.

2018년 가을 제주에서
김근수

차례

1부 예수 증언의 책

프롤로그

하느님이 사람이 되시다

¹ 한처음, 천지가 창조되기 전부터 말씀이 계셨다. 말씀은 하느님과 함께 계셨고 하느님과 똑같은 분이셨다. ² 말씀은 한처음 천지가 창조되기 전부터 하느님과 함께 계셨다. ³ 모든 것은 말씀을 통하여 생겨났고 이 말씀 없이 생겨난 것은 하나도 없다. 생겨난 모든 것이 ⁴ 그에게서 생명을 얻었으며 그 생명은 사람들의 빛이었다. ⁵ 그 빛이 어둠 속에서 비친다. 그러나 어둠이 빛을 이겨본 적이 없다.

⁶ 하느님께서 보내신 사람이 있었는데 그의 이름은 요한이었다. ⁷ 그는 그 빛을 증언하러 왔다. 모든 사람이 자기 증언을 듣고 믿게 하려고 온 것이다. ⁸ 그는 빛이 아니라 그 빛을 증언하러 왔을 따름이다. ⁹ 말씀이 곧 참 빛이었다. 그 빛이 이 세상에 와서 모든 사람을 비추었다.

¹⁰ 말씀이 세상에 계셨고 세상이 이 말씀을 통하여 생겨났는데도 세상은 그분을 알아보지 못하였다. ¹¹ 그분이 자기 나라에 오셨지만 백성들은 그분을 맞아주지 않았다. ¹² 그러나 그분을 맞아들이고 믿는 사람들에게는 하느님의 자녀가 되는 특권을 주셨다. ¹³ 그들은 혈육으로나 육정으로나 사람의 욕망으로 난 것이 아니라 하느님에게서 난 것이다.

¹⁴ 말씀이 사람이 되셔서 우리와 함께 계셨는데 우리는 그분의 영광을 보았다. 그것은 외아들이 아버지에게서 받은 영광이었다. 그분에게는 은총과 진리가 충만하였다. ¹⁵ 요한은 그분을 증언하여 외치기를 "그분은 내 뒤에 오시지만 사실은 내가 나기 전부터 계셨기 때문에, 나보다 앞서신 분이라는 것은 바로 이분을 두고 한 말입니다" 하였다.

¹⁶ 우리는 모두 그분에게서 넘치는 은총을 받고 또 받았다. ¹⁷ 모세에게서는 율법을 받았지만 예수그리스도에게서는 은총과 진리를 받았다. ¹⁸ 일찍이 하느님을 본 사람은 없다. 그런데 아버지의 품 안에 계신 외아들로서 하느님과 똑같으신 그분이 하느님을 알려주셨다.(1,1-18)

존재의 시작, 존재와 존재자의 일치를 그리스나 중국 철학자들만 고뇌했을까. 존재의 시작을 고뇌하지 않은 문화나 사상은 세상 어디에도 없다. 고대 사람은 흔히 존재의 시작이 인간의 능력을 넘어서는 신들의 영역이라고 생각했다. 〈요한〉에도 철학과 종교, 천문학과 인류학이 어우러져 존재의 시작을 노래한다. 비밀로 가득한 피라미드 같은 〈요한〉 앞에 거대한 스핑크스처럼 〈요한〉 서문이 우리를 기다린다.[1]

    1. 〈요한〉은 어떻게 생겼는가.
    2. 〈요한〉 서문을 어떻게 봐야 하는가.

두 문제는 함께 다뤄야 한다. 〈요한〉 서문을 어떻게 이해하느냐는 문제는 서문과 〈요한〉의 관계라는 주제와 이어진다.[2] 〈요한〉은 서문이 끝나는 곳에서 비로소 시작되는가? 서문은 복음의 핵심을 포함하기 때문에 복음의 일부인가? 서문은 나중에 복음에 덧붙인 부분인가? 서문과 본문 사이에 단절이 있는가? 서문은 그리스 독자에게 〈요한〉을 읽도록 유인하는 홍보용 글인가? 〈요한〉의 내용을 잠시 소개하는 서곡序曲 용도로 쓴 글인가?

루돌프 불트만Rudolf Bultmann은 14절 말씀이 사람이 되셨다ὁ λόγος σὰρξ ἐγένετο는 문장에 〈요한〉 주제가 있다고 생각했다.[3] 〈요한〉의 그리스도론은 처음부터 육화(성육신) 그리스도론일 수밖에 없다는 말이다. 나는 〈요한〉 서문이 육화 그리스도론 때문에 〈요한〉의 중심이라고 볼 수 없다[4]는 의견에 찬성하기 어렵다. 〈요한〉 주석에서 사소한 문제가 아니라 〈요한〉 전체를 이해하는 데 중요한 주제다.

〈마르〉는 세례자 요한이 등장하면서 시작한다. 〈루가〉는 데오필로에게 바치는 저자의 글, 세례자 요한과 예수의 탄생 예고로 시작한다. 〈마태〉는 예수그리스도의 족보로 시작한다. 세 복음서처럼 〈요한〉도 첫 부분에 구원 역사의 시작을 썼다.[5] 요한은 구원 역사의 시작을 점점 확장하는 복음서의 경향을 이어받아 〈창세〉 1,1의 태초까지 넓혔다. 〈요한〉 이후 다른 복음서가 구원 역사의 확장을 더는 꾀할 수 없었다.

시가詩歌 형식의 첫 단락이 나온다. 〈요한〉 서문(1,1-18)이 어떻게 생겼는지 보는 세 가지 의견이 있다.[6]

1. 1-12절(혹은 1-13절)이 원래 서문이었고, 14-18절은 원래 서문을 다시 해설한다.
2. 1-5절이 원래 서문이었고, 6-8절은 〈요한〉 저자가 썼다. 9-18절은 후대 어느 필사자가 덧붙였다.
3. 6-8절이 원래 〈요한〉이 시작되는 부분이었고, 나머지가 전승과 편집을 통해 추가되었다. 〈요한〉 서문(1,1-18)이 처음부터 있었다는 의견도 있다.[7]

나는 〈요한〉 서문을 원래부터 있던 부분으로 보고 싶다.

〈요한〉 서문이 〈요한〉에 대해 가장 먼저 쓰인 성서 주석[8]이라고 표현해도 좋겠다. 〈요한〉 전체가 〈요한〉 서문에 대한 해설[9]이라고 해도 좋겠다. 문서 앞에 신앙고백을 하고, 본문 전체에서 이 고백을 해설하는 방식으로 진행된 글이 있다. 〈로마〉 〈골로〉 〈히브〉가 그렇다. 〈요한〉 1,1-18과 1,19-51을 두 편으로 된 서곡[10]이라고 보기도 한다.

6-8절을 어떻게 보느냐, 15절을 어떻게 보느냐가 〈요한〉 서문을 연구할 때 빠뜨릴 수 없는 질문이다. 〈요한〉 서문을 말씀이 받아들여지는지 여부(1-13절), 말씀에 대한 신앙고백(14-18절)으로 나누고 싶다. 〈요한〉 21 장은 후대에 덧붙인 부분으로 본다. 서문에 이어 시작되는 본문 첫 부분 1,19-2,12을 예수가 7일에 걸쳐 세상에 드러내는 것으로 보기도 한다.[11] 〈요한〉을 혼자 낭송하는 연극 대본으로 보는 의견도 있다.[12] 역사 드라마로서 고대 희극에 견주어 드라마 역사라고 보는 의견도 있다.[13] 서문(1,1-18)과 결말(20,30-31) 사이에 커다란 두 단락으로 예수 증언의 책(1,19-10,42)과 예수 영광의 책(11,1-20,29)으로 보면 어떨까.

4절에서 2번 나오는 단어 생명ζωή은 〈요한〉에 모두 34번 등장한다. 4·5·7·8·9절에서 8번 보이는 단어 빛φῶς은 〈요한〉에 모두 23번 나온다. 〈요한〉에 18번 나오는 단어 영광δόξα은 14절에 처음 나타나고, 25번 나오는 진리ἀλήθεια도 14절에 처음 소개된다. 〈요한〉에서 아주 중요한 단어 세상κόσμος은 9-10절에 첫선을 보였다. 9절 세상에 와서ἐρχόμενον εἰς τὸν κόσμον는 〈요한〉 6,14; 9,39; 11,27; 12,46; 16,28에 또 나온다. 증언μαρτυρία도 7절에 처음 나온다. 〈요한〉에서 중요한 단어가 서문에 대거 등장하는 것이다. 서문은 한마디로 〈요한〉을 해석하는 열쇠다.

1절 처음Ἐν ἀρχῇ은 시간적으로 처음을 가리킬 뿐 아니라 공동성서(구약성서) 첫 책인 〈창세〉 1,1을 가리킨다. 우연한 일이 아니다. 〈요한〉이 〈창세〉와 연결된다는 뜻이다. 처음은 창조의 첫 순간이 아니라 창조가 시작되기 전 시간을 가리킨다. 천지창조 이전에 말씀λόγος이 있었다. 1절은 주어 말씀ὁ λόγος, 술어 있다ἦν, 접속사 그리고καί로 구성된다. 말하자면 a-b; b-c; c-b 순서다. 2절도 1절처럼 처음-말씀; 말씀-하느님θεός; 하느님-말씀 순서다. 〈요한〉을 처음 읽는 사람은 1절에서 곧바로 예수를 떠올릴 수도 있다. 〈요한〉 저자가 '한처음, 천지가 창조되기 전부터 말씀이 계셨다' 대신 '한처음, 천지가 창조되기 전부터 예수그리스도가 계셨다'고 쓸 수도 있었다. 그러나 14절 이후 예수 이야기를 꺼내는 것이 더 자연스럽다.

1절 말씀ὁ λόγος에서 정관사가 λόγος 앞에 붙었다. 요한 공동체(〈요한〉 공동체)는 λόγος가 누구인지 알고 있음을 전제한다. 말씀이란 단어는 어디서 왔을까. 창조와 역사에서 하느님 말씀의 작용에 대한 공동성서의 언급을 우선 꼽을 수 있다(〈창세〉 1,3; 〈신명〉 2,16; 〈출애〉 20,1). 하느님의 활동에 말씀뿐 아니라 지혜(〈예레〉 10,12; 〈지혜〉 7,22; 〈시편〉 104,24)도 함께 했다. 그리스 철학자 헤라클레이토스Heracleitos(공통년〔서기〕 이전 540년경 출생)의 로고스 철학도 영향을 미친 것 같다. 그리스계 유다교는 말씀λόγος과 지혜σοφία를 동일하게 여겼다.[14] "당신은 말씀으로ἐν λόγῳ 만물을 만드셨고, 당신의 지혜로τῆσοφία 인간을 내시어 당신 손에서 생명을 받은 모든 피조물을 지배하게 하셨습니다."(〈지혜〉 9,1-2) 유다인은 λόγος를 말씀으로 생각했을 것 같고, 그리스인이나 철학자 헤겔Georg Wilhelm Friedrich Hegel은 이성理性, Vernunft을 떠올렸을 것 같다.

그러나 λόγος는 말하다λέγειν와 관계로 보아 이성보다 말씀으로 번역하는 것이 낫겠다. 하느님은 그 본질이 인간에게 말씀을 건네는 분이다. 1절 말씀은 하느님과 함께 계셨고ὁ λόγος ἦν πρὸς τὸν θεόν는 하느님이 처음ἐν ἀρχῇ의 주체임을 가리킨다. 처음은 하느님 없이 존재할 수 없다. 1절 표현은 공동성서에서 찾을 수 있다(〈지혜〉 6,3; 9,4; 〈욥기〉 28,12-27). 〈요한〉에서 λόγος가 주어로 나올 경우 술어는 언제나 예수가 된다. 〈요한〉

과 서문에서 논리적 주어는 예수다. 역사의 예수를 성령의 이끄심 아래 받아들이는 것이 〈요한〉 저자가 주장하려는 의도다.

2절 말씀은 하느님과 함께 계셨고 하느님과 똑같은 분이셨다는 표현은 오해되기 쉽다. 말씀과 하느님은 동일하지도, 분리되지도 않는다. 〈요한〉 그리스어 사본에는 일반적으로 명사 하느님 앞에 관사가 있다. 그런데 〈요한〉 1,1.18처럼 관사가 없는 곳도 있다. 말씀과 하느님을 동일시하는 잘못을 막기 위해 관사를 삭제했다.[15] 2절에서 말씀과 하느님의 가까움뿐 아니라 다름을 강조한다.

말씀이 하느님에게 종속되는 낮은 존재도 아니다. 말씀과 하느님은 처음부터 언제나 일치한다. 하느님 외에 두 번째 신이 따로 있다는 말이 아니다. 〈요한〉에서 예수가 땅 위를 걸어 다니는 하느님[16]으로 이해되는 것은 아니다. 유다교가 말하는 유일신을 그리스도교가 부정하는 것도 아니다. 예수 안에서 말씀이 되신 하느님은 공동성서에서 천지를 창조하신 하느님이다.

λόγος를 우리말로 어떻게 옮겨야 할까? 말씀, 중재자仲裁者, 이성, 예수, 도道, λόγος 등 적어도 여섯 가지 가능성이 있다. 널리 번역되는 대로 말씀이라고 할까? 〈창세〉 첫 문장과 연결되는 장점은 있지만, 말씀이 행동과 반대되는 단어로 오해될 수 있다. 중재자라고 할까? 하느님과 인간을 연결하는 예수를 잘 드러낼 수 있지만, 그리스철학 방식으로 존재 개념에 너무 깊이 빠질 염려가 있다. 동양철학 개념에서 도라고 할까? 우주를 주재하는 원리 역할을 강조할 수 있지만, 사람을 가리킨다는 본뜻이 약화될 수 있다. λόγος가 가리키는 인물인 예수라고 할까? 나자렛 예수

와 동일시될 위험이 있다. 번역하지 말고 그리스 단어 그대로 λόγος라고 놓아둘까? 그런다고 이해에 도움이 되지 않는다. 경우마다 장단점이 있다. 널리 쓰이는 대로, 이 책에서도 말씀이라고 하자.

독자를 위해 이 책에서 '〈요한〉 저자'라는 단어를 설명해야 한다. 〈요한〉 연구자는 대부분 〈요한〉이 생긴 3단계를 자료와 전승, 기본 문서, 복음 최종 편집으로 전제한다. 〈요한〉 저자라는 단어가 두 번째 단계를 가리키는지, 마지막 세 번째 단계를 가리키는지 독자에게 분명하지 않을 수 있다. 여전히 토론이 필요한 부분이다. 이 책에서 편의상 두 번째와 세 번째 단계를 모두 포함한 것으로 이해하자. 〈요한〉 저자는 우선 〈요한〉과 같은 뜻이라고 이해하자.

〈요한〉 저자는 하느님과 예수의 관계를 상호 의존적으로 묘사한다. 자신과 타자의 관계에 따라 규정된다는 말이다. 아들은 아버지와 관계에 따라 자신이 드러나고, 아버지는 아들과 관계로 자신을 드러낸다. 아버지와 아들이라는 〈요한〉 당시 문화에 비춰 예수와 하느님의 구분되지만 분리되지 않는다는 일치를 해명한다. 그러나 아버지와 아들이라는 비유에는 〈요한〉 저자가 의도하지 않은 부작용이 있다. 아버지가 아들을 낳지 아들이 아버지를 낳지 않으니, 독자가 아버지는 아들의 원천이고 아들보다 우월하다고 생각하기 쉽겠다.

여성 신학자는 왜 어머니와 딸이 아니고 아버지와 아들의 비유인지 항의할 수 있겠다. 아버지와 아들이라는 비유에 어쩔 수 없이 담긴 남성우월주의에 대해 그리스도교는 인류에게, 특히 여성에게 미안해야 한다. 난폭한 아버지 모습을 기억하는 사람은 일그러진 아버지로 비유되는 하느님에 대한 정서적 거부감이 생길 수 있다. 〈요한〉 저자가 이런 위험을 전혀 모르진 않았을 것이다. 그는 사람들에게 당시 가장 널리 알려진 비유로 하느님을 소개할 수밖에 없었다. 하느님을 성별로, 권력 개념으로 소개하는 방법은 우리 시대에 설득력이 떨어진다. 하느님을 아버지로 표현하는 장점을 알지만, 나는 하느님 아버지라는 단어를 쓰지 않는다.

1-2절에 말씀과 하느님의 관계를 설명하고, 3절에 말씀과 창조를 연결한다. 말씀, 즉 예수와 하느님의 관계가 있었고 그 후 예수와 창조의 관계가 있다는 말이다. 여기서 예수는 부활한 예수뿐 아니라 먼저 나자렛 예수를 가리킨다. 창조 이전의 예수를 하느님과 연결한 〈요한〉 저자에게 한 가지 위험이 있었다. 창조 이전의 예수를 하느님과 연결하면 역사의 예수가 약화될 수도 있다는 뜻이다. 실제로 〈요한〉에는 나자렛 예수의 족보나 어린 시절 이야기가 소개되지 않는다. 독자가 나자렛 예수의 족보나 어린 시절, 십자가 죽음을 소홀히 여길 수 있다. 〈요한〉이 역사의 예수를 비중 있게 생각하지 않았다고 이해하는 것은 큰 잘못이다.

오래된 성서 사본에는 문장부호가 없었다. 3절 끝과 4절 처음에서 οὐδὲ ἕν과 ὃ γέγονεν 사이를 띄어야 하는지, ὃ γέγονεν과 ἐν αὐτῷ 사이를 띄어야 하는지 성서학자 사이에 논란이 있었다. 내용상 후자가 맞는 것 같다.[17] 5절 '어둠이 빛을 이겨본 적이 없다'는 진리를 찾는 사람뿐 아니라 역사의 의미를 찾는 사람에게도 기쁜 구절이다. 역사의 최종 승자는 어둠이 아니라 빛이다. 〈요한〉에 자주 나타나는 어둠과 빛의 대립이 5절에서 처음 등장했다. 여기서 어둠과 빛 이전에 창조가 있었다는 사실이 중요하다. 〈요한〉은 어둠의 세력이 창조에 개입했으며, 하느님 말고 제2의 창조자가 있다는 영지주의를 거부한다. 창조 탓에 어둠과 빛이 갈라진 것이 아니다. 어둠과 빛은 인간의 결단으로 나뉘었다.

1-5절이 찬가 형식이라면, 6-8절은 설명 양식이다. 1-5절이 하늘을 노래한다면, 6-8절은 땅과 역사 이야기다. 세례자 요한과 예수 이야기다. 하늘을 노래하다가 갑자기 세례자 요한과 예수 이야기로 이어진다. 그래서 6-8절을 〈요한〉 저자가 끼워 넣은 구절[18]로 보기도 한다. 7-8절에서 요한은 빛인 예수를 증언하러 온 사람으로 자리매김된다. 9절에서 세상κόσμος이란 단어가 〈요한〉에 처음 나온다. 말씀이 세상에 빛으로 왔고, 모든 사람을 비추는 것이 오신 목적이다. 말씀, 즉 예수는 세상과 모든 사람을 위해 존재한다. 세상과 백성이 말씀이요 빛이신 그분을 거부한 것이지, 말씀인 예수가 세상과 백성을 거부한 것이 아니다. 예수의 역사는 하느님과 세상이 만나는 역사다.[19]

9절에 있는 세상은 신약성서 〈요한〉계 문헌에 자주 나온다. 〈요한〉과 〈1요한〉〈2요한〉〈3요한〉에 약 100번 나온다. 바오로의 편지에 37번, 〈마르〉에 3번, 〈루가〉와 〈사도〉에 3번 있다. 그 세상에 빛이 어둠 속에서 비친다. 〈요한〉 저자의 정확하고 냉철한 현실 인식을 드러내는 말이다. 헤겔의 《정신현상학Phänomenologie des Geistes》, 해방신학자 이냐시오 에야쿠리아Ignacio Ellacuría의 현실 인식 3단계를 연상케 한다. 〈요한〉은 천지창조에서 종말까지 거대한 역사를 꿰뚫는다. 〈요한〉 저자의 역사신학 결론은 이것이다. 인류 역사에서 어둠이 빛을 이겨본 적이 없다.

12-13절에서 하느님의 자녀가 되는 특권은 혈육, 육정, 욕망과 관계 없다. 〈요한〉 저자는 인간은 혈육, 육정, 욕망으로 구분되지 않고 예수를 맞아들이고 믿느냐 여부에 따라 나뉜다는 말을 하고 싶다. 인종, 성별, 족

보 등 개인이 받아들일 수밖에 없는 생물학적 현실이 인간을 구분하는 기준은 아니다. 예수 앞에 선 개인의 결단을 촉구하는 뜻이다. 〈요한〉 저자는 개인의 자유와 책임을 강조한다. 개인의 자유와 책임을 존중하고 인정하는 시대가 서양의 르네상스나 계몽주의에서 시작되었다고 보는 것은 착각이다. 〈요한〉이 개인의 자유와 책임을 중요하게 여긴다.

10-13절에서 〈요한〉 저자는 말씀을 알아보지 못하는 사람과 맞아들이고 믿는 사람을 구분했다. 요한 공동체의 경험을 바탕으로 14절의 신앙고백을 준비했다. 서문에서 언급한 말씀은 이름, 구체적으로 한 사람의 이름이 있다. 이름을 믿는다는 말은 이름이 있는 사람을 믿는다는 말이다. 12절 '이름을 믿는 사람들'이라는 표현은 신약성서에서 〈요한〉계 문헌에만 있다(〈요한〉 2,23; 3,18; 〈1요한〉 3,23). 사람은 성서 전통에서 허약하고 죽을 운명을 가리키는 인간학 용어다(〈예레〉 17,5; 〈2역대〉 32,8). "모든 인생은 한낱 풀포기, 그 영화는 들에 핀 꽃과 같다! 풀은 시들고 꽃은 진다, 스쳐가는 야훼의 입김에. 백성이란 실로 풀과 같은 존재다. 풀은 시들고 꽃은 지지만 우리 하느님의 말씀은 영원히 서 있으리라."(〈이사〉 40,6-8)

하느님과 당신 백성 이스라엘은 떼놓을 수 없이 서로 속한다. 〈요한〉 식으로 말하면, 이스라엘에서 말씀이 사람이 됨은 아브라함부터 시작되었다. "하느님은 당신이 머무실 곳으로 선택하신 한 백성을 통해 세상에 오셨다. 처음에 인간 아브라함을 통해, 나중에 그 후손을 통해 하느님의 보이는 존재가 우주 안에 생겼다."[20] 유다교는 하느님이 인간 세상에 들어오신다고 여기는 육화 종교이며, 그리스도교는 이 경향을 구체화했다.[21] 유다교와 그리스도교는 하느님이 사람이 되셨다는 생각에서 깊이 연결되었다.

14절 말씀이 사람이 되셨다σὰρξ ἐγένετο는 예수가 겉으로 인간처럼 보일 뿐이라는 가현설을 반박[22]하는 표현이다. 〈요한〉이 그리스도교 전승을 최초로 채택한 가장 널리 알려진 영지주의 문헌이며, 〈요한〉으로 영지주의 구원론이 성서 정경에 들어왔다[23]는 의견은 〈요한〉을 크게 오해한 결과다. 하느님이 사람이 되심뿐 아니라 몸이 되셨다.

예수는 우리와 똑같은 인간이 되었다. 사람이 되심이 하느님의 영광이다. 예수그리스도의 몸은 〈요한〉에서 핵심 주제다. 인간의 몸, 물질, 현실 세계를 업신여기는 온갖 사상은 그리스도교와 아무 관계 없다. 그리스도교는 몸, 물질, 역사와 현실 세계를 존중하고 고뇌한다. 몸, 물질, 역사와 현실 세계를 떠난 인간 구원은 없다. 하느님이 사람이 되셨기에 인간은 신적 차원에 가까워졌다. 〈요한〉 20장에서 부활한 예수의 몸이 다시 강조된다. 예수의 몸이 요한 공동체에서 계속 주제였다는 뜻이다. 몸, 물질, 역사와 현실 세계는 그리스도교의 핵심 주제다.

말씀이 우리와 함께 계셨다ἐσκήνωσεν ἐν ἡμῖν. 사람이 되심뿐 아니라 사람과 함께 계심이 하느님의 영광δόξα이다. 하느님이 우리 증인이지만, 인간도 하느님의 증인이다. 인간이 위대한 가장 큰 이유는 인간이 하느님의 증인이라는 사실 아닐까. 감히 나는 그렇게 생각한다. 〈요한〉은 인간이 하느님의 증인(4,22; 6,69; 17,22)이라는 기쁨을 자주 강조한다. 인간이 인간을 업신여기는 것은 인간뿐 아니라 하느님을 모독하는 일이다. 인간은 자신이나 남을 모독할 권리가 없다. 노예, 가난한 사람, 여성, 소수민족, 성 소수자, 평신도를 차별할 권리가 누구에게도 없다.

그분에게는 은총과 진리가 충만하였다πλήρης χάριτος καὶ ἀληθείας. 개신교에서 은총을 좀 더 강조하고, 가톨릭에서 진리를 좀 더 강조해온 것 같다. 개신교와 가톨릭 모두 값싼 은총과 진리를 선전해왔다고 말해야 옳을까. 하느님의 은총은 본래 공짜다. 공짜 은총은 고마운데, 값싼 은총은 문제가 될 수 있다. 공짜 진리는 고마운데, 값싼 진리는 문제가 될 수 있다. 공짜 진리는 팔아먹을 수 없지만, 값싼 진리는 종교 장사꾼이 장난치거나 팔아먹을 수 있다. 14절 영광δόξα은 예수그리스도 안에 계신 하느님의 존재라는 표현처럼 〈요한〉에서 중요한 계시 언어다.[24]

15절은 6-8절처럼 〈요한〉 저자가 꾸며 쓴 구절이라는 데 성서학자들의 의견이 일치한다.[25] 16절에서 χάριν ἀντὶ χάριτος는 어떻게 번역해야 할까. 〈요한〉에서 여기만 나오는 전치사 ἀντί는 보통 '-에 반대하여'라는 뜻으로 쓰인다. '그 대신'이라고 번역하는 것이 더 좋겠다. 공동번역성서 개정판에서 '은총을 받고 또 받았다'로 옮겼는데, '은총 대신 은총을 받았다'로 하면 17절과 잘 이어진다. 모세에게 받은 율법도 은총이지만, 예수그리스도에게 받은 은총은 은총 자체라는 뜻이다.

모세는 율법이라는 은총을 하느님께 받았지만, 예수는 은총 자체다. 율법이 하느님의 은총과 관계없다는 말이 아니라 율법도 은총에 속한다는 말이다. 〈요한〉은 율법을 예수에 비해 덜 중요하게 본 것이지, 율법을 깎아내린 것이 아니다. 모세와 예수를 율법과 은총의 대립처럼 해설하는 것은 잘못이다. 신약성서가 유다교와 얼마나 깊이 연결되는지 깨닫지 못하면, 그리스도교를 드높이기 위해 유다교를 깎아내리는 나쁜 짓을 계속할 위험이 있다.

"그러나 나의 얼굴만은 보지 못한다. 나를 보고 나서 사는 사람이 없다"(《출애》 33,20)고 말씀하신 하느님은 모세 앞을 지나가시며 "나는 야훼다. 야훼다. 자비와 은총의 신이다"(《출애》 34,6)라고 외쳤다. "그 후로 이스라엘에는 두 번 다시 모세와 같은 예언자, 야훼와 얼굴을 마주 보면서 사귀는 사람은 태어나지 않았다."(《신명》 34,10) 하느님과 모세의 중요한 관계를 나타낸다. 〈요한〉 저자는 이 배경에서 예수와 하느님의 독특한 관계를 말한다. 모세와 하느님의 관계가 취소된 것이 아니라, 모세와 하느님의 관계를 기초로 예수와 하느님의 관계를 소개한다.

하느님과 똑같으신 그분이 하느님을 알려주셨다. 예수는 하느님을 해석한 분이다. 〈요한〉 서문을 읽는 독자는 예수와 하느님의 관계, 예수와 모세의 관계, 예수와 세례자 요한의 관계, 예수와 세상의 관계를 통해 믿음이 무엇인지 생각할 수 있다. 서문이라는 창을 통해 〈요한〉을 볼 수 있다. "영원한 생명은 곧 참되시고 오직 한 분이신 하느님 아버지를 알고 또 아버지께서 보내신 예수그리스도를 아는 것입니다."(《요한》 17,3) 하느님을 알고 또 하느님께서 보내신 예수그리스도를 아는 예수의 기쁨을 독자도 함께 누리도록 〈요한〉이 쓰였다. 복음은 진리 이전에 기쁨이다.

〈요한〉이 반反유다주의의 원조라는 누명은 그리스도교에서 없어져야 한다. 〈요한〉은 창조주 하느님 사상에서 유다교와 깊이 일치한다. 〈요한〉 저자가 서문을 〈창세〉와 연결한 것은 예수와 이스라엘 백성이 얼마나 가깝게 이어지는지 독자에게 알려주기 위함이다. 〈요한〉은 〈창세〉뿐 아니라 모세, 율법, 지혜문학 등 유다교의 주요 전통을 존중하고 보존한다. 〈요한〉에 부정적으로 드러나는 유다인 단어를 만날 때도 예수와 공동성서의 연결을 언제나 기억하는 것이 좋겠다. 말씀logos은 유다교 배경을 넘어 그리스·로마 철학까지 확장되는 흔적을 보여준다. 〈요한〉의 중요

개념은 유다와 그리스 역사를 기초로 한다.[26]

　〈요한〉 저자는 유다교의 유일신론이 얼마나 소중한지 잘 안다. 〈요한〉 저자는 유다인이 "당신은 한갓 사람이면서 하느님 행세를 하고 있지 않소?"라고 항의한 것(〈요한〉 10,33)을 기억한다. 〈요한〉 저자는 〈이사〉의 '나는 –이다ἐγώ εἰμι'라는 표현을 쓴다(〈요한〉 8,24.28.58). 〈요한〉 저자는 유일신론을 존중하면서 예수의 신분을 밝히는 힘겨운 작업을 한다. 〈요한〉 저자는 예수를 하느님 아버지보다 열등한 새로운 신으로 만드는 것이 아니라 예수와 하느님의 일치를 보존하는 방식으로 유다교의 유일신 사상을 보존한 것이다.[27]

　〈마르〉〈마태〉〈루가〉를 잘 몰라도 〈요한〉을 이해할 수 있지만, 공동성서를 모르면 〈요한〉을 이해하기 어렵다. 공동성서가 하느님을 말한다면, 〈요한〉과 신약성서는 예수 안에 드러난 하느님을 말한다. 〈요한〉은 예수가 하느님보다 낮은 신이라고 주장하는 것이 아니라, 예수와 하느님의 일치를 강조하면서 유다교의 유일신론을 존중한다. 공동성서든 신약성서든 결국 하느님을 말한다.

　〈요한〉은 인간의 언어를 높이 평가한다. 하느님은 인간과 대화하고 싶어 애가 타고 안달이 나신 분이다. 하느님 성격이 원래 그렇다. 인간처럼 언어를 통해 하느님과 소통하는 존재는 없다. 물론 인간 언어의 한계를 인정해야 한다. 인간은 아는 언어로 자신의 뜻을 나타낸다. 아는 언어로 모르는 세계를 추측하기도 한다. 언어에 담긴 내포와 외연으로 상상하고 실수도 한다. 단어가 뜻을 충분히 드러내지 못할 수도 있고, 한 단어에 여러 가지 뜻이 있어서 정확하게 나타내지 못할 수도 있다.

언어의 한계만 문제 되는 것이 아니다. 언어가 사람을 속이는 데 쓰일 수 있다는 사실이 더 뼈아프다. 성서와 신학에서 언어의 한계뿐 아니라 언어의 부정적 특징도 기억해야 한다. 종교 언어가 인간을 속일 수도 있다. 언어가 사람을 속이는 데 주로 사용되는 도구이기도 하다.

공동성서는 하느님이 존재하신다는 것과 어떤 분인지 유다교를 통해 인류에게 알려주었다. 신약성서는 하느님이 누구신지 가장 잘 드러낸 분이 나자렛 예수라는 사실을 알려주었다. 예수는 인류가 전혀 모르는 하느님을 알려준 것이 아니라, 유다 민족을 통해 알려진 하느님을 가장 정확히 알려주고 새롭게 보여주었다. 예수는 유다교가 알려준 하느님을 거부한 것이 아니라, 유다교가 알려준 하느님을 유다교보다 자세히, 좀 더 새롭게 보여주고 실천했다.

〈마르〉〈마태〉〈루가〉에서 우리가 하느님 나라를 이해하는 만큼 예수를 알 수 있다. 갈릴래아에서 하느님 나라를 이해하는 만큼 예루살렘에서 십자가를 알 수 있다. 〈요한〉에서 창조 이전의 예수와 하느님의 관계를 이해하는 만큼 역사의 예수와 하느님의 관계를 알 수 있다. 더 좁혀 말하면, 창조 이전의 말씀을 이해하는 만큼 역사의 예수를 알 수 있다. 역사의 예수를 외면하면 창조 이전의 예수를 알 수 없고, 창조 이전의 예수를 외면하면 역사의 예수를 알 수 없다. 이런 구조를 기억하면 〈요한〉의 결론을 이해할 수 있다. 〈요한〉이 인류에게 하고픈 말은 결국 이것이다. 어둠이 빛을 이겨본 적이 없다. 진실은 반드시 승리한다. 선이 악을 이긴다. 정의가 불의를 이긴다.

〈마르〉〈마태〉〈루가〉에서 역사의 예수와 믿음의 그리스도 관계가 큰 주제다. 십자가 죽음과 부활의 관계가 예수를 이해하는 두 기둥이다. 요한 공동체에서 믿음의 그리스도는 부활 이후 그리스도뿐 아니라 천지창조 이전의 예수까지 확장되었다. 〈요한〉은 십자가 죽음과 부활을 넘어 천지창조 이전의 예수를 새 주제로 제시했다. 〈요한〉 저자는 왜 나자렛 예수를 천지창조 이전의 예수까지 확장했을까. 이 의문을 품고 〈요한〉 처음부터 끝까지 보자.

말씀에서 존재가 생긴 것만이 아니다. 말씀은 존재를 낳았고, 존재는 생명을 얻었다. 생명은 어둠이 아니라 빛이다. 생명과 빛인 예수를 따르자는 것이 〈요한〉의 주장이다. 생명과 빛인 예수를 따르려면 죽음과 어둠의 세력과 싸워야 한다. 예수는 생명과 빛이라는 말을 강조하면서 죽음과 어둠의 세력과 싸우자는 말을 하지 않으면 어떻게 될까. 〈요한〉을 반쪽만 말하는 셈이다. 〈요한〉은 죽음과 어둠의 세력이 누구인지, 예수가 죽음과 어둠의 세력과 어떻게 싸우는지 낱낱이 보여준다.

〈요한〉은 뜬구름 잡는 허무한 책이 아니다. 세상과 정치에 무관심한 그리스도인에게 아편 역할을 하는 책도 아니다. 〈요한〉이 세상을 경멸하고 무관심하고 초월한 복음이라는 평가는 〈요한〉에 대한 이해가 짧아서 나오는 말이다. 〈요한〉은 가난한 사람에게 용기를 주는 투사의 복음이요, 해방의 복음이다. 하느님의 영광은 살아 있는 사람이다 Gloria Dei vivens Homo. 사람이 죽지 않고 살아 있고, 그 삶이 어둠이 아니라 빛이라면, 그 삶은 하느님이 바라시는 삶이다. 사람이 목숨을 남에게 빼앗기거나 스스로 포기한다면, 그것은 하느님이 바라시는 삶이 아니다. 남의 목숨을 억압하는 사람의 삶도 하느님이 바라시는 삶이 아니다. 가난한 사람의 고통스런 삶도, 가난한 사람을 괴롭히는 부자나 권력자의 오만한 삶도 하느님이 바라시는 삶이 아니다.

그래서 해방신학은 말한다. 하느님의 영광은 살아 있는 가난한 사람이다 Gloria Dei vivens Pauper. 가난한 사람이 생명을 빼앗기지 않고 누리며, 가난한 사람이 억압받고 굶주리는 어둠이 아니라 빛인 삶이 곧 하느님이 바라시는 삶이다. 나는 창조, 생명, 빛 같은 단어가 아름답고 추상적인 단어가 아니라 가난한 사람에게 희망을 주는 구체적인 단어임을 밝히려 한다.

〈요한〉이 예수가 하느님을 해석한 분이라고 강조한다면, 해방신학은 가난한 사람이 예수를 해석한 사람이라고 강조한다. 〈요한〉이 예수 안에 계신 하느님을 말한다면, 해방신학은 가난한 사람 안에 계신 하느님을 말한다. 〈요한〉이 뜬구름 잡는 허무한 복음이 아니라 가난한 사람에게 용기를 주는 해방의 복음임을 말하고 싶다. 〈요한〉을 해방신학 관점에서 해설하려 한다.

〈요한〉 서문(1,1-18)은 〈요한〉을 어떻게 읽고 이해할지 안내하는 글[28]이다. 독자는 예수가 어디서 왔으며 어디로 가는지 처음부터 알고, 예수의 말과 행동을 오해하는 모든 등장인물을 나름대로 생각할 수 있다.[29]

〈요한〉 서문을 종교사적 모델부터 설명하는 방법도 좋다. 그러나 〈요한〉 저자는 왜 서문을 지금 상태로 썼을까. 〈요한〉은 예수의 역사를 설명하고 싶었는데, 왜 서문은 천지창조 때 하느님이 하신 말씀으로 시작했을까. 두 가지 궁금증을 품고 예수의 역사에 본격적으로 다가서자. 말씀은 역사가 되었다. 〈요한〉의 핵심은 역사다.

1막 1장 예수를 증언하는 세례자 요한

¹⁹ 유다인들이 예루살렘에서 대사제들과 레위 지파 사람들을 요한에게 보내어 그가 누구인지 알아보게 하였다. 이때 요한은 이렇게 증언하였다. ²⁰ "나는 그리스도가 아니오." 그는 조금도 숨기지 않고 분명히 말해주었다. ²¹ 그들이 "그러면 누구란 말이오? 엘리야요?" 하고 다시 묻자 요한은 또 아니라고 대답하였다. "그러면 우리가 기다리던 그 예언자요?" 그들이 다시 물었을 때 요한은 그도 아니라고 하였다. ²² "우리를 보낸 사람들에게 대답해줄 말이 있어야 하겠으니 당신이 누군지 좀 알려주시오. 당신은 자신을 누구라고 생각하고 있소?" 이렇게 다그쳐 묻자 ²³ 요한은 그제야 "나는 예언자 이사야의 말대로 '주님의 길을 곧게 하여라' 하며 광야에서 외치는 이의 소리요" 하고 대답하였다.

²⁴ 그들은 바리사이파에서 보낸 사람들이었다. ²⁵ 그들은 또 요한에게 "당신이 그리스도도 아니요 엘리야도 아니요 그 예언자도 아니라면 어찌하여 세례를 베푸는 거요?" 하고 물었다. ²⁶ 요한은 이렇게 대답하였다. "나는 다만 물로 세례를 베풀 따름이오. 그런데 당신들이 알지 못하는 사람 한 분이 당신들 가운데 서 계십니다. ²⁷ 이분은 내 뒤에 오시는 분이지만 나는 이분의 신발 끈을 풀어드릴 만한 자격조차 없는 몸이오." ²⁸ 이것은 요한이 세례를 베풀던 요르단 강 건너편 베다니아에서 일어난 일이었다.

²⁹ 다음 날 요한은 예수께서 자기한테 오시는 것을 보고 이렇게 말하였다. "이 세상의 죄를 없애시는 하느님의 어린 양이 저기 오십니다. ³⁰ 내가 전에 내 뒤에 오시는 분이 한 분 계신데 그분은 사실은 내가 태어나기 전부터 계셨기 때문에 나보다 앞서신 분이라고 말한 것은 바로 이분을 두고 한 말이었습니다. ³¹ 나도 이분이 누구신지 몰랐습니다. 그러나 내가 와서 물로 세례를 베푼 것은 이분을 이스라엘에게 알리려는 것이었습니다." ³² 요한은 또 증언하였다. "나는 성령이 하늘에서 비둘기 모양으로 내려와 이분 위에 머무르는 것을 보았습니다. ³³ 나는 이분이 누구신지 몰랐습니다. 그러나 물로 세례를 베풀라고 나를 보내신 분이 '성령이 내려와서 어떤 사람 위에 머무르는 것을 보거든 그가 바로 성령으로 세례를 베푸실 분인 줄 알아라' 하고 말씀해주셨습니다. ³⁴ 과연 나는 그 광경을 보았습니다. 그래서 나는 지금 이분이 하느님의 아드님이시라고 증언하는 것입니다."(1,19-34)

〈요한〉을 사극史劇[30]으로 보면 서막은 1,1-18이다. 1,19-34이 1막 1
장이다. 〈요한〉 1장은 세상에 오신 말씀과 그에 대한 사람들의 반응이 특
징이다. 〈요한〉 1장은 〈마르〉 1장과 순서가 비슷하다. 복음 전체의 특징
(1-18절; 〈마르〉 1,1), 세례자 요한의 증언(19-28절; 〈마르〉 1,2-8), 세례 받는 예
수(29-34절; 〈마르〉 1,9-11), 첫 번째 제자들(35-51절; 〈마르〉 1,16-20). 〈요한〉
1장은 〈창세〉 1장처럼 창조의 첫 주간을 의식한다. 1막 1장(〈요한〉 1,19-
34)은 저자의 창작인 것 같다. 1막 1장(〈요한〉 1,19-34)은 예수에 대한 세례
자 요한의 간접 증언(19-28절), 예수에 대한 세례자 요한의 직접 증언(29-
34절)으로 나눌 수 있다.

〈요한〉 1장은 〈마르〉의 순서를 충실히 따르면서도 고유한 특징을 포
기하지 않았다. 1-18절에서 〈마르〉 1,1보다 웅장한 프로그램을 보여주
었다. 세례자 요한이 자신을 낮추는 모습을 강조하고, 예수가 사막에서
유혹받는 장면을 삭제했다. 천지창조 이전에 존재한 분이 악마에게 시달
리는 모습은 〈요한〉 저자에게 불쾌해 보였을 것이다. 하느님이 유일하게
세례 주시는 분으로 소개했다.

세상에 오신 말씀을 맞이하는 적대자들의 첫 반응은 무엇일까. 예루
살렘에서 대사제들과 레위 지파 사람들을 세례자 요한에게 보내 요한의
신분을 물은 것이다. 유다교가 공식적(〈요한〉 9,13-34)으로 질문하는 형식
이다. 19절에 대사제들과 레위 지파 사람들, 즉 유다교의 직업 종교인이
예수의 첫 번째 적대자로 등장한다. 대사제들과 레위 지파 사람들 ἱερεῖς
καὶ Λευίτας은 〈요한〉에서 여기만 한 그룹으로 묶여 나온다. 〈요한〉 전체를
관통하는 믿는 자와 믿지 않는 자의 대립이 벌써 시작되었다. 믿지 않는
사람의 대표자로 다른 누구도 아닌 유다교 지배층 종교인이 등장한 것

이 묘하다. 대사제들과 레위 지파 사람들은 세례자 요한과 가시 돋친 언쟁을 벌인다.

19절에서 당신은 누구요?σὺ τίς εἶ라는 질문은 25절에서 어찌하여 세례를 베푸는 거요?τί οὖν βαπτίζεις와 연결된다. 세례자 요한은 자신뿐 아니라 예수에 대해서도 증언한다. 19-28절 예수에 대한 세례자 요한의 증언은 6-8절과 연결되고, 29-34절 증언은 15절과 이어진다. 말씀λόγος과 사람ἄνθρωπος의 관계를 말하는 것이다. 세례자 요한이 혹시 메시아가 아닌가라는 여론이 있었다(〈루가〉 3,15; 〈사도〉 13,25). 20절에서 세례자 요한은 이렇게 증언한다. 나는 그리스도가 아니오ἐγὼ οὐκ εἰμὶ ὁ χριστός. 다른 단어가 붙지 않고 단독으로 쓰이는 그리스도χριστός는 신약성서에 무려 529번 있는데, 〈요한〉에 17번 나온다. 〈요한〉 저자가 요한 공동체와 미래의 독자, 유다인뿐 아니라 세례자 요한의 제자들에게도 하고픈 말은 이것이다. 세례자 요한이 그리스도가 아니라 나자렛 예수가 그리스도다.

21절 "엘리야요?"라는 질문은 세례자 요한의 제자들이 스승을 돌아온 엘리야Elia redivivus로 보는 현상을 가리킨다. 엘리야는 죽지 않고 회오리바람에 휩싸여 하늘로 올라갔다(〈2열왕〉 2,1-11). 그런 엘리야를 두고 갖가지 전승이 생겼다. "보아라. 나 이제 특사를 보내어 나의 행차 길을 닦으리라"(〈말라〉 3,1), "이 야훼가 나타날 날, 그 무서운 날을 앞두고 내가 틀림없이 예언자 엘리야를 너희에게 보내리니"(〈말라〉 3,23)로 발전되었다. 유다인은 엘리야를 기다려왔다. 무명 인사로 숨어 사는 메시아를 찾아 기름을 부어 책봉하고 세상에 알리려고 엘리야가 세상 끝날 직전에 다시 온다는 속설이 있었다.[31]

〈말라〉 3,22-24은 공동성서가 끝나는 텍스트이자, 신약성서로 연결되는 고리다. 공동성서와 신약성서의 메시지가 이어진다. 〈말라〉 3,23에 종말 시기에 오리라 약속된 엘리야와 세례자 요한이 연결된다. 그래서 유다인은 세례자 요한이 엘리야인지, 예수가 엘리야인지 자꾸 캐묻는다. 세례자 요한이 아니라 예수가 예언자 엘리야를 둘러싼 전통과 희망을 반영하며, 기적을 행하는 완세론完世論적 예언자[32]다. 〈마르〉와 〈마태〉는 세례자 요한을 엘리야로 소개한다(〈마르〉 1,6; 〈마태〉 3,4; 〈2열왕〉 1,8). 그러면 헤로디아(〈마르〉 6,17-28)는 이세벨(〈2열왕〉 1,17-) 역할에 해당한다.

여러 성서 사본을 살펴보면, 24절은 두 가지로 번역할 수 있다.

1. 그들은 바리사이파에서 보낸 사람들이었다.
2. 그들은 바리사이파 출신이었다.

대사제들과 레위 지파 사람들이 평신도 그룹인 바리사이파에 속한다고 보기는 어렵다. 1번 번역이 좀 더 설득력 있다. 29절 '하느님의 어린 양'은 누구를 가리킬까? 세 가지 가능성이 있다.[33]

1. 세상 종말에 나타난다고 본 양. 당시 묵시문학 문헌에 언급된다.
2. 과월절(파스카) 축제의 양.
3. 하느님의 종 노래에 언급된 양(〈이사〉 53,7).

〈요한〉 12,20-43에 언급된 하느님의 종 의미로 보아 나는 3번을 선택하고 싶다. 29절 '하느님의 어린 양'은 우리 죄를 대신 짊어지며 입도 벌리지 않고 도살장에 끌려가는 고통 받는 하느님의 종(〈이사〉 53,7)과 과월

절 희생양(〈출애〉 12,46;〈민수〉 9,12;〈시편〉 34,21)을 배경으로 한다.[34]

〈요한〉은 세례자 요한을 엘리야와 연결하는 〈마르〉〈마태〉〈루가〉와 거리를 둔다. 〈요한〉 저자는 알려지지 않은 메시아에 대한 전승을 알았다(〈요한〉 7,27). 예수 제자들과 세례자 요한의 제자들이 경쟁한 당시 상황도 알았다. 그래서 〈요한〉 저자는 〈마르〉〈마태〉〈루가〉가 세례자 요한에게 준 세례자 ὁ βαπτίζων(〈마르〉 1,4) 호칭을 삼가고, 예수는 오직 하느님에 의해 세례 받았다(32절)고 강조한다.

세례자 요한의 제자들도 그의 정체가 대체 무엇인지 무척 궁금했을 것이다. 세례자 요한의 제자들은 스승을 모세와 같은 예언자로 본 것 같다(〈신명〉 18,15-18). 다시 돌아오는 엘리야(〈말라〉 3,1.23-24)와 연결된 종말의 예언자로 기대했는지 모르겠다. 예수의 제자들이 예수를 메시아로 봐야 하는지 고뇌한 것처럼, 세례자 요한의 제자들도 세례자 요한을 메시아로 봐야 하는지 고민했다. 누가 메시아인지 분별하는 것이 중요하다는 말로 아직 충분하지 않다. 당시 사람들이 왜 메시아를 기다렸는지 알고 이해하는 것이 21세기 한반도에 사는 우리에게 더 중요하다. 메시아가 시대를 찾는 것이 아니라 시대가 메시아를 부른다.

메시아를 애타게 기다린 당시 유다인의 심정을 짐작하고 싶다. 유다인은 로마 군대의 식민 통치 아래 살면서 독립을 얼마나 간절히 바랐을까. 세례자 요한도, 나자렛 예수도 식민지 시대에 고통스럽게 산 피 끓는 청년이었다. 대사제들과 레위 지파 사람들, 즉 유다교 지배층 사람들도 메시아를 애타게 기다렸다. 그들은 세례자 요한이 메시아가 아니라는 증언뿐 아니라, 세례자 요한 뒤에 진짜 메시아가 곧 온다는 뉴스를 들었다.

그들은 이 소식을 예루살렘에 전하는 역할을 자신도 모르게 실행했다.

복음서는 태평성대에 쓰인 책이 아니다. 얄팍한 처세술이나 윤리 도덕을 가르치는 책도 아니다. 복음서는 전쟁문학이요, 저항문학에 속한다. 식민지 시대에 산 피지배인의 해방 열망이 가득 담긴 책이다. 유다인은 이민족의 군사적 압제에서 해방해줄 메시아를 손꼽아 기다렸다. 이스라엘만 그랬을까. 우리 시대에는 그런 백성이 없을까. 한반도는 여전히 메시아를 기다린다. 전쟁을 막아주고 평화를 이룩할 메시아를 간절히 기다린다. 한민족 모두 전쟁을 반대하고 일상에서 평화를 실천해가는 작은 메시아로, 평범한 메시아로 살아가면 좋겠다. 예수 당시 유다인이나 21세기 남북한 동포에게 해방자가 절실하다. 강대국의 권력 게임에서 피해자가 되기 쉬운 한반도의 운명 때문이다.

세례자 요한이 자신은 그리스도가 아니라고 했기 때문에, 유다인은 요한의 신분을 정확히 알 필요가 있었다. 세례자 요한이 그리스도가 아니라면 그가 엘리야인지, 기다리던 예언자인지 묻는 말에서 당시 유다인이 누구를 간절히 기다려왔는지 드러난다. 외세의 정치적 억압에 오랫동안 시달려온 유다인은 해방자를 기다렸다. 유다 민족의 이집트 탈출과 예수의 십자가는 자유와 해방의 사건이다. 23절에서 요한은 〈이사〉 40,3을 간단히 인용하며 자신은 광야에서 외치는 이의 소리φωνὴ βοῶντος ἐν τῇ ἐρήμῳ라고 답변한다. 로메로Óscar Arnulfo Romero 대주교는 세례자 요한과 비슷하게 목소리 없는 사람들의 목소리la voz de los sin voz라는 애칭을 가난한 사람들에게서 받았다. 세례자 요한과 로메로 대주교는 구원의 신비mysterium salutis요, 해방의 신비mysterium liberationis인 예수를 전한 예언자다.

24절에서 예수의 주요 적대자로 바리사이파가 벌써 움직인다. 바리사이파는 〈요한〉에서 예수를 괴롭히는 세력으로 자주 나타난다(7,32.45; 9,13). 예수는 두 분야에서 주요 적수가 있었다. 종교 분야에서 바리사이파, 정치 분야에서 로마 군대. 24절 '바리사이파에서 보낸 사람들'은 사실상 당시 유다교가 예수에게 던지는 질문으로 봐야겠다. 26절에 물로 세례를 베푼다ἐγὼ βαπτίζω ἐν ὕδατι는 요한의 답변은 두 가지를 알려준다.

1. 요한은 물로 베푸는 세례와 성령으로 베푸는 세례를 구분했다.
2. 요한의 세례는 죄 사함과 관계없다(〈마르〉1,4; 〈루가〉3,3). 〈요한〉에서 세례 받는 자들의 죄 고백(〈마르〉1,5; 〈마태〉3,6)이 언급되지 않은 것은 이 때문이다.

32절에서 요한은 성령을 언급한다. 예수를 성령과 함께하는 분으로 소개한 것이다. 〈요한〉을 이해하는 데 중요한 단어가 '성령'과 '십자가'다. 나는 〈요한〉을 십자가 신학, 성령 신학이라고 주저 없이 부르고 싶다. 성령과 함께하는 예수가 거침없이 십자가를 지고 저항과 해방의 길을 걷는다. 해방자 성령이요, 해방의 십자가다. 성령은 해방을 격려하고 동반한다.

누구나 자기소개를 할 때 보통 "나는 ○○○입니다"라고 말한다. 특히 〈요한〉에서 예수는 "나는 ○○○입니다"라는 일인칭으로 자신을 설명한다. 〈마르〉〈마태〉〈루가〉에서 예수는 주로 삼인칭 단수로 소개된다. 요한은 "나는 ○○○가 아닙니다"라는 문장으로 자신을 밝힌다. "당신은 누구십니까?"라는 질문에 "나는 아직 참된 그리스도인이 아닙니다. 나는 서품 받긴 했지만 아직 제대로 된 사제는 아닙니다"라는 자기소개는 어떤가.

〈마르〉〈마태〉〈루가〉에서는 예수가 세례자 요한의 제자처럼 소개되었다. 〈요한〉에서는 세례자 요한이 예수의 제자처럼, 첫 제자처럼 처신한다. 유다교 대표들에게 전혀 움츠리지 않고 당당하게 예수에 대해 고백한다. 예수를 배신한 베드로와 대조되는 모습이다. 〈요한〉 저자는 당시 교리 교육을 받던 사람들과 미래의 독자에게 이 구절을 기억하라고 말한다. "유다 지도자들 중에서도 예수를 믿는 사람들이 많았으나 바리사이파 사람들이 두려워서 예수 믿는다는 말을 드러내놓고 하지는 못하였다. 회당에서 쫓겨날까 겁이 났던 것이다."(〈요한〉12,42)

〈요한〉에는 세례자 호칭이 아예 없다. 〈요한〉 저자는 우리가 아는 세례자 요한을 증거자 요한이라고 부르고 싶을 것이다. 요한은 예수를 알리고 증언한 사람이다. 〈요한〉 저자의 생각에 따르면, 세례자 요한이라는 호칭보다 증거자 요한이라고 부르는 것이 좋겠다. 그러나 나는 세례자 요한, 증거자 요한보다 예언자 요한이라고 부르고 싶다. 요한이 세례를 주고 예수를 증언한 사실이 있지만, 그는 예언자로 살았다. 복음 선포라는 하느님의 일에 예언자 요한과 예수처럼 아름다운 인간관계가 또 있을까. 베드로와 바오로의 관계도 마찬가지 아닐까.

프란치스코 교황은 1980년 군사정권의 총탄에 순교한 엘살바도르 로메로 대주교에게 '주교요 증거자'라는 존칭을 드리며 복자품에 올렸다. 2018년 10월 14일, 로메로 대주교는 성인품에 모셔졌다. 증거자 요한과 로메로 대주교, 그들은 무슨 말을 하고 싶었을까. 예수를 세상에 알리고 증언하는 일이다. 〈요한〉 저자는 1막 1장에서 바로 그 말을 하고 싶었다. 예수를 세상에 알리고 증언하라. 고난의 땅 한반도에서 예수를 제대로 알리고 올바로 증언하라.

1막 2장 예수를 증언하는 첫 번째 제자들

³⁵ 다음 날 요한이 자기 제자 두 사람과 함께 다시 그곳에 서 있다가 ³⁶ 마침 예수가 걸어가는 것을 보고 "하느님의 어린 양이 저기 가십니다" 하고 말하였다. ³⁷ 그 두 제자는 요한의 말을 듣고 예수를 따라갔다. ³⁸ 예수는 뒤돌아서서 그들이 따라오는 것을 보고 "여러분이 바라는 것이 무엇입니까?" 하고 물었다. 그들은 "라삐, 묵고 계시는 데가 어딘지 알고 싶습니다" 하고 말하였다. (라삐는 선생님이라는 뜻이다.) ³⁹ 예수가 와서 보라고 하자, 그들은 따라가서 예수가 있는 곳을 보고 그날은 거기에서 예수와 함께 지냈다. 때는 네 시쯤이었다.

⁴⁰ 요한의 말을 듣고 예수를 따라간 두 사람 중의 하나는 시몬 베드로의 동생 안드레아였다. ⁴¹ 그는 먼저 자기 형 시몬을 찾아가 "우리가 찾던 메시아를 만났소" 하고 말하였다. (메시아는 그리스도라는 뜻이다.) ⁴² 그리고 시몬을 예수에게 데리고 가자, 예수는 시몬을 눈여겨보며 "당신은 요한의 아들 시몬이 아닙니까? 앞으로는 당신을 게파라 부르겠습니다" 하고 말했다. (게파는 베드로, 곧 바위라는 뜻이다.)

⁴³ 그 이튿날 예수가 갈릴래아로 떠나가려던 참에 필립보를 만나 "나를 따라오시오" 하고 불렀다. ⁴⁴ 필립보는 베싸이다 출신으로 안드레아와 베드로의 고향 사람이다. ⁴⁵ 그가 나타나엘을 찾아가서 "우리는 모세의 율법서와 예언자들의 글에 기록되어 있는 분을 만났소. 그분은 요셉의 아들 예수인데 나자렛 사람이오" 하고 말하였다. ⁴⁶ 그러나 그는 "나자렛에서 무슨 신통한 것이 나올 수 있겠소?" 하고 물었다. 그래서 필립보는 나타나엘에게 와서 보라고 권하였다.

⁴⁷ 예수는 나타나엘이 가까이 오는 것을 보고 "이 사람이야말로 정말 이스라엘 사람입니다. 그에게는 거짓이 조금도 없습니다" 하고 말했다. ⁴⁸ 나타나엘이 예수에게 "어떻게 저를 아십니까?" 하고 물었다. "필립보가 당신을 찾아가기 전에 당신이 무화과나무 아래 있는 것을 보았습니다." 예수가 이렇게 대답하자 ⁴⁹ 나타나엘은 "선생님, 선생님은 하느님의 아들이시며 이스라엘의 왕이십니다" 하고 말하였다. ⁵⁰ 예수는 "당신이 무화과나무 아래 있는 것을 보았다고 해서 나를 믿습니까? 앞으로는 그보다 더 큰 일을 보게 될 것입니다" 하고 ⁵¹ "정말 잘 들어두시오. 당신은 하늘이 열려 있는 것과 하느님의 천사들이 하늘과 사람의 아들 사이를 오르내리는 것을 보게 될 것입니다" 하고 말했다.(1,35-51)

1막 1장에서 증거자 요한은 예수를 증언했다. 1막 2장(〈요한〉 1,35-51)에는 사람들이 예수를 믿게 되는 네 가지 사례가 소개된다. 〈요한〉 서문에서 말한 내용이 이제 실현되는 것이다. "그는 그 빛을 증언하러 왔다. 모든 사람이 자기 증언을 듣고 믿게 하려고 온 것이다."(〈요한〉 1,7) 증거자 요한은 이제 물러나고 드디어 예수가 등장한다. 무대 커튼 뒤에서 웅장한 서곡이 울려 퍼지고 막이 올랐다. 1막 1장에서 주인공은 증거자 요한이다. 1막 2장은 당연히 예수다. 동사 '보다, 찾다, 머물다'가 주요 단어다. 독자는 제자들과 함께 예수라는 인물에 다가선다.

예전의 문헌 비판 연구는 〈요한〉 1,35-51을 표징 원천semeia Quelle과 복음서 저자의 편집으로 나눴다. 요즘 연구자들은 그런 시도를 대부분 포기했다.[35] 〈요한〉이 〈마르〉 〈마태〉 〈루가〉에 크게 의지한다는 의견이 널리 받아들여지기 때문이다. 〈요한〉 주석의 대가 하르트비히 티엔Hartwig Thyen의 고백을 들어보자. 그는 스승 불트만의 영향을 받아 〈요한〉이 〈마르〉 〈마태〉 〈루가〉와 별 관계없는 작품으로 알았다고 말한다. 〈마르〉 〈마태〉 〈루가〉를 아는 어느 교회 편집자가 나중에 〈요한〉과 비교해서 편집했다는 것이다. 티엔은 나중에 생각을 바꿨다. 〈요한〉 저자는 세 복음서를 알았으며, 세 복음서를 아는 독자를 전제로 〈요한〉을 썼다는 것이다.[36]

35절에서 요한의 제자들이 있었다는 사실이 전제된다. 36절에서 예수가 증거자 요한 주위에 자주 나타난 인상을 받을 수 있다. 예수와 증거자 요한은 같은 시대에 살았고, 같은 종교적 분위기를 호흡했다. 예수가 한동안 증거자 요한의 제자였음이 분명하다.[37] 예수가 오랜 기간 증거자 요한 그룹에서 머물렀다는 확실한 근거는 없다.[38] 부활 이후 증거자 요한의 제자들과 예수 제자들의 경쟁 관계를 알려주는 구절은 여럿이다(〈마르) 2,18; 〈사도〉 19,1-7). 세례자 요한 이야기와 예수가 제자들을 부른 이야기는 〈마르〉 앞부분에 나온다. 〈요한〉은 두 이야기를 한데 섞었다. 마치 예수의 첫 제자들이 세례자 요한의 제자들 중에서 생긴 것처럼 되었다.[39]

36절 아람어 taliah는 '양', '종'이라는 뜻이 있다. 문맥으로 보아 양으로 번역하는 게 좋겠다. 양은 강력한 힘으로 대표되는 권력과 반대되는 이미지다. 약함 속에서 드러나는 하느님의 사랑을 가리킨다. 37절은 증거자 요한의 말을 경청한 사람은 예수를 따르라고 말한다. 믿음이란 예수 따르기다. 예수를 멀리서 존경하고 지켜보는 사람은 아직 믿음에서 멀리 있다.

〈요한〉에는 히브리어 단어와 아람어 단어가 자주 나온다. 저자는 이런 단어가 처음 나오는 즉시 그리스어로 번역하고 설명했다. 저자는 그리스어, 히브리어, 아람어를 아는 사람 같다. 〈요한〉 독자 중에 그리스어를 아는 사람이 있었다는 사실을 가리킨다. 아멘Amen은 히브리어지만 번역되지 않았다. 그리스어를 쓰는 요한 공동체에서 아멘은 원어로 쓰였다는 말이다. 문장 처음에 나오는 아멘은 이어지는 말을 확신한다. 공동성서에 아멘이 두 번 반복되는 경우는 두 번 있다(〈민수〉 5,22; 〈느헤〉 8,6).

38절 "여러분이 바라는 것이 무엇입니까?τί ζητεῖτε"는 〈요한〉에서 예수의 첫마디다. 우리는 무엇을 바라는가. 처음으로 예수를 따라간 사람들은 예수의 거처를 물었다. "바라는 것이 무엇입니까?"라는 예수의 질문에 "선생님은 어디 사십니까?ῥαββί, ποῦ μένεις"라는 제자들의 답변이 나왔다. 제자로 받아주십사 간청하는 말이다. 당시 제자는 스승의 집에 머물며 성서 공부를 하는 관행이 있었다. 〈요한〉 저자는 "내 아버지 집에는 있을 곳이 많습니다"(〈요한〉 14,2)라는 구절을 의식했다. 39절에서 예수는 와서 보라고 사람들을 초대한다. 스승ῥαββί은 신약성서에 15번 나오는 데, 〈요한〉에 8번 있다.

'예수에게 오다'라는 말은 '예수를 믿다'라는 말과 거의 동의어로 쓰였다(〈요한〉 5,40; 6,35; 7,37).[40] 39절 때는 네 시ὥρα ἦν ὡς δεκάτη쯤이었다는 유다교 달력으로 열 시, 우리 달력으로 오후 네 시를 가리킨다. 열 번째 시간 혹은 오후 네 시를 성취의 시간[41]으로 해석해도 좋겠다. 다음 날이 안식일이어서 두 제자가 어쩔 수 없이 예수와 함께 머물렀다[42]고 보기는 어렵다. 〈요한〉 저자는 예수 삶의 큰 전환점을 시간별로 자세히 기록하는 습관이 있다.

35절 '다음 날', 43절 '그 이튿날'로 보아 35~42절은 하루에 일어난 일을 소개한다.[43] 등장인물의 움직임을 순서대로 보자.

1. 사람들은 예수를 따라갔고, 예수는 그들에게 질문했다.
2. 사람들은 예수에게 제자가 되고 싶다는 뜻을 밝혔고, 예수는 와서 보라며 기꺼이 자신이 머무는 곳에 초대했다.

예수의 거처가 자세히 소개되진 않았다. 사는 모습을 보여주고, 함께 사는 일이 스승이 먼저 할 일이다. 한국 개신교와 가톨릭에 사는 모습을 자신 있게 보여줄 스승이 많은가. 함께 살면서 스승다운 면모를 잘 드러낼 스승이 있는가. 목사, 신부, 수녀와 가까이 일하며 교회나 성당에 발길이 뜸해진 신도가 하나둘이 아니다.

40절에 따르면 예수의 첫 제자는 시몬 베드로가 아니라 그 동생 안드레아다. 〈마르〉〈마태〉〈루가〉의 보도와 다르다. 증거자 요한의 제자였다가 예수에게 건너간 첫 두 제자 중 하나는 이름이 드러나지 않았다. 〈요한〉을 읽은 독자는 그를 예수에게 사랑받은 제자로 상상할 수 있겠다. 그렇게 여기는 성서학자도 있고,[44] 의견이 다른 학자도 있다.[45]

예수에게 사랑받은 제자는 누구일까. 〈요한〉 13장에 본격적으로 드러난다. 그 혹은 그녀가 〈요한〉 저자인지에 대해 의견이 다양하다. 우리는 아직 〈요한〉 저자가 남자인지 여자인지도 모른다. 이 책 끝부분에서 자세히 보자. 예수에게 사랑받은 제자는 〈요한〉 1-20장에서 역할이 중요하게 소개되고, 베드로는 21장에서 그렇다. 예수에게 사랑받은 제자와 베드로의 관계는 〈요한〉을 해석하는 재미있는 소재 중 하나다.

41절에서 예수의 첫 제자 중 하나인 안드레아는 형 시몬에게 "우리가 찾던 메시아를 만났소"라고 말한다. 예수의 진정한 제자다운 행동이다.[46] 예수에 대한 제자들의 정보보다 예수라는 존재의 무게감을 강조한다. 〈요한〉 저자는 예수를 만난 감동이 그만큼 컸다는 사실을 독자에게 말하고 싶었다. 증거자 요한은 예수를 메시아보다 구원자로 소개했다. 그런데 안드레아는 예수를 처음부터 메시아로 이해했다. 만나고 겨우 하루같이 지냈는데 그런 말이 나올까. 예수 제자들은 대체로 성질이 급한가. 예수를 선뜻 따라가고, 쉽게 배신한다.

〈요한〉에 나오는 단어 '메시아'에서 유다교 메시아와 사마리아인의 메시아, 그리스도교 메시아를 잘 구분해야 한다. 〈요한〉의 메시아는 당시 유다교가 기다리던 메시아를 주로 가리킨다(7,26;9,22;10,24). 유다 가문에서 나오는 왕이요, 마지막 날에 이스라엘의 구원자라는 뜻이다. 사마리아 여인은 우물가에서 사마리아인이 기다리던 메시아가 곧 예수인지 물었다(〈요한〉 4,29). 〈요한〉에서 히브리어 메시아를 그리스어로 번역한 단어 그리스도는 거의 언제나 하느님의 아들과 연결되어 쓰였다(1,49; 11,27; 20,31). 그리스도인은 예수를 아예 예수그리스도라고 불렀다(〈요한〉 1,17; 17,3). 예수의 이름이 처음부터 예수그리스도인 것처럼 말이다. 그러나 그리스도라는 호칭이 아무리 멋지다 해도 나자렛 예수라는 존재를 다 드러내지는 못한다. 존재가 호칭보다 앞선다. 호칭의 능력과 한계를 알아야 한다. 호칭에 빠지면 안 된다. 호칭은 호칭이고 존재는 존재다.

42절에서 예수는 시몬을 알아본다. "당신은 요한의 아들 시몬이 아닙니까? 앞으로는 당신을 게파라 부르겠습니다." 시몬의 아버지 이름이 요한임을 안다. 어찌된 일일까. 시몬의 동생 안드레아에게서 전날 가족 관계를 다 들었을까. 예수는 처음 보는 시몬에게 베드로, 곧 '바위'라는 뜻이 있는 새 이름 '게파'를 주었다. 예수는 성명학을 공부했는가. 예수가 실제로 새 이름을 주었는지, 부활 이후 공동체가 그렇게 꾸며냈는지 판단하기 어렵다.[47] 아람어 이름은 〈요한〉계 문헌 말고도 바오로의 편지에서 자주 보인다(〈1고린〉 1,12; 3,22; 〈갈라〉 1,18; 2,9). 40-42절은 〈마르〉 〈마태〉 〈루가〉의 해당 구절과 아주 다르다.

43절에서 예수는 여전히 요르단 강 하류에 있다. 갈릴래아는 〈마르〉 〈마태〉 〈루가〉처럼 예수의 활동이 두드러진 지역이다. 그러나 갈릴래아가 강조된 비중이 〈요한〉에서 좀 줄었다. 〈요한〉에서 중요한 곳은 예루살렘이다. 〈요한〉은 예수의 열두제자 구성에 우선 관심 있는 것이 아니고, 제자 하나하나를 부르는 예수의 모습에 더 주의를 기울였다.

44절에 나오는 베싸이다는 가파르나움, 코라진과 더불어 예수의 활동이 환영받은 몇 안 되는 동네다(〈마르〉6,45;〈마태〉11,21;〈루가〉9,10). 나타나엘은 가나 출신이다(〈요한〉21,2). 나타나엘이라는 이름은 신약성서에서 〈요한〉에만 나온다. 나타나엘은 예수의 열두제자에 속하는가? 〈요한〉에 따르면 그는 예수의 첫 네 제자 중 하나다. 나타나엘은 〈요한〉21,2을 근거로 열두제자에 속해야 한다. 그러나 세 복음서 열두제자 명단에는 나타나엘이 없다(〈마르〉3,17-19;〈마태〉10,1-4;〈루가〉6,12-16). 어떻게 해야 하나. 루돌프 슈나켄부르크Rudolf Schnackenburg의 의견은 이렇다. "〈요한〉보도가 나타나엘을 열두제자에 속해야 한다고 요구하는 것은 아니다."[48] 나타나엘이 누구인가 하는 문제보다 '하느님이 주셨다'는 그 이름의 뜻을 기억하는 것이 중요하다.

베드로와 안드레아, 필립보의 고향이 베싸이다라고 말한 것은 여러모로 놀랄 일이다. 베싸이다는 갈릴래아 지방에 속하지 않고, 요르단 강 건너편 헤로데의 막내아들 필립보(공통년 이전 4-공통년 34년)가 통치하는 가울라니티스Gaulanitis 지역에 속한다. 더구나 독자는 갈릴래아 지방 겐네사렛 호숫가 가파르나움을 베드로와 안드레아의 거주지로 알고 있다(〈마르〉1,29;〈마태〉8,14;〈루가〉4,38). 〈요한〉저자는 갈릴래아 지방 베싸이다(〈요한〉12,21)라고 계속 우긴다. 베싸이다는 헤로데의 막내아들 필립보가 사망한 공통년 34년 이후 갈릴래아 지방으로 편입된 것 같다. 예수는 필립보가 사망하기 몇 년 전에 세상을 떠난다.

모세와 율법서, 예언자의 조합은 〈요한〉에서 1,45에만 나온다. 나자렛은 복음서에서 공통으로 예수의 고향이다(〈마르〉1,9;〈마태〉2,23;〈루가〉1,26). 〈요한〉은 나자렛을 예수가 태어난 곳으로 보는 듯하다. 〈요한〉에는 〈마태〉 〈루가〉와 달리 예수의 베들레헴 탄생 전승이 없다(〈마태〉2,1;〈루가〉2,4). 〈요한〉은 '이스라엘'이라는 단어에 긍정적 의미도 부여한다(1,31; 3,10;12,13). 〈요한〉을 반유다주의 문헌으로 결론짓는 것은 신학적으로 큰 잘못이다. 〈요한〉이 예수를 받아들이지 않는 일부 유다인과 신학적 논쟁을 하지만, 유다인을 민족 차원에서 낙인찍은 것은 아니다.

성서학자들은 47-48절에 '거짓이 조금도 없는 참 이스라엘'과 '무화과나무 아래 있는 것'의 관계를 곰곰 생각해왔다. 무슨 뜻이 담겼을까. 유다교 라삐rabbi들은 성서 공부와 가르침의 장소로 기꺼이 나무 아래를 골랐다. 나무 아래서 성서 공부에 열중하는 나타나엘, 성서의 뜻을 깨닫고 예수에게 오는 나타나엘은 성서를 공부했지만 예수에게 오지 않는 다른 유다인과 달리 〈요한〉 저자에게 상징적 인물이다.[49] 포도나무와 무화과나무 아래 앉은 이스라엘 사람이란 표현은 예언자 미가와 즈가리야 이후 세상 끝 날의 평화를 가리키는 비유로 흔히 쓰였다.[50]

예수의 제자가 예수를 이스라엘의 왕으로 고백하는 사례는 〈요한〉의 특징 가운데 하나다. 다른 복음서에서 이스라엘의 왕은 예수의 적대자들이 예수를 모욕하기 위해 쓰는 호칭이다(〈마르〉15,32-;〈마태〉27,42). 50절에서 예수가 나타나엘의 믿음을 나무란다고 생각할 필요는 없다. 예수는 나타나엘이 더 큰 일을 보게 될 것이라고 격려한다. 예수는 유다교 의회에서 심문 받을 때 비슷한 말을 다시 한다(〈마르〉14,53-65;〈마태〉26,59-66; 〈루가〉22,66-71). 51절 '열린 하늘'은 하느님의 진리가 드러나고 하느님의 얼굴이 나타남을 가리키는 표현으로 〈에제〉1,1 이후 묵시문학에서 널리 퍼졌다(〈묵시〉4,1;19,11;〈1마카〉3,6.18).

51절 '하느님의 천사들이 오르내리는 것'은 〈창세〉 28,12 야곱의 꿈과 관계있다. "꿈을 꾸었다. 그는 꿈에 땅에서 하늘에 닿는 층계가 있고 그 층계를 하느님의 천사들이 오르락내리락 하는 것을 보고 있었다." 나자렛 예수가 골고타Golgotha 언덕에서 십자가에 오르는 것을 사람들이 보리라는 암시다. 야곱이 이스라엘의 조상으로서 이스라엘 민족과 역사에 의미 있듯이, 예수는 이스라엘 출신으로서 인류와 역사에 의미가 있다는 뜻이다. 〈요한〉 저자는 〈창세〉 28장을 이용해 예수를 하느님의 집, 즉 성전(2,19-22)이라고 부른다.

51절 '사람의 아들'이라는 호칭이 〈요한〉에서 처음 예수의 입을 통해 나온다. 그리스인에게 낯선 표현인 사람의 아들ὁ υἱὸς τοῦ ἀνθρώπου은 신약성서에 82번 나온다. 이 표현은 몇 부분(〈사도〉 7,56; 〈묵시〉 1,13; 14,14)을 제외하면 복음서에서 예수의 말씀에만 있다. 거의 예수가 쓰던 말이라는 뜻이다. 〈요한〉에서 사람의 아들은 세 종류로 나눌 수 있다.[51]

1. 하늘에서 내려와 하늘로 돌아가는 사람의 아들(3,13; 6,62).
2. 높이 들린 사람의 아들(3,14; 8,28; 12,34-).
3. 영광을 받게 된 사람의 아들(12,23; 13,31-).

51절은 1번에 해당한다.

신약성서에서 수수께끼 같은 현상 가운데 하나는 예수가 사용한 '사람의 아들'이라는 호칭이다.[52] 사람의 아들은 복음서에서 예수 자신을 대신하는 일인칭 주어나, 예수의 특별한 역할과 사명을 소개하는 호칭으로 사용되었다. 그런데 복음서에 널리 쓰인 이 호칭은 신약성서 나머지 문헌과 신약성서 그리스도론(기독론)에서 사실상 사라졌다. 2세기 교부 문헌에서도 이 호칭은 원래 유다교적 뿌리를 잃어버리고 그리스도의 인성을 가리키는 철학적 의미로 바뀌었다.

43절에서 35-42절과 달리 예수가 직접 제자를 부른다. 예수에게 먼저 다가가 선택받은 제자가 있고, 예수가 알아보고 뽑은 제자도 있다. 두 그룹 중에 누가 더 높고 귀하냐고 질문할 필요는 없다. 성직자와 평신도 중에 누가 더 높은가 하는 질문처럼 엉터리가 어디 있을까. 평신도와 성직자는 맡은 직분이 다르지만, 품위와 소중함에서 평등하다. 신부가 평신도보다 높지 않고, 평신도가 신부보다 높지 않다.

47절에서 예수는 나타나엘을 보고 "이 사람이야말로 정말 이스라엘 사람입니다. 그에게는 거짓이 조금도 없습니다"라고 말했다. 이 구절을 다음과 같이 바꾸면 어떨까? "이 사람이야말로 정말 한국 사람입니다. 거짓이 조금도 없습니다." 예수가 한반도에서 태어났다면 반드시 이렇게 말했을 것이다. "이 사람이야말로 정말 그리스도인입니다. 거짓이 조금도 없습니다." 한국 개신교 성도나 가톨릭 신자가 이런 말을 흔히 듣는 세상이 어서 왔으면 좋겠다.

1막 2장에 해당하는 35-51절은 두 가지 제자 됨을 보여준다. 다른 제자의 도움으로 예수를 아는 경우와 예수에게 초대를 받아 제자가 되는 경우다. 35-51절은 제자를 소개하는 네 장면에서 무엇을 말하고 싶었을까? 독일 성서학자 페르디난트 한Ferdinand Hahn의 설명이 설득력 있다.

1. 세례자 요한의 제자 초대와 예수의 제자 초대를 나란히 놓고

2. 새로 얻은 제자들이 다른 제자들을 예수에게 인도하고

3. 간접적인 제자 초대를 예수와 직접 만남으로 연결하고

4. 복음서에서 예수에게 붙인 호칭을 제자들이 고백하도록 장면을 만들었다.[53]

예수를 만난 사람에게 그분을 만나기 전과 후가 같을 수 없다. 예수를 만나려면 노력과 사건이 필요하다. 내가 산으로 다가서고 산이 내게 다가오듯, 나는 예수에게 다가가고 예수는 내게 온다. 만남은 나의 결단과 예수의 초대로 이뤄진다. 세상에 우연한 만남이 어디 있으랴. 만남은 우연이 아니라 인연이다.

예수가 와서 보라고 초대하자, 첫 두 제자는 따라가서 예수가 있는 곳을 보았다. 예수는 하느님을 해설한 분이다. 예수는 누가 해설할까. 무엇으로, 어떻게? 증거자 요한처럼, 증거자 로메로 대주교처럼. 우리도 예수의 해석자로서 준비되었는가. 필립보는 나타나엘에게 와서 예수를 보라고 권했다. 우리는 누구에게 와서 보라고 자신 있게 말할 수 있을까. 한국 개신교나 가톨릭에 와서 무엇을 보라고 말할 수 있을까. 아름다운 모습? 부패한 모습? 나는 지금 누구에게 교회나 성당에 와서 보라고 말하기 두렵고 망설여진다. 누구 탓인가?

2막 1장 가나 혼인 잔치 포도주 기적

¹ 이런 일이 있은 지 사흘째 되던 날, 갈릴래아 지방 가나에 혼인 잔치가 있었다. 그 자리에는 예수의 어머니도 있었고 ² 예수도 그의 제자들과 함께 초대를 받고 와 있었다. ³ 잔치 도중에 포도주가 다 떨어지자, 예수의 어머니는 예수에게 포도주가 떨어졌다고 알렸다. ⁴ 예수는 어머니를 보고 "여인이여, 그것이 저에게 무슨 상관이 있다고 그러십니까? 아직 제 때가 오지 않았습니다" 하고 말했다. ⁵ 그러자 예수의 어머니는 하인들에게 "무엇이든지 그가 시키는 대로 하시오" 하고 일렀다.

⁶ 유다인들에게는 정결 예식을 행하는 관습이 있었는데, 거기에는 그 예식에 쓰이는 두세 동이들이 돌 항아리 여섯 개가 놓여 있었다. ⁷ 예수는 하인들에게 "그 항아리마다 모두 물을 가득히 부으시오" 하고 말했다. 그들이 여섯 항아리에 물을 가득 채우자 ⁸ 예수는 "이제는 퍼서 잔치 맡은 이에게 갖다주시오" 했다. 하인들이 잔치 맡은 이에게 갖다주었더니 ⁹ 물은 어느새 포도주로 변해 있었다. 물을 떠 간 그 하인들은 그 술이 어디에서 났는지 알고 있었지만, 잔치 맡은 이는 아무것도 모른 채 술맛을 보고 나서 신랑을 불러 ¹⁰ "누구든지 좋은 포도주는 먼저 내놓고 손님들이 취한 다음에 덜 좋은 것을 내놓는 법인데, 이 좋은 포도주가 아직까지 있으니 웬일이오!" 하고 감탄하였다. ¹¹ 이렇게 예수는 첫 번째 기적을 갈릴래아 지방 가나에서 행하여 당신의 영광을 드러냈다. 그리하여 제자들은 예수를 믿게 되었다. ¹² 이 일이 있은 뒤에 예수는 어머니와 형제들과 제자들과 함께 가파르나움에 내려갔으나, 거기에 여러 날 머물러 있지는 않았다.(2,1-12)

〈요한〉에서 예수의 공식 활동은 회개 촉구나 하느님 나라 선포로 시작되지 않았다. 그 대신 예수를 증언하는 사람들이 등장한다. 〈요한〉 1-10장을 '예수 증언의 책'이라고 불러도 좋을 정도다.⁵⁴ 〈요한〉 11-21장은 '예수 영광의 책'이라고 부르자. 그 처음은 라자로의 부활(11,1-44)이다. 제자들과 함께 한 마지막 식사(13,1-30)와 연결된다. 신랑 친구와 단식

이야기가 나오는 〈마르〉 2,18-22도 함께 읽으면 좋다.

불트만 이후 〈요한〉을 구성하는 자료로 수난사Passions geschichte, 표징 원천Zeichenquelle, 계시 발언Offenbarungsrede이 논의되었다.[55] 계시 발언 이론은 거의 포기되었다.[56] 표징 원천이 실제로 존재했는지 의문이 늘어난다.[57] 11절 '첫 번째 기적'이란 표현 때문에 이른바 표징 원천이 존재했을 것이라는 이론이 20세기 성서신학에서 오래 논의되었다. 〈요한〉 저자가 존재하는 표징 원천을 이용해 〈요한〉의 기적 이야기를 썼다는 설명이다. 그러나 최근에는 〈요한〉 저자가 직접 작성했다는 의견이 강해지고 있다.[58]

〈요한〉에서 일곱 가지 표징σημεῖον은 가나 혼인 잔치의 포도주 기적(2,1-11), 고관의 아들 치유(4,46-54), 베짜타 못가의 병자 치유(5,1-18), 5000명을 먹인 기적(6,1-15), 물 위를 걸은 예수(6,16-21), 실로암 연못가에서 시각장애인 치유(9,1-7), 베다니아에서 라자로의 부활(11,1-44)을 가리킨다.[59] 표징은 하느님과 예수의 일치에서 행해진 일의 증거가 되기 때문에 표징에서 하느님이 드러난다. 일ἔργον(〈요한〉 7,21)은 제자들, 군중, 백성, 악마도 할 수 있지만, 표징은 예수만 할 수 있다. 〈요한〉에 17번 나오는 단어 '표징'의 주어는 전부 예수다. 예수의 말도 일에 포함될 수 있다(〈요한〉 5,36; 8,28; 14,10). 〈요한〉은 예수에게 호칭보다 추상명사를 붙이기 좋아한다. 예수의 기적에서 예수의 말씀으로 이동하는 점도 놓치지 말아야 한다.[60]

〈요한〉에서 예수의 첫 기적은 〈마르〉〈루가〉처럼 가파르나움에서 악령을 쫓아내는 게 아니라 가나의 화려한 혼인 잔치에서 일어난다. 가나는 나자렛에서 약 14킬로미터 떨어진 키르벳 가나Kirbet Kana로 짐작된다.[61]

가나는 〈요한〉에 4번 나오지만(2,1.11; 4,46; 21,2) 다른 복음서에는 없다. 갈릴래아 지방 가나와 유다 지방 예루살렘은 〈요한〉에서 상징적으로 대조되는 곳이다. 믿음의 가나와 불신의 예루살렘이라는 구도다. 포도주의 양, 하인들, 잔치 맡은 사람이 있는 것으로 보아 부잣집에서 벌어진 기적이다.

문학 유형으로 보면 선물 기적Geschenkwunder에 해당한다.[62] 병에 걸린 지 오래되어 위중하거나 악령에 사로잡혀 다급한 상황은 아니었다. 내키지 않게 행한 기적이기도 하다. 그래서 예수가 실제로 행한 기적이라고 보기 어렵다.[63] 예수가 상징적으로 신랑으로 나타난다[64]고 봐야 하는가. 공동성서와 초기 유다교에서 메시아를 신랑으로 비유하지는 않았다.[65]

야훼 하느님과 맺은 계약에 충실하지 않은 이스라엘 백성의 행태(〈에제〉 16장; 〈호세〉 2장)에도 하느님은 언제나 구원을 베푸신다(〈이사〉 62,5; 〈에제〉 16,6; 〈마르〉 2,19). 예수는 〈요한〉에서 주로 참 생명을 주시는 분으로 소개된다. 예수의 첫 등장에서 곤경에 처한 사람을 보살피는 모습이 드러난다. 예수가 활동하기 전에 그 존재 자체가 인류에게 기적이다.

1절 '사흘째 되던 날'은 〈요한〉 저자가 부활을 연상하기 위해 쓴 표현이다.[66] 사흘째 되던 날은 예수의 영광이 드러나는 날이다(〈요한〉 2,11; 12,1). 시나이 산에서 하느님의 백성으로서 이스라엘의 탄생(〈출애〉 19,5-)은 혼인 잔치의 비유로 그려졌다. 이스라엘이 정결 예식을 지내고 사흘째 되는 날 하느님과 혼인 계약을 맺은 것처럼, 가나의 혼인 잔치도 셋째 날 치러진다.

혼인 잔치를 나타내는 단어는 보통 복수 명사가 쓰이는데, 1절에는 단수 명사 γάμον가 있다. 유다에서 혼인 잔치는 보통 일주일 동안 계속된다(〈토비〉 11,18). 혼인 잔치는 호세아 예언자 시대 이후 야훼 하느님과 이스라엘 백성의 관계를 나타내는 비유로 즐겨 사용되었다. 본문에서 신랑은 한 번 언급되지만 신부는 나오지 않는다. 예수의 어머니 마리아는 포도주가 떨어진 사실을 왜 아들에게 전했을까. 아들의 초능력을 알았기에 기적을 행하라고 부추겼는가. 넘치는 포도주 잔은 유다교와 그리스도교에서 다가오는 구원의 시대를 상징한다.[67]

3-4절에 예수와 어머니의 이해하기 힘든 대화는 최근까지 성서 주석에서 갖가지 해석을 낳았다. 예수는 누구이며 마리아는 누구인가, 구원의 역사적 관점과 여성신학의 질문이 뒤엉켜 어우러졌다.[68] 4절에서 예수가 주춤거리는 답변이 재미있다(〈판관〉 11,12; 〈2사무〉 16,10; 〈요한〉 11,6). 4절 끝부분 οὔπω ἥκει ἡ ὥρα μου은 '아직 제 때가 오지 않았습니까?'라는 질문보다 '아직 제 때가 오지 않았습니다'라는 선언으로 번역하는 것이 좋다. 예수의 때는 십자가의 때를 가리킨다. 포도주 기적은 십자가의 그림자 안에서 일어났다.[69] 이 장면에서 사렙다의 과부에게 기적을 베푸는 엘리야(〈1열왕〉 17,7-24)가 떠오른다. 엘리야는 사렙다의 과부를 찾아가 "목이 마른데 물 한 그릇 떠주실 수 없겠소?"라고 간청했다. 예수도 사마리아 여인에게 같은 부탁을 한다(〈요한〉 4,7). 우물가 이야기는 여러 문화에서 공통이었다. 물이나 술이 떨어졌을 때 사람들은 잘 참지 못한다.

개신교 성서학자 우도 슈넬레Udo Schnelle는 4절에서 예수가 어머니를 여인γύναι이라고 한 것은 멸시하는 호칭이 전혀 아니라고[70] 말한다. 가나 혼인 잔치와 십자가 아래(〈요한〉 19,25) 예수의 어머니가 있다는 사실이 중요하다. 예수의 어머니는 〈요한〉에서 딱 두 번 등장한다. 예수는 두 곳에서 모두 자신의 어머니를 여인이라고 불렀다. 가나의 혼인 잔치, 십자가 아래는 둘 다 십자가와 연관 있다. 〈마르〉〈마태〉〈루가〉에는 예수의 어머니가 아들의 십자가 장면에 없지만, 〈요한〉에는 있다. 예수의 어머니는 꽃가마를 타고 가는 영광의 길이 아니라 저항과 죽음의 십자가 아래 아들과 함께, 아들 곁에 있다. 십자가 아래 있는 모든 여인은 예수의 어머니이기도 하다. 이 부분은 독자와 그리스도교에게 예수의 첫 기적뿐 아니라 마리아의 첫 등장을 소개한다.

시간을 알지만 때를 모르는 사람이 있다. 때를 기다리고 때를 알아차려라, 나아갈 때와 물러날 때를 알아라, 아직 때가 아니다(〈요한〉 2,4; 7,30; 8,20)라는 말도 새길 줄 알아야 한다. 예수의 어머니는 아직 때를 모르고, 예수는 때를 안다. 예수는 나아갈 때와 물러날 때를 알았다. 〈요한〉에서 예수의 때는 영광의 때(12,23; 17,1), 아버지에게 돌아갈 때(7,30; 8,20; 13,1), 올 때(4,21; 5,25; 16,2), 고난 받을 때(12,27)처럼 여러 가지로 소개되었다. 그런 의미에서 〈요한〉을 시간 신학이라고 불러도 좋겠다. 내 생각에 나아갈 때를 안 분은 프란치스코 교황이고, 물러날 때를 안 분이 베네딕토 16세 교황이다.

5절에서 예수의 어머니는 하인들에게 "무엇이든지 그가 시키는 대로 하시오"라고 부탁했다. 예사로운 말이 아니다. 예수의 어머니는 남의 집 하인에게 명령할 권한이 없다. 시나이 산에서 백성이 일제히 "야훼께서 말씀하신 것은 모두 그대로 실천하겠습니다" 하고 세 번 다짐한 역사와 연결된다. 예수가 나타나엘을 거짓이 조금도 없는 참 이스라엘 사람(〈요한〉 1,47)이라고 말하듯이, 예수의 어머니는 거짓이 조금도 없는 참 이스라엘 여인으로 독자에게 소개된다.

하인들을 가리키는 데 종δοῦλος이나 아이ραις가 아니라 봉사자διακόνοις (〈요한〉 12,26)라는 단어가 쓰였다. 신분 사회의 계급 구조에서 쓰는 단어가 아니라 종교적 의미에서 '봉사하는 사람'이란 뜻이다. 가톨릭교회에서 부제를 가리키는 단어다. 하인들은 여기서 예수의 제자들과 대조되는 모범을 보인다. 예수의 제자들은 하인들에게 "무엇이든지 그가 시키는 대로 하시오."(5절)라고 이르는 예수의 어머니와 "그 항아리마다 모두 물을 가득히 부으시오."(7절)라고 말하는 예수를 지켜볼 뿐이다. 봉사하는 사람, 즉 하인들은 예수의 어머니와 예수가 지시한 말을 실천한다. 하인들은 예수의 제자들에게 실천하는 모범을 보인다. 그저 지켜보는 제자들과 말씀을 듣고 그대로 실천하며 봉사하는 하인들이 대조되는 모습으로 무대에 있다.

흙으로 빚은 항아리는 때가 타고 깨지기 쉬워 정결 예식에 쓰이지 않았다. 정결 예식에는 돌 항아리가 사용되었다(〈레위〉 11,33). 신심 깊은 독자는 물을 가득히 부으라는 예수의 말에서 생명의 원천인 물을, 영원한 생명의 물인 예수를 연상하겠다. 6절 '두세 동이들이 돌 항아리 여섯 개'에 물을 약 600리터 채울 수 있다. 손님 한 사람이 포도주를 1리터 마신다 해도 무려 600명을 맞이할 양이다. 예수가 행한 엄청난 기적을 알려준다. 하인들과 잔치를 맡은 책임자까지 있는 부잣집 혼인 잔치다. 8-9절의 잔치 맡은 이ἀρχιτρίκλινος는 신약성서에서 여기만 나오는 단어다. 직업을 가리키는 전문 용어 같지는 않다. 제주도에서 잔치할 때 음식 만들고 분배하는 책임을 맡은 여인(도감)의 위세는 대단하다.

예수가 하는 말은 힘이 있다(〈요한〉 5,8; 11,43). 예수는 권력은 없지만 권위가 있었다. 말과 행동에서 나오는 감동과 매력이 권위의 원천이다. 9-10절은 기적이 일어나는 광경을 묘사한다(〈1열왕〉 17,14-16; 〈2열왕〉 4,6; 〈마르〉 2,12). 좋은 포도주는 먼저 내놓고 손님들이 취한 다음에 덜 좋은 것을 내놓는 법이 옛날이나 지금이나 관행인지 설명하기는 어렵다. 처음부터 끝까지 좋은 술을 내놓는 사람도 있지 않겠는가. 어쨌든 기적은 일어났고, 술의 품질이 뛰어났다는 사실이 보도되었다.

술 기적을 기록한 고대 문헌은 드물다. 그리스의 디오니소스 술 문화가 갈릴래아 지방에 전해졌는지 알기는 어렵다. 티엔은 〈요한〉 2,1-12을 술의 신 디오니소스와 연결하려는 시도[71]에 반대한다.[72] 포도주를 종말 시대의 상징으로 말한 곳은 있다(〈아모〉 9,13; 〈호세〉 2,24; 〈예레〉 31,5). 포도주가 생명의 상징으로 나타나기도 한다(〈판관〉 9,13; 〈시편〉 104,15; 〈요엘〉 2,24). 예수가 자신을 참 포도나무라고 비유한 구절(〈요한〉 15,1)이 있다. 가나 혼인 잔치의 포도주와 골고타 언덕에서 예수가 흘린 피(〈요한〉 19,34-)를 연결하려는 시도는 초대교회 때부터 많았다. 성체성사에서 포도주를 연상하는 일은 자연스럽다.

모세의 기적을 보고 모세의 역할을 믿은 이스라엘 백성들처럼, 제자들은 예수의 기적을 보고 예수를 믿었다. 그런데 12절에서 느닷없이 예수의 형제들이 소개된다. 기적 이야기를 마무리하고 넘어가는 대목이다. 예수의 형제들은 포도주 기적 이야기에서 아무 역할도 맡지 않았다. 혼인 잔치가 가족 행사임을 가리킨 것인가. 겐네사렛 호수 북서쪽 가까이에 있는 가파르나움은 예수가 활동한 중심지다(〈요한〉 4,46; 6,17). 공통년 26-27년 로마 황제 티베리우스Tiberius를 기념하기 위해 만들어진 티베리아스 이름을 따라, 신약성서에서 〈요한〉 저자만 티베리아 호수(6,1; 21,1)라고 부른다.

2막 1장에서 예수의 어머니를 교회의 상징으로 보는 견해는 근거가 약해 받아들이기 어렵다. 예수에게 사랑받은 제자로 대표되는 이방인계 그리스도교에 밀려 뒤처진 유다계 그리스도교를 대표하는 인물로 보는 생각[73]도 찬성하기 어렵다. 이방인계 그리스도교와 유다계 그리스도교의 갈등, 모세오경을 둘러싼 논쟁은 〈요한〉에서 별로 다루지 않았다.[74] 2막 1장에서 예수의 어머니를 모세오경에 충실한 유다교 여성 신자로 보는 것이 가장 적절하겠다.

첫 번째 기적에서 드러난 예수의 영광을 보고 제자들은 예수를 믿었다(11절). 물을 포도주로 만든 것도 기적이지만, 예수가 자신의 신분을 알려준 사실이 기적이다. 선물을 보고 기뻐하기 전에 선물을 보낸 분이 누구인지 봐야 한다. 사람들은 예수의 기적을 보고 당연히 기적을 행하는 예수에게 관심이 생긴다. 〈요한〉 저자는 기적 뒤에 있는 배경에 주목하라고 말한다. 예수는 하느님에게서 왔으며(8,14; 9,29), 하느님의 뜻을 행한다(4,34; 5,36; 10,25)는 말이다. 기적을 제대로 보면 예수와 하느님의 일치가 보인다는 뜻이다.

기적을 보고 예수의 능력에 먼저 감동하는 사람도 있고, 기적을 애타게 바라는 가난한 사람들의 고통에 먼저 공감하는 사람도 있다. 〈요한〉은 기적과 십자가의 연결을 강조한다.[75] 기적과 십자가를 잘 연결하여 이해하면, 기적에서 출발해 믿음에 이를 수 있다. 십자가를 깨닫지 못한 기적은 아직 온전한 믿음으로 나아가기 어렵다. 기적은 단순히 자연과학 법칙을 어기는 것이 아니라, 예수와 하느님의 일치가 드러나고 하느님 나라가 가난한 사람들의 삶에서 실현된 역사적 증거다.

〈요한〉 저자는 기적 신앙을 요구하지도, 기적을 무시하지도 않는다. 기적을 과장할 필요는 없지만, 기적이 믿음으로 이끌기도 한다. 기적을 봐서 믿음이 생겼다기보다, 믿음의 눈으로 보니까 기적이 달리 보인다는 말이다. 똑같이 기적을 봐도 믿는 사람이 있고, 믿지 않는 사람이 있다. 기적을 봤는데 왜 믿지 않느냐고 윽박지를 필요는 없다. 믿음에 이르는 길이 하나는 아니다. 〈요한〉 저자는 기적에 사용되는 피조물의 중요성도 강조한다. 모든 사물은 하느님의 작품이고 그만큼 소중하다. 피조물을 부정적으로 보는 사람은 그리스도교 신앙에서 멀리 떨어져 있다. 기적의 가치와 창조의 아름다움을 제대로 알 수 없고, 만물을 창조하신 하느님의 은총을 느낄 수도 없다.

세 복음서에 있는 기적이란 단어가 〈요한〉에서 표징으로 바뀌었다. 기적(표징)은 예수라는 달을 가리키는 손가락 역할을 한다. 기적 자체가 목적은 아니다. 〈요한〉에서 중요한 단어인 기적 혹은 표징σημεῖων이 11절에 처음 등장했다. 신약성서에서 무려 77번 나오는 표징은 〈요한〉에 17번 쓰였다. 〈마르〉에 7번, 〈마태〉에 13번, 〈루가〉에 11번, 〈사도〉에 13번, 〈묵시〉에 7번 나온다. 공동성서 70인역 그리스어 번역본에도 130번 나온다. 표징이 공동성서와 연관되어 신약성서에서 자주 쓰였음을 짐작할 수 있다. 모세가 이집트 왕 앞에서 행한 기적이 표징이다(〈출애〉 4,5; 10,1-). 공동성서를 잘 모르면 〈요한〉을 이해하는 데 어려움이 많다.

표징이 〈마르〉 〈마태〉 〈루가〉에서는 어떻게 쓰였을까. 이방인을 위한 표징인 구유의 아기(〈루가〉 2,12), 배신의 신호인 유다의 키스(〈마태〉 26,48), 종말의 신호로 하늘에 나타나는 우주적 신호(〈마르〉 13,4)처럼 미래에 벌어질 사건을 암시하는 일상적·중립적 신호로 쓰였다. 적대자들이 요구하는 표징(〈마르〉 8,11-), 예수 재림 이전에 출몰하는 가짜 예언자들(〈마르〉 13,22)처럼 부정적 의미로 쓰이기도 한다.

3절과 5절에서 마리아는 예수의 어머니로 소개되었다. 여성으로서 마리아의 가치를 덜 존중했다기보다, 예수와 관계에서 마리아의 존재를 보겠다는 뜻이다. 마리아라는 이름을 왜 쓰지 않았느냐, 왜 어머니 마리아에게 여인이라는 호칭을 썼느냐는 문제보다 예수의 첫 공식 활동에 마리아가 동행했다는 사실이 중요하다. 마리아는 처음부터 예수와 함께 있다. 〈요한〉 저자는 마리아의 가치를 세 복음서보다 강조했다.

〈요한〉이 여성으로서 마리아의 가치를 강조했지만, 그래도 생각할 주제는 분명히 있다. 독재자 히틀러Adolf Hitler는 여인의 역할을 3K(자녀 Kinder, 부엌Küche, 교회Kirche)로 요약했다고 한다. 여자는 자녀, 부엌, 교회에만 신경 쓰라는 말이다. 여인은 자신의 이름을 잃어버리고 '○○ 어머니'라고 정의되어야 하는가. 여인은 ○○ 어머니이기 전에 이름이 있다. 2000년 전 〈요한〉 저자는 21세기 한국 독자보다 여성 문제에 덜 예민했을 수 있다. 젠더gender 감수성이 부족한 사람들이 복음서를 썼을 가능성이 있다. 성서 여기저기에 담긴 남성 우월주의의 흔적을 잘 알아차려야 한다. 남녀평등 주제는 성서 저자에게 우리가 배울 것이 아니라 우리가 성서 저자들에게 가르쳐야 한다. 성서 공부에서 분별력이 필요하다.

이름과 호칭의 관계는 복음서에서 큰 주제다. 복음서에서 예수의 호칭은 30개가 넘는다. 이제 잘 쓰이지 않는 호칭도 있고, 여전히 통용되는 호칭도 있다. 가장 많이 쓰이는 호칭은 그리스도다. 나자렛 사람 예수는 복음서에서 예수그리스도가 되었다. 성서 저자는 부활 이후의 눈으로 생전의 예수를 보는 데 익숙하다. 예수그리스도란 무슨 뜻인가. 성서는 결국 다음 두 가지를 말하기 위해 쓰였다.

1. (나자렛) 예수는 그리스도다.
2. 그리스도는 (나자렛) 예수다.

'예수는 그리스도다'라는 말은 그리스도교에서 실컷 강조되었다. 그에 비해 '그리스도는 예수다'라는 말은 소홀히 취급되었다. 예수는 이름이요, 그리스도는 호칭이다. 아무리 호칭이 멋져도 이름을 능가할 수는 없다. 그리스도를 10번 발음하려면 예수를 1000번 떠올려야 한다. 복음서는 예수는 그리스도라고 강조하지만, 그리스도는 예수임을 먼저, 동시에 생각해야 한다. 부활 이후의 그리스도만 바라볼 것이 아니라 부활 이전의 예수를 기억하라는 말이다. 부활 이전의 예수를 모르면 부활 이후의 그리스도를 알 수 없다. 그리스도 이전에 예수다. 신성 이전에 인성이다.

일반화해서 말하면 서양 그리스도교에서 예수의 인성은 당연하게 받아들이지만, 예수의 신성은 크게 외면한다. 반대로 한국 그리스도교에서 예수의 신성은 당연하게 받아들이지만, 예수의 인성은 상당히 외면한다. 두 경우 모두 성서의 가르침에서 한참 멀다. 서양 그리스도교에서 그리스도가 예수임을 당연하게 받아들이지만, 예수가 그리스도임은 상당히 외면한다. 반대로 한국 그리스도교에서 예수가 그리스도임은 당연하게 받아들이지만, 그리스도가 예수임은 크게 외면한다. 둘 다 성서의 가르침에서 아주 멀다. 안타까운 일이다.

교회는 돈과 권력이 없어야 권위가 생긴다. 돈과 권력을 자랑하는 종교인에게 참된 권위는 없다. 사회에도 교회에도 지배층이 있고 지도층이 있다. 돈과 권력을 자랑하는 종교 지배층이 있고, 실천으로 존중 받는 종교 지도층이 있다. 종교 지배층이 곧 종교 지도층은 아니다.

2막 2장　예수의 성전 항쟁

. . . .

¹³ 유다인들의 과월절이 가까워지자 예수는 예루살렘에 올라갔다. ¹⁴ 그리고 성전 뜰에서 소와 양과 비둘기를 파는 장사꾼들과 환금상들이 앉아 있는 것을 보고 ¹⁵ 밧줄로 채찍을 만들어 양과 소를 모두 쫓아내고 환금상들의 돈을 쏟아버리며 그 상을 둘러엎었다. ¹⁶ 그리고 비둘기 장수들에게 "이것들을 거두어 가시오. 다시는 내 아버지의 집을 장사하는 집으로 만들지 마시오" 하고 꾸짖었다. ¹⁷ 이 광경을 본 제자들의 머리에는 '하느님이시여, 하느님의 집을 아끼는 내 열정이 나를 불사르리이다' 하신 성서의 말씀이 떠올랐다. ¹⁸ 그때에 유다인들이 나서서 "당신이 이런 일을 하는데, 당신에게 이럴 권한이 있음을 증명해보시오. 도대체 무슨 기적을 보여주겠소?" 하고 예수에게 대들었다. ¹⁹ 예수는 "이 성전을 허무시오. 내가 사흘 안에 다시 세우겠습니다" 하고 대답하였다. ²⁰ 그들이 예수에게 "이 성전을 짓는 데 사십육 년이나 걸렸는데, 그래 당신은 그것을 사흘이면 다시 세우겠단 말이오?" 하고 또 대들었다. ²¹ 그런데 예수가 성전이라 하신 것은 당신의 몸을 두고 하신 말이었다. ²² 제자들은 예수가 죽었다가 부활한 뒤에야 이 말씀을 생각하고 비로소 성서의 말씀과 예수의 말씀을 믿게 되었다.

²³ 예수는 과월절을 맞아 예루살렘에 머무는 동안 여러 가지 기적을 행하였는데, 많은 사람들이 그것을 보고 예수를 믿게 되었다. ²⁴ 그러나 예수는 그들에게 마음을 주지 않았다. 그것은 사람들을 너무나 잘 알 뿐만 아니라 ²⁵ 누구에 대해서도 사람의 말은 들어볼 필요가 없었기 때문이다. 예수는 사람의 마음속까지 꿰뚫어 보는 분이었다.(2,13-25)

　　2막 1장에서 가나 혼인 잔치의 포도주 기적을 읽은 독자는 느닷없이 나타난 성전 항쟁 기사에 놀랐을 것이다. 그만큼 충격이다. 이 부분에 성서학자들이 붙이는 제목이 성전 정화, 성전 항쟁 등 다양하다. 성전 정화는 성례전(전례) 개혁에 초점을 맞추는 제목이다. 성전 항쟁은 예수의 행동에 담긴 정치적 의미까지 포함하는 제목이다. 나는 성전 항쟁이라는 제목을 선택했다. 사람들은 예수에게 무슨 권한으로 성전 항쟁을 감행했는지 물었고, 기적을 요구했다. 〈요한〉에서는 〈마르〉처럼 예수가 기적 요구를 단순히 거절(〈마르〉 8,11-)한 것이 아니라 성전 파괴와 재건이라는 수수께끼 같은 말을 한다.

성전 항쟁에 대한 〈요한〉의 기사는 세 복음서와 크게 다르다. 〈마르〉 11,15-19에서 성전 항쟁은 예수가 예루살렘에 도착한 다음 날 일으킨 사건으로 소개된다. 〈마태〉와 〈루가〉는 예루살렘에 도착한 날(〈마태〉 21,12-13; 〈루가〉 19,45-46), 〈요한〉은 예수의 공적 활동 초기(2,13-22)에 성전 항쟁 기사를 배치했다. 역사적으로 보면 성전 항쟁은 예수의 공적 활동 마지막 시기에 생긴 사건이 틀림없다. 성전 항쟁은 예수가 체포된 원인이기 때문이다(〈요한〉 18,32). 예수의 공적 활동 마지막 시기에 대한 정보가 〈요한〉에 자세히 나오는 것을 보면, 〈요한〉 저자도 성전 항쟁이 일어난 때를 알았다.

그런데 〈요한〉은 왜 성전 항쟁을 예수의 공적 활동 초기에 소개했을까. 슈넬레는 크게 두 가지로 설명한다.[76]

1. 성전 항쟁은 예수의 십자가 죽음을 낳은 사건이다.
2. 십자가 죽음은 내용이나 구성으로 보아 〈요한〉을 처음부터 끝까지 규정하는 사건이다.

나도 이 생각에 동의한다. 〈요한〉은 성전 항쟁을 예수의 많은 활동 가운데 하나가 아니라 예수의 활동을 대표하는 바로 그 사건이라고 강조하고 싶었다. 그래서 〈요한〉 저자는 성전 항쟁을 예수의 공적 활동 초기로 앞당겨 소개했다.

성전 항쟁은 유다교 지배층뿐 아니라 로마 군대를 불쾌하게 했다. 로마 군대가 예루살렘성전에서 누리는 이익까지 피해를 봤기 때문이다. 예루살렘성전에서 하루 두 번 로마 황제를 위한 제사를 바쳤다. 평소 북부 카이사레아 지역에 주둔하던 로마 군대가 유다교 축제 기간에는 사회질서를 수호한다는 명분으로 예루살렘에 왔다. 우리 식으로 말하면, 지방에 근무하는 군대나 경찰이 서울로 이동한 셈이다.

예수는 과월절을 맞아 예루살렘을 처음 방문한다(23절). 스무 살이 넘은 유다인은 축제 때 예루살렘성전을 순례해야 한다. 순례자는 예루살렘 시내에 머물지 말고 즉시 성전을 방문해야 한다.[77] 〈요한〉은 예수가 두 번 더 예루살렘에 간 것으로 소개한다(6,4; 11,55). 다른 복음서는 예수가 공생활에서 예루살렘에 한 번 갔다고 보도한다. 〈요한〉 저자는 그 사실을 알지만, 예수의 활동을 세 배로 확대하여 내용과 의미를 강조한다. 과월절을 세 번 지낸 예수는 공적 활동을 적어도 3년 이상 한 셈이 된다. 예수 일행이 예루살렘에서 어떻게 과월절을 지냈는지 설명되지 않았다. 이 빈틈을 예수가 성전, 모세오경, 유다교 축제와 거리를 두었다고 추측하는 것[78]은 지나치다.

레이먼드 브라운Raymond E. Brown은 14절 성전ἱερῷ이 '성전 밖 이방인의 뜰'을 가리키며, 거룩한 성소가 있는 성전은 19-21절에야 언급된다고 말한다.[79] 그러나 성전τὸ ἱερόν이나 성소ὁ ναός 모두 성소를 포함한 성전 전체 구역을 가리킨다.[80] 성전 뜰에 왜 장사꾼과 환금상이 있었을까. 스무 살이 넘은 유다인 남자는 성전 세금으로 2드라크마, 즉 1/2세겔을 내야 했다 (《출애》 30,11-16). 예루살렘성전을 찾는 유다인 순례자는 세금을 내기 위해 거주지에서 쓰는 돈을 예루살렘성전에서 통용되는 돈으로 바꿔야 했다. 성전에서 쓰는 돈은 깨끗하다고 생각되었다. 은을 섞어 만들었기 때문에 더 가치 있다고 여겨졌다. 순례자들이 제사에 바칠 소와 양과 비둘기를 거주지부터 데려오기는 위생적으로도 불안했다. 그 짐승이 예루살렘 오는 길에 죽으면 어떻겠는가.

제물은 비둘기(《마르》 11,15; 《마태》 21,12)가 있었는데 《요한》은 소와 양 βόας καὶ πρόβατα을 추가했다. 소처럼 덩치가 큰 짐승은 보통 성전 들어오는 문밖에 있었다.[81] 성전 뜰에서 밧줄로 만든 채찍으로 양과 소를 쫓아냈다니, 큰 소동이 벌어졌겠다. 성전 항쟁을 유다교 종교의식 비판과 유다교에서 탈출이 시작된 상징적 행동[82]으로 여기는 것은 지나치다. 예수가 밧줄로 채찍을 만들었다는 말은 다른 복음서에 없다. 예수는 환전상에게 다른 복음서보다 험하고 거칠게 말한다. 비단처럼 곱고 고와야 할 예수의 언어가 대체 어찌된 영문일까. 《요한》이 성전 항쟁 사건을 다른 복음서보다 강조한다는 말이다. 《요한》은 예수를 죽음에 이르게 한 사건이 정확히 무엇인지 처음부터 독자에게 정확히 알려주고 싶었다.

예수는 양과 소를 쫓아내고 환금상의 돈을 쏟아버리며 그 상을 둘러엎은 데서 그치지 않았다. 비둘기 장수들에게 "이것들을 거두어 가시오"라고 말했다. "그날이 오면, 다시는 만군의 야훼의 전에 장사꾼이 있지 못하리라."(《즈가》 14,21) 《요한》 1-12장에서 성서를 인용할 때 현재분사 쓰여 있다 γεγραμμένον ἐστίν가 자주 보인다(6,31; 10,34; 12,15).[83] 17절에 《시편》을 인용했다. "하느님의 집을 아끼는 내 열정이 나를 불사르리이다."[84] 이 구절은 초대교회에서 예수의 실천을 입증하는 데 즐겨 인용되었다(〈로마〉 11,9-10; 〈사도〉 1,20). 십자가 죽음은 하느님을 위한 예수의 열정이 불타오른 결과라는 말이다. 성전 항쟁을 최초로 목격한 증인은 제자들이다. 제자들의 머리에 성서의 말씀이 즉시 떠올랐다. 예수를 따르는 세상의 모든 그리스도인들아, 성전 항쟁을 잊지 마라. 예수의 열정을 기억하라.

예수가 어떻게 채찍을 들고 성전에 들어왔는가. 어느 유다인도 지팡이나 채찍이나 무기를 성전에 가지고 들어올 수 없는데 말이다. 성전 안에 있는 나뭇가지를 꺾어 채찍을 만들었을까. 동물을 다루는 데 사용하는 채찍을 빼앗아 휘둘렀을까. 예수가 실정법을 어긴 적이 어디 한두 번이랴. 율법조차 서슴없이 어긴 경우도 여러 번 있었다. 예수가 채찍을 만들어 휘둘렀다니 폭력을 썼다는 말인가. 채찍을 사람이 아니라 짐승에게 휘둘렀다니, 적어도 동물 학대 죄가 아닌가. 예수에게 피조물에 대한 사랑이 부족하단 말인가. 비폭력을 강조한 예수가 자기 말을 뒤집은 게 아닌가.

유다교 지배층과 로마 군대에 대한 예수의 분노가 이런 사소한 문제에 신경 쓰지 못할 정도로 대단했던 것 같다. 장사꾼과 환금상보다 그들 뒤에 있는 유다교 지배층과 로마 군대에 대한 분노다. 의로운 분노는 종교와 신학의 정당한 출발점이다. 신학은 불의로 가득한 세상에 대한 의로운 분노에서 시작된다. 불의한 세상에 분노하지 않는 사람은 예수를 사랑하지 않는다.

장사꾼과 환금상이 언제나 성전에 있었을까. 성전에서 로마 황제의 초상이 그려진 로마 동전과 시리아 동전을 세겔 동전으로 바꾸는 것이 허락되었을까. 더 연구할 주제다. 성전 세금은 유다교 달력으로 니산Nisan 달 첫날에 바쳐야 했다. 늦어도 과월절 2주 전에 해당한다. 환금상 탁자는 과월절 전에 이미 성전에 없었다.[85] 성전을 지키는 경찰과 성전 근처 안토니아Antonia 산으로 이동해 주둔하던 로마 군대 입장에서 보면, 성전 항쟁을 일으킨 예수는 즉시 체포해야마땅했다.

성전 항쟁을 일으킨 예수는 체포되지 않은 것 같다. 성전 항쟁이 실제로 일어난 사건이라는 데 의문을 품는 학자도 있다.[86] 그러나 대다수 학자는 성전 항쟁이 예수 마지막 주간에 실제로 일어난 사건이라고 여긴다.[87] 예수가 재판 받을 때 성전 항쟁 문제는 전혀 언급되지 않았다. 이상하지 않은가.

예수의 어떤 말과 행동이 실제로 일어났는지 알아보는 데 흥미로운 원칙 중 하나가 언급된다. 사람들, 특히 권력자를 위협하거나 소외하지 않았다고 여겨지는 말과 행동은 역사의 예수가 한 말과 행동이 아니라는 원칙[88]이다. 예루살렘에 승리자처럼 들어오고, 예루살렘성전 파괴를 예언하며, 성전 항쟁을 일으키는 예수는 당시 권력자를 불쾌하고 분노하게 만들었다.

〈요한〉은 성전 항쟁이 진행된 과정보다 성전 항쟁의 뜻을 말하려 한다. 18절에서 예수의 성전 항쟁을 지켜본 유다인들은 예수의 권한ποιεῖς을 묻고(〈마르〉 11,17.28) 기적σημεῖον을 요구한다(〈마르〉 8,11-; 〈마태〉 12,38-; 〈루가〉 11,16). 예수는 〈마르〉에서 "이 사람이 '나는 사람의 손으로 지은 이 성전을 헐어버리고 사람의 손으로 짓지 않은 새 성전을 사흘 안에 세우겠다' 하고 큰소리치는 것을 들었다"고 고발당했다. 예수는 19절에서 거꾸로 유다인에게 "이 성전을 허무시오. 내가 사흘 안에 다시 세우겠습니다"라고 말한다. 예수는 예언자 스타일의 반어법 명령문을 쓴다.[89]

순례자를 위해 성전 제사에 필요한 업무를 돕던 장사꾼과 환금상은 아주 불쾌했겠다. 예수는 성전 제사에 필요한 일을 하는 장사꾼과 환금상을 왜 꾸짖었을까. 그들은 예루살렘성전에 당당히 임대료를 내고 제사에 필요한 일을 하는데 말이다. 그들이 무엇을 잘못했단 말인가. 성전 제사를 방해한 예수가 오히려 성전 모독죄로, 요즘 말로 독성죄로 처벌받아야 하지 않을까.

성전 항쟁을 모르면 예수를 이해하기 어렵다. 성전 항쟁 사건을 슬쩍 건드리고 말거나 지나치는 설교는 문제가 있다. 성전 항쟁의 정치적 파장과 의미를 어떻게든 축소하거나 외면하는 글이나 설교가 적지 않다. "〈요한〉의 성전 정화 보도는 모세나 여호수아 종류의 정치적 메시아 의미에서 성전 정화를 이해하려는 시도가 오해임을 밝히기 위해 쓰였다."[90] 이 의견을 전부 찬성하기는 곤란하다. 성전 항쟁을 오직 정치적 차원에서 해석하는 것은 과장이지만, 성전 항쟁의 정치적 차원을 애써 무시하는 것도 잘못이다.

유다인οἱ Ἰουδαῖοι은 사람들, 예수의 적대자들, 그들의 종교 행위와 축제를 모두 가리키는 단어다. 〈요한〉에 67번, 〈사도〉에 80번 나온다. 바오로의 편지에는 이방인과 대조되는 뜻으로 26번 쓰였다. 모든 단어가 그렇듯이 유다인이란 단어도 성서 문맥에 따라 이해해야 한다. 이 단어가 유럽 역사에서 반유다주의의 성서적 근거로 잘못 인용되기도 했다. 예수를 배신한 제자 이름이 유다라는 사실이 슬픈 그리스도교 역사에 상처를 더했다. 〈요한〉은 악의 세력과 싸우는 것이지, 유다 민족과 싸우는 것이 아니다. 반유다주의는 그리스도교의 교리가 아니다.

예수는 19절에서 "이 성전을 허무시오. 내가 사흘 안에 다시 세우겠습니다"라고 충격적인 말을 한다. 사람들은 당연히 깜짝 놀란다. 성전 파괴 발언은 예수가 유다교 의회에서 심문 받을 때 사람들의 거짓 증언에서 나왔다(〈마르〉 14,58). 〈마태〉 26,61에서 두 증인이 주장한다. 〈루가〉에는 예수 재판 중에 그런 언급은 없었고, 오히려 스데파노를 고발하는 데 그런 주장이 나왔다(〈사도〉 6,14). 사람들이 "너는 성전을 헐고 사흘 안에 다시 짓는다더니, 십자가에서 내려와 네 목숨이나 건져보아라" 하며 십자가에 못 박힌 예수를 모욕하기도 했다(〈마르〉 15,29-30).

20절에 있는 46년이란 말은 어디서 나왔을까. 유다인 역사가 요세푸스Flavius Josephus에 따르면, 헤로데 왕은 공통년 이전 20-19년에 예루살렘 성전 공사를 시작했다. 46년이 지났다면 예수의 공식 활동이 시작된 공통년 27-28년에 해당한다(〈루가〉 3,1). 제자들이 성서, 즉 모세오경 말씀을 믿게 되었다는 말은 신약성서에 여기밖에 없다. 22절에서 성전과 예수의 몸이 연결되었다. 성전 항쟁 사건을 강조한 〈요한〉 저자의 의도가 여기서 잘 드러난다. 예수 자신이 인류에게 진짜 표징이요, 기적이요, 성전이라는 뜻이다. 하나 덧붙이고 싶다. 우리 시대에 가난한 사람이 예수를 알려주는 진짜 표징이다. 가난한 사람 안에 예수가 있다. 예수 안에 가난한 사람이 있다. 가난한 사람과 예수는 구분할 수 있으나, 분리할 수 없다.

〈요한〉은 성전 항쟁과 성전 파괴 발언을 왜 한데 묶었을까. 예수가 재판 받을 때 엉터리 증언처럼 취급된 성전 파괴 발언이 〈요한〉에서 예수와 적대자들의 갈등에 핵심으로 등장한 것이다.[91] 성전 항쟁과 성전 파괴 발언은 유다교 지배층과 로마 군대를 동시에 곤경에 빠뜨린 예수의 멋진 전략이다. 〈요한〉은 성전 항쟁을 예언자들의 행동에 비춰 보았다(〈이사〉 56,7; 〈예레〉 7,11; 〈즈가〉 14,20-21).

성전을 진짜로 허무는 사람은 예수가 아니라 성전을 장사하는 집으로 만든 유다교 지배층이라는 말이다. 〈요한〉 저자는 성전을 진짜로 정화하는 사람은 성전 항쟁을 일으킨 예수라는 말을 하고 싶었다. 가난한 사람을 무시하거나 무관심한 사람이 성전을 허문다.

성전 항쟁의 교훈을 두 가지로 요약할 수 있다.[92]

1. 〈요한〉은 예수의 활동을 처음부터 십자가와 부활이라는 창을 통해 본다.
2. 참 성전은 바로 예수다(〈요한〉 10,36; 14,6).

나는 조금 다르게 표현하고 싶다.

1. 가난한 사람의 삶을 예수의 십자가와 부활이라는 창을 통해 보자.
2. 참 성전은 예수뿐 아니라 가난한 사람이다.

예수의 삶은 물론 가난한 사람의 삶도 십자가와 부활의 눈으로 봐야 한다는 말이다. 예수의 삶을 봤으나 가난한 사람의 삶을 놓친다면, 반쪽짜리 믿음에 불과하다. 성서를 모르면 예수를 모른다. 가난한 사람을 모르면 예수를 모른다. 가난한 사람을 모르면 성서를 알 수 없다. 가난한 사람을 외면하고 예수를 알거나 따를 방법은 없다. 하나 덧붙이자.

　　3. 모든 종교 행위는 예수의 성전 항쟁에 비춰 봐야 한다.

　　교회도 성전 항쟁의 눈으로 보자. 교회를 장사하는 사람의 집으로 만들지 말라는 말이다. 성전 항쟁을 유다교 종교 의례 비판으로 축소할 일이 아니다. 성전 항쟁은 모든 종교의 허례허식 비판에 사용될 수 있는 사건이다. 〈요한〉은 유다교와 싸우는 게 아니라 종교 안팎의 악과 싸운다.

　　23-25절은 앞에 나온 성전 항쟁 보도와 뒤에 나올 예수와 바리사이파 사람 니고데모의 대화를 연결한다. 예수가 예루살렘에 머무는 동안여러 기적을 행했다는 23절 보도는 다른 복음서에 없다. 〈요한〉이 하고싶은 말은 다음과 같다. '예수는 예루살렘에서 여러 기적을 행했고, 많은사람이 기적을 보고 예수를 믿게 되었으며, 예수는 그들에게 마음을 주지 않았다.' 예수와 〈요한〉은 평범한 사람의 소박한 기적 신앙을 업신여긴다는 말인가? 기적을 보고 마음이 움직이고 흔들리는 것은 자연스럽고 인간적인 반응 아닌가. 보통 사람, 낮은 자의 마음을 잘 헤아리는 예수가 아닌가. 그런데 왜?

　　〈요한〉은 기적 신앙과 거리를 두고 기적을 경계하는가.[93] 해답은 바로뒤에 나온다. 어설픈 기적 신앙이 못마땅해서가 아니라 예수의 특별한지혜 때문에 그렇다. "겉만 보고 재판하지 아니하고 말만 듣고 시비를 가리지 아니하리라."(〈이사〉 11,3) 십자가의 의미를 깊이 생각하지 않으면, 기적 신앙은 아직 참된 신앙에 이르지 못한다. 예수를 기적을 일으키는 마술사 정도로 알거나 이해한다면, 아직 예수의 참모습을 깨닫지 못한 상태다. 가난한 사람의 고통에 아직 공감하지 못한다면, 온갖 종교 체험도 쓸모가 없다. 예수의 치유, 마귀 추방, 비유, 자비로운 행동, 율법 논쟁이 예수를 죽음에 이르게 한 것이 아니다. 예수의 활동이 그 정도 범위에서 마무리되었다면 예수는 많은 종교개혁가 중 하나로 여겨졌을 테고, 비참한 십자가 죽음을 맞이하지는 않았을 것이다.

성전 항쟁이 없었다면 예수는 체포되지 않았고, 십자가 처형도 없었을 것이다. 성전 항쟁과 십자가 죽음은 〈요한〉에서 바로 연결된다. 〈요한〉 저자는 십자가 신학을 전개하고 싶었다. 〈요한〉은 말씀 신학이라기보다 십자가 신학이다. 〈요한〉에서 십자가 신학이 말씀 신학보다 우세하다. 〈요한〉에서 말씀만 보고 십자가를 외면하는 사람은 〈요한〉을 제대로 보지 않는 셈이다.

성서는 그리스도교를 낳은 원천이지만, 교회를 비판하는 내용을 풍부하게 담은 문헌이기도 하다. 교회는 성서에서 비롯되었지만, 교회 개혁과 정화의 원천도 성서다. 교회는 성서를 통해 끊임없이 비판받고 정화되어야 한다. 교회는 성서라는 거울에 얼굴을 비춰 봐야 한다. 예수는 인류를 구원하기 위해 사람이 되어 세상에 오셨다. 성서는 그리스도교를 낳았지만, 그리스도교를 비판하기 위해 쓰였다.

성서에 예수가 사람들과 갈등하는 장면이 자주 나온다. 여기서 놓쳐서는 안 될 점이 있다.

    1. 예수는 평생 갈등 속에 살았다.
    2. 예수는 일부러 갈등을 일으켰다.

예수는 갈등 속에 살았을 뿐 아니라 갈등을 일으켰다. 예수가 갈등을 일으켰기 때문에 갈등 속에 살았지, 갈등 속에 살았기 때문에 갈등을 일으킨 것이 아니다. 예수가 왜 갈등을 일으켰는지, 무엇을 위해 갈등을 일으켰는지, 갈등한 상대는 누구인지 정확히 아는 게 중요하다. 갈등에 빠진 예수를 기억하는 사람은 많지만, 갈등을 일으킨 예수를 기억하는 그리스도인은 많지 않다. 불의로 가득한 세상에서 아무 갈등도 겪지 않고, 어떤 갈등도 일으킬 줄 모르고, 어떤 상황에서나 마음의 평정을 유지하는 사람은 예수와 멀리 있다. 일으켜 마땅한 갈등은 어서 일으켜야 한다.

한국 개신교와 가톨릭에도 적폐 청산 요구가 높다. 교회 적폐 청산을 외치는 사람은 흔히 교회 분열주의자라는 누명을 쓴다. 적폐를 만들고, 들키지 않게 덮고, 적폐 청산을 외치는 사람을 비난하는 사람이나 교회 적폐 청산에 아무 관심 없는 사람이 교회를 분열시키는 사람일까. 교회 적폐 청산을 외치고 애쓰는 사람이 교회를 분열시키는 사람일까.

지금 한국 개신교와 가톨릭은 외부에서 오는 박해가 아니라 내부의 부패 때문에 무너지고 있다. 돈을 향한 교회의 열정, 종교인의 안락한 삶과 세속화 흐름이 교회를 나날이 좀먹는다. 지금 한국 개신교와 가톨릭의 위기는 대부분 성도나 평신도 탓이 아니라 성직자 탓이다. 성전을 돈 버는 곳으로 만든 사람들 때문에 성전이 속절없이 파괴된다.

2막 3장 니고데모와 예수의 대화

¹ 바리사이파 사람들 가운데 니고데모라는 사람이 있었다. 그는 유다인들의 지도자 중 한 사람이었는데 ² 어느 날 밤에 예수를 찾아와서 "선생님, 우리는 선생님을 하느님께서 보내신 분으로 알고 있습니다. 하느님께서 함께 계시지 않고서야 누가 선생님처럼 그런 기적들을 행할 수 있겠습니까?" 하고 말하였다. ³ 그러자 예수는 "정말 잘 들어두시오. 누구든지 새로 나지 아니하면 아무도 하느님의 나라를 볼 수 없습니다" 하고 말하였다. ⁴ 니고데모는 "다 자란 사람이 어떻게 다시 태어날 수 있겠습니까? 다시 어머니 배 속에 들어갔다가 나올 수야 없지 않습니까?" 하고 물었다. ⁵ "정말 잘 들어두시오. 물과 성령으로 새로 나지 않으면 아무도 하느님 나라에 들어갈 수 없습니다. ⁶ 육에서 나온 것은 육이며 영에서 나온 것은 영입니다. ⁷ 새로 나야 한다는 내 말을 이상하게 생각하지 마시오. ⁸ 바람은 제가 불고 싶은 대로 붑니다. 당신은 그 소리를 듣고도 어디서 불어와서 어디로 가는지 모릅니다. 성령으로 난 사람은 누구든지 이와 마찬가지입니다." 예수가 이렇게 대답하자 ⁹ 니고데모는 다시 "어떻게 그런 일이 있을 수가 있겠습니까?" 하고 물었다. ¹⁰ 예수는 다시 이렇게 말하였다. "당신은 이스라엘의 이름난 선생이면서 이런 것들을 모릅니까? ¹¹ 정말 잘 들어두시오. 우리는 우리가 알고 있는 것을 말하고, 우리의 눈으로 본 것을 증언하는 것입니다. 그런데도 당신은 우리의 증언을 받아들이지 않습니다. ¹² 당신은 내가 이 세상 일을 말하는데도 믿지 않으면서 어떻게 하늘의 일을 두고 하는 말을 믿겠습니까? ¹³ 하늘에서 내려온 사람의 아들 외에는 아무도 하늘에 올라간 일이 없습니다. ¹⁴ 구리뱀이 광야에서 모세의 손에 높이 들렸던 것처럼 사람의 아들도 높이 들려야 합니다. ¹⁵ 그것은 그를 믿는 사람은 누구나 영원한 생명을 누리게 하려는 것입니다. ¹⁶ 하느님은 이 세상을 극진히 사랑하셔서 외아들을 보내주시어 그를 믿는 사람은 누구든지 멸망하지 않고 영원한 생명을 얻게 하여주셨습니다. ¹⁷ 하느님이 아들을 세상에 보내신 것은 세상을 단죄하시려는 것이 아니라 아들을 시켜 구원하시려는 것입니다. ¹⁸ 그를 믿는 사람은 죄인으로 판결 받지 않으나, 믿지 않는 사람은 이미 죄인으로 판결을 받았습니다. 하느님의 외아들을 믿지 않았기 때문입니다. ¹⁹ 빛이 세상에 왔지만 사람들은 자기들의 행실이 악하여

빛보다 어둠을 더 사랑했습니다. 이것이 벌써 죄인으로 판결 받았다는 것을 말해줍니다. ²⁰ 과연 악한 일을 일삼는 자는 누구나 자기 죄상이 드러날까 봐 빛을 미워하고 멀리합니다. ²¹ 그러나 진리를 따라 사는 사람은 빛이 있는 데로 나아갑니다. 그리하여 그가 한 일은 모두 하느님의 뜻을 따라 한 일이라는 것이 드러나게 됩니다."(3,1-21)

지금까지 가나 혼인 잔치의 포도주 기적, 성전 항쟁 등 예수의 활동이 주제였다면, 2막 3장은 구원에 필요한 가르침이 주제다. 〈요한〉은 활동이 우선이고, 가르침은 그다음 순서임을 알려준다. 가나의 기적, 성전 항쟁이라는 대중에게 노출된 활동에서 니고데모와 예수의 단독 대화로 옮아간다. 유다교 지도자 니고데모와 종교개혁가요 예언자인 예수의 만남이다. 인간은 무엇으로 새로워질 수 있을까? 인간 구원이라는 주제로 나누는 대화다. 우리 시대 유다교와 그리스도교의 만남을 연상케 한다. 프란치스코 교황과 유다교 라삐가 반갑게 만나는 모습 같다.

슈나켄부르크는 문헌 분석을 통해 원래 〈요한〉 3장이 1-12절, 31-36절, 13-21절 순서로 있었다고 본다.[94] 불트만은 1-24절에 31-36절이 이어졌다고 본다.[95] 이런 의견은 성서 주석학에서 받아들여지지 않았고, 지금 〈요한〉에 기록된 순서가 대체로 인정되었다. 12-17절에서 앞 구절의 끝 단어가 뒤 구절의 첫 단어로 등장한다. 공통된 단어는 적지만, 부자 청년 이야기(〈마르〉 10,17-22; 〈마태〉 19,16-22; 〈루가〉 18,18-23), 세금 납부 논쟁(〈마르〉 12,13-17; 〈마태〉 22,15-22; 〈루가〉 20,20-26)과 연결해서 이해하면 좋겠다.

유다인이지만 그리스 이름을 사용한 안드레아와 필립보처럼, 니고데모도 그리스 이름이다. 마케도니아 알렉산더대왕이 이스라엘 지역을 다스린 시대 이후 많은 유다인이 그리스 이름을 사용했다.[96] 일제강점기에 일본식 성명강요를 당한 우리 선조의 아픈 역사와 겹친다. 니고데모를 가공인물로 보는 의견도 있다.[97] 예수와 니고데모의 대화는 독자에게 교훈을 주기 위해 만들어진 장면이라는 뜻이다.

니고데모(〈요한〉 7,50; 19,39)는 존중받는 율법 학자요, 유다 최고 회의(〈1사무〉 1,1) 의원이며, 바리사이파에 속한 인물로 소개되었다. 이스라엘에서 유명 인사요, 지식인에 훌륭한 종교계 인사다. 바리사이파 중에 예수에게 호감을 보인 사람이 있었다(〈요한〉 9,16; 〈마르〉 12,28-34). 니고데모는 밤에 예수를 찾아왔다. 빛과 어둠(〈요한〉 9,4; 11,10; 13,30), 즉 빛의 인물 예수와 어둠의 인물 니고데모의 대조라는 설명은 설득력이 떨어진다. 본문이 니고데모를 무시하는 글이 아니기 때문이다. 그는 율법 학자로서 학술 토론에 적합한 시간을 택했을 수 있다. 다른 유다인의 눈에 띄지 않으려고 밤에 움직였을까.[98]

2절에서 니고데모는 예수를 '하느님께서 보내신 분'이라고 예의 바르게 표현한다. 이 말이 하느님 나라에 들어가고 싶다는 뜻을 간접적으로 밝힌 것[99]일까. 아직 그렇게 보기는 이르다. 니고데모는 예수에 대해 말했는데, 예수는 구원의 문제를 꺼낸 듯하다. 예수는 당신이 하느님께서 보내신 분임을 새로 난 사람만 알 수 있다고 답을 준다.

3절에 예수의 입에서 '하느님 나라'라는 표현이 등장했다. 다른 복음서와 비교해보면 3절과 5절에서 하느님 나라 $\beta\alpha\sigma\iota\lambda\epsilon\acute{\iota}\alpha\ \tau o\tilde{\upsilon}\ \theta\epsilon o\tilde{\upsilon}$ 사상은 별다른 역할을 하지 못한다. 〈마르〉 〈마태〉 〈루가〉에 나오는 하느님 나라

는 〈요한〉에서 예수가 하느님의 아들로서 높이 들린다는 사상으로 방향이 바뀐 듯하다. 〈마르〉 〈마태〉 〈루가〉에서 하느님 나라는 〈요한〉에서 생명이란 단어의 비중에 해당한다고 볼까. 하느님 나라와 생명이라는 아름다운 표현은 구체적이고 정확하게 이해해야 한다. 그렇지 않으면 하느님 나라 사상이 매력을 잃어버리고, 생명이란 단어가 생명을 잃어버릴 수 있다. 〈요한〉은 예수를 하느님의 아들로 고백해야 영원한 생명을 얻을 수 있다고 강조한다.

나는 이렇게 요약하고 싶다. 〈마르〉 〈마태〉 〈루가〉는 예수가 하느님 나라를 선포했다고 말하고 싶었고, 〈요한〉은 하느님 나라를 선포한 예수가 하느님의 아들이라고 말하고 싶었다. 복음서의 주제는 예수와 하느님 나라다.

1. 예수를 알려면 하느님 나라를 알아야 하고, 하느님 나라를 알려면 예수를 알아야 한다.
2. 예수를 아는 만큼 하느님 나라를 알고, 하느님 나라를 아는 만큼 예수를 안다.

예수를 모르면 하느님 나라를 알 수 없고, 하느님 나라를 모르면 예수를 알 수 없다. 예수를 아는 정도로 하느님 나라를 알고, 하느님 나라를 아는 정도로 예수를 아는 것이다. 한국 신자들은 예수보다 하느님 나라에 대한 관심이 훨씬 적은 것 같다. 그렇다면 예수를 제대로 안다고 말하기 어렵다.

3절 ἄνωθεν은 '새로' '위에서'라는 뜻이 있다. 〈요한〉 다른 곳(3,31;

19,11,23)에서 ἄνωθεν은 '위에서'라는 뜻에 가깝다.[100] 예수가 자신을 위에서 왔다고 소개하는 구절(3,31)에서도 마찬가지다. '새로'라는 뜻으로 번역하는 게 좋은 곳도 있다(〈디도〉 3,5;〈1 베드〉 1,3.23). 여기서는 둘 중 하나를 선택하고 다른 뜻을 외면하기보다 두 가지 뜻을 함께 생각하는 게 어떨까.[101]

3-8절에서 동사 나다, 태어나다γεννάω가 8번 나온다. 3-8절을 이끄는 단어다. 5절에서 물로ἐξ ὕδατος καὶ 해설이 중요하다. ὕδατος καὶ은 교회 편집자가 손을 댔다는 불트만의 주장[102]은 본문 비평이나 문헌 비평으로 보아 근거가 약하다.[103] 물과 성령으로ἐξ ὕδατος καὶ πνεύματος, 즉 세례는 구원에 참여하기 위한 조건이다. 〈요한〉에 따르면 성령은 하느님이 예수에게(1,32), 부활한 분이 제자들에게(20,22) 주신 생명의 원리다. 성령은 부활이후 공동체에서 협조자(14,26)로, 특히 세례 안에서 드러난다. 5절에서 성령은 바오로의 편지(〈1고린〉 6,11;〈갈라〉 5,25;〈로마〉 5,5)나 〈사도〉 1,5; 2,38처럼 세례와 연결된다.

5절 '하느님 나라'는 예수를 왕으로 표현한 〈요한〉 1,49; 12,13; 18,33과 연결된다. 예수가 이 세상에서 난 왕이 아니듯(〈요한〉 18,36), 사람은 위에서 나야 한다. 6절에서 〈요한〉은 그리스계 그리스도교 공동체에서 세례와 연결된 개념인 육과 영σάρξ-πνεῦμα(〈갈라〉 5,13-;〈로마〉 8,5-8)을 써서 요한 공동체의 전통을 해석한다. 〈요한〉 저자는 그리스철학의 영향을 받은 사람들을 의식한다. 그러나 여기서 〈요한〉이 플라톤의 영육 이원론이나 영지주의의 빛-어둠 이원론에 빠졌다고 섣불리 단정할 필요는 없다.[104] 유다교, 영지주의, 그리스철학을 잘 모르는 지금 한국 개신교와 가톨릭 신자들은 성서를 대체 어떻게 이해할까. 신학자들이 연구에 게으르거나 신학이 자기 땅에 토착화되지 못하면 착한 신자들만 애먹는다.

〈요한〉은 바오로와 달리 육$_{σάρξ}$을 죄와 가깝게 연결하지 않았다. 육은 〈요한〉에 12번 나온다. 육에서 난 생명은 영$_{πνεύμα}$으로 나지 않으면 하느님 나라에 들어갈 수 없다. 영은 하느님이 사람에게 주신 선물이자, 창조의 힘이다. 그러니 7절에서 '새로 나야 한다'는 예수의 말이 이상하게 들리지 않는다. 예수는 8절에서 '바람은 제가 불고 싶은 대로 분다'는 알쏭달쏭한 말을 한다. 바람이 어느 방향에서 불어오는지 모른다고 해서 바람이 작용하지 않는다고 말할 수 없다. 8절 소리$_{φωνὴν}$는 〈요한〉 3장을 해석하는 데 중요하다. 8절은 두 가지 뜻으로 정리할 수 있다.

1. 영은 실제로 활동한다.
2. 영은 신비하다.

우리 삶과 역사에 성령이 작용한다는 사실을 인정하라는 말이다.

8절에서 '성령으로 나다'라는 뜻인 세례는 우리가 숨 쉬고 살아가는 역사 안에서 생기는 일이다. 인간 구원에 세례가 필요하다는 의미를 나는 다음과 같이 설명하고 싶다.

1. 역사를 벗어난 구원은 없다.
2. 피조물을 벗어난 구원은 없다.

역사를 외면하거나 무관심한 사람에게 구원은 없다. 피조물을 나쁘게 말하거나 피조물의 가치를 손상하는 사람에게 구원은 없다. 구원의 전제 조건은 역사와 피조물에 대한 인간의 관심이다. 구원의 충분조건은 피조물과 인간에게 거저 주시는 하느님의 은총과 사랑이다. 세례는 성례전 이전에 인간 역사에 대한 관심이다.

11절에서 혼자 말하는 예수가 갑자기 주어를 복수 '우리'로 사용한다. 이에 대한 성서학자들의 해설은 다양하지만, 결국 주어는 예수다. 12절 하늘의 일τὰἐπίγεια은 육의 인간이 물과 성령으로 새로 남을 요약하는 단어다. 10절에서 예수는 니고데모에게 당신은 이해하지 못하는군요οὐ γινώσκεις라고 말했다. 예수가 세상의 모든 신학자와 성서학자에게 하는 말씀이리라. 이스라엘의 이름난 신학자 니고데모는 성서를 공부했지만 '성령으로 난 사람'이란 말을 이해하지 못한다. 아들을 낳았다(〈신명〉 32,18; 〈이사〉 1,2; 〈예레〉 2,27)는 말이 있었다. "내 영을 만민에게 부어주리라"(〈요엘〉 3,1), "새 기운을 넣어주리라"(〈에제〉 36,26)도 있었다. 전문 신학자 니고데모가 아마추어 신학자 예수에게 사정없이 깨지는 장면이다.

사람의 아들ὁ υἱὸς τοῦ ἀνθρώπου이 〈요한〉 1,51 이후 처음으로 13절에 등장한다. 예수는 땅과 하늘을 연결하는 강의를 한다. 천사가 야곱의 사다리를 타고 하늘을 오르내리는 비유(〈창세〉 28,12)에서 이제 사람의 아들이 땅으로 내려왔다가 다시 하늘로 올라간다(〈요한〉 1,51; 6,62). 사람의 아들은 땅에서 지금 판사(〈요한〉 5,27), 생명을 주는 분(〈요한〉 6,27.52), 구세주 메시아(〈요한〉 8,28; 13,31-)다. 12절에서 예수는 〈요한〉에서 처음으로 증인이 되었다. 예수가 자신의 증인이 되는 것이 아니라 하늘의 일로 증인이 되었다. 13절에서 예수는 자신을 처음으로 삼인칭으로 소개한다. 〈요한〉은 13절을 말하기에 적절한 근거를 〈잠언〉 30,4에서 찾았다. "하늘에 올라갔다 내려온 사람이 있습니까?"

묵시문학에 따르면 사람의 아들은 저세상 존재(⟨다니⟩ 7,14)다. ⟨마르⟩ ⟨마태⟩ ⟨루가⟩에서 사람의 아들은 심판자, 지상에 존재하는 사람, 고통 받고 죽고 부활할 사람이다. 그중에 고통 받고 죽고 부활할 존재인 사람의 아들이 ⟨요한⟩에서 강조된다. 사람의 아들은 ⟨이사⟩ 42-53장에 나오는 하느님의 종과 연결된다. ⟨요한⟩ 저자가 예수의 십자가 죽음을 해석하는 데 "이제 나의 종은 할 일을 다하였으니, 높이높이 솟아오르리라"(⟨이사⟩ 52,13)는 구절에서 크게 영향을 받은 것 같다. 예수가 ⟨마르⟩ ⟨마태⟩ ⟨루가⟩에서 가장 많이 인용한 성서는 ⟨이사⟩다. 예수는 ⟨요한⟩에서도 ⟨이사⟩ 전문가로 소개되었다. 어둠의 시대에서 희망을 선포한 예언자 이사야가 복음서에서 모두 중요하게 다뤄졌다.

창조의 시간에 하느님과 함께 계신 말씀은 나자렛 예수로 사람이 되었고, 그 예수는 십자가에 죽으시고 다시 하늘로 올라가셨다. 내려오고 올라간다는 말은 당시 사람들이 우주를 3층으로 보던 세계관을 이용한 비유다. 14절 높이 들려야 합니다 ὑψωθῆναι는 예수가 십자가에 올라간다는 말이다. 그리스도교 신자나 ⟨요한⟩을 읽은 사람은 무슨 뜻인지 짐작할 수 있겠다. 그러나 니고데모와 예수의 제자들, 당시 사람들은 알아듣기 어려웠을 것이다.

12절 "이 세상 일을 말하는데도 믿지 않으면서 어떻게 하늘의 일을 두고 하는 말을 믿겠습니까?"라는 예수의 말은 묵상할 거리로 가득하다. 나는 이렇게 해설하고 싶다.

1. 종교는 하늘의 일보다 세상일을 먼저 말해야 한다.
2. 종교는 세상일을 제대로 말해야 한다.

삶도 모르면서 죽음을 말하면 될까. 세상일도 모르면서 하늘의 일을 말하면 될까. 하나도 모르면서 열을 말하면 안 된다. 세상일을 모르는 종교는 종교가 아니다.

14절 높이 들렸다ὕψωσεν에서 〈요한〉의 십자가 신학이 잘 드러난다. 이 표현은 이곳 말고 세 군데 더 있다(8,28; 12,32.34). 〈요한〉의 십자가를 어떻게 봐야 할까. 하늘로 높이 들리는 여러 과정 가운데 하나로 보면 충분할까. 십자가에 들림은 구원의 전제 조건이다(〈요한〉 3,15; 12,32). 십자가와 들림은 동떨어진 두 계기가 아니다. 십자가는 들림과 영광 받으심이 일어나는 장소다. 14절에서 고난의 상징으로서 십자가는 아무 역할을 하지 못한다는 주장[105]은 받아들이기 어렵다. 십자가는 하늘로 들림에서 완성되었다[106]고 보는 편이 설득력 있다.

하늘로 들리는 예수를 가장 잘 나타내는 장면이 십자가다. 십자가를 스쳐 지나가는 식으로 보는 사람은 하늘로 높이 들린 예수를 이해하기 어렵다. 〈요한〉에서 보내심 그리스도론을 강조하고 십자가 신학을 소외하는 해설이 없지 않다. 나는 "〈요한〉의 기본 방향은 예수를 하느님이 보내신 존재로 입증하는 데 있다. 십자가 죽음은 하느님이 보내신 예수라는 존재에 부정적인 의문을 품게 만들었기 때문에 십자가 죽음은 고유한 의미를 띠지 못한다"[107]는 의견을 받아들이기 어렵다. 십자가는 예수가 세상에 보내진 사명의 목표이기 때문이다.

십자가는 고난 이전에 저항이다. 불의한 세상에 저항하는 예수를 보지 못하고, 그저 주어진 고통을 묵묵히 참고 견디는 예수만 보는 사람이 의외로 많다. 십자가를 축소하고 왜곡하는 사람들이다. 십자가를 들림뿐 아니라 영광 받으심(〈요한〉 12,23; 13,31)으로 해석한 것은 초대 그리스도교 신학 역사에서 한층 진전된 표현이다.[108] 십자가에 달린 예수를 방어적으로 해명하던 초기 단계를 지나, 이제 십자가의 가치를 자신 있게 적극적으로 자랑하는 단계에 접어들었다.

15-16절의 영원한 생명ζωὴ αἰώνιος은 〈마르〉〈마태〉〈루가〉에 나오는 하느님 나라처럼 〈요한〉에서 핵심 단어다. 영원한 생명의 근거는 무엇일까. 16절에서 두 가지를 말한다.

　　1. 하느님의 사랑이 인간에게 영원한 생명을 준다.
　　2. 하느님은 세상을 사랑하신다.

여기서 생명은 생물학적·문화적 삶뿐 아니라 '하느님과 일치'라는 모습도 포함한다. 아니 하느님과 일치보다 먼저 생물학적·문화적 삶을 포함한다. 죽은 뒤 인간의 운명뿐 아니라 죽기 전 인간의 삶을 포함한다. 세상에 대한 하느님의 사랑ἀγάπη은 예수를 세상에 보내고, 십자가에서 사랑의 완성을 보여주며 절정에 이르렀다.

16절 세상κόσμος은 하느님이 창조하신 세계뿐 아니라 구원이 필요한 인간 세상을 가리킨다. 세상을 사랑하지 않는 사람은 세상에 대한 하느님의 사랑을 알기 어렵다. 〈요한〉에서 중요한 단어 '세상'은 세 가지 뜻으로 사용된다.[109]

　　1. 긍정적 의미: 하느님이 아들을 세상에 보내심(3,16), 세상의 구세주로 소개되는 예수(4,42), 세상에 오신 예언자요 하느님의 아들(6,14;

11,27), 하늘에서 내려온 빵으로서 세상에 생명을 주심(6,33), 세상의 빛(9,5).

2. 중립적 의미: 예수가 활동하는 공간(1,10; 9,5; 14,19).

3. 부정적 의미: 예수를 받아들이지 않는 세상(1,10), 예수와 제자들을 미워하는 세상(8,23; 12,25; 14,17), 심판 받을 세상(9,39; 12,31; 16,11).

세상은 〈요한〉에서 문맥에 따라 해석해야 한다. 유다인을 믿지 않는 세상의 대표로 폄하하면 안 된다. 유다인은 다른 부류처럼 세상의 일부일 뿐이다. 빌라도와 그리스-로마 세상도 일부 유다인과 더불어 예수의 적대자였다.

16절 외아들μονογενῆς은 하느님과 예수의 특별한 관계를 인간학적으로 나타내는 말이다. 〈요한〉 저자가 하느님과 예수의 특별한 관계를 당시 사람들이 이해하기 쉽도록 아버지와 아들이라는 표현으로 썼을 뿐이다. 남성 우월주의를 강조하는 데 이 단어를 쓰면 안 된다. 남녀평등 주제가 더 예민해진 21세기에 그리스도교가 하느님과 예수의 특별한 관계를 나타내기 위해 아버지와 아들이라는 표현을 쓰는 일이 적절할까. 하느님을 아버지라고 부르는 경우도 마찬가지다. 두 가지 의문이 생긴다.

1. 하느님을 아버지라고 부르는 것이 적절한가.

2. 하느님과 예수의 특별한 관계를 나타내기 위해 아버지와 아들이라는 표현을 쓰는 것이 적절한가.

진지하게 연구할 문제다. 고대 사람들이 하느님을 아버지라고 부를 때 보호받는다는 느낌과 안정감은 지금도 유효할 수 있다. 하느님과 예수의 관계를 아버지와 아들로 비유할 때 금방 이해되기도 하겠다. 나는 여전히 의미 있는 여러 설명에도 하느님을 아버지라고 부르거나, 하느님과 예수를 아버지와 아들이라고 표현하는 습관을 사절하고 싶다. 그 이유는 다음과 같다.

1. 하느님을 아버지라고 부르면 아버지가 하느님이 되는 연상 작용을 피하기 어렵다. 아버지가 하느님이면 어머니는 어떻게 되는 운명일까. 하느님을 아버지라고 부를 때 본의 아니게 여성을 남성보다 열등하게 여기는 부작용이 생길 수 있다.
2. 하느님과 예수를 아버지와 아들이라고 비유하면, 어머니와 딸은 어떻게 되는 운명일까. 하느님과 예수를 아버지와 아들이라고 비유할 때 본의 아니게 남성을 여성보다 우월하게 여기는 부작용이 생길 수 있다. 전에는 맞던 일이 지금은 틀릴 수 있다.

21절 진리ἀλήθεια는 자연과학적·철학적 개념이 아니다. 〈요한〉에서 하느님에게 마음을 여는 일이 곧 진리다. 진리에 따라 사는 사람과 악한 일을 일삼는 자들이 빛과 어둠으로 대립된다. 예수를 받아들이는 사람에 대한 구원 약속과 악한 일을 일삼는 자들에 대한 경고가 대립되어 나타난다. 이 대립은 13-17절과 18-21절에도 보인다. 13-17절은 세상에 대한 하느님의 보편적 사랑을 노래하고, 18-21절은 믿는 사람만 구원 받을 수 있다는 제한적 사랑을 말하지 않는가. 모순처럼 보이지만 모순이 아니다. 예수는 당신을 믿는 사람이면 누구나, 악을 행하든 선을 행하든 구원 받는다는 약속을 한 적이 없다. 악한 행동으로 자기 믿음을 부정한 사람은 구원에서 제외된다. 악을 행하는 사람은 하느님에게서 멀리 떠나기로 선언한 셈이다. 인간의 자유의지를 무시하는 강제 구원은 구원이 아니다.

1-12절은 세례에 대해 설명한다. 13-17절은 '예수를 믿음으로 다시 태어남', 18-21절은 '진리의 일로 다시 태어남'이라는 제목이 어울리겠다. 13-21절 주제는 세상의 구원자로 보내진 예수다. 18-21절에서 하느님의 섭리와 인간의 자유라는 주제에 충분한 답변을 기대하기는 어렵다. 여기서 인간의 자유에 대한 생각을 본격적으로 펼치지 않기 때문이다.

니고데모는 예수의 가르침을 조금씩 알아듣고 받아들이는 예비신자의 모범이다. 니고데모로 대표되는 유다교는 예수를 흔쾌히 받아들이지 못하고 관망한다. 〈요한〉은 나자렛 예수의 입을 빌려 그들을 설득한다. 이스라엘의 성서는 예수를 증언하며(5,39), 모세는 예수를 기록한다(5,47)는 말이다. 〈요한〉 독자는 예수에 대한 자신의 태도를 돌아본다. 예수와 니고데모의 대화를 보는 관객, 즉 〈요한〉 독자는 예수에게 교리 강의를 듣는 셈이다. 예수는 우리를 진리의 빛으로 기쁘게 인도할 것이다.

〈요한〉의 특징 가운데 하나는 마지막 날 심판이 지금 이뤄진다고 보는 것이다. 예수를 믿느냐 여부에 따라 심판이 지금 내려진다는 뜻이다. 이 생각이 최후의 심판에 대한 언급으로 보충된다(5,25-29). 〈요한〉은 지상의 삶을 잠시 스쳐 지나가는 허무한 삶이 아니라 너무나 소중하고 가치 있는 삶으로 여긴다. 〈요한〉에 지금의 삶을 업신여기는 영원한 생명은 없다. 가난한 사람의 삶에 관심을 두지 않는 사람은 〈요한〉을 잘 모른다. 〈요한〉을 제대로 본 사람은 가난한 사람을 먼저 선택하고, 불의에 기꺼이 저항한다.

2000년 전 나자렛 예수는 지금 그리스도로서 역사 안에 있다. 예수는 성서에만 있지 않고 지금 역사에, 우리 가까이, 가난한 사람 곁에 있다. 예수를 성서에서 발견하려는 사람은 2000년 전 과거 인물로 박물관에 가둔 셈이다. 2000년 전 나자렛 예수는 21세기 한국에서 법조인으로서 정의를 말하고, 가난한 사람에게 생명을 주고, 한반도에 평화를 주는 분이다. 〈요한〉을 희생자의 눈으로 보자. 예수, 가난한 사람, 역사에서 무수히 학살당한 희생자의 눈으로 〈요한〉을 보자. 희생자 입장에 서지 않는 사람은 성서도, 그리스도교도, 하느님도 올바로 이해하기 어렵다.

생명을 존중하는 사람이 죽음을 낳는 어둠의 세력과 가까이해도 좋을까. 생명을 존중하는 사람이 가난한 사람을 죽음에 몰아넣는 짓을 하면 될까. 생명이란 단어로 대표되는 〈요한〉을 읽은 사람이 부패와 억압에 가담하면 될까. 〈요한〉을 좋아하는 사람은 학살자들의 만행에 치를 떨 것이다. 해방과 한국전쟁 후 한반도의 역사는 제주 4·3 사건, 보도연맹 사건, 신천 학살 사건 등 피눈물로 가득하다. 한반도 전체가 감옥이요, 사형장이요, 무덤 같다. 우리 땅 곳곳에서 지금도 슬피 울부짖는 영혼을 위로해야 하지 않겠는가.

2막 4장 세례자 요한의 증언과 세례 베푸는 예수

22 그 뒤에 예수는 제자들과 함께 유다 지방으로 가서 그곳에 머무르면서 세례를 베풀었다. 23 한편 살림에서 가까운 애논이라는 곳에 물이 많아 요한은 거기에서 세례를 베풀었는데, 많은 사람들이 찾아와 세례를 받았다. 24 이것은 요한이 감옥에 갇히기 전의 일이었다.

25 그런데 요한의 제자들과 어떤 유다인 사이에 정결 예식을 두고 논쟁이 벌어졌다. 26 그 제자들은 요한을 찾아가 "선생님, 선생님과 함께 요르단 강 건너편에 계시던 분이 세례를 베풀고 있습니다. 선생님께서 증언하신 바로 그분인데 모든 사람이 그분에게 몰려가고 있습니다" 하고 말하였다. 27 요한은 제자들에게 이렇게 말하였다. "사람은 하늘이 주시지 않으면 아무것도 받을 수 없습니다. 28 나는 그리스도가 아니라 그분 앞에 사명을 띠고 온 사람이라고 말하였는데, 여러분은 그것을 직접 들은 증인들입니다. 29 신부를 맞을 사람은 신랑입니다. 신랑의 친구도 옆에 서 있다가 신랑의 목소리가 들리면 기쁨에 넘칩니다. 내 마음도 이런 기쁨으로 가득 차 있습니다. 30 그분은 더욱 커지셔야 하고 나는 작아져야 합니다."

31 "위에서 오신 분은 모든 사람 위에 계십니다. 세상에서 나온 사람은 세상에 속하여 세상일을 말하고, 하늘에서 오신 분은 모든 사람 위에 계시며 32 친히 보고 들으신 것을 증언하십니다. 그러나 아무도 그분의 증언을 받아들이지 않습니다. 33 그분의 증언을 받아들이는 사람은 하느님께서 참되시다는 것을 확증하는 사람입니다. 34 하느님께서 보내신 분이 하시는 말씀은 곧 하느님의 말씀입니다. 하느님께서는 그분에게 성령을 아낌없이 주시기 때문입니다. 35 아버지께서는 아들을 사랑하셔서 모든 것을 그의 손에 맡기셨습니다. 36 그러므로 아들을 믿는 사람은 영원한 생명을 얻을 것이며, 아들을 믿지 않는 사람은 생명을 얻기는커녕 오히려 하느님의 영원한 분노를 사게 될 것입니다."(3,22-36)

2막 4장(〈요한〉3,22-36)에서 22-24절은 〈요한〉2,23-25절처럼 처음에 내용을 설명하고, 25-30절은 〈요한〉3,1-13처럼 대화, 31-36절은 〈요한〉3,14-21처럼 혼자 발언한다. 유다 지방으로 가서 세례를 베푸는 예수, 애논에서 세례를 베푸는 요한, 요한의 증언 순서로 구성된 부분이다. 〈요한〉은 다른 복음서와 달리 세례 주는 예수를 강조한다. 초대 그리스도교 공동체의 삶에 세례가 자리 잡았다는 사실을 가리킨다. 〈요한〉 저자에게 세례는 예수를 따르는 사람들이 교회 공동체에 입문하는 필수conditio sine qua 의식일 뿐 아니라, 예수의 활동을 이어받는 계기다.

22절 그 뒤에μετὰ ταῦτα는 〈요한〉이 새로운 단락을 소개할 때 즐겨 쓰는 단어다(2,12; 5,1; 6,1). 유다 지방으로 가서εἰς τὴν Ἰουδαίαν γῆν는 예수와 니고데모가 대화한 곳이 예루살렘[110]이라는 암시일까. 유다 지방ἡ Ἰουδαία γῆ은 예루살렘 시내 밖의 유다 지방을 가리킨다. 동사 머무르다διέτριβειν는 〈요한〉에서 여기만 보인다. 그 뜻으로 보통 μένειν(〈요한〉2,12; 4,40; 7,9)이 쓰였다. 신약성서 전체에서 예수가 세례를 베풀었다καὶ ἐβάπτιζεν는 언급은 여기만 나온다. 〈요한〉4,2에 "사실은 예수께서 세례를 베푸신 것이 아니라 제자들이 베푼 것이었다"는 어떻게 이해해야 한단 말인가.

머무르면서 세례를 베풀었다διέτριβεν καὶ ἐβάπτιζεν는 두 동사의 과거형은 예수가 상당 기간 반복해서 세례를 베풀었다는 뜻[111]으로 해석해야 한다. 그리스도교의 세례는 역사의 예수와 이어지고, 세례자 요한의 세례와 경쟁 관계에 있었다는 말이다. 다른 복음서가 전혀 언급하지 않는 사실로 보면, 예수가 실제로 세례를 베풀었다기보다 유다 지방에서 많은 추종자를 얻었다고 이해하는 게 좋겠다.[112]

23절에 요한은 처음 세례를 주던 곳을 떠나 애논으로 갔다고 기록되었다. 히브리어로 '원천'이란 뜻이 있는 애논은 물이 많은 유다 지역에 있는 것 같다. 사마리아 북부 살림Salim 근처로 보는 의견[113]은 아직 만족할 성과를 내지 못했다. 예수와 요한이 같은 시기에 가까운 곳에서 세례를 베푼다. 세례자 요한 그룹과 요한 공동체가 세례를 두고 갈등을 빚었다는 말일까. 세례자 요한의 제자들과 예수 제자들이 다퉜거나, 세례자 요한의 제자들과 예수가 논쟁을 벌였다고 보기는 어렵다. 24절 '요한이 감옥에 갇히기 전의 일이었다'는 본문 내용과 아무 관계없다.

〈요한〉은 유다와 갈릴래아를 자세히 구분하지만, 〈루가〉7,17은 팔레스티나 전체를 유다라고 부르기도 한다. 〈요한〉에서 예수의 활동은 예루살렘(2,13)에서 시작해 유다(3,22)와 사마리아(4,4)를 거쳐 갈릴래아(4,43)로 이동한다. 이스라엘 중심부에서 변두리로 점점 넓어진다. 요한 공동체는 세례자 요한을 예수의 증거자로 보고, 초대 그리스도교 공동체에서 행해지던 세례의 근거를 예수의 삶에 놓는다.[114] 그런데 요한 공동체는 실제로 존재했을까.

25절 '어떤 유다인'은 예수 추종자[115]라고 봐야 할까. 근거가 부족하다. 유다인 전체의 대표 격으로 〈요한〉 저자의 제자가 등장시킨 것 같다. 〈요한〉은 사람을 하나하나 구체적으로 소개하기를 좋아한다. 개인의 결단을 촉구하는 것도 〈요한〉의 특징이다. '정결 예식을 두고 논쟁이 벌어졌다'는 25절 보도는 느닷없다. 정결 예식은 〈요한〉 2,6에서 다뤄진 주제다. 25-36절에서 전혀 언급되지 않고, 본문의 주제도 아니다.

세례자 요한은 한때 자신의 문하생이던 예수를 언제나 긍정적으로 평가한다. 니고데모가 예수를 선생님ῥαββί이라고 불렀듯이(〈요한〉3,2), 요한의 제자들도 요한을 그렇게 불렀다(26절). 요한의 제자들은 시기심으로 "모든 사람이 그분에게 몰려가고 있습니다"라며 스승에게 일러바친다. 예수의 제자들이 세례자 요한의 활동을 예수에게 일러바친 적은 없다. 시기심에 불타는 사람은 눈이 멀어 배우면 좋은 것조차 놓치고 만다.

참스승은 제자의 성장에 질투하지 않고 오히려 기뻐한다. 세례자 요한은 메시아가 오심을 알리는 자신의 역할에 충실하다. 메시아는 29절에서 신랑으로 비유되었다. 예수를 신랑에 비유한 29절은 〈마르〉2,18-20; 〈마태〉9,14-15과 연결된다. 결혼식은 공동성서에서 구원의 상징으로 자주 쓰인다. 이스라엘은 야훼의 신부요 아내(〈이사〉62,4-; 〈에제〉16,8-; 〈호세〉2,21), 교회는 그리스도의 신부(〈2고린〉11,2; 〈에페〉5,25-; 〈묵시〉21,2)로 그려진다. 동사 기뻐하다χαίρειν는 29절에 처음 나오고 〈요한〉20,20에 마지막으로 보인다.

29절에서 세례자 요한의 기쁨이 나타나고 20,20에는 예수 제자들의 기쁨이 보도된다. 세례자 요한의 역할은 30절 이후 사실상 사라졌다. 세례자 요한은 예수의 참스승이요, 진실한 친구요, 의로운 동지였다. 예수도 세례자 요한처럼 사람을 보는 눈이 있었다. "여인의 몸에서 태어난 사람 중에 세례자 요한보다 더 큰 인물은 없습니다"(〈루가〉7,28)라고 칭송하지 않았는가.

27-30절 요한의 증언에서 목소리νύμφη가 중요하다. 이스라엘은 자기 죄 탓에 기쁨의 소리를 잃어버렸다(〈예레〉7,34; 16,9; 25,10). 야훼 하느님이 이스라엘의 죄를 없애주실 그날에 "기쁜 소리, 흥겨운 노래, 신랑 신부의

즐거운 소리가 나리라"(《예레》33,11). 박근혜가 탄핵되던 날, 헌법재판소와 텔레비전 앞에서 우리는 기쁨의 소리를 지르지 않았는가. 광화문 촛불 집회에서 낸 저항의 소리 덕분에 기쁨의 소리가 있었다. 통일의 그날에 기쁨의 소리가 다시 한반도 산하를 뒤덮으리라. 분단 때문에 억울하게 희생된 모든 뼈들이 무덤을 박차고 일어나 기뻐 춤추리라. 그것이 진짜 부활 아닌가. 희생자의 한을 풀어주고 존엄을 복구하는 일이 그리스도교에서 말하는 부활의 참뜻이다. 학살자와 가해자에게 부활의 영광은 없다.

31-36절은 성서학자들에게 쉽지 않은 숙제를 준다. 문장으로 보면 27-30절 세례자 요한의 말을 연결하는 것 같은데, 내용으로 보면 예수의 말이기 때문이다. 31-36절을 〈요한〉 다른 곳으로 옮겨 해설하려는 성서학자들이 있었지만, 아직 별다른 성과가 없다. 31-36절이 처음부터 지금 이 자리에 있었다고 보는 학자들도 있다.[116] 31-36절을 세례자 요한의 말이라고 봐야 할까.[117] 내용상 예수의 말인 것 같다.[118] 예수와 니고데모의 대화를 마무리하고 세례자 요한의 활동을 마감하는 부분[119]으로 보는 게 좋을까, 〈요한〉 3,1-30을 재해석하는 부분[120]으로 보는 게 나을까? 둘 다 의미 있다.

31-32절에 있는 '하늘에서 오신 분의 증언'은 묵시문학 문헌에 기초한 표현이다.[121] 32-33절은 예수가 하느님을 가장 잘 증언하는 분이라고 말한다. 예수 외에 아무도 하느님을 모른다는 말이 아니라, 예수가 하느님을 가장 잘 안다는 뜻이다. 유다교는 공동성서를 통해 하느님이 존재하신다는 사실을 인류에게 알려준다. 그리스도교는 신약성서를 통해 하느님이 누구신지 알려준다. 유다교도 하느님이 누구신지 여러모로 알려

주지만, 그리스도교는 하느님이 누구신지 가장 정확히 알려준다. 유다교에서는 인간이 하느님을 증언하지만, 그리스도교에서는 하느님이 인간이 되어 자신을 증언한다.

〈요한〉 그리스도론의 핵심은 증언자와 증언이 일치한다[122]는 주장에 있다. 예수는 하느님을 증언하는 중개자요, 예수가 곧 증언이다. 부모님이 자녀에게 선물을 보냈다고 하자. 선물을 전해주는 택배 기사의 수고는 마땅히 고맙지만, 자녀에게 부모님과 택배 기사의 비중이 똑같지 않을 것이다. 부모님이 자녀에게 선물을 보냈을 때, 선물만 뜯어보고 부모님을 생각하지 않는 자녀가 어디 있는가. 그런데 하느님이 인류에게 선물을 보낼 때는 경우가 다르다. 예수는 하느님이라는 선물을 전해주는 분이지만, 선물이기도 하다. 선물을 보낸 하느님과 선물을 전해주는 예수가 동시에 선물이다.

34절 아낌없이$_{ἐκ μέτρου}$는 신약성서에서 여기만 나오는 표현이다. 이런 단어는 아낌없이, 자주 썼으면 좋겠다. 하느님께서 예수에게 성령을 아낌없이 주셨다. 36절 하느님의 분노$_{ὀργὴ θεοῦ}$는 〈요한〉에서 여기만 나온다(〈로마〉 1,18). 분노는 믿지 않는$_{ἀπειθεῖν}$ 사람들을 향한다. 이 단어는 신약성서에 14번 보인다. 세례자 요한의 분노가 떠오른다. "이 독사의 족속들아! 닥쳐올 그 징벌을 피하라고 누가 일러주더냐?"(〈마태〉 3,7) "세상의 죄를 없애시는 하느님의 어린 양이 저기 오신다."(〈요한〉 1,29) 〈요한〉 저자는 예수를 받아들이지 않는 사람들이 야속하고 안타깝다. 예수는 죄뿐 아니라 죽음과 구조악에서도 인류를 해방한다. 우리는 죄와 죽음, 구조악에서 해방되기 위해 성령과 함께 노력할 의무가 있다.

〈요한〉이 예수를 어떻게 보는지 34-35절에 잘 드러난다. 예수의 말은 곧 하느님의 말씀이다. 하느님께서 예수를 사랑해서 모든 것을 예수의 손에 맡기셨기 때문이다. 〈마르〉〈마태〉〈루가〉의 주제가 '예수가 하는 일을 통해 보는 하느님'이라면, 〈요한〉의 주제는 '하느님이 보내신 예수'라고 할 수 있다. 파견 그리스도론이라고 할까. 〈요한〉은 하느님과 예수의 독특한 관계와 일치를 〈마르〉〈마태〉〈루가〉보다 강조한다. 〈마르〉〈마태〉〈루가〉가 하느님 나라를 통해 예수를 본다면, 〈요한〉은 예수를 통해 하느님 나라를 본다고 할까. 〈마르〉〈마태〉〈루가〉가 예수가 하는 일을 통해 예수가 누구인지 말한다면, 〈요한〉은 예수가 누구인지를 통해 예수가 하는 일을 본다.

〈요한〉은 하느님과 예수의 관계를 그리스 형이상학이나 존재론의 용어를 빌려 철학적 차원에서 설명하지 않는다. 〈요한〉은 하느님과 예수의 관계를 아버지와 아들의 사랑(5,20; 13,3; 17,2)이라고 해설한다. 36절 영원한 생명ζωή αἰώνιος은 구원에 참여하는 것을 가리킨다.

아버지와 아들이라는 비유는 이해하기 쉽지만, 불행한 비유이기도 하다. 이 비유의 매력과 가치를 인정하나, 단점과 부작용도 외면할 수 없다. 2막 3장에서 말했듯이, 나는 하느님과 예수의 관계를 설명하는 데 아버지와 아들이라는 비유를 쓰지 않는다. 아버지와 아들이라는 비유는 남녀평등 문제뿐만 아니라 신학에서도 사용하기 망설여진다. 권력관계를 전제하고 쓰이는 개념이기 때문이다. 아버지와 아들 비유는 평등 관계에서 성립하는 사랑을 본의 아니게 가부장적 사랑으로 오해하게 만들 수 있다. 하느님을 아버지라고 부르는 관행도 마찬가지다. 그때는 의미 있었지만 21세기에 적절하지 않은 용어나 비유가 있다.

〈요한〉 3장은 교회에서 쓰이는 교리 교재의 한 대목으로 여길 수 있다. 그 내용은 다음과 같다. '예수의 독특한 가치는 예수에 대한 하느님의 사랑에 있다. 믿는 사람들에게 영원한 생명을 주는 하느님을 알려주시는 분은 오직 예수다. 하늘에서 내려왔고 하늘의 일을 아는 예수이기에, 우리는 예수를 믿어도 좋다. 예수에 대한 태도가 지금 세상에서 각자 운명을 결정한다.'

예수가 하는 일은 무엇인가. 예수는 누구인가. 두 질문은 구분할 수 있으나 분리할 수 없는 주제다. 두 질문 같지만 사실 한 질문이다. 예수의 일과 예수라는 존재에 대한 관심은 정비례 관계다. 예수가 하는 일이 무엇인지 알면, 자연스럽게 예수가 누구인지 궁금해진다. 예수가 누구인지 알면, 당연히 예수가 하는 일이 무엇인지 궁금해진다. 예수가 하는 일은 알고 싶지만 예수가 누구인지 관심 없다는 주장은 논리적으로 가능하나, 사실상 불가능하다. 예수가 누구인지 알고 싶지만 예수가 하는 일에 관심 없다는 주장도 마찬가지다. 예수의 일과 존재에 대한 관심은 함께 늘어나거나 줄어든다.

〈마르〉 저자가 제2의 바오로라면, 〈요한〉 저자는 제2의 〈마르〉 저자다. 〈마르〉 저자가 바오로를 철저히 외면한 것이 아니라 대부분 계승했다. 〈요한〉 저자가 〈마르〉를 철저히 외면한 것이 아니라 대부분 계승했다. 하늘 아래 새것이 있을 리 없다(〈전도〉 1,9). 하늘 아래 완전히 새로운 것은 없다. 아무리 독창적인 사상도 결국 옛것을 닦아 새롭게 하는 온고지신溫故知新[123]의 결과다. 옛것에 고마운 줄 알아야 한다. 새것이 언제나 옛것보다 좋은 것은 아니다. 아무리 새것 같아 보여도 그 바탕에 옛것이 있다. 지신 이전에 온고다. 온고 없이 지신 없다. 온고 없는 지신은 공허하다.

그리스도교가 완전히 새로운 종교는 아니다. 그리스도교는 유다교 덕분에 하느님의 존재를 알았다. 개신교는 가톨릭 덕분에 예수와 성서를 알았다. 그리스도교는 유다교에 고마운 줄 알아야 하고, 개신교는 가톨릭에 고마운 줄 알아야 한다. 옛것에 고마운 줄 알아야 한다. 그동안 그리스도교는 세례자 요한을 깎아내리는 데 부지런했지만, 세례자 요한의 가치를 존중하고 감사하는 데 게을렀다. 그동안 개신교는 16세기 가톨릭의 부패를 비판하는 데 부지런했지만, 20세기 중반 이후 가톨릭의 개혁을 알아차리는 데 게을렀다. 가톨릭의 역사와 신학을 제대로 아는 개신교 종교인, 신학자, 성도는 얼마나 될까.

하늘 아래 새로운 것이 없다지만, 지금 흐르는 강물은 앞서 흐른 물과 같지 않다. 앞의 물을 밀어내고 뒤의 물이 흐른다. 언제나 같은 것만 반복되진 않는다. 아무리 옛것 같아 보여도 새것이 나타난다. 옛것이 언제나 스승인 것은 아니다. 그때 옳던 것이 지금은 그를 수 있다. 처음 만나는 문제의 답을 언제나 과거의 문헌이나 인물에서 찾을 수 있는 것은 아니다. 온고에 머무르지 않고 나날이 지신이다. 지신 없는 온고는 맹목적이다.

〈마르〉가 제2의 바오로가 아니라면, 〈요한〉은 제2의 〈마르〉가 아니다. 〈마르〉 저자는 바오로를 글자 그대로 모방한 신학자가 아니다. 〈마르〉 저자는 바오로를 배웠지만, 바오로와 다른 신학을 펼쳤다. 〈요한〉 저자는 〈마르〉를 글자 그대로 모방한 신학자가 아니다. 〈요한〉 저자는 〈마르〉를 배웠지만, 〈마르〉와 다른 신학을 펼쳤다. 바오로가 믿음으로 구원을 말했다면, 〈마르〉는 하느님 나라를 통한 해방을 말했고, 〈요한〉은 하느님이 보내신 예수에게서 영원한 생명을 찾았다.

유다교는 그리스도교 덕분에 자신을 돌아볼 수 있었다. 가톨릭은 개신교 덕분에 자신을 반성하고 더 풍부히 할 수 있었다. 유다교는 그리스도교에 고마운 줄 알아야 하고, 가톨릭은 개신교에 고마운 줄 알아야 한다. 옛것만 고집하지 말고 새것에 감사해야 한다. 그동안 가톨릭은 개신교의 한계를 지적하는 데 부지런했지만, 개신교의 새로운 공헌을 존중하고 감사하는 데 아주 게을렀다. 루터Martin Luther 이후 개신교의 역사와 신학을 제대로 아는 가톨릭 종교인, 신학자, 신자는 얼마나 될까.

2막 5장 사마리아 여인과 예수의 대화

¹ 예수가 요한보다 더 많은 제자를 얻고 세례를 베푼다는 소문이 바리사이파 사람들의 귀에 들어갔다. ² (사실은 예수가 세례를 베푸신 것이 아니라 제자들이 베푼 것이었다.) ³ 예수는 그것을 알고 유다를 떠나 다시 갈릴래아로 가기로 했는데 ⁴ 그 곳으로 가자면 사마리아를 거쳐야만 하였다.

⁵ 예수는 사마리아 지방의 시카르라는 동네에 도착했다. 이 동네는 옛날에 야곱이 아들 요셉에게 준 땅에서 가까운 곳인데 ⁶ 거기에는 야곱의 우물이 있었다. 먼 길에 지친 예수는 그 우물가에 가 앉았다. 때는 이미 정오에 가까웠다. ⁷ 마침 그때에 한 사마리아 여자가 물을 길러 나왔다. 예수가 그 여인을 보고 물을 좀 달라고 청하였다. ⁸ 제자들은 먹을 것을 사러 시내에 들어가고 없었다. ⁹ 사마리아 여자는 예수에게 "당신은 유다인이고 저는 사마리아 여자인데 어떻게 저더러 물을 달라고 하십니까?" 하고 말하였다. 유다인들과 사마리아인들은 서로 상종하는 일이 없었던 것이다. ¹⁰ 예수가 그 여자에게 "하느님께서 주시는 선물이 무엇인지, 또 당신에게 물을 청하는 내가 누구인지 알았더라면 오히려 당신이 나에게 청했을 것입니다. 그러면 내가 당신에게 샘솟는 물을 주었을 것입니다" 하고 대답하자 ¹¹ 그 여자는 "선생님, 우물이 이렇게 깊은데다 선생님께서는 두레박도 없으시면서 어디서 그 샘솟는 물을 떠다 주시겠다는 말씀입니까? ¹² 이 우물물은 우리 조상 야곱이 마셨고 그 자손들과 가축까지도 마셨습니다. 선생님께서는 이러한 우물을 우리에게 주신 야곱보다 더 훌륭하시다는 말씀입니까?" 하고 물었다. ¹³ 예수는 "이 우물물을 마시는 사람은 다시 목마르겠지만 ¹⁴ 내가 주는 물을 마시는 사람은 영원히 목마르지 않을 것입니다. 내가 주는 물은 그 사람 속에서 샘물처럼 솟아올라 영원히 살게 할 것입니다" 하였다. ¹⁵ 이 말씀을 듣고 그 여자는 "선생님, 그 물을 저에게 좀 주십시오. 그러면 다시는 목마르지도 않고 물을 길러 여기까지 나오지 않아도 되겠습니다" 하고 청하였다.

¹⁶ 예수는 그 여자에게 가서 남편을 불러오라고 하였다. ¹⁷ 그 여자가 남편이 없다고 대답하자, 예수는 "남편이 없다는 말은 숨김없는 말입니다. ¹⁸ 당신에게는 남편이 다섯이나 있었고 지금 함께 살고 있는 남자도 사실은 당신의 남편이 아니니 당

신은 바른 대로 말하였습니다" 하고 말하였다. ¹⁹ 그랬더니 그 여자는 "과연 선생님은 예언자이십니다. ²⁰ 그런데 우리 조상은 저 산에서 하느님께 예배 드렸는데 선생님네들은 예배 드릴 곳이 예루살렘에 있다고 합니다" 하고 말하였다. ²¹ 예수가 이렇게 말하였다. "내 말을 믿으시오. 사람들이 아버지께 예배를 드릴 때에 '이 산이다' 또는 '예루살렘이다' 하고 굳이 장소를 가리지 않아도 될 때가 올 것입니다. ²² 여러분은 무엇인지도 모르고 예배하지만 우리는 우리가 예배 드리는 분을 잘 알고 있습니다. 구원은 유다인에게서 오기 때문입니다. ²³ 그러나 진실하게 예배하는 사람들이 영적으로 참되게 아버지께 예배를 드릴 때가 올 터인데 바로 지금이 그때입니다. 아버지께서는 이렇게 예배하는 사람들을 찾고 계십니다. ²⁴ 하느님은 영적인 분이십니다. 그러므로 예배하는 사람들은 영적으로 참되게 하느님께 예배 드려야 합니다." ²⁵ 그 여자가 "저는 그리스도라 하는 메시아가 오실 것을 알고 있습니다. 그분이 오시면 저희에게 모든 것을 다 알려주시겠지요" 하자 ²⁶ 예수는 "당신과 말하고 있는 내가 바로 그 사람입니다" 하고 말하였다.

²⁷ 그때에 예수의 제자들이 돌아와 예수가 여자와 이야기하는 것을 보고 놀랐다. 그러나 예수가 그 여자에게 무엇을 청하였는지 또 그 여자와 무슨 이야기를 나누었는지 물어보는 사람은 없었다. ²⁸ 그 여자는 물동이를 버려두고 동네에 돌아가 사람들에게 ²⁹ "나의 지난 일을 다 알아맞힌 사람이 있습니다. 같이 가서 봅시다. 그분이 그리스도인지도 모르겠습니다" 하고 알렸다. ³⁰ 그 말을 듣고 그들이 동네에서 나와 예수에게 모여들었다. ³¹ 그러는 동안에 제자들이 예수에게 "선생님, 무엇을 좀 잡수십시오" 하고 권하였다. ³² 예수는 "나에게는 여러분이 모르는 양식이 있습니다" 하고 말하였다. ³³ 이 말씀을 듣고 제자들은 "누가 선생님께 잡수실 것을 갖다드렸을까?" 하고 수군거렸다. ³⁴ 그러자 예수는 "나를 보내신 분의 뜻을 이루고 그분의 일을 완성하는 것이 내 양식입니다. ³⁵ 여러분은 '아직도 넉 달이 지나야 추수 때가 온다' 하지 않습니까? 그러나 내 말을 잘 들으시오. 저 밭들을 보시오. 곡식이 이미 다 익어서 추수하게 되었습니다. ³⁶ 거두는 사람은 이미 삯을 받고 있습니다. 그는 영원한 생명의 나라로 알곡을 모아들입니다. 그래서 심는 사람도 거두는 사람과 함께 기뻐하게 될 것입니다. ³⁷ 과연 한 사람은 심고 다른 사람은 거둔다는 속담이 맞습니다. ³⁸ 남들이 수고하여 지은 곡식을 거두라고 나는 여러분을 보냈습니다. 수고는 다른 사람들이 하였지만 그 수고의 열매는 여러분이 거두는 것입니다" 하고 말하였다. ³⁹ 그 동네에 사는 많은 사마리아 사람들은 그 여자가

자기의 지난 일을 예수가 다 알아맞혔다고 한 증언을 듣고 예수를 믿게 되었다. [40] 예수는 그들이 찾아와 자기들과 함께 묵기를 간청하므로 거기에서 이틀 동안 묵었는데 [41] 더 많은 사람들이 예수의 말씀을 듣고 믿게 되었다. [42] 그리고 그 여자에게 "우리는 당신의 말만 듣고 믿었지만 이제는 직접 그분의 말씀을 듣고 그분이야말로 참으로 구세주라는 것을 알게 되었소" 하고 말하였다.(4,1-42)

예수를 만나면 사람이 어떻게 변하는가. 2막 5장은 한마디로 선교 이야기다. 예수를 구세주로 고백하는 믿음의 역사가 전개된다. 〈요한〉은 세례뿐 아니라 선교도 생전의 예수에게서 시작되었다고 말한다. 사마리아 사람들이 예수 구원 사명에 포함되었다. 예수의 제자들 초대(1,29-51), 성전 항쟁(2,13-25), 세례 주는 예수(3,22-36)에 이어 사마리아에서 복음을 선포하는 예수가 나온다. 2막 5장(〈요한〉 4,1-42)은 장면 안내(1-4절), 예수와 사마리아 여인의 만남(5-15절), 참된 예배와 메시아(16-26절), 사마리아 선교(27-42절)로 구성된다. 예루살렘(2,13)과 유다(3,22)에 이어 사마리아 땅에서 일어난 이야기다. 〈요한〉에서 1차 절정에 이르렀다고 할까.

〈요한〉 4,1-42이 어떻게 생겼는지 두고 의견이 엇갈린다. 여러 층이 모여 한 단락으로 편집되었다[124]는 의견과 원래 한 단락이었다[125]는 의견이 있다. 1-42절은 〈요한〉 3,1-12과 공통점이 있다. 사람들이 서서히 믿음으로 발을 디딘다. 남자와 여자, 유다인과 사마리아인, 권력층에 속하는 유다교 의회 의원과 사회에서 소외된 피지배층 여인이 대조적으로 쌍을 이룬다.

1-3절은 사마리아 선교 이야기를 2막 4장의 세례 장면과 연결한다. 갈릴래아는 예수가 자신의 영광을 드러내기 시작하고 제자들을 믿음으

로 이끈 곳이다. 예루살렘에서 갈릴래아는 약 90킬로미터 떨어졌는데, 전주에서 광주 거리보다 좀 더 가깝다. 예루살렘에서 갈릴래아까지 부지런히 걸으면 보통 사흘 안에 닿는다. 요르단 분지를 거쳐 갈릴래아로 가는 길이나 해안가를 따라 걷는 길은 그보다 오래 걸리고 힘들다. 사마리아 선교 이야기는 2막 6장 가나의 기적으로 연결된다. 세례, 선교, 기적이라는 주제가 이어진다.

바리사이파 사람들이 세례를 베푼 요한에게 정체를 추궁했다(〈요한〉 1,25). 그들은 예수가 많은 제자를 얻고 세례를 베푼다는 소문을 들었다. 〈요한〉 3,22과 4,1을 근거로 예수가 실제로 세례를 베풀었다고 말하기는 어렵다. 〈마르〉〈마태〉〈루가〉는 예수가 세례를 주었다는 보도를 하지 않았다. '예수가 아니라 제자들이 세례를 베풀었다'는 2절은 〈마르〉〈마태〉〈루가〉의 보도와 모순을 만들지 않으려는 뜻에서 덧붙였다.[126] 〈요한〉 저자도 예수가 세례를 베풀지 않았다는 사실을 안다.

사마리아 사람은 누구인가? 공통년 이전 8-7세기에 사마리아 지역에 산 혼합주의 야훼 신봉자를 가리킨다(〈2열왕〉 17,29). 공통년 이전 4세기에 예루살렘성전과 경쟁하면서 가리짐Garizim 산에 성소를 차리고 새로운 종교운동에 가담한 사람들과 구분되어야 한다. 유다 역사가 요세푸스에 따르면 이 분열은 결혼 문제를 두고 예루살렘성전 사제들 사이에 벌어진 논쟁에서 생겼다. 영향력 있는 어느 사제 그룹은 외국인 여성과 사제의 결혼이 유다교의 정체성을 위협하리라고 생각했다. 논쟁 결과, 일부 사제 그룹이 사마리아 지역으로 이주했다. 시켐Sichem의 남서쪽 가리짐 산에 새 성전이 세워졌다. 사마리아인도 사두가이파처럼 모세오경만 거룩한 문헌으로 받아들이고, 부활을 믿지 않았다.[127]

5절에 나오는 사마리아 지방 시카르Sychar는 오늘날 아스카르Askar 지역인 것 같다. 야곱의 우물(〈창세〉 33,18; 48,22)에서 북동쪽으로 1킬로미터 떨어진 곳에 있다. 야곱의 우물 가까이 공통년 1세기까지 히브리 성서의 인물인 요셉의 무덤이 있었다.[128] 야곱의 전승은 시켐과 연결된다. 시켐은 공통년 이전 128년에 파괴되었고, 같은 지역에 있던 시카르가 사마리아인의 중심지로 발달했다. 시카르는 공통년 72년 다시 존재감을 잃었다.[129] 그런데 시켐에 있는 야곱의 우물에 대해 유다교나 사마리아 어느 문헌도 언급하지 않았다.[130]

우물은 팔레스티나 곳곳에 있었다. 우물은 사람들이 만나고 소통하는 장소다. 리브가와 이사악(〈창세〉 24,10-33), 야곱과 라헬(〈창세〉 29,11-), 모세와 누이들(〈룻기〉 2,1-; 〈1사무〉 9,11-) 등 우물가 이야기가 있다. 미래의 신랑감이 객지를 떠돌다가 우물가에서 여인을 만난다. 여인은 물을 떠주고 집으로 돌아가 소식을 알린 뒤, 낯선 남자와 한집에 살거나 약혼한다. 우물가 이야기에 등장하는 여인들과 사마리아 여인은 어떻게 다른가. 사마리아 여인은 죄지은 여인이 아니라 자의식이 강한 여인이다. 미혼도 아니고 비혼도 아니고 다섯 번 이혼한 여인이다.

6절에서 예수는 정오(〈요한〉 19,14) 무렵 우물가에 앉았다. 하루 중 가장 뜨거운 때다. 그런 시간에 한 사마리아 여자가 물을 길러 나왔다니, 좀 어색하다. 동네에 잘 알려진 성 노동자 여성이 다른 여인들과 마주치지 않기 위해 아무도 움직이지 않는 한낮을 택했다는 추측은 지나치다. 밤에 예수를 찾은 니고데모(〈요한〉 3,2)와 한낮에 예수를 만난 사마리아 여인을 대조하려는 시도도 있다. 한낮에 예수에게 메시아를 기다린다고 고백한 사마리아 여인과 정오에 유다인들에게 "여기 너희의 왕이 있다"(〈요한〉19,14)고 빈정대는 빌라도의 모습을 대조하여 묵상하기도 한다.

오전에 제자들이 먹을 것을 사러 시내에 들어갔다(8절)는 구절도 자연스럽지 않다. 유다인 남자 예수와 사마리아 여인만 연극 무대에 남겨 놓으려는 〈요한〉 저자의 설정이다. 유다인 남자와 사마리아 여인이 우물가에서 만나 대화하다니, 스캔들이 나기에 충분하다. 많은 사람이 모이는 우물가에 젊은 남녀 단둘이 있다니 말이다. 당시 엉터리 언론이 있었다면 예수는 미풍양속을 해치는 패륜아로 호되게 비난 받았을 것이다. 더위에 지친 유다인 남자(〈출애〉 2,15-22) 예수가 젊은 사마리아 여인에게 물을 주세요δός μοι πεῖν(〈출애〉 17,2;〈민수〉 21,16)라고 했다.

유다인 예수는 사마리아 땅에서 이방인이다. 사마리아 여인은 사마리아인의 성전에서 이런 말을 듣고 자랐을 것이다. "너에게 몸 붙여 사는 외국인을 네 나라 사람처럼 대접하고 네 몸처럼 아껴라. 너희도 이집트 나라에 몸 붙이고 살지 않았느냐? 나 야훼가 너희 하느님이다."(〈레위〉 19,34) 하느님은 이집트를 탈출하여 사막을 걷던 백성에게 물을 주셨다(〈출애〉 17,1-7). 〈시편〉 105,41은 이 주제를 다시 노래한다. 〈요한〉에 못가의 병자(5,1-18)와 눈먼 사람(9,1-12) 등 못가 이야기가 두 번 나온다. 물 비유(〈요한〉 7,37-39)는 초막절 축제에서 사용되었다. 목마른 사람은 예수에게도 오라(〈요한〉 7,37-).

복음서에서 사람들이 예수에게 다가와 청하거나 시비를 걸어 대화나 논쟁이 시작되는 것이 보통이었다. 여기서는 예수가 먼저 말을 건넨다. 목마른 예수(〈요한〉 19,28)가 사마리아 여인에게 준 충격은 적어도 세 가지다.

1. 남자가 여자에게 도움을 청했다.
2. 유다인이 사마리아인에게 도움을 청했다.
3. 유다교 라삐가 공공장소에서 여인에게 도움을 청했다.

당시 남자들은 여자에게 도움을 청하지 않았다. 더구나 처음 보는 낯선 여인에게 도움을 청하다니 놀라운 일이다. 유다인은 사마리아인에게 도움을 청하기는커녕 말도 걸지 않았다. 유다인은 사마리아 사람과 같은 그릇을 사용하지도 않았다.[131] 9절 상종하다 συγχρῶνται는 신약성서에서 여기만 나오는 단어다.

사마리아 여인은 예수를 당연히 유다교 라삐로 알았다. 여성 라삐는 존재하지 않았다. 9절에서 여인은 예수에게 "당신은 유다인이고 저는 사마리아 여자인데 어떻게 저더러 물을 달라고 하십니까?"라고 반문한다. 〈요한〉에서 예수가 유다인으로 가장 강조된 곳이 바로 여기다.[132] 당시 통념에 따르면, 사마리아 여인은 예수에게 반문하지도 말고 멀리 도망쳤어야 마땅하다. 유다인이 사마리아 사람과 어울리는 일조차 불결하게 여겨졌다. 공통년 90년경 라삐 엘리에제르는 "사마리아 사람의 빵을 먹는 것은 돼지고기를 먹는 것과 같다"[133]고 말했다.

사마리아 여인 입장에서 생각해보자. 사마리아 사람은 유다인에게 종교적·사회적으로 차별받으며 유다인 지역에 포위되어 살았다. 사마리아 여인은 사마리아 남자에게도 억눌렸다. 사마리아 여인은 정치, 종교, 문화에서 희생자가 되어 말을 잃었다. 예수가 그런 여인에게 말을 걸었다. 예수는 가장 큰 희생자에게 먼저 다가간다. 제주 4·3 사건 때도 여인의 고통은 말할 수가 없었다. 전쟁과 학살의 첫 번째 피해자는 언제나 여성이었다. 종교에서도 여성은 희생자 신세였다. 가난한 사람 중에 가장 가난한 사람은 가난한 여인이다. 해방신학에 여성신학이 포함된다.

사마리아 여인에게 물을 청한 예수는 유다교 율법을 일부러 어겼다. 예수는 모든 사람을 차별 없이 평등하게 사랑하는 하느님의 모습을 보여줬다. 불트만은 아난다 존자가 칸달라 성 우물가에서 여인에게 물을 청한 이야기를 인용한다.[134] 자기와 이야기하면 더럽혀질 수 있다는 여인의 경고에 존자는 "나는 당신의 카스트도, 가문도 묻지 않습니다"라고 답했다고 한다. 그러나 사마리아 여인에게 물을 청한 예수의 행동이 본의 아니게 여인을 곤란한 처지에 빠뜨리고 말았다. 좋은 의도에서 한 행동이 언제나 좋은 결과를 낳는 것은 아니다. 예수가 좀 더 사려 깊었다면 자신이 두레박으로 물을 떠 마시면 되었다. 예수가 물 한 잔 떠 마시지 못하고 여인에게 청하는 남자는 아니다. 〈요한〉 저자는 어떻게든 예수와 사마리아 여인이 대화하는 장면을 연출해야 했다.

10절 선물 δωρεὰν은 신약성서에 11번, 〈요한〉에서 여기만 나온다. 신약성서에서 〈요한〉 7,38과 여기만 나오는 샘솟는 물 ὕδωρ ζῶν은 생명과 연결된다(〈시편〉 42,2; 〈예레〉 2,13; 〈이사〉 11,9). 10절은 하느님께서 주시는 선물이 생명이고, 그 생명을 전하는 사람은 바로 예수라고 말한다. 〈요한〉 저자는 12절에서 사마리아 전통보다 유다교 전통이 종교적으로 우월하다고 말한다. 예수는 유다인과 사마리아인의 공통 조상인 야곱보다 큰 인물이다. 처음 만나는 이 남자가 누구인지 여인이 어찌 알았겠는가. 하느님의 아들이 목마른 순례자로 겸손하게 등장한다. 여인은 예수의 자기소개를 당연히 이해하지 못한다. 독자는 애가 탄다. 객석에 앉은 〈요한〉 독자는 무대 위 두 주인공에게 점점 빠져든다.

유다 여인은 세 번까지 결혼할 수 있었다. 여인이 이혼을 주도하기는 어려웠다. 예수가 사람의 과거를 알아보는 능력(〈요한〉 1,47; 2,25; 5,6)은 여러 번 증명되었다. 남편이 다섯이나 있는 여인의 삶을 알아본 예수의 능력도 대단하지만, 여인의 과거를 판단하지 않은 사실이 더 놀랍다. 예수는 여인의 삶을 윤리적으로 그르다고도, 옳다고도 하지 않았다. 〈요한〉은 예수가 유다교 율법을 어긴 사실보다 유다인과 사마리아인을 갈라놓은 미움과 차별의 벽을 무너뜨린 모습을 강조한다. 본문의 주제는 이혼이 아니라 차별이다. 교회는 이 장면에서 무엇을 배울 수 있을까. 교회는 이혼한 여성을 어떤 눈으로 봐야 할까.

15절에서 여인은 예수에게 "선생님, 그 물을 저에게 좀 주십시오"라고 청한다. 독일 마인츠대학교Johannes Gutenberg-Universität Mainz의 내 스승인 성서학자 루드거 셴케Ludger Schenke 교수는 여인이 예수의 말을 이해하고 있다[135]고 해설한다. 죽은 예수의 몸이 생명의 물이 되고, 죽음이 삶의 원천이 되는 아름다운 역설이다(〈요한〉 19,28-). 예수는 인류의 구원에 목마르다. 우리는 예수에게 목마르다. 삶이 없으면 죽음도 없지만 죽음이 없으면 삶도 없다. 살아도 하느님 곁에 있고 죽어도 하느님 곁에 있으니, 우리는 이제 그 무엇도 두렵지 않다.

16절에서 예수는 갑자기 여인에게 남편을 불러오라고 한다. 〈요한〉은 다섯 남편 이야기를 꺼내 참된 예배가 무엇인지 토론하려 한다. 사마리아 여인의 다섯 남편은 어떤 사람들인가. 다섯 번 이혼은 당시 유다교에서 윤리적으로 비판받을 일이다.[136] 다섯 번 이혼은 혹시 상징적인 비유 아닐까. 다섯 남편은 모세오경을 상징[137]할까. 사마리아 여인이 모세오경을 믿지 않는 것은 아니니, 그렇게 보긴 어렵다. 북쪽에 있던 이스라엘왕국이 멸망한 뒤 아시리아 왕이 사마리아 도시에 다섯 민족을 이주시켰고, 그들은 각자 민족 신을 섬겼다. 다섯 남편은 외국인 다섯 민족(〈2열왕〉17,24-34)을 상징[138]할까. 다섯 민족은 다섯 신이 아니라 일곱 신을 믿었다(〈2열왕〉17,30-). 이혼은 이방인이 숭배하는 삶과 결별했다는 뜻이다. 호세아 예언자는 야훼 하느님을 남편으로, 이스라엘 민족을 아내로 비유했다(〈호세〉2,4.9.18).

19절에서 여인은 예수를 예언자로 알아보았다. 사마리아인이 예언서를 인정하지 않았다는 사실에 비춰 놀라운 일이다. 사마리아인은 세상 마지막 날에 모세 같은 예언자가 오리라 믿고 기다렸다. 〈출애〉는 예언서에 속하지 않는다. 이 예언자는 참된 예배 장소(〈2열왕〉17,28-41)를 둘러싼 오래된 논쟁을 끝장낼 것이다. 참된 예배 장소는 유다인과 사마리아인에게 하느님을 올바로 알고 경배하는 문제와 연결되었다. 22절부터 참된 예배 장소와 올바른 예배 방법이 설명된다. 예루살렘성전과 가리짐 산에 있는 성전을 두고 벌어진 논쟁은 예수의 답변으로 극복되었다.

그동안 예루살렘성전과 가리짐 성전에서 바친 예배가 무의미하다는 말이 아니다. 미래의 예배에 어느 성전이 더 적합한지 다툴 필요가 없다는 뜻이다. 유다교 예배는 무의미하고 그리스도교 예배만 유효하다는 말이 아니다. 하느님을 예배하는 데 공간과 의식이 아무 필요 없다는 말도 아니다. 예배를 위한 공간과 의식이 그 자체로 절대적 가치가 있다고 주장할 수 없다는 뜻이다. 하느님을 참되게 예배하는 데 쓰이는 공간과 의식이 있고, 가짜 예배에 쓰이는 허무한 공간과 의식이 있다. 공간 자체가 거룩하거나 의식 자체가 목적은 아니다. 예배를 위한 공간과 의식이 예수그리스도의 말씀이나 삶과 관계없다면, 그 공간과 의식은 아무 의미 없다. 거짓 예배에 쓰이는 공간과 의식은 필요 없을 뿐 아니라 적폐가 된다. 성례전 비판의 신학적 근거를 여기서도 찾을 수 있다.

웅장하고 화려한 교회나 성당 건물이 가난한 사람과 희생자를 외면한다면, 거기서 바쳐지는 거창한 종교의식도 아무 가치 없다. 가난한 사람이 참된 예배 장소다. 가난한 사람이 무시당하는 예배는 참된 예배가 아니다. 예수의 이름으로(〈요한〉 14,13; 15,16; 16,23) 영적으로 참되게ἐν πνεύματι καὶ ἀληθείᾳ(23절) 하느님께 예배 드려야 한다. 예배 장소 문제는 의미 없다. 예수그리스도가 참된 예배 장소이기 때문이다(〈요한〉 2,14-22). 예수그리스도와 관계없는 장소는 참된 예배 장소가 아니다. 예수그리스도는 오늘 어디에 있는가. 예수그리스도는 가장 먼저 가난한 사람 안에 있다.

〈요한〉은 9절 당신은 유다인σὺ Ἰουδαῖος ὢν, 22절 구원은 유다인에게서 오기 때문ἡ σωτηρία ἐκ τῶν Ἰουδαίων ἐστίν이라는 구절에서 유다교 종교 전통이 사마리아 종교 전통보다 우월하다고 분명히 말한다. 22절에서 '여러분'과 '우리'는 누구를 가리킬까. 여러분은 사마리아인을, 우리는 예수(유다인)를 가리킬까.[139] 〈요한〉 3,11까지 참조하면 여러분은 사마리아인과 유다인을, 우리는 그리스도인을 가리키는 것 같다.[140] 나도 그 생각에 동의한다.

22절 '구원은 유다인에게서 온다'는 누구의 말인가. 예수의 말인가, 초대 공동체의 어느 작가가 써넣은 구절인가, 〈요한〉 저자에게 전해졌다고 추측되는 표징 원천에 있는 구절인가. 학자들의 의견이 엇갈린다. 그 토론 못지않게 중요한 점이 있다. 구원은 유다인에게서 온다는 말을 〈요

한)이 부정한 적이 없다[141]는 사실이다. 메시아는 유다인에게서 태어난 다는 말이다.[142]

바오로는 〈요한〉처럼 구원이 유다인에게서 온다고 힘주어 주장하지 못했다. 22절은 신약성서 구원론에서 중요한 구절이다. 〈요한〉을 반유다 주의 문헌으로 낙인찍으려는 시도는 잘못이다. 여전히 그리스도교 일부 에서 〈요한〉이 유다인을 반대하는 책으로 해설하거나 오해한다. 슬프고 안타까운 일이다. 구원은 유다인에게서 온다는 말에서 그리스도교는 유 다인 예수뿐 아니라 유다 민족을 기억해야 한다. 창조주 하느님이 유다 백성에게 하신 구원의 약속은 예수가 오심에도 취소되지 않았다.

23절 '영적으로 참되게'는 해설하기 쉽지 않다. 〈요한〉이 즐겨 쓰는 명사 표현 두 쌍이 있다. 은총과 진리 ἡ χάρις καὶ ἡ ἀλήθεια(1,14.17), 진리요 생 명 ἡ ἀλήθεια καὶ ἡ ζωή(14,6)에서 뒤쪽 명사가 더 강조된다. 진리 ἡ ἀλήθεια는 그리스철학의 철학적 진리가 아니라 유다교의 종교적 진리를 가리킨다. 예수는 진리다(14,6). 영적으로 ἐν πνεύματι는 인간의 내면이 아니라 하느님 의 영을 말한다. 생명의 물, 참된 영적 예배는 연결되는 주제다. 10절 '하 느님께서 주시는 선물'은 예수의 선물이기도 하다. 하느님과 예수의 일 치가 드러난다. 하느님은 어디에 계시는가. 바오로에 따르면 공동체는 그리스도의 몸으로서 새로운 성전이다(〈1고린〉3,16; 〈2고린〉6,16). 〈요한〉에 서 예수는 하느님이 계시는 새 성전이다.

24절 하느님은 영적인 분 πνεῦμα ὁ θεός은 〈요한〉의 핵심 구절이다. 〈요 한〉에 기억하고 싶은 아름다운 문장이 많지만, 이 문장은 꼭 기억하자. 영 이신 하느님은 민족 신이 아니라 보편 신이다. 이제 사마리아인이나 그리스인이나 한국인이나 북한 인민이나 노예나 여성도 아무 차별 없이 하느님을 경배할 수 있다. 예배 장소와 성전의 한계를 지적한 〈요한〉과 비슷한 의견이 철학자 필로Philo나 플루타르코스Ploutarchos의 책, 쿰란Qumran 문서 등 당시 종교철학 문헌에도 있었다.[143]

25절에서 사마리아 여인이 "저는 그리스도라 하는 메시아가 오실 것을 알고 있습니다"라고 고백한다. 문장 내용도 아름답지만, 여인이 일인칭 대명사를 써서 더 감동이다. 겸손의 표시로 쓰는 문법상 일인칭 주어가 아니다. 조상이나 민족의 관습을 인용하지 않고도 "나를 개인으로, 자의식 있는 존재로 생각합니다"라고 말한 것이다. 사마리아 여인은 누구 아내요 누구 엄마요 어디 소속 구성원이 아니라, 생각하고 결단하는 개인으로 우뚝 섰다. 나는 예수에 대한 믿음 고백보다 당당한 개인으로 독립한 사마리아 여성을 주목하고 싶다. 남미 원주민 여성이 유럽에서 온 군인과 선교사 앞에서 당당히 말하는 모습이 떠오른다. 예수는 여인의 당당한 자의식에 기쁘게 응답하며 26절에 〈요한〉에서 처음으로 나는-이다ἐγώ εἰμι라는 문장 형식을 쓴다. 여인을 세심하게 격려하는 예수와 용기 있게 질문하는 여인이 참 아름답다. '나는 -이다'는 신약성서의 계시 문장이다. 예수가 자신을 소개하는 문장 형식이다.

〈요한〉에 평범한 일상용어 알리다λεγειν는 474번, 선포하다λαλεῖν는 59번 나온다.[144] 25절에 여인이 쓴 단어 알려주다ἀναγγέλλειν는 히브리 성서 70인역 그리스어 번역본에서 280번 쓰였는데, 〈이사〉에만 57번 나온다. 〈이사〉에서 주로 사용될 뿐 아니라 계시 용어로 쓰였다는 말이다. '알려주다'는 신약성서에서 14번 나오는데, 〈요한〉계 문헌에 7번 있다. "나 야훼는 옳은 말만 한다. 이루어질 일만 말한다"(〈이사〉 45,19)에서는 '선포하다'와 '알려주다'가 동의어로 쓰였다. 26절 "내가 바로 그 사람입니다"
는 "바로 나"(〈이사〉 52,6)와 비슷하다. 복음서에서 예수가 가장 많이 인용
한 책이 〈이사〉다. 예수는 희망을 선포한 예언서 〈이사〉를 전공한 사람
같다.

예수와 사마리아 여인은 제자들이 지켜보지 않은 상태에서 이야기를
나눴다. 〈요한〉에서 드문 경우다. 예수의 제자들은 스승이 사마리아 여인
과 이야기하는 것을 보고 당연히 놀랐다. 유다교 라삐 요하난 벤 자카이
Jochanan ben Zakkai(공통년 이전 150년)는 말했다. "당신 집은 활짝 열려 있어야
한다. 가난한 사람을 당신의 식구처럼 대해야 한다. 그러나 여인과는 말
을 많이 하지 마라."[145] 유다교 라삐가 야외에서 여인과 대화하는 것은 예
의에 어긋나는 행위로 여겨졌다.

28절에서 사마리아 여인은 물동이를 두고 동네에 돌아갔다. 물도 가
져가지 않았으니 예수에게 돌아오겠다는 뜻이다. 물동이는 여인에게 지
난 삶을 상징하는 물건으로 해석할 수 있다. 여인은 예수를 만나고 나서
그물과 배를 버린 제자들(〈마태〉 4,19-22), 세관을 떠난 세리 마태오(〈마태〉
9,9)처럼 새롭게 살기로 결단한다.[146] 우리는 예수를 만난 뒤 무엇을 버렸
는가. 여인은 사람들이 예수에게 모이도록 만든 선교사가 되었다. 복수
명사 사람들 ἀνθρώποις은 〈요한〉에 여기와 6,14에만 나온다. 여인이 몇 사
람이 아니라 많은 사람들을 몰고 왔음을 강조한다. 31절 "선생님, 무엇을
좀 잡수십시오ῥαββί, φάγε"라는 말은 〈요한〉에 여기만 있다. 34절 "나를 보
내신 분의 뜻을 이루고 그분의 일을 완성하는 것이 내 양식입니다"는 예
수의 사명(〈요한〉 5,30; 6,38-40; 7,17)뿐 아니라 〈요한〉의 핵심 내용을 압축
한다. 하느님과 예수의 일치는 〈요한〉 신학의 기초다. 〈요한〉은 하느님과

예수의 독특한 관계를 복음서에서 가장 강하게 소개한다.

예수는 35절에서 '아직도 넉 달이 지나야 추수 때가 온다'는 속담[147]을 말한다. 이스라엘에서 씨 뿌리고 수확하기까지 보통은 여섯 달이 걸린다. 이 속담은 수확을 간절히 기다리는 심정을 표현한다. 12월 중순에 씨를 뿌리고 4월 중순에 수확하는 빠른 일정을 가리킨 것 같다. 농촌 지역의 삶은 성서에서 풍부한 이야기 소재가 된다. 수확은 구원의 기쁨과 심판을 상징한다(〈이사〉 18,5; 63,1 -). 35절에 "곡식이 이미 다 익어서 추수하게 되었습니다"라는 예수의 말은 놀랍다. 복음서는 추수보다 씨 뿌리기를 강조하지 않는가.

37절 '한 사람은 심고 다른 사람은 거둔다'(〈신명〉 20,6; 28,30; 〈미가〉 6,15)는 역할이 다름을 말하는 것이지, 역할에 따라 중요성이 다름을 말하는 것이 아니다. 심는 사람은 덜 중요하고 거두는 사람은 더 중요하다는 말도 아니다. 모두 씨를 뿌리려고 하면 누가 열매를 거둘까. 아무도 씨 뿌리려고 하지 않으면 누가 열매를 거둘까. 예수는 하느님과 함께 씨 뿌리고 수확한다.[148] 복음의 씨를 뿌리는 사마리아 여인과 하느님이 보내신 예수의 모습이다.

보내다άποστειλλειν, 수고κόπος, 애쓰다κόπιαν는 초대교회 선교 언어에 속한다. '수고'는 바오로의 편지에도 자주 보인다(〈1데살〉 1,3.5; 〈1고린〉 3,8; 〈2고린〉 10,15). 40절에 예수는 이틀(〈요한〉 11,6) 동안 묵었다. 초대교회 문헌 〈디다케〉 11,5에 따르면 선교사들이 한 공동체에 이틀만 묵어야 한다. 42절에서 사람들이 여자에게 "우리는 당신의 말만 듣고 믿었지만 이제는 직접 그분의 말씀을 듣고 그분이야말로 참으로 구세주라는 것을 알게 되었소" 하고 감격스레 말한다. 〈요한〉 4장에서 사마리아인들은 예수를 유다인(9절), 야곱보다 뛰어난 분(12절), 예언자(19절), 메시아(25·29절)로 차츰 가까이, 정확하게 알아간다. 이제 예수는 사마리아인에게도 구세주 σωτὴρ τοῦ κόσμου다.

구세주σωτὴρ는 로마 세계에서 지배자가 즐겨 쓴 호칭이다. 특히 로마 황제 하드리아누스Hadrianus(재위 공통년 117-138)를 기리는 비석에 구세주 호칭이 보인다. 구세주 호칭은 종교적 의미뿐 아니라 정치적 의미도 있었다. 로마 황제는 로마제국의 정치적 통일을 보증하며, 백성의 안녕과 구원을 가져다준다는 뜻이다. 공통년 67년에 고린토의 제우스 신전에서 로마 황제 네로Nero Claudius Caesar Drusus Germanicus를 기리는 비석에 σωτὴρ 단어가 있었다. 초대 그리스도교 공동체가 예수에게 σωτὴρ 호칭을 자신 있게 바친(〈루가〉 2,11; 〈사도〉 5,31; 〈1요한〉 4,14) 것은 로마 황제를 비판하는 뜻도 있다. 진짜 구세주는 로마제국 황제가 아니라 예수라는 말이다. "우상을 멀리하십시오"(〈1요한〉 5,21)는 반제국주의 선언이다. 로마 황제를 숭배하는 문화에 사는 초대 그리스도인에게 주는 말이다. 종교인은 권력을 멀리하라.

세상의 구원은 권력자가 아니라 십자가에서 죽음을 당하고 부활한 예수에게서 온다. 〈요한〉은 절대적인 힘과 권위가 있는 로마의 황제 문화, 즉 권력을 비판해서 초라하게 만들었다. 그리스도교는 권력 비판을 유전자처럼 가지고 태어난 종교다. 그리스도교는 예수 아닌 세상의 어느 권력자에게도 머리를 조아리면 안 된다. 권력자에게 비굴한 종교인은 그리스도인이 아니다. 〈요한〉에서 권력 비판이라는 메시지를 읽어낼 줄 알아야 한다.

〈요한〉에 예수가 하느님을 증언하는 구절은 없다. 지금까지 전혀 알려지지 않은 무명의 하느님을 예수가 세상에 드러낸다기보다, 지금까지 전혀 알려지지 않은 예수를 하느님이 인류에게 소개하는 것이 아닐까.[149] 유다인은 하느님을 먼저 알았고, 그리스도인은 유다교를 통해 하느님을 알았다. 하느님이 소개한 예수를 그리스도인이 알면서, 유다인은 예수를 보내신 분이라는 하느님의 새로운 모습을 알았다.

서양의 계몽주의는 인간을 무지無知에서 해방한다는 벅찬 포부를 품었다. 문맹자가 글을 읽고, 지식에서 소외된 대중이 정보를 가까이했다. 무지에서 해방을 1차 계몽이라고 표현할까. 나는 비인간성非人間性에서 해방을 2차 계몽이라고 이름 붙이고 싶다. 해방신학은 인간을 비인간성에서 해방하려는 꿈이 있다. 무지에서 해방은 여전히 중요하다. 나쁜 세력과 나쁜 언론이 가짜 뉴스와 거짓말을 유통시키는 세상이다. 거짓은 억압과 불평등과 죽음을 생산한다. 비인간성에서 해방도 중요하다.

많은 지식과 정보를 갖춘 고학력 중산층 남자들이 멋진 양복을 입고 커피를 마시며 사무실에서 전쟁과 억압을 기획한다면 어떻게 되는가. 무지에서 해방된 지식인과 종교인이 가난한 사람과 약소민족을 괴롭히거나 못 본 체하는 비인간성의 포로가 될 수 있다. 가난한 사람과 가난한 나라를 억압하고 착취하는 장치가 제도와 법과 조약을 통해 교묘하고 합법적으로 나라마다 관철되는 추세다. 무지에서 해방이라는 1차 계몽을 상당히 이룬 21세기 인류는 비인간성에서 해방이라는 2차 계몽의 다급한 과제 앞에 있다. 가난한 사람은 억압에서 해방되어야 하고, 부자와 지식인과 종교인은 비인간성에서 해방되어야 한다.

1차 계몽과 2차 계몽이라는 틀을 성서 공부에 적용해보자. 루터의 종교개혁 이후, 인류는 모국어로 번역된 성서를 읽었다. 이제 성서는 성직자나 지식인의 전유물이 아니다. 1차 계몽은 거의 이루어졌다. 그러면 성서신학의 연구 성과는 평범한 그리스도인에게 잘 전달되는가. 독일과 미국의 신학대학에서 지금 논의·강의하는 내용이 한국 신도에게 전달되려면 몇 년이 필요할까. 신학자와 신도의 성서 시차는 얼마나 될까. 30년? 50년? 대다수 신도는 성서신학의 연구 성과를 일부조차 제대로 접하지 못한다. 목사나 신부, 교회의 게으름과 무책임 탓이다. 번역된 성서를 읽는 신도는 1차 계몽이 되었다. 그러나 성서신학의 성과를 잘 모르는 신도는 2차 계몽이 필요하다. 2차 계몽이 필요한 목사나 신부도 수두룩하다. 2차 계몽이 덜 된 목사나 신부의 설교는 듣기 비참한 수준이다.

우리는 대부분 가난한 사람의 삶과 고통을 상당히 안다고 착각한다. 그러나 가난한 사람의 세상은 우리에게 금성이나 화성처럼 낯선 세계다. 가난한 사람의 세상은 우리에게 여전히 미지의 세계. 우리는 가난한 사람을 잘 모른다. 우리가 제대로 알려고 애쓰지 않으면 가난한 사람의 세상은 알기 어렵다. 종교도, 종교인도 마찬가지다. 그 사실이 우리를 비인간성의 노예로 만드는지도 모른다. 예수는 지금까지 잘 알려지지 않은 가난한 사람의 세상을 종교 한복판으로 불러들였다. 예수는 가난한 사람이 세상의 중심이요, 종교의 중심이라고 가르쳤다. 지금 그 예수를 가난한 사람이 세상에 소개한다.

여성은 인류 역사에서 대부분 가난한 사람에 속한다. 이스라엘에서도 마찬가지였다. 여인은 라삐와 토론에 참가할 수 없었다.[150] 마르타는 예수 발치에 앉아 말씀을 듣는 동생 마리아를 보고 얼마나 놀랐겠는가

〈루가〉 10,39). 마리아는 토론에 참여하지 않았지만, 예수 가까이 앉은 것만으로 예비 범죄자에 속한다. 마르타의 동생 마리아는 여성신학의 선구자다. 가톨릭교회 남자 성직자들은 "마리아는 참 좋은 몫을 택했습니다. 그것을 빼앗아서는 안 됩니다"(〈루가〉 10,42)라는 구절을 심각하게 묵상해야겠다. 예수는 여성 문제에 대해 당시 문화를 넘어섰지만, 오늘날 가톨릭교회는 시대정신을 따라가기도 버겁다. 교리, 문화, 관행에서 그렇다. 개신교도 마찬가지다.

사마리아 여인은 사람들을 믿음으로 초대했고, 사람들은 자유의지로 결단해서 예수를 믿었다. 〈요한〉이 성서 독자에게 믿음으로 다가서는 사례를 보여준 것이다. 〈요한〉에게 사마리아나 그리스 세계는 이미 선교 영역이다. 절망하거나 주저하지 말고 당장 선교에 나서라는 요청이다. 수확할 때 기쁨(〈이사〉 9,2; 〈시편〉 26,5-)은 복음을 선포하는 기쁨을 나타낸다.

안타깝게도 그리스도교 역사에서 진리보다 기쁨이 덜 강조되는 경향이 있었다. 프란치스코 교황의 책 《복음의 기쁨》은 진리와 기쁨을 강조한다. 진리가 옳다고 동의하기 전에, 진리는 기쁨을 준다고 느끼면 좋겠다. 시詩를 대하자마자 낱말을 하나하나 분석하기 전에, 시가 주는 벅찬 감동을 실컷 느끼면 어떨까. 예수의 말씀과 행동이 옳다고 고개를 끄덕이기 전에, 예수의 말씀과 행동이 우리에게 기쁨을 주는 것을 느끼면 어떨까. 예수는 진리 이전에 기쁨으로 세상에 왔다. 하느님은 사랑이시고 예수는 기쁨이다.

사마리아 여인에게 말을 건 예수도 놀랍지만, 예수와 자신 있게 신학 토론을 하는 사마리아 여인이 존경스럽다. 사마리아 여인처럼 자의식 있고 당당한 여인이 〈요한〉에 여럿 나온다. 가나 혼인 잔치에서 예수의 어머니 마리아(2,3), 라자로의 누이 마리아와 마르타(11,3)는 남성 성직자에게 검열 받거나 의존하지 않는 독립적 존재로서 자신의 생각을 당당하게 말한다.

나는 이 대목에서 예수보다 사마리아 여인에게 정이 가고 관심이 생긴다. 유다교 평신도 남성 신학자 예수와 사마리아 평신도 여성의 대화인가. 그리스도교 남성 신학자 예수와 사마리아 평신도 여성의 토론인가. 그리스도교 평신도 예수와 그리스도교 평신도 여성의 만남인가. 성서를 읽을 때 예수나 제자 혹은 성서학자 입장에서 생각하는 독자가 많다. 그러나 희생자 입장에서 성서를 이해하는 방법도 좋다.

구원은 유다교에서 갈라진 유다인의 형제자매 사마리아인을 포함한다. 갈라진 성소와 갈라진 전승이 서로를 구원에서 떼어놓을 수 없다. 유다인과 그리스도인, 가톨릭과 개신교, 그리스도교와 이슬람교도 마찬가지다. 예수는 유다인과 분열된 사마리아 땅을 직접 찾아갔다. 사마리아 땅에서도 가장 억압받는 사마리아 여인에게 예수가 먼저 말을 건넨 사실도 의미 있다. 유다교에서는 남성과 여성의 장벽이 높고 차별이 심했다. 오늘 그리스도교도 다르지 않다. 예수는 가장 가난한 사람인 여인에게 먼저 손을 내밀고 자신을 낮췄다. 〈마르〉〈마태〉〈루가〉도 변방의 소외된 사람에게 먼저 다가서는 예수를 소개한다. 〈요한〉도 마찬가지다. 예수는 병들고 가난한 사람을 먼저 찾았다. 오늘 그리스도교는 예수처럼 하는가. 우리도 그렇게 사는가.

해방신학은 가난한 사람의 눈과 심장으로 하는 신학이다. 희생자 중에 가장 큰 희생자는 여성 희생자다. 해방신학은 희생자의 눈과 심장으로 보는 신학이다. 해방신학은 동시에 여성신학이다. 그리스도교는 목소리를 잃은 여성이 말하게 하라. 여성의 말문을 막지 마라. 남성 성직자는 여성에게 함부로 말하지 마라. 세상과 교회에서 억압받아온 여인이여, 말하라. 침묵하지 말고 참지 말고 외쳐라.

그리스도교에서 지난 2000년간 남성이 1번이고 여성이 2번이었으니, 지금부터 2000년은 여성이 1번이고 남성은 2번이라고 실험이라도 해보자. 그러면 그리스도교가 지금까지 무엇을 잘못해왔는지 뚜렷이 드러날 것이다. 그리스도교는 여인에게 마이크를 넘겨라. 여성은 남성이 되지 못한 부족한 인간이 아니다. 여성은 그 자체로 온전하고 완성된 인간이다. 남성뿐 아니라 여성도 하느님의 모습을 닮게 창조되었다. 독립한다, 그러므로 여성이다.

〈요한〉이 〈마르〉〈마태〉〈루가〉와 다른 점은 무엇일까. 예수를 복음 선포의 중심에 놓는다는 사실이 가장 두드러진 차이다.[151] 〈요한〉에서 예수는 자신을 선포한다. 〈요한〉에서 예수는 복음 전파의 주체이자, 복음 전파의 대상이다. 〈마르〉〈마태〉〈루가〉가 예수가 전하는 복음을 주로 소개한다면, 〈요한〉은 예수를 전하는 복음을 주로 전한다.

2막 6장 고관 아들의 병을 고침

....

⁴³ 이틀 뒤에 예수는 그곳을 떠나 갈릴래아로 갔다. ⁴⁴ 예수는 친히 "예언자는 자기 고향에서 존경을 받지 못합니다" 하고 말한 일이 있었다. ⁴⁵ 갈릴래아에 도착하자 그곳 사람들은 예수를 환영하였다. 그들은 명절에 예루살렘에 갔다가 거기에서 예수가 한 일을 모두 보았던 것이다.

⁴⁶ 예수는 전에 물로 포도주를 만든 적이 있는 갈릴래아의 가나에 다시 갔다. 거기에 고관 한 사람이 있었는데 그의 아들이 가파르나움에서 앓아누워 있었다. ⁴⁷ 그는 예수가 유다를 떠나 갈릴래아에 왔다는 말을 듣고 예수를 찾아와 자기 아들이 거의 죽게 되었으니 가파르나움으로 내려가셔서 아들을 고쳐달라고 사정하였다. ⁴⁸ 예수는 그에게 "여러분은 기적이나 신기한 일을 보지 않고서는 믿지 않습니다" 하고 말하였다. ⁴⁹ 그래도 그 고관은 "선생님, 제 자식이 죽기 전에 같이 좀 가주십시오" 하고 애원하였다. ⁵⁰ 예수가 "집에 돌아가시오. 당신 아들은 살 것입니다" 하니 그는 예수의 말씀을 믿고 떠나갔다. ⁵¹ 그가 집으로 돌아가는 도중에 그의 종들이 길에 마중 나와 그의 아들이 살아났다고 전해주었다. ⁵² 그가 종들에게 자기 아이가 낫게 된 시간을 물어보니 오후 한 시에 열이 떨어졌다는 것이었다. ⁵³ 그 아버지는 그때가 바로 예수가 "당신 아들은 살 것입니다" 하고 말한 시간이라는 것을 알았다. 그래서 그와 그의 온 집안이 예수를 믿었다.

⁵⁴ 이것은 예수가 유다를 떠나 갈릴래아에 돌아온 뒤에 보여준 두 번째 기적이었다.(4,43-54)

생명ζῆν이라는 단어가 세 번(50·51·53절) 나오는 가나의 새로운 기적 이야기다. 예수가 사마리아 여인과 만난 2막 5장과 연결된다. 예수는 생명의 물이요, 영원한 생명을 주는 분이다(〈요한〉 4,10-11.14.36). 제자들(2,11), 예루살렘 사람들(2,23), 사마리아 사람들(4,39)에 이어 이방인이 예수의 증언자로 소개된다. 〈요한〉을 예수를 증언하는 사람들(1-10장), 자신을 증언하는 예수(11-21장)로 나눠도 재미있다. 본문이 어떻게 생겼는지 질문한 다음, 본문이 〈요한〉에서 어떤 의미가 있고 어떤 역할을 하는지 묻는 순서가 자연스럽다.

본문이 어떻게 생겼는지, 다른 복음서에 있는 로마 군인의 하인을 고친 이야기(〈마태〉 8,5-13; 〈루가〉 7,1-10)와 어떤 관계가 있는지 논의되었다. 〈요한〉이 〈마르〉 〈마태〉 〈루가〉에 의존한다는 의견에 거리를 두는 학자들은 다른 전승을 생각해냈다. 20세기 초 독일 성서학자 알렉산더 파우레Alexander Faure가 주장한 표징 원천 가설[152]이 큰 영향을 미쳤다. 불트만이 그 뒤를 따랐다.[153] 〈요한〉 2,11; 4,54; 20,30을 근거로 〈요한〉 이전에 표징 원천 혹은 기적 복음이 있었고, 〈요한〉 저자가 이것을 대본으로 사용했다는 설명이다.

이제 성서학계 풍경은 조금 달라졌다. 기적 이야기를 따로 모았다는 이른바 기적 복음 혹은 표징 원천으로는 설명하기 어려우며, 〈요한〉 저자가 2,11과 4,54을 작성했다.[154] 표징 원천은 환상Phantom에 불과하다.[155] 〈요한〉 2-4장은 원래 한 덩어리로 쓰였다고 여겨진다. 〈요한〉은 예수의 공식 활동 2막이 끝나는 4,54에서 독자들에게 무슨 말을 하고 싶었을까. 예수와 적대자들의 갈등이 크게 드러나는 〈요한〉 5-10장 바로 앞에서 이방인 고관의 아들 치유는 어떤 메시지를 주는가.

예수는 사마리아 지방 시카르에서 이틀을 보낸 뒤, 자신에게 적대적인 유다를 떠나 우호적인 갈릴래아로 간다. 예수는 사마리아를 반드시δει 거쳐야 했다(4,4). 갈릴래아로 빨리, 쉽게 가려는 일정 때문이 아니다. 예수는 사마리아인, 즉 야곱의 잃어버린 형제자매에게 구원의 기쁜 소식을 전하고 싶었다. 46절 '가나에 다시 갔다'는 혼인 잔치의 기적(2,1-12)을 가리킨다. 가나(2,1)에서 가파르나움(2,12)으로 가는 첫 번째 여정이 반복된다. 예수가 그곳에 다시 가야 할 이유가 있다는 뜻이다. 〈요한〉은 예수의 여정을 구원의 역사에 필수적인 길로 본다. 예수가 걷는 길은 우연이 아니다.

가고 싶은 갈릴래아에 도착한 예수 일행의 소식을 전하면서 〈요한〉은 왜 느닷없이 '예언자는 고향에서 존경받지 못한다'(〈마르〉 6,4; 〈마태〉 13,57; 〈루가〉 4,24)는 말을 기억했을까. 이 속담은 그리스 문헌에도 있었다. "예언자는 고향에서 편안하지 않다. 의사는 아는 사람을 치료하지 못한다."(〈도마복음〉 31장) 44절 자기 고향ἰδίᾳ πατρίδ은 갈릴래아 지방 혹은 나자렛을 가리키는가.[156] 명절에 예루살렘에 갔다가 예수가 한 일(2,23-25)을 모두 본 갈릴래아 사람들이 예수를 환영하였다ἐδέξαντο는 45절 보도는 또 무엇인가. 44-45절 내용이 모순되지는 않는다고 주장[157]하면 그만인가. 고향이 하늘나라를 가리킨다고 설명하면 될까. 역시 설득력이 떨어진다.

'자기 고향'을 갈릴래아 혹은 나자렛으로 이해하면(〈마르〉 6,1-6) 43·45절과 44절은 내용이 어울리지 않는다. 예루살렘으로 이해하면 의문이 풀린다. 〈요한〉이 갈릴래아 사람들에게 예수가 자기 고향 예루살렘에서 겪는 적대적인 반응을 소개하는 것이다. 〈요한〉에서 예루살렘은 하느님의 아들이요 메시아 예수가 복음을 전파하기 시작해야 할 고향이다.[158] 나는 44절에서 고향은 갈릴래아나 나자렛이 아니라 예루살렘을 가리킨다는 의견에 동의한다.

46절 고관βασιλικὸς은 왕족, 왕궁에서 일하는 사람, 왕궁을 지키는 군인으로 이해할 수 있다.[159] 헤로데의 친척과 관리는 모두 고관이라고 불렀다.[160] 그는 유다인일까.[161] 가파르나움을 언급한 것으로 보아 이방인으로 추측된다. 그는 로마 군인이었을까. 예수가 살았을 때 로마 군대는 헤로데 안티파스 영주가 통치한 갈릴래아 지방 가파르나움에 주둔하지 않았다. 〈요한〉 저자가 이 사실을 알았는지 우리는 알 수 없다. 이방인 고관은 겐네사렛 호수(갈릴래아 호수) 근처 낮은 지대에 있는 가파르나움에서 산악 지대에 있는 가나까지 다른 사람을 보내지 않고 직접 와서 예수를 찾았다. 예수가 기적을 행하는 사람이라는 소문이 널리 퍼진 듯하다. 예수는 가나에서 가파르나움으로 한참 내려가야 한다.

병자는 하인παῖς(〈마태〉 8,6), 종δοῦλος(〈루가〉 7,2)에서 아들υἱός(47절)로 바뀌었다. 가파르나움에서 가나까지 먼 거리뿐 아니라 거의 죽게 되었다ἤμελλεν γὰρ ἀποθνήσκειν는 말에 위중한 사정이 드러난다. 죽게 되었다는 말은 〈요한〉에 세 번 더 나온다(11,51; 12,33; 18,32). 〈요한〉은 베짜타 연못가에 38년이나 앓고 있던 병자(5,5), 태어나면서부터 눈먼 사람(9,1)처럼 다급하고 엄청난 기적을 강조한다. 예수는 그 아픔에 공감한다. 〈요한〉은 당신 아들은 살 것입니다ὁ υἱός σου ζῇ를 세 번(50·51·53절)이나 반복하여 절망에 빠진 아버지를 안심시킨다.

엘리야 예언자가 사렙다의 과부에게 죽은 아들이 다시 살리라 말했다(〈1열왕〉 17,17-). 〈루가〉 4,25-27은 이 상황을 자세히 설명한다. "엘리야 시대에 삼 년 반 동안이나 하늘이 닫혀 비가 내리지 않고 온 나라에 심한 기근이 들었을 때 이스라엘에는 과부가 많았지만 하느님께서는 엘리야를 그들 가운데 아무에게도 보내시지 않고 다만 시돈 지방 사렙다 마을에 사는 어떤 과부에게만 보내주셨다. 또 예언자 엘리사 시대에 이스라엘에는 많은 나병 환자가 살고 있었지만 그들은 단 한 사람도 고쳐주시지 않고 시리아 사람인 나아만만을 깨끗하게 고쳐주셨다." 시돈 지방 사렙다의 어떤 과부, 시리아 사람인 나아만, 가나 동네 고관의 아들은 모두 이스라엘 사람이 아니라 이방인이다. 예언자는 고향에서 존경 받지 못한다는 말과 이방인에 대한 하느님의 사랑과 복음 선교가 연결된다.

48절 "여러분은 기적이나 신기한 일을 보지 않고서는 믿지 않습니다"는 편집되었다는 데 성서학자들의 의견이 일치한다.[162] 예수가 실제로 한 말이 아니고 누군가 꾸며냈다는 뜻이다. '여러분은 기적이나 신기한 일을 보지 않고서는 믿지 않습니다'라는 문장은 논리학에서 보면 일종의 조건문이다. 조건문은 신약성서에 21번 나온다. 〈마르〉에 1번 (10,29-), 〈마태〉에 3번(5,20; 6,15; 18,3), 〈루가〉에 2번(13,3,5), 〈요한〉에 14번 나온다. 조건문은 〈요한〉의 특징 가운데 하나다.[163]

47절에서 고관은 아들을 살려달라고 애원한다. 믿기 위해서 기적이 꼭 필요하다고 우긴 것이 아니다. 48절 "여러분은 기적이나 신기한 일을 보지 않고서는 믿지 않습니다"에서 독자는 예루살렘에서 많은 사람들이 예수의 기적을 보고 믿게 되었다(〈요한〉 2,23)를 떠올렸을 것이다. 그러나 예수는 그들에게 마음을 주지 않았다(〈요한〉 2,4). 〈요한〉은 기적을 요구하는 이들에게 거절하는 예수(〈마르〉 8,11-12; 〈마태〉 12,38-42; 〈루가〉 11,29-32)를 알았다. 예수는 기적을 바라는 단순한 마음을 못마땅하게 여기면서도(〈마르〉 6,48; 7,27; 〈요한〉 2,4)[164] 다급한 사정이 있는 이를 위해 기적을 행한다.

48절은 무슨 뜻일까. 공동번역성서 개정판은 σημεῖα καὶ τέρατα을 '기적이나 신기한 일'로 옮겼지만, '표징과 기적'으로 하는 게 더 낫다. 예수는 표징과 기적σημεῖα καὶτέρατα이 기적을 행하는 사람을 정당화하고 능력을 보여준다는 생각에 거리를 두는가.[165] 이방인은 예수에게 기적을 청했고, 예수는 이방인에게 믿음을 격려했다. 48절은 기적을 거부한 것[166]이 아니라 기적을 바라는 마음을 돌아보게(〈요한〉 2,4) 한 것이다. 〈요한〉에서 기적σημεῖον은 긍정적인 의미로 나타난다.[167] 기적 신앙을 무시하는 풍조는 19세기 합리주의가 낳은 생각일 뿐이다.[168]

기적에서 신앙이 시작되었다 할지라도, 기적 신앙에 머물지 말고 예수의 십자가와 부활에 연결하라는 뜻이다. 진짜 기적인 예수의 죽음과 부활에 집중하라는 말이다. 예수는 소박한 사람들의 민간신앙을 무시하지 않는다. 고학력자의 신앙이 문맹자의 신앙보다 성숙하다고 여길 필요는 없다. 예수는 기적을 보고 믿은 사람을 업신여기지 않았다. 이집트 사람들은 기적을 보고 하느님이 주님이심을 알아야 했다(〈출애〉 7,3-5; 11,9-). 이스라엘 사람들이 기적을 보고도 믿음을 거부할 때 하느님은 탄식했다. "이 백성은 언제까지 나를 멸시할 것이냐? 그렇게도 내 힘을 나타내 보였는데 아직도 나를 믿지 못하는구나."(〈민수〉 14,11) 〈시편〉 105,5은 말한다. "얼마나 묘한 일들 하셨는지 생각들 하여라. 그의 기적들, 그 입으로 내리신 판단을 명심하여라."

신뢰하다πιστεύειν는 모든 기적 이야기에 빠지지 않는 단어다. 신약성서에서 243번이나 보이는 명사 믿음πίστις은 〈요한〉계 문헌에 딱 한 번 나온다(〈1요한〉 5,4). 신약성서에서 똑같이 243번 나오는 동사 믿다πιστεύειν는 〈요한〉에 98번, 〈1요한〉 〈2요한〉 〈3요한〉에서 9번 등 무려 44퍼센트가 〈요한〉계 문헌에 있다. 이는 다른 복음서에 나온 '믿다'를 합친 것보다 3배나 많은 수치다.[169]

50절 당신 아들은 살 것입니다ὁ υἱός σου ζῇ와 그는 믿었다ἐπίστευσεν에서 단어 순서가 중요하다. 이 표현은 53절에도 반복해서 나온다. 고관이 믿었기 때문에 아들이 살아난 것이 아니라, 예수가 말했기 때문에 살아났다는 뜻이다. '예수의 말씀을 믿고 떠나갔다'는 50절 표현은 가톨릭 미사에서 고백하는 성서 구절을 연상하게 만든다. "주님, 저는 주님을 제 집에 모실 만한 자격이 없습니다. 그저 한 말씀만 하시면 제 하인이 낫겠습니다"(〈마태〉 8,8; 〈루가〉 7,7)에서 자기 하인이나 종이 낫겠다는 로마 군인의 말은《미사경본》에서 '내 영혼'으로 바뀌었다.

예수가 고관의 아픈 아들 곁에서 행한 기적이 아니라 멀리서 말씀으로 일으킨 기적이다. 멀리서 말한 시간에 기적이 일어났다(〈마르〉 7,29; 〈마태〉 8,13).[170] 고관과 그의 온 집안(〈사도〉 10,2; 11,14; 18,8)이 예수를 믿었다. 53절 그와 온 집안αὐτὸς καὶἡοικία이란 표현은 〈요한〉에 여기만 있다. 가정은 요한 공동체에서도 중요한 단위가 되었다(〈2요한〉 1장; 〈3요한〉 1장). 니고데모(〈요한〉 3,1-21)가 예수를 받아들이는 예루살렘 사람들을 대표하는 인물로 등장했듯이, 고관은 예수를 받아들이는 갈릴래아 사람들을 대표하는 인물(48절)로 소개되었다.[171] 예수에 대한 무조건적 신뢰가 곧 믿음이라는 뜻이다. 예수가 그렇게 바란 이스라엘의 믿음은 보이지 않고, 오히려 이방인의 믿음이 돋보였다.

51절 돌아가는 도중에καταβαίνοντος는 '내려가는 도중에'라고 번역하는 것이 더 정확하다. 52절에서 ἐχθὲς ὥραν를 공동번역성서 개정판은 '오후 한 시'로, 개역개정 성경전서는 '어제 일곱 시'로 옮겼다. '어제 오후 한 시'라고 번역해야 옳다. 예수가 말한 그 시간에 아들의 열이 떨어졌다. 고관은 하루가 지나서야 아들이 나은 소식을 들었다. 그동안 얼마나 애가 탔을까. 아들이 살았으니 아비도 살았다. 아버지가 살아야 아들도 살고, 아들이 살아야 아버지도 산다. 예수의 기적을 열린 눈으로 보는 사람만 믿음에 이른다는 가르침이다. 갈릴래아 사람의 대표 격으로 소개된 고관은 가족과 함께 공개적으로 예수에 대한 믿음을 고백했다.

고관의 아들을 고쳐준 기적은 두 번째 기적δεύτερον σημεῖον이라고 표현되었다(54절). 가나 혼인 잔치의 포도주 기적에 이어 두 번째 기적이다. 두 기적 모두 가나에서 일어났다는 사실이 중요하다. 〈요한〉은 가나를 갈릴래아의 예루살렘으로 상징하고 싶었다.[172] 예루살렘을 중심으로 한 유다교 주류 세력은 이스라엘이 두 나라로 쪼개졌을 당시, 북쪽 나라 이스라엘에 속한 갈릴래아를 '이방인의 갈릴래아'라고 부르며 멸시했다.[173] 갈릴래아는 예루살렘 사람이 얕잡아 본 땅이다. 성서를 읽을 때 예루살렘과 갈릴래아의 지역 갈등을 잊지 말아야 한다. 예수는 수도권 사람이 아니라 지방 사람이다.

예수의 첫 번째 공식 활동이 가나에서 기적으로 시작된 것처럼 공식 활동 2막도 가나에서 기적으로 끝난다. 기적이 예수의 활동에서 중요한 역할을 한다는 뜻이다. 〈요한〉 4,54에서 예수의 공식 활동 2막이 끝난다. 〈요한〉 2-4장은 원래 한 덩어리로 쓰였다는 말이다. 첫 번째 기적이 예수가 기적의 수혜자들과 같이 있는 장소에서 일어났다면, 두 번째 기적은 예수가 멀리 있을 때 일어났다. 기적의 위력이 증가한 것이다. 사람들은 기적을 보면서 자연스럽게 예수가 누구인지 궁금했다.

독자는 두 기적을 보면서 무슨 생각이 들까. 크게 세 가지 질문이 나올 수 있다.

1. 기적이 어떻게 가능한가.
2. 기적은 무엇을 뜻하는가.
3. 예수는 누구에게 기적을 베풀었고, 누가 기적을 애타게 기다렸는가.

21세기 한국인은 기적의 의미보다 기적이 과연 가능한지 궁금할지 모르겠다. 2000년 전 고대인은 기적이 가능한가보다 기적의 의미에 관심이 있었다. 기적은 사람을 살리는 하느님의 손길이라는 뜻이다. 예수는 누구에게 기적을 베풀었고, 누가 기적을 애타게 기다렸는가 하는 질문은 그리스도인의 생각에서 큰 비중을 차지하지 않았다. 안타까운 일이다.

〈요한〉은 종교에서 소외된 사마리아 사람과 갈릴래아 사람을 먼저 선택하는 예수를 보여준다. 예수는 누구에게 기적을 베풀었고, 누가 기적을 애타게 기다렸는가 하는 질문은 오늘날 가난한 사람에게 중요하다. 종교와 신학이 인류의 80퍼센트를 차지하는 가난한 사람이 고뇌하는 주제를 외면할 수 있는가. 인류 대다수가 관심을 보이는 주제를 외면하는 종교와 신학이 무슨 의미가 있을까. 오늘날 가난한 사람은 예수의 기적을 자유와 해방의 사건으로 느끼고 감동할 것이다. 기적은 자연과학 법칙을 뛰어넘는 사건이기 전에, 가난한 사람에 대한 하느님의 자비가 드러나는 자유와 해방 사건이다. 기적은 자연과학의 주제가 아니라 신학의 주제다. 기적은 먼저 가난한 사람의 눈으로 봐야 한다.

하느님은 왜 세월호에서 "당신의 아들딸은 살아 있습니다"라는 말을 들려주시지 않았단 말인가. 제주 4·3 사건에서는 왜 그렇게 말씀하지 않았는가. 한국전쟁에서 수많은 양민이 학살당할 때 왜 그 말씀을 하지 않았는가. 하느님이 원망스럽다.

3막 1장 예수의 세 번째 기적: 베짜타 연못에서 병자 치유

1 얼마 뒤에 유다인의 명절이 되어 예수가 예루살렘에 올라갔다. 2 예루살렘 양의 문 곁에는 히브리말로 베짜타라는 못이 있었고 그 둘레에는 행각 다섯이 서 있었다. 3 이 행각에는 소경과 절름발이와 중풍병자 등 수많은 병자들이 누워 있었는데 (그들은 물이 움직이기를 기다리고 있었다. 4 이따금 주님의 천사가 그 못에 내려와 물을 휘젓곤 하였는데 물이 움직일 때에 맨 먼저 못에 들어가는 사람은 무슨 병이라도 다 나았던 것이다.) 5 그들 중에는 삼십팔 년이나 앓고 있는 병자도 있었다. 6 예수가 그 사람이 거기 누워 있는 것을 보고 또 아주 오래된 병자라는 것을 알고는 그에게 "낫기를 원합니까?" 하고 물었다. 7 병자는 "선생님, 그렇지만 저에겐 물이 움직여도 물에 넣어줄 사람이 없습니다. 그래서 저 혼자 가는 동안에 딴 사람이 먼저 못에 들어갑니다" 하고 대답하였다. 8 예수가 "일어나 요를 걷어들고 걸어가시오" 하자 9 그 사람은 어느새 병이 나아서 요를 걷어들고 걸어갔다. 그날은 마침 안식일이었다.

10 그래서 유다인들은 병이 나은 그 사람에게 "오늘은 안식일이니까 요를 들고 가서는 안 됩니다" 하고 나무랐다. 11 "나를 고쳐주신 분이 나더러 요를 걷어들고 걸어가라고 하셨습니다." 그가 이렇게 대꾸하자 12 그들은 "당신더러 요를 걷어들고 걸어가라고 한 사람이 도대체 누구입니까?" 하고 물었다. 13 그러나 병이 나은 그 사람은 자기를 고쳐준 사람이 누군지 알 수 없었다. 예수는 이미 자리를 떴고 그곳에는 많은 사람이 붐볐기 때문이다. 14 얼마 뒤에 예수가 성전에서 그 사람을 만나 "자, 지금은 당신 병이 말끔히 나았습니다. 다시는 죄를 짓지 마시오. 그렇지 않으면 더욱 흉한 일이 당신에게 생길지도 모릅니다" 하고 일러주었다. 15 그 사람은 유다인들에게 가서 자기 병을 고쳐주신 분이 예수라고 말하였다. 16 이때부터 유다인들은 예수가 안식일에 이런 일을 하였다 하여 예수를 박해하기 시작하였다.

17 그러나 예수는 그들에게 "내 아버지께서 언제나 일하고 계시니 나도 일하는 것입니다" 하고 말하였다. 18 이 때문에 유다인들은 예수를 죽이려는 마음을 더욱 굳혔다. 예수는 안식일 법을 어겼을 뿐만 아니라 하느님을 자기 아버지라고 하며 자

기를 하느님과 같다고 하였기 때문이다.

19 그래서 예수는 유다인들에게 이렇게 말씀하셨다. "정말 잘 들어두시오. 아들은 아버지께서 하시는 일을 보고 그대로 할 뿐이지 무슨 일이나 마음대로 할 수는 없습니다. 아버지께서 하시는 일을 아들도 할 따름입니다. 20 아버지께서는 아들을 사랑하셔서 친히 하시는 일을 모두 아들에게 보여주십니다. 그뿐만 아니라 아들을 시켜 이보다 더 큰 일도 보여주실 것입니다. 그것을 보면 여러분은 놀랄 것입니다. 21 아버지께서 죽은 이들을 일으켜 다시 살리시듯이 아들도 살리고 싶은 사람들은 살릴 것입니다. 22 또한 아버지께서는 친히 아무도 심판하지 않으시고 그 권한을 모두 아들에게 맡기셔서 23 모든 사람이 아버지를 존경하듯이 아들도 존경하게 하셨습니다. 아들을 존경하지 않는 사람은 아들을 보내신 아버지도 존경하지 않습니다."

24 "정말 잘 들어두시오. 내 말을 듣고 나를 보내신 분을 믿는 사람은 영원한 생명을 얻을 것입니다. 그 사람은 심판을 받지 않을 뿐만 아니라 이미 죽음의 세계에서 벗어나 생명의 세계로 들어섰습니다. 25 정말 잘 들어두시오. 때가 오면 죽은 이들이 하느님의 아들의 음성을 들을 것이며 그 음성을 들은 이들은 살아날 터인데 바로 지금이 그때입니다. 26 아버지께서 생명의 근원이신 것처럼 아들도 생명의 근원이 되게 하셨습니다. 27 아버지께서는 또한 아들에게 심판하는 권한을 주셨습니다. 그는 사람의 아들이기 때문입니다. 28 내 말에 놀라지 마시오. 죽은 이들이 모두 그의 음성을 듣고 무덤에서 나올 때가 올 것입니다. 29 그때가 오면 선한 일을 한 사람들은 부활하여 생명의 나라에 들어가고, 악한 일을 한 사람들은 부활하여 단죄를 받게 될 것입니다."

30 "나는 무슨 일이나 내 마음대로 할 수 없고 그저 하느님께서 하라고 하시는 대로 심판할 따름입니다. 내가 이루고자 하는 것은 내 뜻이 아니라 나를 보내신 분의 뜻이기 때문에 내 심판은 올바릅니다."

31 "나 자신의 일을 내 입으로 증언한다면 그것은 참된 증언이 못 됩니다. 32 그러나 나를 위하여 증언하는 이가 따로 있으니 그의 증언은 분명히 참된 것입니다. 33 여러분이 요한에게 사람을 보냈을 때에 요한은 진리를 증언하였습니다. 34 나에게는 사람의 증언이 소용없으나 다만 여러분의 구원을 위해서 이 말을 하는 것입니다. 35 요한은 환하게 타오르는 등불이었습니다. 여러분은 한때 그 빛을 보고 대단히 좋아했습니다. 36 그런데 나에게는 요한의 증언보다 훨씬 더 나은 증언이 있습니

다. 지금 내가 하고 있는 일은 아버지께서 나에게 성취하라고 맡겨주신 일인데 그것이 바로 아버지께서 나를 보내셨다는 증거가 됩니다. [37] 그리고 나를 보내신 아버지께서도 친히 나를 위하여 증언해주셨습니다. 여러분은 아버지의 음성을 들은 적도 없고 모습을 본 일도 없습니다. [38] 더구나 아버지께서 보내신 이를 믿지 않으므로 마음속에 아버지의 말씀이 들어 있지 않습니다. [39] 여러분은 성서 속에 영원한 생명이 있는 것을 알고 파고들거니와 그 성서는 바로 나를 증언하고 있습니다. [40] 그런데도 여러분은 나에게 와서 생명을 얻으려 하지 않습니다." [41] "나는 사람에게서 찬양을 받으려 하지 않습니다. [42] 여러분에게 하느님을 사랑하는 마음이 없다는 것을 나는 잘 알고 있습니다. [43] 내가 내 아버지의 이름으로 왔지만 여러분은 나를 받아들이지 않습니다. 그러나 아마 다른 사람이 자기 이름을 내세우고 온다면 여러분은 그를 맞아들일 것입니다. [44] 여러분은 서로 영광을 주고받으면서도 오직 한 분이신 하느님께서 주시는 영광은 바라지 않으니 어떻게 나를 믿을 수가 있겠습니까? [45] 그러나 내가 여러분을 아버지께 고발하리라고 생각하지는 마십시오. 여러분을 고발할 사람은 오히려 여러분이 희망을 걸어온 모세입니다. [46] 만일 여러분이 모세를 믿는다면 나를 믿을 것입니다. 모세가 기록한 것은 바로 나에게 관한 것이기 때문입니다. [47] 여러분이 모세의 글도 믿지 않으니 어떻게 내 말을 믿겠습니까?"(5,1-47)

말씀이 세상에 오셨다는 주제를 다룬〈요한〉1-4장은 '예수가 이스라엘 백성에게 자신을 드러낸다'는 제목이 어울린다.[174] 예수가 자신을 드러내기도 하지만, 무대에 등장하는 많은 사람들이 예수를 증언하는 장면이기도 하다. 예수와 많은 사람들이 예수는 누구인지 계속 토론하는 듯하다. 〈요한〉5장이 어떻게 생겼는지 의견이 엇갈린다.[175] 〈요한〉은 표징 원천을 대본으로 삼았다,[176]〈마르〉〈마태〉〈루가〉를 참조했다,[177] 독립된 전승이 있었다[178]는 가설이 있다. 나는 요하네스 보이틀러 Johannes Beutler 와 함께〈요한〉5장을 6장 뒤로 옮기는 게 낫다는 의견에 반대한다.[179]

〈요한〉 5-7장은 예수와 유다인의 갈등(5,16,18; 7,1; 8,44), 예수와 제자들의 갈등(6,66-71)으로 가득하다. 예수는 사람들과 끊임없이 부닥친다. 예수는 다가오는 갈등을 겪었지만, 일부러 갈등을 일으킨 분이기도 하다. 예수는 활동 초기부터 갈등의 한복판에 있다. 사람들은 크게 두 가지 주제로 충돌한다.

1. 예수는 누구인가.
2. 예수의 사명은 무엇인가.

예수와 하느님은 언제나 일치하며, 예수는 하느님의 권능에 따라 행동한다. 〈요한〉 5,1-18은 치유, 치유된 병자와 유다인의 대화, 병자와 예수의 재회, 치유 기적을 행한 사람이 예수라는 소식을 듣는 유다인, 예수와 유다인의 만남이라는 다섯 장면으로 구분할 수 있다.

1절 얼마 뒤에Μετὰ ταῦτα는 단락을 바꾸고 새 내용을 시작하는 데 쓰이는 문구다(〈요한〉 2,12; 6,1). 관사 없는 명사 유다인의 명절ἑορτὴ τῶν Ἰουδαίων(〈요한〉 6,4; 7,2)이 어떤 축제를 가리키는지 분명하지 않다. 초막절일까.[180] 유다인에게 거리를 두는 듯한 표현인 '유다인의 명절'이 어떤 축제인지 〈요한〉에서 중요하지 않다.[181] 2절 그리스어 형용사 양προβατικῇ에는 문법적으로 여성명사가 붙어야 한다. 문πύλη이라는 단어가 추가돼야 뜻도 어울린다(〈느헤〉 3,1; 12,39). 유다교 문헌에는 전혀 보이지 않는 양의 문으로 알려졌다. 스테파누스 문과 성안나성당 근처에서 양의 문 유적이 발굴되었다.[182]

예루살렘성전 북쪽의 5000제곱미터(약 1500평) 땅에 북쪽 작은 연못

(53×50미터)과 남쪽 조금 큰 연못(57.5×65.6미터)이 있었다.[183] 성서 사본에서 연못 이름이 여러 가지로 전해진다. 네 행각이 연못 주위에 있고, 다섯째 행각은 높이 6.5미터 두꺼운 벽으로 두 연못 사이를 막았다. 다섯째 행각에 치유를 기다리는 병자들이 있었던 것 같다. 고대의 유명한 성소에는 많은 병자들이 치유를 바라며 모여들었다. 병자들이 깊이 13미터 연못으로 어떻게 들어갔는지, 연못 동쪽에 있는 석굴 입구를 통해 연못으로 어떻게 들어갔는지 말하기 어렵다. 괄호 안에 있는 3b-4절은 후대에 어느 필사자가 끼워 넣었다.[184]

6절에서 예수가 아주 오래된 병자를 아는 것처럼 〈요한〉은 예수의 놀라운 지혜를 언급하기 좋아한다(1,47; 2,25).[185] 38년이나 앓는 병자는 얼마나 고통이 심했고, 기적을 얼마나 애타게 바랐을까(〈마르〉 5,25; 〈루가〉 13,11; 〈사도〉 3,2). 사람대접도 못 받고 아주 가난했을 것이다. 38년이나 앓는 병자는 살았지만 죽은 목숨이었다. 38년은 병이 깊다거나 낫기 위해 들인 돈과 노력이 허사라는 해설[186]이 많다. 그러나 여기서 38년은 이스라엘 백성이 이집트를 탈출해서 약속의 땅으로 들어가려고 헤맨 기간(〈신명〉 2,14)을 가리키는 것 같다. 38년은 이스라엘이 죄지은 역사의 시간이다.[187] 〈요한〉은 병자뿐 아니라 이스라엘 백성 전체가 지은 죄도 예수에 의해 연못에서 깨끗이 씻긴다고 말하고 싶었다.

6절에서 예수가 병자에게 낫기를 원합니까ύγιὴς γενέσθαι라고 말을 건넨다. 7절은 독자가 〈요한〉에 끼워 넣은 말 같다.[188] 8절 일어나 요를 걷어들고 걸어가시오ἔγειρε ἆρον τὸν κράβαττόν σου καὶ περιπάτει와 〈마르〉 2,11 일어나 요를 걷어 가지고 집으로 가시오ἔγειρε ἆρον τὸν κράβαττόν σου καὶ ὕπαγε εἰς τὸν οἶκόν σου는 단어가 거의 똑같다. 〈요한〉이 〈마르〉를 알고 베꼈는지,

입으로 전해오던 것을 이용했는지 확실히 말하기 어렵다. 8절에 '요'는 〈마르〉2,4처럼 체구가 작은 사람이 쓰는 소박한 침대를 가리킨다.

8절 "일어나 요를 걷어들고 걸어가시오"는 중풍병자에게 "당신은 죄를 용서받았습니다"(〈마르〉2,5)라고 한 말과 이어진다. 예수는 땅에서 죄를 용서하는 권한이 사람의 아들에게 있다는 것을 보여주겠다고 말하고 나서 중풍병자에게 일어나 요를 걷어 가지고 집으로 가라고 했다(〈마르〉2,10-11). 8절에서 "일어나시오"라고 말하는 예수는 죽은 자를 일으키고 생명을 주는 분(〈요한〉5,21)이다. 기적에서 예수의 영광이 드러난다.

10절 유다인들 Ἰουδαῖοι은 〈요한〉이 만든 가공인물이다.[189] 여기서 반유다주의 근거를 찾으면 안 된다. 10-13절은 다음 주제로 이어지는 고리 역할을 한다. 독자는 14절 "다시는 죄를 짓지 마시오. 그렇지 않으면 더욱 흉한 일이 당신에게 생길지도 모릅니다"라는 예수의 말에 당황할 수도 있다. 죄와 병의 관계(〈요한〉9,2) 말이다.

병은 죄 탓에 생긴다는 유다교 사고방식에서 예수의 말이 움직인다[190]는 해설에 찬성하기 어렵다. 예수가 여기서 죄와 병의 관계에 대한 논문을 발표하는 것은 아니다. 병은 과거의 죄 때문에 생길 수도 있지만, 과거의 죄 때문에 반드시 병이 생긴다는 말은 아니다. 고통의 원인이 시각장애인의 죄나 그 부모는 아니다. 예수는 병자에게 나은 뒤에 새롭게 살라고 격려했을 뿐이다. 〈요한〉5장은 9장과 달리 죄의 용서나 치유 받은 환자의 믿음을 다루지 않는다.

안식일도 예수의 치유를 막을 수 없다. 〈요한〉은 안식일 갈등을 다른 복음서(〈마르〉2,23-28;3,1-6)처럼 자세히 다루지 않고, 예수의 최후 발언을 위한 준비로 삼았다. 치유의 기적 이야기가 끝나고, 10절부터 안식일 규정을 둘러싼 예수와 유다인의 갈등이 시작된다. 유다인들은 예수가 안식일에 치유의 기적을 행한 것을 트집 잡지 않고, 치유된 병자가 요를 들고 이동한 사실을 문제 삼았다. 치유의 기적이 유다인과 갈등으로 곧장 이어지는 경우도 있었다(〈마르〉2,1-12;2,23-28).

15절에서 치유 받은 환자는 병을 고쳐주신 분이 예수라고 당당히 증언한다. 예수에 대한 신앙고백이 아니라 병을 고쳐준 사람이 누구인지 알려주는 말[191]이다. 갑자기 주제가 치유의 기적에서 안식일 갈등으로 바뀌었다. 갈등이 생기는 방식, 갈등의 내용뿐 아니라 누가 갈등을 일으키는지 눈여겨보자.

16절에 유다인들이 예수를 박해하기 시작했다고 〈요한〉에서 처음으로 보도되었다. 여기와 〈요한〉15,20에만 나오는 단어 박해δίωκο는 살인(〈요한〉5,18;16,2)을 목표로 하는 폭력을 통한 박해를 가리킨다. 예수를 죽이려는 마음을 굳혔다는 성서 구절이 왜 꼭 5,18이란 말이냐. 슬프고 아픈 5·18 민주화 운동이 생각난다. 신약성서에서 예수를 죽이려는 이유를 자세히 요약하고 정리한 곳은 여기뿐이다. 그리스도교 공동체가 예수의 죽음에 대해 적어도 60년간 묵상한 끝에 나온 생각이다.

〈요한〉은 다른 복음서와 달리 예수의 재판을 5장부터 소개한다. 성전 항쟁 기사도 앞부분(2,13-22)에 배치했다. 〈요한〉이 십자가 신학의 분위기로 가득하다. 〈요한〉은 보수파 신자들이 좋아하는 복음이라고 누가 우기던가. 오히려 해방신학자들이 〈요한〉을 애정 넘치게 본다.

18절에서 예수를 죽이려는 사람들이 내세운 이유는 세 가지다.

1. 예수는 안식일 법을 어겼다.
2. 예수는 하느님을 자기 아버지라고 불렀다.
3. 예수는 자기를 하느님과 같다고 했다.

유다교 입장에서 보면 예수는 유일신 하느님 사상에 흠집을 냈다. 예수가 하느님을 우리 아버지가 아니라 자기 아버지라고 불렀다는 것이다. 하느님을 모독하면 용서 받을 수 없다. 하느님 모독 죄를 저지른 사람은 돌로 쳐 죽여야 한다(⟨레위⟩ 24,10-; ⟨민수⟩ 15,32). 그 시체는 밤이 올 때까지 나무에 매단다. 나무에 달린 시체는 하느님께 저주를 받은 것이니, 그 시체를 나무에 단 채 밤을 보내지 말고 그날로 묻어야 한다(⟨신명⟩ 21,22-23). 실제로 형이 그렇게 집행되었는지, 얼마나 자주 그런 집행이 있었는지 우리가 알기는 어렵다.

유다교에서 안식일 위반이 용서 받지 못할 죄는 아니었다. 사형에 처할 죄에 해당하지도 않았다. 속죄 제사를 지내면 된다. 유다인들은 "율법대로 하면 그자는 제가 하느님의 아들이라고 했으니 죽어 마땅합니다"라고 했다(⟨요한⟩ 19,7). 예수가 하느님과 같다고 고발한 사람들이 내세우는 주장에 공통점이 하나 있다. 자기를 하느님과 같다고 했다ἴσον θεὸ ποιῶν(18절), 사람이면서 하느님 행세를 했다ποιεῖς σεαυτὸν θεόν(⟨요한⟩ 10,33), 제가 하느님의 아들이라고 했다υἱὸν θεοῦ ἑαυτὸν ἐποίησεν(⟨요한⟩ 19,7) 고 인용되었다. 동사 만들다ποιεῖν가 재귀대명사와 연결되었다. 예수가 자신을 그렇게 했다는 비판이다.

예수는 자신이 하느님과 일치한다고 자주 말했지만, 하느님과 같다고 말한 적은 한 번도 없다. 하느님의 아들과 하느님은 일치하지만 같지 않다. 예수가 자기를 하느님과 같다고 했다는 말은 유다인들의 오해다. 비판에 맞선 예수에게 두 가지 전략이 있었다.

    1. 예수와 하느님의 일치를 포기할 수 없다.
    2. 죽을 인간인 예수가 자신을 하느님으로 만든 것은 아니다.

예수에 대한 유다교의 비판에 맞서 그리스도교가 개발한 신학적 방어 논리라고 할까.

예수에게 붙은 호칭 '하느님의 아들'은 초대교회 안팎에서 처음부터 많은 반대에 부딪혔다. 유다교뿐 아니라 일부 유다계 그리스도인도 예수가 하느님의 아들이라는 호칭을 납득하지 못했다. 현대에 와서는 아버지와 아들이라는 가족 관계에 기초한 비유라는 이유로 비판된다. 아버지와 아들 비유가 여성신학에 항의 받을 뿐 아니라 아버지라는 권위에 근거했다는 비판을 받는다.[192] 아버지와 아들 비유는 여성을 차별한다는 인상을 줄 수 있다. 아버지라는 권위와 힘에 의지하는 비유는 가부장주의와 독재 혐의를 받을 수 있다. 이런 맥락에서 하느님을 아버지라고 부르는 그리스도교의 관행도 검토되어야 한다. 나는 하느님 아버지라는 호칭을 쓰지 않는다.

마인츠대학교 유학 시절 내 스승 루드거 셴케 교수는 〈요한〉 5,19-47을 예수의 해명(19-30절), 예수의 정당화 발언(31-40절), 고발인에 대한 예수의 항의(41-47절)로 구분했다.[193] 방어적인 해명으로 시작해서 정당화 발언을 거쳐 고발인에게 공세적으로 항의하는 순서로 발전했다.

예수는 자신이 안식일에 기적을 행한 근거를 하느님의 활동에서 찾았다. 17절에 내 아버지께서 언제나ἕως ἄρτι 일하고 계신다ὁ πατήρ μου ἕως 고 나온다. 그 사실은 예수를 인정하지 않는 유다인들도 안다. ἕως ἄρτι 는 '끊임없이', '안식일에도', '언제나'라는 뜻으로 이해해야 한다(〈1요한〉 2,9; 〈1고린〉 4,13; 〈마태〉 11,12). 예수의 말에서 새로운 사실이 하나 더 드러났다. 하느님은 언제나 일하시고, 예수 안에서 일하신다. 예수는 하느님이 하시는 일을 할 뿐이다. 하느님의 뜻과 다르게 행동할 수 없다. 하느님이 하시는 일을 예수에게 친히 보여주고 시키셨기 때문이다. 하느님과 일치하지 않으면, 하느님이 원하는 일이 아니면 예수는 아무 일도 할 수 없다. 하느님은 예수 활동의 근거요 원천이다.

"아버지와 나는 하나입니다ἐγὼ καὶ ὁ πατὴρ ἕν ἐσμεν."(〈요한〉 10,30) 〈요한〉에 나오는 예수의 여러 발언을 한마디로 요약한 문장이다. 〈요한〉은 하느님과 예수의 일치를 다른 복음서보다 자세히 강조한다. 하느님과 예수의 일치를 중요하게 다루다 보니, 〈요한〉에서 하느님 나라라는 메시지가 잘 보이지 않을 정도다. 〈요한〉은 예수가 하느님의 아들이라는 근거 위에 하느님과 예수의 일치를 설명하여, 예수는 메시아(그리스도)라는 주장에 이른다. 〈요한〉의 결론은 예수는 그리스도이시며 하느님의 아들Ἰησοῦς ἐστιν ὁ χριστὸς ὁ υἱὸς τοῦθεοῦ(20,31)이다. 〈요한〉은 예수가 준 메시지보다 예수가 누구인지 자세히 다룬다.

20절에서 하느님이 예수에게 보여주신 일ἔργα은 무엇을 뜻할까. 베짜타 연못에서 행한 기적, 시각장애인 치유, 라자로의 부활을 포함하는 것 같다. 그 일은 사람들을 놀라게 했다(《요한》 7,21; 9,16; 11,47). 21절 아버지께서 하듯이 아들도ὥσπερ γὰρ ὁ πατὴρ...οὕτως καὶ ὑιὸς라는 표현은 하느님과 예수의 일치를 나타내는, 《요한》에 자주 보이는 문장 형식이다. 하느님은 죽은 자를 다시 살리실 것이다(《신명》 32,39; 《이사》 26,19; 《1사무》 2,6).

유다교와 그리스도교는 부활의 희망을 함께한다. 그러나 유다인들은 예수도 하느님처럼 죽은 자를 살린다는 말에 분노했을 것이다. 21-22절에서 하느님은 부활의 권능을 예수에게 주셨듯이, 예수에게 심판 권한을 맡기셨다. 사람들은 하느님을 존중하듯 예수를 존중해야 마땅하다. 이제 예수에 대한 태도에서 인간의 구원이 결정된다. 믿음과 구원이 하나이듯 불신과 심판도 하나다.

23절 "아들을 존경하지 않는 사람은 아들을 보내신 아버지도 존경하지 않습니다"를 불트만처럼 해석하면 어떻게 되는가. "아들을 스쳐 지나치면 아버지를 존경할 수 없다. 아버지의 영예와 아들의 영예는 일치한다. 아들 안에서 아버지를 만난다. 아버지는 아들 안에서 만날 수 있다."[194] 유다교가 예수를 받아들이지 않는다고 해서 유다교는 하느님을 존중하지 않는다고 말할 수 있는가. 그런 주장은 유다교의 믿음과 전통에 대한 무지 탓에 나오는 말 아닐까.

25절 '바로 지금이 그때'다. 《요한》에서 구원은 현재 문제다. 죽고 나서 먼 훗날 개인의 구원이 결정되는 것이 아니라 살아 있는 지금 이 순간, 예수에 대한 태도에서 결정된다. 《요한》의 '현재 완세론'이다. 그렇다고 현재 완세론이 미래의 구원을 무시하지 않는다. 《요한》은 불트만의 주장처럼 완세론적 현재das eschatologische Jetzt[195]만 말하지 않는다. 《요한》은 성체성사 안에 부활한 예수가 존재한다고 믿어, 마지막 날 사건이 지금 존재함을 신학적으로 근거 지었다.[196]

26절 생명의 근원ἔχει ζωὴν은 하느님의 가장 분명한 특징이다(〈요한〉 6,57; 〈이사〉 37,4; 〈신명〉 5,26). 하느님은 한마디로 생명의 하느님이다. 하느님은 죽음을 싫어하신다. 사람이 사는 것이 하느님의 영광이다vivens homo gloria Dei. 가난한 사람이 사는 것이 하느님의 영광이다vivens pauperes gloria Dei. 선한 일을 하는 사람은 생명의 나라에 들어간다. 윤리적 처신이 심판의 기준이다. 이런 생각은 초대 그리스도교에서 널리 퍼졌다(〈로마〉 2,6-10; 〈사도〉 17,31; 〈2고린〉 5,10).

윤리적 처신이 심판 기준이다. 이 말은 '믿음으로 구원'이라는 바오로의 주장과 모순되지 않는다. 믿음으로 구원을 내세운 바오로도 선한 일을 하고 윤리적 처신을 올바로 하라고 끊임없이 권면했다. 윤리적 처신과 관계없이 믿으면 구원 받는다는 생각은 바오로나 성서를 한참 잘못 이해한 것이다. 선한 일을 하는 것이 하느님의 은혜를 무시하거나 인간 혼자 힘으로 구원을 쟁취한다는 말이 아니다. 구원을 선포하신 하느님이 심판을 말하는 것이 모순이 아니듯, 믿음으로 구원 받는다는 생각이 선한 일을 행하고 윤리적 처신을 올바로 하는 일과 전혀 모순되지 않는다. 구원을 선포하는 하느님과 일치하는 예수는 29절에서 "선한 일을 한 사람들은 부활하여 생명의 나라에 들어가고, 악한 일을 한 사람들은 부활하여 단죄를 받게 될 것입니다"라고 말한다.

"악한 일을 한 사람들은 부활하여 단죄를 받게 될 것입니다."(29절) 예수 당시 유다교 힐렐Hillel 학파에서 사람이 지옥에 영원히 머물 수는 없다는 학설이 자리잡았다.[197] 유명한 라삐 힐렐은 날품팔이였다. 〈요한〉이 쓰일 때 이미 죽은 그리스도인이 있었다. 공동체 차원에서 부활 문제가 진지하게 여겨질 수밖에 없었다. 그러나 믿음이 부활을 만들지는 못한다.

〈요한〉계 문헌 어디에도 믿는 자는 벌써 부활했다는 문장이 없다. 〈요한〉의 생명 개념은 육신의 죽음을 제외하지 않는다. 〈요한〉에서 현재 완세론과 미래 완세론은 모순 관계가 아니라 보조 관계다(3,36; 11,24-27; 16,16-33). 현재 완세론과 미래 완세론 중 하나를 선택하는 일은 〈요한〉과 거리가 멀다. 〈요한〉의 특징 가운데 하나는 하느님과 예수의 일치다. 〈요한〉 완세론의 특징은 예수와 만남에 집중하는 일이다.[198] '예수에게 집중하라'는 복음서에서 일관된 특징이다.

예수에게 집중하라는 말을 좀 더 쉽게 이해해보자. 예수는 그리스도(구세주)다. 교회나 성당에서 실컷 들어온 말이다. 예수는 그리스도라는 문장은 그리스도교 역사에서 어느덧 예수그리스도라는 복합명사가 되었다. 예수그리스도가 예수의 완전한 이름처럼 말이다. 예수그리스도는 무슨 뜻인가. 두 가지 뜻이 있다.

1. 예수는 그리스도다. 나자렛에 산 역사의 예수는 죽고 부활하여 언제나 우리 곁에, 역사 안에 계시는 믿음의 그리스도가 되었다는 신앙고백이다.
2. 그리스도는 예수다. 언제나 우리 곁에, 역사 안에 계시는 믿음의 그리스도는 다른 분이 아니라 나자렛에서 말씀과 행동으로 가난한 사람을 먼저 선택하고 악의 세력에 저항하다가 십자가에 처형당하고 부활한 분이라는 말이다.

예수는 그리스도라는 문장은 그리스도교에서, 신학 책에서 실컷 설명되고 기억되었다. 그리스도는 예수라는 말은 그리스도교에서, 신학 책에서 소홀히 여겨지고 덜 중요한 것으로 외면 당하기 일쑤였다. 나는 여기서 바로 이 말을 하고 싶다. 예수는 그리스도임을 잊지 말아야 하듯이, 그리스도는 예수임을 기억해야 한다. 예수는 그리스도임을 믿고 고백하는 그리스도인은 많지만, 그리스도는 예수임을 잊지 않으려고 애쓰는 그리스도인은 많지 않다.

서양 그리스도교에는 예수의 인성을 의심하는 사람이 거의 없지만, 예수의 신성에 무관심한 사람이 적지 않다. 한국 그리스도교에는 예수의 신성을 의심하는 사람이 거의 없지만, 예수의 인성에 무관심한 사람이 적지 않다. 서양 그리스도교에는 그리스도가 예수라는 사실을 의심하는 사람이 거의 없지만, 예수가 그리스도임에 무관심한 사람이 적지 않다. 한국 그리스도교에는 예수가 그리스도임을 의심하는 사람이 거의 없지만, 그리스도가 예수임에 무관심한 사람이 적지 않다. 두 경우 모두 슬프고 안타까운 일이다. 예수의 인성과 신성을 동시에 집중해야 하듯이, 예수는 그리스도요 그리스도는 예수임을 동시에 집중해야겠다.

종말론은 멸망, 파멸, 끝장, 절망 등을 연상하는 어둡고 부정적인 이미지를 주는 단어다. 그리스도교가 말하는 종말론의 참뜻을 왜곡하거나 방해할 수 있다. 나는 종말론 대신 세상의 완성을 말하는 완세론이란 단어를 쓰고 싶다. 〈요한〉에서 종말론은 예수가 누구인지 논하는 그리스도론과 연결된다. 〈요한〉 완세론(종말론)은 현재를 강조한다. 세상의 완성은 세상 끝 날에 이뤄지겠지만 지금부터 이뤄져야 한다. 미래를 잊지 않으면서 현재에 집중한다.

그리스도교가 미래에 집중할 뿐, 현재에 무관심한 종교라고 잘못 이해할 수 있다. 그리스도교는 현재에 관심이 적고 미래에 집중하는 종교라고 착각할 수 있다. 그리스도교는 미래에 관심을 두느라 현재를 외면하지 않고, 현재에 관심을 두느라 미래를 망각하지도 않는다. 현재에 관심 있는 만큼 미래에 관심 있고, 미래에 관심 있는 만큼 현재에 관심 있다. 그리스도교는 현재에도, 미래에도 관심이 많다.

〈요한〉에서 시간은 중요하다. 예수는 창조 이전에 존재했고(1,1-2), 인간으로 태어났으며(1,14), 하느님께 돌아가고(3,13), 영광 받으며(17,1-5), 성령 안에서 교회 공동체와 세상에 언제나 있다(14,16,26; 16,7). 하늘과 땅의 차이는 예수 안에서 극복된다. 예수는 시간 안에 들어와 시간을 정돈하고, 시간 안에서 미래를 현재로 생생하게 만들며, 현재를 미래로 보존한다. 예수는 시간을 다스리는 주님이다. 예수는 시간의 완성자Vollender der Zeit[199]라고 불러도 좋겠다. 그래서 〈요한〉이 원래 현재 완세론을 주장했느냐, 미래 완세론 구절을 나중에 끼워 넣은 것이냐 하는 논의는 문장으로 보나 〈요한〉의 신학적 구조로 보나 적절하지 않다.[200]

〈요한〉 5,31-47에 '예수를 증언하는 하느님'이라는 제목을 달아도 좋겠다. 예수는 자신의 사명을 어떻게 정당화하는가. 그리스도교 공동체와 유다교가 예수를 놓고 법정에서 다투는 것 같다. 내용으로 보면 그리스 법정 증언과 가깝다.[201] 야훼 하느님도 이스라엘 백성과 그런 다툼을 했다(〈이사〉 3,13-; 〈예레〉 2장; 〈호세〉 4,1). 예수는 자신과 하느님의 관계를 증언한다. 세례자 요한, 성서, 예수의 행동, 성령, 제자들, 하느님이 차례로 예수를 변호하는 증인으로 법정에서 진술한다. 유다교 법정에는 적어도 증인 두 사람이 필요하다(〈신명〉 19,15; 〈민수〉 35,30; 〈요한〉 8,17). 유다인들은 자신이 한 일을 직접 증언하면 참된 증언이 못 된다는 점(31절)을 잘 안다. 유다교가 그리스도교를 비판한 이유가 바로 그것이다. "바리사이파 사람들은 '당신이 당신 자신을 증언하고 있으니 그것은 참된 증언이 못 됩니다' 하며 대들었다."(〈요한〉 8,13) 〈요한〉은 예수를 변호할 최후의 증인으로 하느님을 내세웠다.

세례자 요한이 첫 증인으로 나선다. 그는 진리를 증언하는 사람이었다(〈요한〉 1,7.32; 3,26). 그는 빛φως은 아니지만 빛을 비추는 등불λύχνος로 비유되었다(35절). 예수가 하는 일ἔργα은 예수의 말과 행동을 모두 가리킨다(36절). 예수의 일은 십자가 죽음과 부활에서 완성될 것이다. 현재분사 형태의 동사 μεμαρτύρηκεν은 하느님이 오래전부터 지금까지 예수를 증언한다는 뜻이다. 37절 "여러분은 아버지의 음성을 들은 적도 없고 모습을 본 일도 없습니다"는 유다인들에게 "야훼께서 불길 속에서 말씀하셨다. 그러나 너희는 말씀하시는 소리만 들었지 아무런 모습도 보지 못했다. 다만 소리가 있을 뿐이었다"(〈신명〉 4,12)보다 뼈아프게 들리겠다. 유다인들이 이제는 하느님의 음성도 듣지 못한다는 비판이다. 성서 속에 영원한 생명이 있다(〈시편〉 118,25; 〈신명〉 30,16-20; 32,47)고 믿어온 유다인이 성서를 헛되게 보고 있다는 비판까지 받았다.

43절에서 "다른 사람이 자기 이름을 내세우고 온다면 여러분은 그를 맞아들일 것입니다"라는 말은 무슨 뜻일까. '다른 사람'은 누구를 가리킬까. 유다 독립 전쟁(공통년 66-70년) 앞뒤로 나타난 수많은 자칭 예언자들을 가리키는가.[202] 45-47절을 보면 당시 유다교가 그리스도교 공동체에게 어떤 비판을 했는지 짐작할 수 있다. 예수의 주장은 성서에 근거가 없다는 유다인들의 공격이다. 〈요한〉은 이 비난을 유다인에게 그대로 돌려주었다. 창조 이전에 존재한 예수를 모세가 증언한다는 논리를 내세웠다.

독자는 30-47절이 예수가 실제로 한 말이 아니라, 〈요한〉이 예수의 입을 빌려서 하는 말이라는 사실을 아셨으리라. 유다교와 그리스도교 공동체 사이에 예수를 두고 벌어진 논쟁이 무엇이고, 얼마나 치열했는지 짐작되는 부분이다. 21세기 한국의 그리스도인에게 잘 이해되지 않는 논쟁인지도 모르겠다. 당시 막 피어나기 시작한 그리스도교 공동체에게는 생사를 건 논쟁이다. 감정싸움까지 곁들여진 다툼이다. 그리스도교 공동체는 하기 싫지만 피할 수 없는 다툼이었는지 모르겠다. 형제자매가 다투는 모습을 보는 것 같아 서글프고 안타까운 심정이다. 이 논쟁을 지켜보던 하느님은 얼마나 착잡하셨을까. 자기가 서기 위해 남을 공격하는 모습이 아름다울까. 반유다주의 없이 그리스도교를 세울 수는 없었을까.

21세기 그리스도교와 2000년 전 그리스도교의 사정은 같지 않다. 성서 여기저기 담긴 반유다주의 냄새를 21세기 한반도에 사는 우리가 호흡할 필요는 없다. 반유다주의는 초대교회가 태어난 배경 가운데 하나지만, 영원히 변하지 않을 교리는 아니다. 반유다주의는 초대교회의 배경음악 한 곡에 불과하다. 우리가 선한 그리스도인이 되기 위해 반유다주의를 배울 필요는 없다.

3막 2장 예수의 네 번째·다섯 번째 기적:
5000명 먹임과 물 위 걸음

¹ 그 뒤 예수는 갈릴래아 호수 곧 티베리아 호수 건너편으로 갔는데 ² 많은 사람들이 떼를 지어 예수를 따라갔다. 그들은 예수가 병자들을 고쳐준 기적을 보았던 것이다. ³ 예수는 산등성이에 올라 제자들과 함께 자리 잡고 앉았다. ⁴ 유다인들의 명절인 과월절이 이제 얼마 남지 않은 때였다. ⁵ 예수는 큰 군중이 자기에게 몰려오는 것을 보고 필립보에게 "이 사람들을 다 먹일 만한 빵을 우리가 어디서 사 올 수 있겠습니까?" 하고 물었다. ⁶ 이것은 단지 필립보의 속을 떠보려고 한 말이었고 예수는 할 일을 이미 마음속에 작정하고 있었던 것이다. ⁷ 필립보는 "이 사람들에게 빵을 조금씩이라도 먹이자면 이백 데나리온어치를 사 온다 해도 모자라겠습니다" 하고 대답하였다. ⁸ 제자 중의 하나이며 시몬 베드로의 동생인 안드레아는 ⁹ "여기 웬 아이가 보리빵 다섯 개와 작은 물고기 두 마리를 가지고 있습니다마는 이렇게 많은 사람에게 그것이 무슨 소용이 되겠습니까?" 하고 말하였다. ¹⁰ 예수는 그들에게 "사람들을 모두 앉히시오" 하고 분부하였다. 마침 그곳에는 풀이 많았는데 거기에 앉은 사람은 남자만 약 오천 명이나 되었다. ¹¹ 그때 예수는 손에 빵을 들고 감사의 기도를 올린 다음, 거기에 앉아 있는 사람들에게 달라는 대로 나누어 주고 다시 물고기도 그와 같이 하여 나누어 주었다. ¹² 사람들이 모두 배불리 먹고 난 뒤에 예수는 제자들에게 "조금도 버리지 말고 남은 조각을 다 모아 들이시오" 하고 일렀다. ¹³ 그래서 보리빵 다섯 개를 먹고 남은 부스러기를 제자들이 모았더니 열두 광주리에 가득 찼다. ¹⁴ 예수가 베푼 기적을 보고 사람들은 "이분이야말로 세상에 오시기로 된 예언자이십니다" 하고 저마다 말하였다. ¹⁵ 예수는 그들이 달려들어 억지로라도 왕으로 모시려는 낌새를 알아채고 혼자서 다시 산으로 피했다.

¹⁶ 그날 저녁때 제자들은 호숫가로 내려가서 ¹⁷ 배를 타고 호수 저편에 있는 가파르나움으로 저어 갔다. 예수는 어둠이 이미 짙어졌는데도 그들에게 돌아오지 않았다. ¹⁸ 거센 바람이 불고 바다 물결은 사나워졌다. ¹⁹ 그런데 그들이 배를 저어 십여 리쯤 갔을 때 예수가 물 위를 걸어서 배 있는 쪽으로 다가왔다. 이 광경을 본 제자들은 겁에 질렸다. ²⁰ 예수가 제자들에게 "나요, 두려워할 것 없습니다" 하자 ²¹ 제

자들은 예수를 배 안에 모셔 들이려고 하였다. 그러나 배는 어느새 그들의 목적지에 가 닿았다.

22 그 이튿날의 일이다. 호수 건너편에 남아 있던 군중은, 거기에 배가 한 척밖에 없었는데 예수는 그 배에 타지 않고 제자들끼리만 타고 떠난 것을 알고 있었다. 23 한편 티베리아로부터 다른 작은 배 몇 척이 주께서 감사의 기도를 드리고 빵을 나누어 먹이던 곳으로 가까이 와 닿았다. 24 그런데 군중은 거기에서도 예수와 제자들의 모습이 보이지 않자 그 배들을 타고 예수를 찾아 가파르나움으로 떠났다. 25 그들은 호수를 건너가서야 예수를 찾아내고 "선생님, 언제 이쪽으로 오셨습니까?" 하고 물었다. 26 예수는 "정말 잘 들어두시오. 여러분이 지금 나를 찾아온 것은 내 기적의 뜻을 깨달았기 때문이 아니라 빵을 배불리 먹었기 때문입니다. 27 썩어 없어질 양식을 얻으려고 힘쓰지 말고 영원히 살게 하며 없어지지 않을 양식을 얻도록 힘쓰시오. 이 양식은 사람의 아들이 여러분에게 주려는 것입니다. 하느님 아버지께서 사람의 아들에게 그 권능을 주셨기 때문입니다" 하고 말하였다. 28 사람들은 이 말씀을 듣고 "하느님의 일을 위해서 우리는 무엇을 해야 합니까?" 하고 물었다. 29 예수는 "하느님께서 보내신 이를 믿는 것이 곧 하느님의 일을 하는 것입니다" 하고 대답하였다. 30 그들은 다시 "무슨 기적을 보여 우리로 하여금 믿게 하시겠습니까? 선생님은 무슨 일을 하시렵니까? 31 '그는 하늘에서 빵을 내려다가 그들을 먹이셨다' 한 성경 말씀대로 우리 조상들은 광야에서 만나를 먹었습니다" 하고 말했다. 32 예수는 이렇게 말하였다. "정말 잘 들어두시오. 하늘에서 빵을 내려다가 여러분을 먹인 사람은 모세가 아닙니다. 하늘에서 여러분에게 진정한 빵을 내려주시는 분은 내 아버지이십니다. 33 하느님께서 주시는 빵은 하늘에서 내려오는 것이며 세상에 생명을 줍니다."

34 이 말씀을 듣고 그들이 "선생님, 그 빵을 항상 저희에게 주십시오" 하자 35 예수는 이렇게 대답하였다. "내가 바로 생명의 빵입니다. 나에게 오는 사람은 결코 배고프지 않고 나를 믿는 사람은 결코 목마르지 않을 것입니다. 36 내가 이미 말하였거니와 여러분은 나를 보고도 나를 믿지 않습니다. 37 그러나 아버지께서 내게 맡기시는 사람은 누구나 나에게 올 것이며 나에게 오는 사람은 내가 결코 외면하지 않을 것입니다. 38 나는 내 뜻을 이루려고 하늘에서 내려온 것이 아니라 나를 보내신 분의 뜻을 이루려고 왔습니다. 39 나를 보내신 분의 뜻은 내게 맡기신 사람을 하나도 잃지 않고 마지막 날에 모두 살리는 일입니다. 40 그렇습니다. 아들을 보고 믿

는 사람은 누구나 영원한 생명을 얻게 하는 것이 내 아버지의 뜻입니다. 나는 마지막 날에 그들을 모두 살릴 것입니다."

⁴¹ 이때 유다인들은 "나는 하늘에서 내려온 빵입니다" 하신 예수의 말씀이 못마땅해서 웅성거리기 시작하였다. ⁴² "아니, 저 사람은 요셉의 아들 예수가 아닌가? 그의 부모도 우리가 다 알고 있는 터인데 자기가 하늘에서 내려왔다니 말이 되는가?" ⁴³ 그 말을 듣고 예수는 "무엇이 그렇게 못마땅합니까? ⁴⁴ 나를 보내신 아버지께서 이끌어주시지 않으면 아무도 내게 올 수 없습니다. 그리고 내게 오는 사람은 마지막 날에 내가 살릴 것입니다. ⁴⁵ 예언서에 그들은 모두 하느님의 가르침을 받을 것이라고 기록되어 있습니다. 누구든지 아버지의 가르침을 듣고 배우는 사람은 나에게로 옵니다. ⁴⁶ 그렇다고 해서 아버지를 본 사람이 있다는 것은 아닙니다. 하느님께로부터 온 이 밖에는 아버지를 본 사람이 없습니다. ⁴⁷ 정말 잘 들어두시오. 믿는 사람은 누구나 영원한 생명을 누립니다. ⁴⁸ 나는 생명의 빵입니다. ⁴⁹ 여러분의 조상들은 광야에서 만나를 먹고도 다 죽었지만 ⁵⁰ 하늘에서 내려온 이 빵을 먹는 사람은 죽지 않습니다. ⁵¹ 나는 하늘에서 내려온 살아 있는 빵입니다. 이 빵을 먹는 사람은 누구든지 영원히 살 것입니다. 내가 줄 빵은 곧 나의 살입니다. 세상은 그것으로 생명을 얻게 될 것입니다" 하고 말하였다.

⁵² 유다인들이 이 말씀을 듣고 "이 사람이 어떻게 자기 살을 우리에게 먹으라고 내어줄 수 있단 말입니까?" 하며 서로 따졌다. ⁵³ 예수는 다시 이렇게 말하였다. "정말 잘 들어두시오. 만일 여러분이 사람의 아들의 살과 피를 먹고 마시지 않으면 여러분 안에 생명을 간직하지 못할 것입니다. ⁵⁴ 그러나 내 살을 먹고 내 피를 마시는 사람은 영원한 생명을 누릴 것이며 내가 마지막 날에 그를 살릴 것입니다. ⁵⁵ 내 살은 참된 양식이며 내 피는 참된 음료이기 때문입니다. ⁵⁶ 내 살을 먹고 내 피를 마시는 사람은 내 안에서 살고 나도 그 안에서 삽니다. ⁵⁷ 살아 계신 아버지께서 나를 보내셨고 내가 아버지의 힘으로 사는 것과 같이 나를 먹는 사람도 나의 힘으로 살 것입니다. ⁵⁸ 이것이 바로 하늘에서 내려온 빵입니다. 이 빵은 여러분의 조상들이 먹고도 결국 죽어간 그런 빵이 아닙니다. 이 빵을 먹는 사람은 영원히 살 것입니다." ⁵⁹ 이것은 예수가 가파르나움 회당에서 가르칠 때 한 말이다.

⁶⁰ 제자들 가운데 여럿이 이 말씀을 듣고 "이렇게 말씀이 어려워서야 누가 알아들을 수 있겠습니까?" 하며 수군거렸다. ⁶¹ 예수는 제자들이 당신의 말씀을 못마땅해하는 것을 알아채고 "내 말이 귀에 거슬립니까? ⁶² 사람의 아들이 전에 있던 곳

으로 올라가는 것을 보게 되면 어떻게 하겠습니까? ⁶³ 육적인 것은 아무 쓸모가 없지만 영적인 것은 생명을 줍니다. 내가 여러분에게 한 말은 영적인 것이며 생명입니다. ⁶⁴ 그러나 여러분 가운데는 믿지 않는 사람들이 있습니다" 하고 말하였다. 예수는 믿지 않는 사람들이 누구며 자기를 배반할 자가 누구인지 처음부터 알고 있었던 것이다. ⁶⁵ 예수는 또 이어서 "그래서 나는 아버지께서 허락하신 사람이 아니면 나에게 올 수 없다고 말했던 것입니다" 하고 말하였다.

⁶⁶ 이때부터 많은 제자들이 예수를 버리고 물러갔으며 더 이상 따라다니지 않았다. ⁶⁷ 그래서 예수는 열두제자를 보고 "자, 여러분은 어떻게 하겠습니까? 여러분도 떠나가겠습니까?" 하고 물었다. ⁶⁸ 그러자 시몬 베드로가 나서서 "주님, 주님께서 영원한 생명을 주는 말씀을 가지셨는데 우리가 주님을 두고 누구를 찾아가겠습니까? ⁶⁹ 우리는 주님께서 하느님이 보내신 거룩한 분이심을 믿고 또 압니다" 하고 대답하였다. ⁷⁰ 그러자 예수는 "여러분 열둘은 내가 뽑은 사람들이 아닙니까? 그러나 여러분 가운데 하나는 악마입니다" 하고 말하였다. ⁷¹ 이것은 가리옷 사람 시몬의 아들 유다를 가리켜 하신 말이었다. 유다는 비록 열두제자 가운데 하나였지만 나중에 예수를 배반할 자였다.(6,1−71)

성서 저자, 등장인물, 독자까지 세 그룹이 성서를 둘러싸고 있다. 성서 저자와 독자는 성서의 내용과 줄거리를 다 알고, 등장인물은 알지 못한다. 성서 저자와 독자는 문제지와 답안지를 모두 본 셈이고, 등장인물은 문제지만 받은 학생 처지다. 〈요한〉을 읽을 때 연극 공연하는 극장에 있다고 상상해도 좋겠다. 나는 영화보다 연극이 〈요한〉에 잘 어울린다고 조심스럽게 생각한다. 등장인물이 누구인지 잘 보고 대화 내용에 귀 기울이자. 장면이 왜 바뀌는지 보면서 앞뒤 줄거리를 기억하자. 인물의 역할을 놓치지 말자. 복음서 저자를 가이드라고 생각하면 성서가 한층 친근하게 다가온다. 성서는 거룩한 책 이전에 가까운 책이다. 성서는 진리의 책 이전에 기쁨의 책이다. 내가 성서를 읽는 동시에 성서가 나를 읽는다. 내 한계가 성서를 이해하는 데 걸림돌이지만, 성서가 주는 감동이 나를

성장시키는 디딤돌이다.

〈요한〉 저자는 요한 공동체에서 생긴 문제를 예수 시대로 거슬러 올라가, 예수의 입을 빌려 해결하고 싶었다. 〈요한〉 6장은 전승을 받아들여 편집한 것이 아니라 순전히 〈요한〉 저자가 창작한 작품이다.[203] 빵의 기적(1-15절), 물 위를 걷다(16-21절) 이야기는 〈요한〉에서 〈마르〉 〈마태〉 〈루가〉와 가장 가까운 본문[204]이다. 특히 〈마르〉와 가깝다.[205]

〈요한〉 6장은 주제에 따라 빵의 기적(1-15절), 물 위를 걷다(16-21절), 생명의 빵(22-59절) 부분으로 나눌 수 있다. 등장인물을 중심으로 여섯 부분으로 나눌 수도 있다.[206] 예수와 군중(14-15절), 예수와 제자들(16-21절), 예수와 군중(22-40절), 예수와 유다인(41-58절), 예수와 제자들(59-65절), 예수와 열두제자(66-71절). 예수와 군중, 예수와 제자들이 번갈아 무대에 등장하고 기적과 이야기가 차례로 나온다.

〈요한〉 6장은 빵의 기적(1-15절; 〈마르〉 6,32-44; 8,1-10), 물 위를 걷다(16-21절; 〈마르〉 6,45-52), 예수와 군중의 만남(22-25절; 〈마르〉 6,53-56), 기적 요구(30-31절; 〈마르〉 8,11-13), 빵 발언(32-58절; 〈마르〉 8,14-21), 베드로의 신앙고백(68-69절; 〈마르〉 8,27-30), 수난과 배신 예고(70-71절; 〈마르〉 8,31-33) 등 〈마르〉 8장 순서를 그대로 따른다. 예수는 예루살렘에서 논쟁한 뒤 갈릴래아에서 두 번 기적을 행한다. 이 기적이 제자들의 분열을 일으키기도 한다(60-71절). 〈요한〉 4장과 5,1에서 예수의 여정이 자세히 소개된다. 그런데 예수는 6,1에서 느닷없이 갈릴래아에 나타난다. 베짜타 연못가의 병자를 치유한 이야기가 7,21에 다시 나오기도 한다. 그래서 여러 성서학자들이 이야기 순서를 〈요한〉 4장; 6장; 5장; 7,15-24; 7,1로 바꾸자고 제안했다.[207] 불트만도 제자 위르겐 베커Jürgen Becker의 주장과 비슷한 말을 했고,[208] 슈나켄부르크는 베커의 주장에 찬성했다.[209]

5000명을 먹인 기적(1-15절)은 다른 복음서에도 나온다(〈마르〉 6,30-44; 〈마태〉 14,13-21; 〈루가〉 9,10-17). 빵 이야기에서 〈요한〉과 다른 복음서의 관계에 대해 성서학자들 의견은 세 가지로 나뉜다.[210]

1. 〈요한〉은 다른 복음서 기사에 의존했다. 복음서 모두 같은 자료를 참고했다.
2. 〈요한〉은 〈원-마르코복음Proto-Markus〉에 의지했다.
3. 〈요한〉은 복음서 중에 특히 〈마르〉를 참고하지만, 저자의 신학적 의도에 따라 자유롭고 폭넓게 편집했다.

나는 마지막 의견을 지지한다.

1절 티베리아는 갈릴래아 지방을 다스리던 영주 헤로데 안티파스가 로마 황제 티베리우스에게 잘 보이기 위해 공통년 27-28년에 새 수도로 지은 도시다.[211] 오래된 무덤 위에 지어서 유다인이 불결하다고 비난한 곳이다. 티베리아라는 이름은 신약성서에서 〈요한〉에만 세 번 나온다(6,1.23; 21,1). 정확히 말하면 '헤로데 영주가 지은 도시'라는 표현은 잘못되었다. 진시황 때 완리창청萬里長城이 만들어졌지, 진시황이 완리창청을 혼자 쌓은 것은 아니다. 같은 논리로 어느 신부가 성당을 지었다는 말도 고쳐야 한다. 갈릴래아 호수를 티베리아 호수라고 부르기도 한다(〈요한〉 21,1). 〈루가〉는 겐네사렛 호수(5,1)로, 〈마르〉와 〈마태〉는 갈릴래아 호수(〈마르〉 1,16; 〈마태〉 4,18)로 불렀다. 〈요한〉이 쓰인 시대에 티베리아 호수라

고 거의 공식 이름처럼 불린 것 같다.[212]

예수는 호수 건너편, 즉 동쪽 호숫가에 앉았다. 1절에는 예수가 호수 건너편으로 배를 타고 갔는지, 걸어서 빙 돌아갔는지 나오지 않는다. 2절에도 많은 사람들이 떼를 지어 예수를 어떻게 따라갔는지 나오지 않는다. 다른 복음서에 보면 사람들이 육로로, 즉 걸어서 따라온 것으로 나온다(〈마르〉6,33; 〈마태〉14,13). 예수를 따르던 사람들이 아주 많았다는 사실이 중요하다.

빵의 기적을 일으키기 위해 꼭 호수 건너편으로 갈 필요는 없었다. 〈요한〉 저자가 다음 부분에 나오는 호수 위를 걷는 이야기를 준비하기 위해 그렇게 설정한 것 같다. 3절에서 예수는 전통적으로 기적이 일어나는 장소인 산(〈마르〉9,2-8)에 제자들과 함께 올랐다. 〈요한〉에서 특별한 역할이 없는 산은 딱 두 번(6,3.15) 나온다. 과월절은 이스라엘 백성이 이집트를 탈출하여 광야를 헤매던 시절, 하느님이 주신 식량인 만나의 기적을 기념하는 축제다. 과월절 기간에 죽음을 당한 예수의 운명과도 이어진다.

4절 유다인들의 명절인 과월절이 이제 얼마 남지 않은 때였다ἦν δὲ ἐγγὺς τὸ πάσχα, ἡ ἑορτὴ τῶν Ἰουδαίων는 〈요한〉 2,13과 11,55에 거의 똑같은 표현이 있다. '유다인들의 명절'이란 표현에서 예수가 유다교와 거리를 두었다는 뜻을 이끌어낼 필요는 없다.[213] 〈요한〉에서 과월절을 알리는 이 문장이 세 번이나 나오기 때문에 〈요한〉을 과월절 복음[214]이라고 불러도 좋겠다. 과월절 기사의 핵심은 예수의 죽음이다. 〈요한〉은 예수의 죽음을 다른 복음서보다 세 배 더 다루는 셈이다. 자세히 말하면 예수의 죽음이 아니라 예수의 저항과 죽음이다. 저항 없이 죽음 없다. 예수가 불의한 세력에 저항하지 않았다면 공자나 붓다처럼 많은 제자들을 거느리며 오랜 기간 가르치고 활동하다가 세상을 떠났을지 모른다. 예수의 죽음에서 예수의 저항을 반드시 기억해야 한다.

과월절이 얼마 남지 않았다면 우리 달력으로 4월, 즉 봄이다. 2000년 전 봄에는 춘궁기로 한반도에 굶어 죽은 사람이 적지 않았을 것이다. 12월에 씨 뿌리고 여섯 달 지난 5월경 수확하는 갈릴래아 사람들도 식량 사정은 여유롭지 않았다. 더구나 로마 군대에 세금을 뜯기고, 유다교에 헌금도 바쳐야 했다. 예수를 따르던 사람들이 부주의로 먹을 것을 준비하지 못했다기보다 먹을 것이 없었다고 보는 편이 사실에 가깝다.

가난한 군중이 굶주림을 견디며 무작정 예수를 따라다니던 광경이다. 5절에서 가난한 군중이나 제자들이 알리거나 간청하지 않았는데, 예수가 먼저 말을 꺼낸다. "이 사람들을 다 먹일 만한 빵을 우리가 어디서 사 올 수 있겠습니까?" 〈요한〉은 배고픈 군중(〈마르〉6,31), 예수의 측은지심(〈마르〉6,34) 등 빵을 사려는 동기를 말하지 않는다. 예수는 측은지심에 가득했을 것이다.

먹은 다음에 도덕이고 윤리 아닌가. 미사 전에, 예배 전에 빵이다. 먹을 빵이 영혼의 빵보다 우선이다. 먹을 빵 문제도 언급하지 않은 채 영혼의 빵이니, 생명의 빵이니 늘어놓는 설교는 얼마나 우스운가. 생명의 하느님은 육신의 빵을 외면하시지 않는다. 빵의 기적에서 예수의 권능만 알아보고 가난한 사람의 배고픔을 스쳐 지나가는 사람들이 적지 않다. 가난한 사람의 빵 문제를 다루지 않고 예배나 미사 이야기로 말을 돌리는 목사와 신부도 드물지 않다. 예수의 메시지를 축소하면 되겠는가. 가난한 사람의 배고픔을 눈치채지 못하는 종교인은 자격이 없다. 도덕이니 윤리니 나발 불기 전에 가난한 사람의 배고픔을 신경 써라. 가난 구제는 나라도 못한다지만, 교회가 해야 한다.

우리 시대 인류가 맞닥뜨린 최대 문제는 무엇일까. 환경문제, 전쟁의 공포, 늘어나는 비인간성 등 하나둘이 아니다. 인류의 지식은 늘어났지만 인간 하나하나의 품질은 개선되지 못했다는 탄식이 들린다. 한국의 최상위 10퍼센트가 전체 부를 66퍼센트 소유한다는 최근 통계도 있다. 나는 21세기 인류가 만난 최대의 재앙이 불평등이라고 생각한다.

그리스도교는 죄나 예배 문제보다 불평등을 먼저 다뤄야 하지 않을까. 죄에서 불평등이 생긴다고 주장하는 신학자도 있지만, 불평등이 죄를 낳는 모습이 더 심하지 않은가. 불평등 문제를 다루지 않고 죄 문제를 언급하는 것이 과연 예수의 메시지에 맞는 일인가. 종교인과 신학자가 가난한 사람을 외면하면 되겠는가. 신학이나 종교가 결과적으로 가난한 사람을 속인다면 그런 신학과 종교가 인류에게 무슨 도움이 될까. 그런 종교는 사회악이다.

미리 상황을 파악하고 문제를 눈치채는 예수의 능력(〈마르〉 2,8; 〈마태〉 17,25; 〈루가〉 6,8)은 정말 감동이다. 예수의 천재적인 비범함도 있었지만, 끈질긴 관심과 노력도 큰 역할을 하지 않았을까. 예수는 천재 이전에 보통 사람이었다. 예수가 우리보다 뛰어난 점이 있지만 평범한 모습도 있다. 예수는 우리와 다르지만 공통점도 많다. 예수의 인성에는 보통 사람의 평범함이 포함되었다. 예수의 평범함이 인성을 훼손하지 않고 오히려 증명한다.

이백 데나리온(〈마르〉6,37)에서 이백 데나리온어치로 모자란다(7절)로 바뀌었다. 7절 "이 사람들에게 빵을 조금씩이라도 먹이자면 이백 데나리온어치를 사 온다 해도 모자라겠습니다"라는 필립보의 말은 무슨 뜻일까. 일용직 노동자 한 사람의 연봉을 쏟아부어도 모인 사람들의 한 끼를 해결할 수 없다는 말이다. 200데나리온은 노동자 한 사람이 1년에 200일을 일해야 벌 수 있는 돈이다. 이스라엘 시골에서 노동자 한 사람이 1년에 200일을 일하려면 일할 수 있는 모든 날에 거의 하루도 아파서는 안 되고, 일하러 나온 모든 날에 운 좋게 일거리를 찾아야 한다.[215] 쉬운 일이 아니다. 1데나리온으로 빵 6킬로그램을 살 수 있으니, 200데나리온으로 빵을 사면 남자 5000명이 1인당 240그램씩 먹을 수 있다. 여자와 어린이까지 나누면 1인당 100그램도 받지 못했을 것이다.

〈요한〉에서 빵의 기적은 〈마르〉보다 훨씬 강조된다. 예수가 빵 이야기를 상의한 제자 이름은 〈요한〉에만 나온다(5절). 예수가 제자들에게 구체적으로 빵 문제를 해결할 임무를 준다는 뜻이다. 예수는 베드로가 아니라 필립보에게 이야기를 꺼냈다. 9절에서 어느 아이παιδάριον가 가져온 빵 다섯 개와 물고기ὀψάρια 두 마리가 있다는 정보를 베드로의 동생 안드레아가 예수에게 전했다. παιδάριον는 아이παις의 약칭이자 애칭으로, 신약성서에 여기만 나온다. ὀψάρια는 익힌 생선으로, 빵과 포도주를 먹고 마실 때 반찬이다.

엘리사 예언자의 일화가 자연스럽게 떠오른다. "어떤 사람이 바알살리사에서 왔다. 그는 맏물로 만든 보리떡 스무 개와 햇곡식 이삭을 하느님의 사람에게 가져왔다. 엘리사는 그것을 같이 있는 사람들에게 나누어 먹이라고 하였다. 그러나 그의 제자가 '어떻게 이것을 백 명이나 되는 사람들 앞에 내놓을 수 있겠습니까?' 하고 물었다. 엘리사가 다시 말하였다. '이 사람들이 먹도록 나누어 주어라. 야훼께서 이들이 먹고도 남을 것이라고 말씀하셨다.' 그리하여 그것을 사람들에게 나누어 주니, 과연 야훼께서 말씀하신 대로 그들이 먹고도 남았다.''(〈2열왕〉4,42-44)

10절 '거기에 앉은 사람은 남자만 약 오천 명이나 되었다'는 말은 여자와 아이까지 합치면 1만 명이 넘는다는 뜻이다. 과월절 제물 양 오천 마리(〈2역대〉35,9)와 연결되는 것 같다. 성서가 쓰인 시대는 남성 우월주의가 판친 세상이다. 성서 곳곳에 있는 남성 중심 문장이 슬프다. 성서 저자들 역시 남성 우월주의에서 벗어나지 못한 사람들이다. 11절에서 예수는 감사εὐχαριστεῖν 기도(〈마르〉14,23; 〈마태〉14,19; 〈루가〉9,16; 〈1고린〉11,23-24)를 드린 다음 빵과 물고기를 사람들이 달라는 대로 나누어 주었다. 빵의 기적은 모세의 전승(〈출애〉16장; 〈민수〉11,6-9; 〈신명〉8,3)뿐 아니라 엘리야-엘리사 전승(〈1열왕〉17,7-16; 〈2열왕〉4,42-44)과도 이어진다.

13절 '먹고 남은 빵 부스러기를 모은 열두 광주리'는 나눔의 기적을 드러내고, 세상 완성 날에 이스라엘 민족을 상징한다(67절). 열두 광주리는 세상 마지막 날 이스라엘을 상징한다. 〈요한〉 저자가 유다교 배경에서 '열두 광주리'라는 표현을 쓰는 것을 잊지 말아야 한다. 이스라엘 밖의 교회에서 열두 광주리 비유는 교회가 이스라엘 민족을 대체한다는 해석을 낳을 수도 있다.[216] 이렇게 이스라엘을 하느님의 백성에서 제외하는 해석은 안 된다. 이스라엘을 하느님의 백성으로 계속 포함해야 한다.

5000명을 먹인 기적, 물 위를 걷다 순서에서 1-21절과 〈마르〉6,35-52이 똑같다. 〈요한〉 저자는 〈마르〉를 알지 않았을까. 〈요한〉 저자는

5000명을 먹인 이야기(〈마르〉6,35-44)와 4000명을 먹인 이야기(〈마르〉8,1-9)를 합쳐서 한 이야기로 만들었다.[217] 예수가 행한 엄청난 기적뿐 아니라 당황한 제자들의 오해가 드러난다.

제자들이 할 일은 가난한 사람에게 빵을 나누는 것이다. 제자들이 예수를 잘 이해했다고 보기는 어렵다. 예수 시대에만 그런 것은 아니다. 우리 시대 목사와 신부, 신학자 중에 예수를 제대로 이해하는 사람이 얼마나 될까. 가톨릭에서 쓰는 미사라는 용어는 감사라는 단어에서 왔다. 빵의 기적은 유다교 전통과 이어진다. 그리스도인은 미사와 예배에서 가난한 사람뿐만 아니라 유다교와 전통을 나눈다.

사람들이 빵의 기적만 보고 예수를 따랐을까.[218] 사람들은 빵의 기적을 행한 예수를 당연히 예언자로 생각했다. 그 대목에서 누가 그렇게 생각하지 않겠는가. 그런 분을 왕으로 모시려는 가난한 사람의 간절한 마음이 이해된다. 빵 문제를 해결한 사람이 왕이 아니라면 누가 왕이 되어야 할까. 15절에서 예수는 산으로 피했다. 자신을 죽이려는 적대자에게서 도망치지 않은 용감한 예수가 지지자에게서 도망쳤다. 사실 정치나 종교에서 반대자보다 지지자가 위험할 수 있다.

예수가 가난한 사람의 간절한 마음을 몰라서가 아니다. 십자가의 죽음을 각오한 예수에게 아직 할 일이 남았다. 예수는 권력을 잡은 왕이 아니라 저항하다가 죽음 당하는 메시아를 생각한다. 죽음 당하는 메시아가 예수의 운명이다. 모든 권력에는 악마성이 있다는 사실을 예수가 모르지 않는다. 종교 권력도 마찬가지다. 절대적인 정치권력이 부패하듯, 절대적인 종교 권력도 반드시 부패한다. 모든 권력은 부패한다는 격언은 원래 종교 권력을 비판하기 위해 생긴 말이다.

예수는 정치적 의미에서 메시아가 아니다.[219] 틀린 말은 아니다. 이 말을 반대하는 성서학자는 찾아보기 어렵다. 이 말이 줄 수 있는 부작용이 문제다. 예수는 정치적 메시아가 아니라는 말은 예수가 정치적 메시아 이상인 분이라는 뜻이다. 그런데 마치 예수는 정치적 메시아와 거리가 멀거나, 정치와 전혀 관계없는 분이라는 느낌을 줄 수도 있다. 예수는 정치적 의미에서 메시아가 아니라는 말을 하려면, 그 문장이 줄 수 있는 부작용과 오해를 함께 설명해야 한다. 이렇게 친절하고 정직하게 해설하는 성서학자나 설교자가 많지 않아 유감이다.

내 생각에 〈요한〉 저자는 예수가 정치적 메시아로 오해되지 않기 위해 일부러 예언자 호칭을 쓰지 않은 것 같다. 〈요한〉에는 예수를 예언자 모세와 연결하는 비유가 전혀 없다. "너희 하느님 야훼께서는 나와 같은 예언자를 동족 가운데서 일으키시어 세워주실 것이다"(〈신명〉 18,15), "네 동족 가운데서 너와 같은 예언자를 일으키리라"(〈신명〉 18,18)처럼 하느님이 모세에게 하신 말씀이 〈요한〉에 한 번도 인용되지 않았다. 〈요한〉에서 예수를 예언자로 부르는 경우는 유다인뿐이다(1,21.25). 〈요한〉이 이런 모습을 긍정적으로 소개하지도 않았다. 〈요한〉 저자는 예수가 정치적 메시아로 오해되지 않도록 지나칠 정도로 조심한다.

16-25절 물 위를 걷는 예수 이야기는 〈마르〉 6,32-52처럼 5000명을 먹인 빵의 기적 뒤에 나온다. 이야기는 〈마르〉와 달리 예수의 관점이 아니라 제자들의 관점에서 설명된다. 〈요한〉 6,19-21과 20,19-23은 구조가 비슷하다. 곤경에 처한 제자들과 구출해주는 예수가 공통으로 소개된

다. 17절 어둠σκοτία은 〈요한〉에서 하느님에게서 멀어져 생긴 위험을 가리키는 신학 용어다(1,5; 8,12; 12,35). 18절 동사 바람이 불다πνεῖν는 〈요한〉에만 있다(3,8; 6,17). 성령이 오심을 상징한다. 제자들이 탄 배는 육지에서 25-30스타디온(4.5-5.5킬로미터) 떨어진 호수 중간쯤에 있으니, 누구의 도움도 소용없는 상태다. 세월호는 팽목항 앞바다에서 얼마나 멀리 있었을까.

20절에서 예수는 제자들에게 다가오면서 〈마르〉 6,50처럼 "나요, 두려워할 것 없습니다"라고 말한다. 예수의 신성이 제자들에게 나타난 것이다. 예수를 유령(〈마르〉 6,49)으로 생각하거나 두려워하는 제자들이 지금도 많다. 〈마르〉에서 처음으로 나는 그입니다ἐγώ εἰμι라는 문장 형식이 등장했다. 예수는 누구인가 집중 설명하는 〈요한〉에서 ἐγώ εἰμι는 자신을 인류 앞에 드러내는, 즉 계시하는 특별한 방식이다. ἐγώ εἰμι 발언은 〈이사〉 42장에 심판자로서 하느님이 말하는 방식이다.

ἐγώ εἰμι 문장이 문법적으로 세 가지 있다.[220]

1. 주어 나로 시작되는 서술문
   "예수께서 '내가 그 사람입니다' 하고 말씀하셨을 때 그들은 뒷걸음치다가 땅에 넘어졌다."(〈요한〉 18,6; 8,24; 13,19)
2. 형용사를 포함하는 서술문
   "당신과 말하고 있는 내가 바로 그 사람입니다."(〈요한〉 4,26; 6,20; 18,5)
3. 비유 명사를 포함한 문장
   '빵'(〈요한〉 6,35.41.48.51), '빛'(〈요한〉 8,12), '문'(〈요한〉 10,7.9), '목자'(〈요한〉 10,11.14), '부활이요 생명'(〈요한〉 11,25), '길, 진리, 생명'(〈요한〉 14,6).

종교 역사에서 ἐγώ εἰμι 형식이 어디서 왔는지 한마디로 말하긴 어렵다. "나는 곧 나다"(〈출애〉 3,14), "내가 곧 야훼이다"(〈이사〉 43,11), "내가 시작이요, 내가 마감이다"(〈이사〉 44,6)처럼 공동성서에서 찾을 수 있다. "나요. 겁내지 말고 안심하시오"(〈마르〉 6,50; 13,6; 14,62) 같은 ἐγώ εἰμι 형식이 20절 "나요, 두려워할 것 없습니다"에 영향을 준 것 같다. 이집트 문헌,[221] 고대 오리엔트 문헌[222]에서도 볼 수 있다. 〈요한〉은 ἐγώ εἰμι 형식을 써서 예수가 메시아임을 드러냈다. 〈요한〉을 한 문장으로 줄인 발언이라고 할까.

19-20절에서 〈요한〉 저자는 예수가 호수 위를 걸었다는 초능력을 굳이 강조하는 것이 아니다. 구원자로서 예수의 신성이 드러났다는 말을 하고 싶었다. 〈요한〉은 물 위를 걷는 예수 이야기에 기적이라는 용어를 쓰지 않았다. 물 위를 걷는 예수를 보고 믿음에 이른 군중이 없었기 때문이다.[223] 위험에 처한 제자들의 입장에 선 초대교회 사람들은 구원하는 예수의 모습에서 큰 위로를 얻었을 것이다. 예수가 어디서 어디로 어떻게 오갔는지 모르는 군중과 물 위를 걷는 예수를 직접 본 제자들이 대조된다. 독자는 어느덧 제자들 편에 선 자신을 발견할 것이다. 독자는 곧 제자들처럼 되어 예수를 따르라는 초대의 말이다.

26-29절은 빵의 기적과 물 위를 걷는 예수 이야기를 뒤에 나올 예수의 빵 발언과 연결한다. 예수는 기적에 담긴 숨은 뜻을 알아보라고 군중에게 요청한다. 27절에서 중요한 단어가 양식βρῶσις, 영원한 삶ζωὴ αἰώνιος, 사람의 아들υἱὸς τοῦ ἀνθρώπου로 53-58절을 준비한다. '사람의 아들'은 〈요한〉 1,51; 3,13에 이어 6장에 세 번 더 나온다. 사람들과 똑같이 된 사람의 아들 예수를 하늘에서 내려오고 하늘로 올라가는 예수와 대립[224] 시

키면 안 된다. 사람의 아들은 사람이 되신 말씀의 비밀스런 바로 그 이름이라고 표현할 수 있다.[225]

28절 "하느님의 일을 위해서 우리는 무엇을 해야 합니까?"라는 사람들의 질문은 잘못 해석될 수도 있다. 우리가 뭔가 하지 않으면 하느님의 일에 부족함이 있을지 모른다는 말은 당연히 아니다. 29절 "하느님께서 보내신 이를 믿는 것이 곧 하느님의 일을 하는 것입니다"라는 예수의 답변도 오해될 수 있다. 이 말을 근거로 율법의 유다교와 믿음의 그리스도교라는 식으로 대립시킬 필요는 없다. 사랑이라는 새 계명에 의해 율법의 효력은 끝장났다[226]는 것이다. 이런 오해는 〈로마〉 10,4 우리말 번역에서도 엿볼 수 있다.

〈로마〉 10,4을 보자. "그리스도께서 나타나심으로 율법은 끝이 났고"(공동번역성서 개정판), "그리스도는 모든 믿는 자에게 의를 이루기 위하여 율법의 마침이 되시니라"(개역개정 성경전서)로 번역되었다. 그리스어 원문 τέλος γὰρ νόμου Χριστὸς εἰς δικαιοσύνην παντὶ τῷ πιστεύοντι에서 주어는 그리스도Χριστὸς가 아니고 목적τέλος이다. 주어와 술어를 뒤바꿔 번역하면 뜻이 뒤틀릴 수 있다.

'미인은 잠꾸러기'와 '잠꾸러기는 미인'이라는 문장의 뜻이 일치하지 않는다. τέλος는 '끝'보다 '목적'이라고 옮기는 게 좋다. 그리스도는 율법의 마침이라는 개역개정 성경전서 번역은 찬성하기 어렵다. '그리스도는 율법의 마침이다'보다 '율법의 목적은 그리스도다'라는 번역이 옳다. 믿음이 율법을 폐지한 것이 아니라 율법이 그리스도의 믿음 안에서 구체화되고 실현된다는 말이다.

30-51절은 생명의 빵 발언이다. 27-71절은 구조와 내용이 〈이사〉 55,1-3.10-11과 비슷하다. 이처럼 〈요한〉은 〈이사〉와 특별한 관계가 있다. 복음서에서 예수가 가장 많이 인용한 성서는 〈이사〉다. 예수는 〈이사〉 전문가다. 복음서를 깊이 알고 싶은 독자는 〈이사〉를 꼭 봐야 한다. 〈이사〉의 핵심 단어는 '희망'이다. 예수는 예레미야처럼 절망을 예고해야 마땅할 시대 상황에도 희망을 선포했다. 로메로 대주교도 마찬가지다. 로메로 대주교도 예수처럼 희망의 예언자[227]다.

〈요한〉은 초대 공동체에서 행하던 빵 나눔을 정당화하기 위해 예수의 입을 빌려 가상의 대화 형식으로 설명한다. 30-31절에서 유다인들은 만나를 먹여준 모세처럼 예수도 무엇을 먹여줄 것이냐고 묻는다. 예수에게 자신을 해명하고 증명해보라는 요구다. 예수 자신이 생명의 빵이다$_{ἐγώ \; εἰ\mu\iota \; ὁ \; ἄρτος \; τῆς \; ζωῆς.}$ 예수는 선물을 전해주는 분이자 선물이다. 부모님이 내게 생일 케이크를 보내셨다고 하자. 생일 케이크만 선물인가. 부모님은 선물 아닌가. 예수에게 오고 예수를 믿는 사람은 배고프거나 목마르지 않을 것이다.

36-40절과 44절에서 인간의 행동과 하느님의 섭리는 어떤 관계인가. 〈요한〉의 예정설 근거를 44절 "나를 보내신 아버지께서 이끌어주시지 않으면 아무도 내게 올 수 없습니다"에서 찾는 사람이 적지 않다. "하느님에게서 온 사람은 하느님의 말씀을 듣습니다"(8,47), "여러분이 나를 택한 것이 아니라 내가 여러분을 택하여 내세운 것입니다"(15,16)가 예정설을 더 강하게 지지하는 것처럼 들릴 수 있다. 하느님이 구원 받을 사람을 이미 정해두셨다는 말인가. 〈요한〉에 개인의 선택과 믿음을 격려하고 예정설을 반대하는 듯한 구절도 있다. "썩어 없어질 양식을 얻으

려고 힘쓰지 말고 영원히 살게 하며 없어지지 않을 양식을 얻도록 힘쓰시오."(6,27), "누구든지 나를 믿는 사람은 어둠 속에서 살지 않을 것입니다."(12,46)

〈이사〉 6,10을 인용한 "주께서 그들의 눈을 멀게 하시고 그들의 마음을 둔하게 하셨으니 이는 그들이 눈을 가지고도 알아보지 못하고 마음으로도 깨닫지 못하여 끝내 나에게로 돌아오지 못하고 나한테 온전히 고쳐지지 못하게 하시려는 것이다"(〈요한〉 12,40)와 "어떤 사람이 내 말을 듣고 지키지 않는다 하더라도 나는 그를 단죄하지 않을 것입니다. 나는 이 세상을 단죄하러 온 것이 아니라 구원하러 왔기 때문입니다"(〈요한〉 12,47)가 모순되는 말로 느껴질 수 있다.

성격이 크게 다른 두 말을 어떻게 이해해야 하는가. 성서 전문가나 신학자가 아닌 평범한 신자나 독자는 어떻게 하라는 말인가. 〈요한〉은 믿음으로 초대하는 책 아닌가. 구원 받을 사람이 이미 정해졌다는 예정설이 옳다면, 아직 믿지 않는 사람에게 예수를 믿으라고 요청하는 선교가 필요 없지 않은가. 예정설은 예수를 믿는 사람에게는 선택 받았다는 뿌듯함을 줄 수 있지만, 예수를 믿지 않는 사람에게는 몹시 불쾌한 이론이다.

믿음으로 초대하는 하느님의 은총이 이미 분명히 있다Vorraussein der Gnade.[228] 믿음과 불신은 전적으로 개인의 결단에 달린 것도 아니다. 하느님의 구원 의지와 인간의 자유의지가 모순되거나 갈등 관계로 오해될 수 있다. 하느님의 구원 의지는 인간의 자유의지를 무시하지 않는다. 하느님의 구원 의지와 인간의 자유의지가 호응한 것이 곧 믿음이다. 나 없이 나를 창조하신 분이 나를 구원하신다. 개인의 자유를 외면하는 종교는 이미 종교가 아니다. 예정설이 그리스도교의 가르침에 속하진 않는다.

41절 "유다인들은 '나는 하늘에서 내려온 빵입니다' 하신 예수의 말씀이 못마땅해서 웅성거리기 시작하였다"는 이집트를 탈출하여 사막을 헤매던 이스라엘 백성이 만나를 먹고도 불평을 늘어놓는 장면(〈출애〉 15,24; 17,3; 〈민수〉 11,1; 14,2)과 이어지는 구절이다. '하늘에서 내려온 빵'이라는 예수의 설명에 유다인들은 42절에서 예수의 족보를 들먹이며 반박한다. 고대에 족보는 정치와 종교에서 자신을 정당화하는 첫째 근거로 사용되었다. 〈마태〉 〈루가〉가 예수의 족보를 어쩔 수 없이 등장시킨 것도 그 때문이다. 족보를 꺼내지 않아도 예수의 말과 행동으로 충분했을 텐데 말이다.

사실 종교에 족보가 무슨 소용이 있겠는가. 종교에도 '금수저', '흙수저'가 있는가. 자기가 하늘에서 내려왔다니 말이 되느냐는 유다인의 비판에 예수는 두 가지로 답변한다. 예수 자신은 하늘에 계신 아버지에게서 왔으며(44-46절), 예수는 생명의 빵으로서 구원 가치가 있다(48-51절). 48절 나는 생명의 빵입니다 Ἐγώ εἰμι ὁ ἄρτος τῆς ζωῆς에 〈요한〉의 주장이 아름답게 요약되었다. 〈마르〉 〈마태〉 〈루가〉에 기억하고 싶은 이야기가 많다면, 〈요한〉에는 인용하고 싶은 짧은 문장이 많다.

하느님의 뜻 τὸ θέλημα이라는 용어가 빵 발언에서 여기만 나온다(38-40절). 36-40절은 〈요한〉을 요약한 구절이라고 할 수 있다.[229] 생명의 빵 발언(30-35절, 41-51절)은 요한 공동체에서 생긴 것을 〈요한〉 저자가 받아들인 것 같다.[230] 예수가 실제로 한 말은 아니고, 요한 공동체가 낳은 신학 논문이라고 할까. 군중이 예수가 행한 기적의 증인으로 여러 번 등장한다

(2·5·22·24절). 가난한 사람이 예수의 진짜 증인이다. 만나 이야기는 초대 그리스도교에서 빵 나눔 전통을 설명하는 데 요긴하게 사용된다(〈1고린〉 10,3-;〈묵시〉2,14.17).

52-59절도 30-51절처럼 예수의 빵 발언을 계속 다룬다. 몇 가지 달라진 점이 있다. 30-51절은 예수가 하늘에서 내려온 빵이라고 하는데, 52-59절은 예수의 살과 피가 하늘의 빵이라고 설명한다. 하늘의 빵을 아버지가 주셨는데(32절), 이제 예수가 하늘의 빵을 준다(51절). 30-51절에서 빵 발언이 예수가 하늘에서 왔음을 설명하는 근거라면, 52-59절에서는 예수의 몸과 인성이 주제다. 52-59절에서 인간의 행동이 특별한 의미가 있다. "이 빵은 여러분의 조상들이 먹고도 결국 죽어간 그런 빵이 아닙니다"(58절)에서 생명을 주는 성체성사와 죽음을 주는 모세 시대의 만나를 대립시키는 해설[231]을 이끌어내면 안 된다. 그런 주장은 반유다주의 혐의를 받을 수 있다.

53절 "사람의 아들의 살과 피를 먹고 마시지 않으면 여러분 안에 생명을 간직하지 못할 것입니다"에서 사람의 아들과 성체성사가 연결된다. 〈요한〉에서 사람의 아들은 공동성서에 나오는 이야기와 연결된다는 점이 성서신학 연구에서 덜 주목되었다.[232] 야곱의 사다리(1,51), 모세의 손에 들린 뱀(3,14), 죽은 자들이 무덤에서 나옴(5,25-27), 만나를 먹음(6,27) 등 예수를 통해 전해지는 구원을 나타낸다. 야곱의 사다리는 바빌론 성전 탑을 생각나게 한다(〈창세〉28,12-17).[233] 〈이사〉 14,29에 따르면 하느님이 당신의 백성에게 보내신 뱀(〈민수〉21,4-9)은 아주 위험하다.[234] 〈요한〉에서 사람의 아들은 심판(3,19)[235] 혹은 구원(3,13)[236]을 나타낸다.

〈요한〉이 새로 소개한 단어 몸σάρξ은 하느님이 인간을 창조하셨으며, 인간은 하느님이 창조한 피조물임을 강조한다. 〈요한〉에 모두 13번 나오는 단어 '몸'은 51~63절에 무려 6번 언급된다. 예수에게 '몸'이란 단어가 쓰인 것은 예수도 죽을 운명에 있는 인간이라는 말이다. '몸'에서 인간의 근원은 하느님이며, 인간은 겨우 피조물임을 동시에 깨달아야 한다. 그래야 우리가 예배와 미사에서 빵 나눔의 의미를 제대로 알 수 있다.

1. 하느님이 인간의 근원이다.
2. 인간은 피조물이다.

몸은 세례, 빵 나눔과도 연결된다(〈요한〉4,1; 3,6; 6,51). 사람이 되심, 십자가, 성사가 하나로 이어진다. 세상에 생명을 주기 위해ὑπὲρ τῆς τοῦ κόσμου ζωῆς 그렇다(〈요한〉6,51; 8,12; 10,11). 세례와 빵 나눔은 추상적인 생명이 아니라 사람 하나하나를 위해서 생겼다. 사람이 살려면 지구도, 환경도 살아야 한다. 내가 살려면 가난한 사람도 살아야 한다. 세례와 빵 나눔을 단순히 그리스도교 내부 행사로 여기면 안 된다. 그런 성사주의와 교회론은 하느님의 뜻을 축소하고 만다. 빵 나눔에 구원의 의미가 있다고 강조한 것은 요한 공동체가 빵 나눔을 무시한 가현설[237]과 싸웠기 때문이다.

'보이다'라는 뜻이 있는 그리스어 δοκέω에서 이름 붙인 가현설[238]은 나자렛 예수는 사람의 눈에 인간으로 보일 뿐, 실제 사람은 아니라고 설명했다. 예수의 십자가 죽음과 부활을 중요하게 여기지 않고 예수의 인성을 부정했다. 하느님 아버지와 하늘에 계신 그리스도가 구원에 관계있을 뿐, 나자렛 예수의 삶과 죽음은 관계없다고 주장했다. 부활 이전의 예수에 관심 둘 필요가 없고, 부활 이후 그리스도만 신경 쓰면 된다는 말이다. 인간인 예수와 하늘에 계신 그리스도를 철저히 구분하여 예수 없는 그리스도만 받아들였다. 가현설은 인간의 몸, 세상, 현실과 역사에 관심이 없다.

초대교회를 괴롭힌 여러 이론 중에 영지주의도 있다. 가현설과 영지주의는 동의어가 아니다. 가현설은 영지주의 구원론의 한 가지 전제에 불과하다. 영지주의는 악이 어디서 오고, 악을 어떻게 극복할 수 있는지 집중 연구했다. 영지주의는 선한 하느님과 악한 물질이라는 이원론에 기초하여 하느님과 악이 공존하며 다툰다고 봤다. 물질은 악하며, 특별한 소수만 구원 인식에 도달할 수 있다고 주장했다.

몸을 무시하고 영혼에 신경 쓰는 사람, 사회 개혁과 종교 개혁을 외면하고 종교 행사에 열중하는 사람, 삶과 현실과 역사를 무시하고 천국에 희망을 두는 사람, 가난한 사람을 외면하고 미사나 예배에 전념하는 사람은 가현설에 빠졌다. 몸과 물질을 멸시하거나 특별한 소수만 구원 받을 수 있다고 여기는 사람은 영지주의자에 속한다. 겉으로 열심인 그리스도인처럼 보이지만 영지주의나 가현설을 따르는 그리스도인이 적지 않다.

빵 나눔에 참여하는 사람은 생명을 주는 분과 하나 됨으로써 영원한 생명이라는 선물을 얻는다.[239] 〈요한〉은 빵 나눔과 발 씻어줌(〈요한〉 13,1-20)도 연결한다. 발 씻어줌 보도는 〈요한〉에만 나온다. 빵 나눔과 발 씻어줌은 사랑에서 우러나와 자신을 희생하는 행위다. 다른 사람을 희생시키는 것이 아니라 자신을 희생하는 것이다. 빵 나눔과 발 씻어줌이 이어진다는 사실을 아는 성직자는 성직자 중심주의에 빠질 리 없다.

그렇게 중요한 빵 나눔 기사가 〈요한〉에는 왜 빠졌을까. 이 책 뒷부분에 설명이 나온다. "지상의 예수가 아니라 부활 후 하늘로 들린 예수가 빵 나눔을 완벽한 의미에서 보증할 수 있다"[240]는 독일 가톨릭 성서학자 요아힘 그닐카Joachim Gnilka의 말이 설득력 있다. 〈요한〉에 빵 나눔 기사가 없다고 해서 〈요한〉이 성사에 반대하는 입장이라고 생각하면 안 된다.[241] 〈요한〉에서 중요한 생명 개념이 세례와 빵 나눔에 적극 참여하라고 권고한다.[242] 나는 〈요한〉에서 성사는 아무 역할이 없다는 불트만의 주장[243]을 찬성하지 않는다.

빵 발언 뒤에 새 이야기가 시작된다. 빵 발언을 두고 제자들의 분열이 생겼다는 소식이다. 〈마르〉〈마태〉〈루가〉에서는 제자들의 갈등이 갈릴래아를 떠나 예루살렘 가는 길에 주로 벌어졌다. 갈등의 원인은 권력 다툼이었다. 제자들은 갈등했지만 분열하지 않았다. 〈요한〉에서는 예수의 빵 발언에 대한 해석으로 갈등뿐 아니라 분열까지 생겼다. 권력 다툼과 빵 발언 해석이 그리스도교 역사에서 분열의 두 가지 원인이라는 따끔한 교훈일까. 실제로 권력 다툼과 신학 해석 차이가 역사에서 그리스도교가 분열하는 주원인이 되었다.

예수의 제자 개념은 〈마르〉〈마태〉〈루가〉보다 〈요한〉에서 훨씬 넓어졌다. 예수에게 사랑받은 제자(1,45-49), 니고데모(3,1;7,50;19,39), 사마리아 여인(4,1-42), 라자로와 마리아, 마르타(11,1-44) 등 열두제자에 포함되지 않은 사람도 제자에 속한다. 〈요한〉에는 〈마르〉〈마태〉〈루가〉와 달리 열두제자단 형성에 대한 기사가 없다. 〈요한〉 6,67에 처음으로 열두제자가 언급된다. 열두제자는 〈요한〉에 겨우 세 번 나온다(6,67.70-71;20,24). 〈요한〉에 열두제자를 중심으로 한 엘리트 제자 개념은 없다. 〈요한〉이 제자들의 계급 구조를 다룬 적은 없다.

60-61절에서 말씀이 어려워 누가 알아들을 수 있겠느냐고 투덜거린 사람도 제자들이고, 예수의 말씀을 못마땅해한 사람도 제자들이다. 41-42절에서 유다인들이 예수에게 불평했는데, 이번에는 제자들이 예수를 불편하게 생각한다. 64절에서 예수는 "여러분 가운데는 믿지 않는 사람들이 있습니다"라고 지적한다. 예수에 대해 제대로 전달 받지 못한 사람은 믿지 않는 책임을 져야 하는가. 예수를 잘못 전달한 사람이 책임질 일이다. 자신은 물론 남도 천국에 들어가지 못하게 가로막는 사람들이 있다.

프란치스코 교황의 말을 싫어하는 추기경이나 주교, 신부는 혹시 없는가. 겉으로는 신자나 성직자지만 사실 무신론자인 사람이 드물지 않다. 세례나 사제 서품이 그 사람의 믿음을 보증하지 않는다. "이렇게 말씀이 어려워서야 누가 알아들을 수 있겠습니까?"라는 제자들의 말에 뜨끔한 신학자나 설교자도 있을 것이다. 어려운 전문 용어를 남발하여 독자를 괴롭히는 신학자나 자기도 이해 못 하는 말을 마구 해대는 설교자는 없는가.

예수의 어떤 말을 제자들이 이해하기 어려워했는지 소개되지 않았다. 예수의 해명으로 짐작할 뿐이다. 사람의 아들이 올라감ἀνάβασις(33·41·51절)이라는 말이 화근이 된 것 같다. 일부 제자들이 예수가 하늘에서 내려오고 다시 올라간다는 설명에 반대한 것 같다. 하느님이 사람이 되셨다는 가르침을 이해하지 못한 것이다. 당시 제자들만 그러겠는가. 65절 "아버지께서 허락하신 사람이 아니면 나에게 올 수 없습니다"는 하느님이 구원 받을 사람을 미리 정하셨다는 뜻이 아니다. 믿지 않는 책임이 개인에게 있다는 말이다.

예수의 갈릴래아 활동은 멋지게 시작했지만 비참하게 끝나고 말았다는 생각이 널리 퍼졌다. 66절에 언급된 제자들의 분열은 예수 생전에 실제로 생긴 사건일까. 1980년 서울의 봄처럼 잠시 반짝이던 갈릴래아의 봄이 갑자기 끝나서 예수는 어쩔 수 없이 예루살렘으로 가려고 했을까. 갈릴래아에서 더 오래 활동했다면 예수의 삶은 어떻게 달라졌을까. 예수는 왜 갈릴래아를 떠나 예루살렘으로 갔을까.

66절 "이때부터 많은 제자들이 예수를 버리고 물러갔으며 더 이상 따라다니지 않았다"는 〈요한〉에만 있다. 〈마르〉〈마태〉〈루가〉는 이 사실을 확인해주지 않는다. 복음서에서 예수의 활동이 일어난 시간 순서대로 소개된 것은 아니다. 복음서 저자가 신학적 의도에 따라 나름대로 재구성한 기록이기 때문에, 우리는 예수의 세례와 예루살렘 최후의 시간 사이에 예수가 활동한 순서를 정확히 알 수 없다.

66절은 생명의 빵 이야기를 하기 위해 〈요한〉 저자가 일부러 꺼낸 말일까. 66절이 생긴 어떤 사건이 예수 생전에 실제로 있었을까.[244] 회당에서 추방하겠다는 유다교의 협박을 견디지 못한 일부 제자가 요한 공동체를 떠나 유다교로 복귀한 것일까.[245] 1세기 요한 공동체 내부에서 생긴 갈등을 〈요한〉 저자가 여기에 투사한 것일까.[246] 대다수 예수 추종자들이 유다교 회당을 떠났을 때, 일부 유다계 그리스도인이 회당에 남아서 생긴 갈등 말이다. 아니면 영지주의 성향을 띤 그리스도인이 성체성사를 두고 벌인 논쟁 때문에 교회를 떠나면서 생긴 분열이 반영된 것일까. 그리스도와 성체성사에 대해 요한 공동체와 일부 유다계 그리스도인이 벌인 논쟁 탓에 생긴 분열이 66절의 배경일까.

예수의 갈릴래아 활동이 실패했다고 인용할 만한 근거나 사건을 찾기는 어렵다. 오히려 그 반대 이야기가 더 설득력 있을 수 있다. 갈릴래아뿐 아니라 예루살렘에서도 예수가 체포될 때까지 추종자가 많았다는 뜻이다. 예수의 인기와 영향력은 예루살렘으로 가는 길에서 더 커질 수 있었다. 방랑 설교자는 어디서나 반대자와 추종자를 얻을 수 있다. 추종자가 거의 없는 무명 인사를 로마 군대가 어떻게 알며, 그런 무의미한 사람을 왜 죽이려 했겠는가. 세례자 요한의 죽음이 예수 죽음의 예고가 될 수 있다. 열광하는 군중을 모으는 예수의 능력과 비참한 죽음 사이에 연관이 있었을 것이다.[247]

66절에 대한 성서신학 논의와 관계없이, 중요한 변화가 하나 있다. 예수는 갈릴래아 활동을 모두 접고 예루살렘에 가기로 생각을 바꿨다. 달마가 동쪽으로 간 것처럼, 예수는 예루살렘으로 간다. 특히 〈마르〉 〈마태〉 〈루가〉에서 그 변화를 뚜렷이 볼 수 있다. 예수는 남은 제자들에게 떠나겠느냐고 물었다. 베드로는 물론 유다도 예수를 떠나지 않았다. 69절에서 베드로는 제자들과 요한 공동체의 믿음을 대표하여 예수는 거룩한 분ὁ ἅγιος τοῦ θεοῦ이라고 신앙고백Credo(〈마르〉 8,27-30)을 한다. "예수를 선택하는 사람들은 자기 자신에 의해서가 아니라 예수에 의해서 자신이 존재한다는 사실을 알게 된다."[248]

'거룩한 분'이라는 표현은 〈요한〉에서 여기만 나온다. 71절에 제자 하나가 예수를 배신할 것이고, 그 이름은 유다라는 설명이 갑자기 나왔다. 예수의 가장 가까운 동지요 제자도 오류와 배신에서 제외되지 않았다.

유다의 배신을 예고한 것은 〈요한〉이 요한 공동체 사람들을 위로하기 위해서[249]라는 해설은 좀 의아하다. 나는 그 의견에 찬성하지 않는다.

예수의 신성에 대한 이야기(16-25절)는 제자의 분열을 가져오지 않았는데, 예수의 인성과 신성이 결합된다는 빵 발언을 두고 제자의 분열이 시작되었다. 요한 공동체가 그 주제로 갈등했음을 암시한다. "이런 자들은 본래 우리의 사람들이 아니었기 때문에 우리에게서 떨어져 나갔습니다. 만일 그들이 우리의 사람들이었다면 우리와 함께 그대로 남아 있었을 것입니다. 그러나 결국 그들은 우리에게서 떨어져 나갔고 그것으로 그들이 우리의 사람이 아니라는 것이 분명히 드러났습니다."(〈1요한〉 2,19)

빵과 생명이란 주제 말이다. 빵과 생명에서 그리스도교의 빵 나눔 성례전을 연결하는 것은 자연스럽다. 그러나 거기서 머물지 말고 가난한 사람의 고통도 생각해야겠다. 예배나 미사에서 가난한 사람의 삶과 고통이 잘 드러나는가. 예배나 미사에 참석하는 사람은 평소 자신의 삶에서 가난한 사람의 아픔과 애원을 잘 이해하는가. 예수그리스도는 사람으로 태어나 가난한 사람을 먼저 선택하고 불의한 세력에 저항하다가 억울하게 죽음을 당하고, 드디어 부활하여 빵 나눔 안에 현존한다. 그분은 참되고 우리에게 영원한 생명을 주시는 분이다.

3막 3장　예수와 적대자들의 커지는 갈등

¹ 그 뒤에 예수는 유다인들이 자기를 죽이려고 했으므로 유다 지방으로는 다니고 싶지 않아서 갈릴래아 지방을 찾아다녔다. ² 그런데 유다인들의 명절인 초막절이 가까워지자 ³ 예수의 형제들이 예수에게 "이곳을 떠나 유다로 가서 당신이 행하시는 그 훌륭한 일들을 제자들에게 보이십시오. ⁴ 널리 알려지려면 숨어서 일해서는 안 됩니다. 이런 훌륭한 일들을 할 바에는 자신을 세상에 드러내는 것이 좋겠습니다" 하고 권하였다. ⁵ 이렇듯 예수의 형제들조차도 그분을 믿지 않았던 것이다. ⁶ 그래서 예수는 그들에게 이렇게 대답하였다. "여러분에게는 아무 때나 상관없지만 나의 때는 아직 오지 않았습니다. ⁷ 세상이 여러분은 미워할 수 없지만 나는 미워하고 있습니다. 세상이 하는 짓이 악해서 내가 그것을 들추어내기 때문입니다. ⁸ 여러분은 어서 올라가서 명절을 지내시오. 아직 나의 때가 되지 않았으니 나는 이번 명절에는 올라가지 않겠습니다." ⁹ 예수는 형제들에게 이렇게 말하고 계속하여 갈릴래아에 머물렀다.

¹⁰ 형제들이 명절을 지내러 올라가고 난 뒤에 예수도 남의 눈에 띄지 않게 올라갔다. ¹¹ 명절 동안에 유다인들은 "예수가 어디 있습니까?" 하고 물으며 찾아다녔다. ¹² 그리고 군중 사이에서는 예수를 두고 이러쿵저러쿵 말이 많았다. "그는 좋은 분이오" 하는 사람이 있는가 하면, "아니오, 그는 군중을 속이고 있소" 하는 사람도 있었다. ¹³ 그러나 유다인들이 두려워서 예수에 관하여 내놓고 말하는 사람은 하나도 없었다.

¹⁴ 명절 중간쯤 해서 예수는 성전으로 올라가 가르치기 시작하였다. ¹⁵ 유다인들은 "저 사람은 배우지도 않았는데 어떻게 저렇듯 아는 것이 많을까요?" 하고 기이하게 여겼다. ¹⁶ 예수는 그들에게 이렇게 말하였다. "내가 가르치는 것은 내 것이 아니라 나를 보내신 분의 가르침입니다. ¹⁷ 하느님의 뜻을 실천하려는 사람이면 이것이 하느님으로부터 나온 가르침인지 또는 내 생각에서 나온 가르침인지를 알 것입니다. ¹⁸ 제 생각대로 말하는 사람은 자기 영광을 구하는 사람입니다. 그러나 자기를 보내신 분의 영광을 위해서 힘쓰는 사람은 정직하며 그 속에 거짓이 없습니다. ¹⁹ 여러분에게 율법을 제정해준 이는 모세가 아닙니까? 그런데도 여러분 가운데

그 법을 지키는 사람은 하나도 없습니다. 도대체 여러분은 어찌하여 나를 죽이려 합니까?" 20 군중들은 "당신이 미치지 않았소? 누가 당신을 죽이려 한단 말이오?" 하였다. 21 예수는 이렇게 대답하였다. "내가 안식일에 일을 한 가지 했다고 하여 여러분은 모두 놀라고 있습니다. 22 모세가 할례법을 명령했다 하여 여러분은 안식일에도 사내아이들에게 할례를 베풀고 있습니다.─사실 할례법은 모세가 정한 것이 아니라 옛 선조에게서 비롯된 것입니다.─23 여러분은 이렇게 모세의 율법을 어기지 않으려고 안식일에도 할례를 베풀면서 내가 안식일에 사람 하나를 온전히 고쳐주었다고 하여 그렇게 화를 내는 것입니까? 24 겉모양을 보고 판단하지 말고 공정하게 판단하시오."

25 한편 예루살렘 사람들 중에서 더러는 "유다인들이 죽이려고 찾는 사람이 바로 이 사람이 아닙니까? 26 저렇게 대중 앞에서 거침없이 말하고 있는데도 말 한마디 못하는 것을 보면 혹시 우리 지도자들이 그를 정말 그리스도로 아는 것이 아닐까요? 27 그러나 그리스도가 오실 때에는 어디서 오시는지 아무도 모를 터인데 우리는 이 사람이 어디에서 왔는지 다 알고 있지 않습니까?" 하고 말하였다. 28 그때 예수는 성전에서 가르치면서 큰 소리로 이렇게 말하였다. "여러분은 나를 알고 있으며 내가 어디에서 왔는지도 알고 있습니다. 그러나 나는 내 마음대로 온 것이 아닙니다. 나를 보내신 분은 정녕 따로 계십니다. 여러분은 그분을 모르지만 29 나는 알고 있습니다. 나는 그분에게서 왔고 그분은 나를 보내셨습니다." 30 그러자 그들은 예수를 잡고 싶었으나 그에게 손을 대는 사람은 하나도 없었다. 예수의 때가 아직 이르지 않았던 것이다. 31 그러나 군중 가운데는 "그리스도가 정말 온다 해도 이분보다 더 많은 기적을 보여줄 수 있겠습니까?" 하며 예수를 믿는 사람이 많았다.

32 사람들이 예수를 두고 이렇게 수군거리는 소리를 바리사이파 사람들이 들었다. 그래서 그들과 사제들은 예수를 잡아 오라고 성전 경비병들을 보냈다. 33 그때 예수는 이렇게 말하였다. "내가 아직 얼마 동안은 여러분과 같이 있겠지만 결국 나를 보내신 분에게 돌아가야 합니다. 34 여러분은 나를 찾아다녀도 찾지 못할 것입니다. 내가 가 있는 곳에는 올 수가 없습니다." 35 유다인들은 이 말씀을 듣고 "우리가 자기를 찾아내지 못하리라고 하는데 도대체 어디로 가겠다는 말인가요? 이방인들 사이에 흩어져 사는 유다인들에게 가서 이방인들을 가르칠 셈인가요? 36 우리가 자기를 찾아도 찾아내지 못한다느니 또는 자기가 있는 곳에는 올 수 없다느니 하는 말은 대관절 무슨 뜻일까요?" 하고 수군거렸다.

³⁷ 그 명절의 고비가 되는 마지막 날에 예수는 일어서서 이렇게 외쳤다. "목마른 사람은 다 나에게 와서 마시십시오. ³⁸ 나를 믿는 사람은 성서의 말씀대로 그 속에서 샘솟는 물이 강물처럼 흘러나올 것입니다." ³⁹ 이것은 예수가 당신을 믿는 사람들이 받을 성령을 가리켜 하신 말이었다. 그때는 예수가 영광을 받지 않았기 때문에 성령이 아직 사람들에게 와 계시지 않으셨던 것이다.

⁴⁰ 이 말씀을 들은 사람들 중에는 "저분은 분명히 그 예언자이십니다" ⁴¹ 또는 "저분은 그리스도이십니다" 하고 말하는 사람들이 있는가 하면, 어떤 사람들은 "그리스도가 갈릴래아에서 나올 리가 있겠습니까? ⁴² 성서에도 그리스도는 다윗의 자손으로 다윗이 살던 동네 베들레헴에서 태어나리라고 하지 않았습니까?" 하고 말했다. ⁴³ 이렇게 군중은 예수 때문에 서로 갈라졌다. ⁴⁴ 몇 사람은 예수를 잡아가고 싶어 하였지만 예수에게 손을 대는 사람은 하나도 없었다.

⁴⁵ 성전 경비병들이 그대로 돌아온 것을 보고 대사제들과 바리사이파 사람들은 "어찌하여 그를 잡아 오지 않았습니까?" 하고 물었다. ⁴⁶ 경비병들은 "저희는 이제까지 그분처럼 말하는 사람은 본 적이 없습니다" 하고 대답하였다. ⁴⁷ 이 말을 들은 바리사이파 사람들은 "여러분마저 속아 넘어갔습니까? ⁴⁸ 우리 지도자들이나 바리사이파 사람들 중에 단 한 사람이라도 그를 믿는 사람을 보았습니까? ⁴⁹ 도대체 율법도 모르는 이 따위 무리는 저주받을 족속입니다" 하고 말하였다. ⁵⁰ 그 자리에는 전에 예수를 찾아왔던 니고데모도 끼어 있었는데 그는 ⁵¹ "도대체 우리 율법에 먼저 그 사람의 말을 들어보거나 그가 한 일을 알아보지도 않고 죄인으로 단정하는 법이 어디 있습니까?" 하고 한마디 하였다. ⁵² 그러자 그들은 "당신도 갈릴래아 사람이란 말이오? 성서를 샅샅이 뒤져보시오. 갈릴래아에서 예언자가 나온다는 말은 없소" 하고 핀잔을 주었다.(7,1–52)

〈요한〉 5장부터 예수와 적대자들의 갈등이 커진다. 7-10장에 예수와 예수를 믿는 사람들이 한편에, 유다인으로 대표되는 적대자들이 다른 편에 있다. 7-8장에서 갈등의 주제는 메시아 질문(7,26-29; 10,24)이다. 〈요한〉은 사회학 용어로 보면 사회 갈등 이론에 기울었다. 〈요한〉에서 조화보다 갈등이 앞선다. 예수는 이스라엘이 기다리던 메시아인가? 〈요한〉에서 예수의 적대자들이 유다인이라는 이름으로 소개된 사실이 안타깝다. 민족으로서 유다인을 가리키는 것으로 오해할 수 있기 때문이다.

세례자 요한의 근거지인 요르단 강 건너편에서 잠시 머문 시간을 제외하면, 예수는 거의 예루살렘에서 활동한다. 예수는 숨어서κρυπτῷ(〈요한〉7,4) 왔다가 조용히ἐκρύβη(〈요한〉8,59) 떠난다. 예수가 메시아라는 사실이 세상에 대놓고 드러나진 않는다. 예수가 어떤 축제 때 예루살렘에 왔는지 기억한다면, 예수의 활동을 더 쉽게 이해할 수 있다.

〈요한〉7장에 유다인 Ἰουδαῖοι(2·11·13절), 예수의 형제들ἀδελφοί(3·5·10절), 군중ὄχλος(12·20·31절), 예루살렘 시민Ἱεροσολυμιτῶν(25절), 지도자들 ἄρχοντες(26·48절), 바리사이파Φαρισαῖοι(32·47절), 대사제와 바리사이파 사람들οἱ ἀρχιερεῖς καὶ οἱ Φαρισαῖοι(32·45절), 대사제와 바리사이파 사람들이 보낸 성전 경비병ὑπηρέται(32·45절) 여덟 그룹이 나온다. 그중에 대사제와 바리사이파, 일부 유다인이 예수의 적대자다. 예수는 살해 위협(〈요한〉5,18)을 받고 살았다. 예루살렘에서 보낸 마지막 주간에만 살해 위협을 받은 것이 아니다. 살해된 그 순간도 고통스럽지만, 살해 위협을 받으며 지낸 모든 시간이 얼마나 괴로웠을까.

2절 초막절σκηνοπηγία은 공통년 이전 164년에 유다 마카베오가 그전에 파괴된 예루살렘성전을 고쳐 봉헌한 것을 기념하는 축제다. 유다교 달력으로 연말에 수확을 기념하는 축제요, 성서 공부 축제로 열렸다(〈출애〉23,16; 34,22). 우리 달력으로 9월 10일부터 10월 10일 사이에 일주일간 열렸다(〈신명〉16,13-15). 축제에 참여한 사람은 천막 안에서 지냈다. 초막절은 실로암 연못에서 물 떠 오기, 빛 축제, 성전으로 행렬 등 크게 세 가지 예식이 진행된다. 성전 마당 여인의 뜰에 불이 밝혀진다. 축제는 기쁨 속에 치러져야 하며, 마지막 날에 기쁨의 집회가 있다(〈느헤〉8,17-18). 〈에즈〉가 매일 낭독되었다. 〈에제〉43,23-25과 〈민수〉29,12-38은 어떤 희생 제물을 바쳐야 하는지 자세히 알려준다. 바빌론 유배에서 돌아온 뒤 축제가 하루 늘었다.

유다 역사가 요세푸스는 초막절(〈1마카〉10,21; 〈2마카〉1,9.18)이 유다인의 가장 크고 거룩한 축제라고 기록했다.[250] 유다인이 가장 좋아하는 축제여서 다른 이름을 덧붙이지 않고 축제ἡ ἑορτή라고도 불렸다. 우리 명절 추석과 비슷하다고 할까. 초막절은 신약성서에서 〈요한〉7장에만 나온다. 유다인에게 그토록 사랑받은 축제가 다른 복음서에는 전혀 언급되지 않는다. 성서신학 연구에서 초막절이 〈요한〉7,1-10,42의 배경이라는 의견이 자리 잡았다.[251]

3절에 예수의 형제들이 갑자기 등장했다. 예수의 형제들은 마치 정책 특보처럼 예수에게 유다, 즉 예루살렘으로 가서 공개적으로(〈마르〉4,22; 〈요한〉2,3-5) 활동하라고 조언한다. 예수의 어머니나 자매들도 예수의 활동에 조언한 적은 없다. 예언자는 사명을 선포하기 위해서 예루살렘성전과 축제를 방문했다(〈예레〉7,1-; 〈에제〉8,1-). 유다로 가라니? 1절에 예수는 유다인이 자기를 죽이려고 해서 유다 지방으로 다니고 싶지 않았다는 말이 나오지 않는가.

예수의 형제들이 예수의 사명을 잘 이해했기 때문에 하는 말이 아니다. 예수에게 순교를 권하는 것도 아니다. 예수의 이름이 널리 알려지기를 바라는 단순한 욕심에 나온 말이다. 3절에서 예수의 형제들이 말한 제자들μαθηταί이 누구를 가리키는지도 분명하지 않다. 예수는 어머니에게 아직 제 때가 오지 않았다(〈요한〉 2,4)고 했듯이, 형제들에게도 나의 때가 아직 오지 않았다(6절)고 말한다.

3절에 느닷없이 나타난 예수의 형제들ἀδελφοί이란 표현은 가톨릭 신자에게 마리아 평생 동정 교리와 연결되어 곤혹스럽다. 예수의 아버지 요셉과 어머니 마리아보다 형제자매들이 신학자들에게 심각한 문제를 안겨준다. 예수의 형제들은 누구인가?[252] 마리아가 임신과 출산, 그 이후에도 동정을 유지했다는 주장이 있었다. 동방정교회는 〈야고보복음〉 9,2; 17,1 –; 18,1을 근거로 예수의 형제자매는 요셉이 마리아와 혼인하기 전에 다른 여인과 낳은 자녀라고 주장했다.

가톨릭교회는 4세기 히에로니무스Eusebius Hieronymus 성인 이후 예수의 형제자매는 예수의 사촌과 조카라고 주장했다. 계몽주의 이후 개신교는 예수의 형제는 요셉과 마리아가 낳은 자녀라고 생각한다. 루터와 칼뱅Jean Calvin은 마리아 평생 동정을 믿었고, 예수의 형제자매가 요셉과 마리아가 낳은 자녀라고 생각하지 않았다. 지금도 이런 사실을 아는 개신교 성도나 가톨릭 신자는 드물다. 예수의 형제자매는 예수의 사촌과 조카라고 믿는 게 여전히 가톨릭교회의 가르침이다. 이 가르침에 무류권이 적용되지는 않는다.

예수의 형제가 누구인지 다룬 문헌은 적지 않다. 그중 일부라도 이 책에서 자세히 다룰 수는 없다. 독일 가톨릭 성서학자 루돌프 페쉬Rudolf Pesch는 〈마르〉 주석서에서 예수의 형제는 요셉과 마리아가 낳은 자녀라고 의견을 밝혔다.[253] 그는 이 의견으로 교황청에서 어떤 처벌도 받지 않았다.[254] 신약성서에 '형제들'이 사촌, 조카, 이복형제를 가리키는 사례는 하나도 없다. 단어의 어원과 인용 사례를 분석하고 성서 문맥을 살피면, 예수의 형제는 요셉과 마리아가 낳은 자녀라고 말하지 않을 방법이 없다. 예수의 형제는 요셉과 마리아가 낳은 자녀라고 보는 의견이 학문적으로 가장 유력하다.[255]

7절에서 유다인 대신 세상κόσμος이란 단어가 등장한다. 세상과 유다인은 〈요한〉에서 가끔 동의어로 사용된다. 7절 "세상이 하는 짓이 악해서 내가 그것을 들추어내기 때문입니다"라는 말은 심각하다. 들추어내다, 증언하다μαρτυρῶ는 〈요한〉에 19번이나 나오는 독특한 표현이다.[256] 예수는 세상의 악을 모른 체하고 침묵하는 사람이 아니다. 저항하지 않고 그저 침묵하는 사람이 아니다.

예수는 내부 고발자다. 침묵이 종교에서 의미 있다고 칭송되기도 하나, 침묵만 하는 사람처럼 가벼운 사람은 없다. 악의 세력에 저항하기 위한 준비로서 침묵은 소중하지만, 저항과 행동을 회피하는 핑계로 악용되는 침묵은 악이요 아편이다. 침묵은 힘이 있으나, 침묵만 하는 사람은 아무 힘이 없다.

8절 올라가다ἀναβαίνειν는 예루살렘뿐 아니라 하늘에 올라간다(〈요한〉 3,13; 6,62)는 뜻을 포함한다. 11-13절에서 유다인Ἰουδαῖοι과 군중ὄχλος이 구별된다. 여기서 유다인은 예수의 적대자를 가리키고, 군중은 예수에게 호의적인 사람들을 가리킨다. 예수의 제자들이 예수에 대한 태도에서 분열했듯이, 유다인도 같은 이유로 분열한다. 〈요한〉은 민족으로서 유다인을 비난하는 것이 아니라, 예수의 적대자 그룹을 비판한다.

14절 '명절 중간쯤 해서 예수는 예루살렘성전으로 올라간다'. 이 여정으로 역사의 예수와 갈릴래아의 모든 인연이 끝난다. 예수의 형제들이 생각하는 시간과 예수가 생각하는 시간은 같지 않다. 〈요한〉에서 시간καιρὸς이란 단어는 7,6.8에만 있다. 예수의 때는 외부에서 결정할 수 없고, 예루살렘에서 예수의 때는 아직 오지 않았다(〈요한〉 12,12-). 12절에서 예수에 대한 여론이 엇갈린다. 사람들은 초막절에 예수가 나타나기를 기대한 것 같다.

공통년 1세기 말과 2세기 초에 유다교가 그리스도교를 공격할 때, 예수가 거짓 예언자라는 비난이 중요한 역할을 했다. "예수는 마술사요 백성을 속이는 사람이라고 비난 받았다."[257] 유다인이 두려워 예수 이야기를 공개적으로 하는 사람은 없었다(〈요한〉 9,22; 12,42; 20,19). 예수의 형제들도 군중(〈요한〉 6,30), 유다인(〈요한〉 6,41-), 제자들(〈요한〉 6,60)처럼 예수를 믿지 않았다.

〈요한〉 7,14-36은 가르치는 예수(14-24절), 예수는 메시아인가(25-31절), 예수를 붙잡으러 온 성전 경비병(32-36절)으로 나눌 수 있다. 〈요한〉은 가르치다διδασκειν(14·28·35절), 가르침διδαχὴ(16-17절)이란 단어를 통해 예수를 가르치는 사람으로 소개한다. '예수는 누구인가'를 주제로 요한 공동체에서 토론과 교육이 활발했음을 암시한다. 14절 성전τὸ ἱερὸν은 성전 뜰과 건물을 포함한 성전 내 모든 구역을 가리킨다.[258]

15절에서 유다인들은 예수를 비판하는 첫째 근거로 예수의 학력을 트집 잡았다(〈마르〉 1,27; 2,1-12; 3,1-6).[259] 예수는 정규 신학 교육을 받은 라삐가 아니기 때문이다. 요즘 말로 신학교 정규교육을 마친 목사나 신부가 아니면 성서나 신학을 가르쳐서는 안 된다는 주장이다. 그때나 지금이나 학력은 시비 대상인가.

예수는 학력 차별의 피해자다. 16-17절에서 예수는 학력을 내밀지 않고 하느님을 인용하여 비난을 맞받아쳤다. 하느님을 아는 것보다 큰 학력이 어디 있겠는가. 〈요한〉은 예수의 가르침이 예수가 개발한 것이 아니라 예수를 보낸 하느님의 가르침이라는 사실을 계속 강조한다(7,16; 8,26; 12,49).

19절에서 예수는 모세도 인용했다. 모세가 전해준 율법을 지키지 않는 유다인이 율법을 잘 실천하는 예수를 어떻게 비난하느냐는 말이다. 성서 말씀을 따르지 않는 사람이 성서를 잘 따르는 사람을 비난할 수는 없다. 학력보다 실천이 중요하다. 하느님의 뜻을 실천하는 사람은 어떤 가르침이 하느님에게서 왔는지 아닌지 알아차릴 수 있다.

자기 영광을 구하지 않고 하느님의 영광을 위해 애쓰는 사람은 거짓이 없고 정직하다. 실천하지 않으면 그리스도교 교리를 알 수 없다. 자기 욕심을 버리지 않으면 거짓에 빠질 수 있다. 지식 이전에 실천이 인간의 눈과 마음을 열어준다. 자기 영광과 욕심을 버리면 눈과 마음이 열린다. 종교인뿐 아니라 지식인의 덕목이라고 할까.

20절에서 군중은 예수를 비판하는 둘째 근거로 예수가 미쳤다고 주장한다. 그들은 제정신 있는 유다인이라면, 더구나 하느님이 보낸 사람이라면 안식일을 위반할 리 없다고 생각했다. 22-23절에 예수는 안식일에 율법을 어기면서 할례가 허용된다면, 치유도 허용되지 않느냐고 반문한다. 예수는 안식일 해석에 대한 논쟁을 하지, 안식일 폐지를 주장하지 않는다. 예수의 말과 행동이 안식일 율법을 어겼을 뿐 아니라 안식일 폐지까지 포함한다는 주장[260]은 받아들이기 어렵다.

27절에서 예수를 비판하는 셋째 근거는 출신 지역이다. 유다교에 진짜 메시아는 어디 출신인지 감춰졌다는 생각이 있었다. 예수는 갈릴래아 출신임을 사람들이 알고 있으니, 예수는 진짜 메시아가 아니라는 주장이다. 예수는 지역 차별의 희생자다. 28-29절에서 예수는 하느님 출신이라는 논리로 받아친다. 예수와 하느님은 일치한다는 주장이 덧붙었다. 유다인이 예수에게 시비를 건 근거는 학력, 인신공격, 출신 지역이다. 그때나 지금이나 악의 세력이 써먹는 수법은 비슷하다.

27절 메시아 질문이 유다교와 그리스도교 대화에서 핵심 질문으로 등장했다. 예수 제자들과 마찬가지로 유다인도 예수를 놓고 분열했다. 예수는 대중 앞에서 거침없이 말한다. 28절 παρρησία는 이익이나 위험을 신경 쓰지 않고 구체적인 상황에서 진실을 당당히 말한다는 정치 용어다.[261] 이 단어가 그리스도교에서 그동안 별로 강조되지 않았다. 예수는 자신의 사명을 숨기지 않고 성전에서 큰 소리로 말한다. 예수는 하느님과 일치할 뿐 아니라 진실과 일치한다. 진실은 예수의 조국이다. 진실을 말하는 것은 예수를 따르는 그리스도인의 의무다. 학자도, 언론인도 예수에게서 이 점을 배우면 좋겠다.

28절 "여러분은 나를 알고 있으며 내가 어디에서 왔는지도 알고 있습니다"를 어떻게 이해해야 할까. 반어법인가, 서술문인가. 사람들은 예수가 나자렛 출신(《요한》 6,42)이고, 어떤 말과 행동을 했는지 보고 들었으니 예수가 누구인지 안다는 뜻의 서술문인가. 예수를 보내신 분이 누구인지 알아야 비로소 예수를 알 수 있으니, 사람들은 아직 예수를 알 수 없다고 말하는 반어법 문장인가. 역설적 의미가 있는 반어법 문장[262]으로 보면 좋겠다.

메시아 논쟁보다 예수의 기적이 사람들을 매혹했을까. 어떤 유다인이 예수를 믿기 시작했다고 보도되었다. 군중은 예수의 기적을 더 바랐을까. "예수가 메시아라고 추측하는 사람들이 있었다. 예수의 증언 때문이 아니라 기적 때문"[263]일까. 기적을 보았거나 기다린 사실이 잘못은 아니다. 기적에서 기적만 보고 증언은 놓친 사실이 안타깝다.

〈요한〉7,32-52은 '예수와 적대자들의 갈등'이라는 제목이 딱 어울린다. 초막절 마지막 날 이야기를 다룬 이 부분은 가르치는 예수(32-39절), 메시아에 대한 사람들의 언급(40-44절), 예수를 체포하려는 시도와 니고데모(45-52절)로 나눌 수 있다. 예수를 체포하려는 시도가 있었다. 바리사이파 사람들은 〈요한〉에서 처음엔 주변부에 있다가(1,24; 3,1; 4,1) 예루살렘에서 예수와 갈등하는 장면에 점점 중심으로 들어온다(7,32; 8,3; 11,46; 12,19). 예수와 신학 논쟁을 하는 상대는 주로 바리사이파다. 그들은 예수가 마지막으로 예루살렘에 있던 고난의 일주일 동안 딱 한 번 언급(18,3)되고 무대에서 사라진다. 바리사이파는 예수를 죽이지 않았다.

예수를 진짜 박해한 사람들은 종교 지배층인 대사제와 부자인 사두가이파다. 대사제ἀρχιερεῖς는 재판권과 최고 회의에서 발언권이 있었다.[264] 32절에 바리사이파 사람들과 사제들이 예수를 체포하기 위해 손을 잡았다고 나온다. 바리사이파 사람들은 부유층 평신도 그룹이고, 사제들은 사두가이파 소속이다. 신학적으로 생각이 다른 집단이다. 공동의 적 예수를 억압하기 위해 생각이 다른 두 종교, 바리사이파 사람들과 사제들이 결국 손을 잡았다. 지배층 성직자와 중산층 평신도의 보수 연합이다. 25절 '예루살렘 사람들'은 영향력 있는 사람들의 생각과 삶에 친숙하고, 그에 휩쓸리기 쉬운 사람들[265]로 추측된다.

성전 경비병에게 명령을 내릴 권한이 있는 사람은 사제뿐이다. 종 ὑπη ρέτας은 신약성서에 20번, 〈요한〉에 9번 나온다. 권력자에게 봉사하는 아랫사람을 가리킨다. 예수는 〈요한〉 2,19; 3,14; 6,62 다음에 처음으로 자신을 보낸 분이 있는 곳으로 돌아가야 한다고 공개적으로 말한다(33절). 곧 돌아간다는 소식보다 사람들 곁에 머물 시간이 별로 없다는 경고 말씀이 심각하다. 회개할 시간이 얼마 남지 않았다는 뜻[266]이기 때문이다. "빛이 여러분과 같이 있는 것도 잠시뿐이니 빛이 있는 동안에 걸어가시오."(〈요한〉12,35)

35절 유다인들 διασπορὰ은 그리스 지역에 사는 유다인을 가리킨다. Ἑλλήνων은 그리스 사람과 비슷해진 유다인이 아니라 그리스인을 가리킨다. 공동번역성서 개정판은 이방인들 사이에 흩어져 사는 유다인들 διασπορὰν τῶν Ἑλλήνων, 개역개정 성경전서는 헬라인 중에 흩어져 사는 자들이라고 번역했다. '그리스인 사이에 흩어져 사는 유다인'이라고 정확히 번역하는 게 좋다. 당시 예수에 대한 소식이 이방인 지역에 사는 그리스인에게도 전해졌다[267]는 뜻일까.

32절에서 축제 마지막인 여덟째 날이 아니라 물 축제가 있는 그 전날 생긴 일이 보도된다. 물 의식은 생명, 구원의 완성과 연결되었다(〈이사〉

12,3; ⟨에제⟩ 47,1-12). 초막절에 예식을 집행하는 데 뽑힌 사제는 거창한 행렬 아래 실로암 연못에서 황금 잔에 담아 성전으로 가져온 물을 희생 제물이 불타는 제단 그릇에 붓는다. "너희는 기뻐하며 구원의 샘에서 물을 길으리라."(⟨이사⟩ 12,3) 물의 풍부함, 생명 충만, 구원의 완성이 전체로 연결되는 축제였다.[268]

⟨요한⟩은 구원의 샘에서 길어 온 물이 예수라는 말을 하고 싶었다. 예수는 생명을 주는 물이다(⟨출애⟩ 17,1-7; ⟨민수⟩ 20,2-13; ⟨이사⟩ 48,21). "목마른 사람은 다 나에게 와서 마시십시오."(37절). "그리스도교는 성령 안에서 생명의 샘으로 존재하는 그리스도를 통해 이루어진다."[269] 38절 "성서의 말씀대로 그 속에서 샘솟는 물이 강물처럼 흘러나올 것입니다"가 정확히 성서 어디에서 인용되었는지 알기는 어렵다. 유다교 학자들은 사막에서 물이 샘솟는 바위를 제안했다(⟨출애⟩ 17,6; ⟨민수⟩ 20,8; ⟨시편⟩ 78,16).[270] 물이 솟아나는 바위는 로마 카타콤베 지하 묘지에서 가장 많이 발견된 그림이다.[271]

39절은 ⟨요한⟩ 저자가 예수의 생전 삶을 해설하는 부분이다. 예수는 죽기 전에 자신의 삶을 성령의 눈으로 해석하는가. 예수는 죽은 뒤에 비로소 드러날 성령의 힘으로 이미 살아가고 있었다.[272] ⟨요한⟩ 저자는 37-42절에서 예수의 말을 듣던 사람들에게 당시의 종교적 상황을 설명하려는 것이 아니다. 예수의 말은 높이 들린 분이 성령으로 하는 말임을 강조한다.[273]

40절에서 군중은 "이분이야말로 세상에 오시기로 된 예언자이시다"(⟨요한⟩ 6,14)처럼 "저분은 분명히 그 예언자이십니다 οὗτός ἐστιν ἀληθῶς ὁ προφήτης"라고 말한다. 문법적으로 관사 οὖτός은 모세 같은 예언자(〈신명〉 18,15.18)를 가리킨다. 40절 분명히 ἀληθῶς는 예수가 틀림없이 예언자라는 말보다 군중이 분명히 그렇게 알고 있다는 뜻이다. 예수를 예언자라고 부르는 사례가 빵의 기적(〈요한〉 6,13)과 샘솟는 물(37절) 뒤에 나오는 사실이 주목된다. 모세와 사막에서 일어난 사건을 기억하는 것과 연결될 수 있다.[274]

사람들은 5000명을 먹인 빵의 기적(〈요한〉 6,1-13) 때문에 예수를 사막에서 만나의 기적(〈출애〉 16,1-19)을 일으킨 모세 같은 예언자(〈요한〉 6,14)로 생각했다. 한편 사람들은 예언자와 그리스도를 확실히 구분하지 못했다. 사람들은 성령으로 가득한 예수의 사명을 제대로 알아차리지 못했고, 억지로라도 예수를 왕이요 메시아로 모시려 했다(〈요한〉 6,15). 예수가 혼자서 다시 산으로 피한 것은 군중이 기적을 알아보지 못해서가 아니라, 군중이 예수를 왕으로 모시려 했기 때문이다.

〈요한〉 어디에도 예수의 제자들이나 다른 사람이 예수를 마지막 날의 예언자로 고백한 곳은 없다. 예수를 메시아, 즉 그리스도로 고백하면 유다교 회당에서 쫓겨날 위험에 처했다(〈요한〉 9,22; 12,42; 16,2)는 보도는 요한 공동체에서 예언자보다 그리스도 호칭이 높은 권위가 있다[275]는 뜻 같다. 예언자나 그리스도 호칭이 〈요한〉에서 핵심 호칭은 아니라는 의견도 있다. 〈요한〉에서 사람의 아들과 하느님의 아들이 왕, 예언자, 그리스도보다 핵심 호칭이다.[276] 내 생각에 〈요한〉에서 예수에 대한 여러 호칭은 결국 이 구절을 향해 간다. "아버지와 나는 하나입니다 ἐγὼ καὶ ὁ πατὴρ ἕν ἐσμεν."(10,30) 호칭보다 본질이 앞서기 때문이다.

·

사람들은 예수는 누구인가 계속 물었다. 메시아는 다윗 가문 출신으로 다윗의 고향 베들레헴(〈1사무〉16,18; 20,28; 〈2사무〉2,4)에서 태어나야 한다(〈미가〉5,1; 〈마태〉2,5; 〈요한〉7,42). 메시아의 신분은 감춰져야 하고 하느님이 알려주셔야 한다(〈마태〉16,17). 베들레헴은 예루살렘에서 약 9킬로미터 떨어졌다. 〈요한〉은 놀랍게도 베들레헴 탄생 전승(〈마태〉2,1; 〈루가〉2,1-10)을 이용하지 않는다.

〈요한〉 저자는 예수가 예루살렘에서 탄생한 것을 몰랐거나, 알고 싶지 않았을 것이다.[277] 내 생각에 〈요한〉 저자는 예수가 나자렛 태생임을 알았지만, 예수의 고향은 중요하지 않다고 본 것 같다. 다윗과 베들레헴은 〈요한〉에서 여기만 나온다. 출신 지역을 중요하게 여긴 당시 세태와 거리가 있다. 〈요한〉에서 예수의 출신 지역 문제는 예수가 하느님에게서 왔느냐는 문제보다 중요하지 않다.[278]

43절 '이렇게 군중은 예수 때문에 서로 갈라졌다'는 〈요한〉 7장에서 예수와 사람들의 갈등을 요약한다. 예수 때문에 제자들도 갈라졌고(〈요한〉6,66), 군중도 갈라졌다. 예수 때문에 분열이 일어나기도 했지만, 예수가 사람들을 분열시키기도 했다. 〈요한〉 9,16과 10,19에서도 보이는 분열σχίσμα이란 단어가 43절에 처음 나온다. 군중의 분열에서 예수를 체포하려는 사람들이 또 생겼다.

45-49절에 명령을 받는 성전 경비병과 명령을 하는 대사제들 사이에 갈등이 생겼다. 결과적으로 성전 경비병이 예수를 잡아 오라는 대사제의 명령을 거부한 것이다. 제주 양민을 학살하는 토벌대로 출동하라는 명령을 거부한 여수와 순천의 일부 군인이 있었다. 5·18 민주화 운동 당시 발

포 명령을 거부한 의로운 경찰도 있었다.

47절에서 바리사이파 사람들이 성전 경비병에게 여러분마저 속아 넘어갔느냐고 꾸짖었다. 속다πλάνη는 '거짓 예언자나 거짓 메시아에게 속다'라는 뜻이 있는 전문 용어다.[279] 바리사이파 사람들은 예수가 자기를 하느님과 같다고 하고(〈요한〉 5,18) 하느님 행세를 하면서(〈요한〉 10,33) 사람들을 유다교의 유일신 신앙에서 멀어지게 한다고 주장한다. 당시 유다교에서 예수를 속이는 자, 사기꾼πλάηος이라고 흔히 부른 것 같다. 신학 논쟁이다. 49절에서 그들은 성전 경비병에게 율법도 모르는 이 따위 무리ὁ ὄχλος οὗτος라고 종교적으로 차별 발언을 한다.

단어 ὄχλος는 원래 부정적인 의미 없이 백성 전체(〈에제〉 12,19; 22,29; 39,13)나 피지배계급(〈예레〉 1,18; 〈에제〉 7,27; 〈2열왕〉 11,14)을 가리켰다. 바빌로니아 유배에서 돌아오며 고향에서 이방인 지배자들 아래 살던 유다인을 멸시하는 뜻이 에즈라와 느헤미야 시대 이후 추가되었다. 해외로 끌려가지 않은 유다인은 바빌로니아로 끌려간 유다인만큼 모세오경을 알지 못했고, 유배를 묵상한 수준 높은 신학을 접하지 못했다.[280]

유배에서 돌아온 유다인은 풍부한 성서 지식을 자랑하며 해외로 끌려가지 않은 동족 유다인을 무시하기 시작했다. ὄχλος는 요즘 말로 개돼지 같은 백성, '흙수저' 같은 백성이라는 뜻이다. 한국의 종교인이 성서도 모르는 이 따위 신자들이라는 생각을 하지는 않으리라. 알량한 성서 지식을 뽐내면서 동료 신자를 업신여기는 그리스도인이 혹시 없는가.

군중ὄχλος(복수 ὄχλοί)은 누구인가. 〈마르〉에 38번, 〈요한〉에 20번 나오는 단어다. 예수의 추종자 중 가장 많은 숫자를 차지한다. 그들은 대부분 가난했다. 예수는 가난한 군중에게 가장 많이 신경 썼다. 복음서에서 군중과 죄인이 같은 개념은 아니다. 하느님의 계명을 어기며 사실상 이방인처럼 산 유다인도 있었다. 군중이 가난한 사람을 가리키는 땅의 사람들Am Ha-arez과 같은 개념도 아니다. 복음서는 군중을 땅의 사람들과 동일시하지 않았다. 복음서는 땅의 사람들이라는 단어를 쓰지도 않았다. 복음서는 군중을 자세히 설명하거나 정의하지 않았다. 유다인은 사례를 들어 설명하지, 그리스 철학자처럼 개념을 정의하지 않는다.

군중이 예수와 예수 운동을 바라보는 관심은 유다인이 바리사이 운동을 보는 눈과 비슷하지 않았을까.[281] 평범한 유다인은 바리사이파가 시작한 유다교 종교 개혁 운동을 관심 있게 지켜보고, 존중하고, 일부 영향을 받았을지 모른다. 그러나 바리사이파 운동에 가담한 것은 아니다. 마찬가지로 평범한 유다인은 예수와 예수 운동을 관심 있게 보고, 귀 기울이고, 영향을 받았을지 모른다. 그러나 예수 운동에 전념한 것은 아니다. 평범한 유다인은 예수 이전에도 세례자 요한과 이런저런 자칭 예언자들에게 비슷한 태도를 취했을 것이다. 유다인은 자나 깨나 조국의 독립을 꿈꾸며 조국을 구원해줄 인물을 애타게 기다려왔다.

밤에 예수를 찾아온 니고데모(〈요한〉 3,1-10)가 50절에 다시 나온다. 이번에는 밤에 찾아오지 않았다. 기적을 보고 예수를 믿은 예루살렘 사람들의 대표 격으로 니고데모를 보면 좋을까. 오래전 밤에 예수와 토론한 니고데모는 51절에서 예수를 편들며 소리 내어 항의한다. 니고데모의 믿음이 발전했다는 말이다. 사람의 말을 들어보거나 한 일을 알아보지도 않고 죄인으로 단정하면 안 된다(〈출애〉 23,1; 〈신명〉 1,16; 17,4). 예수가 행한 기적을 보고 예수를 믿은 예루살렘 사람들의 신앙을 단순한 기적 신앙으로 얕잡아 보거나, 그들을 기적을 찾아다니는 사람이라고 폄하하면 안 된다.[282]

니고데모는 아직 예수의 제자가 아니고, 이제 유다인 중의 하나도 아니다. 유다 지도자 중에도 예수를 믿는 사람이 많았으나, 회당에서 쫓겨날까 겁이 나고 바리사이파 사람들이 두려워서 예수를 믿는다는 말을 내놓고 하지 못하는 사람이 많았다(〈요한〉 12,42). 니고데모도 그중 하나일까. 니고데모는 예수에게 호감이 있는 유다교 지배층의 대표로 여기는 게 좋다. 〈요한〉 저자는 유다교 상류층에서도 예수의 제자가 나온다는 사실을 들어 공동체 신자들을 위로하고 싶었다. 예수를 제대로 만나면 사람이 어떻게 변하는지 말하고 싶었다. 〈요한〉 독자들이 니고데모와 같은 심정과 입장이 되게 하려는 뜻이다.

52절 '갈릴래아 사람'은 〈요한〉에서 갈릴래아가 차지하는 의미를 암시한다. 갈릴래아와 유다는 단순한 지역 이름이 아니라 신학적 상징이다. 우리는 〈요한〉 2,1-11에서 갈릴래아의 가나와 유다의 예루살렘이 반대 뜻이 있음을 알았다. 가나에서 예수의 제자들은 예수의 품위를 처음 보고 예수를 믿었다. 갈릴래아는 '예수를 받아들이고 따른다'는 의미가 있다. 유다는 '예수를 거절하고 박해하는 사람들'이라는 상징이다. 유다인이라는 단어는 민족으로서 유다인이 아니라 예수를 박해하는 악의 세력을 가리킨다.

갈릴래아에서 예언자가 나온다는 말은 지금도 그리스도교에서 흔히 인용된다. 그러나 공동성서는 예언자의 출신 지역에 관심이 없다. 갈릴래아에서 예언자가 나오기도 했다. "이스라엘의 하느님 야훼께서 당신의 종인 예언자 요나를 시켜 하신 말씀이 이렇게 이루어졌다. 요나는 갓혜벨 출신으로서 아미때라는 사람의 아들이었다."(〈2열왕〉14,25) 갓혜벨은 갈릴래아 땅에 있다. 52절 예언자가 나온다ἐγείρεται는 미래형 동사다.

〈요한〉저자는 여기서〈이사〉8,23-9,1을 떠올렸음이 분명하다. "고통에 잠긴 곳이 어찌 캄캄하지 않으랴? 전에는 그가 즈불룬 땅과 납달리 땅을 천대하셨으나 장차 바다로 가는 길, 요르단 강 건너편 외국인들의 지역을 귀하게 여기실 날이 오리라. 어둠 속을 헤매는 백성이 큰 빛을 볼 것입니다. 캄캄한 땅에 사는 사람들에게 빛이 비쳐 올 것입니다." 그리운 하느님, 어둠 속을 헤매는 한민족이 곧 큰 빛을 볼 것입니다. 캄캄한 땅에 사는 한민족에게 빛이 비칠 것입니다. 믿습니다.

〈요한〉7장에서 '예수는 메시아인가'라는 주제로 유다교와 그리스도교가 공개 토론을 한다. 유다교의 주장은 다음과 같다.

1. 메시아는 베들레헴 출신이어야 한다(42절).
2. 예수는 성서를 모른다(21절). 그래서 안식일에 치유 행위를 한다.
3. 율법을 모르는 사람만 예수를 믿는다(48절).
4. 마귀 들려 정신 나간 예수(20절)가 백성을 속이고 있다(12절).

네 가지 이유를 보니 예수는 메시아가 아니다.

그리스도교의 답변은 다음과 같다.

1. 예수는 하느님에게서 왔다(16절).

2. 예수가 아니라 오히려 유다인이 율법을 따르지 않는다(19절).

3. 예수는 메시아로서 자신을 정당화하는 표징을 보여주었다(21·31절).

4. 예수는 공개적으로 당당하게 말한다(26·46절).

5. 예수는 성령을 가져온다(38절).

6. 유다교 상류층에도 예수의 제자가 있다(50절).

이런 증거로 보아 예수는 메시아다.

4막 A 1장 죄지은 여인과 예수의 용서

53 (그리고 나서 사람들은 모두 집으로 돌아갔고 1 예수는 올리브 산으로 갔다. 2 다음 날 이른 아침에 예수가 또다시 성전에 나타났다. 그러자 많은 사람들이 몰려들었기 때문에 예수는 그들 앞에 앉아 가르치기 시작하였다. 3 그때에 율법 학자들과 바리사이파 사람들이 간음하다 잡힌 여자 한 사람을 데리고 와서 앞에 내세우고 4 "선생님, 이 여자가 간음하다가 현장에서 잡혔습니다. 5 우리의 모세 법에는 이런 죄를 범한 여자는 돌로 쳐 죽이라고 하였는데 선생님 생각은 어떻습니까?" 하고 물었다. 6 그들은 예수에게 올가미를 씌워 고발할 구실을 찾으려고 이런 말을 하였던 것이다. 그러나 예수는 몸을 굽혀 손가락으로 땅바닥에 무엇인가 쓰고 있었다. 7 그들이 하도 대답을 재촉하므로 예수는 고개를 들고 "여러분 중에 누구든지 죄 없는 사람이 먼저 저 여자를 돌로 치시오" 하고 8 다시 몸을 굽혀 계속해서 땅바닥에 무엇인가 썼다. 9 그들은 이 말씀을 듣자 나이 많은 사람부터 하나하나 가버리고 마침내 예수 앞에는 그 한가운데 서 있던 여자만이 남아 있었다. 10 예수는 고개를 들고 그 여자에게 "그들은 다 어디 있습니까? 당신의 죄를 묻던 사람은 아무도 없습니까?" 하고 물었다. 11 "아무도 없습니다, 주님." 그 여자가 이렇게 대답하자 예수는 "나도 당신의 죄를 묻지 않겠습니다. 어서 돌아가시오. 그리고 이제부터 다시는 죄짓지 마시오" 하고 말하였다.)(7,53-8,11)

〈요한〉7,53-8,11은 〈요한〉이라는 강에 갑자기 떨어진 운석[283] 같다. 예루살렘성전에서 벌어진 예수와 유다인의 대화를 중단하는 이야기다. 이 부분의 주제 '죄의 용서'는 〈요한〉 핵심과 거리가 좀 있다. 오히려 '용서 받은 죄 많은 여자'(〈루가〉7,36-50)와 더 잘 어울릴 이야기다. 〈요한〉에 전혀 나타나지 않던 율법 학자가 3절에 등장한다. 트리엔트Trient공의회는 〈요한〉7,53-8,11이 성서 정경에 포함된다고 선언했다(DS 1504).

〈요한〉7,53-8,11은 가장 오래된 중요한 〈요한〉 사본에는 보이지 않는다. 공통년 200년경 쓰인 파피루스 66번이나 3세기에 쓰인 파피루스 75번, 바티칸 사본과 시나이 사본, 콥트 전승에도 없다. 오리게네스Origenes 도 〈요한〉7,53-8,11을 전혀 몰랐다. 3세기 시리아에서 생긴《디아스칼리아Didaskalia》에 처음 언급되었다. 3세기 이전 그리스 사본이나 신약성서 정경에도 없었다.[284] 2세기 파피아스Papias가 처음 언급했다.[285] 〈요한〉이 쓰이고 약 200년 뒤에 어느 성서 필사자가 끼워 넣은 듯하다.

〈요한〉7,53-8,11이 〈요한〉 이전의 전승인지, 처음부터 〈요한〉에 끼어든 전승인지 분명하지 않다. 뒤늦게 〈요한〉에 끼어들었지만, 연구자들은 최근까지 그 안에서 예수의 전승을 찾으려고 애써왔다.[286] 〈요한〉7,53-8,11이 역사의 예수 삶에서 비롯되었을 가능성이 있다.[287] 그 의견에 반대하는 학자도 있다.[288] 유다계 그리스도인 혹은 유다인과 가까운 그룹에서 생겼다거나[289] 예수의 초기 전승에서 나온 것으로 추측하기도 한다.[290] 〈요한〉을 반유다주의로 해석하는 흐름에 크게 반대해온 클라우스 벵스트Klaus Wengst는 예수 시대든 그 후든 유다교 배경에서 나온 것일 수 없다는 의견을 내놓았다.[291]

〈요한〉7,53-8,11과 비슷한 내용이 다른 복음서에도 있다(〈마르〉 12,13-17; 〈루가〉7,36-50). 문헌 유형으로 보아 교훈 이야기Apophthegma,[292] 논쟁,[293] 표징 이야기[294] 등으로 이름 붙었다. 교훈 이야기는 〈요한〉에 거의 없다. 어떤 유형으로 분류해야 정확할지 나는 잘 모르겠다. 〈요한〉7,53-8,11이 다른 곳에 배치된 문헌도 있다. 〈요한〉7,53-8,11을 기록한 대다수 사본은 왜 지금 자리에 배치했을까. "여러분은 사람의 기준으로 사람을 판단하지만 나는 결코 아무도 판단하지 않습니다"(8,15)라는 구절과

바리사이파 사람들의 선입관이 드러난 7,45-52을 의식한 것 같다.[295]

〈요한〉 원본에 없던 이 부분을 굳이 연구하고 주석할 필요가 있을까. 불트만은 "〈요한〉 7,53-8,11은 문헌 전승이 보여준 것처럼 〈요한〉 원래 문헌에도, 교회가 편집한 문헌에도 없기 때문에 제외한다"고 말했다.[296] 티엔과 셴케는 주석서에서 이 부분을 아예 다루지 않았다. 베커와 보이틀러, 그닐카, 슈넬레, 벵스트는 간단하게 언급했다. 잃어버린 진주 같은 이 이야기를 기쁘게 연구할 가치가 있다.[297] 4세기 이후 교회에서 사용된 문헌이고, 그 후 사람들에게 많은 영향을 준 이야기이므로 나는 자세히 다루고 싶다.

성전에서 가르치다, 올리브 산에 올라가다, 이른 아침, 군중을 만나는 순서는 〈루가〉 21,37-38과 닮았다. 예수가 앉아서(〈마르〉 4,1; 〈마태〉 5,1; 〈루가〉 5,3) 가르치는 경우는 〈요한〉에서 여기뿐이다. 유다교 라삐들은 앉아서 가르친다. 예수가 서서 가르친 곳도 있다(〈요한〉 7,37). 3절에 율법 학자들과 바리사이파 사람들이 간음하다 잡힌 여자 한 사람을 데리고 와서 예수 앞에 세웠다. 여인은 가운데 있고 사람들이 주위를 둘러쌌다. 여인은 11절에서 딱 두 단어를 발음한다.

율법 학자들과 바리사이파 사람들 οἱ γραμματεῖς καὶ οἱ Φαρισαῖοι이라는 표현은 〈마태〉에 7번, 〈마르〉에 1번, 〈루가〉에 5번 나온다. 〈요한〉에 율법 학자들이 나온 곳은 여기뿐이다. 독자는 율법 학자들과 바리사이파 사람들이라는 표현에서 중요한 사실 하나를 눈치챘으리라. 공통년 70년 유다 독립 전쟁에서 유다가 로마 군대에게 패한 뒤, 율법 학자들과 바리사이파 사람들이라는 표현은 사용할 수 없었다. 유다 독립 전쟁 이후 유다교에서 바리사이파만 생존하고 다른 그룹은 멸망했기 때문이다.

4절에서 율법 학자들과 바리사이파 사람들이 예수를 선생님이라고 부른다. 적대자들이 예수에게 함정 질문을 할 때 사용한 호칭이다(〈마르〉 10,2-; 12,13-; 〈마태〉 19,3-). 5절에서 그들은 간음죄를 범한 여자는 돌로 쳐 죽이라고 했다고 고발한다. "이웃집 아내와 간통한 사람이 있으면, 그 간통한 남자와 여자는 반드시 함께 사형을 당해야 한다"(〈레위〉 20,10)를 인용하려는 것일까. "어떤 자가 남의 아내와 한자리에 들었다가 붙잡혔을 경우에는 같이 자던 그 남자와 여자를 함께 죽여야 한다"(〈신명〉 22,22)를 생각했을까. 〈레위〉 20,10과 〈신명〉 22,22에서 사형 방법은 언급되지 않았다. 미혼이나 비혼 여성이 남성과 관계한 경우는 간음죄에 해당하지 않는다는 말인가.

"약혼한 남자가 있는 처녀를 다른 사람이 성읍 안에서 만나 같이 잤을 경우에는 둘 다 그 성읍 성문 있는 데로 끌어내다가 돌로 쳐 죽여야 한다. 그 처녀는 성읍 안에서 당하면서도 소리를 지르지 않았기 때문에 죽일 것이요, 남자는 이웃의 아내를 범했기 때문에 죽일 것이다."(〈신명〉 22,23-24) 세 경우 모두 간음에 관계된 남자도 죽어야 한다. 왜 여자만 붙들려 왔을까. 율법 학자들과 바리사이파 사람들이 붙들린 남자에게 뇌물을 받고 일찌감치 풀어줬을까. 여인만 붙잡아 온 율법 학자들과 바리사이파 사람들의 행동은 정의롭지 못하다. 3-11절에서 붙잡힌 여인은 "약혼한 남자가 있는 처녀를 다른 남자가 들에서 만나 겁탈했을 경우에는 그 여자를 겁탈한 남자만 죽여야 한다"(〈신명〉 22,25)에 해당하지 않는다. 이때 여인은 죽어야 마땅한 경우가 아니기에 붙들려 오지도 않았을 것이다.

간음죄를 저지른 사람은 돌로 처형되는 방식이 보통이다.[298] 토라(모세오경)에서 사형 방법이 정해지지 않은 경우에 좀 더 가벼운 목 졸라 죽이는 방법[299]이 추천되었다. 실제로 그렇게 행해졌다는 기록은 찾기 어렵다. 공통년 70년 이전에 간음죄를 범한 사람들을 처형한 기록은 하나도 찾을 수 없다.[300] 제주 4·3 사건 당시 차마 글로 옮기기도 끔찍한 처형 방법이 무참하게 자행됐다.

라삐들은 사형 집행을 막는 까다로운 조건을 만들어 실제로 사형이 집행되지 않게 효과적으로 막았다.[301] 간음을 고발할 사람은 간음죄가 행해지기 전에 간음을 마음먹은 당사자에게 간음죄의 처벌에 대해 알려야 한다. 그리고 간음 현장을 옆에서 지켜봐야 비로소 간음죄를 고발할 증인 자격을 갖춘다. 이 모든 조건을 만족시키는 고발이 실생활에서 일어날 가능성은 거의 없다.[302]

3-11절에서 잡혀 온 여인은 어떤 경우에 해당하는가. 약혼한 여성[303]인지 기혼 여성[304]인지 분명하지 않다. 독자가 번갈아 피의자와 법률가 입장이 되어 경우의 수를 따져볼 수 있다. 본문 설명으로는 판단하기 어렵다. 예수에게 올가미를 씌워 고발할 구실을 찾으려고 이런 말을 하였던 것(6절)도 뜻이 분명하지 않다. 예수가 사형을 거부하면 율법을 어기는 셈이 된다. 사형을 찬성하면 죄인에게 하느님의 자비(〈마르〉 2,17; 〈요한〉 9,2-)를 가르친 예수는 자기모순에 빠진다. 예수는 둘 중 어떤 선택을 해도 딜레마에 빠지고 마는가.

사정은 그리 단순하지 않다. 대체 어떤 상황이 예수에게 곤란한 지경이란 말인가. 예수가 강조해온 자비를 포기하거나 토라 구절에 도전하라.[305]

는 뜻일까. 예수가 여인을 돌로 쳐 죽이라고 말하면 율법을 충실히 지키는 셈이다. 여인을 돌로 치지 말라고 말하면 유다교 라삐들의 깊은 뜻을 잘 따르는 셈이다. 예수 이전에 유다교 라삐들도 간음죄와 그 처형에 대해 토라 구절을 어겨왔다. 둘 중 어느 경우를 선택해도, 예수는 누구에게도 비난 받을 리 없다. 당시에 사형을 집행할 권리는 로마 군대에게 있었다. 여인을 돌로 치지 못하게 막는 예수의 행동이 로마법에 대한 저항[306]으로 오해받을까. 그렇게 보긴 어렵다.

예수가 그 시대 유다교에서 중요한 간음죄 문제에 대해 어떤 의견을 냈는가.[307] 그렇게 보기 어렵다. 라삐들은 간음죄에 대한 처형을 막고 있었다. 3-11절은 실제 일어난 사건을 배경으로 한 이야기라고 보기 어렵다.[308] 여기서 캄펜하우젠Campenhausen의 설명을 듣자. 그는 〈요한〉 7,53-8,11이 실제로 2세기 교회에서 나왔다고 추측한다. 당시 교회에서 엄격주의자들은 간음죄를 지은 사람을 추방하자고 주장했고, 반대하는 측은 한 번은 용서해주자고 했다는 것이다.[309] "예수는 사실상 토라와 반대되는 판단을 했다. 유다교가 여성에게 사형 판결을 내리는 장면에서 예수는 여인을 판단하지 않고 생명의 길로 초대했다."[310] 울리히 빌켄스Ulrich Wilckens의 해설에서 예수와 유다교는 생명과 죽음처럼 반대에 있다. 그렇게 말하면 안 된다.

라삐들의 처신을 정확히 알지 못하는 그리스도교인이나 독자는 이 장면에서 예수가 처한 상황을 딜레마로 여겨 당황할지 모르겠다. 라삐들의 처신을 아는 지금 독자는 〈요한〉 7,53-8,11이 실제 일어난 사건이 아니라 교훈을 주기 위해 꾸민 이야기임을 눈치챘으리라. 이 이야기에 등장하는 유다인의 처신은 실제 유다교의 진실과 아무 상관도 없다.[311] 이 이야기가 이미 반유다주의 가능성이 있다. 유다교를 잘 모르면 유다교를 오해하기 쉽고, 예수를 이해하기 어렵다. 〈마르〉〈마태〉〈루가〉를 잘 몰라도 〈요한〉을 어느 정도 이해할 수 있다. 그러나 공동성서를 잘 모르면 〈요한〉을 제대로 이해하기 어렵다.

예수가 글씨를 쓴 것 같은 인상을 주는 구절이 성서에 두 군데 있다(6·8절). 3-11절 이야기를 맨 처음 만든 사람은 여기서 "이스라엘의 희망은 야훼께 있습니다. 주님을 저버리고 어느 누가 부끄러운 꼴을 당하지 않겠습니까? 맑은 물이 솟는 샘 야훼를 저버리고 어느 누가 땅에 쓴 글씨처럼 지워지지 않겠습니까?"(〈예레〉17,13)를 기억한 것 같다.

누구나 죄를 지으면 땅에 쓴 글씨처럼 결국 허무하게 지워진다는 경고일까.[312] 율법 학자들과 바리사이파 사람들의 고발에 예수는 관심이 없다는 표시일까. '율법 학자들과 바리사이파 사람들, 정말 이상하네'라고 썼을까. 어떻게 답해야 할지 난감해서 땅에 뭐라도 썼을까. 독자는 무슨 내용인지 궁금하다. 예수가 글을 쓸 줄 알았다는 증거를 여기서 찾을 수는 없다. 땅에 그림을 그렸을 수 있다.

범행 현장을 목격한 증인이 먼저 돌로 칠 자격이 있다(〈신명〉13,10-; 17,5-7). 먼저 본 사람이 먼저 돌로 치라고 해야 율법에 맞다. 7절에서 예수는 죄 없는 사람이 먼저 돌로 치라고 말한다. 예수의 새로운 해석이 나온 것이다. "여러분 중에 누구든지 죄 없는 사람ὁ ἀναμάρτητος이 먼저 저 여자를 돌로 치시오." 죄 많은 판사는 판결할 자격이 없다는 말인가. 죄 많은 가톨릭 신부는 고해성사를 들을 자격이 없다는 말인가. 그렇지 않다. 자기반성의 자료로 삼을 좋은 구절이다. "남을 판단하지 마시오. 그러면

여러분도 판단 받지 않을 것입니다."(〈마태〉7,1)

"여러분 중에 누구든지 죄 없는 사람이 먼저 저 여자를 돌로 치시오." 간음하다 잡힌 여자를 데려온 율법 학자들과 바리사이파 사람들에게 예수가 처음 한 말이다. 예수는 먼저 그 여인과 상대한 남자는 왜 데려오지 않았느냐고 따졌어야 한다. "여러분 중에 누구든지 죄 없는 사람이 먼저 저 여자를 돌로 치시오"는 "남을 판단하지 마시오. 그러면 여러분도 판단 받지 않을 것입니다"와 함께 역사에서 잘못 인용되었다. 죄 많은 사람을 훈계하려는 이 구절이 오히려 죄 많은 자에게 핑계로 이용되었다. 성서에서 악마에게 악용되는 구절 중 하나다.

죄 없는 사람이 먼저 치라는 말은 무슨 뜻일까.

1. 큰 죄를 지은 사람이 작은 죄를 지은 사람을 처벌하자고 앞장설 수 없다.
2. 남의 죄를 볼 때 자기 죄도 함께 돌아보라.
3. 죄의 무거움에 따라 처벌의 무거움이 정해져야 한다.
4. 있는 죄를 없다고 말할 수는 없다.

예수는 내부 고발자다. 예수는 자기 종교의 죄를 고발하고, 자기 민족의 죄를 고발했다. 자기 종교의 적폐에 침묵하는 종교인에게 예수는 눈엣가시다. 종교 적폐를 숨기고 감추고 침묵하는 종교인은 하느님의 가혹한 심판을 기다려야 할 것이다.

누구나 죄를 지었으니 서로 죄를 묻지 말고 덮어두자는 말이 아니다.

죄 많은 사람이 뻔뻔하게 고개 들기 좋으라고 쓰는 말이 아니다. 목사나 신부의 죄는 하느님이 벌하실 테니 우리는 못 본 체하라는 말이 아니다. 악인이 좋아할 말이 아니다. 교회를 세습하는 나쁜 목사들이 인용할 말이 아니다. 부패한 종교인이 써먹기 좋은 구절도 아니다. 남의 죄를 고발하지 말라거나 모른 체하라거나 침묵하라는 말이 아니다. 제주 4·3 사건을 고발하지 말라는 말이 아니다.

남의 죄를 고발해야 하고, 내 죄도 반성해야 한다. 사회 민주화를 외쳐야 하고, 종교 적폐 청산도 외쳐야 한다. 작은 죄를 지은 사람이 큰 죄를 지은 사람을 주저 없이 비판해도 된다는 말이다. 구조악을 저지른 사람은 생계형 죄를 지은 사람을 비난할 수 없지만, 생계형 죄를 지은 사람은 재벌이나 언론, 법조계 비리를 맘껏 비판해도 된다. 윤리적으로 완벽한 사람만 세상을 바꿀 자격이 있다면, 누가 어느 세월에 이 더러운 세상을 고치려 들겠는가. 죄 없는 판사만 판결할 수 있다면 법원의 문을 닫아야 할 것이다. 병은 자랑해야 나을 수 있고, 죄는 고발해야 없앨 수 있다. 사랑과 기침은 감출 수 없다지만, 죄도 감출 수 없다.

자기 종교의 죄와 잘못을 아는 것이 중요하다. 유다교는 오랜 믿음의 역사에서 저지른 자기 잘못을 정직하게 공동성서에 담았다. 역사서와 예언서가 그 책이다. 신약성서는 공동성서처럼 오랜 기간에 걸쳐 기록된 책은 아니다. 그러다 보니 그리스도교가 저지른 배신의 역사는 신약성서에 기록되지 못했다. 공동성서의 역사서와 예언서에 해당하는 책이 신약성서에는 없다. 공동성서에 비해 신약성서에 부족한 부분을 우리가 따로 챙기는 수밖에 없다. 그리스도교는 성서뿐 아니라 교회 역사를 가르치고 알아야 한다. 교회 역사를 알아야 그리스도교가 얼마나 하느님에게서 멀어졌는지 알 수 있다. 그래야 하느님께 돌아갈 절실함이 생긴다.

예수의 말에 아무도 토를 달거나 항의하지 않았다. 9절 '나이 많은 사람부터 가버렸다'는 말은 묵상할 가치가 있다. 나이 많은 순서로 죄가 많다는 뜻인가, 나이 들수록 죄가 늘어난다는 말인가. 여기서 나이는 돈, 권력, 지위 등 많은 것을 포함하는 단어다. 우리 식으로 바꿔 말해보자. "돈 많은 사람부터, 권력이 많은 사람부터, 고학력자부터, '갑질' 하는 사람부터, 백성을 개돼지로 보는 사람부터, 신도를 우습게 아는 종교 지배층과 목사 신부와 신학자부터, 제삼세계 사람을 멸시하는 백인부터, 여성을 차별하는 남자부터 자기 죄의 무거움을 알고 예수를 버리고 멀리 떠나갔다."

예수와 여인 단둘이 남았다. 10절에서 예수는 고발자들이 어디 갔는지 여인에게 묻는다. 여인에게 죄 있다고 말할 남자는 없다. 예수는 여인의 죄를 묻지 않았다. 여인에게 죄가 없다고 말한 것[313]이 아니다.[314] 고발자의 죄와 관계없이 여인의 죄는 그대로 있다. 죄를 있는 그대로 정직하게 봐야 한다. 11절 다시는 죄짓지 마시오μηκέτι ἁμάρτανε라는 표현은 〈요한〉 5,14에도 나온다. 남의 죄를 정직하게 보고, 자기 죄도 정직하게 봐야 한다. 남의 죄만 보고 내 죄를 잊어서도 안 되고, 내 죄만 보다가 남의 죄를 모른 체해도 안 된다. 남의 죄도 죄고 내 죄도 죄다.

3-11절은 유다인을 본의 아니게 멸시하는 잠재력이 있다. 자칫 잘못하면 생명의 예수와 죽음의 유다인을 대립시킬 수 있다. 3-11절은 예수와 유다교의 대립과 관계없는 이야기다. 자기 죄를 외면하는 위선적 태도와 죄인에게 너그러운 태도가 맞선다. 베커 같은 대단한 성서학자도

"예수는 토라와 다르게 판단했다. 토라는 여인에게 죽음을 말하지만, 예수는 여인을 판단하지 않고 생명의 길로 가게 했다"[315]고 초보적인 실수를 저지른다.

토라가 여인에게 죽음을 말하진 않았다. 예수를 돋보이게 하려고 유다교를 공격할 필요는 없다. 사례를 들어 설교할 때 특히 주의해야 한다. 적절하지 않은 사례를 들 수도 있고, 괜찮은 예를 엉뚱하게 해석할 수도 있다. 좋은 메시지를 주려는 선한 의도가 반드시 적절한 예를 가져오는 것은 아니다.

〈요한〉 여러 곳에 여인들이 예수의 제자나 가족으로 등장한다. 그 여인들과 3-11절에 나오는 여인은 다르다. 많은 성서 해설이나 설교에서 3-11절의 여인은 주체가 아니라 대상으로 취급되고 소외된다. 율법 학자들과 바리사이파 사람들에게 비난 받는 여인이든, 예수에게 보호받는 여인이든, 둘 다 여인을 처분만 기다리는 객체요 대상으로 차별한다. 이런 가부장적 차원에서 벗어나 여인을 자기 운명을 스스로 결정하는 주체로 봐야겠다.

그리스도교는 여인을 왕이나 주인의 눈으로 보지 말고 평등한 동료요 동반자로 보라. 여인을 불쌍하고 가련하게 보지 말고 동등하게 보라. 여인은 남자의 보호를 받아야 비로소 여인이 아니라, 남자 없어도 얼마든지 여인이다. 나는 여인을 대상이나 객체로 여기지 말고 독립적인 주체로 놓는 성서 해석이 좋다.

여인이여, 용기 내어 고개를 드세요. 세상의 거의 모든 죄는 남자가 지었습니다. 고학력에 부자요, 그리스도교 신자인 백인 남자가 세상의 거의 모든 중죄를 지었습니다. 역사에서 여인은 거의 죄가 없습니다. 남자에게 억압 받고 사느라 어쩔 수 없이 지은 생계형 죄가 여인에게 조금 있을 뿐입니다. 예수는 여인을 살립니다. 하느님은 남자 편이 아니라 여자 편입니다. 여인이여, 먼저 일어서세요. 여인은 희생자이기도 하지만 당당한 주체입니다. 여인이여, 일어나세요, 자랑스러운 그대 이름은 여인입니다.

여성 개인을 정신적으로 응원하고 격려하는 선에서 그치지 말고, 여성을 차별하고 억압하는 사회구조를 바꾸는 정도까지 나아가야 한다. 그리스도교에 여성을 억압하는 가르침은 없는가. 여성신학을 외면하는 신학은 이제 불가능하고 무의미하다. 지금까지 신학에 남성의 목소리가 너무 컸다. 신학과 교회에 여성의 목소리가 더 커져야 한다. 그리스도교에서 여성에게 마이크를 줘야 한다.

여성신학에도 선진국 여성과 제삼세계 가난한 여성의 문제가 다르다. 선진국 여성신학과 제삼세계 여성신학이 해결해야 할 문제가 다르다. 지금 우리나라에 선진국 여성신학의 목소리는 개신교에서 이따금 들리지만, 제삼세계 여성신학의 목소리는 거의 들리지 않는다. 한국 여성신학자가 대부분 선진국에서 여성신학을 공부했기 때문일까. 가톨릭은 더 한심한 상태다.

4막 A 2장 자신을 증언하는 예수

………………………………

¹² 예수는 사람들에게 또 말하였다. "나는 세상의 빛입니다. 나를 따라오는 사람은 어둠 속을 걷지 않고 생명의 빛을 얻을 것입니다." ¹³ 그러자 바리사이파 사람들은 "당신이 당신 자신을 증언하고 있으니 그것은 참된 증언이 못 됩니다" 하며 대들었다. ¹⁴ 예수는 이렇게 대답하였다. "나는 내가 어디에서 와서 어디로 가는지 알고 있으니 내가 비록 나 자신을 증언한다 해도 내 증언은 참됩니다. 그러나 여러분은 내가 어디에서 와서 어디로 가는지 모릅니다."

¹⁵ "여러분은 사람의 기준으로 사람을 판단하지만 나는 결코 아무도 판단하지 않습니다. ¹⁶ 혹시 내가 무슨 판단을 하더라도 내 판단은 공정합니다. 그것은 나 혼자서 판단하지 아니하고 나를 보내신 아버지와 함께 판단하기 때문입니다. ¹⁷ 여러분의 율법에도 두 사람이 증언하면 그 증언은 참되다고 기록되어 있지 않습니까? ¹⁸ 내가 바로 나 자신을 증언하고 또 나를 보내신 아버지께서도 증언해주십니다." ¹⁹ 이 말씀을 듣고 그들은 "당신 아버지가 도대체 어디 있습니까?" 하고 물었다. 예수는 "여러분은 나를 알지 못할뿐더러 나의 아버지도 알지 못합니다. 여러분이 만일 나를 알았더라면 나의 아버지도 알았을 것입니다" 하고 대답하였다. ²⁰ 이것은 예수가 성전에서 가르칠 때에 헌금 궤가 있는 곳에서 한 말이었다. 그러나 아무도 그를 잡지 않았다. 때가 오지 않았던 것이다.

²¹ 예수가 다시 그들에게 말하였다. "나는 갑니다. 그러면 여러분은 나를 찾다가 자기 죄에서 헤어나지 못하고 죽을 터이니 내가 가는 곳에는 오지 못할 것입니다." ²² 이 말씀을 듣고 유다인들은 "이 사람이 자기가 가는 곳에 우리는 가지 못할 것이라고 하니 자살이라도 하겠다는 말인가요?" 하고 중얼거렸다. ²³ 예수가 이렇게 말씀하셨다. "여러분은 아래에서 왔지만 나는 위에서 왔습니다. 여러분은 이 세상에 속해 있지만 나는 이 세상에 속해 있지 않습니다. ²⁴ 그래서 나는 여러분이 자기 죄에서 헤어나지 못한 채 죽으리라고 한 것입니다. 만일 여러분이 내가 그이라는 것을 믿지 않으면 그와 같이 죄에서 헤어나지 못한 채 죽고 말 것입니다." ²⁵ "그러면 당신은 누구요?" 하고 그들이 묻자 예수가 이렇게 대답하였다. "처음부터 내가 누구라는 것을 말하지 않았습니까? ²⁶ 나는 여러분에 대해서 할 말도 많고 판단할

것도 많지만 나를 보내신 분은 참되시기에 나도 그분에게서 들은 것을 그대로 이 세상에서 말할 뿐입니다." ²⁷ 그러나 그들은 예수가 아버지를 가리켜 말한 줄을 깨닫지 못하였다. ²⁸ 그래서 예수는 "여러분이 사람의 아들을 높이 들어 올린 뒤에야 내가 누구라는 것을 알게 될 것입니다. 또 내가 아무것도 내 마음대로 하지 않고 아버지께서 가르쳐주신 것만 말하고 있다는 것도 알게 될 것입니다. ²⁹ 나를 보내신 분은 나와 함께 계시고 나를 혼자 버려두지 않습니다. 나는 언제나 아버지께서 기뻐하시는 일을 하기 때문입니다" 하고 말하였다. ³⁰ 이 말씀을 듣고 많은 사람들이 예수를 믿게 되었다.

³¹ 예수는 당신을 믿는 유다인들에게 이렇게 말하였다. "여러분이 내 말을 마음에 새기고 산다면 여러분은 참으로 나의 제자입니다. ³² 그러면 여러분은 진리를 알게 될 것이며 진리가 여러분을 자유롭게 할 것입니다." ³³ 그들은 이 말씀을 듣고 "우리는 아브라함의 후손이고, 아무한테도 종살이를 한 적이 없는데 선생님은 우리더러 자유를 얻을 것이라고 하시니 어떻게 된 일입니까?" 하고 따졌다. ³⁴ 예수는 이렇게 대답하였다. "정말 잘 들어두시오. 죄를 짓는 사람은 누구나 다 죄의 노예입니다. ³⁵ 노예는 자기가 있는 집에서 끝내 살 수 없지만 아들은 영원히 그 집에서 살 수 있습니다. ³⁶ 그러므로 아들이 여러분에게 자유를 준다면 여러분은 참으로 자유로운 사람이 될 것입니다. ³⁷ 여러분은 아브라함의 후손임에 틀림없습니다. 그런데도 여러분은 나를 죽이려고 합니다. 여러분에게 내 말을 받아들일 마음이 없기 때문입니다. ³⁸ 나는 나의 아버지께서 보여주신 것을 말하고 여러분은 여러분의 아비가 일러준 대로 하고 있습니다."

³⁹ 그들은 "우리 조상은 아브라함입니다" 하며 예수에게 대들었다. 예수가 "만일 여러분이 아브라함의 자손이라면 아브라함이 한 대로 할 것입니다. ⁴⁰ 그런데 여러분은 하느님에게서 들은 진리를 전하는 나를 죽이려고 합니다. 아브라함은 이런 짓을 하지 않았습니다. ⁴¹ 그러니 여러분은 여러분의 아비가 한 대로 하고 있는 것입니다" 하고 말하자 그들은 "우리는 사생아가 아닙니다! 우리 아버지는 오직 하느님 한 분이십니다" 하고 말하였다. ⁴² 예수가 또 이렇게 말하였다. "내가 하느님에게서 나와 여기 와 있으니 만일 하느님께서 여러분의 아버지시라면 여러분은 나를 사랑했을 것입니다. 나는 내 마음대로 온 것이 아니고 하느님께서 보내셔서 왔습니다. ⁴³ 여러분은 왜 내 말을 알아듣지 못합니까? 내 말을 새겨들을 줄 몰라서 그런 것이 아닙니까? ⁴⁴ 여러분은 악마의 자식들입니다. 그래서 여러분은 그 아비

의 욕망대로 하려고 합니다. 그는 처음부터 살인자였고 진리 쪽에 서본 적이 없습니다. 그에게는 진리가 없기 때문입니다. 그는 거짓말을 할 때마다 제 본성을 드러냅니다. 그는 정녕 거짓말쟁이며 거짓말의 아비이기 때문입니다. ⁴⁵ 그러나 나는 진리를 말합니다. 여러분이 나를 믿지 않는 이유가 바로 여기 있습니다. ⁴⁶ 여러분 가운데 누가 나에게 죄가 있다고 증명할 수 있습니까? 내가 진리를 말하는데도 왜 나를 믿지 않습니까? ⁴⁷ 하느님에게서 온 사람은 하느님의 말씀을 듣습니다. 여러분이 그 말씀을 들으려 하지 않는 것은 여러분이 하느님에게서 오지 않았기 때문입니다."

⁴⁸ 유다인들은 "당신은 사마리아 사람이며 마귀 들린 사람이오. 우리 말이 틀렸소?" 하고 내대었다. ⁴⁹ 예수는 다음과 같이 대답하였다. "나는 마귀 들린 것이 아니라 내 아버지를 높이고 있습니다. 그런데도 여러분은 나를 헐뜯고 있습니다. ⁵⁰ 나는 나 자신의 영광을 찾지 않습니다. 내 영광을 위해서 애쓰시고 나를 올바로 판단해주시는 분이 따로 계십니다. ⁵¹ 정말 잘 들어두시오. 내 말을 잘 지키는 사람은 영원히 죽지 않을 것입니다."

⁵² 그러자 유다인들은 "이제 우리는 당신이 정녕 마귀 들린 사람이라는 것을 알았소. 아브라함도 죽고 예언자들도 죽었는데 당신은 '내 말을 잘 지키는 사람은 영원히 죽지 않습니다' 하니 ⁵³ 그래 당신이 이미 죽은 우리 조상 아브라함보다 더 훌륭하다는 말이오? 예언자들도 죽었는데 당신은 도대체 누구란 말이오?" 하고 대들었다. ⁵⁴ 예수가 이렇게 대답하였다. "내가 나 자신을 높인다면 그 영광은 아무것도 아닙니다. 그러나 나에게 영광을 주시는 분은 여러분이 자기 하느님이라고 하는 나의 아버지이십니다. ⁵⁵ 여러분은 그분을 알지 못하지만 나는 그분을 알고 있습니다. 내가 만일 그분을 모른다고 말한다면 나도 여러분처럼 거짓말쟁이가 될 것입니다. 그러나 나는 그분을 알고 있으며 그분의 말씀을 지키고 있습니다. ⁵⁶ 여러분의 조상 아브라함은 내 날을 보리라는 희망에 차 있었고 과연 그날을 보고 기뻐하였습니다." ⁵⁷ 유다인들은 이 말씀을 듣고 "당신이 아직 쉰 살도 못 되었는데 아브라함을 보았단 말이오?" 하고 따지고 들었다. ⁵⁸ 예수는 "정말 잘 들어두시오. 나는 아브라함이 태어나기 전부터 있었습니다" 하고 대답하였다. ⁵⁹ 이 말을 듣고 그들은 돌을 집어 예수를 치려고 하였다. 그러나 예수는 몸을 피하여 성전을 떠나갔다.(8,12–59)

〈요한〉은 등장인물에 따라 예수를 증언하는 사람들(1-10장)과 자신을 증언하는 예수(11-21장) 두 부분으로 나눌 수도 있다. 〈요한〉에 7번 나오는 기적, 7번 나오는 '나는 – 이다' 발언, 부활 후 모인 제자 7명(21,2) 등 상징적인 숫자 '7'이 주목된다. 〈요한〉을 7막으로 구성된 연극으로 생각한다면, 8-10장이 한가운데 있다. 〈요한〉 7,53-8,11에서 7장의 토론이 잠시 중단되었다. 〈요한〉 7장에 소개된 예수의 발언이 8,12부터 이어진다. '예수는 누구인가'라는 강의를 예수에게 직접 듣는 셈이다. 예수의 자기소개서라고 할까. 예수의 말씀, 유다인들의 오해, 예수의 설명 순서로 진행된다. 예루살렘성전이 무너진 뒤 유다인들은 하느님이 어디 계신지 물었다. 그 역사가 〈요한〉 8장에서 예수와 유다인 사이에 벌어진 논쟁의 배경이다.[316]

12-20절은 예수는 세상의 빛 τὸφῶς τοῦκόσμου이라는 강의다. 12절에 "나는 빛입니다"(〈이사〉 8,23-9,1)라는 자기소개가 있고, 빛인 예수를 따르는 사람에게 주어지는 생명이 약속된다. 정관사 τὸ는 예수가 빛을 가져오며 빛(〈요한〉 1,4.5.8; 3,19)이라는 뜻을 알려준다. 세상κόσμου은 피조물을 가리킨다. 인간뿐 아니라 모든 피조물이 예수 안에서 빛을 얻는다.

〈요한〉이 여기서 예수를 빛이라고 비유한 이유가 있다. 야훼 하느님의 종은 민족의 연대일 뿐 아니라 민족의 빛이다. "정의를 세우라고 너를 부른다. 내가 너의 손을 잡아 지켜주고 너를 세워 인류와 계약을 맺으니 너는 만국의 빛이 되어라. 소경들의 눈을 열어주고 감옥에 묶여 있는 이들을 풀어주고 캄캄한 영창 속에 갇혀 있는 이들을 놓아주어라."(〈이사〉 42,6-7) "나는 너를 만국의 빛으로 세운다. 너는 땅 끝까지 나의 구원이 이르게 하여라."(〈이사〉 49,6)

나는 – 이다ἐγώεἰμι 문장은 '예수는 누구인가'라는 〈요한〉 8장의 주제를 이끈다. '나는 – 이다' 문장은 〈요한〉에서 "내가 바로 그 사람입니다"(4,26)로 야곱의 우물가에서 사마리아 여인에게 처음 나오고, 두 번째는 "나입니다"(6,20)로 바람이 몰아치는 호수 위에서 제자들에게 나온다. 사람들은 12절에 "나는 세상의 빛입니다"로 세 번째 등장한 '나는 – 이다' 문장으로 예수가 누구인지 알 것이다(28절). '나는 – 이다' 문장은 〈출애〉 3,14에 다음과 같이 연결된다.

하느님께서는 모세에게 "나는 곧 나다" 하고 대답하시고, 이어서 말씀하셨다. "너는, 나를 너희에게 보내신 분은 '나다' 하고 말씀하시는 그분이라고 이스라엘 백성에게 일러라."

〈요한〉은 〈마르〉 〈마태〉 〈루가〉보다 따르다ἀκολουθεῖν를 예수와 더 연결한다.[317] 13절에서 바리사이파 사람들은 예수의 증언을 자기 증언이라 여기고 인정하지 않는다. 예수는 그들에게 맞서 증인 둘(〈민수〉 35,30; 〈신명〉 17,6; 19,15)을 내세운다. 예수는 성전 구역 여인의 뜰에서 이 발언을 했다. 여인의 뜰은 모든 사람이 들어올 수 있는 곳으로, 헌금 넣는 상자와 헌금을 보관하는 상자가 있었다. 초막절 밤에 빛 예식도 이곳에서 벌어진다. 18절에서 예수가 자기 자신을 증언하고, 예수를 세상에 보내신 하느님께서도 예수를 증언한다.

〈요한〉에게 신의 존재 증명은 예수를 비켜 갈 수 없다. 예수는 세상에 계신 하느님을 증언한다. 예수를 보는 사람은 곧 하느님을 본 것이다. 예수와 하느님의 일치, 예수가 하느님을 증언한다는 사실을 적대자들은 인정하지 않는다. 하느님께서 보내신 분으로서 예수는 완벽한 증언자다.

하느님께서 예수 안에서 말씀하시기 때문이다. 하느님께서 보내신 예수는 자기 자신도 증언한다. 하느님과 예수가 증언하니 혼자 증언하는 것과 다르게 유다교 율법에 어긋나지 않는다. 보내신 분과 보내진 분이 같지 않으니 결국 증인은 둘이 되었다.

21-29절은 '위에서 온 예수'라는 제목이 어울린다. 어디서 왔느냐가 사람을 결정한다. 〈요한〉은 출신 성분이 사람을 규정한다는 유다식 사고를 이용한다. 21절에서 가다ὑπάγειν는 뜻이 여러 가지다. 우선 예수가 세상을 떠난다는 죽음을 가리킨다. 아버지께 간다는 긍정적인 의미도 있다. 예수의 떠남이 공동체를 존재하게 하고, 영원한 생명을 줄 수 있다(〈요한〉 13,1; 14,3).

예수가 떠나가면 유다인들은 예수를 찾을(〈요한〉 7,34.36; 13,33) 것이다. "내가 이 땅에 기근을 내릴 날이 멀지 않았다. ─ 주 야훼의 말씀이시다. 양식이 없어 배고픈 것이 아니요, 물이 없어 목마른 것이 아니라, 야훼의 말씀을 들을 수 없어 굶주린 것이다. 이 바다에서 저 바다로 헤매고 북녘에서 동녘으로 돌아다니며 야훼의 말씀을 찾아도 들을 수 없는 세상이다"(〈아모〉 8,11-12)를 떠올리는 말이다.[318]

19절 "여러분은 나를 알지 못할뿐더러 나의 아버지도 알지 못합니다"에서 예수가 유다교에 대한 판단을 내렸다[319]는 과장된 해설을 이끌어내면 곤란하다. 죄의 힘을 알아차리지 못하는 사람은 그리스도인이나 유다인이나 예수를 발견하지 못한다. 21절 "나를 찾다가 자기 죄에서 헤어나지 못하고 죽을 터이니"는 예수를 믿지 않는 사람은 죽어야 한다는 말이 아니다.[320]

죄는 예수와 개인 사이에 있는 높은 담이요, 장애물이다. 단수 명사 죄 ἁμαρτία(〈요한〉1,29; 8,21)와 복수 명사 죄들 ἁμαρτίαι의 차이는 없는 것 같다. 예수가 걷는 길은 죽을죄인 자살(〈창세〉9,5; 〈2사무〉17,23)이 아니라 착한 목자의 길이다. 24절 "죄에서 헤어나지 못한 채 죽으리라"는 유다인을 겨냥한 말이 아니라 모든 인간의 속성을 가리킨다. "예수를 따르는 사람은 빛(〈요한〉3,19)을 사랑하고, 빛이신 분에 의해 비춰지는(〈요한〉3,20-21) 위험을 향해 빛으로 나아간다."[321]

25절에서 유다인들은 예수의 말을 이해하지 못하고 "그러면 당신은 누구요?"라고 물었다. 예수의 답변 τὴν ἀρχὴν ὅ τι καὶ λαλῶ ὑμῖν는 "성서에서 아마 가장 번역하기 어려운 문장"[322]이란 말을 들을 정도로 까다로운 문장이다. 세 가지 번역이 가능하다.[323]

1. "내가 당신들에게 더 말할 것이 도대체 뭐란 말이요?"[324] 예수가 화가 나서 하는 반문이다.
2. "아, 아직도 내가 당신들과 더 말해야 한단 말인가!"[325] 탄식하는 말이다.
3. "내가 말한 사람이 처음부터 지금 나요."[326] "처음부터 내가 누구라는 것을 말하지 않았느냐?"(공동번역성서 개정판) "나는 처음부터 너희에게 말하여온 자니라."(개역개정 성경전서)

나는 1번 번역을 따르겠다.

26절 "그분에게서 들은 것을 그대로 이 세상에서 말할 뿐입니다"를 보고 하느님과 예수가 구름 너머 하늘 위 연극 무대에서 이야기 나누는 장면을 상상할 수 있다. 21세기 한국 독자에게 환상에 불과한 설정인지 모르겠다. 〈요한〉은 2000년 전 중동 지역 지중해 근처에 살던 유다인의 문화와 사고방식에서 비유를 들어 해설한다. 이 시간과 거리를 좁히고, 유다인의 문화를 한국인의 심성과 이해에 맞게 풀이하는 작업이 필요하다. 이해를 위한 해석학과 번역 말이다. 특히 신학자와 설교자가 할 일이다. 무작정 성서를 들이밀고 성서에 쓰인 대로 믿으라는 말은 지적 게으름에서 나온 테러 아닐까.

예수는 하느님을 해석하는 분_{Exeget des Vaters}[327]이다. 하느님을 알려면 하늘만 쳐다봐야 하는 것이 아니다. 〈요한〉은 하늘 이야기만 하는 책이 아니다. 하느님을 직접 본 예수가 하느님을 알려면 땅부터 알고 땅에서 봐야 한다고 가르친다. 하늘에서 시작된 하느님의 역사는 결국 땅의 역사, 인간의 역사를 통해서 알아갈 수 있다는 말이다. 하늘을 알려면 땅부터 알아야 한다. 예수 시대 이후로는 하느님을 알려면 땅부터 알고, 예수부터 알고, 사람부터 알아야 한다. 세속의 역사가 있고 구원의 역사가 따로 있는 것이 아니다. 구원의 역사는 세속의 역사에서 이뤄진다. 세속의 역사와 관계없는 구원의 역사는 없다.

김대중 대통령이 정치는 생물이라고 말했다. 〈요한〉도 생물이다. 정치가 시시각각 바뀌는 변화무쌍한 생물이라면, 〈요한〉은 언제나 살아 숨쉬고 생명을 주는 생물이다. 〈요한〉에서 생명이란 단어는 그만큼 소중하다. 〈마르〉〈마태〉〈루가〉의 하느님 나라를 〈요한〉이 생명이란 단어로 바꾼 느낌마저 든다.

생명을 말하려면 생명을 빼앗고 생명을 누리지 못하게 방해하는 사람들과 사회구조를 고발해야 한다. 악의 세력과 구조를 알아가고 저항하고 싸워야 한다. 〈요한〉은 생명을 주는 책이라고 애써 강조해도 악의 세력에 맞서 싸우지 않으면 무슨 소용인가. 가난한 사람들이 〈요한〉에서 하느님이 주시는 생명이라는 선물에 감사하면서 악의 세력과 싸우는 용기를 기쁘게 얻는다.

〈요한〉은 땅에 발을 디디고 땅을 본 다음 하늘을 보는 책이다. 〈요한〉이 땅에 관심이 없다고 누가 함부로 말하는가. 〈요한〉이 언제 하늘만 쳐다보라고, 땅은 잊고 살라고 말했나. 그런 적 없다. 〈요한〉에 인간의 고뇌, 가난한 사람의 고통과 한숨이 가득 담겼다. 〈요한〉에 예수의 신성뿐 아니라 인성도 드러난다. 예수의 인성을 잘 드러낸 문장, 복음서에서 그리스어 두 단어로 된 가장 짧은 문장이 〈요한〉 11,35에 있다. "예수는 눈물을 흘렸다." 〈요한〉이야말로 땅 신학이요, 십자가 신학이요, 해방신학이다.

〈요한〉은 세상 창조에서 완성까지, 인간의 죄에서 구원까지 세상과 인류의 역사를 예수의 말씀과 삶을 통해 설명한다. 설명에 쓰이는 자료는 유다 문화와 역사요, 설명하는 수단은 그리스어와 비유 등이다. 이런 연구 성과를 맡은 사람이 성서학자다. 한국 독자는 이 자료와 수단과 연구 성과에 익숙지 않다. 그러나 적어도 그 설명이 전하는 메시지는 정확하고 자세히 아는 것이 좋다. 메시지를 전하는 분이 예수요, 메시지 자체가 예수다. 사람들은 하느님과 인간을 연결하는 중재자인 예수가 십자가에 높이 들릴 때 비로소 그분이 누구인지 알 것이다.

〈요한〉에서 언제나 '사람의 아들'과 함께 쓰이는 동사 올라가다 ὑψώσεν는 중요한 단어다. 〈요한〉에 모두 5번 나온다(3,14; 8,28; 12,32.34). 십자가에 올라가고 하늘에 올라가는 두 가지를 뜻한다.〈요한〉에서 예수의 십자가와 들림은 결국 동일하다(12,32-).〈마르〉〈마태〉〈루가〉는 십자가를 강조하지만,〈요한〉은 십자가에 높이 들림을 덧붙여 강조한다. 들림은〈요한〉의 독특한 계시 언어다.〈요한〉은 '들리다'라는 단어를 써서 예수가 누구인지 드러낸다.

하늘에 들어 올림에서 예수가 하느님의 아들이라는 사실이 온 세상에 밝혀진다. 십자가에서 하느님의 세상에 대한 사랑이 드러난다. 십자가는 예수가 하느님의 아들이라는 진리를 하느님이 온 세상에 공개하고 인정하는 사건이다.〈마르〉〈마태〉〈루가〉에서 예수의 십자가가 저항의 성격을 드러낸다면,〈요한〉에서 십자가는 사랑의 성격을 드러낸다.

저항에서 시작해 사랑하고, 사랑에서 출발해 저항한다. 저항과 사랑의 1차 대상자요, 동지는 가난한 사람이요 희생자다. 로메로 대주교와 에야쿠리아 신부가 자주 말하듯이, 가난한 사람과 희생자가 우리를 구원한다.[328] 가난한 사람과 희생자는 우리를 인간답게 만들어준다.

예수는 반대자와 벌인 논쟁에서 정체를 드러냈다. 예수는 위에서, 즉 하느님에게서 왔다. 예수는 자신이 하느님에게 속한다는 사실을 세상에 알렸다. 세상은 예수가 하느님이 보낸 분임을 십자가에서 결국 깨달을 것이다. 하느님이 예수를 세상에 보내심과 십자가 신학은〈요한〉에서 언제나 이어진다. 아들을 보내심은 십자가에서 절정에 이른다(19,30).〈마르〉〈마태〉〈루가〉가 십자가 신학을 강조한다면,〈요한〉은 십자가 신학에 파견 신학을 덧붙인다.

'계시'라는 신학 용어는 하느님이 자신의 정체를 드러낸다는 뜻이다. 하느님은 예수를 통해 예수 안에서 예수와 함께 당신의 정체를 드러내셨다. 예수가 세상에 사람으로 온 뒤에 인간이 하느님을 아는 가장 좋은 방법은 예수를 아는 것이다. 인간이 예수를 아는 길은 성서, 교회, 성사 등 여러 가지가 있다. 인간이 예수를 아는 가장 좋은 방법은 가난한 사람을 아는 것이다.

가난한 사람을 모르거나 외면하고 예수를 아는 방법은 그리스도교에 주어지지 않았다. 가난한 사람을 모르거나 외면하고 예수를 아는 방법은 인간에게 없다. 〈요한〉이 하느님과 예수의 일치를 강조했다면, 해방신학은 하느님과 예수의 일치를 바탕으로 예수와 가난한 사람의 일치를 강조한다.

저항과 사랑은 구분되지만 분리되지 않는다. 악의 세력에 대한 저항은 세상에 대한 하느님의 사랑과 십자가에서 만난다. 악의 세력에 저항하지 않는 사람은 십자가에서 드러나는 하느님의 사랑을 만날 수 없다. 십자가는 골고타 언덕에만 있지 않다. 십자가는 예수의 십자가만 있지 않다. 십자가는 예수 시대 앞뒤에, 이스라엘 안팎에, 온 세상에, 모든 시대에 있었다. 언제 어디서든 악의 세력을 살피고 악의 세력에 저항하는 것이 중요하다.

저항과 사랑이 만난다는 사실은 복음서가 인류에게 전해준 기쁜 소식이다. 저항과 사랑의 만남을 직접 보여준 예수는 그래서 기쁜 예수요, 평화의 예수다. 악의 세력에 저항하지 않는 사람은 사랑의 하느님, 평화의 예수를 만날 수 없다. 예수를 만나고 싶은 그대여, 먼저 악의 세력에 저항하라. 그러면 평화의 예수를 기쁘게 만나리라. 아직 예수를 만나지 못한 사람은 악의 세력에 저항하지 않은 탓이다.

예수의 십자가를 왜 그리 강조하는가. 가난한 사람이 더는 십자가에 못 박히지 않기 위해서다. 가난한 사람이, 여성이, 제삼세계 사람이 더는 십자가에 못 박히지 않기 위해서다. 예수의 십자가를 왜 그리 강조하는가. 예수를 십자가에서 끌어 내리기 위해서다. 가난한 사람을, 여성을, 제삼세계 사람을 십자가에서 끌어 내리기 위해서다.

십자가에 올라간 사람을 끌어 내리기 위해서, 이제는 아무도 십자가에 올라가지 않도록 하기 위해서다. 십자가에 매달린 가난한 사람이 우리 시대의 징표다.[329] 다른 사람이 십자가에 매달리지 않도록 내가 악의 세력과 싸우는 것이다. 악의 세력과 싸우다가 내가 십자가에 올라갈망정 다른 사람은 십자가에 못 박히지 않게 하기 위해서다.

예수는 12-20절에서 바리사이파 사람들과, 21-30절에서 유다인들과 논쟁한다. 31-59절은 〈요한〉에서 예수와 적대자들의 논쟁이 가장 치열하게 소개되는 곳이다.[330] 〈요한〉은 예수를 믿게 된 유다인들이 예수에게 더 충실하도록 격려하는 한편, 예수가 메시아임을 부정하는 유다교에 맞서 강하게 논쟁한다.[331] 예수는 31-47절에서 당신을 믿는 유다인들과 논쟁한다. 적대자가 아니라 예수를 믿는 유다인과 논쟁하는 것이다. 논쟁은 같은 편 사이에도 벌어지고 필요하다. 31-36절 제목은 '예수를 통한 자유와 진리'가 좋겠다.

31절에서 동사 완료형 믿는πεπιστευκότας은 막 믿기 시작한 것이 아니라 '상당 기간 믿어온 상태'를 가리킨다. 예수는 오래 당신을 믿어온 유다인들에게 말씀 안에 머무르라 μείνητε ἐν τῷ λόγῳ(공동번역성서 개정판 '내 말을 마음에 새기고 살라')고 당부한다. 동사 머무르다 μένειν는 계속됨을 나타낸다. 예수의 말씀을 떠나지 말고 계속 있으라는 뜻이다. 31절 "여러분이 내 말을 마음에 새기고 산다면 여러분은 참으로 나의 제자입니다"는 왜 나왔을까. 티엔은 예수를 메시아로 고백하고 믿은 많은 유다인이 유다 독립 전쟁에서 패한 뒤, 매력이 줄어든 메시아사상을 버리고 좀 더 안전한 유다교 회당으로 돌아간 쓰라린 경험이 배경에 있다[332]고 추측한다.

33절 "아무한테도 종살이를 한 적이 없다"는 유다인의 말은 종교적 의미에서 자유를 생각한 것이다. 당시 어느 유다인이 이집트에서 노예로 산 시절이나 바빌로니아로 유배된 시절, 로마 식민지 백성으로 살아가는 서러움과 아픔을 잊겠는가. 정치적 자유가 없는데 종교의 자유는 있었겠는가. '아브라함의 후손'이란 말은 유다인이 하느님께 선택받았다는 생각을 압축한다. "아브라함이 우리 조상입니다."(〈마태〉 3,9) 35절 "노예는 자기가 있는 집에서 끝내 살 수 없다"는 고대 신분 사회라는 배경에서 〈요한〉이 사용한 비유다. 여종 하갈과 그 아들 이스마엘이 떠오른다(〈창세〉 21,8-14; 〈갈라〉 4,21-31).

이제 말씀이 마치 삶의 공간처럼 표현된다. 말씀도 집처럼 우리의 생활공간이다. 그리스도인은 주택에서 살기 전에 말씀 안에서 산다. 우리는 예수가 주는 자유로 말씀을 우리 집처럼 편하게 느끼며 자유롭게 산다. 무주택자나 난민은 집이 주는 편안함이 얼마나 그리울까. 말씀 안에서 삶은 〈요한〉에서 예수 제자들의 특징을 나타내는 말이다. 말씀 안에 머물면 진리를 깨닫고, 진리를 깨달으면 자유를 얻는다.

진리는 〈요한〉에서 추상적·철학적 내용이 아니라 예수와 연결된다. 진리는 예수 안에서 만날 수 있고, 예수의 말씀 안에 있다. 예수가 진리를 말할 뿐 아니라 예수가 곧 진리다. 예수를 아는 일이 진리이고, 예수가 진리다(〈요한〉 14,6). 내가 다닌 연세대학교의 교훈이 바로 32절이다. "여러분은 진리를 알게 될 것이며 진리가 여러분을 자유롭게 할 것입니다γνώσεσθε τὴν ἀλήθειαν, καὶ ἡ ἀλήθεια ἐλευθερώσει ὑμᾶς." 나는 대학 시절에 그 말뜻을 잘 몰랐다.

요한 공동체와 유다교 사이에 누가 아브라함을 온당하게 주장할 수 있느냐는 논쟁이 벌어진 것 같다.[333] 고대 유다교에서 유다 민족의 조상 아브라함의 의미는 점점 커졌다. 공통년 2세기에도 '아브라함의 자손'은 유다교와 그리스도교 사이에 주요한 논쟁 주제였다. 하느님과 계약을 맺은 조상 아브라함을 인용해서 자유를 이야기하는 유다인에게 예수는 다른 해설을 내놓았다.

인간의 진짜 노예 됨은 외적인 속박에 있는 것이 아니라 죄에 억압된 상태다. 죄 뒤에는 진리를 거부하는 불신이 있다. 〈요한〉과 바오로는 죄를 권력 공간의 관점에서 본다. 바오로는 죄를 인간이 생각하고 행동하는 삶의 공간에 영향을 주는 권력 공간에 비유한다(〈로마〉 6,16-17.20; 〈갈라〉 4,7).

35절 '노예는 자기가 있는 집에서 끝내 살 수 없지만'에서 예수가 노예제 신분 사회를 인정했다거나 받아들였다는 결론을 이끌어내면 안 된다. 예수가 노예제 신분 사회를 주제로 세미나 발표를 하는 것은 아니다. 개인의 자유를 주목하고 강조한 것은 그리스철학, 특히 스토아철학의 놀라운 업적에 속한다. 32절 '진리가 여러분을 자유롭게 할 것', 34절 '죄를

짓는 사람은 누구나 다 죄의 노예'는 스토아철학의 명제이기도 하다.[334]

〈요한〉은 그리스철학의 생각을 받아들이고, '자유는 죄에서 해방'이라는 한 차원 높은 개념을 제안한다. 〈요한〉 저자는 예수 안에서 하느님의 진리를 깨닫고, 믿음 안에서 죄에서 해방된 사람이 아브라함의 자녀임을 제대로 주장할 수 있다고 생각했다. 자유와 진리는 정치나 철학 차원이 아니라 결국 신학의 일이다. 가난이 정치나 경제학의 주제가 아니라 결국 신학의 주제인 것처럼 말이다. 자유는 죄에서 해방뿐 아니라 객체에서 주체로 자신을 바꾸는 일이다. 자유와 진리의 궁극적 기초는 예수다.

자유와 진리가 그리스도교와 거리가 먼 것처럼 여기는 그리스도인이 드물지 않다. 교회를 마치 군대처럼, 전제주의 체제에서 왕국처럼 비유하고 생각하는 그리스도인이 드물지 않다. 그리스도교가 민주주의와 아무 관계없는 모임처럼 여기는 그리스도인이 드물지 않다. '가톨릭에 민주주의는 없어'라는 생각을 영원히 변치 않는 진리처럼 숭배하는 사람이 한국에 많다. '가톨릭에 민주주의는 없어'라는 말을 가톨릭 교회법 1조 1항처럼 착각하고 사는 사람이 많다. 신약성서 어디에도 교회를 군대에 비유한 곳은 없다.

37-47절은 아브라함의 자녀와 악마의 자식이라는 대립 구도로 설정되었다. 갈수록 갈등이 커진다. 예수의 적대자가 아니라 예수를 믿는 유다인과 신학 논쟁이 계속된다. 초대교회 내부에서 신자들이 두 편으로 나뉘어 누가 예수를 제대로 이해하고 따르는지 토론하는 장면이다. 예수는 아브라함의 자손이라는 주제로 사람들이 예수를 제대로 받아들이지 않는 이유가 무엇인지 설명한다.

41절 "우리는 사생아가 아닙니다! 우리 아버지는 오직 하느님 한 분이십니다"는 무슨 말일까. 느닷없이 사생아라는 단어가 왜 나왔는가. 하느님을 남편에, 이스라엘을 아내에 비유한 예언자들의 전통이 그 배경이다. 하느님을 배신한 행위(〈호세〉1,1-9;〈예레〉13,20-27)의 결과를 사생아로 비유한 것이다.

42-44절에서 예수가 대든 사람들을 혼내는 장면은 세례자 요한이 세례 받으러 오던 바리사이파 사람들과 사두가이파 사람들을 야단치는 모습과 비슷하다. "이 독사의 족속들아! 닥쳐올 그 징벌을 피하라고 누가 일러주더냐? 너희는 회개했다는 증거를 행실로써 보여라. 그리고 '아브라함이 우리 조상이다' 하는 말은 아예 할 생각도 마라."(〈마태〉3,7-9) 세례자 요한이 바리사이파 사람들과 사두가이파 사람들에게 한 말은 이제 그리스도인에게 하는 말로 바꿔서 받아들여야 한다. '회개했다는 증거를 행실로 보여라. 우리가 예수를 믿는다는 말은 아예 할 생각도 마라.'

44절에서 ὑμεῖς ἐκ τοῦ πατρὸς τοῦ διαβόλου ἐστὲ 번역이 까다롭다. 두 가능성이 있다.

1. 여러분은 악마의 아버지에게서 왔습니다.
2. 여러분은 악마라는 아버지에게서 왔습니다.

1번은 악마가 있고, 악마를 낳은 아버지도 있다는 말이다. 2번은 악마와 아버지가 동격이며, 악마를 낳은 아버지가 따로 있다는 말은 아니다.

πατρὸς와 τοῦ 사이에 쉼표를 넣어 번역하느냐, 넣지 않고 번역하느

냐 차이다. 쉼표를 넣는 편이 좋겠다.[335] "너희는 악마의 자식들이다"(공동번역성서 개정판), "너희는 너희 아비 마귀에게서 났으니"(개역개정 성경전서)라고 번역되었다. 2번 번역이 문맥에 어울린다. "여러분은 악마라는 아버지에게서 왔습니다"를 "너희는 악마야"가 아니라 "여러분은 안타깝게도 악마의 영향을 받고 있습니다"로 읽어야 한다. 강조할 부분은 유다인이 아니라 악마다. 예수는 유다인을 비난하려는 것이 아니라, 유다인이 어쩔 수 없이 악마의 영향을 받고 있음을 탄식한다. 우리가 동족의 슬픔을 함께 느끼는 예수의 마음을 알아차리는 일이 중요하다.

독자도 잘 아시겠지만, 우리말 성서 번역에 나온 글자 하나하나를 곧이곧대로 믿어서는 안 된다. 영어 번역본도 마찬가지다. 그리스어를 알고 그리스어 성서 본문을 독해할 수 있다고 성서를 잘 아는 게 아니다. 성서 주석서도 읽어야 한다. 성서학자들 사이에 의견이 언제나 일치하지는 않는다. 그리스어를 모르고 성서 주석서를 원어로 읽을 줄 모르는 한국 그리스도인은 대체 어쩌란 말인가.

우리말 성서로 충분하지 않다는 말인가. 우리말 성서를 읽되, 성서 전문가와 주석서의 도움을 무시하지 말라는 뜻이다. 성서신학자의 의견을 얻을 기회를 존중하라는 말이다. 성서를 독학하다 보면 어느 날 자칭 성서학자가 되어 '아무 말 잔치'에 빠질 위험이 있다. 성서를 독학하면 기쁨을 느끼지만 위험도 많다. 성서 필사도 마찬가지다. 전문 학자의 도움이 필요하다.

44절에서 예수를 믿지 않는 근원은 유다인이 아니라 악마에게 있다. 고대 유다교는 인간이 이겨낼 수 없는 엄청난 힘을 하느님과 다투는 어떤 악마라고 생각했다. 그런 경험이 악마라는 언어 사용에 담겼고, 〈요한〉도 그 유다교 전통에서 악마에 대해 말한다(12,31; 14,30; 16,11). 악마의 본질은 두 가지다.

1. 사람을 죽인다. "죄는 처음부터 악마의 짓"(〈1요한〉3,8), "우리가 카인처럼 되어서는 안 된다"(〈1요한〉3,12).
2. 악마는 거짓말을 한다. 하느님과 진리, 생명이 같은 편이듯, 악마와 거짓, 죽음이 같은 편이다. 악마는 사람을 죽이고 거짓을 말한다.

사람을 죽이고 거짓말하는 사람이나 세력은 악마다. 악마를 도와주는 사람도 악마다. 진실을 말하지 않고 거짓말을 지어내는 언론인과 지식인과 종교인은 악마다.

44절은 신약성서에서 반유다주의가 가장 심한 발언[336]일까. 예수는 유다인을 악마라고 낙인찍지 않고 악마의 영향을 받는 사람들이라고 말했다. 〈요한〉은 '왜 예수를 받아들이지 않는 사람이 있을까'라는 질문에 출신 성분이라는 당시 이해 가능한 개념으로 해설한다. 예수가 특정 민족이나 사람을 악마라고 일반화하는 것이 아니다. 유다인도, 일본인도, 한국인도 악마의 영향을 받는다. 무신론자와 그리스도교인도 악마의 영향을 받는다. 목사와 신부도, 개신교 성도와 가톨릭 신자도 악마의 영향을 받는다.

48-59절은 '예수와 아브라함의 관계'라는 제목이 어울리겠다. 48절에서 예수는 사마리아 사람이며 마귀 들린 사람 Σαμαρίτης δαιμόνιον(〈마르〉3,22)이라는 비난까지 받는다. 당시 유다인에게 사마리아 사람이라는 말

은 요즘 한국 그리스도인에게 이단이라고 말하는 것과 비슷하다. 예수를 멀리하는 종교인은 예수를 사마리아 사람으로 여긴다. 예수는 자신의 영광을 찾지 않는다. 진짜 그리스도인은 하느님의 영광을 찾는다. 하느님의 영광을 찾는 사람은 가난한 사람의 영광을 찾는다. 가난한 사람이 사는 것이 하느님의 영광이다gloria Dei vivens pauperes.

59절에서 논쟁 막바지에 유다인들이 예수를 돌로 치려고 한다. 예루살렘성전에 돌이 굴러 다녔을까. 당시 예루살렘성전 보수 공사가 아직 끝나지 않아 건축자재와 돌이 성전 뜰 여기저기에 있었던 것 같다.[337] 개인이 예수를 돌로 치려는 행동이 아니라 일종의 민중 항쟁Volksaufstand을 비유한 것 같다.[338]

유다인은 메시아가 오면 선조들이 다시 나타나리라고 믿었다. 예수가 등장함으로써 구원의 시대가 시작되었다. 아브라함이 메시아를 보며 기뻐하기 때문이다(〈창세〉 17,17). 아브라함이 예수를 증언한다. 창조 이전부터 계신 하느님의 아들(〈요한〉 1,1; 6,62; 17,5) 예수는 아브라함보다 먼저 존재했다. 예수는 시간 안에 있으면서 시간의 주인이다.

〈요한〉은 유다인들Ἰουδαῖοι을 어떻게 보는가. 〈요한〉에 69번 나온 단어 유다인들을 내용에 따라 여덟 가지로 나눌 수 있다.[339]

> 1. 군중(1,19; 11,19; 12,9)
> 2. 예수의 적대자요 믿지 않는 자들의 대표(5,10; 6,41; 7,1)
> 3. 민족 이름(2,6; 6,4; 11,55)
> 4. 대화 상대(2,18; 7,15; 8,22)

5. 계시를 보며 분열된 사람들(6,52;7,11;10,19-21)

6. 긍정적인 종교 그룹(4,22;18,33;19,3)

7. 예수에게 호감이 있는 사람들(3,1;8,30;12,11)

8. 예수를 가리키는 말(4,9)

'유다인들'은 〈요한〉 1-4장에 9번, 5-11장에 34번, 12-13장에 3번, 18-21장에 23번 나온다. '유다인들'은 문화적·언어적·신학적으로 다양하게 쓰였고, 69번 중 3분의 1 정도가 부정적인 뜻이다.

〈요한〉은 예수를 죽이는 데 가담한 사람이 유다인 전체가 아니라 유다 지배층과 그 세력임을 안다. 〈요한〉은 유다 귀족과 유다 민중을 구분한다. 유다인을 예수를 믿지 않는 사람으로 악마처럼 여기면 안 된다. 유다인을 나쁜 민족으로 낙인찍으면 안 된다. "유다인은 경험에서 유다인이 아니라 본질에서 유다인이다"[340]라는 의견은 유다인을 부정적으로 이해하는 잘못된 표현이다. 〈요한〉은 반유다주의를 반대한다. 〈요한〉이 유다인이란 단어를 쓰지 말고 'A 민족' 혹은 '어떤 사람들'이라고 썼으면 더 좋았다. 〈요한〉에 유다인이란 단어가 아예 없었으면 더 좋았다.

4막 A 3장 시각장애인 치유

....

¹ 예수가 길을 가다가 태어나면서부터 눈먼 소경을 만났는데 ² 제자들이 예수에게 "선생님, 저 사람이 소경으로 태어난 것은 누구의 죄입니까? 자기 죄입니까? 그 부모의 죄입니까?" 하고 물었다. ³ 예수는 이렇게 대답하였다. "자기 죄 탓도 아니고 부모의 죄 탓도 아닙니다. 다만 저 사람에게서 하느님의 놀라운 일을 드러내기 위한 것입니다. ⁴ 우리는 해가 있는 동안에 나를 보내신 분의 일을 해야 합니다. 이제 밤이 올 터인데 그때는 아무도 일을 할 수가 없습니다. ⁵ 내가 이 세상에 있는 동안은 내가 세상의 빛입니다."

⁶ 이 말을 하고 예수는 땅에 침을 뱉어 흙을 개어서 소경의 눈에 바른 다음, ⁷ "실로암 연못으로 가서 씻으시오" 하고 말하였다. (실로암은 '파견된 자'라는 뜻이다.) 소경은 가서 얼굴을 씻고 눈이 밝아져서 돌아왔다.

⁸ 그의 이웃 사람들과 그가 전에 거지 노릇을 하고 있던 것을 보아온 사람들이 "저 사람은 앉아서 구걸하던 사람이 아닌가요?" 하고 말하였다. ⁹ 어떤 이들은 바로 그 사람이라고 하였고, 또 어떤 이들은 그 사람을 닮기는 했지만 그 사람은 아니라고도 하였다. 그때 눈을 뜨게 된 사람이 "내가 바로 그 사람이오" 하고 말하였다. ¹⁰ 사람들이 "그러면 당신은 어떻게 눈을 뜨게 되었소?" 하고 묻자 ¹¹ 그는 "예수라는 분이 진흙을 개어 내 눈에 바르시고 나더러 실로암에 가서 씻으라고 하시기에 가서 씻었더니 눈이 띄었습니다" 하고 대답하였다. ¹² 그들이 "그 사람이 어디 있소?" 하고 물었으나 그는 모른다고 대답하였다.

¹³ 사람들은 소경이었던 그 사람을 바리사이파 사람들에게 데리고 갔다. ¹⁴ 그런데 예수가 진흙을 개어 그의 눈을 뜨게 한 날은 바로 안식일이었다. ¹⁵ 그래서 이번에는 바리사이파 사람들이 또 그에게 눈을 뜨게 된 경위를 물었다. 그는 "그분이 내 눈에 진흙을 발라주신 뒤에 얼굴을 씻었더니 이렇게 보게 되었습니다" 하고 대답하였다. ¹⁶ 바리사이파 사람들 중에는 "그가 안식일을 지키지 않는 것으로 보면 하느님에게서 온 사람이 아니오" 하는 사람도 있었고 "죄인이 어떻게 이와 같은 기적을 보일 수 있겠소?" 하고 맞서는 사람도 있어서 서로 의견이 엇갈렸다. ¹⁷ 그들이 눈멀었던 사람에게 "그가 당신의 눈을 뜨게 해주었다니 당신은 그를 어떻게 생각

하오?" 하고 다시 묻자 그는 "그분은 예언자이십니다" 하고 대답하였다.

¹⁸ 유다인들은 그 사람이 본래는 소경이었는데 지금은 눈을 뜨게 되었다는 사실을 믿으려 하지 않고 마침내 그 사람의 부모를 불러 ¹⁹ "이 사람이 틀림없이 나면서부터 눈이 멀었다는 당신네 아들이오? 그런데 지금 어떻게 눈을 뜨게 되었소?" 하고 물었다. ²⁰ 그의 부모는 "예, 틀림없이 날 때부터 눈이 멀었던 저희 아들입니다. ²¹ 그러나 그가 어떻게 지금 보게 되었는지, 또 누가 눈을 뜨게 하여주었는지는 모릅니다. 다 자란 사람이니 그에게 물어보십시오. 제 일은 제가 대답하겠지요" 하였다. ²² 그의 부모는 유다인들이 무서워서 이렇게 말한 것이다. 유다인들은 예수를 그리스도라고 고백하는 사람은 누구나 다 회당에서 쫓아내기로 작정하였던 것이다. ²³ 그의 부모가 "다 자란 사람이니 그에게 물어보십시오" 하고 말한 것도 그 때문이었다.

²⁴ 유다인들은 소경이었던 사람을 다시 불러놓고 "사실대로 말하시오. 우리가 알기로는 그 사람은 죄인이오" 하고 말하였다. ²⁵ 그는 이렇게 대답하였다. "그분이 죄인인지 아닌지는 모르겠습니다. 다만 내가 아는 것은 내가 앞 못 보는 사람이었는데 지금은 잘 보게 되었다는 것뿐입니다." ²⁶ "그러면 그 사람이 당신에게 무슨 일을 했소? 어떻게 해서 당신의 눈을 뜨게 했단 말이오?" 하고 그들이 다시 묻자 ²⁷ 그는 "그 이야기를 벌써 해드렸는데 그때에는 듣지도 않더니 왜 다시 묻습니까? 당신들도 그분의 제자가 되고 싶습니까?" 하고 반문하였다. ²⁸ 이 말을 듣고 그들은 마구 욕설을 퍼부으며 "너는 그자의 제자이지만 우리는 모세의 제자이다. ²⁹ 우리가 아는 대로 모세는 직접 하느님의 말씀을 들은 사람이지만 그자는 어디에서 왔는지도 모른다" 하고 말하였다. ³⁰ 그는 이렇게 대꾸하였다. "분명히 내 눈을 뜨게 하여주셨는데 그분이 어디에서 오셨는지도 모른다니 이상한 일입니다. ³¹ 하느님께서는 죄인의 청은 안 들어주시지만 하느님을 공경하고 그 뜻을 실행하는 사람의 청은 들어주신다는 것을 우리는 알고 있습니다. ³² 소경으로 태어난 사람의 눈을 뜨게 하여준 이가 있다는 말을 일찍이 들어본 적이 있습니까? ³³ 그분이 만일 하느님께서 보내신 분이 아니라면 이런 일은 도저히 하실 수가 없을 것입니다." ³⁴ 유다인들은 이 말을 듣고 "너는 죄를 뒤집어쓰고 태어난 주제에 우리를 훈계하려 드느냐?" 하며 그를 회당 밖으로 내쫓았다.

³⁵ 눈멀었던 사람이 유다인들의 회당에서 쫓겨났다는 말을 듣고 예수가 그를 만났을 때에 "당신은 사람의 아들을 믿습니까?" 하고 물었다. ³⁶ "선생님, 믿겠습니다.

어느 분이십니까?" 하고 대답하자 ³⁷ 예수는 "당신은 이미 그를 보았습니다. 지금 당신과 말하고 있는 사람이 바로 그 사람입니다" 하고 말하였다. ³⁸ "주님, 믿습니다" 하며 그는 예수 앞에 꿇어 엎드렸다. ³⁹ 예수는 "내가 이 세상에 온 것은 보는 사람과 못 보는 사람을 가려, 못 보는 사람은 보게 하고 보는 사람은 눈멀게 하려는 것입니다" 하고 말하였다. ⁴⁰ 예수와 함께 있던 바리사이파 사람 몇이 이 말씀을 듣고 "그러면 우리들도 눈이 멀었단 말이오?" 하고 대들었다. ⁴¹ 예수는 "여러분이 차라리 눈먼 사람이라면 오히려 죄가 없을 것입니다. 그러나 여러분은 지금 눈이 잘 보인다고 하니 여러분의 죄는 그대로 남아 있습니다" 하고 대답하였다.(9,1-41)

〈요한〉 2-7장이 유다교 축제 때 예루살렘에 오르내린 예수를 보여준다면, 9장은 예루살렘과 그 근처에 머무는 예수를 보여준다. 예수와 적대자들의 갈등은 더 커진다. 〈요한〉 9장에서 유다인들은 이제 예수의 기적을 아예 인정하지 않고(16·24·29절), 기적을 통해 믿음으로 가는 길도 부인한다(30-34절). 기적을 행한 예수를 죽이려 하고(〈요한〉 11,47-) 기적의 수혜자인 라자로까지 죽이려 한다(〈요한〉 12,10). 〈요한〉 6장에서 유다인들은 그렇지 않았다(14·26·30절).

9장 시각장애인 치유는 〈요한〉에서 드물게 여러 전승이 섞이지 않은 이야기다. 8-41절은 〈요한〉 저자가 쓴 것 같다.[341] 문학 유형으로 보면 기적 이야기로 분류된다. 세상의 빛 예수(8,12; 9,5.39), 빛과 심판(3,19; 9,39-41), 죄(8,21.24.34; 9,2.24.41) 등 여러 주제를 연결한다. "사람의 아들 때문에 사람들에게 미움을 사고 내쫓기고 욕을 먹고 누명을 쓰면 여러분은 행복합니다"(〈루가〉 6,22)와 연결되는 이야기다.[342] 초대교회에서 부활절 밤에 세례 받는 사람들이 믿음을 단단히 준비하도록 저항절(사순절) 초기 성례전에 이 내용을 배치했다.[343]

등장인물에 따라 일곱 장면이 바뀌고, 네 그룹 사람들이 등장한다. 그들의 태도는 서로 다르다.

1. 아무 질문도 하지 않는 사람들(시각장애인의 이웃 사람들)
2. 질문하지만 믿지 않는 사람들(바리사이파 사람들)
3. 믿지만 증언하지 않는 사람들(시각장애인의 부모)
4. 질문하고 믿고 증언하는 사람(치유된 시각장애인)

독자는 어떤 유형에 속하고 싶은지 생각하라는 초대의 말이다. 중요한 질문은 세 가지다.

1. 기적이 어떻게 일어났는가.
2. 누가 기적을 일으켰는가.
3. 기적을 일으킨 사람의 정체는 무엇인가.

고대 문헌이나 공동성서에 눈먼 사람을 치유한 이야기는 없다. 복음서에 나오는 기적 이야기다(〈마르〉 8,22-; 10,46-; 〈마태〉 9,27-). 하느님만 말 못하는 사람을 말하게 하시고 못 보는 사람을 보게 하신다(〈출애〉 4,11). "야훼, 앞 못 보는 자들을 눈뜨게 하시고 야훼, 거꾸러진 자들을 일으켜주시며 야훼, 의인을 사랑하신다."(〈시편〉 146,8)

앞 못 보는 자들을 눈뜨게 하는 일은 세상 완성 날에 생길 사건에 속한다. "그날 귀머거리는 책 읽는 소리를 듣고 캄캄하고 막막하던 소경도 눈을 떠 환히 보리라."(〈이사〉 29,18) "겁에 질린 자들을 격려하여라. '용기를 내어라. 무서워하지 마라. 너희의 하느님께서 원수 갚으러 오신다. 하느님께서 오시어 보복하시고 너희를 구원하신다.' 그때에 못 보는 자는 눈을 뜨고 말 못하는 이는 귀가 열리리라."(〈이사〉 35,4-5)

1절에서 예수는 길을 걷다 나면서부터 시각장애인을 만났다. 시각장애인이 예수를 알아볼 수도, 보이지 않는 예수에게 도움을 청할 수도 없다. 도움을 요청 받지 않았는데 예수는 선뜻 치유해준다. 그 전에 제자들이 시각장애인으로 태어난 것이 자기 죄인지, 부모 죄인지 묻는다(2절). 죄와 병의 관계다(〈출애〉 20,5; 〈신명〉 5,9; 〈토비〉 3,3-). 하느님이 나쁜 사람의 자손을 혼낸다면, 의사가 아버지나 할아버지의 병 때문에 아들이나 손주를 나무라는 것보다 우스꽝스러울 것이다. 문제는 간단하지 않다.

공동성서에서 모순되는 듯한 표현이 여기저기 있다. 하느님은 선조의 죄에 대한 책임을 3-4대 자식까지 물을 태세다. "나 야훼 너희의 하느님은 질투하는 신이다. 나를 싫어하는 자에게는 아비의 죄를 그 후손 삼대에까지 갚는다."(〈출애〉 20,5; 〈신명〉 5,9; 〈민수〉 14,33) 예언자들은 연좌제에 반대하여 정의의 이름으로 목소리를 높였다. "그날이 오면, '아비가 신 포도를 먹으면 아들의 이가 시큼해진다'라는 말을 하지 않게 되리라. 죽을 사람은 죄지은 그 사람이다."(〈예레〉 31,29-30; 〈에제〉 18,2-; 〈신명〉 24,16)

정의와 자비의 하느님은 악과 고통에 책임이 있는가? 예수가 세상의 빛이라면 세상의 어둠을 어떻게 이해해야 하느냐는 반문이 나올 차례다. 〈욥기〉를 관통하는 이 질문에 예수는 뚜렷한 답을 하지 않는다. 〈요한〉은 하느님의 사랑이 예수의 행동으로 드러난다고 소개할 뿐이다(3,21; 5,17; 10,32). 하느님의 일이 예수를 통해 세상에 드러나야 한다는 생각이 중요하다(1,31; 2,11; 17,6).

3절에서 예수는 시각장애인으로 태어난 것이 자기 죄 탓도 아니고 부모의 죄 탓도 아니라고 분명히 말했다. 예수는 병과 죄의 관계를 신학적 인과관계로 설명하는 생각에 반대한다. 예수는 병의 원인αἰτία을 말하지 않고 하느님의 구원 섭리의 목적τέλος을 말한다.[344] 죄 없는 사람도 병에 걸리고, 죄 있는 사람도 병에 걸린다. 병은 인간의 기본 상태일 뿐이다.

제자들의 질문은 기적 이야기에서 예외적인 경우다. 시각장애인을 치유해주십사 예수에게 먼저 부탁드려야 참된 제자 아닌가. 제자들은 엉뚱하게 이론적인 질문이나 한다. 중환자실에 있는 환자 앞에서 병과 죄의 관계에 대해 쓸데없는 설교를 늘어놓을 참인가. 가난한 사람이 고통받는데 한가하게 커피나 마시며 신학 토론을 한다고 탄식하는 프란치스코 교황이 떠오른다.

3절 "다만 저 사람에게서 하느님의 놀라운 일을 드러내기 위한 것입니다"는 "그것으로 오히려 하느님의 영광을 드러내고 하느님의 아들도 영광을 받게 될 것입니다"(〈요한〉 11,4)처럼 오해받기 쉬운 말이다. 하느님의 놀라운 일을 드러내기 위해 고통 받는 조연 배우가 꼭 있어야 한단 말인가. 예수를 돋보이게 하려면 유다같이 불행한 악역이 어쩔 수 없이 필요하다는 뜻인가. 하느님을 돋보이게 하려고 사람을 불행하게 만든다? 제주 4·3 사건은? 세월호 참사는? 시리아 어린이들은? 하느님은 전능하지만 선하지 않은가? 선하긴 한데 좀 무능한가? 하느님에 대한 인류의 정당한 항의는 끝이 없다.

사람이 고통 받는 계기에 하느님의 놀라운 사랑이 우리 눈에 더 잘 드러난다는 뜻이다. 고통 받지 않으면 하느님의 사랑을 느낄 수 없다거나,

고통이 없으면 하느님의 사랑도 없다는 말이 아니다. 하느님의 사랑은 빛처럼 공기처럼 언제나 우리 얼굴을 비춘다. 낮에도 빛이 있지만 어두운 시간에 잘 드러난다. 넓은 야외에도 공기가 있지만 밀폐된 공간에서 뚜렷이 느껴진다. 우리가 잠든 시간에도 태양은 비친다. 역사와 현실에서 생기는 고통에 대한 질문을 멈추라는 말이 아니다. 고통이 왜 생기는지 알 수 없을 때가 많고, 그런 상황에 하느님은 왜 구경만 하시는지 이해되지 않을 때도 많다. 고통에 대한 질문은 하느님에 대한 질문처럼 계속돼야 한다.

고통은 성장의 전제 조건이라고 말해선 안 된다. 고통 없이 깨달음은 없다거나, 고통은 성장의 기회라고 함부로 말해도 안 된다. 깊은 고통에서 귀한 교훈을 얻는 사람도 있고, 절망으로 추락하는 사람도 있다. 고통이 반드시 사람을 성숙하는 것도 아니다. 고통에서 영원히 일어나지 못하는 사람도 많다. 아우슈비츠 수용소나 제주 4·3평화공원에서 고통은 성장의 기회라고 뻔뻔하게 설교할 사람이 있을까. 고통을 줄이기 위한 노력에 참여하지 않으면서 고통의 의미를 이론적으로 쥐어짜기 위해 안간힘을 쓰는 종교인들이 있다.

교육적 차원에서 고통은 의미 있다고 해설하는 신학자는 20세기 두 차례 세계대전 이후 찾아보기 어렵다. 동학혁명 이후 수백만 민중이 학살된 한반도에 사는 종교인과 신학자는 고통과 악의 문제에 극도로 말조심하고, 가능하면 입을 열지 마라. 고통의 의미를 찾으려고 애쓰기보다 고통 받는 사람들 옆으로 가서 함께 우는 것이 종교인과 신학자가 할 일 아닐까. 고통과 죽음을 강요하는 세력에 맞서 싸우는 일이 고통과 죽음의 의미에 대해 설교하는 일보다 우선 아닐까. 고통의 의미에 대해 설교하려고 덤비지 말고, 고통을 줄이기 위한 노력에 참여하라. 이것이 그리스도교가 고통 받는 사람에게 해줄 수 있는 가장 큰 위로 아닐까.

1965년 12월 7일, 2차 바티칸공의회는 고통 받는 이들에게 다음과 같은 메시지를 보냈다. "그리스도께서는 고통을 없애지도 않으셨고 그 신비를 밝히지도 않으셨다. 몸소 그 고통을 당하셨을 뿐이다." 우리는 더 나아가 고통을 없애고, 고통이라는 악이요 수수께끼까지 모조리 밝혀내고 싶다. 악의 신비니 뭐니 하는 요상한 말 그만두고, 악을 깔끔하게 파헤치고 싶다. 그리스도교는 아직 이 수준에 이르지 못한 듯하다. 고통을 당하고 있지 말고 고통을 없애기 위해 싸우고, 고통 받는 사람들과 조금이라도 나누면 좋겠다.

4절 "우리는 해가 있는 동안에 나를 보내신 분의 일을 해야 합니다"에서 우리ἡμᾶς는 제자들을 포함하는 것 같다. 제자들도 파견된 사람들이다(〈요한〉14,12; 17,18; 20,21). 5절 "내가 이 세상에 있는 동안은 내가 세상의 빛입니다"에서 ὅταν ἐν τῷ κόσμῳ 번역이 까다롭다. 공동번역성서 개정판(내가 이 세상에 있는 동안은)과 개역개정 성경전서(내가 세상에 있는 동안에는) 번역은 ὅταν을 바로 앞 문장의 접속사 ἕως처럼 '-하는 동안, -하는 한, -까지'라고 옮긴 것이다. 이 번역은 예수가 세상에 있는 동안 빛이고, 세상을 떠나면 빛이 아니라는 뜻으로 오해될 수 있다. ὅταν은 '언제나'라고 번역하는 게 좋다.[345] 예수는 빛으로 세상에 오신 말씀(〈창세〉1,3)이고, 언제나 빛이며 영원히 빛이다.

베싸이다의 시각장애인처럼 사람들이 예수에게 데려와서 고쳐주기를 청하지(〈마르〉8,22-26) 않았고, 예리고의 시각장애인처럼 "다윗의 자손이시여, 저에게 자비를 베풀어주십시오!" 하고 외친(〈마르〉10,46-52) 경우도 아니다. 예수가 발견하고 자발적으로 치유한 사건이다. 베싸이다의 시각장애인을 치유한 이야기는 제자들의 불신을 겨냥한다. 바리사이파 사람들을 비판하려는 의도가 있다. 예수의 제자들도, 바리사이파 사람들도 똑같이 눈멀었다는 말이다.

침은 고대에 눈병에 효험 있는 재료로 여겨졌다. 6절 '땅에 침을 뱉어 흙을 개어서'라는 표현은 "야훼 하느님께서 진흙으로 사람을 빚어 만드시고 코에 입김을 불어넣으시니, 사람이 되어 숨을 쉬었다"(〈창세〉2,7)를 연상하게 한다. 예수는 나면서부터 시각장애인을 사람이 되게 하고, 숨 쉬게 만든다. 실로암은 히즈키야가 "저수지를 파고 물길을 터서 성안으로 물을 끌어들인 일"(〈2열왕〉20,20)이나 "두 성벽 사이에 저수지를 만들어 옛 못에서 물을 끌어들이기도 하였지"(〈이사〉22,11)에 언급된 것처럼 여러 물길을 통해 연결된 예루살렘의 중요한 연못이다.

불트만은 〈요한〉 저자가 유다인들을 비판하는 뜻으로 7절 "실로암 연못으로 가서 씻으시오"와 "이 백성이 잔잔히 흐르는 실로아 냇물을 외면하고"(〈이사〉8,6)를 연결했다고 말한다.[346] 7절 파견된 자ἀπεσταλμένος는 〈요한〉에서 메시아를 가리키는 단어가 되었다. 〈요한〉에 28번, 〈1요한〉에 3번 나온다. 예수가 빛이라는 비유에 공동성서의 전통이 담겼다(〈창세〉1,3; 〈이사〉42,6; 60,1-3). 선천적인 시각장애인을 치유한 일도 기적이지만, 사람들을 예수에 대한 믿음으로 초대하여 빛을 주는 일도 기적이다.

나면서부터 시각장애인이 구걸 외에 살아갈 방법이 또 있었을까. 물론 모든 거지가 시각장애인은 아니고 모든 시각장애인이 거지는 아니다.

거지προσαίτης라는 단어는 8절과〈마르〉10,46에만 나온다. 9절에서 눈을 뜨게 된 사람이 "내가 바로 그 사람이오ἐκεῖνος ἔλεγεν ὅτι ἐγώ εἰμι"라고 증언하는 장면이 놀랍다. 용감한 발언이다. 사실대로 말하면 유다인들에게 봉변 당할 위험이 있었다. 유다인들이 술렁거릴 뿐, 아직 그에게 묻지도 않았는데 말이다. 더 놀라운 것은 그의 발언에 쓰인 '나는 – 이다' 문장이다.

예수가 쓴 문장 형식과 같지 않은가. 시각장애인은 자신을 일인칭 주어로 당당히 말한다. 예수를 만나 감동 받은 사람은 자존감이 높아지고 잠재력이 발휘된다. 그는 많은 유다인 앞에서 진실을 숨김없이 당당히 증언한다. 그는 예수를 사람ἄνθρωπος(11절), 예언자προφήτης(17절), 하느님께서 보내신 분παρὰθεοῦ(33절), 사람의 아들υἱὸν τοῦ ἀνθρώπου(35절)로 차차 정확히 알아간다.〈요한〉은 예수를 따르는 사람들과 독자가 이런 모습이 되기를 격려하고 기대한다.

13-34절에 마음의 눈을 뜨지 못한 바리사이파 사람들이 눈뜨게 된 예전의 시각장애인을 검사한다. 피고석에 앉아야 할 사람들이 판사석에 앉은 셈이다.〈요한〉은 어이없는 역설을 일부러 소개한다. 눈먼 사람이 눈먼 사람을 인도하면 둘 다 구렁에 빠지는데(〈마태〉15,14), 눈먼 사람이 눈뜬 사람을 검사하겠다니 얼마나 우스운가. 성서를 잘 모르는 목사나 신부가 성서를 잘 아는 신자를 가르치려 하면 어떻게 될까.

13-14절에 눈먼 사람이 치유된 일도 놀라운데, 더구나 안식일에 치유되었다는 사실이 드러났다. 진흙을 개는 일은 노동에 속하기 때문에 안식일에 금지되었다. 갈등은 더 커졌다. 베짜타 연못가의 병자가 치유된 날도 안식일이었다(〈요한〉5,9). 논쟁 주제가 '믿음을 일으키는 기적'이

되었다. 기적을 보고 믿음에 이른 사람은 기적을 행한 분에 대한 태도를 결정한 셈이다. 기적을 보고 믿음이 생긴 사람도 있고, 믿음까지 이르지 못한 사람도 있다.

16절에 바리사이파 사람들이 예수에 대한 의견을 놓고 분열되었다. 예수는 누구인가, 어디서 왔는가 하는 주제로 다툰다. 맞서는 두 논리가 재미있다.

1. 안식일을 지키지 않는 사람은 하느님에게서 온 사람이 아니다.
2. 죄인은 기적을 일으킬 수 없다.

예수에 대한 의견으로 그리스도인 사이에 분열이 일어났고, 지금도 일어난다. 예수를 믿으면 부자 된다고 거짓말하는 나쁜 종교인도 있고, 예수는 가난한 사람을 먼저 선택하고 사랑한다고 옳게 말하는 그리스도인도 있다. 같은 교회나 성당에 다니는 이들 사이에도 사실상 분열된 그리스도인이 적지 않다. 예수를 믿느냐 믿지 않느냐 묻기 전에 어떤 예수를 믿느냐 물어야 한다. 예수를 믿으면 부자 된다고 믿는 그리스도인은 교회나 성당에 평생 다녀봐야 헛일이다.

17절 "그가 당신의 눈을 뜨게 해주었다니 당신은 그를 어떻게 생각하오?"라는 질문에 눈뜬 시각장애인은 "그분은 예언자이십니다"라고 대답한다. 엘리사 예언자는 시리아 왕의 군사령관이자 나병 환자인 나아만을 고쳐주었다. 엘리사는 나아만에게 이스라엘에 예언자가 있음을 알려주었다(〈2열왕〉 5,8-15). 〈요한〉은 '예언자가 없는 시대'라고 불린 당시 이스라엘[347]에 진정한 예언자 예수가 있다는 말을 한다. 지금 한국 그리스도교는 예언자가 있는 시대에 사는가.

18-19절에 유다인들은 눈뜬 시각장애인의 부모를 협박한다. 바리사이파 사람들의 억지를 풍자Satire하는 설정이다.[348] 악의 세력은 개인과 가족까지 괴롭힌다. 제주 4·3 사건 때 군경 토벌대는 가족을 대신 학살하는 잔인함을 보였다. 예수를 믿는다는 고백은 박해를 부른다. 22절 "유다인들은 예수를 그리스도라고 고백하는 사람은 누구나 다 회당에서 쫓아내기로 작정하였던 것이다"에서 회당은 건물보다 집회, 모임, 공동체를 가리킨다.[349]

실제로 유다계 그리스도인이 유다교 회당에서 추방되었는지에 대해 성서학자들 사이에 다양한 의견이 있다. 추방을 입증하는 문헌은 아직 발견되지 않았다. 그런 일은 없었으리라 추측하기도 한다.[350] 요한 공동체가 실제로 존재했는지 의문을 품는 학자도 있다. 더 연구되길 기다려야겠다.

눈뜬 시각장애인과 바리사이파 사람들의 논쟁에서 질문과 응답이 다섯 번 오갔다. 물러서지 않고 끝까지 대답한 시각장애인의 용기가 대단하다. 복음서에서 적대자들의 비판에 맞서 예수에 대한 믿음을 이토록 자신 있게 고백한 인물은 눈뜬 시각장애인뿐이다. 제대로 눈뜬 사람은 이렇게 용기를 낸다. 〈요한〉은 믿음의 모범으로 눈뜬 시각장애인을 자랑스럽게 소개한다. 천주교를 한반도에 들여온 신앙의 선조들은 눈뜬 시각장애인처럼 용감했다. 그때 예수를 믿는다는 고백은 목숨을 걸어야 하는 일이었다. 평신도가 창립한 천주교 역사는 세계적으로 드물다.

28절에서 유다인들이 말한 "우리는 모세의 제자이다"는 무슨 뜻일까. 모세는 하느님이 세우셨지만(〈출애〉 33,11; 〈신명〉 34,10), 예수라는 사람은 어디서 왔는지 근본도 없고 족보도 없지 않느냐는 핀잔이다. 자기들은 자랑스러운 모세의 제자로서 성서를 잘 알지만, 너희 같은 개돼지 멍청이 백성들ὄχλος(〈요한〉 7,49)은 성서도 모르지 않느냐는 빈정거림이다. 31절 "하느님을 공경하고 그 뜻을 실행하는 사람의 청은 들어주십니다"(〈이사〉 1,15; 〈욥기〉 27,8-; 〈시편〉 66,18)가 〈요한〉이 눈뜬 시각장애인의 입을 빌려 유다인들에게 주는 대답이다.

32절 "소경으로 태어난 사람의 눈을 뜨게 하여준 이가 있다는 말을 일찍이 들어본 적이 있습니까?"는 모세의 제자임을 자랑하는 당신네 바리사이파 사람들은 언제 한 번 눈먼 사람의 눈을 뜨게 한 적 있느냐는 반문이다. 죄인인 바리사이파 사람들의 청을 하느님께서 들어주실 리 없다는 말이다. 하느님께서는 죄인의 청은 들어주시지 않는다(〈요한〉 9,31; 〈1요한〉 3,21; 〈이사〉 1,15). 33절에서 눈뜬 시각장애인은 예수는 하느님이 보내신 분이라고 결론짓는다.

28절에서 유다인들은 멋지게 답변한 눈뜬 시각장애인에게 욕설을 퍼부었다. 욕하다λοιδορέω라는 단어는 〈요한〉에 여기만 있다(〈사도〉 23,4; 〈1고린〉 4,12; 〈1베드〉 3,9). 31절 하느님을 공경하는 사람θεοσεβὴς은 신약성서에 여기 한 번 나오지만, 그리스 종교 문헌에서 흔히 쓰인 단어다.[351] 유다인들은 눈뜬 시각장애인을 회당 밖으로 내쫓았다. 34절 내쫓다ἐξέβαλον라는 단어에는 '말씀을 듣는 공간 밖으로 내보내다', '공동체에서 추방하다'라는 뜻이 있다.[352] 〈요한〉에서 예수의 기적이 갖는 신학적 가치를 요약하는 문장이 드디어 나왔다. 기적은 유다인과 논쟁하는 반박 자료일 뿐 아니라, 예수가 하느님에게서 왔다는 사실을 정당화하는 근거다.

35-41절은 〈요한〉 9장의 결말로, 예수와 눈뜬 시각장애인이 반갑게 재회하는 장면이다. 눈뜬 시각장애인은 예수가 얼마나 고마웠을까. 처음에는 시력을 회복해서 기뻤을 테고, 다음에는 믿음의 눈을 떠서 기뻤을 것이다. 눈뜬 시각장애인은 치유의 기쁨을 몸으로 느낀 사람이고, 믿음의 기쁨을 영혼으로 느낀 사람이다. 〈요한〉에서 눈뜬 시각장애인처럼 예수를 만나 기뻐한 사람이 또 많을까.

눈뜬 시각장애인이 나를 더 기쁘게 한 것은 그가 대상이나 목적어에 그치지 않고 주체와 주어로 우뚝 섰기 때문이다. 불쌍해서 그저 보호받는 대상으로 여겨지고, 다른 사람의 처분을 기다리는 수동적 인간에서 벗어났다. 자기 운명을 스스로 결정하고, 자기 생각을 당당히 드러내는 능동적 인간이 되었다. 눈뜬 시각장애인은 삼인칭 인간에서 일인칭 인간이 되었다. 즉자적 인간에서 대자적 인간이 되었다. 누가 그를 대신해서 말해준 것이 아니고, 그가 소리를 냈다. 성서를 전혀 읽지도 못한 눈먼 사람이 성서 전문가인 바리사이파 사람들에게 신학적으로 맞받아친다.

세월호 참사와 제주 4·3 사건에서 드러났듯이, 세상에서 가장 나쁜 말은 "조용히 해" 아닐까. 세상에서 가장 나쁜 죄는 희생자의 입을 막는 것 아닐까. 마이크를 독점하고 다른 사람들을 아랫것 취급하며 '갑질' 하는 인간들은 정말 나쁘다. 그리스도인은 종교적 노예가 아니라 자유와 해방을 누리는 능동적 인간이다. 어떤 방식으로든 다른 사람을 자기 노예로 만드는 사람은 예수에게서 멀리 있다. 경제적 노예든, 정신적 노예든, 종교적 노예든 마찬가지다. 남을 우뚝 서게 도와주고 존중하는 태도가 예수의 메시지에 가깝다.

35-38절에서 예수를 보고 예수 앞에서 믿음을 고백한 눈뜬 시각장애인은 부활한 예수를 보고 믿음을 고백한 토마(〈요한〉 20,28)와 많이 닮았다. 토마처럼 그도 예수를 보고 믿었다. 토마처럼 그도 예수를 주님이라 불렀다. 39절 "못 보는 사람은 보게 하고 보는 사람은 눈멀게 하려는 것입니다"는 심판을 가리키는 문장이다. 보고 싶은 것만 보는 사람은 심판 받을 것이다. 보기 싫은 것을 보지 않는 사람도 심판 받을 것이다. 이웃의 고통과 희생자의 억울한 사연에 눈 감고 귀 막고 사는 그리스도인은 하느님께 무자비한 심판을 받을 것이다.

41절 "여러분이 차라리 눈먼 사람이라면 오히려 죄가 없을 것입니다. 그러나 여러분은 지금 눈이 잘 보인다고 하니 여러분의 죄는 그대로 남아 있습니다"라는 예수의 말씀 앞에서 지식인, 법조인, 종교인, 언론인은 특히 부끄럽겠다. 복음서에서 예수가 비판하는 대상에 나 자신을 대입하면 묵상과 반성에 도움이 된다. 예수가 세상에 온 것은 한편으로 은총이지만, 심판이기도 하다. 의로운 사람에게 예수는 기쁜 소식이지만, 불의를 저지른 사람에게 예수는 두려운 소식이다.

40절에서 바리사이파 사람 몇이 "우리들도 눈이 멀었단 말이오?" 하고 예수에게 대들었다. 바리사이파는 유다교에서 가장 열심이라고 자타가 공인하는 평신도 그룹이다. 사제의 부패를 비판하며, 일상생활에서 사제보다 깨끗하게 살려고 애쓴 사람들이다. 성서 공부, 기도, 선행, 단식에 열심인 모범 신도다. 성서 해석의 권위자로 백성에게 존중받았기 때문에 사람들은 의문이 생기면 바리사이파에게 가서 물었다(13절).[353] 그들은 복음서에서 왜 예수의 맞수로 등장했을까.

유다 독립 전쟁 후 유다교에 바리사이파만 남고 다른 그룹은 멸망해서 역사 속으로 사라졌다. 예수가 활동할 때 예수의 경쟁자가 될 만큼 훌륭하게 산 사람들이다. 예수와 거리가 멀어서 적대자가 된 것이 아니라, 예수와 맞수가 될 만큼 훌륭하게 살고 마땅히 존경받은 사람들이다. 바리사이파 사람들이 예수에게 비판 받은 이유는 두 가지다.

1. 바리사이파는 자기들처럼 일상에서 종교 규칙을 지키지 못하는 동족 유다인을 무시하고 차별했다. 종교 차별이다.
2. 바리사이파는 가난한 사람을 무시했다. 인간 차별이다.

종교적으로 열심히 한다고 자처하는 사람들은 종교에 소홀한 사람과 가난한 사람을 무시하기 쉽다. 그런 종교적 오만은 예수에게 사정없이 비판받았다. 목사나 신부, 수녀는 종교의식에 참여할 시간이나 종교 서비스를 누릴 기회가 비교적 많다. 그러다 보면 자신이 신앙에서 모범적이거나 앞서가는 사람이라고 착각하기 쉽다. 그런데 누가 진짜 종교적인 사람이고, 누가 진짜 눈먼 사람일까.

종교적 오만은 어떤 종류의 오만보다 고치기 어렵다. 목사나 신부, 수녀는 '바리사이 병'에 걸리기 쉽고, 영적 치매에 빠지기 쉽다. 목사나 신부, 수녀는 평신도의 수고와 희생 덕분에 종교 서비스를 과분하게 누리지 않는가. 목사나 신부, 수녀가 직장 생활을 하며 스스로 하루 세끼를 해결한다면, 종교 서비스를 누릴 시간이 지금처럼 많을까.

성서학자들은 바오로의 편지 연구에서 죄 문제를 많이 다뤘지만, 〈요한〉 연구에서는 그렇지 않았다. 죄ἁμαρτία라는 단어는 〈마르〉에 6번, 〈마태〉에 7번, 〈루가〉에 12번, 〈요한〉에 17번 나온다. 〈요한〉에서 죄의 문제는 5장과 9장에서 기적 이야기를 다룰 때 나타난다. 예수는 누가 죄인이라고 직접 언급하지 않았다.

〈요한〉 8장, 15-16장에서 예수의 등장이 세상이 감춘 죄를 드러내고 죄를 이겨낸다는 사실을 강조한다. 겉으로 보면 〈요한〉에서 죄는 예수에 대한 불신, 하느님을 망각하고 세상에 사로잡힘 등 주로 종교적 차원에서 논의된다. 그러나 자세히 보면 〈요한〉은 악의 세력에 저항하는 예수를 강조한다. 저항이 없었다면 십자가도 없었다. 예수가 유다교 적폐를 구경만 하거나, 침묵하거나, 알고도 모른 체했는가. 조용히 기도만 했는가.

예수는 침묵을 깨고 저항에 나섰다. 저항하려면 어떻게 해야 할까. 저항을 억압하는 침묵을 고발하지 않을 수 없다. 제주 4·3 사건을 고발하는 이산하의 시집 《한라산》 복원판이 2018년 새로 나왔다. 시인은 저자 후기에 썼다. "세상이 지옥으로 변하는 이유는 나쁜 사람들이 많아서가 아니라 침묵하는 착한 사람들이 많기 때문이다. … 적들의 침묵보다 친구들의 침묵이 더 나를 슬프게 했다. 모든 적폐는 나의 침묵에서 비롯된다. 그것이 모여 우리의 침묵이 되고, 그 침묵의 연대가 곧 침묵의 파시즘이다."

오늘 한국 종교들이 속절없이 추락하는 까닭이 무엇일까. 부패한 종교인 탓도 있지만, 침묵하는 착한 종교인이 많기 때문인지 모른다. 침묵하는 착한 종교인 때문에 종교가 지옥으로 변하는지 모른다. 착한 종교인이 침묵하는 그 순간에도 종교는 계속 지옥으로 변한다. 알리바이로,

핑계로 자주 악용되는 순명 이데올로기가 종교 적폐를 숨기거나 개혁을 방해하는 수단으로 쓰인다. 가난한 사람의 고통에 내 침묵이 길어질수록 우리의 고통은 늘어간다.

〈요한〉에서 죄의 반대말이 무엇일까. 불신이라는 답이 금방 나올 수 있다. 틀린 말은 아니다. 그러나 더 좋은 답이 있다. 〈요한〉에서 죄의 반대 말은 생명이다.[354] 하느님은 십자가에서 "죄 No, 생명 Yes"를 선언하셨다. 십자가에서 죄의 정체가 드러나고 생명의 빛이 밝혀졌다. 십자가에서 죽음을 낳는 악의 세력이 고발되고 생명을 요구하는 정의의 세력이 등장했다. 그러나 지금까지 그리스도교는 죄를 주로 불신과 대립시켜 설명해왔다. 죄와 생명을 대립시켜 충분히 강조하지 못했다.

이제 예수를 믿지 않는 일이 죄라는 생각을 넘어서면 어떨까. 가난한 사람을 억압하는 일이 진짜 죄다. 불신이 죄라기보다 가난한 사람을 억압하는 일이 죄다. 가난한 사람이 살지 못하도록 억압하는 일이 예수를 믿지 않는 일보다 큰 죄다. 무신론자가 죄인이라기보다 가난한 사람의 생명을 억압하는 부자가 죄인이다. 예수를 믿는다면서 가난한 사람을 억압하는 그리스도인은 생명의 예수를 반대하는 사람이다. 가난한 사람 안에 있는 예수그리스도를 박해하는 사람이다. 그런 사람은 사실상 무신론자다. 그런 불신이 진짜 불신이요, 진짜 죄다.

해방신학이 여기서 할 일이 많다. 죄와 불신이라는 생각과 논의의 틀을 죄와 생명이라는 틀로 바꾸는 일이다. 죄보다 불평등을 더 논의해도 좋다. 나는 21세기 인류의 최대 문제는 죄가 아니라 불평등이라고 생각한다. 죄가 불평등을 낳기도 하지만 불평등이 죄를 낳기도 한다.

4막 A 4장 착한 목자 예수

························

¹ 예수가 또 말하였다. "정말 잘 들어두시오. 양 우리에 들어갈 때에 문으로 들어가지 않고 딴 데로 넘어 들어가는 사람은 도둑이며 강도입니다. ² 양 치는 목자는 문으로 버젓이 들어갑니다. ³ 문지기는 목자에게 문을 열어주고 양들은 목자의 음성을 알아듣습니다. 목자는 자기 양들을 하나하나 불러내어 밖으로 데리고 나갑니다. ⁴ 이렇게 양 떼를 불러낸 다음에 목자는 앞장서 갑니다. 양 떼는 그의 음성을 알고 있기 때문에 그를 뒤따라갑니다. ⁵ 양들은 낯선 사람을 결코 따라가지 않습니다. 그 사람의 음성이 귀에 익지 않기 때문에 오히려 그를 피하여 달아납니다." ⁶ 예수가 그들에게 이 비유를 말해주었지만 그들은 그 말이 무슨 뜻인지 깨닫지 못하였다.

⁷ 예수가 또 말하였다. "정말 잘 들어두시오. 나는 양이 드나드는 문입니다. ⁸ 나보다 먼저 온 사람은 모두 다 도둑이며 강도입니다. 그래서 양들은 그들의 말을 듣지 않았습니다. ⁹ 나는 문입니다. 누구든지 나를 거쳐서 들어오면 안전할뿐더러 마음대로 드나들며 좋은 풀을 먹을 수 있습니다. ¹⁰ 도둑은 다만 양을 훔쳐다가 죽여서 없애려고 오지만 나는 양들이 생명을 얻고 더 얻어 풍성하게 하려고 왔습니다."

¹¹ "나는 착한 목자입니다. 착한 목자는 자기 양을 위하여 목숨을 바칩니다. ¹² 목자가 아닌 삯꾼은 양들이 자기 것이 아니기 때문에 이리가 가까이 오는 것을 보면 양을 버리고 도망칩니다. 그러면 이리는 양들을 물어 가고 양 떼는 뿔뿔이 흩어집니다. ¹³ 그는 삯꾼이어서 양들을 조금도 생각하지 않기 때문입니다. ¹⁴ 나는 착한 목자입니다. 나는 내 양들을 알고 내 양들도 나를 압니다. ¹⁵ 이것은 마치 아버지께서 나를 아시고 내가 아버지를 아는 것과 같습니다. 나는 내 양들을 위하여 목숨을 바칩니다. ¹⁶ 나에게는 이 우리 안에 들어 있지 않은 다른 양들도 있습니다. 나는 그 양들도 데려와야 합니다. 그러면 그들도 내 음성을 알아듣고 마침내 한 떼가 되어 한 목자 아래 있게 될 것입니다."

¹⁷ "아버지께서는 내가 목숨을 바치기 때문에 나를 사랑하십니다. 그러나 결국 나는 다시 그 목숨을 얻게 될 것입니다. ¹⁸ 누가 나에게서 목숨을 빼앗아 가는 것이 아니라 내가 스스로 바치는 것입니다. 나에게는 목숨을 바칠 권리도 있고 다시 얻

을 권리도 있습니다. 이것이 바로 내 아버지에게서 내가 받은 명령입니다."

19 이 말씀을 들은 유다인들 사이에서는 다시 논란이 일어났다. 20 많은 사람이 "그는 마귀가 들렸소. 그런 미친 사람의 말을 무엇 때문에 듣는 거요?" 하고 말하는가 하면 21 어떤 사람들은 "마귀 들린 사람이 어떻게 그런 말을 하겠소? 더구나 마귀가 어떻게 소경의 눈을 뜨게 할 수 있단 말이오?" 하고 말하였다.(10,1-21)

목자의 비유(〈요한〉 10,1-21)에 대한 연구 작품은 20세기에 많이 나왔다. 대다수 연구는 목자의 비유가 어떻게 생겨났는지Genese에 집중되었다. 전승된 부분은 어디이고, 〈요한〉 저자가 손댄 곳은 어디인지 구분해야 올바로 이해할 수 있다는 의견이다.[355] 독일어권 연구자들이 〈요한〉 10,1-21을 언제나 통일된 이야기로 본 것은 아니다.[356] 문 이야기와 목자 이야기가 합쳐졌다,[357] 원래 통일된 이야기다[358]라는 의견도 있다. 불트만은 〈요한〉 10장의 원래 순서를 22-26절, 11-13절, 1-10절, 14-18절, 27-39절로 생각했다.[359] 불트만의 제자 베커는 1-18절을 어느 교회 편집자가 끼워 넣었다고 추측한다.[360]

목자와 양의 관계(1-6절), 착한 목자(7-21절) 두 부분으로 된 이야기다. 〈요한〉 저자는 목자와 양의 비유를 쓸 때 특히 〈즈가〉 14장을 참고한 것 같다.[361] 목자와 양의 비유(1-5절)는 예수의 사명과 신분을 정당화하려는 목적이 있다.[362] 목자는 고대에 지배Herrschaft의 비유로 사용되었다(〈이사〉 40,10-; 〈미가〉 5,3; 〈에제〉 34,23). 1-2절에서 착한 목자는 도둑, 강도와 대립된다. 목자와 양의 비유는 어느 문학 유형으로 분류될까. 수수께끼 발언 Rätselrede[363]은 좀 그렇다. 독자는 벌써 뜻을 쉽게 이해했다. 설명되는 비유 erzählenden Gleichnis[364]는 어떨까. 논쟁 문헌으로 볼까.[365]

1절 Ἀμὴν ἀμὴν λέγω ὑμῖν은 "정말 잘 들어두어라"(공동번역성서 개정판), "내가 진실로 진실로 너희에게 이르노니"(개역개정 성경전서)라고 번역되었다. 나는 "여러분에게 진실로 진실로 말합니다"라고 번역하고 싶다. 4막 A 3장에서 "우리들도 눈이 멀었단 말이오?"(〈요한〉 9,40) 하고 대든 바리사이파 사람들에게 예수가 설교한다. 1-2절에서 도둑과 강도(〈에제〉 34,2-4.28)는 문이 아닌 다른 곳으로 드나든다. 목자와 도둑, 문과 문 아닌 곳이 대조된다. 누가 목자이고 누가 도둑인지 설명된다. 양에게 가는 올바른 방법과 잘못된 방법이 있다.

3절에 문지기가 목자의 아랫사람으로 소개된다. 문지기는 두 종류를 생각할 수 있다.

1. 소규모 양 떼를 소유한 여러 주인이 고용한 문지기 하나가 밤에 양 떼를 담으로 둘러싸인 곳에 모아놓고 지킨다.[366]
2. 밤에 야외에 있는 양 떼에게 목자들이 다가가 양 떼 주변에 담을 친다. 목자들은 근처에서 천막을 치고 쉬고, 목자 중 하나가 문지기로 뽑혀 밤새 양 떼를 지킨다.[367]

목자는 양 떼를 잘 안다(〈시편〉 37,18). 목자는 양에게 이름을 지어주고 부른다(〈이사〉 43,1; 45,3; 49,1). 양 떼는 목자의 음성을 안다(〈시편〉 94,7). 양 떼는 목자를 따라간다. 4절에서 따르다ἀκολουθεῖν는 믿음을 따른다는 말이다(〈요한〉 8,12). 6절에서 예수는 바리사이파 사람들에게 비유παροιμία (〈요한〉 16,25.29)를 말하지만, 그들은 알아듣지 못한다. παροιμία는 〈2베드〉 2,22을 제외하면 신약성서에 〈요한〉에만 4번 나온다. 나는 비유보다 수수께끼 발언으로 번역하는 것이 좋다고 생각한다. 부활 이후에 비로소 예수의 진짜 모습을 알 수 있었다. 눈을 뜨고 받아들일 마음이 돼야 예수를 알 수 있다. 자기 욕심을 버리고 악의 세력에 저항하고 싸우며 십자가를 져야 예수를 알 수 있다.

7-10절은 1-5절에서 첫째 해설을, 11-18절에서 둘째 해설을 하는 것으로 볼 수 있다. 착한 목자는 어디서 오는가〈〈요한〉7,27-; 8,14; 19,9〉. 7-10절 이야기는 무엇을 참조했을까. "이것이 야훼의 문, 의인들이 이리로 들어가리라"〈〈시편〉118,20〉 아닐까. 신약성서가 쓰이던 시절에 〈시편〉118,20은 메시아를 가리키는 구절로 해석되었다〈〈요한〉12,13-; 〈마르〉12,10; 〈마태〉23,39〉.[368]

7절에서 "여러분에게 진실로 진실로 말합니다" 문장이 1절에 이어 그대로 반복되었다. 새로운 이야기가 시작된다는 신호다. 동의를 뜻하는 단어 아멘ἀμὴν은 특히 한국 개신교에서 성도들이 목사의 설교에 동의하는 말로 유명하다. 개신교 성도들은 그동안 실컷 아멘, 외쳤으니 이제 아니요, 소리치면 어떨까. 좋은 설교에 아멘, 엉터리 설교에 아니요, 외치자는 말이다. 엉터리 설교에 아멘을 외치는 모습은 아름답지 않다.

어떤 성서 사본에는 8절 나보다 먼저πρὸ ἐμοῦ라는 표현이 보이지 않는다. 바바라 알란트Barbara Aland와 쿠르트 알란트Kurt Aland가 편찬한 그리스어 성서Novum Testamentum Grӓce 28판(2015)에는 '나보다 먼저'가 괄호 안에 있다. 공동번역성서 개정판이나 개역개정 성경전서는 아쉽게도 그렇게 하지 않았다. 8절 "나보다 먼저 온 사람은 모두 다 도둑이며 강도입니다"는 오해받기 쉽다. 나보다 먼저 온 사람이 예수 이전에 태어난 모든 사람을 가리키는 것은 아니다. 예수보다 먼저 온 모세와 엘리야, 다윗 같은 위대한 인물을 도둑이나 강도라고 폄하하는 것도 아니다. 〈요한〉은 모세와 엘리야, 다윗을 예수를 증언하는 사람으로 소개한다.

예수보다 먼저 태어난 사람은 도둑이요 강도라는 말이 아니다. 착한 목자보다 먼저 양 떼에게 온 사람은 도둑이며 강도라는 뜻이다. 목자는 아침 일찍 양 떼에게 오지만 도둑과 강도는 밤에 온다.[369] 도둑과 강도는 목자보다 먼저 양 떼에게 온다. 도둑과 강도는 예수 당시 유다교 권력층과 로마 군대를 가리킨다고 추측해도 좋을까. 가난한 백성을 착취하는 국내외 지배층을 비판하는 말이겠다.

로마 군대에 무력으로 저항한 열혈당Zeloten 사람들을 가리킬까. 그런 것 같지 않다. 많은 연구자는 요한 공동체와 논쟁을 벌인 바리사이파 사람들을 의식한 것으로 본다.[370] 악마는 제자들보다 먼저 예수의 정체를 정확히 알아본다(〈마태〉 4,1-11). 악의 세력은 누가 의인인지 제일 먼저 알아채서 블랙 리스트를 만들어놓는다.

문은 공간을 둘로 나누지만, 나뉜 두 공간을 연결하기도 한다. 예수는 문(9절)이다. "정의의 문을 열어라. 내가 들어가 야훼께 감사 기도 드리리라. 이것이 야훼의 문, 의인들이 이리로 들어가리라"(〈시편〉 118,19-20)를 기억하고 싶다. 예수를 통해 구원의 문으로 들어갈 수 있다(〈요한〉 3,17; 5,34; 12,47). 좋은 풀을 찾으면(〈시편〉 23,1-3; 〈에제〉 34,12-15) 양 떼는 생명을 얻는다.

9절 "누구든지 나를 거쳐서 들어오면 안전할뿐더러"에서 반유다주의적 해설을 이끌어내면 안 된다. 하느님이 이스라엘 백성을 이집트의 억압에서 해방하셨듯이 예수가 그리스도인을 유다교의 억압에서 해방해 안전하다[371]는 식으로 잘못 해석하면 안 된다.

"착한 목자는 자기 양을 위하여 목숨을 바칩니다."(11절) 목자가 아닌 삯꾼은 어떨까. "목자ποιμήν가 아닌 삯꾼μισθωτὸς은 양들이 자기 것이 아니기 때문에 이리가 가까이 오는 것을 보면 양을 버리고 도망칩니다. 그러면 이리는 양들을 물어 가고 양 떼는 뿔뿔이 흩어집니다. 그는 삯꾼이어서 양들을 조금도 생각하지 않기 때문입니다."(12-13절)

여기서 삯꾼, 즉 일용직 노동자나 비정규직 노동자나 아르바이트생을 나쁘게 일반화하는 말이 아니다. 주인처럼 양 떼를 아끼는 삯꾼도 있다. 도둑에 맞서 목숨 걸고 양 떼를 지키는 삯꾼도 있다. 착한 목자와 삯꾼을 꼭 대립시킬 필요는 없다. 착한 고용주와 악한 노동자를 대립시키고, 예수가 고용주 편을 드는 것이 아니다. 예수가 노조를 편들지, 재벌을 편들겠는가. 착한 목자와 삯꾼의 대립보다 착한 목자와 악한 목자를 대립시키면 좋겠다.

악한 목자는 누구일까. "주 야훼가 말한다. 망하리라. 양을 돌보아야 할 몸으로 제 몸만 돌보는 이스라엘의 목자들아! 너희가 젖이나 짜 먹고 양털을 깎아 옷을 해 입으며 살진 놈을 잡아먹으면서 양을 돌볼 생각은 않는구나. 약한 것은 잘 먹여 힘을 돋우어주어야 하고 아픈 것은 고쳐주어야 하며 상처 입은 것은 싸매주어야 하고 길 잃고 헤매는 것은 찾아 데려와야 할 터인데, 그러지 아니하고 그들을 다만 못살게 굴었을 뿐이다. 양들은 목자가 없어서 흩어져 온갖 야수에게 잡아먹히며 뿔뿔이 흩어졌구나. 내 양 떼는 산과 높은 언덕들을 이리저리 헤매고 있다. 내 양 떼가

온 세상에 흩어졌는데 찾아다니는 목자 하나 없다."(〈에제〉34,2-6)

악한 목자 때문에 양 떼가 온 세상에 흩어지며 고통 받는다. 하느님은 악한 목자를 어떻게 처벌하실까. "목자라는 것들은 나의 눈 밖에 났다. 나는 목자라는 것들을 해고하고 내 양 떼를 그 손에서 찾아내리라. 그들이 다시는 목자로서 내 양 떼를 기르지 못할 것이다. 나는 내 양 떼를 그들의 입에서 빼내어 잡아먹히지 않게 하리라. 주 야훼가 말한다. 보아라. 나의 양 떼는 내가 찾아보고 내가 돌보리라."(〈에제〉34,10-11) 하느님께서 양 떼를 돌보실 뿐 아니라, 악한 목자를 반드시 처단하신다. 착한 목자는 자기 양 떼를 위해 목숨을 바치지만, 악한 목자는 자기 욕심을 채우려고 양 떼를 죽인다.

〈요한〉 저자는 12절 "이리가 가까이 오는 것을 보면 양을 버리고 도망칩니다"를 쓸 때 누구를 떠올렸을까. 독자는 누구 얼굴이 생각날까. 예수를 세 번 부인한 베드로(〈루가〉22,31-34; 〈요한〉13,36-38)가 당연히 첫 번째로 떠오르겠다. 12절 "그러면 이리는 양들을 물어 가고 양 떼는 뿔뿔이 흩어집니다"는 "내 양 떼가 온 세상에 흩어졌는데 찾아다니는 목자 하나 없다"(〈에제〉34,6)가 연상된다.

착한 목자 어디 없는가. "너희는 나의 양 떼, 내가 기르는 양 무리요 나는 너희의 하느님이다. 주 야훼가 하는 말이다."(〈에제〉34,31) 이스라엘 백성이 하느님의 양 떼인 것처럼, 온 세상 백성이 예수의 양 떼다. 예수 덕분에 구원의 때가 왔다는 말이다. 예수는 마지막 시대의 착한 목자다(〈이사〉40,11; 〈예레〉13,17; 〈시편〉28,9). 이 생각으로 〈요한〉10,1-18을 읽으면 좋겠다. 〈요한〉10,1-18.26-29은 〈에제〉34장을 해설한다.[372]

14절 "나는 내 양들을 알고 내 양들도 나를 압니다"에서 접속사 καθὼς는 '-는 만큼'이라는 비교의 뜻이 있지만, '-기 때문에'라는 근거의 뜻도 있다.[373] 14절을 두 가지로 이해할 수 있다.

1. 내가 내 양들을 아는 만큼 내 양들도 나를 압니다.
2. 내가 내 양들을 알기 때문에 내 양들도 나를 압니다.

예수가 그리스도인만 신경 쓴다거나 정해진 소수 사람들만 구원 받는다는 식으로 이해하면 안 된다. 그러면 인류를 대부분 잃어버린 무리 massa perditionis로 낙인찍는 결과가 된다. 착한 목자는 자기 양 떼를 위해 기꺼이 목숨을 바친다. 몇몇 양을 챙기고 다른 양은 버리는 목자를 착한 목자라고 할 수 있는가.

하느님과 예수가 서로 알듯이, 착한 목자는 양을 알고 양도 착한 목자를 안다. 착한 목자와 양의 관계는 예수와 하느님 관계에 기초한다(〈요한〉 6,57; 13,34; 15,9). 14절에서 알다γινώσκειν라는 단어는 합리적인 지식을 말하는 것이 아니라, 깨닫고 인정하고 함께 책임을 느끼며 행동함을 가리킨다. 안다는 말은 곧 책임을 느낀다는 말이다. 다른 사람에게 친구가 되는 것은 내가 그에 대한 책임을 느낀다는 말이다. 나와 아무 관계없는 새로운 정보를 아는 것이 아니고, 내 책임도 일부 있는 사건처럼 느끼는 것이다.

1989년 11월 16일, 엘살바도르에서 정부군에게 살해된 해방신학자 이냐시오 에야쿠리아 신부는 현실을 대하는 3단계 과정을 다음과 같이 소개했다.[374]

1. 현실을 정직하게 인정하고 본다_{hacerse cargo de la realidad}.

2. 잘못된 현실에 내 책임도 일부 있다고 느낀다_{cargar con la realidad}.

3. 잘못된 현실을 바로잡기 위해 내가 애쓴다_{encargarse de la realidad}.

에야쿠리아는 가톨릭 사회 교리에서 널리 쓰이는 3단계 과정(보기, 판단하기, 행동하기)보다 자세히 설명했다. 역사나 성서를 보는 눈도 마찬가지다. 역사의 희생자, 성서의 등장인물을 나와 동일시하고 공감하고 내가 책임질 부분을 찾아가는 것이다. 법적으로 나는 옛날에 벌어진 사건에 아무 책임이 없지만, 윤리적·사회적으로 책임을 느끼는 것이다. 착한 사마리아 사람도, 착한 목자도, 십자가에 매달린 예수도, 체 게바라_{Ché Guevara}도, 성 로메로 대주교도 그렇게 길을 걷고 살았다. 제주 4·3 사건을 알다 보면 희생자에 대한 내 책임을 느낀다.

나는 〈요한〉 10장에서 목자는 메시아를 가리키지 않는다[375]는 의견에 반대한다. 나쁜 목자에 반대하여 자기 목숨을 바치는 착한 목자가 진짜 메시아다. 목자의 비유는 공동성서에서 많은 내용을 빌려 왔다. 그러나 18절 "누가 나에게서 목숨을 빼앗아 가는 것이 아니라 내가 스스로 바치는 것입니다"라는 선언으로 새로운 사상이 나타났다. '희생하는 목자' 사상이다. 예수의 자발적 희생을 예고하는 말이다. 예수는 지배하는 메시아가 아니라 희생하는 메시아라는 전혀 새로운 생각과 모범을 인류에게 선사했다.

양과 목자의 관계는 비교와 근거를 둘 다 포함한다. '−는 만큼'과 '−기 때문에'를 동시에 뜻한다. 예수와 가난한 사람의 관계에 응용해보자.

1. 예수를 아는 것과 가난한 사람을 아는 것은 정비례 관계다.
2. 예수를 아는 것과 가난한 사람을 아는 것은 떼어놓을 수 없다.

첫째, 예수를 아는 만큼 가난한 사람을 알 수 있다. 가난한 사람을 아는 만큼 예수를 알 수 있다. 둘째, 예수를 알기 때문에 가난한 사람을 알 수 있다. 가난한 사람을 알기 때문에 예수를 알 수 있다. 예수를 더 알아간다고 해서 가난한 사람을 덜 생각하는 것이 아니고, 가난한 사람을 더 알아간다고 해서 예수를 덜 생각하는 것이 아니다. 예수를 모르면 가난한 사람을 잘 알 수 없다. 가난한 사람을 모르면 예수를 잘 알 수 없다. 예수와 가난한 사람은 구분할 수 있으나 분리할 수 없다. 가난한 사람을 외면하고 예수를 아는 길은 없다. 가난한 사람 없는 예수는 공허하고, 예수 없는 가난한 사람은 맹목적이다.

내 스승 혼 소브리노Jon Sobrino 신부는 수업 시간에 성 로메로 대주교의 일화를 자주 말해주었다. 로메로 대주교가 "이렇게 착한 양 떼와 함께라면 착한 목자 되기는 어렵지 않습니다"라고 말하자, 가난한 백성들이 "이렇게 착한 목자와 함께라면 착한 양 떼 되기는 어렵지 않습니다"라고 응답했다고 한다. 나는 엘살바도르에서 해방신학을 본격적으로 공부하기 시작한 1997년에 로메로 대주교가 착한 목자임을 금방 알았다. 로메로 대주교는 양 떼를 위해 목숨을 바친(11·15절) 분이다. 가난한 사람에게 존경받는 사람이 진짜 착한 목자다.

〈요한〉은 온 세상에 기쁜 소식을 전하고 싶다(3,16; 4,42; 10,16). 이스라엘 백성이 아닌 양 떼도 잊지 않는다. 하느님과 예수의 사랑, 그 사랑 안에 하느님과 예수가 일치함은 〈요한〉 그리스도론의 핵심이다.[376] 예수의 십자가는 수동적 십자가가 아니라 능동적 십자가다. 목숨을 빼앗긴 것이 아니라 스스로 목숨을 바친 사건이다. 가만히 앉았다가 영문도 모르고 끌려가 죽음에 이르지 않았다. 미리 다 알고, 각오하고, 저항하고 체포되어 처형되었다. 예수는 삶의 모든 시간과 진행을 미리 알고 결정했다. 〈요한〉은 예수의 저항과 수난의 역사를 기록했다. 예수는 연극 대본을 다 읽고 처음부터 끝까지 모든 상황을 알고 연기하는 주연배우다.

예수의 말은 유다인들 사이에 분열을 일으킨다(〈요한〉 7,43; 9,16; 10,19). 예수는 미친 사람, 마귀 들린 사람이라는 말까지 들었다(〈요한〉 7,20; 8,48). 메시지를 무시하려면 메신저를 비난하라는 말처럼 유다인은 예수의 메시지를 거부하기 위해 예수를 미친 사람, 마귀 들린 사람이라고 공격한다. 누구도 예수를 보면 중립적으로 처신할 수 없기 때문이다. 예수를 알고 나면 어떻게든 태도를 정해야 한다. 예수 앞에 중립 없다. 예수를 따를지, 보고 있을지, 모른 체할지 저절로 태도가 정해진다. 프란치스코 교황이 고통 앞에 중립 없다는 말로 한국인의 가슴을 울렸듯이, 예수는 십자가로 인류의 마음을 뒤흔들었다.

양 떼는 하느님의 백성, 즉 모든 인간을 가리킨다. '하느님의 백성'은 2차 바티칸공의회가 즐겨 쓴 용어다. 하느님의 백성은 성직자와 평신도를 포함한다. 고대에 '주교 있는 곳에 교회 있다'는 말이 널리 쓰였다면, 지금은 '하느님의 백성이 있는 곳에 교회 있다'는 말이 애용된다. '주교 있는 곳에 교회 있다'는 정확히 분석하면 아주 부족한 말이다. '교회 있는 곳에 주교 있다'는 문장으로 바꿔야 한다. '미인은 잠꾸러기다'와 '잠꾸러기는 미인이다'라는 문장은 같은 뜻이 아니다. '주교 있는 곳에 교회 있다'와 '교회 있는 곳에 주교 있다'는 같은 문장이 아니다. 주어와 술어의 위치를 바꾼 것뿐 아니라 의미도 크게 다르다.

옛날에는 교회에서 주교 역할이 주로 강조되었지만, 지금은 교회의 공동체성이 더 강조된다. '하느님의 백성이 있는 곳에 교회 있다'는 물론 맞는 말이지만, 그보다 먼저 '하느님의 백성이 곧 교회'다. 교회는 장소 개념이 아니라 모임 개념이다. 교회는 건물이 아니라 사람이다. 우리(독자)는 살아 있는 교회요, 걸어 다니는 교회다.

교회란 무엇인가. 진짜 목자는 누구이고 진짜 양 떼는 누구인가. 예수는 어떤 교회를 원했는가. 지금 그리스도교는 예수와 거리가 먼가, 가까운가. 〈요한〉 10장에서 교회론을 공부할 수 있다. 하느님께 충실하지 않은 이스라엘 지배층은 자기 양 떼를 늑대에게 넘기는 나쁜 목자와 같다 (〈예레〉 23,1-8; 〈에제〉 34,2-). 목자의 비유(1-21절)는 성직자 비판에 사용될 수 있다.

성직자를 목자로, 신도나 가난한 사람을 양으로 비유하면 여전히 배울 점이 있다. 양을 가까이하는 목자에게 양 냄새가 난다. 양을 가까이하지 않는 목자는 양 냄새가 나지 않는다. 사제를 가까이하지 않는 주교는 어떤 냄새가 날까. 부자 신자를 가까이하는 목사나 신부에게 어떤 냄새가 날까. 가난한 사람을 가까이하는 목사나 신부는 가난한 사람 냄새가 난다. 착한 목자를 그리워하는 길 잃은 양 떼가 넘쳐난다. 착한 목자도 있지만 나쁜 목자도 있다는 현실을 잊어서는 안 된다.

목사와 신부를 목자로, 성도와 평신도를 양으로 단정해야 하는가. 목사와 신부를 지배층으로, 성도와 평신도를 피지배층으로 규정할 필요는 없다. 목사와 신부는 가르치는 사람, 성도와 평신도는 배우는 사람으로 나눌 필요도 없다. 거꾸로 성직자를 양으로, 평신도를 목자로 볼 수도 있다. 성도와 평신도는 가르치는 사람, 목사와 신부는 배우는 사람이라고 볼 필요도 있다. 목사와 신부는 피고용인, 성도와 평신도는 고용주 아닌가. 언젠가 미사 설교에서 독일 신학자 카를 라너Karl Rahner가 설교하는 사람은 가르치는 사람이고 듣는 신도는 배우는 사람이냐고 물었다. 정말 누가 누구를 가르치는지 아무도 모른다고 강조했다. 말하는 사람이 배우는 사람이고, 듣는 사람이 가르치는 사람일 수 있다.

그리스 문헌에도 백성을 양으로, 통치자 왕을 목자로 비유한 기록이 있다. 그리스도교에서 목자와 양의 비유는 여전히 즐겨 인용된다. 그러나 21세기 민주주의 시대에 목자와 양의 비유가 어울리는가. 목사와 신부를 목자로, 신도를 양으로 비유하면 위험한 점도 있다. 목자와 양의 비유는 지배와 복종의 비유, 평등하지 않은 권력관계를 기초로 하는 비유다. 목자와 양의 권력은 평등하지 않다. 목자와 양의 비유 자체가 민주주의 시대에 어울리지 않는다.

목자와 양의 비유는 이제 쓰지 않으면 좋겠다. 이 비유를 지금도 교회나 성당에서 듣는다면, 그 약점을 잊지 말아야 한다. 어디 비유만 그럴까. 단어, 격언, 명언, 성인과 성녀의 전기도 마찬가지다. 교회 역사도 뒤집어 생각할 필요가 있다. 민주주의 아닌 시대에 생긴 아름다운 전통, 이야기, 인물에 우리 시대에 맞지 않는 내용이 끼어들 수 있다.

우리는 목자의 비유(〈요한〉 10,1-21)를 어떻게 볼까. 성서 주석학 책을 뒤지면 어렵지 않게 이해할 수 있다. 성서 주석학 책을 탐독하는 것 못지 않게 중요한 일이 있다. 목자의 비유는 오늘 한국 그리스도교에 어떤 가르침을 주는가. 목자의 비유가 성직자 중심주의를 강화하고, 성직자를 우상숭배 하는 방향으로 잘못 쓰이지 않는가. 목사나 신부를 자동적으로 착한 목자라고 동일시하는 잘못을 범하지 않는가. 누가 착한 목자이고 누가 악한 목자인지 분별해야 한다.

4막 A 5장 하느님의 아들 예수

....

²² 때는 겨울이었다. 예루살렘에서는 봉헌절 축제가 벌어지고 있었다. ²³ 예수는 성전 구내에 있는 솔로몬 행각을 걷고 있었는데 ²⁴ 유다인들이 예수를 둘러싸고 "당신은 얼마나 더 오래 우리의 마음을 조이게 할 작정입니까? 당신이 정말 그리스도라면 그렇다고 분명히 말해주시오" 하고 말하였다. ²⁵ 그러자 예수는 "내가 이미 말했는데도 여러분은 내 말을 믿지 않는군요. 내가 내 아버지의 이름으로 행하는 일들이 바로 나를 증명해줍니다. ²⁶ 그러나 여러분은 내 양이 아니기 때문에 나를 믿지 않습니다. ²⁷ 내 양들은 내 목소리를 알아듣습니다. 나는 내 양들을 알고 그들은 나를 따라옵니다. ²⁸ 나는 그들에게 영원한 생명을 줍니다. 그래서 그들은 영원히 죽지 않을 것이고 아무도 그들을 내 손에서 빼앗아 가지 못할 것입니다. ²⁹ 아버지께서 내게 맡겨주신 것은 무엇보다도 소중합니다. 아무도 그것을 아버지의 손에서 빼앗아 갈 수 없습니다. ³⁰ 아버지와 나는 하나입니다" 하고 대답하였다.

³¹ 이때에 유다인들은 다시 돌을 집어 예수에게 던지려고 하였다. ³² 그래서 예수는 그들에게 "내가 아버지께서 맡겨주신 좋은 일들을 많이 보여주었는데 그중에서 어떤 것이 못마땅해서 돌을 들어 치려는 것입니까?" 하고 말하였다. ³³ 유다인들은 "당신이 좋은 일을 했는데 우리가 왜 돌을 들겠소? 당신이 하느님을 모독했으니까 그러는 것이오. 당신은 한갓 사람이면서 하느님 행세를 하고 있지 않소?" 하고 대들었다. ³⁴ 예수는 이렇게 말하였다. "여러분의 율법서를 보면 하느님께서 '내가 너희를 신이라 불렀다' 하신 기록이 있지 않습니까? ³⁵ 이렇게 성서에서는 하느님의 말씀을 받은 사람들을 모두 신이라고 불렀습니다. 성경 말씀은 영원히 참되십니다. ³⁶ 아버지께서는 나에게 거룩한 일을 맡겨 세상에 보내주셨습니다. 여러분은 내가 하느님의 아들이라고 한 말 때문에 하느님을 모독한다고 합니까? ³⁷ 내가 아버지의 일을 하지 않고 있다면 나를 믿지 않아도 좋습니다. ³⁸ 그러나 내가 그 일을 하고 있으니 나를 믿지 않더라도 내가 하는 일만은 믿어야 할 것이 아닙니까? 그러면 여러분은 아버지께서 내 안에 계시고 또 내가 아버지 안에 있다는 것을 확실히 알게 될 것입니다."

³⁹ 그때에 유다인들이 다시금 예수를 붙잡으려고 했으나 예수는 그들의 손에서 벗

어나 몸을 피하였다. ⁴⁰ 예수는 다시 요한이 전에 세례를 베풀던 요르단 강 건너편으로 가서 거기에 머물렀다. ⁴¹ 그때 많은 사람들이 예수에게 몰려와서 서로 "요한은 기적을 보여주지 못했지만 그가 이 사람에 관해서 한 말은 모두 사실이었다" 하면서 ⁴² 많은 사람이 거기에서 예수를 믿게 되었다.(10,22-42)

예수가 유다교 최고 회의에서 심문 받은 내용이 〈마르〉〈마태〉〈루가〉에서는 끝부분 재판 장면에야 비로소 나온다. 〈요한〉은 유다교 최고 회의에서 예수가 심문 받은 내용(18,19-24)과 배경을 앞부분에서 조금씩 알려준다(2,14-22; 12,27-). 널리 알리다παρρησία(7,4; 18,20), 메시아 질문(10,24), 예수를 죽이려는 시도(5,18;7,1;10,31) 등이 그 예다. 예수와 유다인이 논쟁하는 장면은 관객에게 재판 장면을 미리 보여준다. 성서 독자는 성서라는 책을 읽기 때문에 독자지만, 성서라는 책을 읽으면서 연극 무대라는 장면을 연상하기 때문에 관객이기도 하다.

성서학자 티엔은 〈요한〉을 둘로 나눠 1-10장을 증언의 책, 11-21장을 영광의 책이라고 이름 붙였다.³⁷⁷ 세례자 요한뿐 아니라 예수의 말과 행동이 예수를 증언한다. 예수를 만나 믿음에 이른 사람들도 예수를 증언한다. 〈요한〉을 7막으로 구성된 연극으로 본다면 7,53-12,50은 4막에 해당한다.

4막 가운데 유다인에게 배척받는 예수 이야기(10,22-42)가 있다. 연극 전문 용어로 주인공의 운명이 급전Peripetie 하는 부분이다. 〈요한〉 10,40-42에서 예수의 공적 활동이 끝났다고 보기도 한다.³⁷⁸ 〈요한〉 10,22-42은 〈요한〉 8,12-20과 구조가 비슷하고, 〈루가〉 22,66-71과 진행 순서가 비슷하다. 〈요한〉 10,22-42에서 예수의 목자 발언에 대한 유다인들의 반응이 나온다. 유다인들이 예수를 갈수록 더 미워한다. 예수를 죽이려고 했다는 말이 두 번이나 있다(31·39절). 여기서 유다인이란 민족으로서 유다인이 아니라 '예수를 반대하는 사람'을 가리키는 대명사다.

이스라엘은 한반도처럼 사계절 기후가 뚜렷이 구분되는 온대 지역이 아니다. 봄의 과월절(〈요한〉 2,13;6,4)과 가을의 초막절(〈요한〉 7,2)을 지나 겨울(22절)의 봉헌절로 이야기가 진행된다. 〈요한〉에 왜 유다교 축제가 자주 나올까. 여러 가지 이유가 있다. 〈요한〉은 사람들이 많이 모이는 축제에서 예수를 가르치는 분으로 당당히 소개하고 싶다. 예수는 참 희생 제물임을 강조하고 싶다. 어린 양 예수는 유다교 축제의 완성임을 강조하고 싶다.

봉헌절은 신약성서에서 여기만 나온다. 〈요한〉은 왜 봉헌절에 예수를 등장시켰을까. 봉헌절에 메시아를 기다리는 유다인들의 기대는 컸다.[379] 유다인들을 구원하기 위해 자신을 희생하려는 예수를 소개하는 것 같다. 24절에서 예수를 둘러싼 유다인들ἐκύκλωσαν οὖν αὐτὸν οἱ Ἰουδαῖοι은 호기심 가득한 행동이 아니라 적대심을 표현한 듯싶다. 광화문광장에서 태극기 부대에 둘러싸인 세월호 유가족을 상상하자. 예수는 하느님의 메시지를 언제나 공개적으로, 목숨 걸고 말했다. 예수는 술자리에서 뒷이야기나 하는 비겁한 사람이 아니다.

안티오쿠스 4세가 파괴한 예루살렘성전을 공통년 이전 164년 유다 마카베오가 복원했다(〈1마카〉 4,36-51). 8일간 계속되는 봉헌절(〈2마카〉 2,1-7)은 이 기쁨을 기념하는 축제다. 촛불 축제(〈2마카〉 1,18-)라고도 불렀다. 유다인들은 지금도 이 축제를 명절처럼 좋아해서, 집집마다 여덟 가지 모양 촛대Chanukka가 있다. 유다인의 축제를 중심으로 예수의 사건이 보도 된다. 논쟁 이야기를 겨울에 소개해서 차가운 긴장감이 늘어난다. 성전 동쪽 담장 근처에 있는 솔로몬 행각은 초대 그리스도교 공동체가 모인 장소이기도 하다(〈사도〉3,11;5,12).

유다교 최고 회의에서 예수의 재판과 대사제 한나의 판결 보도가 〈마르〉 〈마태〉 〈루가〉에 있지만, 〈요한〉에는 없다. 〈요한〉이 예수의 재판을 축소 보도한 것은 아니다. 〈요한〉은 예수의 재판을 여기저기 조금씩 나눠 보도한다. 〈요한〉 전체가 예수의 재판 기록이라고 볼 수 있다. 피고인 예수와 유다인 증인들이 법정에서 하듯 〈요한〉 여기저기서 논쟁한다. 성전 항쟁(2,13-22)부터 예수의 재판이 사실상 시작되었다. 그러니 유다교 법정에서 예수가 심문 받는 장면을 따로 보도할 필요가 없다. 대신 〈요한〉은 예수가 빌라도에게 재판 받는 장면을 〈마르〉 〈마태〉 〈루가〉보다 자세히 다뤘다.

24절에서 유다인들은 예수에게 "당신이 그리스도요?"(〈마르〉 14,61; 〈루가〉 22,67-70)라고 결정적인 질문을 한다. 유다인들이 판사를 대신해서 묻는 셈이다. 착한 목자 발언이 메시아 질문에 대한 답이라고 여기는 〈요한〉은 유다인들이 질문하도록 설정한다. 25절 "내가 이미 말했는데도 여러분은 내 말을 믿지 않는군요"라는 구절이 성서학자들을 곤란하게 만들었다. 〈요한〉에서 예수는 그때까지 사마리아 여인(4,26), 눈 뜬 시각장애인(9,37)에게 자신이 그리스도라고 밝혔다. 그러나 유다인에게 그 말을 한 적은 한 번도 없다. 착한 목자의 비유(10,1-18)에서 예수는 〈에제〉 34장을 이용하여 자신이 메시아임을 밝혔다.

유다교에서 흔히 쓰던 논쟁 방법 중 하나가 작은 논리에서 출발해 큰 논리로 나가는 방법a minori ad maius이다. 작은 설명에서 시작해 큰 결론을 이끌어낸다. 예를 들어보자. 34절에서 '내가 너희를 신이라 불렀다'(〈시편〉 82,6)를 인용하며 논증이 시작된다. 〈시편〉 82,6은 하느님이 당신의 말씀을 받은 사람들(판관들)을 모두 신이라고 불렀다는 뜻이다. 판관들이 신이라 불렀으니 예수도 하느님의 아들이라 불릴 만하지 않느냐는 주장이다. 그렇다면 예수는 성서 말씀을 존중하고, 하느님을 모독하지 않았다는 말이다. 〈요한〉은 이런 식으로 의견을 전개하며 성서뿐 아니라 예수가 하는 일이 예수가 하느님에게서 왔음을 증언한다고 말한다. 예수가 하는 일을 보면 예수가 하느님을 모독하기는커녕 오히려 하느님 곁에 있음을 깨닫는다. 〈요한〉은 공동성서를 인용하여 예수를 정당화한다.

31절에서 유다인들은 다시 예수를 돌로 치려고 한다(〈요한〉 8,59; 〈마르〉 14,65). 유다인들은 '아버지와 나는 하나'(30절)라는 예수의 주장을 하느님 모독으로 여겼고, 하느님과 예수의 독특한 관계를 받아들일 수 없었다. 유다인들과 예수의 논쟁은 "당신은 한갓 사람이면서 하느님 행세를 하고 있지 않소?"(33절)에 요약되었다. 예수가 하느님을 모독βλασφημίας한다는 비난이다. 단어 βλασφημία은 〈요한〉에서 여기만 나온다. 〈마르〉 〈마태〉 〈루가〉에서 중풍병자를 고치신 기적(〈마르〉 2,1-12)과 유다교 최고 회의에서 심문 받을 때(〈마르〉 14,64) 예수에게 '모독' 혐의가 더해졌다.

〈요한〉은 올바른 하느님의 이해를 예수와 하느님의 관계에 기초하여 해설한다. 유다인들은 하느님의 이해를 예수와 떼어놓으려 한다. 예수는 기적이 언제나 사람의 구원을 위해서 있고, 기적은 하느님께 기원한다ἐκ τοῦ πατρός고 답한다. 기적과 하느님의 이해는 연결된다. 34절 '여러분의 율법서'라는 말에서 예수가 유다교 율법과 거리를 두려는 뜻으로 해석할 필요는 없다.

38절에서 예수는 자신의 말을 믿지 않는 유다인들에게 자신이 하는 일(행동)을 내세운다. 예수의 말을 믿지 않는다 해도 예수가 하는 일은 믿어야 하지 않겠느냐는 말이다. 예수가 영원한 생명을 주기 때문에 양들은 예수를 따른다. 예수 뒤에 하느님이 계시다. 하느님이 예수에게 양 떼를 맡기셨으니(〈요한〉 6,37.44) 예수는 양을 도둑에게 빼앗길 수 없다. 예수와 하느님이 일치(〈요한〉 1,1; 17,20-22; 〈루가〉 22,69)하기 때문에 예수는 착한 목자다.

30절 아버지와 나는 하나입니다ἐγὼ καὶ ὁ πατὴρ ἕν ἐσμεν라는 문장을 말하기 위해 〈요한〉이 탄생하지 않았을까. 〈요한〉에서 계시 사상이 가장 날카롭게 드러난 문장이다.[380] 하느님과 예수의 일치는 〈요한〉 신학의 핵심 사상이다. 예수에 대한 하느님의 독특한 관계, 예수의 독특한 신분은 서로 근거가 되고 풍부하게 한다. 하느님과 일치하는 관계에서 예수가 하는 일이 근거 있고, 그 일치 안에서 예수의 품위가 설명된다. "아버지와 아들의 관계는 아버지가 아들을 선택한 데 근거하고, 그 선택에서 아버지의 사랑이 드러난다."[381]

예수와 하느님의 일치를 가장 많이 해설하고 강조한 복음서가 〈요한〉이다. 하느님은 누구신가 묻는 신학과 예수는 누구인가 묻는 그리스도론이 〈요한〉에서 가장 깊이 논의되고 연결되었다. 〈요한〉에서 신학은 곧 그리스도론이다. 예수를 알면 하느님을 아는 것이다. 하느님은 누구신가 묻는 시험 답안지에 〈요한〉은 '예수는 하느님과 일치합니다'라고 썼다. 〈요한〉에서 한 문장만 뽑으라면 나는 서슴없이 이 문장을 고르겠다.

예수와 하느님의 일치란 무슨 뜻일까. 하느님의 생각과 계획이 예수의 말과 행동과 존재에서 드러난다는 말이다. 하느님의 뜻은 천지창조부터 천사, 자연현상, 인물, 역사 등 여러 방법으로 우주와 인류에게 전달되었다. 하느님의 뜻은 예수에게서 가장 잘 드러난다. 예수 이후 시대에는 하느님의 뜻을 알려면 예수에 집중하면 된다. 예수 말고 아무에게도 관심을 두지 말라는 말이 아니다. 세상과 역사에는 크고 작은 예수가 예전에도 있었고, 지금도 있고, 앞으로도 있을 것이다. 하늘에 있는 달은 호수에서 수많은 달이 된다.

일치를 동일시로 오해하면 안 된다. 예수와 하느님은 똑같은 존재가 아니라 일치하는 관계다. 다양성 속의 일치다.[382] 〈요한〉이 하느님과 예수라는 두 하느님이 있다고 말하는 것이 아니다. 〈요한〉은 하느님을 예수 그리스도의 아버지로 표현한다. 그리스도교가 말하는 삼위일체는 세 하느님이 있다고 말하는 것이 아니다. 〈요한〉이 이신론二神論을 말하고, 삼위일체가 삼신론三神論을 말하는 것이 아니다. 그리스도교는 유다교처럼 하느님 한 분을 믿는 유일신εἷς θεὸς 사상을 받아들였다.

학술 세미나에서 의견 차이로 토론 참가자를 죽인다면 말이 되는가. 종교적 의견 차이로 사람을 죽인다면 말이 되는가. 종교적 의견 차이가 사회 안녕과 질서를 파괴한다고 억지 부린 시대가 있었다. 폭력과 거리가 멀 것 같은 종교에서 의견 차이로 사람을 죽인 슬픈 역사가 있었다. 종교전쟁, 이단 심판, 십자군 등 부끄러운 과거가 하나둘이 아니다. 종교 외부에서 종교를 억압한 박해가 지금은 종교 내부에서 오는 박해로 변하기도 했다.

40절에서 예수는 다시 요한이 세례를 베풀던 요르단 강 건너편으로 간다. 4막 B 1장에 나오는 라자로 이야기의 무대인 유다 지방 베다니아가 아니라 페레아 지방 베다니아(〈요한〉 1,28)다. 예수는 초심을 잃지 않으려고 자신이 세례 받은 곳을 다시 찾지 않았을까. 41절에 많은 사람들이 잠시 물러난 예수를 찾아온다. 세례자 요한은 기적을 행하지 않았다는 사실이 다시 확인된다.

세례자 요한과 예수의 커다란 차이 중 하나가 바로 기적이다. 예수는 기적을 자주 행했지만, 세례자 요한은 기적을 행한 적이 없다. 더구나 예수는 개인이 아니라 이미 공인이다. 예수가 박해를 피해 도망친 것은 아니다. 아직 때가 오지 않았을 뿐이다. 예수는 세례자 요한의 참혹한 처형을 생각했을 것이다. 세례자 요한은 살아서나 죽어서나 예수의 생각과 행동에서 사라진 적이 없다.[383]

예수가 도망치지 않은 것처럼 성 로메로 대주교는 도망치지 않았다. 그는 살해당하기 몇 달 전, 이웃 나라로 피신하라는 교황대사의 권고를 물리쳤다. 엘살바도르 정부의 특별 경호 제안도 거절했다. 가난한 사람이 매일 겪는 죽음의 위협이 대주교라고 특별히 제외된다는 것이 불쾌했기 때문이다.

살해되기 얼마 전, 로메로 대주교는 이런 조언을 받았다. "대주교님, 이러다 살해당하실 수도 있습니다. …매일 같은 시간에 같은 행동을 하시면 안 됩니다. 일정을 다양하게 조정하셔야 합니다. 매번 같은 시간에 미사 강론을 하시면 안 됩니다. 강론 시간을 바꿔가면서 하십시오. 혼자서 운전하지 마시고요." 그러나 로메로 대주교는 낡고 작은 차를 몰고 혼자 다녔다. "나에게 어떤 불행한 일이 닥친다면, 그때 혼자였으면 합니다. 나만 당했으면 합니다. 나로 인해 다른 누군가가 다치지 않기를 바랍니다"라고 말했다.[384]

예수는 왜 죽음의 위협을 받았을까. 성 로메로 대주교는 왜 살해 협박을 받았을까. 누가, 왜, 무엇을 위해 예수를, 로메로 대주교를, 체 게바라를 죽이려 했는지 정확히 알아야 한다. 어떤 사람이 살해 협박을 받는지 알아야 한다.

교회가 왜 박해를 받는지 아는 것이 중요합니다. 모든 사제가 박해를 받거나 모든 단체가 공격을 받지는 않았습니다. 가난한 사람 편에 서서 가난한 사람을 보호하는 데 헌신한 일부 사제와 일부 단체가 공격받고 박해받았습니다.[385]

예수는 왜 가난한 사람을 보호하려 했을까. 로메로 대주교는 왜 가난한 사람을 편들었을까. "교회에 인간의 생명, 인간 개개인보다 중요한 것은 없습니다. 가난한 사람, 억압받는 사람, 인간이면서 거룩한 존재인 인간이 가장 소중합니다. 그들에게 하는 일은 곧 내게 한 일과 같다고 예수님께서 말씀하셨기 때문입니다."[386] "가난한 사람이 숙명처럼 겪어야 하는 박해를 교회도 같이 겪어야 합니다. 교회는 예수님께서 첫 번째로 사랑하시는 가난한 사람을 보호하고 격려하는 위대한 사랑의 증인이 되어야 합니다."[387]

예수는 생명을 주는 분이다. 〈요한〉은 죽음의 세력에 맞서 생명을 소중히 여기는 복음이다. 추상명사 '생명'에 대해 설교하기보다 지금 당장 위협받는 '생명'을 보호해야 한다. 갑작스런 박해인 죽음을 맞이하는 순교자도 있었지만, 오랜 기간 서서히 박해받는 가난한 사람이 있다. 지난 시절 순교자만 기억할 것이 아니라, 우리 시대 가난한 사람을 생각해야 한다. 가난한 사람은 지금 순교하고 있다.

〈요한〉은 생명을 보호하고, 당시 교회에 닥친 문제를 해명해야 했다. 예수 부활 이후 적어도 60년, 두 세대 뒤에 쓰인 〈요한〉은 아버지 하느님과 하느님의 아들 예수그리스도, 보호자이신 성령의 관계를 설명해야 했다.[388] 유다교는 예수가 이신론을 주장하는지 캐물었다(〈요한〉 5,18; 10,33; 19,7). 시대가 하느님과 예수의 관계, 하느님과 예수와 성령의 관계를 설명하지 않을 수 없는 상황으로 흘러갔다.

예수와 아버지의 독특한 관계가 역사 차원에서 펼쳐진다(〈요한〉 1,18). 예수는 하느님의 해석자Exeget Gottes다. 〈요한〉은 토마의 입을 빌려 "나의 주님, 나의 하느님"(20,28)이라고 예수의 신성을 주장한다. 하느님과 예수의 일치를 의지와 행동, 계시의 일치로 설명한다(5,17-30). 〈요한〉에서 하느님과 예수의 일치는 "아버지께서 내 안에 계시고 또 내가 아버지 안에 있습니다"(10,38), "내가 아버지 안에 있고 아버지께서 내 안에 계십니다"(14,10)에 이어 "아버지와 나는 하나입니다"(10,30)로 최고에 이른다.

하느님이 사람이 되심은 〈요한〉에게 하느님의 품위와 가치가 역사에서 잘 펼쳐지는 계기다. 하느님과 예수의 일치뿐 아니라 예수의 인성도 중요하다. 〈요한〉은 예수의 인성을 강조한다. 예수의 인성은 삼위일체에 위배되지 않고 오히려 삼위일체를 풍부하게 만든다. 하느님은 사람이 되셨다(1,14). 예수는 유다인으로 살았고(4,9), 목마르고(4,7), 울 줄 알았다(11,35). 예수는 인간이고 참 인간이었다(5,12; 8,40; 19,5). 인간 예수는 처음부터 성령과 함께 활동했다(3,3). "내가 아버지께 구하면 다른 협조자를 보내주셔서 여러분과 영원히 함께 계시도록 하실 것입니다."(14,16) 성령은 고대나 지금이나 사람들이 마치 분리된 것처럼 생각하는 땅과 하늘, 시간과 공간, 역사와 세상의 완성을 함께 생각할 기회와 가능성을 선사한다. 눈에 보이는 것이 전부는 아니다.

그리스도교 역사에서 삼위일체 교리는 성부, 성자, 성령의 관계를 해설하는 데 집중했다. 삼위일체 교리가 역사와 나와 가난한 사람에게 어떤 의미가 있느냐는 주제는 소홀히 다뤘다. 그러다 보니 삼위일체는 그리스도교 신자 중 1퍼센트도 안 되는 신학자의 전유물처럼 여겨지고, 평신도와 거의 관계없는 주제로 취급되었다. 중요하고 가치 있는 삼위일체 교리를 박물관이나 책에 가두거나 신학자에게 떠맡긴다면 무슨 소용이 있겠는가.

삼위일체 교리를 성서적·신학적으로 주장하기 위해 애쓰는 일도 필요하지만, 삼위일체 교리가 지금 그리스도인에게 어떤 영향을 주는지 살피는 일도 중요하다. 한국 그리스도인은 삼위일체 교리를 어떻게 생각할까. 크게 두 가지다.

1. 이해하기 어렵다.
2. 현재 내 삶과 거리가 멀다.

신비인 삼위일체를 사실상 수수께끼로 바꿔버린 그리스도교의 현실이 아쉽고 안타깝다. 많은 설교가 삼위일체 교리는 이해하기 어렵다는 말로 시작한다. 설명해도 알아듣기 어려우니 이해하려는 노력조차 필요 없다는 말일까. 삼위일체를 이해하려는 노력까지 일찌감치 포기하도록 권유하는 풍경이다. 이해되지 않는 교리가 일상생활에서 친근하게 느껴질 리 없다. 그런 설교를 대체 왜 할까. 설교자가 이해하지 못한 탓이 크지 않을까. 설교자의 지적 게으름은 설교를 망가뜨린다. 삼위일체 교리가 이해하기 쉽다는 말은 아니다.

유다교에 삼위일체 교리는 없다. 그리스도교에서 삼위일체 교리는 왜 생겼을까. 예수 부활 이후 초대 그리스도교 공동체에 이론적으로 다급한 질문이 크게 둘 있었다.

1. 부활 이후 예수는 인류 역사와 관계없는가.
2. 예수 부활 이후 그리스도교 공동체는 하느님에게 버림받지 않고 계속 사랑받는가.

복음서 저자들은 이 질문에 나자렛 예수가 부활 후 예수그리스도가 되어 인류 역사에 계속 참여한다고 설명한다. 그리스도교 공동체는 겉으로 보면 나자렛 예수와 인연이 끝난 듯하지만, 예수그리스도와 성령의 도우심으로 외롭지 않다는 말이다. 자유와 해방을 주시는 구원과 희망의 하느님은 창조부터 완성까지 쉬지 않고 인류의 운명에 관여하신다. 이런 위로의 메시지를 주려는 것이 삼위일체 교리가 생긴 까닭이요 핵심이다.

'셋과 하나가 구분되지만 분리되지 않는다'를 수학적으로 설명하는 방법이 성공할 리 없다. 셋과 하나가 연결되는 비유나 물건이나 사례를 일상생활에서 찾아 신자에게 들이미는 방법은 삼위일체를 이해하는 데 별로 도움이 안 된다. 삼위일체 교리가 주는 메시지를 강조하는 해설은 어떨까.

1. 하느님은 언제나 우리 곁에 계신다. 나자렛 예수가 있을 때도, 지금도, 앞으로도 하느님은 우리 곁에 계신다.
2. 하느님은 역사에서 가난한 사람을 편드는 자유와 해방의 하느님이시다. 우리 곁에 계시지만 역사의 사건에도 개입하고 참여하신다.

예를 들어 촛불 집회 현장에 하느님은 참여하셨다. 기도, 자선, 성서 공부와 성례전, 불의에 저항하는 행동 안에서 우리는 하느님을 생생하게 만난다. 하느님은 언제나, 어디나 계신다. 하느님은 사랑이 실천되는 곳 어디나, 정의를 위해 싸우는 시간 언제나 계신다. 하느님은 구름 위 저 하늘에 계시지 않고, 땀 냄새 가득한 시장과 공사판, 저항 현장에 계신다. 삼위일체 교리는 우리를 외롭게 만들지 않는다.

〈요한〉은 삼위일체를 관계와 참여라는 관점에서 본다. 관계는 동일시를 막고 참여를 격려한다. 관계와 참여는 신학뿐 아니라 신앙생활과 그리스도교 조직 운영에서 중요한 원리가 되어야 했다. 〈요한〉이 삼위일체를 관계와 참여라는 관점에서 본다면 우리가 얻을 교훈은 무엇일까. 관계와 참여를 신학, 그리스도론뿐만 아니라 교회론과 사회 교리에서도 펼쳐야겠다. 교회에도 관계와 참여라는 용어와 실제가 활발히 논의되면 좋겠다. 평신도의 교회 운영 참여는 삼위일체 교리가 실현되는 모습 중 하나다. 성직자 중심주의는 삼위일체 교리와 거리가 멀다.

그리스도교 가르침을 정치와 역사 분야에서 어떻게 실천하는지 다루는 사회 교리는 21세기 교회와 해방신학에서 아주 중요하다.[389] 18세기 이후 가톨릭에서 점차 발전된 사회 교리는 우리 시대에는 신론, 그리스도론과 비슷할 정도로 중요한 역할을 한다. 하느님과 예수를 현실 역사에서 어떻게 만나고 정치·경제 분야에서 어떻게 실천하느냐는 문제는 하느님은 누구시고 예수는 누구인지 아는 신학 이론 못지않게 중요하다. '예수는 누구인가'라는 주제처럼 예수 따르기와 예수처럼 살기가 중요하다는 말이다.

우리가 이미 잘 아는 하느님을 통해 잘 모르던 예수를 이제 아는 것일까. 공동성서를 통해 신약성서를 이해하는 방법이다. 그동안 잘 모르던 하느님을 예수를 통해 비로소 알아가는 것일까. 신약성서를 통해 공동성서를 이해하는 방법이다. 둘 다 필요하고 의미 있다. 공동성서와 신약성서는 서로 풍부하게 한다. 공동성서에서 하느님의 존재를 알았다. 신약성서에서 하느님이 누구신지 더 잘 알았다. 그리스도인은 유다인 덕분에 하느님의 존재를 알았다. 유다인은 그리스도인 덕분에 하느님이 누구신지 더 잘 알았다.

신약성서, 특히 〈요한〉이 유다인과 그리스도인을 연결하는 책으로 평가 받기 바란다. 〈요한〉이 생각하는 그리스도론은 이스라엘의 믿음에 뿌리를 둔다는 사실을 새롭게 발견한다.[390] 유다인과 그리스도인은 하느님 안에서 형제자매다. 하느님의 사랑을 함께 나누고 이야기하는 믿음의 형제자매다. 유다인은 그리스도인을 칭찬하고 그리스도인은 유다인을 칭찬하는 날이 어서 오기를 빈다.

2부 예수 영광의 책

4막 B 1장 라자로의 부활

1 마리아와 마르타 자매가 사는 베다니아 동네에 라자로라는 병자가 있었다. 2 앓고 있는 라자로는 마리아의 오빠였다. 마리아는 주님께 향유를 붓고 머리털로 주님의 발을 닦아드린 적이 있는 여자였다. 3 마리아와 마르타는 예수에게 사람을 보내어 "주님, 주님께서 사랑하시는 이가 앓고 있습니다" 하고 전했다. 4 예수는 그 전갈을 받고 "그 병은 죽을병이 아닙니다. 그것으로 오히려 하느님의 영광을 드러내고 하느님의 아들도 영광을 받게 될 것입니다" 하고 말하였다.

5 예수는 마르타와 그 여동생과 라자로를 사랑하고 있었다. 6 그러나 라자로가 앓는다는 소식을 듣고도 있던 곳에서 더 머무르다가 이틀이 지난 뒤에야 7 제자들에게 "유다로 돌아갑시다" 하고 말하였다. 8 제자들이 "선생님, 얼마 전만 해도 유다인들이 선생님을 돌로 치려고 하였는데 그곳으로 다시 가시겠습니까?" 하고 걱정하자 9 예수는 "낮은 열두 시간이나 되지 않습니까? 낮에 걸어 다니는 사람은 세상의 빛을 보기 때문에 걸려 넘어지지 않습니다. 10 그러나 밤에 걸어 다니면 빛이 없기 때문에 걸려 넘어질 것입니다" 하며 11 이어서 "우리 친구 라자로가 잠들어 있으니 이제 내가 가서 깨워야겠습니다" 하고 말하였다. 12 그러자 제자들은 "주님, 라자로가 잠이 들었다면 곧 살아나지 않겠습니까?" 하고 말하였다. 13 예수가 한 말은 라자로가 죽었다는 뜻이었는데 제자들은 그저 잠을 자고 있다는 말로 알아들었던 것이다. 14 그래서 예수는 분명히 말하였다. "라자로는 죽었습니다. 15 이제 그 일로 여러분이 믿게 될 터이니 내가 거기 있지 않았던 것이 오히려 잘된 일입니다. 그곳으로 갑시다." 16 그때에 쌍둥이라고 불리던 토마가 자기 동료인 딴 제자들에게 "우리도 함께 가서 그와 생사를 같이합시다" 하고 말하였다.

17 예수가 그곳에 이르러 보니 라자로가 무덤에 묻힌 지 이미 나흘이나 지난 뒤였다. 18 베다니아는 예루살렘에서 오 리밖에 안 되는 곳이어서 19 많은 유다인들이 오빠의 죽음을 슬퍼하고 있는 마르타와 마리아를 위로하러 와 있었다. 20 예수가 온다는 소식을 듣고 마르타는 마중을 나갔다. 그동안 마리아는 집 안에 있었다. 21 마르타는 예수에게 이렇게 말하였다. "주님, 주님께서 여기에 계셨더라면 제 오빠는 죽지 않았을 것입니다. 22 그러나 지금이라도 주님께서 구하시기만 하면 무엇이든지 하느님께서 다 이루어주실 줄 압니다." 23 "당신 오빠는 다시 살아날 것입

니다." 예수가 이렇게 말하자 ²⁴ 마르타는 "마지막 날 부활 때에 다시 살아나리라는 것은 저도 알고 있습니다" 하고 말하였다. ²⁵ 예수가 "나는 부활이요 생명이니 나를 믿는 사람은 죽더라도 살겠고 ²⁶ 또 살아서 믿는 사람은 영원히 죽지 않을 것입니다. 당신은 이것을 믿습니까?" 하고 물었다. 마르타는 ²⁷ "예, 주님, 주님께서는 이 세상에 오시기로 약속된 그리스도이시며 하느님의 아드님이신 것을 믿습니다" 하고 대답하였다.

²⁸ 이 말을 남기고 마르타는 돌아가 자기 동생 마리아를 불러 귓속말로 "선생님이 오셔서 너를 부르신다" 하고 일러주었다. ²⁹ 마리아는 이 말을 듣고 벌떡 일어나 예수에게 달려갔다. ³⁰ 예수는 아직 동네에 들어가지 않고 마르타가 마중 나왔던 곳에 그냥 있었던 것이다. ³¹ 집에서 마리아를 위로해주던 유다인들은 마리아가 급히 일어나 나가는 것을 보고 그가 곡하러 무덤에 나가는 줄 알고 뒤따라 나갔다.

³² 마리아는 예수가 있는 곳에 찾아가 뵙고 그 앞에 엎드려 "주님, 주님께서 여기에 계셨더라면 제 오빠가 죽지 않았을 것입니다" 하고 말하였다. ³³ 예수가 마리아뿐만 아니라 같이 따라온 유다인들까지 우는 것을 보고 비통한 마음이 북받쳐 올랐다. ³⁴ "그를 어디에 묻었습니까?" 하고 예수가 묻자 그들이 "주님, 오셔서 보십시오" 하고 대답하였다. ³⁵ 예수는 눈물을 흘렸다. ³⁶ 그래서 유다인들은 "저것 보시오. 라자로를 무척 사랑했던가 봅니다" 하고 말하였다. ³⁷ 또 그들 가운데에는 "소경의 눈을 뜨게 한 사람이 라자로를 죽지 않게 할 수가 없었단 말인가?" 하는 사람도 있었다.

³⁸ 예수는 다시 비통한 심정에 잠겨 무덤으로 갔다. 그 무덤은 동굴로 되어 있었고 입구는 돌로 막혀 있었다. ³⁹ 예수가 "돌을 치우시오" 하자 죽은 사람의 누이 마르타가 "주님, 그가 죽은 지 나흘이나 되어서 벌써 냄새가 납니다" 하고 말씀드렸다. ⁴⁰ 예수가 마르타에게 "당신이 믿기만 하면 하느님의 영광을 보게 되리라고 내가 말하지 않았습니까?" 하자 ⁴¹ 사람들이 돌을 치웠다. 예수는 하늘을 우러러보며 이렇게 기도하였다. "아버지, 제 청을 들어주셔서 감사합니다. ⁴² 그리고 언제나 제 청을 들어주시는 것을 저는 잘 압니다. 그러나 이제 저는 여기 둘러선 사람들로 하여금 아버지께서 저를 보내주셨다는 것을 믿게 하려고 이 말을 합니다." ⁴³ 말을 마치고 "라자로여, 나오시오" 하고 큰 소리로 외치자 ⁴⁴ 죽었던 사람이 밖으로 나왔는데 손발은 베로 묶여 있었고 얼굴은 수건으로 감겨 있었다. 예수가 사람들에게 "그를 풀어주어 가게 하시오" 하고 말하였다. (11,1–44)

〈요한〉을 두 부분으로 나눈다면 2부 시작에 라자로의 부활 이야기 (11,1-44)가 나온다. 1부(1-10장) 주제가 '예수를 증언함'이라면, 2부(11-21장) 주제는 '예수의 영광'이다. 〈요한〉을 7막으로 구성된 연극 대본으로 본다면 라자로의 부활 이야기는 4막 중심에 있다. 예수를 증언하는 세례자 요한은 10장을 끝으로 〈요한〉에서 사라지고, 그 자리에 라자로가 등장한다. 세례자 요한이 예수의 삶을 증언한다면, 라자로는 예수의 죽음과 부활의 영광을 미리 보여준다. '예수는 누구인가'라는 질문은 〈요한〉 10장에서 최고에 이르렀다. 이제 관심이 '예수의 운명은 어떻게 되는가'로 옮아간다. 라자로 이야기는 예수 운명의 모델 이야기[1]가 되었다.

마리아와 마르타(〈루가〉 10,38-42)가 주연배우로 라자로와 함께 무대에 등장한다. 〈요한〉과 〈루가〉에서 마르타는 시중들고, 마리아는 예수 발치에 앉아 말씀을 듣는다. 〈루가〉 저자는 라자로와 마르타, 마리아가 형제자매임을 몰랐던 것 같다. 〈요한〉 11,1-12,19은 〈루가〉 여러 곳을 합친 콜라주[2] 같다. 〈요한〉에만 나오는 라자로의 부활 이야기에 영향을 주었을 것으로 추측되는 기적 사료를 찾아내려던 성서학자들의 노력은 불가능하고 의미 없다는 사실이 밝혀졌다.[3]

라자로 이야기는 나인의 과부 아들(〈루가〉 7,11-17), 마르타와 마리아 이야기(〈루가〉 7,36-50)와 연결해서 이해하면 좋다. 4막 B 1장(〈요한〉 11,1-44)은 라자로의 병과 죽음(1-16절), 예수와 마르타의 대화(17-27절), 마리아와 유다인 조문객들과 예수의 대화(28-37절), 라자로의 부활(38-44절) 순서로 진행된다. 요르단 강 건너편에서 사람들이 예수에게 몰려든 후 예루살렘 근처 베다니아에서 예수의 최대 기적이 소개된다. 기적을 보고 믿은 사람(11,45)이 생겼고, 불신하는 사람(11,47-53)도 생겼다.

적대자들의 가장 큰 불신은 예수를 죽이기로 결심한 데서 드러난다.[4] 라자로의 부활은 예수의 공식 활동에서 절정이며, 적대자들이 예수를 죽이기로 결심한(11,53) 결정적인 계기가 되었다. 성전 항쟁이 아니라 라자로의 부활이 예수 죽음의 원인으로 소개되는 것이 〈요한〉의 특징이다.[5] 예수가 사람을 살렸기 때문에 죽음에 이르렀다는 〈요한〉의 역설[6]이다. 예수가 라자로를 죽음에서 살려낸 것처럼, 하느님은 예수를 죽음에서 살려내신다.

라자로Λάζαρος(〈루가〉 16,19-31)는 엘르아잘El-asár의 줄임말로, '하느님께서 도우셨다'는 뜻이 있는 히브리어 이름이다. 같은 이름으로 유명한 사람은 아론의 사제 아들 엘르아잘이 있다(〈여호〉 14,1; 17,4; 19,51). 신약성서에 부자와 가난한 라자로 이야기에 그 이름이 또 나온다(〈루가〉 16,19-). 마리아는 히브리어 Mirjam의 그리스어 표현이며, 중요한 성서 사본에 Marjam으로 나온다. 마르타는 '주인'이란 뜻이 있는 아람어 mar의 여성 명사다.

유다 지방 베다니아는 예루살렘에서 겨우 2킬로미터 떨어진 동네로, 예수가 십자가에 처형된 골고타와 가깝다. 요르단 강 건너편 베다니아(〈요한〉 1,28; 10,40)와 다르다. 사람을 보내어 예수에게 도움을 청하는 일(〈요한〉 11,3)은 죽을 병자를 고침(〈요한〉 4,47), 죽은 자를 소생시킴(〈마르〉 5,35; 〈사도〉 9,38) 사건에서 공통된 준비[7]다.

4절 "그 병은 죽을병이 아닙니다. 그것으로 오히려 하느님의 영광을 드러내고 하느님의 아들도 영광을 받게 될 것입니다"는 연극 무대에서 예수가 관객에게 다음 장면을 안내하는 말 같다.[8] 히즈키야는 병이 들어 죽게 되었다고 말했다(〈2열왕〉 20,1). 라자로의 죽음은 하느님의 영광δόξης τοῦθεοῦ을 드러내는 사건이다.

하느님의 영광을 보여주기 위한 연극에서 라자로처럼 죽어야 하는 악역 배우가 필요하다는 뜻이 아니다. 라자로의 죽음은 예수의 죽음과 부활을 미리 보여준다.[9] 예수는 마르타와 그 여동생과 라자로를 사랑한다(5절). 사랑하다ἀγάπαν는 〈요한〉에 37번 나온다. 세 남매는 예수의 제자에 속했기 때문에 '사랑하다'라는 동사가 그들에게 쓰인 것 같다.[10] 라자로가 앓는다는 말이 세 번(2·4·6절)이나 반복된다. 병이 그만큼 위중하다.

예수가 소식을 듣고도 이틀이나 더 머물다가 라자로에게 가는 모습은 엄청난 기적을 기대하게 만들려는 〈요한〉의 설정이다. 치유 이야기에서 죽은 자의 운명에 대한 예수의 처신으로 관심이 바뀐다. 라자로도 예수처럼 죽은 지 사흘 만에 부활하는 뜻에서다. 당시에는 전염병 위험 때문에 사망한 날 시신을 매장했다.[11] 성서에서 '사흘 만에'는 '72시간이 지난 뒤'가 아니라 '셋째 날'을 가리킨다. 유다인은 우리 방식처럼 사건 발생한 날을 첫날로 친다. 금요일 낮에 처형된 예수가 일요일 새벽에 부활했으니 셋째 날, 즉 사흘 만에 부활한 것으로 이해된다.

8절에서 제자들은 자신을 죽이려던 사람들이 있는 곳으로 다시 가는 예수를 이해하지 못한다. 제자들이 스승의 안전 문제를 걱정하기도 했지만, 자신도 박해받을까 두려웠던 것 같다.[12] 16절에 토마는 동료들συμμαθ ηταῖς에게 예수와 함께 죽으러 가자고 말한다. 신약성서에서 여기만 나오는 단어 συμμαθηταῖς은 동료보다 동지, 전우로 번역하는 것이 좋겠다. 제자들은 박해를 두려워하지 말고 단합하자는 말이다.

제자들의 결속을 촉구하는 이런 말은 신약성서에 여기만 있다. 제자들이 박해 위협 때문에 많이 흔들렸다는 방증일까. 토마는 베드로(〈요한〉 13,37)처럼 행동보다 말이 앞서는 제자로 나타났다. 토마가 단독으로 행동하는 자로 언급된 곳은 〈요한〉이 유일하다(11,16; 14,5; 21,2). 쌍둥이는 관계를 가리키는 단어지만 이름으로 쓰이기도 했다.

9-10절 "낮은 열두 시간이나 되지 않습니까? 낮에 걸어 다니는 사람은 세상의 빛을 보기 때문에 걸려 넘어지지 않습니다. 그러나 밤에 걸어 다니면 빛이 없기 때문에 걸려 넘어질 것입니다"는 동어반복처럼 보인다. 낮은 노동하는 시간으로 열두 시간으로 나뉜다. 계절마다 낮 시간의 길이가 다르다. "당신 눈이 성하면 온몸이 밝을 것이며 당신 눈이 성하지 못하면 온몸이 어두울 것입니다. 그러니 만일 당신 마음의 빛이 빛이 아니라 어둠이라면 그 어둠이 얼마나 심하겠습니까?"(〈마태〉 6,22-23)가 생각난다.

예수는 하느님께 돌아갈 때까지 세상에서 일해야 한다(〈요한〉 13,1). 빛인 예수를 따라 예루살렘 가는 길에 두려움은 없을 것이라고 제자들을 위로하는 말이다.[13] 예수가 곧 세상을 떠나리라는 뜻도 숨어 있다. 빛이 있을 때 빛을 놓치지 마라. 예수는 세상의 빛(〈요한〉 8,12)이므로 예수를 따르지 않는 사람은 어둠 속을 헤맬 것이다(〈요한〉 12,35).

11절에서 "라자로가 잠들어 있다"는 예수의 말은 제자들의 이해 부족과 예수의 지혜를 함께 나타낸다.[14] 예수는 라자로가 죽었음을 안다. 예수는 측은지심에서 죽은 라자로를 살린 것이 아니고, 당신의 능력을 보여주고 믿음을 일으키기 위해서 살린 것이다. 16절에 토마(〈요한〉 14,5;

20,24-29)가 한 말로 '예수의 고난'이라는 주제가 미리 소개된다. 라자로 가 무덤에 묻힌 지 나흘이나 지난 뒤(17·39절)는 무슨 뜻일까. 라자로는 예수에게 사람을 보낸 그날 죽었다. 예수에게 가는 데 하루, 예수가 이틀 더 머물렀고, 예수가 제자들과 함께 라자로에게 돌아오느라 하루 걸려서 나흘이 지났다.[15]

유다교 설명에 따르면 인간의 혼은 몸 근처에서 사흘간 머무른다. '무덤에 묻힌 지 나흘이나 지난 뒤'는 라자로가 아직 완전히 죽지 않았다 는 말이 나오지 않게 하려는 것이다. 슬퍼하는 사람을 위로하는 일은 유 다교에서 가장 좋게 여기는 자선 행위에 속한다. 라자로의 집은 예루살 렘과 겨우 2킬로미터 떨어졌기에 예루살렘에서 조문객이 많이 온 것 같 다. 그들은 곧 기적의 증인이 될 사람들이다. 20절에 마르타는 예수를 마 중 나갔고, 마리아는 "여인들이 앉아서 담무즈 신의 죽음을 곡하고 있었 다"(〈에제〉 8,14)처럼 집 안에서 울고 있다. 마르타는 예수에게 희망을 걸고 일어섰고, 마리아는 슬픔에 잠겨 조문객 옆에 앉았다.

23절에서 마르타는 "당신 오빠는 다시 살아날 것입니다"라는 예수 의 말을 유다교의 부활 신앙에 따라 마지막 날에 부활한다는 말로 이해했 다. "우리는 믿습니다. 이미 죽은 당신의 백성이 다시 살 것입니다. 그 시 체들이 다시 일어나고 땅속에 누워 있는 자들이 깨어나 기뻐 뛸 것입니 다"(〈이사〉 26,19; 〈다니〉 12,2-; 〈에제〉 37,1-14). 유다교 전통에서 사람들은 의 인들이 심판 날에 죽음에서 부활하리라고 기대했다. 마르타의 발언은 예 수의 말을 돋보이게 하려고 어두운 대조 역할을 했다[16]는 의견은 지나치 다. 예수의 새로움을 강조하기 위해 유다교 신앙을 낮춰 볼 필요는 없다.

25-26절에서 예수가 "나는 부활이요 생명이니 나를 믿는 사람은 죽더라도 살겠고 또 살아서 믿는 사람은 영원히 죽지 않을 것입니다"라고 선언한다. 하느님은 예수에게 죽음과 삶을 이기는 능력을 주셨다는 신앙고백이다. 미래 완성론과 현재 완성론 중 하나를 고르는 문제로 보기는 어렵다. 예수는 시간이나 역사의 일부만 영향을 미치는 분이 아니다. 예수가 시간에 속한 것이 아니라 시간이 예수에게 속한다. 예수가 시간을 다스리는 것이지, 시간이 예수를 다스리는 것이 아니다. 예수가 시간의 주님이다. 예수는 현재도, 미래도 우리에게 생명을 주는 분이다.

〈요한〉은 여기서 그동안 나온 '나는 – 이다' 발언(6,35; 8,12; 10,11)에 비해 예수의 존재와 본질을 부활과 생명ἀνάστασις καὶ ἡ ζωή(25절)이란 두 단어로 요약한다. 〈요한〉은 예수에 대한 믿음, 예수와 함께하는 삶에서 참 생명이 보존된다는 사상을 가르쳐준다. 마르타가 말한 유다교 신앙고백은 세상 끝 날의 희망을 가리킨다. 그에 비해 〈요한〉 저자는 하느님을 통해 이뤄지는 구원의 현재를 강조한다.[17]

구원이 언제 완성되느냐는 시간 차원에서 완성론(종말론)eschatologie을 주로 논의하는 신학자들의 연구 풍토가 언제나 만족스러운 것은 아니다. 구원의 내용도 함께 봐야 하기 때문이다. 죄의 용서라는 축소된 구원의 개념을 넘어, 하느님 나라의 완성이라는 넓은 개념으로 나가야 한다. 하느님 나라를 뜻풀이하는 정도에서 머물지 말고, 하느님 나라의 사회적 차원도 함께 말해야 한다. 하느님 나라는 이미 시작되었지만 아직 완성되지 않았다는 표현으로는 완성론을 설명하기에 충분하지 않다. 두 가지를 더 말하고 싶다.

1. 하느님 나라를 방해하는 악의 세력이 누구인지 밝히고, 그들과 싸워야 한다.
2. 이미 실현된 하느님 나라의 소박한 부분을 지금, 특히 가난한 사람과 함께 기뻐하고 기념할 줄 알아야 한다. 하느님 나라를 뜻풀이나 선포만 하거나, 미래의 일로 미루면 안 된다.

26절에서 당신은 이것을 믿습니까?πιστεύεις τοῦτο는 예수가 마르타보다 요한 공동체, 아니 독자에게 하는 질문이다. 27절에서 마르타는 예수에게 주님, 그리스도, 하느님의 아드님이라는 호칭을 써서 신앙고백으로 응답한다. 예수가 하느님의 아들이기 때문에 〈요한〉에게 예수는 그리스도다. 주님과 그리스도 호칭이 함께 나타나는 곳은 27절이다.

27절에서 저는 믿습니다ἐγὼ πεπίστευκα라는 마르타의 대답은 무슨 뜻일까. 동사 현재완료형 πεπίστευκα은 예수가 25-26절을 말하기 전에 마르타는 믿음이 있었고 계속 유지해왔다[18]는 의미다. 보기 전에 믿을 준비가 된 마르타는 독자에게 신앙의 모범이다.[19] 〈요한〉에서 πεπίστευκα은 믿음이 언제 시작되었느냐 문제가 아니라 믿음이 특별히 집중된 상태를 가리킨다[20]는 해설이 매력 있게 들린다.

28-31절은 〈요한〉 저자가 전승을 참고하여 쓴 것은 아니고, 앞뒤 단락을 연결하기 위해 창작한 것이다.[21] 마르타가 마리아에게 귓속말로 예수가 찾는다고 알려준다. 유다인들이 두려워서 은밀히 전달했고, 그 말은 예수의 고난을 알려주는 역할[22]을 하는 것일까. 나는 잘 모르겠다. 28절 "선생님διδάσκαλος이 너를 부르신다"는 마르타의 전갈은 마리아가 예수의 제자임을 가리킨다. 스승 예수는 제자 마리아를 부르고, 마리아

는 응답하여 스승에게 달려간다.

마리아가 예수에게 달려간 사실이 잘 이해되지 않을 수 있다. 라자로가 죽은 지 나흘이 지났으니 시신은 동네 밖 어디 무덤에 모셔졌다. 그래서 예수는 아직 상가로 들어가지 않았다. 예수는 유다인들이 지켜보지 않는 상태에서 마리아에게 다가올 기적을 준비시키려고 따로 부른 것 같다. 유다인들은 마리아가 오빠의 죽음을 애도하러 무덤으로 가는 줄 알았다. 유다인들은 집 안에 있는 마리아를 위로하던 문상객이다. 그들은 마리아를 뒤따라 무덤으로 갔고, 거기서 예수 앞에 엎드려 우는 마리아를 보고 함께 울었다. 엎드리는 동작은 병자나 병자의 대리인이 예수에게 치유의 기적을 간청할 때 흔히 나타난다.

22절에서 마르타는 예수에게 기적을 행하시라고 재촉하듯 "그러나 지금이라도 주님께서 구하시기만 하면 무엇이든지 하느님께서 다 이루어주실 줄 압니다"라고 애원한다. 마리아는 언니 마르타처럼 예수에게 기적을 요구하듯이 말하지 않았다. 32절 "주님께서 여기에 계셨더라면 제 오빠가 죽지 않았을 것입니다"라고 마르타와 똑같이(21절) 말했다. 마리아의 비통함을 나타내는 말일까, 예수를 신뢰하는 말일까. 둘 다 가능하지만 신뢰가 드러나는 말로 여겨진다.[23] 신앙고백에 가까운 말이다.[24]

마리아의 울음을 믿음이 없는 것[25]으로 폄하할 필요는 없다. 울 수 있는 믿음은 아예 없다는 말인가? 마리아뿐 아니라 마리아를 뒤따라 무덤으로 간 유다인들도 예수 앞에 엎드려 우는 마리아를 보고 울었다. 예수는 마리아가 아니라 문상 온 유다인들에게 무덤의 위치를 묻는다. 유다인들은 장례식에 참여해서 무덤의 위치를 아는 것 같다. 예수, 제자인 마르타와 마리아, 유다인들이 한마음 한뜻으로 슬퍼하는, 〈요한〉에서 유일한 장면이다. 33절에서 "예수가 마리아뿐만 아니라 마리아와 함께 우는 유다인들을 보고 비통한 마음이 북받쳐 올랐다".

35절 예수는 눈물을 흘렸다ἐδάκρυσεν ὁ Ἰησοῦς는 '예수는 통곡했다'로 번역하는 것이 더 좋다. 예수는 조용히 소리 없이 눈물 흘리지 않았다. 장례 의식에 따라 마리아와 함께 하는 유다인들의 울음은 애곡하다 κλαίειν로, 감정에 타오른 예수의 울음은 통곡하다δακρύειν로 다르게 나타났다. 마리아와 유다인들은 종교 의식에 따라 울었고, 예수는 인간적 감정을 숨기지 않고 눈물을 쏟으며 크게 소리내어 울었다. 33절 비통한 마음이 북받쳐 올랐다ἐνεβριμήσατο τῷ πνεύματι καὶ ἐτάραξεν ἑαυτὸν를 마리아의 불신과 문상 온 유다인들의 헛된 울음에 예수가 화난 반응을 보인 것으로 잘못 해설하면 안 된다.[26]

세월호 참사 앞에서 울지 않는 사람도 있을까. 인간은 슬픔 앞에서 일치한다. 35절 '예수는 눈물을 흘렸다'는 〈요한〉에서 호칭과 감탄사를 빼고 주어와 술어를 갖춘 가장 짧은 문장이다. 죽은 사람을 일으켜 예수의 신성이 가장 뚜렷하게 드러나는 그 순간, 뜻밖에도 예수가 눈물 흘리는 가장 인간적인 모습이 드러났다. 예수는 기적을 행할 줄도, 눈물을 흘릴 줄도 안다.

예수의 신성이 기적에서 드러난다면, 예수의 인성은 눈물에서 나타난다. 기적으로 예수의 신성이 드러나기 전에 눈물로 예수의 인성이 나타났다. 예수의 기적에 감탄하는 사람은 많지만, 예수의 눈물에 감동받는 사람은 적은 것 같다. 나는 예수의 기적보다 예수의 눈물에 마음이 움직였다. 예수의 신성은 가장 인간적인 장면에서 잘 드러난다. 여기서 예수와 우리의 차이가 드러난다. 예수는 우리와 두 가지 면에서 특히 다르다.

1. 예수는 신성을 갖췄다.
2. 예수는 인성이 완벽하다.

예수가 신성을 갖췄다는 점에서 우리와 다르다는 사실은 누구나 안다. 예수가 우리보다 인간적이라는 사실은 자주 잊는다. 예수가 신성을 갖췄기에 우리와 다르지만, 예수는 우리보다 훨씬 인간적이기에 우리와 다르다. 예수가 우리보다 인간적이라는 사실이 우리에게 절망보다 희망을 줄 수 있다.

성인 성녀의 전기를 읽다 보면 평범한 우리보다 훌륭한 그분들을 경원敬遠할 수도 있다. 겉으로 성인 성녀를 존경하지만 속으로 멀리할 수 있다. 존경하지만 가까이하기 꺼려질 수 있다. 너무나 모범적인 삶을 보고 존경하고 흠모하겠지만, 감히 따라갈 수 없는 경지와 대조되는 우리의 평범한 모습에 절망할 수 있다. 그래서 성인 성녀 따르기를 아예 포기할 수도 있다. 성인 성녀를 꼭 그런 눈으로 볼 필요는 없다.

성인 성녀와 우리는 오십보백보다. 성인 성녀와 우리는 거의 비슷하다. 용기를 내자. 완벽해서 성인 성녀가 되는 것이 아니다. 만일 그랬다면, 인류 역사에 성인 성녀는 한 사람도 탄생하지 못했을 것이다. 약점 없는 성인이나 흠 없는 성녀는 그리스도교 역사에 없었다. 믿음과 실천에서 모범적인 모습이 있었기 때문에 교회가 성인 성녀로 모신다. 평범한 우리도 성인 성녀가 될 수 있다. 지금 우리는 성인 성녀에 가깝지 않은가.

성인 성녀는 당연히 예수보다 우리에게 좀 더 가깝다. 한 걸음 더 나아가자. 예수를 우리와 너무나 다른 사람으로 볼 필요는 없다. 우리는 인성에서 예수와 공통점이 있다. 예수와 우리는 인성이 아주 다르지 않고 많이 비슷하다. 예수가 인성을 100퍼센트 발휘했다면, 우리는 인성을 50퍼센트 발휘했다고 할까.

우리는 지능과 능력을 조금 드러내고 무덤으로 향하듯이, 인성을 조금만 증언한다. 용기를 내자. 예수의 인성을 배우고 따라잡을 수 있다. 50퍼센트에서 60퍼센트, 70퍼센트로 계속 나아가자. 예수가 우리를 돕는다. 가장 인간적인 것이 인류를 구원할 것이다. 그 완벽한 모범은 예수다. 예수 따르기도 좋고, 예수처럼 살아도 좋다.

인성을 바탕으로 인성에서 시작해 신성으로 향하는 것이다. 신성에서 출발해 인성으로 내려오는 방법은 인간에게 인식론적·존재론적으로 불가능하다. 인성과 인간성을 동의어로 보자. 인성을 외면해서 신성이 드러나는 것이 아니고, 인성을 근거로 일어난다. 인성을 무시하는 사람은 신성이 무엇인지 모르는 사람이다.

하늘을 언급하고 하늘만 쳐다본다 해서 하늘 같은 사람이 되는 것이 아니다. 하늘을 말하기 전에 땅을 이야기하라. 땅도 모르면서 하늘을 이야기하는 종교인은 엉터리다. 땅을 딛지 않는 사람은 하늘을 쳐다볼 수 없다. '거룩하다'를 입에 달고 사는 종교인 가운데 인성의 기본도 갖추지 못한 사람이 하나둘이 아니다.

예수를 보자. 당시 유다인이 예수에게 가장 분노한 이유가 무엇일까.

유다교 규칙을 어겨서? 죄인과 어울려서? 〈마르〉〈마태〉〈루가〉에서 죄인을 민중 혹은 땅의 사람과 동일시하는 학자가 있고, 의견이 다른 사람[27]도 있다. 땅의 사람은 수준 높은 종교적 깨끗함을 자발적으로 유지하기에 필요한 성서 지식이 모자라고, 율법을 곧이곧대로 지키기 위해 필요한 시간도 없는 평범한 유다 민중을 가리킨다. 죄인은 유다교 엘리트 그룹뿐만 아니라 평범한 땅의 사람이 이해하는 율법조차 어긴 사람이다.

땅의 사람 가운데 죄인이 있지만, 땅의 사람이 전부 죄인은 아니다. 죄인은 모범적 신자인 바리사이파 사람은 물론 땅의 사람에게도 비난 받았다. 땅의 사람은 바리사이파 사람처럼 율법을 잘 지키지 못했지만, 유다교를 멀리하지도 않았다. 바리사이파 사람이 땅의 사람을 죄인으로 여기거나 경멸하지는 않았다.

유다인은 예수가 일부 율법을 어긴 사실보다 죄인과 가까이하고 죄인에게 구원의 문을 열어준 사실에 분노했다. 특히 바리사이파 사람이 예수의 행동에 분노했지만, 땅의 사람도 예수가 죄인과 어울리는 모습에 불쾌했다. 예수는 죄인이 유다교 공동체에 복귀할 때 요구되는 회개 기도, 훔친 물건 돌려주기, 피해 복구, 성전에 희생 제물 바치기, 율법 따르기 서약 등 조건을 채우라고 요구하지 않았다.[28]

죄인에게 너무나 편한 예수의 하느님 나라 초대가 대다수 유다인, 심지어 가난한 유다인조차 화나게 만들었다. 예수의 종교심은 율법을 어기고 죄인을 보호할 때 가장 잘 나타나고, 예수의 인성은 죄인과 어울릴 때 가장 잘 나타난 듯하다. 예수는 유다교 성직자나 중산층 평신도뿐 아니라 가난한 사람에게도 미움 받았다.

예수는 가난한 사람에게 온갖 정성을 기울이고 사랑을 베풀었지만, 가난한 사람은 대부분 예수를 떠나고 거부했다. 예수가 죄인과 어울리고 죄인에게 너그러웠기 때문이다. 가난한 사람은 죄인과 어울리고 죄인에게 너그러운 예수의 태도를 이해하지 못하고 불쾌하게 여겼다.

35절 '예수는 눈물을 흘렸다'는 내가 〈요한〉에서 가장 감명 받은 문장이다. 예수의 인성과 인간성이 가장 잘 드러난 표현 아닐까. 예수는 측은지심이 아니라 능력을 보이고 믿음을 촉구하기 위해 라자로를 일으켰다[29]는 말은 적절하지 않다. 예수가 라자로를 사랑했다는 언급이 세 번(3·5·36절)이나 있었다. 36절은 사랑 없이 눈물 없음을 가르쳐준다. 울 수 있어야 인간이다.

나는 운다, 그러므로 나는 존재한다Flero ergo sum. 가난한 사람의 죽음에 슬퍼하는 인간, 억울한 희생자의 죽음을 애도하는 인간이 뛰어난 사람 아닐까. 팽목항에서 목 놓아 우는 여인이 성당에서 경건하게 미사 봉헌하는 신부 못지않게 거룩하다. 경찰과 몸싸움하며 정의를 위해 싸우는 사람이 새벽기도에서 두 손 모은 성도 못지않게 예수와 가까이 있다.

예수와 마르타가 단둘이 나눈 대화(21-27절)를 성서 저자들이 어떻게 알고 기록했을까. 곁에서 대화를 직접 듣고 받아 적을 상황이 아니었다. 녹음기는 없었다. 지금 한국의 골목과 건물 구석구석까지 설치되어 개인의 사생활을 감시하는 CCTV도 없었다. 국가기관이 국민을 감시하고 통제하는 사회도 아니었다. 성서 저자들이 쥔 펜을 성령이 마음대로 움직였을까. 누군가에서 비롯되었고 여기저기 흘러 다니는 이야기를 복음서 저자들이 듣고 기억했다가, 각자 생각한 기준에 따라 고르고 편집하고 해석을 덧붙여 복음서를 썼다.

　1965년 11월 18일, 2차 바티칸공의회가 발표한 하느님의 계시에 관한 교의 헌장 〈하느님의 말씀Dei verbum〉을 보자. 성서에 대한 가톨릭교회의 가르침을 밝힌 문헌이다. "성경은 성령의 영감을 받아 기록된 하느님의 말씀"(9항)이며, "성경 저술가들이 진술하는 모든 것은 성령이 진술한 것으로 믿어야"(11항) 한다. "성경 저술가들의 뜻을 찾아내기 위해서는 여러 가지를 고려해야겠지만, '문체의 종류'도 고려해야 한다. 성경 해석자는 성경 저술가가 제한된 범위에서, 그 시대와 문화의 조건에 따라, 당시 사용하던 문체의 종류를 이용하여 표현하려 했고, 사실을 표현한 그 뜻을 알아내야 한다. 성경 저술가가 글로써 주장하려 한 바를 올바로 이해하기 위해서는 저술가 시대에 느끼고 말하고 이야기한 통속적이고 자연적인 방법과 당시에 인간 상호 거래에 흔히 사용한 방법을 엄격히 알아봐야 한다."(12항)

　성서는 하느님과 인간의 합작품이다. 하느님의 자비로운 뜻과 인간의 능력과 한계가 어우러진 문학작품이다. 성서가 주는 메시지는 옳지만, 성서 저자의 표현은 틀릴 수 있다. 성서는 일점일획도 틀리지 않는다는 말이 성서에 인용된 숫자, 이름, 정보가 모두 사실과 일치한다는 뜻은 아니다. 성서가 인류에게 주는 뜻이 틀리지 않다는 말이다. 성서에 보도된 사건과 이야기가 모두 실제로 일어났다는 말도 아니다. 복음서 저자들이 예수가 실제로 말하지 않았지만 진짜 말한 것처럼 예수의 입을 빌려 창작한 부분도 있다. 초대교회가 부닥친 문제를 해결하기 위해 예수가 생전에 답을 준 것처럼 창작한 경우도 하나둘이 아니다.

본문으로 돌아가자. 38절에서 예수는 다시 비통한 심정에 잠겨 무덤으로 간다. 친구를 잃은 예수의 슬픔이 반복해서 강조된다. 동굴 안의 돌 위에 눕히고 입구를 돌로 막은 무덤은 예루살렘 근처에서 많이 발견되었다.[30] 39절에서 "돌을 치우시오"라는 예수의 말에 마르타는 오빠가 죽은 지 나흘이나 되어 냄새가 난다고 대답한다. 마르타는 예수를 믿는 사람은 죽더라도 살겠고 또 살아서 믿는 사람은 영원히 죽지 않을 것을 믿는다는 자신의 고백(27절)을 벌써 잊은 모양이다. 예수는 "당신이 믿기만 하면 하느님의 영광을 보게 되리라고 내가 말하지 않았습니까?"(40절)라고 마르타를 나무라듯 말한다. 〈요한〉 저자가 보기에 마르타의 믿음은 신통치 않았다. 그러나 28-44절이 "예수를 계시자로 인정하기 위해서는 겉으로 보이는 기적이 필요한 초보적 신앙"[31]이라는 말은 지나치다.

41-42절 예수의 기도는 〈요한〉 저자가 작성하여 끼워 넣은 것 같다.[32] 기적을 행하기 전에 하느님께 감사 기도를 드리는 예수의 모습은 하느님과 예수의 일치를 나타낸다(〈요한〉 1,51; 5,19; 10,30). 41절 '예수는 하늘을 우러러보며 이렇게 기도하였다'를 두고 기도할 때 하늘을 봐야 하는지, 고개를 숙여야 하는지 여러 의견이 있었다.[33] 라삐 문헌에는 두 자세 다 있다.

예수의 기도를 들은 사람들은 기적의 증인이 되었다. 기적의 목적은 기적을 행하는 예수가 하느님께 왔다는 사실을 유다인에게 정당화하려는 것이다. 기적은 예수의 여러 행동 중 겨우 하나이거나 주변적인 것이 아니다. 기적은 예수를 정당화하며, 예수에 대한 믿음으로 사람들을 초대하는 중요한 역할을 한다.

44절 '베로 묶인 손발과 수건으로 감긴 얼굴'은 기적이 실제로 일어났음을 보여주기 위해 기록되었다. 라자로는 베로 묶인 손발과 수건으로 감긴 얼굴로 누구의 도움도 없이 무덤 입구를 잘 찾았고, 어디에 부딪혀 넘어지지도 않고 무덤 밖으로 걸어 나왔다. 이것은 독자들이 잘 눈치채지 못하는 두 번째 기적이다. 라자로의 부활은 예수 부활의 모범Vorabbildung이다. 라자로와 예수의 부활에서 공통적으로 동굴 무덤 이야기(⟨요한⟩ 11,38; 20,1)가 나온다. 유다교 의례에 따라 시신이 모셔졌고 수건으로 감싸졌다(⟨요한⟩ 11,44; 19,40). 라자로와 예수의 부활에서 다른 점도 있다. 라자로는 수의를 다른 사람이 풀어주어야 했고(44절), 예수는 스스로 수의를 벗었다(⟨요한⟩ 20,6).

라자로의 부활 이야기(⟨요한⟩ 11,1-44)는 야이로의 딸을 살린 이야기(⟨마르⟩ 5,22-24.35-43)와 비슷하다. 둘 다 예수가 오기 전에 크게 아팠고(3절; ⟨마르⟩ 5,35), 그 죽음은 잠(11절; ⟨마르⟩ 5,39)으로 표현되었다. 조문객의 애도에 예수의 마음이 움직이고(33절; ⟨마르⟩ 5,38), 죽은 자는 예수의 명령어로 다시 살아났다(43절; ⟨마르⟩ 5,41). 예수는 그들이 깨어난 뒤 뭔가 지시한다(44절; ⟨마르⟩ 5,43).

라자로의 부활과 베드로에 의한 다비타라는 여신도의 부활(⟨사도⟩ 9,36-42) 이야기는 구조와 내용이 비슷하다. 다비타가 죽은 뒤 누군가 베드로에게 소식을 전했다(3절; ⟨사도⟩ 9,38). 베드로는 예수처럼 명령어로 기적을 일으켰고(43절; ⟨사도⟩ 9,40), 기적을 보고 많은 사람들이 믿게 된다(45절; ⟨사도⟩ 9,42). 예수의 죽음은 라자로와 다비타의 죽음과 다른 점이 있다. 라자로와 다비타는 자연사했지만, 예수는 박해 받고 살해되었다. 예수의 죽음은 자연사와 다르다. 예수의 죽음에서 고통보다는 저항과 박해에 주목해야 한다.

라자로의 부활 이야기는 어떤 가르침을 주는가. 죽음을 극복하고 세상에 생명을 주며 제자들의 두려움을 이기는 예수를 알아채라는 뜻이다.[34] 예수의 기적은 기적에서 머물지 않고 십자가로 향한다. 예수는 다른 사람의 생명을 살리기 위해 자기 목숨을 희생한다. 예수는 다른 사람이 십자가에 올라가지 않도록 자신이 십자가에 올라간다. 예수의 영광과 십자가는 서로 배제하지 않고 오히려 보완한다. 라자로를 살리는 기적이 예수를 십자가로 이끌었지만, 예수는 결국 영광에 이를 것이다.[35]

4막 B 2장 예수를 죽이려는 세력

··

⁴⁵ 마리아를 찾아왔다가 예수가 한 일을 본 많은 유다인들이 예수를 믿게 되었다. ⁴⁶ 그러나 더러는 바리사이파 사람들에게 가서 예수가 한 일을 일러바치기도 하였다. ⁴⁷ 그래서 대사제들과 바리사이파 사람들은 의회를 소집하고 "그 사람이 많은 기적을 나타내고 있으니 어떻게 하면 좋겠소? ⁴⁸ 그대로 내버려두면 누구나 다 그를 믿을 것이고 그렇게 되면 로마인들이 와서 이 거룩한 곳과 우리 백성을 짓밟고 말 것입니다" 하며 의논하였다. ⁴⁹ 그해의 대사제인 가야파가 그 자리에 와 있다가 이렇게 말하였다. "당신들은 그렇게도 아둔합니까? ⁵⁰ 온 민족이 멸망하는 것보다 한 사람이 백성을 대신해서 죽는 편이 더 낫다는 것도 모릅니까?" ⁵¹ 이 말은 가야파가 자기 생각으로 한 것이 아니라 그해의 대사제로서 예언을 한 셈이다. 그 예언은 예수가 유다 민족을 대신해서 죽게 되리라는 것과 ⁵² 자기 민족뿐만 아니라 흩어져 있는 하느님의 자녀들을 한데 모으기 위해서 죽는다는 뜻이었다. ⁵³ 그날부터 그들은 예수를 죽일 음모를 꾸미기 시작하였다. ⁵⁴ 그래서 예수는 그 이상 더 유다 지방에서 드러나게 나다니지 않고 그곳을 떠나 광야 근처에 있는 지방으로 가 제자들과 함께 에브라임이라는 동네에 머물렀다.

⁵⁵ 유다인들의 과월절이 다가오자 많은 사람들이 명절 전에 몸을 정결하게 하려고 시골에서 예루살렘으로 올라갔다. ⁵⁶ 그들은 예수를 찾아다니다가 성전 뜰 안에 모여서 "어떻게들 생각하십니까? 그가 명절에 참례할 것 같지는 않지요?" 하며 서로 수군거렸다. ⁵⁷ 대사제들과 바리사이파 사람들은 예수를 붙잡으려고 그 거처를 아는 자는 곧 신고하라는 명령을 내려두었던 것이다.(11,45–57)

라자로의 부활 이야기는 상징적 설명symbolische Erzählung³⁶이라고 표현할까. 사건 뒤에 있는 상징을 생각한다는 말이다. 라자로가 부활했다면 나는 어떻게 되는가. 내 부모와 자녀가 부활한다면 나는 어떻게 되는가. 사실도 힘이 있지만 상징도 힘이 있다. 상징은 사실보다 많은 내용을 초대하고 말한다. 사람은 사실의 매력에 끌리지만 상징의 매력에도 끌린다. 우리 평범한 삶이 언제나 사실 차원에서만 벌어지진 않는다. 종교 언어는 사실에 상징을 포함한다.

예수가 행한 기적을 보고 많은 유다인이 고뇌했을 것이다. 예수를 믿기로 결단한 사람도 있고, 바리사이파 사람에게 가서 예수를 고발한 사람도 있다. 47절에서 대사제들과 바리사이파 사람들은 예수 문제를 다루기 위해 의회를 소집한다. 사람들은 예수에게서 무엇을 봤을까. 예수의 무엇이 좋아 보이고, 무엇이 두려웠을까.

45-46절은 라자로의 부활 이야기(38-44절)와 예수를 죽이기로 결정한 일(47-57절)을 연결한다. 불트만은 〈요한〉 저자가 아무 자료도 없이 창작한 글이라고 말한다.[37] 〈요한〉 저자가 〈요한〉 이전에 있던 수난사 부분을 참고하여 썼다는 의견도 있다.[38] 47절에 예수의 두 번째 주요 적대자로 율법 학자들(〈마르〉 14,1)이 아니라 바리사이파 사람들(〈요한〉 18,3)이 등장한다. 〈요한〉 저자는 자기 시대 상황을 마치 예수 시대에 실제로 벌어진 상황처럼 과거로 되돌려 투사한다.

신학자인 율법 학자들이 아니라 모범적 평신도인 바리사이파 사람들이 예수의 주요 적대자다. 유다교에서 모범적 평신도인 바리사이파 사람들과 개혁파 평신도인 예수가 대립한다. 평신도끼리 다투는 셈이다. 우파 평신도인 바리사이파 사람들과 좌파 평신도인 예수가 맞선다. 우파 평신도인 바리사이파 사람들이 좌파 평신도인 예수를 죽이려 한다. 다양한 의견을 주고받는 종교 세미나를 개최하려는 것이 아니라 의견이 다르다는 이유로 예수를 죽이려 한다.

49절 대사제 가야파(〈마태〉 26,3.57; 18,13)와 〈요한〉에서 47절에만 나오는 의회συνέδριον(〈마르〉 14,55; 〈마태〉 26,59; 〈루가〉 22,66)를 보면 〈요한〉 저자가 다른 복음서에 있는 예수의 수난사를 안 것 같다. 〈요한〉은 〈마태〉 26장을 대본으로 참고해, 대사제들과 백성의 원로들이 예수를 죽이려고 결심한(〈마태〉 26,1-5) 뒤 곧바로 베다니아의 향유 부은 마리아 이야기(〈마태〉 26,6-13)가 나오는 순서를 그대로 따른다.

〈마태〉만 〈요한〉처럼 예수의 수난사에 바리사이파 사람들을 끌어들인다(〈마태〉 21,45; 27,62). 47-53절은 〈마태〉 26,3-5과 가깝다. 예수 시대에 사두가이파 사람들이 유다교 최고 회의에서 대다수를 차지했다. 사두가이파는 대사제와 그 가문을 포함한 종교 지배층과 부자들의 집단이다. 일제강점기에 조선총독부에 아부하며 권력을 누린 친일파 그룹과 비슷하다. 사두가이파는 47절에 대사제들ἀρχιερεῖς이라고 표현된 그룹이다(〈요한〉 7,32; 18,3). 예수가 행한 기적의 영향력에 반대하는 그룹이 생기고 서로 뭉쳤다.

대사제 가야파는 로마 총독 빌라도와 사이가 좋았던 것 같다.[39] 로마 군대가 바라는 법과 질서를 잘 따랐기 때문이 아닐까. 유다교 평신도 예수는 스무 살 무렵부터 십자가에 처형될 때까지 유다교 대사제 가야파 시대에 살았다. 로마 군대에 협조하고 어울리는 자기 종교 최고 지배자를 보는 예수의 심정은 어땠을까. 분노와 적개심에 떨었을 것이다. 일제강점기에 친일파 종교인을 보는 신자들의 심정과 비슷했으리라.

51절에서 그해의 대사제ἀρχιερεὺς ὢν τοῦ ἐνιαυτοῦ ἐκείνου라는 표현은 오해되기 쉽다. 예루살렘성전에서 대사제 직분을 맡은 사람이 해마다 바뀌었다는 인상을 줄 수 있기 때문이다. 실제로 그렇게 오해한 성서학자들도 있다.[40] 유다교의 대사제는 원래 종신직인데, 로마 군대가 개입해서 임명되기도 하고 쫓겨나기도 했다. 일제강점기 조선총독부도 우리 종교에 깊이 개입하고 간섭했다. 대사제 가야파는 전임자나 후임자와 달리 18년 동안(공통년 18-36) 대사제직에 있었다. 공통년 36년 빌라도가 사마리아 지방의 가리짐 성소를 침탈했다. 그 문제로 빌라도는 로마 황제가 임명하여 시리아 총독으로 일하던 비텔리우스에 의해 총독 자리에서 추방되고, 그해 대사제 가야파도 물러났다.

51절 '그해의 대사제'는 예수가 죽은 그해에도 가야파가 대사제였다는 뜻이다(〈요한〉 18,13).[41] 50절에서 대사제 가야파는 "온 민족이 멸망하는 것보다 한 사람이 백성을 대신해서 죽는 편이 더 낫다"고 예언한다. 유다 역사가 요세푸스는 헤로데 안티파스도 같은 뜻에서 세례자 요한을 처형했다고 기록했다.[42] 현직 대사제에게 예언하는 능력이 주어진다는 말은 어디에 근거할까. "그가 나에게 무엇을 묻고 싶을 때에는 엘르아잘 사제 앞에 나와야 한다. 그러면 엘르아잘은 우림을 써서 가부간의 결정을 내려줄 것이다."(〈민수〉 27,21) 다윗에게 하느님의 결정을 전해줄 사독(〈2사무〉 15,27-37)을 참고한 것 같다.

48절에서 대사제들과 바리사이파 사람들은 "그대로 내버려두면 누구나 다 그를 믿을 것이고 그렇게 되면 로마인들이 와서 이 거룩한 곳과 우리 백성을 짓밟고 말 것입니다"라고 걱정한다. 예수 시대 예루살렘의 정치 상황을 나타내는 말이다. 〈요한〉의 보도가 〈마르〉〈마태〉〈루가〉의 보도보다 당시 현실에 가깝다.[43] '이 거룩한 곳'은 예루살렘, 특히 성전을 가리킨다(〈2마카〉 5,19). 48절은 로마 군대가 성전τόπος과 유다 백성

τὸν τόπον καὶ τὸ ἔθνος을 짓밟을 수 있다, 예수가 기적을 더 계속하게ἀφῶμεν αὐτὸν 놓아둘 수 없다는 말이다. '성전'은 이스라엘의 성소를 가리키는 전문 용어다(〈요한〉 4,20; 〈신명〉 12,5). 대사제들과 바리사이파 사람들은 예수가 진정한 새 성전(〈요한〉 2,13-22)임을 아직 모른다.

대사제들과 바리사이파 사람들이 자기도 모르게 예루살렘성전이 무너질 것이라는 예언을 하고 있다. 〈요한〉이 쓰이기 적어도 20여 년 전인 공통년 70년에 로마 군대가 예루살렘성전을 파괴한다. 예루살렘성전이 백성보다 먼저 언급된다. 대사제들과 바리사이파 사람들에게 백성보다 건물이 중요하다는 뜻인가. 썩어 없어지고 무너질 건물이 사람의 생명보다 소중하다는 말인가. 가난한 사람의 운명이 교회의 운명보다 중요하다. 교회가 넘어지느냐 일어서느냐 문제보다 가난한 사람이 죽느냐 사느냐 문제가 중요하다. 교회가 죽어야 가난한 사람이 살 수 있다면, 교회는 수백 번 기꺼이 자원해서 죽어야 한다.

가야파는 그 예언을 예수에게 적용하자고 제안한다. 로마 군대에게서 유다 민족을 구하기 위해 유다 민족 중 한 사람을 유다인들이 죽이자는 말이다. 일제강점기에 친일파가 우리 민족을 구하기 위해 독립투사나 민족 지도자를 처형하자고 주장하는 말과 같다. 그러나 예수를 처형하게 만들었기 때문에 유다 민족은 더 빨리 몰락했다. 친일파가 독립투사를 살해했기 때문에 한민족은 더 빨리 무너졌다. 2차 세계대전 이후 나치에 협력한 프랑스 주교 몇 사람은 처벌 받았지만, 친일 행위를 한 노기남 대주교는 아무런 처벌도 받지 않았다.

〈요한〉 저자는 가야파의 예언을 그의 의도와 다르게 깊이 이해한다.

자기 민족뿐만 아니라 흩어진 하느님의 자녀들을 한데 모으기 위해서 죽는다(52절). 예수의 죽음은 유다인뿐 아니라 인류를 구원하기 위한 죽음이다. 자기 민족ἔθνος은 민족적·정치적 의미의 유다인을, 백성λαός은 민족을 가리지 않고 구원 받는 모든 인간을 가리킨다.[44] 52절에서 민족과 하느님의 자녀들은 동의어로 쓰인다.[45]

유다교 대사제 가야파 입장에서 백성은 전통적 의미에서 이스라엘 백성을, 하느님의 자녀들τέκνα τοῦ θεοῦ은 온 세상에 흩어진 유다인diaspora을 가리킨다. 〈요한〉 입장에서 백성은 유다인과 이방인으로 구성된 새로운 예수 공동체를 말한다. 공동성서 70인역 그리스어 번역본과 〈요한〉 밖에서 '민족'과 '백성'이라는 단어를 폭넓게 조사한 판카로Severino Pancaro는 두 단어를 동의어로 쓰는 것에 반대했다.[46] 그러나 "단어의 뜻은 그 사용이다"라는 철학자 비트겐슈타인Ludwig Josef Johann Wittgenstein의 말처럼, 단어가 쓰인 맥락이 단어의 뜻을 결정한다.

흩어진 양σκορπίζει(〈요한〉 10,12)은 〈에제〉 34장과 "나의 목자를 쳐서 양 떼를 흩뜨려라"(〈즈가〉 13,7)를 참조했다. 예수는 배신을 준비하던 제자들에게 "'내가 칼을 들어 목자를 치리니 양 떼가 흩어지리라'고 기록되어 있는 대로 오늘 밤 여러분은 다 나를 버릴 것입니다"(〈마르〉 14,27; 〈마태〉 26,31)에서 똑같이 〈즈가〉 13,7을 인용했다. 눈먼 종교 지배층 탓에 착한 신자들이 흩어진 양처럼 곤경에 처한다.

예수가 바리사이파 사람들을 혼낸 이유도 마찬가지다. 종교적 오만에 빠진 사람이 회개하기 가장 어렵다. "여러분이 차라리 눈먼 사람이라면 오히려 죄가 없을 것입니다. 그러나 여러분이 지금 눈이 잘 보인다고 하니 여러분의 죄는 그대로 남아 있습니다."(〈요한〉 9,41) 52절 '흩어져 있는 하느님의 자녀들'은 "쫓겨났던 이스라엘 사람들을 모아들이신 나의 주 야훼"(〈이사〉 56,8)를 생각한다. 한반도 통일은 흩어진 양을 한데 모으는 일이다.

'예수가 유다 민족을 대신해서 죽게 되고 흩어져 있는 하느님의 자녀들을 한데 모으기 위해서 죽는다'(51-52절)를 '예수가 유다인과 미리 정해진 이방인만을 위해 죽었다'[47]고 해설할 수 있을까. 예수를 저주하고 죽게 만든 것은 전체로서 유다 국가의 저주요 죽음[48]이라고 해설할 수 있을까. 나는 베커와 판카로의 의견에 찬성하기 어렵다. 51-52절은 구원 예정설과 아무 관계없고, 반유다주의를 선동하는 말도 아니다. 정해진 사람만 구원 받는다면 예수가 세상에 올 필요가 없었고, 우리가 복음을 세상에 전파할 이유도 없다.

유다교 지배층은 예수의 기적이 대중운동을 일으키고, 그 운동이 로마 군대를 움직이게 할 수 있다는 정치적 판단을 했다. 예수의 기적이 유다 민족을 로마 군대의 식민 통치에서 해방하기 위한 수단이라고 해석했다. 적대자들은 예수의 기적이 미치는 정치적 영향과 폭발력을 정확히 알아챘다. 예수의 기적이 식민지 사회에서 대중 정치 운동으로 해석될 수 있다는 뜻이다.

로마 군대가 어떤 이유나 어떤 방식으로든 유다인이 뭉치고 몰려다니는 것을 좋아할 리 없다. 독재자는 사람들이 많이 모이는 자체를 싫어한다. 유다인을 뭉치게 하는 어떤 운동이나 사람도 용납될 수 없다. 독재자는 광장을 싫어하고 골목도 싫어한다.

예수는 기적 예언자[49]다. 구세주 메시아가 오는 날 모든 민족은 하나로 모일 것이다(〈이사〉 11,12; 〈에제〉 20,34). 하느님의 자녀에는 당연히 유다인이 포함된다. 예수의 구원 사명은 유다인뿐 아니라 모든 민족을 포함한다. 예수의 구원 사명은 모든 민족뿐 아니라 유다인을 포함한다. 예수의 구원 사명은 유다인을 제외하지 않는다. 착한 목자 예수는 세상 완성 날에 모든 민족을 한데 모을 것이다. 예수는 흩어져 있는 하느님의 자녀들을 한데 모으기 위해 죽는다(52절). 예수는 이제 죽기로 되어 있다(53절).

대사제 가야파의 예언이자 제안은 그 자체로 무효다. 사형 판결을 내리려면 피고인의 증언이 필요하기 때문이다. 예수가 재판정에 없는 상태에서, 더구나 재판이 열리지도 않은 상태에서 결정한 사형 판결은 무효다. 죽일 계획을 세운 다음에 죄목을 만들고 증거를 조작한 사형 판결이 우리 현대사에 없었는가. 시간이 한참 흐른 뒤에야 무혐의로 밝혀진 사형 판결은 없었는가.

유다교 율법(〈레위〉 24,16)에 위배되지 않게 재판 절차를 지켰다 해도, 즉 예수의 증언을 듣고 사형 판결을 내렸다 해도 문제는 있다. 유다교 의회는 사형 집행권ius gladii을 로마 군대에게 빼앗겼다. "유다인들은 '우리에게는 사람을 사형에 처할 권한이 없습니다' 하고 대답하였다."(〈요한〉 18,31) 그 후 예수는 공식 자리에서 물러나 제자들과 광야 근처 에브라임 동네로 간다(54절).

광야는 숨기 좋은 장소다(〈1열왕〉 19,4; 〈묵시〉 12,6). 유다 역사가 요세푸스는 공통년 69년 로마 황제 베스파시아우스가 베델과 에브라임을 정복했다고 기록한다.[50] 에브라임이 정확히 어디를 말하는지 알기는 쉽지 않다. 에브라임은 예루살렘에서 북동쪽으로 20킬로미터 떨어진 오늘날 타즈베Tajbe로 추측된다.[51] 예수는 예루살렘에서 화제의 인물이다. 56절에서 사람들이 예수를 찾아다닌다(〈요한〉 6,24; 7,1). 57절에서 대사제들과 바리사이파 사람들이 무슨 법적 권리로 수배령을 내렸는지 분명하지 않다.[52]

〈마르〉〈마태〉〈루가〉에 보면 예수가 과월절에 한 번 참여했다(〈마르〉 14,1; 〈마태〉 26,2; 〈루가〉 22,1). 과월절πάσχα은 〈요한〉에서 세 번 언급되었다 (2,13; 6,4; 12,1). 〈요한〉은 예수가 과월절에 왜 세 번이나 참여했다고 보도할까. 예수의 저항과 갈등을 세 배로 확대하여 소개하려는 뜻이다. 예수의 역사를 좀 더 극적으로 만들기 위해 세 배로 늘린 것이다. 예수의 활동 기간도 덩달아 2-3년으로 늘어났다. 마르틴 켈러Martin Kähler는 〈마르〉를 '긴 서문이 있는 고난의 역사'라고 적절하게 표현했다. 〈요한〉 저자는 〈마르〉를 본떠 고난 복음[53]을 썼다.

나는 〈요한〉 전체가 이야기체로 쓰인 예수의 재판 기록이라고 말하고 싶다. 〈요한〉은 고난 복음이라기보다 십자가 복음이라고 이름 붙이고 싶다. 십자가는 고난뿐 아니라 저항을 포함한다. 십자가는 고난 이전에 저항이다. 고난 받았기 때문에 저항이 생긴 것이 아니라 저항했기 때문에 고난이 생겼다. 예수가 저항하지 않았다면 예수의 십자가도 없었다. 저항 없는 고난은 무의미하다. 불의에 저항하다 생긴 고난 이외 고난은 참아내거나 받아들일 필요가 없다. 예수는 고난을 수동적으로 당했다기보다 고난을 적극적으로 일으키고 부추기고 기쁘게 맞이했다.

일제 치하에 우리 독립투사들도 앉아서 죽은 것이 아니라, 일어서 외치고 맞서 싸우다가 고난을 당했다. 그동안 그리스도교는 고난을 가르쳤지만 저항은 거의 가르치지 않았다. 십자가의 반쪽 모습만 강조한 것이다. 십자가의 수동적인 모습만 언급하고 적극적인 모습은 애써 외면했다. 고난의 십자가보다 저항의 십자가를 강조해야겠다. 해방신학은 십자가 신학의 적극적인 모습을 강조한다. 〈요한〉에서 십자가 신학의 적극적인 모습을 보자.

55절 유다인들의 과월절πάσχα τῶν Ἰουδαίων(〈요한〉 2,13; 6,4)은 그리스도교가 유다교와 거리를 두는 의도에서 나온 표현이 아니다. 과월절은 이방인이 참여할 수 없기 때문에 '유다인들의 과월절'이라고 썼을 뿐이다. 유다 역사가 요세푸스에 따르면 유다인 병자들도 과월절 축제에 입장할 수 없었다.[54] 예루살렘에 거주자 약 2만 5000명에 순례객 약 10만 명이 과월절 축제에 참여했다고 추측된다.[55] 축제가 시작하기 전에 정결 규칙에 맞는 예식(〈민수〉 9,10-14; 〈2역대〉 30,17)을 마쳐야 했기 때문에 순례객은 축제 전에 예루살렘으로 와야 했다.

〈요한〉에 기적 이야기가 7번 나온다. 우리 시대에도 그리스도교는 예수의 기적 이야기를 꼭 해야 할까. 21세기 그리스도인, 특히 유럽과 미국, 한국의 그리스도인은 예수의 기적을 주로 자연과학 관점에서 보려고 한다. "자연과학 법칙을 어기는 기적이 정말 가능해?"라는 질문을 자주 한다. 그러나 현대가 꼭 고대보다 앞선 것은 아니다.

기적에 대한 유다교 지배층의 해석이 현대의 그리스도교 성서학자들의 해석보다 앞선 점 하나를 보자. 기적의 정치적 해석 말이다. "예수의 기적에 어떤 정치적 의미가 있을까? 예수의 기적은 가난한 사람에게 주는 해방의 메시지가 아닐까?"라는 질문을 하는 사람은 요즘 보기 드물다.

예수의 기적이 자연과학 법칙을 어겼기 때문에 가난한 사람이 예수에게 몰려든 것이 아니다. 예수의 기적이 가난한 사람에게 자유와 해방의 메시지를 전했기 때문에 다가왔다.

예수의 기적은 자유와 해방을 주는 하느님 나라의 메시지를 가장 잘 드러낸 행동이다. 예수가 괜히 기적을 행한 것이 아니다. 기적은 가난한 사람을 쉽게, 빨리 모이게 하는 가장 현실적인 수단이었다. 예수의 기적은 대중을 모으고 유인하는 집회 방법이자 정치 행위다. 로마 군대 입장에서 보면 예수의 기적은 종교 행위 이상의 정치 행위다. 예수의 기적에서 정치 색채를 빼고 자연과학 색깔만 칠하는 시도는 옳지 않다. 그것은 예수의 기적을 종교 주제로 축소하는 일이다. 예수의 기적에 드러난 정치적 의미를 있는 그대로 보자. 예수의 기적에서 첫째 메시지인 자유와 해방을 보자.

예수는 정치에 참여했을까. 먼저 정치가 무엇인가 이해해야겠다. 선거나 투표를 통해 권력을 얻거나 교체하는 의회 민주주의 제도는 예수 당시에 없었다. 예수는 권력을 쟁취하는 의미의 정치에 참여한 적 없고, 참여할 수도 없었다. 예수는 그런 정치에 개입한 적 없다.

불의한 지배 세력에 저항하는 행위를 정치라고 한다면, 예수는 정치에 참여했다. 예수는 권력을 쟁취하는 의미의 정치에 참여하지 못했지만, 불의한 세력에 저항하는 의미의 정치에 참여했다. 예수가 참여한 정치에는 종교인이 참여하는 것이 옳다. 예수가 참여하지 않은 정치에는 종교인이 참여하지 않는 것이 옳다. 예수와 정반대로 행동하는 종교인이 한국에 하나둘이 아니다.

어떤 주교나 목사, 신부가 권력을 누리는 의미에서 정치적 판단이나 행위를 한다면, 그들은 예수와 관계없는 행동을 하는 것이다. 어떤 주교나 목사, 신부가 불의한 지배 세력에 저항하지 않는다면, 그들은 예수를 제대로 따르지 않는 것이다. 어떤 주교나 목사, 신부가 특혜를 얻기 위해 정치권력을 가까이한다면, 그들은 나쁜 정치에 가담한 것이다. 어떤 주교나 목사, 신부가 불의한 세력에 의해 고통 받는 사람을 외면한다면, 그들은 좋은 정치를 무시한 것이다. 종교인은 특혜를 얻기 위한 나쁜 정치에 손대면 안 된다. 종교인은 불의한 세력에 저항하는 좋은 정치에 반드시 참여해야 한다.

대사제들과 바리사이파 사람들은 유다교에서 자타가 공인하는 종교인의 대명사다. 가장 유명하고 모범적이던 유다교 종교인이 권력을 유지하는 의미에서 정치적 판단을 한다. 대사제들과 바리사이파 사람들이 권력을 유지하는 정치에 개입한다. 그들은 잘못된 정치에 개입하고 좋은 정치에 참여하지 않는다. 주교와 목사, 신부는 대사제들과 바리사이파 사람들처럼 정치에 개입하면 안 된다. 주교와 목사, 신부는 예수처럼 정치에 참여해야 한다.

예수 장례를 미리 치른 마리아

¹ 예수는 과월절을 엿새 앞두고 베다니아로 갔는데 그곳은 예수가 죽은 자들 가운데서 살린 라자로가 사는 고장이었다. ² 거기에서 예수를 영접하는 만찬회가 베풀어졌는데 라자로는 손님들 사이에 끼여 예수와 함께 식탁에 앉아 있었고 마르타는 시중을 들고 있었다. ³ 그때 마리아가 매우 값진 순 나르드 향유 한 근을 가지고 와서 예수의 발에 붓고 자기 머리털로 그 발을 닦아드렸다. 그러자 온 집 안에 향유 냄새가 가득 찼다. ⁴ 예수의 제자로서 장차 예수를 배반할 가리옷 사람 유다가 ⁵ "이 향유를 팔았더라면 삼백 데나리온은 받았을 것이고 그 돈을 가난한 사람들에게 나누어 줄 수 있었을 터인데 이게 무슨 짓인가?" 하고 투덜거렸다. ⁶ 유다는 가난한 사람들을 생각해서가 아니라 그가 도둑이어서 이런 말을 한 것이었다. 그는 돈주머니를 맡아 가지고 거기 들어 있는 것을 늘 꺼내 쓰곤 하였다. ⁷ 예수는 이렇게 말하였다. "이것은 내 장례 일을 위하여 하는 일이니 이 여자 일에 참견하지 마시오. ⁸ 가난한 사람들은 언제나 여러분과 함께 있겠지만 나는 언제나 함께 있지는 않을 것입니다."

⁹ 예수가 베다니아에 계시다는 말을 듣고 많은 유다인들이 떼를 지어 몰려들었다. 그들은 예수뿐만 아니라 예수가 죽은 자들 가운데서 살린 라자로도 보고 싶었던 것이다. ¹⁰ 이것을 본 대사제들은 라자로도 죽이기로 작정하였다. ¹¹ 라자로 때문에 수많은 유다인들이 자기들을 버리고 예수를 믿게 되었기 때문이다.(12,1-11)

긴장이 더 커지고, 마지막 결단의 시간이 다가온다. 예수의 공식 활동이 끝나간다. 〈요한〉 1부에서 2부로 건너가는 12장이 시작되었다. 〈요한〉 1부의 주제가 2부 처음에 다시 압축되었다(12,37-50).[56] 예수에게 향유를 부은 마리아 이야기(〈요한〉 12,1-11)는 〈마르〉에서 예수 최후의 주간 첫 부분에 있다(〈마르〉 14,3-9). 〈요한〉은 같은 이야기를 예수가 예루살렘에 도착하기 전으로 앞당겼다. 그래서 〈요한〉은 향유 부은 마리아와 예수의 무덤 이야기를 연결한다(〈마르〉 15,42-47; 〈요한〉 19,38-42). 마리아가 베다니아에서 예수에게 향유를 부은 일은 예수의 부활을 암시한다.

〈요한〉은 때를 중시하는 복음이다. 예수의 모든 행동이 하느님과 일치 안에서 나타났고, 하느님이 그때를 정한다고 생각했다. 그래서 사건 보도에 자세한 시간을 기록했다. 1절에서 '과월절을 엿새 앞둔' 이날이 정확히 언제인지 알기는 어렵다. 예수에게 향유를 부은 마리아 이야기(1-11절)와 예수가 무덤에 안치된 이야기는 우리가 지금 쓰는 달력으로 똑같이 안식일(토요일, 〈요한〉 19,31.42)에 일어난 것 같다. 유다교 달력은 해가 진 다음 시간부터 새 날짜가 시작된 것으로 본다. 예수가 처형된 날은 우리 달력으로 공통년 30년 4월 7일 금요일이 가장 유력하다. 그렇게 보면 예수가 베다니아에 간 날은 그리스도교 달력으로 성지주일(종려 주일)에 해당한다.

〈요한〉에서 예수 최후의 주간은 다음 순서로 진행된다.[57] 첫날 예수에게 향유를 부은 마리아 이야기(12,1-11), 둘째 날 예루살렘 입성(12,12-15), 셋째 날 제자들과 예수의 마지막 식사(13,1-30), 넷째 날 예수의 고별 발언(13,31-17,26), 다섯째 날 예수 체포됨(18,1-), 여섯째 날 십자가 처형과 매장(19,14-). 〈요한〉 저자는 라자로의 부활을 예수의 부활과 연결하려고 베다니아에 있는 나병 환자 시몬의 집에서 생긴 사건(〈마르〉 14,3)을 라자로의 집에서 생긴 일(2절)로 바꿨다. 부활한 라자로를 생생하게 보여주려는 뜻에서 라자로가 식사에 참석한다. 마르타가 식사를 기다리고 라자로가 시중드는 모습으로 보도되었다면 더 좋았겠다. 라자로는 부활한 사람답게 양성평등에서도 새로운 모습을 보여야 하지 않겠는가.

2절 앞부분 ἐποίησαν οὖν αὐτῷ δεῖπνον ἐκεῖ을 어떻게 번역해야 할까. 우리말 성서에 '거기에서 예수를 영접하는 만찬회가 베풀어졌는데'(공동번역성서 개정판), '거기서 예수를 위하여 잔치할 새'(개역개정 성경전서)라고 옮겼다. 라자로를 살린 예수에게 감사하는 뜻에서 마련된 잔치일까, 부활한 라자로를 축하하는 잔치일까. 판단하기 쉽지 않다. 과월절 축제를 기념하는 뜻까지 포함된 떠들썩한 동네잔치일까. 제주에서 잔치가 열렸다면 고기국수가 꼭 나왔을 것이다. 식탁에 앉아 있었고ἀνακειμένων σ ὸν αὐτῷ(공동번역성서 개정판)라는 번역은 문제가 있다. 유다인은 평소에 앉아서 식사하지만, 과월절 같은 축제 때는 식탁 쪽으로 비스듬히 누워서 식사한다.[58] 예수와 라자로가 참석한 이 식사는 보통 식사와 분명히 다른 잔치 식사다. 예수가 마르타의 집을 방문했다기보다 마르타 집에서 얹혀 지낸 것[59]일까.

3절에서 마리아가 비싼 나르드 향유를 가지고 왔다. 나르드νάρδος는 인도에서 나는 식물 이름이자 그 뿌리에서 뽑아낸 기름을 가리킨다. 성전에서 쓰이는 향에 포함되는 재료 중 하나다. 나르드 향유가 든 옥합(〈마르〉 14,3; 〈마태〉 26,7; 〈루가〉 7,37) 대신 나르드 향유 한 근λίτρα(3절)으로 소개된다. λίτρα(〈요한〉 12,3; 19,39)는 보통 1파운드로 번역되는데, 로마 단위로는 327그램이다.[60] 기름의 품질뿐 아니라 양도 엄청나다. 마리아는 기름을 예수의 맨발에 바른 정도가 아니라 들이붓고 머리카락으로 닦아드린다. 마리아의 머리카락은 상당히 길었나 보다. 수건 대신 머리카락으로 닦은 행동에 마리아의 특별한 애정이 담겼다. 가나의 혼인 잔치(〈요한〉 2,1-12)에서 예수가 만든 포도주가 아주 많았듯이, 마리아가 쓴 기름의 향기가 온 집 안에 가득 찼다.

기름 향기는 예수의 죽음을 알리는 신호라는 사실이 중요하다. 기름 향기는 시신이 부패하는 냄새(⟨요한⟩ 11,39)와 대립된다. 기름 향기는 죽음을 딛고 일어서는 부활의 향기다. 기름을 부은 예수의 발은 예수가 제자들의 발을 씻어준 행동과 연결된다. 예수와 마리아는 몸에서 중요한 역할을 하지만 자주 소홀하게 여겨지는 발을 축복한다. 발은 손처럼 중요하다. 몸 없이 마음 없다. 몸을 소홀히 하는 구원은 없다. 발을 닦고 씻는 일은 종이 주인에게 하는 일이었다. 스스로 다른 사람의 종이 되라는 가르침이다. 마리아가 예수의 발에 기름을 부은 행동은 예수가 제자들의 발을 씻어준 행동을 준비한다.

마리아는 식사 전이 아니라 식사하는 동안 예수의 발에 기름을 부었다. 식전에 손 씻는 예식과 다르다. 당시 유다인은 식전에 손과 발을 씻었다(⟨마르⟩ 7,3; ⟨마태⟩ 15,20). 기름과 소금이 섞인 물에 손과 발을 씻는다. 특히 초대된 식사, 결혼식이나 유지들이 참여한 식사에서 손과 발을 씻는다.[61] 식전에 발만 씻는 사례는 찾기 어렵다. 유다 사회에서 손님에게 친절의 표시로 발 씻을 물을 내주는 습관은 널리 퍼졌다(⟨창세⟩ 18,4; 19,2; 43,24).

예수는 시몬에게 왜 발 씻을 물을 주지 않았느냐며 불평하기도 했다(⟨루가⟩ 7,44). 아브라함은 사람 셋으로 나타난 하느님에게 "물을 길어 올 터이니 발을 씻으시고"(⟨창세⟩ 18,4)라고 말했다. 다윗이 부하들을 보내어 아내로 모셔 오라는 말을 들은 아비가일은 "계집종은 분부대로 하겠습니다. 나리의 신하들의 발이라도 씻어드리겠습니다"(⟨1사무⟩ 25,41)라고 대답한 일도 있다. 성도의 발을 씻어줄 자격은 착한 행실로써 사람들의 인정을 받는 과부(⟨1디모⟩ 5,10)에게 주어졌다.

발 씻는 일은 고대에 종이 하는 일이었다. 유다인 주인이 유다인 종에게 발 씻는 일을 강요하면 안 되었다. 그래서 발 씻는 일은 이방인 종이 하는 일로 알려졌다. 발 씻는 일은 주인과 종의 권력관계에서 생기는 일뿐 아니라 두 자유인 사이에 자발적인 애정의 표시로도 받아들여졌다. 이스라엘에서 아내가 남편에게 사랑으로 발을 씻어주고, 자녀들이 부모에게 효도의 표현으로 발 씻는 일이 권장되기도 했다. 제자가 스승의 발을 씻는 행위 역시 마찬가지다.[62]

요즘 한국에는 '갑질' 하는 사람들이 많다. 프랑스 철학자 사르트르 Jean Paul Sartre는 "실존이 본질에 우선한다"는 명언을 남겼다. 한국에서는 갑질이 본질에 우선한다고 말해야 하는가. 돈과 권력으로 다른 사람을 슬프게 하는 갑질은 발을 씻어준 예수의 생각을 거부하는 일이다. 모든 인권 모독은 갑질에 해당한다. 가난한 사람을 무시하는 행위가 가장 큰 갑질이다. 여성, 장애인, 실업자, 외국인, 평신도를 하대하는 행위도 갑질에 해당한다. 세상에 윗사람이 어디 있고 아랫사람이 어디 있는가. 하느님 앞에 누구나 평등하다. 남을 나보다 아래로 보는 것도 나쁘지만, 남을 나보다 위로 보는 것도 나쁘다.

갑자기 유다 이야기가 나온다. 〈요한〉에서 예수가 유다에 대해 언급한 적 있다. "예수는 믿지 않는 사람들이 누구며 자기를 배반할 자가 누구인지 처음부터 알았다."(6,64) "여러분 열둘은 내가 뽑은 사람들이 아닙니까? 그러나 여러분 가운데 하나는 악마입니다."(6,70) 4절에서 가리옷 사람 시몬의 아들 유다(13,2,26) 대신 아버지 이름을 빼고 가리옷 사람 Ἰσκαριώτης 유다라고 불렀다. Ἰσκαριώτ은 유다 지역 크리욧(〈여호〉 15,25)을 가리키는 것 같다.

"거기 같이 있던 몇 사람이 매우 분개하여"(⟨마르⟩14,4)가 "제자들은 분개하여"(⟨마태⟩26,8)로 바뀌고, 4-5절에서 다시 "예수의 제자로서 장차 예수를 배반할 가리옷 사람 유다가 '이 향유를 팔았더라면 삼백 데나리온은 받았을 것이고 그 돈을 가난한 사람들에게 나누어 줄 수 있었을 터인데 이게 무슨 짓인가?' 하고 투덜거렸다"로 변했다. ⟨요한⟩이 숫자와 이름과 상황을 더 자세히 밝힌다.

데나리온δηναρίων은 로마 은전 이름으로, 노동자가 하루 종일 일해야 1데나리온을 벌었다. 향유 값 300데나리온은 일용직 노동자 300일 일당에 해당한다(⟨마태⟩20,2). 노동하지 않는 안식일과 축제를 생각하면 거의 1년 연봉이다. 지금 한국에서 일용직 노동자의 일당을 10만 원으로 치면, 300데나리온은 3000만 원 정도다. 마리아는 노동자 1년 연봉을 예수의 발 닦는 기름에 쏟아부었다.

⟨요한⟩ 저자가 5절에서 유다가 한 말("그 돈을 가난한 사람들에게 나누어 줄 수 있었을 터인데")을 무시하는 것이 아니다. 가난한 사람에 대한 유다의 관심을 나쁘게 볼 이유는 없다. 돈 관리를 맡은 유다로서는 마땅한 일을 했다. 유다는 예수와 제자들의 선교 활동비를 항상 걱정해야 하는 처지에 있었다. 가난한 사람이 몰려드는 과월절 축제에서 가난한 그들에게 나눠 줄 돈을 생각하지 않을 수 없다. 예수와 일행 수십 명이 적어도 몇 달 동안 함께 먹고 자고 돌아다니는 데 드는 비용을 어떻게 마련했을까.

예수가 노동으로 평생 모은 돈을 전부 내놓았을까. 예수의 어머니와 형제자매들이 돈을 지원했을까. 배를 가지고 인부도 부리던, 비교적 재산이 많은 야고보와 요한(⟨마르⟩1,20)이 활동 자금을 댔을까. 예수는 이러

저런 기회에 식사 초대를 받아 끼니를 해결했을까. 제자들이 십시일반으로 돈을 내고 후원자를 모집했을까. 궁금하지만 추측할 만한 자료가 거의 없다. 몇몇 여인이 자기네 재산을 바쳐 예수 일행을 돕고 있었다(〈루가〉 8,2-3)는 구절 외에 딱히 참고할 곳도 없다. 소설 같은 상상을 할 수밖에 없다. 붓다가 걸인 종교를 창시했다면, 예수는 노숙 종교를 창시했다. 예수와 제자들에 비하면 지금 교회와 성당은 너무 부자다.

유다의 불평은 오히려 칭찬 받아 마땅하지 않은가. 당시 누가 마리아의 행동을 이해할 수 있었겠는가. 누가 찬성하겠는가. 그 자리에 있는 사람들 모두 유다와 비슷한 심정이었을 것이다. 사회복지 기관에서 일하거나 돈 관리 책임을 맡은 목사와 신부, 수녀 중에 유다처럼 생각하지 않을 사람이 어디 있을까. '기름을 사지 말고 교회나 성당에 헌금하지'라고 생각할 사람도 있을 것이다. 가난한 사람에게 나눌 돈이 있으면 교회나 성당에 헌금하라고 설교하는 사람을 하느님이 어떻게 보실까. 하느님은 가난한 사람에게 먼저 나누라고 말씀하시리라.

예수는 경제도 모르고 뜬구름 잡는 소리나 하는 분이라고 생각할 사람도 있을 것이다. 예수는 시골에 사는 자영업자요, 일용직 날품팔이요, 비정규직 노동자요, 자발적 실업자다. 예수도 돈을 모르지 않는다. 돈이 힘 있고 매력 있고 심지어 하느님 자리까지 넘볼 수 있다는 걸 잘 알았다. 돈의 속성을, 돈에 담긴 악마적 속성을 예수처럼 꿰뚫어 본 사람이 누가 있을까. "하느님과 재물을 아울러 섬길 수 없습니다."(〈마태〉 6,24)

복음서는 왜 예수 제자들 중에 유다 이야기를 자주 했을까. 당시 예수를 믿기로 작정한 신참 그리스도인은 예수를 배신한 유다의 행동을 잘 이해하지 못했기 때문이다. 유다의 배신을 해명하기 위한 전설이 여기저기 생긴 것 같다. 그중 하나는 유다가 돈 욕심 때문에 스승을 배신했으리라는 추측이다. 〈요한〉 저자는 유다가 배신한 이유를 독자에게 좀 더 설득하려고 전설을 이곳에 배치했다.

〈요한〉이 유다를 조심성 있게 언급하는 점이 눈에 띈다. 4절에 나오는 단어 παραδιδόναι는 '배반할'(공동번역성서 개정판)이나 '잡아줄'(개역개정성경전서)보다 '내어줄'이라고 번역하는 것이 좋다. 〈요한〉은 유다가 예수를 내어줄 사람(4절)이라고 했지만, 배신자προδότης(〈루가〉 16,6)라고 부르지 않았다. "가리옷 사람 유다가 대사제들에게 가서 '내가 당신들에게 예수를 넘겨주면 그 값으로 얼마를 주겠소?' 하자 그들은 은전 서른 닢을 내주었다"(〈마태〉 26,14-15)는 이야기는 〈요한〉에 없다.

유다가 돈을 요구한 것이 아니라 예수의 적대자들이 유다에게 돈을 주겠다고 제안한 것으로 보도된다(〈마르〉 14,11; 〈루가〉 22,3-6). 유다의 입맞춤(〈마르〉 14,44; 〈마태〉 26,49; 〈루가〉 22,47)도 〈요한〉에 없다. "유다는 그 은전을 성소에 내동댕이치고 물러가서 스스로 목매달아 죽었다"(〈마태〉 27,5)나 "그는 주님을 판 돈으로 밭을 샀습니다. 그러나 그는 땅에 거꾸러져서 배가 갈라져 내장이 온통 터져 나왔습니다"(〈사도〉 1,18)라는 내용도 〈요한〉에 없다.

유다의 배신을 구실로 삼고 인용하여 유다인이라는 민족에게 '돈 욕심 많은 배신자'라는 낙인을 찍은 그리스도교의 광기를 기억하는 것은 어떨까.[63] 서양사에서 유다인에 대한 멸시와 박해는 그리스도교의 씻을 수 없는 죄로 남았다. 유다인에게 나쁜 이미지를 덮어씌운 잘못에서 남미 그리스도교와 한국 그리스도교 역시 제외될 수 없다. 지금도 전국의 교회와 성당에서, 설교와 교육에서 유다인은 얼마나 무참히 짓밟히는가.

유다는 마리아의 행동에 담긴 뜻을 눈치채지 못했다. 유다가 그 뜻을 알았다면, 가난한 사람들에게 나눌 돈을 떼어놓고 향유를 사라고 조언했을 것이다. 마리아가 향유를 살 때 유다와 상의했는지 알 길이 없다. 아리마태아 사람 요셉은 빌라도의 허락을 받아 예수의 시신을 십자가에서 내리고, 니고데모는 침향을 섞은 몰약을 100근쯤 가지고 왔다. 두 사람은 유다인들의 장례 풍속대로 예수의 시신에 향료를 발랐다(〈요한〉 19,38-40). "막달라 여자 마리아와 야고보의 어머니 마리아와 살로메는 무덤에 가서 예수의 몸에 발라드리려고 향료를 샀다."(〈마르〉 16,1)

예수의 발에 향유를 부은 마리아 이야기(〈요한〉 12,1-11)와 예수의 머리에 향유를 부은 여자 이야기(〈마르〉 14,3-9)는 공통점이 있다. 사건은 베다니아에서 일어났다(1절; 〈마르〉 14,3). 기름 부은 행위에 반대하는 논리로 가난한 사람들에 대한 자선이 등장했다(5절; 〈마르〉 14,5). 기름 값이 똑같다(5절; 〈마르〉 14,5). 예수가 설명한 내용이 같고, 자신의 죽음과 연결했다(7절; 〈마르〉 14,8).

예수의 발에 향유를 부은 마리아 이야기(〈요한〉 12,1-11)와 용서 받은 죄 많은 여자 이야기(〈루가〉 7,36-50), 마르타와 마리아 이야기(〈루가〉 10,38-42)에도 공통점이 있다. 머리가 아니라 발에 향유를 붓는다(3절; 〈루가〉 7,38.46). 예수의 발을 머리카락으로 닦는다(3절; 〈루가〉 7,38). 마리아와 마르타 이름이 나온다(2-3절; 〈루가〉 10,38.40-41). 마르타의 행동은 시중들다διακονειν로 표현된다(2절; 〈루가〉 10,40).

다른 점도 보인다. 〈루가〉의 용서 받은 죄 많은 여자 이야기는 〈요한〉에서 예수의 발에 향유를 부은 마리아 이야기처럼 예수의 고난 역사와 연결되지 않는다. 〈루가〉의 마르타와 마리아 이야기는 여인들의 이름과 마르타의 봉사 행동만 〈요한〉과 공통된다. 용서 받은 죄 많은 여자 이름은 알려지지 않고, '죄 많은 여인'으로 소개되었다. 죄 많은 여인은 이름도 잊히고 마는가. 〈루가〉 저자는 그 여인을 보호하기 위해 일부러 이름을 밝히지 않았을까. 당시 '미투' 운동이 있었다면 여인의 사정은 크게 달라졌을 것이다.

8절 "가난한 사람들은 언제나 여러분과 함께 있겠지만 나는 언제나 함께 있지는 않을 것입니다"는 복음서에서 자주 오해되는 말 중 하나다. 예수가 곧 떠날 시간이 다가왔다는 정보를 전해주는 말이다. 마리아는 예수가 자기 곁에 마지막으로 있을 때 가장 적절한 일을 선택했다.[64] 가난한 사람보다 예수에게 신경 써야 한다는 말이 아니다. 가난한 사람과 예수 중 누구에게 먼저, 더 신경 써야 하는지 묻는 문제도 아니다. 가난한 사람이냐, 예수냐 둘 중 하나를 선택하라고 요구하는 문제도 아니다.

교회나 성당에서 이 말을 왜곡하고 악용하는 사람들이 적지 않다. 가난한 사람을 외면하고 오직 예수에게 신경 쓰면 되는 줄 아는 신자들이 적지 않다. 잘못이다. 가난한 사람을 외면하고 예수에게 가는 방법은 없다. 예수를 만나러 가는 길에서 가난한 사람을 만난다. 우리 눈에 보이는 가난한 사람이 곧 예수다. 예수는 가난한 사람이 되어 우리 앞에 있다. 가난한 사람 밖에서 구원은 없다extra pauperes nulla salus. 해방신학자 혼 소브리노 신부는 1999년 엘살바도르를 떠나는 내게 딱 한 말씀 하셨다. "가난한 사람을 잊지 마세요."

라자로 때문에 많은 유다인들이 예수를 믿게 되었다. 그래서 대사제들은 라자로도 죽이기로 작정한다(10-11절). 라자로가 무슨 죄가 있단 말인가. 예수가 라자로를 살리는 바람에 라자로는 예수처럼 박해 받고 죽게 생겼다. 예수 덕분에, 예수 때문에 죽은 사람이 역사에 많다. 그들은 예수의 십자가를 대신 진 사람이고, 예수의 십자가를 함께하는 사람이다. 가난한 사람처럼 예수의 십자가를 계승하는 사람이다. 순교자, 성인과 성녀, 이름 없는 역사의 희생자다. 예수처럼 십자가에 매달린 수많은 사람을 기억해야 한다. 수백만 희생자가 한반도에 산다는 이유 하나로 억울하게 죽어갔다. 동학혁명부터 지금까지 한반도 현대사 120여 년을 돌아봐도 충분하다.

순교, 순교자라는 개념을 다시 생각할 때다. 순교에서 교敎는 교회라기보다 예수의 가르침을 뜻한다. 가톨릭교회에서 추앙하는 순교자는 가톨릭교회를 수호하거나 가톨릭 교리를 지키는 정도를 넘어, 무엇보다 먼저 예수의 가르침을 따랐다. 예수처럼 십자가에 매달린 사람이 많다. 그중에 전통적인 의미의 순교자로 가톨릭교회에서 아직 인정받지 못한 사람이 적지 않다. 가톨릭교회는 순교자 개념을 좀 더 확장해야 하지 않을까. 해방신학자 소브리노는 그 사실을 안타깝게 생각한다.

죄 없이 이름 없이 대량학살 되는 사람이 있다. …학살당한 많은 사람의 죽음에서, 하느님 나라를 반대하는 세력에 대항하는 투쟁의 적극적 성격이 잘 나타나지 않고 죽음 당할 때 자유가 잘 보이지 않는다. 하지만 그들이 역사적으로 무죄하다는 사실은 더 잘 나타난다. 가난한 사람, 무방비 상태인 사람, 현실적으로 죽음을 피할 가능성이 없는 사람이라는 사실 이상으로 그들의 죽음이 가치 있음을 나타내는 것은 없다.

그들은 생명을 조금씩 빼앗는 죄, 결국 죽이는 죄를 억울하게 짊어진다. 생명과 삶을 억압받는 대다수 사람, 죽음 당하고 학살당하는 사람을 순교자라고 부르든 부르지 않든, 그들은 세상의 엄청난 고통을 잘 나타낸다. 그들은 자신을 내세우거나 원하지 않고 알지도 못한 채 "자기 몸으로 그리스도의 수난에서 부족한 것을 채운다". 그 사람들이 오늘날 슬픈 종, 십자가에 못 박히는 그리스도다.

이 역설에 어떤 답이 있어야 한다. 십자가에 못 박힐 수밖에 없는 사람에게 신앙이 아무 할 말이 없다거나, 그들이 신앙에 중요하지 않다는 억울함에 빠지지 않기 위해 어떤 해결책이 있어야 한다. 그들을 순교자라고 부르려면 순교를 유비적으로 이해해야 한다. 예수 십자가 앞에서 비유 원칙 analogatum princeps이 어떤 것인지 생각해야 한다.[65]

세월호 참사, 천안함 침몰 사건, 제주 4·3 사건, 보도연맹 사건, 신천학살 사건 등 그 현장에 있었다는 이유만으로 죽음을 맞이한 희생자들이 많다. 그들이 자유와 해방에 대한 투쟁 의지가 무엇인지 몰랐거나 그럴 마음이 없었다 해도, 그리스도교가 그들의 죽음이 무의미한 죽음이라고 외면할 수는 없다. 하느님 나라를 반대하는 세력에 의해 죽음 당한 사람은 하느님 나라를 건설하는 데 협조한 사람으로 봐야 한다. 그들의 죽음은 하느님 나라가 무엇인지 보여준 죽음으로서 신학적으로 의미 있다고 평가받아야 한다.

4막 B 4장 예수 최후의 시간

·····································

¹² 명절을 지내러 와 있던 큰 군중은 그 이튿날 예수가 예루살렘에 들어온다는 말을 듣고 ¹³ 종려나무 가지를 들고 예수를 맞으러 나가, "호산나! 주의 이름으로 오시는 이여, 이스라엘의 왕 찬미 받으소서!" 하고 외쳤다. ¹⁴ 예수는 새끼 나귀를 보고 거기에 올라앉았다. 이것은 성서에, ¹⁵ "시온의 딸아, 두려워하지 마라. 네 임금이 너에게로 오신다. 새끼 나귀를 타고 오신다" 하신 말씀 그대로였다. ¹⁶ 예수의 제자들도 처음에는 이것을 깨닫지 못하였으나 예수가 영광을 받은 다음에야 이것이 모두 예수를 두고 기록된 것이며 또 이런 일들이 그대로 예수에게 일어났다는 것을 깨닫게 되었다.

¹⁷ 예수가 라자로를 무덤에서 불러내어 죽은 자들 가운데서 살릴 때 그 자리에 같이 있던 사람들이 모두 그 일을 증언하였다. ¹⁸ 군중이 예수를 맞으러 나간 것도 예수가 이렇게 기적을 보여주었다는 말을 들었기 때문이다. ¹⁹ 바리사이파 사람들은 "자, 이제는 다 틀렸습니다. 모든 사람이 다 그를 따라가고 있지 않습니까?" 하며 서로 걱정하였다.

²⁰ 명절 때에 예배를 드리러 올라왔던 사람들 중에는 그리스 사람도 몇이 있었다. ²¹ 그들은 갈릴래아 지방 베싸이다에서 온 필립보에게 가서 "선생님, 예수를 뵙게 하여주십시오" 하고 간청하였다. ²² 필립보가 안드레아에게 가서 이 말을 하고 두 사람이 함께 예수에게 가서 그 말을 전하였다. ²³ 그러자 예수는 이렇게 말하였다. "사람의 아들이 큰 영광을 받을 때가 왔습니다. ²⁴ 정말 잘 들어두시오. 밀알 하나가 땅에 떨어져 죽지 않으면 한 알 그대로 남아 있고 죽으면 많은 열매를 맺습니다. ²⁵ 누구든지 자기 목숨을 아끼는 사람은 잃을 것이며 이 세상에서 자기 목숨을 미워하는 사람은 목숨을 보존하며 영원히 살게 될 것입니다. ²⁶ 누구든지 나를 섬기려면 나를 따라오시오. 내가 있는 곳에는 나를 섬기는 사람도 같이 있게 될 것입니다. 누구든지 나를 섬기면 내 아버지께서 그를 높이실 것입니다."(12,12-26)

예수의 예루살렘 도착 보도는 복음서에 모두 나온다. 네 보도를 비교하는 작업이 활발하게 진행되었다. 대표적으로 호스킨스E. C. Hoskyns의 말을 들어보자. "〈요한〉의 설명은 〈마르〉 이야기에 의존한다. 그러나 〈요한〉의 고유한 해설은 〈루가〉 〈마태〉와 비슷한 점이 있다. 군중이 예수를 환영하는 장면에서 〈루가〉는 '왕'이라는 단어를 덧붙였다. 〈루가〉와 〈요한〉은 군중이 예수를 열렬하게 환영하는 바탕에 군중이 적어도 라자로의 기적을 안다는 것을 근거로 한다(〈루가〉 19,37). 〈마태〉는 〈요한〉처럼, 그러나 〈마르〉 〈루가〉와 달리 〈즈가〉의 예언을 인용한다."[66]

〈마르〉 11,1-11에 보면 대사제들이 예수를 죽이려고 결정하기 전에 예수가 예루살렘에 도착한다. 〈요한〉에서는 대사제들이 예수를 죽이려고 결정한 뒤에 예수가 예루살렘에 들어온다. 〈요한〉에서 예수의 운명을 둘러싼 상황이 더 긴장되고 심각해졌다. 〈요한〉은 예수의 예루살렘 도착을 라자로 이야기(12,17-19)와 연결한다. 즉 예수는 죽으러 예루살렘에 왔다기보다 라자로처럼 부활하러 왔다. 그래서 〈요한〉의 예수 최후 일주일은 고난의 시간에도 '예수는 왕'이라는 주제로 진행된다. 죽음의 충격보다 부활의 기쁨이 강조된다. 예수는 고난 받지만 왕이다.

〈요한〉 12,12-26은 예수의 공식 활동이 마지막으로 설명되는 부분이다. 다른 복음서에서 군중은 예수 일행과 함께 예루살렘으로 들어온다(〈마르〉 11,8-10; 〈마태〉 21,8-9; 〈루가〉 19,36). 〈요한〉에서는 예루살렘에 와 있던 사람들이 성안으로 들어오는 예수 일행을 맞이한다(12-13절). 〈요한〉에 사람들이 겉옷을 벗어 길 위에 펴놓거나 들에서 나뭇가지를 꺾어다가 길에 깔았다(〈마르〉 11,8), 나귀와 나귀 새끼를 끌고 와서 그 위에 겉옷을 얹어놓았다(〈마태〉 21,7), 나귀를 끌고 와서 나귀에 자기들의 겉옷을 얹고 예수를 그 위에 모셨으며 겉옷을 벗어 길에 펴놓았다(〈루가〉 19,35-36)는 보도는 없다. 13절에 사람들은 어디서 준비했는지 모르지만 종려나무 가지를 들고 예수를 왕처럼 맞이한다.

12절 '그 이튿날'은 과월절 축제에서 다섯째 날에 해당한다. 베다니아에서 만찬이 안식일 식사였기 때문에 그리스도교 달력으로 성지주일이다. 13절 종려나무 가지βαΐον는 신약성서에서 여기만 나온다. 종려나무 가지는 전투에서 승리한 왕과 영웅을 위한 상징[67]으로 마카베오 항쟁이후 유다 사회에 자리 잡았다(〈1마카〉 13,51; 〈2마카〉 10,7; 14,4). 13절이 그리스도교에서 성지주일에 하는 장면을 반영한 것 같지는 않다.[68] 호산나외침은 종려나무 가지를 흔드는 동작과 자연스럽게 어울린다. 초막절 축하 꽃다발을 호산나라고 부른다.[69] 군중의 호산나ὡσαννά 외침은 70인역그리스어 번역본 〈시편〉 117,26에서, 이스라엘의 왕βασιλεὺς τοῦ Ἰσραήλ은〈요한〉 저자[70]가 끼워 넣었다.

〈요한〉에 제자들을 보내 어린 나귀를 구해 데려오는 이야기(〈마르〉11,2; 〈마태〉 21,2; 〈루가〉 19,30)는 없다. 〈요한〉에서 예수가 예루살렘에 들어오는 데 제자들이 준비한 것은 없다. 모든 시간과 진행을 파악한 예수의존엄을 증명할 필요는 없다. 예수는 정복자 왕처럼 구원자로서 당당히예루살렘에 들어온다. 14절에서 나귀를 타고 들어오는 예수는 "수도 예루살렘아, 환성을 올려라. 보아라, 네 임금이 너를 찾아오신다. 정의를 세워 너를 찾아오신다. 그는 겸비하여 나귀, 어린 새끼 나귀를 타고 오시어"(〈즈가〉 9,9; 〈이사〉 40,9)를 연결한다.

새끼 나귀를 타는 모습은 로마 군대가 유다인을 강제 노역에 동원하고 나귀를 운송 수단으로 징발한 일을 빗댄 것이다.[71] 미래 구원의 시대에 왕은 세상의 모든 정치 권력자와 대조되게 평민이 소유한 새끼 나귀를 타고 온다.[72] 프란치스코 교황이 작은 차를 타는 모습은 새끼 나귀를 타는 예수의 모습을 다시 보여준다. 새끼 나귀와 작은 차에는 가난보다 권력 비판의 뜻이 강하다. 고급 차를 타는 종교인은 예수와 프란치스코 교황이 주는 메시지를 왜 놓칠까.

13절 "호산나! 주의 이름으로 오시는 이여"는 예루살렘 성안으로 들어오는 모든 순례자에게 불러주는 환영의 노래요, 외침이다. 예수에게 특별한 의미는 13절 뒷부분 "이스라엘의 왕 찬미 받으소서!"다. 예수는 여기서 이스라엘의 왕이 나타난 것처럼 소개된다.[73] 〈요한〉 저자는 〈즈가〉 9,9을 요약·인용했다. 구원의 희망에 가득 찬 군중은 예수를 왕, 즉 정치적 의미의 왕이라 불렀다.

16절 "예수의 제자들도 처음에는 이것을 깨닫지 못하였으나 예수가 영광을 받은 다음에야 이것이 모두 예수를 두고 기록된 것이며 또 이런 일들이 그대로 예수에게 일어났다는 것을 깨닫게 되었다"는 예수가 예루살렘에 들어온 당시가 아니라 한참 뒤에 덧붙었다. 17-19절은 복음서 중 〈요한〉에만 나오는 이야기다. 〈요한〉 저자가 일부러 여기에 써 넣었다. 라자로의 부활을 보고 예수를 믿은 사람들이 예루살렘에 들어오는 예수를 맞이하러 나갔다는 말은 다른 복음서에 없다.

사람들이 예수에게 기대한 바가 있어서 환영했을까. 라자로의 기적을 봤기 때문에 예수를 맞이하러 나갔는가. 라자로의 부활은 사람들의 믿음을 알아보는 시험지가 되었다. 적대자들이 예수를 그냥 둘 수 없는 상황으로 점차 변해갔다. 군중이 예수를 왕으로 모시려 했다. 예수의 예루살렘 도착은 개선장군의 행진이 되었다.

예수는 유다교 지배층에게 현실적으로 위협이 되었다. 유다교 기득권 계층의 영향력이 크게 흔들렸다. 바리사이파 사람들은 크게 걱정한다. 그들은 사람들의 말문을 막으려고 애써왔는데, 사람들은 오히려 예수를 따라간다. 사람들의 말문을 막는 일이 가장 큰 죄 아닐까. "가만히 있어", "조용히 해", "질문하지 마", "시키는 대로 해" 같은 말은 정말 나쁘다. 희생자의 목소리를 억압하는 죄처럼 무거운 죄가 세상에 또 있을까.

〈요한〉 12,23-50은 세상에 바치는 예수의 헌사요 고별사다.[74] 그다음 예수는 제자들에게 마지막 말을 남기고, 하느님께 고별 기도를 바친다. 20절에서 예수에게 다가오는 그리스인들이 언급되어 사정은 더 구체화되었다. 그리스 사람들Ἕλληνές은 그리스어를 사용하는 소아시아 지역에 사는 이들로, 과월절 축제 때 예루살렘에 왔다.[75] 그들은 직접 축제에 참가하지 않지만 제단에 예물을 드린다.[76]

단순히 그리스어를 쓰고 유다교와 관계없이 사는 사람들이 아니다. 그들은 야훼 하느님을 공경한다. 그렇기 때문에 과월절 축제를 위해 머나먼 길을 걸어 예루살렘까지 순례하러 왔다. 유다인 입장에서 이방인이라고 폄하하던 사람들에 해당하지 않는다. 이방인은 유다교 축제에 참여할 수도 없다. 해외에 살거나, 그리스어를 쓰는 유다인이나, 부모 중 하나가 유다인인 사람들이다.[77] 〈요한〉 저자가 이 대목에 그리스인들을 넣은 의도는 〈이사〉 52,15을 인용하려는 것 같다. "이제 만방은 그를 보고 놀라지 않을 수 없고 제왕들조차 그 앞에서 입을 가리리라. 이런 일은 일찍이 눈으로 본 사람도 없고 귀로 들어본 사람도 없다."

21절에서 그들은 예수에게 직접 말하지 않고 그리스 이름을 가진 필립보에게 예수를 뵙게 해달라고 청한다. 필립보는 베싸이다 지역 출신으로, 〈요한〉에서 베드로 다음으로 자주 언급된 제자다. 그 이름이 〈요한〉에 모두 12번 나온다. 22절에서 필립보는 안드레아에게 전하고 함께 예수에게 말한다. 예수에게 사랑받은 제자를 제외하면 필립보와 안드레아가 〈요한〉에서 예수 가까이 있다. 안드레아는 베드로보다 먼저 예수에게 제자로 부름 받았다(1,40-42). 예수는 안드레아와 베드로 다음에 필립보를 제자로 삼았다(1,43). 필립보와 안드레아는 그리스인과 접촉하는 임무를 맡은 것 같다.

그리스인들과 예수는 아쉽게도 만나지 못한다. 그들은 역사의 예수가 아니라 십자가에 매달려 높이 들린 예수를 만날 참이기 때문이다. 유다인들이 예수를 죽이려고 음모를 꾸미던 순간에 이방인들이 특별한 이유도 없이 예수에게 밀려드는 모습[78]일까. 조금 과장된 해석 같다. 그보다 부활 이후 해외 선교에 대한 전망을 담아내는 이야기로 보인다. 예수는 23-26절의 설교를 그리스인들에게 주는 인사요 메시지처럼 남겼다. 유다인들은 〈요한〉 5장부터 예수를 죽이려고 찾았지만, 그리스인들은 생명을 찾으려고 예수를 찾는다. 여기서 독자는 유다인과 그리스인이 민족 개념이 아니라 신학 개념이라는 사실을 알았으리라.

23절 "사람의 아들이 큰 영광을 받을 때가 왔습니다"는 수수께끼처럼 들린다. 그리스 사람들이 예루살렘에 도착한 것과 하느님이 정하신 예수의 시간 사이에 무슨 비밀스런 관계가 있다는 인상을 주기 때문이다. 사람의 아들의 죽음은 사람의 아들이 하늘에서 영광을 받기 위한 조건이자 영광의 일부다.[79] 24절의 밀알 비유는 씨앗과 씨 뿌림 비유가 떠오른다(〈마르〉 4,3-9; 〈마태〉 13,3-9; 〈루가〉 8,4-8). 25절 "누구든지 자기 목숨을 아끼는 사람은 잃을 것이며 이 세상에서 자기 목숨을 미워하는 사람은 목숨을 보존하며 영원히 살게 될 것입니다"는 〈마르〉 8,34-35을 거의 그대로 옮겼다.

23-26절에서 예수는 자신의 죽음에 담긴 구원의 의미를 해설한다. 예수는 실제로 죽음을 눈앞에 두었다. 며칠 남지 않았다. 그 긴박한 시간에 예수의 심정은 어땠을까. 아직 때가 오지 않았다(〈요한〉 2,4; 7,30; 8,20)는 세 차례 발언과 달리, "사람의 아들이 큰 영광을 받을 때가 왔습니다"(23절)라고 선언한다. 23절은 〈요한〉 12,20-26의 제목으로 봐도 좋다. 사람의 아들이 큰 영광을 받을 때가 바로 그 시간이다.

사람의 아들이 큰 영광을 받는 시간도 중요하지만, 영광의 내용도 중요하다. 24절에 있는 밀알 비유(〈1고린〉 15,35-41)가 그 내용을 설명한다. 영광을 받으려면 죽어야 한다. 예수의 죽음은 열매를 맺고, 그 죽음에서 생명이 솟아나온다. 〈요한〉 저자는 예수가 생전에 실제로 한 말을 전한다(〈마르〉 8,35; 〈마태〉 10,39; 〈루가〉 17,33).

제자들μαθηται이라는 단어는 〈마르〉에 46번, 〈마태〉에 72번, 〈루가〉에 37번, 〈요한〉에 78번 나온다. 복음서 중 〈요한〉에 가장 많다. 〈사도〉에 28번 나오고, 나머지 신약성서에 전혀 없는 단어다. 공동성서 70인역 그리스어 번역본에도 없다. 공통년 이전 2세기부터 히브리어와 아람어로 쓰인 라삐 문헌에도 라삐 제자들을 가리키는 단어로 쓰이지 않았다. 제자들을 부른 예수는 공동성서에서 엘리야(〈1열왕〉 19,19-21)를 가장 닮았다. 공동성서에 나오는 예언자 중 엘리야만 방랑 생활을 하고 기적을 일으키며 제자에게 가족을 버리고 따라오라고 불렀다.

예수는 제자들에게 엘리야보다 엄청난 요구를 한다. "나를 따르려는 사람은 누구든지 자기를 버리고 제 십자가를 지고 따라야 합니다. 제 목숨을 살리려는 사람은 잃을 것이며, 나 때문에 또 복음 때문에 제 목숨을 잃는 사람은 살릴 것입니다."(〈마르〉 8,34-35) 예수는 제자들에게 나체로 치욕의 십자가를 메고 사형장으로 걸어가는 풍경을 소개한다. 예수의 제자가 되면 영광의 꽃길을 걷지 않고 죽음의 십자가 길을 걷는다.

예수의 제자로 사는 일은 생활이 조금 불편해지는 것이 아니라 목숨이 위험해진다는 뜻이다. 십자가는 불편한 것이 아니라 위험한 것이다. 십자가는 인내와 금욕의 상징이 아니라 저항과 박해의 상징이다. 이 말을 25절이 다시 확인한다. 내 생각에 예수의 제자가 되는 일의 가장 큰 특징은 위험하다는 것이다. 예수의 제자로 살면 목숨이 위험해진다.

20-22절에서 "예수는 유다교에 자리가 없다. …유다교는 하느님의 계획에서 자신의 자리를 포기했다"[80]고 결론 내면 안 된다. 바오로는 〈로마〉 9-11장에서 유다인의 선택받음은 여전히 유효하다고 생각했다. "하느님께서 당신의 백성을 버리셨다고 할 수 있겠습니까? 절대로 그렇지 않습니다. 나도 아브라함의 후손으로서 베냐민 지파에 속하는 한 이스라엘 사람입니다. 하느님께서는 미리 뽑으신 당신의 백성을 버리시지 않았습니다."(11,1-2) "이스라엘이 걸려 넘어져서 완전히 패망하고 말았다고 할 수 있겠습니까? 절대로 그렇지 않습니다."(11,11) "여러분은 잘려 나간

가지들을 업신여겨서는 안 됩니다. 그런 생각이 날 때에는 여러분이 뿌리를 지탱하는 것이 아니고 뿌리가 여러분을 지탱한다는 사실을 기억하십시오."(11,18)

예수 따르기는 믿는 사람들이 예수와 통째로 연결되게 한다(〈마르〉 8,34-;〈마태〉 10,38;〈루가〉 14,27). 예수에 대한 지식과 정보를 모으는 문제를 넘어 삶의 문제다. 예수를 따라야 한다. 예수처럼 살고 예수처럼 죽어야 한다. 예수처럼 살기도 어렵고 예수처럼 죽기도 쉽지 않다. 적어도 예수를 박해한 사람들처럼 살지는 말아야 한다.

예수를 박해한 사람들처럼 의미 없이 세상을 떠나선 안 된다. 예수의 가르침인 하느님 나라를 방해하는 사람으로 살아선 안 된다. 예수를 제대로 따르지는 못하더라도 예수를 배신해선 안 된다. 예수를 전하지 않아도 좋지만 예수를 욕되게 해서는 안 된다. 예수를 전한다고 큰소리치면서 실제로 예수를 팔아먹는 종교인이 얼마나 많은가.

20-22절에서 예수는 죽음을 눈앞에 두었다. 며칠 남지 않은 긴박한 시간에 예수의 심정이 어땠을까. 로메로 대주교의 경우를 보자. 1980년 2월 말, 로메로 대주교는 연례 피정에 들어갔다. 3월 24일에 살해되었으니, 한 달도 남지 않은 때였다. 로메로 대주교의 고해신부인 예수회 세군도 아스쿠에Segundo Ascue 신부의 증언이다. "이번 피정이 로메로 대주교의 마지막 피정이 될 것이라는 불길한 예감이 들었다. 로메로 대주교는 자신의 죽음이 멀지 않았음을 느꼈다. 그 역시 예수님께서 게쎄마니 동산에서 느낀 두려움에 떨었다. 하지만 그는 자신의 자리를 떠나지 않았다. 의무를 피하지 않았고, 아버지께서 주신 잔을 마실 준비가 되었다."[81]

피정이 끝나고 3월 16일, 로메로 대주교는 폭력을 피해 고향을 떠나온 농민들에게 산호세몬타냐신학교와 마리아의집 피정센터를 내주었다. 이미 2000명이 넘는 농민이 대교구청 안뜰과 정원에 있는 상태였다. 다른 성당에도 농민들이 모였다. 로메로 대주교는 살해되기 전날인 3월 23일(저항절 5주일), 지상에서 마지막 강론을 했다. 많은 사람들이 이날 강론에서 군대에게 "무력 탄압을 멈추시오"라고 요구하던 로메로 대주교를 여전히 기억한다.

부활은 승리의 외침입니다. 우리 백성들은 십자가의 의미를 알 자격이 충분합니다. 우리 가운데 하느님의 계획이 어떻게 실행되는지 혹은 무시되는지 살펴보는 역할이 교회의 임무입니다. 우리가 겪는 고통과 예수님께서 겪으신 고통이 하나이며, 우리의 죽음이 세상을 구원하신 예수님의 죽음과 하나입니다. 그들이 억압하고 짓밟을지라도, 예수님을 믿는 사람이라면 해방이 최종 승리자이며 진리와 정의가 결국 이긴다는 사실을 알고 있습니다. 군대와 경찰에 호소합니다. 하느님의 법을 어기는 명령은 따를 필요가 없습니다. 하느님의 이름으로 명령합니다. 탄압을 멈추시오![82]

멕시코 신문《엑셀시오르Excelsior》의 과테말라 특파원 호세 칼데론 살라자르José Calderón Salazar는 로메로 대주교가 살해되기 2주 전 통화에서 다음과 같이 말했다고 전한다.

저는 살해 위협을 자주 받았습니다. 저는 그리스도인으로서 부활 없는 죽음을 믿지 않습니다. 만일 제가 살해된다면, 저는 엘살바도르 백성 가운데 다시 부활할 것입니다. 저는 저를 살해할 사람을 포함하여 제가 사랑하는 모든 엘살바도르 국민을 위해 목숨을 바쳐야 하는 계약을 하느님과 맺은 목자입니다. 저는 감히 자격이 없지만, 순교는 하느님의 은총입니다. 그러나 하느님께서 제 목숨을 희생 제물로 받아들이신다면, 제 피는 자유의 씨앗이 되고 희망을 실현하는 표징이 될 것입니다. 하느님께서 부디 제 목숨을 제 백성의 해방을 위해, 미래를 위한 희망의 증거로 받아주시길 빕니다. 저를 죽이는 데 성공하더라도, 저는 살인자를 용서하고 축복합니다. 주교 하나는 죽을 것입니다. 그러나 백성 자체인 하느님의 교회는 결코 사라지지 않을 것입니다.[83]

나는 예수를 통해 로메로 대주교를 이해하게 되었다. 예수의 죽음을 통해 로메로 대주교의 죽음을 이해하게 되었다. 그리고 로메로 대주교를 통해 예수를 이해하게 되었다. 로메로 대주교의 죽음을 통해 예수의 죽음을 이해하게 되었다. 같은 방식으로 예수의 죽음을 통해 제주 4·3 사건 희생자들의 죽음을 이해하게 되었다. 제주 4·3 사건 희생자들의 죽음을 통해 예수의 죽음을 이해하게 되었다. 예수, 로메로 대주교, 제주 4·3 사건 희생자들은 모두 같은 십자가에 매달렸다. 그들 모두 하느님에 의해 부활하고 인류 역사에 복권될 것이다.

예수는 어떤 죽음을 맞이했는가. 예수는 병이나 사고, 나이 탓에 죽지 않았다. 예수는 가만히 앉아서 죽음을 맞이한 것이 아니다. 예수는 불의한 세력에 저항하다가 사형 당했다. 불의에 저항한 죽음이라야 부활과 직접 관계있다. 저항과 죽음을 떼어놓으면 부활을 논의할 수 없다. 예수의 죽음과 부활을 논의하기 전에 예수의 저항과 죽음을 논의해야 한다.

바오로는 예수의 죽음과 부활을 논의했지만, 예수의 저항과 죽음의 관계는 다루지 않았다. 역사의 예수를 잘 모르거나 관심이 적은 바오로에게 보이는 약점이다. 안타깝다. 예수의 죽음에서 부활까지 사흘로 온전한 신학을 할 수 없다. 복음서 저자들은 바오로에게 모자란 점을 채우고 극복하기 위해 예수의 역사를 기록했다. 바오로의 편지만 남고 복음서가 없었다면 그리스도교는 어떻게 되었을까. 생각만 해도 아찔하다.

26절 "누구든지 나를 섬기려면 나를 따라오시오"는 무슨 말일까. 예수 따르기에서 진정한 자신의 포기가 나타나는 참된 봉사가 나온다. 거꾸로 주님의 봉사를 받은 상태에서 자신을 포기할 수 있다.[84] 자기 목숨을 아끼는 사람은 누구이고 자기 목숨을 미워하는 사람은 누구일까.

불의에 저항하지 않는 사람이 곧 자기 목숨을 아끼는 사람 아닐까. 불의에 저항하는 사람이 자기 목숨을 미워하는 사람 아닐까. 예수와 로메로 대주교는 자기 목숨을 미워했기 때문에 불의와 맞서 싸웠다. 하느님 나라를 건설하기 위해 하느님 나라를 반대하는 세력과 목숨 걸고 싸웠다. 그래서 영원한 생명을 얻었다. 로메로 대주교는 예수를 섬기고 따랐기 때문에 지금 예수 옆에 있다.

로메로 대주교의 의로운 행동을 사사건건 방해한 엘살바도르의 네 주교는 어찌 되었을까. 그들은 로메로 대주교의 장례미사에 참석을 거부당했다. 가난한 사람들이 장례미사가 거행되는 산살바도르주교좌성당 밖에 주교들의 입장을 거절하는 현수막을 내걸었다. '아파리시오Aparicio, 레벨로Revelo, 알바레즈Alvarez, 프레디 델가도Freddy Delgado 주교와 정부 장관, 주미 대사 입장 금지'라고 쓰였다. 나쁜 주교들은 가난한 사람에게 심판받았다. 엘살바도르 주교단에서 리베라Rivera 주교만 장례미사에 참석할 수 있었다.[85]

죽음을 마치 부활을 위한 통과의례처럼 슬쩍 지나치는 그리스도인이 적지 않다. 예수 부활의 감동이 아무리 크다 해도 예수 죽음의 충격은 전혀 사라지지 않는다. 예수 죽음의 충격을 제대로 생각하지 않기 때문에 예수 부활의 감동을 잘 느끼지 못한다. 예수의 죽음이라는 준결승전을 통과하지 않으면 예수의 부활이라는 결승전에 진출할 수 없다. 예수 죽음의 충격을 깊이 묵상해야 예수 부활의 감격을 비로소 깨달을 것이다. 예수의 죽음을 부활에 이르는 길에서 스쳐 지나가는 정도로 생각하면 예수 부활의 의미를 제대로 알기 어렵다.

4막 B 5장 예수의 죽음과 악의 세력

²⁷ "내가 지금 이렇게 마음을 걷잡을 수 없으니 무슨 말을 할까요? '아버지, 이 시간을 면하게 하여주소서' 하고 기원할까요? 아닙니다. 나는 바로 이 고난의 시간을 겪으려 온 것입니다. ²⁸ 아버지, 아버지의 영광을 드러내소서." 그때에 하늘에서 "내가 이미 내 영광을 드러냈고 앞으로도 드러내리라" 하는 음성이 들려왔다. ²⁹ 거기에 서서 그 소리를 들은 군중 가운데는 천둥이 울렸다고 하는 사람들도 있었고 천사가 예수에게 말하였다고 하는 사람들도 있었다. ³⁰ 그러나 예수는 "이것은 나를 위해서가 아니라 여러분을 위해서 들려온 음성입니다. ³¹ 지금은 이 세상이 심판을 받을 때입니다. 이제는 이 세상의 통치자가 쫓겨나게 되었습니다. ³² 내가 이 세상을 떠나 높이 들리게 될 때에는 모든 사람을 이끌어 나에게 오게 할 것입니다" 하고 말하였다. ³³ 이것은 예수가 당신이 어떻게 돌아가리라는 것을 암시한 말이었다. ³⁴ 그때에 군중이 "우리는 율법서에서 그리스도가 영원히 사시리라는 말을 들었습니다. 그런데 선생님은 사람의 아들이 높이 들려야 한다고 하시니 도대체 무슨 뜻입니까? 그 사람의 아들이란 누구를 가리키는 것입니까?" 하고 물었다. ³⁵ 예수는 이렇게 대답하였다. "빛이 여러분과 같이 있는 것도 잠시뿐이니 빛이 있는 동안에 걸어가시오. 그리하면 어둠이 여러분을 덮치지 못할 것입니다. 어둠 속을 걸어가는 사람은 자기가 어디로 가는지 모릅니다. ³⁶ 그러니 빛이 있는 동안에 빛을 믿고 빛의 자녀가 되시오." 이 말을 마치고 예수는 그들의 눈을 피하여 몸을 숨겼다.

³⁷ 예수가 그렇게도 많은 기적을 사람들 앞에서 행하였건만 그들은 예수를 믿으려 하지 않았다. ³⁸ 그리하여 예언자 이사야가 "주여, 우리가 전한 말을 누가 믿었으며 주께서 보여주신 능력을 누가 깨달았습니까?" 한 말이 이루어졌다. ³⁹ 그들이 믿을 수가 없었던 이유를 이사야는 또 이렇게 말하였다. ⁴⁰ "주께서 그들의 눈을 멀게 하시고 그들의 마음을 둔하게 하셨으니 이는 그들이 눈을 가지고도 알아보지 못하고 마음으로도 깨닫지 못하여 끝내 나에게로 돌아오지 못하고 나한테 온전히 고쳐지지 못하게 하시려는 것이다." ⁴¹ 이것은 이사야가 예수의 영광을 보았기 때문에 말한 것이며 또 예수를 가리켜서 한 말이었다. ⁴² 유다 지도자들 중에서도 예수를

믿는 사람들이 많았으나 바리사이파 사람들이 두려워서 예수 믿는다는 말을 드러내놓고 하지는 못하였다. 회당에서 쫓겨날까 겁이 났던 것이다. 43 그들은 하느님께서 주시는 영광보다도 인간이 주는 영광을 더 사랑하는 사람들이었다.

44 예수가 큰 소리로 이렇게 말하였다. "나를 믿는 사람은 나뿐 아니라 나를 보내신 분까지 믿는 것이고 45 나를 보는 사람은 나를 보내신 분도 보는 것입니다. 46 나는 빛으로서 이 세상에 왔습니다. 그러므로 누구든지 나를 믿는 사람은 어둠 속에서 살지 않을 것입니다. 47 어떤 사람이 내 말을 듣고 지키지 않는다 하더라도 나는 그를 단죄하지 않을 것입니다. 나는 이 세상을 단죄하러 온 것이 아니라 구원하러 왔기 때문입니다. 48 그러나 나를 배척하고 내 말을 받아들이지 않는 사람을 단죄하는 것이 따로 있습니다. 내가 한 바로 그 말이 세상 끝 날에 그를 단죄할 것입니다. 49 나는 내 마음대로 말하지 않고 나를 보내신 아버지께서 무엇을 어떻게 말하라고 친히 명령하시는 대로 말하였습니다. 50 나는 그 명령이 영원한 생명을 준다는 것을 압니다. 그래서 나는 무엇이나 아버지께서 나에게 일러주신 대로 말하는 것뿐입니다."(12,27-50)

〈요한〉 12,27-50은 예수의 죽음이 믿는 사람과 믿지 않는 사람에게 어떤 의미인지 계속 파고든다. 죽음의 신비가 설명된다. 수수께끼는 의문이 풀리면 호기심이 줄어들지만, 신비는 알면 알수록 울림이 커진다. 마음이 흔들림(〈마르〉 14,33-34), 아버지께 기도(〈마르〉 14,36), 구원(〈마르〉 14,35.41), 체념(〈마르〉 14,36) 등 〈마르〉의 게쎄마니 동산 전승에 따라[86] 예수의 독백이 시작된다(27-28절). 닥쳐온 죽음 앞에 예수의 마음이 초조하다(〈시편〉 6,4; 41,7). 예수는 지금 상황에서 벗어날 수 없다는 묵상이 덧붙었다. 예수의 죽음이 구원의 전제 조건이기 때문이다.

27절 "내가 지금 이렇게 마음을 걷잡을 수 없으니 무슨 말을 할까요? '아버지, 이 시간을 면하게 하여주소서' 하고 기원할까요?"를 보면 〈요한〉 저자가 〈마르〉〈마태〉〈루가〉를 아는 것 같다. 올리브 산에서 기도하는 장면이 27절로 대체되었다.[87] 〈요한〉 저자는 다른 복음서가 있다는 사실을 아는 정도가 아니라 그 내용을 자세히 안다.[88] 〈요한〉에서 비통한 마음이 북받쳐 올랐다(11,33), 눈물을 흘렸다(11,35), 비통한 심정에 잠겨(11,38), 마음을 걷잡을 수 없으니(12,27) 같은 표현은 〈시편〉 41-42장과 이어진다.[89] 예수의 인성을 강조하는 장면이다.

27절 "내가 지금 이렇게 마음을 걷잡을 수 없으니 무슨 말을 할까요? '아버지, 이 시간을 면하게 하여주소서' 하고 기원할까요? 아닙니다. 나는 바로 이 고난의 시간을 겪으러 온 것입니다"를 기도로 봐야 하나? 독백 아닌가? 기도처럼 보이지만 실제 기도는 아니라고 보는 성서학자도 있다.[90] 기도하다 졸아도 기도요, 멍하니 있어도 기도요, 생각이 왔다 갔다 해도 기도요, 논쟁하고 질의응답을 해도 기도 아닌가. 교회에서 가르쳐준 기도문을 반복하는 것만 기도인가. 기도에 정해진 규칙이라도 있는가. 기도에서 형식보다 내용이 중요하다.

〈요한〉에 "구리뱀이 광야에서 모세의 손에 높이 들렸던 것처럼 사람의 아들도 높이 들려야 합니다"(3,14), "여러분이 사람의 아들을 높이 들어 올린 뒤에야 내가 누구라는 것을 알게 될 것입니다"(8,28)에 이어 세 번째로 '높이 들리다'(32절)라는 표현이 등장했다. 독자는 자신의 죽음을 세 번 예고한 예수(〈마르〉 8,31; 9,31; 10,34)를 기억하리라. 세 번 반복하는 예고는 충분한 예고다. "많은 고난을 받고 원로들과 대사제들과 율법 학자들에게 버림을 받아 그들의 손에 죽었다가 사흘 만에 다시 살아날 것"(〈마르〉8,31)이 '세상을 떠나 높이 들리게 될 때'(32절)로 바뀌었다.

〈마르〉〈마태〉〈루가〉에서 예수의 죽음과 부활이라는 구도가 〈요한〉

에서 예수의 높이 들림과 영광 받음으로 바뀌어 강조되었다. '사람의 아들이 높이 들린다'는 표현(〈요한〉 3,14; 8,28)은 '내가 이 세상을 떠나 높이 들리게 될 때'(32절)로 사람의 아들에서 나(예수)로 주어가 바뀌었다. 〈요한〉은 사람의 아들이 곧 예수라는 사실을 감출 이유가 없다.

28절에는 "아버지의 영광을 드러내소서"라는 예수의 기도와 "내가 이미 내 영광을 드러냈고 앞으로도 드러내리라"는 하늘에서 온 음성이 어우러진다. 하느님의 이름을 거룩히 함은 유다교의 중심 개념에 속한다. 〈요한〉은 게쎄마니 동산에서 예수의 기도 싸움_Gebetskampf_ 전승(〈마르〉 14,32-42; 〈마태〉 26,36-46; 〈루가〉 22,39-46)을 짧게 요약했다. 이 간단한 기도는 예수가 가르쳐준 주님의 기도를 다르게 풀이[91]한 것으로 볼 수 있다. 예수는 지금까지 자신의 영광을 구하지 않고 하느님의 영광을 구했다 (〈요한〉 7,18; 8,50.54).

〈요한〉 저자를 연극 대본을 쓰는 극작가라고 생각하면 좋다. 〈요한〉 1부는 하늘에서 온 음성으로 시작한다.

요한은 또 증언하였다. "나는 성령이 하늘에서 비둘기 모양으로 내려와 이분 위에 머무르는 것을 보았다. 나는 이분이 누구신지 몰랐다. 그러나 물로 세례를 베풀라고 나를 보내신 분이 '성령이 내려와서 어떤 사람 위에 머무르는 것을 보거든 그가 바로 성령으로 세례를 베푸실 분인 줄 알아라' 하고 말씀해주셨다. 과연 나는 그 광경을 보았다. 그래서 나는 지금 이분이 하느님의 아드님이시라고 증언하는 것이다."(1,32-34)

예수는 성령과 함께하는 분이다. 하늘이 예수의 증인이라는 말이다.

하늘에서 온 소리는 미래를 알려주는 일을 한다.[92] 28절은 〈요한〉 18-20장에 나올 예수의 영광을 알려준다. 사람들은 하늘의 소리를 들었지만 그 내용은 모른다. 30-32절에서 예수가 하늘의 소리를 해석해준다. 사람의 아들이 영광 받을 시간은 심판의 때다. 사람의 아들이 영광 받으며 예수의 참모습이 드러날 때 예수를 억압하던 악의 세력도 폭로된다. 하느님 나라는 방해하는 세력에 의해 알려지기도 한다.

31절 "지금은 이 세상이 심판을 받을 때입니다. 이제는 이 세상의 통치자가 쫓겨나게 되었습니다"는 그냥 지나칠 말이 아니다. 통치자 ἄρχων는 라틴어로 princeps라고 번역된다. 당시 이 구절을 읽은 사람이 '세상의 통치자'에서 로마 황제를 생각하지 않았을 리 없다. 〈요한〉도 세상의 통치자가 악마만 가리켰다고 보기는 어렵다.[93] 하느님은 세상을 심판하신다. 그 이유는? 가난한 사람의 고통 때문이다. "'없어서 짓밟히고, 가난해서 신음하니 나 당장 일어서리라. 그들이 갈망하는 구원을 베풀리라.' 야훼의 말씀 이러하시니."(〈시편〉 12,5)

31절은 유감스럽게도 성서신학 연구나 설교에서 소홀히 다뤄지고 말았다. 예수가 십자가를 통해 세상에 알려질 때 예수를 억압한 로마 군대와 유다교 지배층의 진짜 모습이 세상에 드러났는데 말이다. 예수의 십자가 죽음으로 이 세상에서 진정한 권력 교체가 이뤄졌다. 악은 멸망하고 선은 승리한다. 예수의 정치 비판이라고 볼까. 예수의 역사철학에서 나온 말일까. 모든 정치인은 세상의 통치자가 쫓겨나게 되었다는 예수의 말을 잊지 말아야 한다. 복음서를 보면 헤겔의 《정신현상학》을 읽는 느낌이 들기도 한다. 복음서는 인류 역사를 창조부터 구원까지 넓고 깊게 통찰하는 책이다.

32절 '내가 이 세상을 떠나 높이 들리게 될 때'는 예수가 십자가에 처형될 때를 가리킨다. 예수는 십자가에서 높이 들리고 영광 받을 것이다. 이 사상은 초대 그리스도교가 〈이사〉를 새롭게 해석한 덕분에 생겼다. 〈요한〉 저자는 역사철학자다. 〈이사〉에 나오는 하느님의 종을 예수의 죽음을 해석하는 데 끌어다 쓴다.[94] "이제 나의 종은 할 일을 다 하였으니, 높이높이 솟아오르리라."(52,13) "야훼께서 그를 때리고 찌르신 것은 뜻이 있어 하신 일이었다. 그 뜻을 따라 그는 자기의 생명을 속죄의 제물로 내놓았다. (…) 나의 종은 많은 사람의 죄악을 스스로 짊어짐으로써 그들이 떳떳한 시민으로 살게 될 줄을 알고 마음 흐뭇해하리라."(53,10-11) 예수의 죽음에는 하느님의 뜻이 있고, 예수는 하느님의 뜻을 따랐다는 말이다.

예수가 이 세상을 떠나 높이 들릴 때 모든 사람을 예수에게로 오게 한다. 예수가 하느님께 올라갈 뿐 아니라 사람들을 예수에게 모이도록 한다. 예수가 우리 곁을 영영 떠나는 것이 아니라 우리를 예수 곁에 모이게 하고, 일치하게 만든다. 그래서 "율법서에서 그리스도가 영원히 사시리라는 말을 들었습니다"(34절)라는 군중의 말이 예사롭지 않다.

율법서νόμος는 〈요한〉 10,34과 15,25처럼 유다교 성서 전체를 가리킨다. 〈요한〉이 쓰일 당시에는 우리가 지금 읽는 공동성서가 아직 하나로 모이지 않았다. 여기서 그리스도라는 호칭이 느닷없이 언급되었다. 예수 주위에 몰려든 유다인에게 메시아에 대한 희망이 있었다는 사실을 가리킨다. 당시 유다인은 현실에 절망했다. 일제강점기에 한반도에 살던 우리 선조, 특히 농민을 기억하자.

예수는 두 가지 모습으로 높이 들린다. 십자가에 높이 오르고, 아버지께 높이 들린다. 십자가에서 높이 들림이 완성된다. 그렇다면 '십자가에서 예수의 낮아짐'이라는 주제는 〈요한〉에서 사라졌을까. 33절은 높이 들림을 낮아짐으로도 표현했다.[95] 십자가에서 예수의 낮아짐과 높이 들림은 모순이 아니다. 〈요한〉이 낮아짐을 주제로 삼지는 않았다[96]는 의견도 있다. 어느 의견을 따르든, 예수는 십자가 없이 높이 들릴 수 없었다.

복음서는 예수의 죽음을 이해하지 못하던 초대교회 신자들을 이런 설명으로 설득했다. 예수의 메시지를 받아들이지 않는 사람들도 예수의 죽음을 이해하지 못하기는 마찬가지였다. 34절에서 사람들은 "사람의 아들이 높이 들려야 한다니 무슨 뜻이며 사람의 아들이란 누구를 가리키느냐"고 묻는다. 사람의 아들이라는 호칭이 〈요한〉에서 얼마나 중요한지 귀띔한다.

사람들은 유다교에 널리 퍼진 그리스도는 영원히 살리라(〈이사〉 9,6; 〈에제〉 37,25)는 이미지를 근거로 그리스도교에 항의하듯 추궁한다. 〈요한〉은 이에 맞서 십자가에 처형되고 높이 들린 예수를 구세주(메시아)로 내세웠다. 결국 주제는 '어떤 그리스도가 진짜 그리스도인가'이다.

저항하고 고통 받고 높이 들린 사람의 아들 예수는 세상의 빛이다. 어둠의 세력에 놀림받지 않으려면 빛인 예수를 따라야 한다. 〈요한〉은 "높이 들리고 영광 받는 분은 십자가에 처형된 분이다"라는 말을 하고 싶었다. 나자렛 예수는 십자가에 처형된 그리스도이고, 십자가에 처형된 그리스도는 나자렛 예수다. 나자렛 예수만 보고 십자가에 처형된 그리스도를 보지 않으면 부족하다. 십자가에 처형된 그리스도만 보고 나자렛 예수를 보지 않으면 부족하다.

십자가에 처형된 예수만 보고 높이 들리고 영광 받는 예수를 보지 않으면 부족하다. 높이 들리고 영광 받는 예수만 보고 십자가에 처형된 예수를 보지 않으면 부족하다. 나자렛 예수와 십자가에 처형된 그리스도를 동시에 보듯이, 십자가에 처형된 예수와 높이 들리고 영광 받는 예수를 동시에 봐야 한다. 예수그리스도라는 말이 두 가지를 의미하듯이, 높이 들리고 영광 받는 분은 십자가에 처형된 분이다.

〈요한〉에서 십자가에 높이 들리고 영광 받는 예수는 동시에 십자가에서 낮아졌다. 〈요한〉에서 십자가 신학의 존재를 부정하거나 그 비중을 축소한 성서신학자들[97]이 있다. 〈요한〉이 다룬 이원론, 파견 신학, 말씀 신학, 하느님과 예수의 일치 등에 가려 십자가 신학이 변방으로 밀려났다고 보는 경우다. 반대로 십자가 신학은 〈요한〉에서 핵심 주제라고 보는 성서신학자들[98]이 있다. 나도 십자가 신학이 〈요한〉의 핵심 주제라고 생각한다.

십자가 신학은 〈요한〉에서 영광 신학의 전제 조건이었다. 십자가 신학이 있었기에 예수의 영광이 있었다. 십자가에서 출발해야 예수가 하느님께 돌아가는 모습을 알아차릴 수 있다.[99] 슈넬레는 "구원이 유지되는 실제 근거는 십자가가 아니라 보내심의 최종인 높이 들림"[100]이라는 베커의 의견에 반대한다.[101] 나도 베커의 생각을 받아들이기 어렵다. 〈마르〉〈마태〉〈루가〉처럼 〈요한〉에서도 십자가는 구원이 이뤄지는 곳이다. 〈요한〉 역시 십자가 신학이다. 〈요한〉에서 말씀 신학이라는 말로 십자가 신학을 외면하거나 축소하려는 어떤 시도도 성공할 수 없다.

십자가 신학은 어떤 십자가를 말하는가. 인내와 복종의 신학? 천만의 말씀이다. 나는 십자가에서 저항을 보지 않고 인내와 죽음만 보는 경우를 멀리한다. 예수의 십자가 죽음이 구원을 가져다준다니 감사할 따름이라고 생각하는 신자들이 의외로 많다. 예수의 어떤 말과 행동이 로마 군대와 유다교 지배층에게 위협이 되었는지, 예수가 누구에게 왜 저항하여 정치범으로 체포되고 십자가 처형을 당했는지, 누가 무엇을 위해 예수를 죽였는지 아무 관심이 없는 태도다. 예수를 이해하지 않고 자신을 위해 이용해 먹으려는 심보다. 로메로 대주교가 살해된 사실만 보고 왜 살해당했는지, 누가 죽였는지 알고 싶어 하지 않는 사람들이 많다. 그러면 안 된다.

예수는 무엇에 저항하고 누구에게 저항했는가. 복음서는 예수가 저항한 '무엇'과 '누구'를 자세히 소개한다. 예수는 하느님 나라를 반대하고 방해하는 사람과 세력에 저항했다. 예수는 정치적 억압, 경제적 가난과 불평등, 종교적 차별, 사회적 소외, 인간적 따돌림, 여성 차별, 노인과 어린이 차별 등 모든 나쁜 제도와 관행에 저항했다. 예수는 로마 군대, 유다교 지배층, 부자와 권력자를 감싸고도는 신학자와 신자에게 저항했다. 예수가 저항하지 않았다면 십자가 죽음은 없었다. 공자나 붓다처럼 많은 제자와 추종자를 거느리고 존경받으며 여생을 편안히 보냈을 것이다. 예수는 그렇게 살지 않았다.

공자나 붓다가 대하드라마의 주인공이라면, 예수는 단막극 주연배우다. 성서는 승리자의 책이 아니라 패배자와 희생자의 책이다. 갑의 세력이 '갑질' 하려고 쓴 책이 아니라 을의 반란에서 나온 저항의 책이다. 성서는 자기 계발서, 우화집 부류의 교양서적이나 처세술 책이 아니다. 성서는 정의를 행하라고 저항을 촉구하는 투쟁의 책이다. 성서는 자유와 해방을 위해 싸우는 투사의, 투사에 의한, 투사를 위한 책이다.

티엔은 37-43절에 '해설자의 에필로그'라는 제목을 붙였다.[102] 37-43절은 예수의 말이나 해석을 전달하는 것이 아니라 〈요한〉 저자의 해설을 소개한다. 〈요한〉 저자를 괴롭힌 문제 중 하나는 유다인이 예수를 받아들이지 않는 현실이다. 예수가 엄청난 기적을 행했지만, 대다수 유다인의 반응은 미지근하고 시큰둥했다. 〈요한〉은 지금까지 예수의 활동에서 진짜 믿음은 찾지 못했다고 솔직히 인정한다.[103] 〈요한〉 저자는 하느님을 전혀 모르는 사람들이 아니라 오랫동안 알아왔고 공경해온 유다인이 왜 하느님이 보내신 예수를 받아들이지 않는지 탄식한다. 예수를 믿기로 작정한 사람들에게 대다수 유다인이 왜 예수를 거절하는지도 설명해야 했다.

하느님이 대다수 유다인이 예수를 거절하도록 미리 만들어놓으셨다는 해명이 가장 널리 쓰였다(〈이사〉 53,1).[104] 공동성서의 예언자들이 유다인 후손들이 예수에게 마음을 열지 않으리란 사실을 알고 예언했다는 설명이다. 〈요한〉이 예언서를 인용할 때 흔히 쓰는 방식은 두 가지다. 쓰인 대로γεγραμμένον(12,14; 2,17; 10,34), 말하듯이εἶπεν(1,23; 7,38; 12,41) 예언자들은 유다인이 예수를 받아들이지 않으리란 것을 아주 오래전부터 알았다는 뜻이다. 이런 설명은 성경 말씀은 이루어질 것입니다ἵνα ἡ γραφὴ πληρωθῇ(13,18; 15,25; 19,24)에서 최고에 이르렀다. 십자가에 처형되었고 높이 들린 예수는 성서의 예언을 이룬 분이다(19,28).

37절 "예수가 그렇게도 많은 기적을 사람들 앞에서 행하였건만 그들은 예수를 믿으려 하지 않았다"는 무슨 뜻일까. 예수의 말은 믿기 싫어도 예수의 기적은 믿어야 할 것 아니냐는 말이다.[105] '그렇게도 많은 기적을 사람들 앞에서 행하셨건만'은 기적 신앙을 무시하는 것이 아니라 기적과 믿음의 관계를 강조하려는 뜻에서 나왔다. 〈요한〉은 이 문장 뒤 '그들은 예수를 믿으려 하지 않았다'에서 모세가 이집트에서 한 말을 기억한 것 같다.[106] "모세는 온 이스라엘을 불러 모으고 말하였다. '야훼께서는 이집트 땅에서, 너희가 지켜보는 가운데, 파라오와 그의 신하들과 온 나라를 해치우셨다. 너희는 그것을 다 보았다. 그들을 괴롭히시며 굉장한 표적과 기적을 행하시는 것을 너희는 목격하였다. 그러나 야훼께서는 이 날까지 너희에게 깨닫는 마음, 보는 눈, 듣는 귀를 주지 않으셨다.'"(〈신명〉 29,1-3)

공동번역성서 개정판 〈요한〉 12,40에 인용된 〈이사〉 6,10 "주께서 그들의 눈을 멀게 하시고 그들의 마음을 둔하게 하셨으니 이는 그들이 눈을 가지고도 알아보지 못하고 마음으로도 깨닫지 못하여 끝내 나에게로 돌아오지 못하고 나한테 온전히 고쳐지지 못하게 하시려는 것이다"와 70인역 그리스어 번역본 〈이사〉 6,10 "너는 이 백성의 마음을 둔하게 하고 귀를 어둡게 하며 눈을 뜨지 못하게 하여라. 눈으로 보고 귀로 듣고 마음으로 깨달아 돌아와서 성해지면 어찌 하겠느냐?"의 단어가 전부 일치하지는 않는다. 70인역 그리스어 번역본에서 야훼 하느님은 이사야 예언자에게 사람들의 마음을 굳어지게 하라고 명령했는데, 공동번역성서 개정판 〈요한〉 12,40에 인용된 〈이사〉 6,10에는 하느님이 마음을 닫아버렸다.

40절에 인용한 〈이사〉 6,10은 한 문장에 주어가 둘이다. 처음에 야훼 하느님이 일인칭 주어로 나오다가 뒤에서 예수가 일인칭 단수 주어로 나온다. 어찌 된 일일까. 하느님이 사람들의 마음을 닫게 해놓고 예수에게 고치라고 부탁하신다? 40절에 인용한 〈이사〉 6,10에서 예수는 사람들의 마음을 고치지도 못하게 되었다. 그러면 구원 능력이 없는 예수가 왜 사람이 되었는가. 큰일이다. 두 가지 해결책이 제안된다.

1. 40절에 인용한 〈이사〉 6,10에서 눈을 멀게 하시고 τετύφλωκεν 마음을 둔하게 하셨으니 ἐπώρωσεν의 주어를 하느님이 아니라 악마로 설명한다.[107]
2. 37절을 근거로 39절 '그들이 믿을 수 없었던 이유'를 '그들이 믿으려 하지 않았던 이유'로 바꿔 해설한다.[108]

〈요한〉 저자가 〈이사〉 본문을 정확히 인용하지 않아 뜻이 확 달라졌다. 결과적으로 하느님이 더 단호한 분으로 소개되고 말았다. 성서를 그런 식으로 비틀어 인용해도 되는가. 〈요한〉 저자는 '예수를 받아들이지 않는 이유'라는 제목이 붙어도 어울릴 37-43절에서 예수보다 800년 앞서 활동한 이사야의 이름을 세 번이나 인용한다(38·39·41절). 유다인이 예수를 믿지 않는 현실은 하느님 뜻에 맞는다는 말이다. 공동성서가 유다인이 예수를 받아들이도록 돕기는커녕 오히려 거절하도록 방해한 셈이 되고 말았다. 공동성서 해석이 예수를 받아들이느냐 거부하느냐 판가름하는 주제가 되었다.

'유다인의 불신'이라는 표현은 그리스도교에서 그만 쓰는 게 어떨까. 유다인이 예수를 받아들이지 않도록 하느님이 작용하셨다면, 그리스도교가 유다교를 비난할 일은 아니다. 그럼 그리스도교가 하느님을 원망할 셈인가. 하느님은 당신 백성 유다 민족과는 당신이 예수에게 주신 길과 다른 길을 걷고 계시다고 말하는 게 어떨까.[109] 하느님의 신비에 의해 유다교와 그리스도교가 하느님의 길을 걷게 되었다.

41-43절은 사람들이 예수를 믿지 않는 또 다른 이유를 소개한다. 예수를 믿는다고 고백하면 회당에서 쫓겨날까 겁났다는 현실적인 이유다. 〈요한〉은 예수가 부활하고 적어도 60년이 지나 쓰였다. 그동안 베드로와 바오로는 순교했고, 1세대 제자들도 세상을 떠났다. 예수를 받아들이는 사람은 적고, 여기저기서 예수를 믿는 사람들은 소수 종파로서 어려움과 박해에 부닥쳤다. 〈요한〉 저자는 이 상황에 얼마나 당황했을까.

〈요한〉 저자는 사람들이 예수를 받아들이지 않는 이유가 하느님이 사람들의 마음을 닫아놓으셨기 때문이라는 해설을 내놓았다. 〈요한〉 저자의 해명은 여러 해설 중 하나이고, 절대적으로 받아들이거나 도구로 삼아서는 안 되는 이론이다.[110] 〈요한〉 저자의 고뇌와 지금 한국 그리스도교가 겪는 어려움은 같지 않다.

예수의 공식 활동이 끝나가는 무렵이다. 44절 "예수가 큰 소리로 이렇게 말하였다"는 어디서 누구에게 말하는지 소개되지 않았다. 36절에서 몸을 숨긴 예수가 갑자기 나타나서 하는 말인가. 〈요한〉 저자가 독자에게 하는 말이다.[111] 예수가 그동안 한 말을 〈요한〉 저자가 요약한다.[112] 보내신 분과 보내진 사람을 혼동하지 말라는 〈요한〉의 경고도 담겼다.

44-50절은 예수가 세상을 구원할 능력이 있음을 밝히고, 예수를 보는 개인은 믿음을 결심하라고 다시 초대한다. 하느님이 예수를 세상에 보내어 임무를 주셨기 때문에 예수를 믿는 일과 하느님을 믿는 일은 하나다. 빛이요 생명인 예수는 세상을 구원하러 왔기 때문에 예수를 믿는 사

람은 어둠 속에서 살지 않을 것이다. 예수는 하느님께서 부탁하신 대로 말하고 행동한다. 빛과 어둠 중 하나를 선택하라는 〈요한〉의 메시지는 결단 이원론Entscheidungsdualismus[113]이라고 표현할 수 있다. 지금 이 자리에서 믿음을 결단하라는 말이다.

21세기 한국인은 무엇을 기준으로 예수를 받아들이거나 거부할까. 2000년 전 초대교회가 유다인을 상대로 예수를 전한 상황과 지금 한반도의 상황은 크게 다르다. 당시 그리스철학이나 다양한 종교의 영향을 받은 사람들이 예수를 보는 사정과도 다르다. 당시 사람들과 교회가 부딪친 상황과 문제를 정확히 아는 일도 중요하지만, 지금 우리 상황을 자세하고 정확하게 보는 일이 훨씬 중요하다. 오늘 한국인은 무엇 때문에 예수를 받아들이는가. 무엇 때문에 예수를 거부하는가.

초대교회는 예수가 주님이요 구세주요 하느님과 일치하는 분임을 소개하는 것이 선교 활동에서 거의 전부였다. 그리스도론만 해설하면 예수에 대한 믿음을 초대하기에 충분했다. 성령을 소개하면 더 도움이 되었다. 교회는 무엇인가 설명할 필요는 크게 없었다. 교회가 예수와 얼마나 멀어졌는지 변명할 필요도 없었다. 예수를 믿고 따른다는 사람들과 그 모임이 저지른 잘못을 사과하고 반성할 필요도 없었다. 교회 역사가 막 시작되어 교회의 잘못이 생길 시간이 없었기 때문이다.

그러나 교회가 생긴 지 벌써 2000년이 흘렀다. 그동안 교회가 저지른 잘못을 종이에 쓴다면, 온 세상 종이로도 모자랄 지경이다. 이런 현실이 슬프다. 무슨 뜻일까. 21세기 한국 사회에서 예수를 전하는 상황이 〈요한〉이 쓰이던 시대와 크게 달라졌다. 우리가 예수를 전해야 할 주요 대상은 유다인이 아니다. 그리스철학에 심취한 사람도 아니다. 주제는 다양해지고 늘어났다. 예수는 누구인가, 교회는 무엇인가 설명해야 한다. 그러나 그리스도론으로 충분하지 않다. 교회론도 말해야 한다. 그리스도론과 교회론으로도 충분하지 않다. 교회사를 드러내야 한다. 교회사를 소개하는 것으로도 충분하지 않다.

　　예수를 따르겠다며 목사나 신부, 수녀가 되어 평생 살아가는 사람들이 왜 예수와 멀리 떨어져 사는지 정직하게 해명해야 한다. 예수를 전하기 전에 예수를 전하는 우리 자신이 반성문부터 쓰고 청문회에 자진 출석해야 한다. 교회와 그리스도인은 지금 피고석에 앉아야 한다. 우리가 사람들에게 그리스도론과 교회론을 소개한다면, 사람들은 우리에게 교회사를 들이민다. 사람들은 우리가 예수를 제대로 설명하느냐 이전에 우리가 예수를 제대로 따르는지 지켜보고 있다. 우리는 사람들에게 "예수를 믿고 따르시오"라고 외치는데, 사람들은 우리에게 "당신들부터 제대로 믿으시오"라고 비웃으며 "그리스도교 적폐는 언제 청산할 것입니까?"라고 묻는다.

5막 1장 제자들의 발을 씻는 예수

··

¹ 과월절을 하루 앞두고 예수는 이제 이 세상을 떠나 아버지께로 갈 때가 된 것을 알고 이 세상에서 사랑하던 제자들을 더욱 극진히 사랑해주었다. ² 예수가 제자들과 같이 저녁을 먹을 때 악마는 이미 가리옷 사람 시몬의 아들 유다의 마음속에 예수를 팔아넘길 생각을 불어넣었다. ³ 한편 예수는 아버지께서 모든 것을 당신의 손에 맡겨주신 것과 당신이 하느님께로부터 왔다가 다시 하느님께 돌아가게 되었다는 것을 알고 ⁴ 식탁에서 일어나 겉옷을 벗고 수건을 허리에 두른 뒤 ⁵ 대야에 물을 떠서 제자들의 발을 차례로 씻고 허리에 둘렀던 수건으로 닦아주었다. ⁶ 시몬 베드로의 차례가 되자 그는 "주께서 제 발을 씻으시렵니까?" 하고 말하였다. ⁷ 예수는 "당신은 내가 왜 이렇게 하는지 지금은 모르지만 나중에는 알게 될 것입니다" 하고 대답하였다. ⁸ 베드로가 "안 됩니다. 제 발만은 결코 씻지 못하십니다" 하고 사양하자 예수는 "내가 당신을 씻어주지 않으면 당신은 이제 나와 아무 상관도 없게 됩니다" 하였다. ⁹ 그러자 시몬 베드로는 "주님, 그러면 발뿐 아니라 손과 머리까지도 씻어주십시오" 하고 간청하였다. ¹⁰ 예수는 "목욕을 한 사람은 온몸이 깨끗하니 발만 씻으면 그만입니다. 여러분도 그처럼 깨끗합니다. 그러나 모두가 다 깨끗한 것은 아닙니다" 하고 말하였다. ¹¹ 예수는 이미 당신을 팔아넘길 사람이 누군지 알고 있었으므로 모두가 깨끗한 것은 아니라고 한 것이다.

¹² 예수는 제자들의 발을 씻고 나서 겉옷을 입고 다시 식탁에 돌아와 앉은 다음 제자들에게 이렇게 말하였다. "내가 왜 지금 여러분의 발을 씻어주었는지 알겠습니까? ¹³ 여러분은 나를 스승 또는 주라고 부릅니다. 그것은 사실이니 그렇게 부르는 것이 옳습니다. ¹⁴ 그런데 스승이며 주인 내가 여러분의 발을 씻어주었으니 여러분도 서로 발을 씻어주어야 합니다. ¹⁵ 내가 여러분에게 한 일을 여러분도 그대로 하라고 본을 보여준 것입니다. ¹⁶ 정말 잘 들어두시오. 종이 주인보다 더 나을 수 없고 파견된 사람이 파견한 사람보다 더 나을 수는 없습니다. ¹⁷ 이제 여러분은 이것을 알았으니 그대로 실천하면 복을 받을 것입니다. ¹⁸ 이것은 여러분 모두를 두고 하는 말은 아닙니다. 나는 내가 뽑은 사람들을 알고 있습니다. 그러나 '나와 함께 빵을 먹는 자가 나를 배반하였다' 한 성경 말씀은 이루어질 것입니다. ¹⁹ 내가 미

리 이 일을 일러주는 것은 그 일이 일어날 때 여러분으로 하여금 내가 누구라는 것을 믿게 하려는 것입니다. ²⁰ 정말 잘 들어두시오. 내가 보내는 사람을 받아들이는 사람은 나를 받아들이고 또 나를 받아들이는 사람은 나를 보내신 분을 받아들입니다."(13,1-20)

〈요한〉 독자는 연극의 관객이기도 하다. 예수, 예수를 증언하는 사람, 예수를 반대하는 사람, 가난한 사람 등 무대에 등장하는 인물을 구경하고 그들에게 공감하고 반박하는 관객이다. 함께 연극을 보는 다른 관객의 표정도 놓치지 않을 것이다. 극장 밖에 있는 동시대 사람도 기억할 것이다. 관객이 살아가는 자리와 정치 이데올로기를 배경으로 성서 본문과 줄다리기하는 관계에 비유할까.

〈요한〉 2부는 11장 라자로의 부활 이야기로 시작한다. 13-17장은 〈요한〉 7막 중 5막에 해당한다.[114] 〈요한〉 13,1-20은 고난주간 가까이 있으면서 곧 다가올 예수의 죽음을 상징하는 설명[115]이다. 예수의 때가 아직 이르지 않았지만(2,4; 7,30; 8,20) 공식 활동을 마친 예수는 죽음을 예감한다. 예수 고별사(13-17장)의 중심 주제가 여기서 벌써 나타난다. 예수가 하느님께 돌아간 뒤에도 제자들이 서로 사랑으로 섬기라는 말을 행동으로 보여준다.

제자들의 발을 씻어준 예수 이야기(〈요한〉 13,1-20)는 과월절 전날 저녁 식사 자리에서 벌어진 일이다. 예수는 이날 밤 체포되고, 유다교 대사제 안나스에게 심문 받고, 다음 날 새벽 이스라엘을 점령한 로마 군대의 빌라도 총독에게 넘겨진다. 낮 시간에 예수는 세상의 죄를 없애는 하느님의 어린 양(〈요한〉 1,29)으로서 십자가에 처형된다. 바로 그 시간에 성전 구역에서 과월절에 쓸 양이 도살된다. 〈요한〉은 예수를 과월절 희생 제물로 소개하고 싶다.

유다교 날짜 계산이 우리와 조금 다르기 때문에 독자가 혼란스러울 수 있다. 유다교 계산에 따르면 해 질 무렵부터 다음 날이 시작된다. 예를 들어 우리 달력으로 4월 14일 금요일 정오는 유다식으로 4월 14일에 해당하고, 4월 14일 22시는 해가 넘어간 뒤이기 때문에 4월 15일이다. 과월절 식사는 우리 식으로 예수가 처형된 날 밤에, 유다식으로 예수가 처형된 다음 날 시작된다. 예수가 처형된 시간과 유다인의 과월절 식사 사이에 유다교 달력으로 하루 차이가 나지만, 우리 달력으로 보면 8시간 차이도 나지 않는다.

〈요한〉에서 예수의 죽음은 패배나 멸망이 아니라 영광이요 승리다. 예수는 자신의 죽음에서 하느님을 만난다. 하느님을 향한 예수와 예수를 향한 하느님이 십자가에서 하나가 된다.[116] 제자들의 발을 씻어준 일은 예수의 죽음을 미리 알려준다. 식사 도중에 생긴 사건이라 심상치 않다. 고대에 식사는 신을 경배하고, 정치·종교·윤리 주제가 논의되는 자리다.[117] 예수가 왜 하느님께 떠나느냐가 주제였다. 1절은 〈요한〉 저자가 과월절을 알리는 구절(11,55; 12,1; 12,20)을 기억하여 쓴 것이다.[118]

예수가 십자가로 가는 길은 그때까지 예수의 말과 행동처럼 사랑의 길이다. 1절에서 예수는 갈 때가 된 것을 알고 사랑하던 제자들을 더욱 극진히 사랑해주었다. εἰς τέλος는 "이제 다 이루었습니다"(〈요한〉 19,30)를 생각하며 시간적으로 죽음의 시간을, 내용적으로 완성을 가리킨다.[119] εἰς τέλος는 공동번역성서 개정판에서 '더욱 극진히', 개역개정 성경전서에서 '끝까지'로 번역되었다. 사랑은 십자가에서 완성된다. 그래서 예수는 십자가에서 다 이루었습니다τετέλεσται라고 말할 수 있었다.

2절 '제자들과 같이 저녁을 먹을 때'에서 독자는 그 식사가 최후의 만찬임을 눈치챘을 것이다. 다른 복음서를 읽은 독자는 여기서 곧 성체성사 보도가 나오리라 예상할 수 있다. 〈요한〉은 여기에 배신자 유다 이야기를 끼워 넣었다.[120] 유다는 〈요한〉 6,70부터 독자에게 알려졌다. 예수도 배신을 눈치 챘다(6,64; 13,11). 예수는 유다가 배신할 것을 알면서 왜 혼내지 않았을까. 유다의 배신을 짐작했다면 체포될 위험도 피할 수 있지 않았는가. 예수는 모든 것이 하느님의 계획이요 드라마라고 생각했다. 배우는 극작가에게 항의할 수 없고 대본에 따라 연기해야 한다.

4-5절에서 예수는 식사 중간에 제자들의 발을 씻어준다. 최후의 만찬 이야기에도 예수는 식사 중간에 성체성사를 제정했다(〈마르〉 14,22; 〈마태〉 26,26). 식사 전에 발을 씻는 것처럼 단순한 정결 예식이 아니라 특별한 사랑의 행동이다. 손님의 발을 씻어주는 일은 종에게도 아주 수치스러운 일로 여겨졌다. 유다인 주인이 유다인 종에게는 강요할 수 없는 일이었다. 예수는 누가 부탁하지도 않았는데 자청해서 제자들의 발을 씻어준다. 동사 씻다νίπτω에서 파생된 명사 νιπτῆρ는 신약성서에 여기만 있다. 식사하는 공간에는 식사 전에 발 씻을 물을 담아둔 그릇이 있었다. 5절 '대야에 물을 떠서'(개정개역 성경전서, 공동번역성서 개정판)보다 대야에 물을 붓고ὕδωρ εἰς τὸν νιπτῆρα가 좀 더 정확한 번역이다.

예수는 팔을 편하게 움직이려고 겉옷을 벗었다(〈사도〉 7,58; 22,20). 4절에서 겉옷을 뜻하는 단어로 단수 명사 τό ἱμάτιον이 아니라 복수 명사

τὰ ἱμάτια가 쓰였다. 예수가 겉옷을 여러 겹 입었다는 뜻일까, 껴입은 옷을 다 벗는 수고를 마다하지 않았다는 말일까. 준비된 종의 모습을 강조한 것 같다.[121] 예수는 "깨어 있다가 주인을 맞이하는 종들은 행복합니다. 그 주인은 띠를 띠고 그들을 식탁에 앉히고 곁에 와서 시중을 들어줄 것입니다"(〈루가〉 12,37)라고 한 말을 그대로 지킨다. 예수는 준비된 종이다.

로마 황제 칼리굴라Caligula(재위 공통년 37-41)는 원로원 의원들에게 황제의 발을 씻으라고 명령했다고 한다. 입맞춤은 소수 부하에게 허용했고, 대부분 황제의 손이나 발에 인사했다.[122] 예수는 종을 자청하여 제자들의 발을 씻어주었다. 가시나무로 엮은 왕관을 예수의 머리에 씌우고 자홍색 용포를 입혀 "유다인의 왕 만세!"라고 소리치면서 예수의 뺨을 때린 이야기(〈요한〉 19,2-3)도 예수가 종 대접을 받았다는 점에서 제자들의 발을 씻어준 장면과 비슷하다.[123]

6절에 보면 베드로가 "주께서 제 발을 씻으시렵니까?"라고 질문하는 바람에 예수의 행동이 잠시 중단되었다. 여기서 베드로가 예수에게 '주'라는 호칭을 붙인 것은 반항의 표시다.[124] 베드로는 스승 예수의 행동에서 이방인 종의 모습을 보는 것이 싫었을 수 있다. 베드로는 예수를 붙들고 "주님, 안 됩니다. 결코 그런 일이 있어서는 안 됩니다"(〈마태〉 16,22) 하고 만류한 적이 있다. 십자가 고난의 길을 막으려 한 베드로는 제자들의 발을 씻어주는 예수를 다시 제지한다. 베드로를 책망하는 예수에게서 십자가라는 충격을 강조하는 〈요한〉의 방식을 눈여겨봐야 한다.[125]

베드로는 예수를 정말로 존경했기 때문에 스승에게 최대한 예우를 갖추려고 그렇게 물었을 수 있다. 베드로는 스승 예수를 존경했기 때문에 두 번이나 예수의 길을 방해하고 말았다. 예수 수난의 길을 방해했고, 제자들의 발을 씻어주는 예수의 행동을 방해했다. 예절이 사람을 망가뜨 릴 수 있다.

예전 좋아하고 예우 받기 즐기는 정치인이나 종교인치고 제대로 된 사람이 있던가. 예수를 주님이라 부르면서도 반항할 수 있다. 예수를 주 님이라 부르는 사람 중에 배신하는 사람이 있을 수도 있다. 한국에서 예 수를 팔아먹고 장사하는 종교인 중에 주님이라고 부르지 않은 사람이 하 나라도 있을까. 예수는 예전을 좋아하지 않았다. 예전, 예우, 호칭, 의복은 모두 껍데기에 불과하다.

제자들이 어떤 차례로 앉았는지 우리는 알 수 없다. 베드로는 다른 제 자들과 달리 예수가 자기 발을 씻도록 놓아두지 않았다. 베드로는 예수 를 이해하지 못했다. 7절 나중에 μετὰ ταῦτα 알게 될 것이라는 예수의 말은 십자가를 가리킨다(〈요한〉 2,22; 12,16). 예수가 하느님께 돌아가고 성령이 오시면(〈요한〉 7,39; 16,7; 20,22) 제자들의 발을 씻어주신 의미가 드러날 것 이다. 8절에서 베드로는 나중에 알게 되리라는 예수의 말을 다시 거부했 다. 맹세도 쉽게 하고 말대답도 빨리 하는 베드로다. 배신도 어서 하고 회 개도 어서 하는 베드로다. 9절에서 결국 예수에게 설득된 베드로는 발뿐 아니라 손과 머리까지 씻어달라고 간청한다. 6-10절은 예수가 제자들의 발을 씻어준 일을 〈요한〉 저자가 해석한 부분이다.[126]

조선왕조 500년 동안 저항하다 죽은 사람은 많아도 아부하다 죽은 사 람은 없다는 어느 분 말씀이 생각난다. 아부는 베드로처럼 해야 한다. 처 세는 베드로처럼 해야 한다. 그러고 보면 세례자 요한과 예수는 처세에

약했다. 왕을 죽어라 비판하고도 여유 있게 살아남은 예레미야 예언자를 보자. 그는 왕궁에도 자기 세력을 만들었다. 예레미야는 권력관계로 보면 기득권insider에 속했다. 그에 비해 세례자 요한과 예수는 완전히 변두리에 있는 사람outsider이다. 세례자 요한과 예수가 예루살렘성전 안에 동조자를 확보했다면 참혹한 죽음을 당하지 않았을 것이다. 세례자 요한과 예수는 살아남는 방법에 관심이 없었다.

예수가 십자가에서 처형되지 않았다면, 제자들의 발을 씻어준 일은 통 큰 지도자의 화끈한 이야기로 마감되었을 것이다. 겁주고 기강을 잡으려고 한번 해보는 시위가 아니다. 동네 폭력배도 그 정도 잔꾀는 부린다. 예수가 제자들의 발을 씻어준 행동을 조직 관리, 부하의 마음을 얻는 법, 교묘한 처세술 차원에서 해석하면 안 된다. 발을 씻어준 예수를 올바로 해석하기 위한 전제 조건은 십자가다.[127]

예수의 발 씻기는 십자가에 처형되는 사랑의 행동을 상징적으로 보여준다. 예수의 발 씻기는 봉사보다 희생에 가깝다. 십자가 의미를 알아야 예수의 발 씻기를 제대로 이해할 수 있다. 10절 온몸이 깨끗하니καθαρὸς ὅλος는 발 씻기가 신앙의 모든 차원에 해당한다는 말이다. 남의 발을 씻어주는 자세가 그리스도교 신앙에 언제나 드러나야 한다.

12절에서 내가 왜 지금 여러분의 발을 씻어주었는지 알겠습니까?γινώσκετε τί πεποίηκα ὑμῖν를 어떻게 해석해야 할까. 12-15절이 어떻게 쓰였는지에 따라 해석이 달라진다. 세 가지 가능성이 있다.

1. 〈요한〉 저자가 12-15절을 직접 썼다.[128]

2. 〈요한〉 이후 누군가 12-15절을 끼워 넣었다.[129]
3. 〈요한〉 저자가 〈요한〉 이전의 전승을 이용하여 12-15절을 썼다.[130]

알겠습니까 γινώσκετε 라는 단어를 보니 내게 해방신학을 가르쳐준 소브리노 신부가 떠오른다. 소브리노 신부는 강의 시간에 한 번도 "제 말을 이해하시겠습니까?"라고 묻지 않았다. "제가 설명을 제대로 했습니까?"라고 겸손하게 물었다. 스승은 학생의 이해력을 탓하지 않고, 자신이 설명하는 능력이 부족함을 탄식했다. 뒤죽박죽 설교하고 훌쩍 사라지는 설교자가 얼마나 많은 세상인가.

〈요한〉의 유다 보도는 매끄럽지 않다. 예수가 직접 선택한 제자 유다는 악마라고 불린다(6,70). 그러면 우리는 악마를 제자로 뽑은 예수를 뭐라고 불러야 하나. 악마의 스승? 뽑힌 유다 책임인가, 뽑은 예수 잘못인가. 참스승은 어떤 경우에도 제자를 탓하지 않는다. 유다는 악마라고 부르고, 악마는 유다 밖에서 유다에게 힘을 행사하는 외적인 존재처럼 말하기도 한다(2·27절). 2절에서 악마가 유다의 마음속에 예수를 팔아넘길 생각을 불어넣었다고 하더니, 27절에는 유다가 그 빵을 받아먹자마자 사탄이 그에게 들어갔다고 말을 바꾼다. 유다를 악마의 도구라고 여기더니(27절) 유다에게 윤리가 부족하다고 말한다(12,6). 〈요한〉은 유다가 악마는 아니고 다른 사람들과 별로 다르지 않다는 식으로 물러선다.

〈요한〉의 유다 보도에 왜 앞뒤가 맞지 않는 구석이 많을까. 〈요한〉 저자가 유다에 대한 전설과 소문이 담긴 여러 전승을 끌어다 한 가지 목적으로 짜 맞추려 했기 때문이다. 유다가 하는 대로 두어(13,27; 18,4.9) 성경 말씀이 이루어지게 하려는 뜻이다(13,18; 17,12; 18,9). 〈요한〉 저자는 종이가 무엇인지 몰랐다. 종이 만드는 기술은 〈요한〉이 쓰이고 수백 년도 더 지나 중국에서 유럽으로 전해졌다. 책상에 여러 책을 펴놓고 대조하며 글을 쓰는 우리와 사정이 크게 달랐다. 자료를 컴퓨터에 입력할 수도 없었다. 참고 자료를 대부분 기억에 의존하다 보니 성서 저자들의 실수가 잦은 것은 당연한 일이다.

예수가 제자들의 발을 씻어주었다고 해서 더는 스승이 아닌 것이 아니다. 스승의 참모습이 발을 씻어준 데서 오히려 더 잘 드러난다. 제자들에게 봉사하는 스승이 진짜 스승이다. 제자들에게 '갑질' 하는 스승은 이미 스승이 아니다. 부활한 예수의 아름다운 면모가 제자들의 발을 씻는 모습에서 미리 나타난다. "스승이며 주인 내가 여러분의 발을 씻어주었으니 여러분도 서로 발을 씻어주어야 합니다."(14절) 부활한 예수를 주님이라고 불렀다(〈요한〉 20,2.18.25). 서로 발을 씻어주라는 말이 핵심이다. 그리스도교에 명령하는 사람 따로 있고 복종하는 사람 따로 있지 않다. 서로가 서로에게 종이다.

예수가 제자들의 발을 씻는 모습은 그리스도교 윤리뿐만 아니라 교회론에서도 핵심 주제다. 어떤 교회를 만들어야 할까. 가난한 교회, 평등한 교회를 만들어야 한다. 21세기 교회는 가난한 교회와 평등한 교회를 요청한다. 자본주의사회에서 가난한 교회를 제시해야 하고, 불평등한 세상에서 평등한 교회를 실천해야 한다. 돈의 위력에 굴복하지 않는 교회, 불평등에 맞서 싸우는 교회를 보여줘야 한다. 그래야 교회가 세상의 대안이 될 수 있다. 대안이 되기에 부족하다 해도, 세상과 다른 모습을 보여줄 수 있다. 작은 빛이지만 빛이다. 오늘날 가난한 교회는 많이 이야기하지만, 평등한 교회를 말하는 사람은 드물다. 왜 그럴까. 그리스도교는 가

부장주의는 좋지만 평등은 싫은가.

16절 "종이 주인보다 더 나을 수 없고 파견된 사람이 파견한 사람보다 더 나을 수는 없습니다"(〈마태〉 10,24)에서 예수가 신분 차별을 인정하고 전제주의 체제를 옹호했다고 결론 내면 안 된다. 예수는 자기 시대 정치체제에서 한 예를 들었을 뿐이다. 예수에게 자기 시대 정치체제는 자료일 뿐이지, 기준이 아니다. 〈요한〉은 주인과 파견한 사람이 권력을 휘두르라고 보낸 것이 아니라는 말을 하고 싶다. 낮은 자세로 봉사하고 사랑하는 모습을 보이라는 뜻이다.

사랑과 봉사는 위에서 아래를 내려다보며 하는 일이 아니다. 사랑과 봉사가 길들이기와 속임수가 되지 않으려면 평등이 필요하다. 평등이 없는 사랑과 봉사는 불평등 체제를 유지하는 수단으로 악용될 수 있다. 나는 사랑과 봉사보다 불평등과 싸우는 모습이 우선이라고 말하고 싶다.

가난한 사람을 착취하는 불평등 구조는 그대로 두고 가난한 사람에게 자선을 베풀라고 강조하면 안 된다. 평일에는 가난한 사람을 착취하여 돈을 벌고, 주일에는 그 돈의 일부를 교회나 성당에 헌금하는 그리스도인이 있다고 하자. 그는 천사인가, 악마인가. 더러운 돈을 교회나 성당에 헌금하면 안 되고, 더러운 돈을 벌어서도 안 된다.

17절 "여러분은 이것을 알았으니 그대로 실천하면 복을 받을 것입니다"에서 앎과 실천의 관계는 무엇일까. 앎은 실천에 이르는 전 단계에 불과한가.[131] 그보다 앎과 실천의 일치를 강조하는 말 같다.[132] 바오로와 비슷한 시대에 산 로마의 철학자 세네카 Lucius Annaeus Seneca가 한 말이 떠오른다. "아는 사람이 아니라 실천하는 사람이 행복하다."[133] 나는 "철학은 실천을 가르치지, 말을 가르치지 않는다"[134]는 말을 신학에 적용하고 싶다. 신학은 실천을 가르치지, 말을 가르치지 않는다facere docet Theologia, non dicere.

앎보다 실천이 뒤처지고 모자라는 우리의 한계와 현실이 안타깝다. 앎과 실천의 일치는 평범한 우리에게 아득한 꿈 아닐까. 앎과 실천의 거리가 그리 멀지 않기를 바랄 뿐이다. 실천이 앎보다 부족해서 문제가 아니라 실천이 앎을 배신하는 것이 더 큰 문제다. 정의를 조금만 실천해서 아쉽다기보다 불의를 행해서 문제다. 미처 알지 못해 실천하지 못하는 경우보다 이미 알았지만 정반대로 실천하는 우리 자신이 무섭다. 하느님 나라를 건설하는 데 조금 이바지할지언정, 하느님 나라를 반대하는 세력에게 협조하지 말아야 할 텐데 말이다. 선을 조금 행해서 문제가 아니라 악을 저지르는 행동이 진짜 문제다.

〈요한〉은 다시 배신자 유다 이야기를 꺼낸다. 18절 "나와 함께 빵을 먹는 자가 나를 배반하였다"에 인용된 70인역 그리스어 번역본 〈시편〉 41,9 "흉허물 없이 사귀던 친구마저, 내 빵을 먹던 벗들마저 우쭐대며 뒷발질을 합니다"와 똑같지는 않다. 〈요한〉 저자가 또 성서를 온전히 인용하지 않았다. 식사, 발 씻어주기, 배신이라는 주제가 연결되어 나온다. 예수는 부활한 예수가 발을 씻어준 예수라는 사실을 기억하라고 말한다. 발을 씻어준 예수를 망각하는 그리스도인이 얼마나 많았으면 〈요한〉이 그런 부탁을 하겠는가. 발을 씻어준 예수를 잊고 사는 종교인도 적지 않다.

20절 "내가 보내는 사람을 받아들이는 사람은 나를 받아들이고"와 비슷한 구절이 다른 복음서에 있다(〈마르〉9,37; 〈마태〉10,40; 〈루가〉10,16). 부활한 예수가 보증하는 제자의 권한(〈요한〉20,21-22)을 미리 보여준다. 발 씻기와 제자 파견을 연결하는 말이다. 제자들은 사람들을 지배하려고 파견되지 않았고 사람들의 발을 씻어주러 파견되었다. 예수의 제자들은 점령군이 아니라 야전병원에 파견된 의사요 간호사다.

복음서를 모두 읽은 독자에게 다음 질문이 자연스럽게 떠오르겠다.

1. 예수가 제자들의 발을 씻어준 이야기는 왜 〈요한〉에만 있는가.
2. 예수가 제자들의 발을 씻어준 이야기는 〈요한〉에 없는 최후의 만찬 이야기를 대신하는가.

〈요한〉에 따르면 예수는 과월절 전날에 처형되었다. 예수는 과월절 당일 저녁에 벌어지는 과월절 식사, 즉 최후의 만찬에 참여할 수 없었다. 그러니 〈요한〉에 최후의 만찬 기사는 있을 수 없다. 제자들의 발을 씻어준 이야기는 최후의 만찬 이야기처럼 사람들을 위해 목숨을 바치는 예수를 미리 보여준다.

다른 복음서가 보도한 최후의 만찬에서 성체성사를 제정한 보도를 〈요한〉이 무시할 수는 없었다. 〈요한〉은 성체성사 제정과 비슷한 뜻을 어디선가 펼쳐야 했다. 5000명을 먹인 기적(6,1-14)과 예수의 유언(15,1-16,33) 사이가 그 이야기를 끼워 넣기 좋은 곳이다. 이야기 내용이 잘 연결되기 때문이다. 〈요한〉 저자는 제자들의 발을 씻어준 이야기로 다른 복음서가 보도한 최후의 만찬에서 성체성사 제정 기사를 대신했다. 대신했다기보다 언급했다고 말하는 것이 좋겠다.[135]

〈요한〉에 주의 기도(〈마태〉6,9-13; 〈루가〉11,2-4)가 빠진 이유도 같은 논리로 설명할 수 있다. 〈요한〉 20,17에서 예수는 부활하고 하느님께 올라간 뒤 제자들을 형제라고 부르고, 하느님을 제자들의 아버지라고 가르쳐준다. 제자들은 예수가 부활하기 전에 하느님을 아버지라고 부를 수 없었고, 주의 기도를 예수에게서 들을 수 없었다. 〈요한〉은 17장에서 주의 기도를 예수의 고별사 내용으로 풀어 대신한다.[136]

〈요한〉 저자가 식사 시간에 배신자 이야기를 추가(〈루가〉22,3)한 것은 제자들의 발을 씻어준 이야기를 의도적으로 최후의 만찬 자리에 배치했기 때문이다.[137] 제자들의 발을 씻어준 이야기는 사랑이 주제다. 사랑하는 사람을 위해 자기 목숨을 바치는 희생적인 사랑이다. 〈요한〉 저자는 예수의 저항과 수난사를 사랑의 관점에서 보고 싶다. 예수는 "나는 하늘에서 내려온 살아 있는 빵이다. 이 빵을 먹는 사람은 누구든지 영원히 살 것이다"(〈요한〉 6,51)라는 말로 최후의 만찬에서 할 말을 다 했다. 〈요한〉 저자가 최후의 만찬 이야기를 모르지 않았다.

제자들의 발을 씻어준 이야기와 최후의 만찬 이야기는 의미와 비중이 다르지 않다. 그러나 중요한 점이 하나 다르다. 최후의 만찬에서 주인과 손님의 관계는 변하지 않았지만, 제자들의 발을 씻어준 이야기에서 주종 관계와 갑을 관계는 사라졌다. 최후의 만찬에서 예배와 미사라는 장치를 끌어냈고, 거기서 그리스도교에 성직자와 성도라는 계급이 생겼다. 제자들의 발을 씻어준 이야기에 주인과 종의 관계는 존재할 수 없고, 이 이야기는 그리스도교와 세상에 큰 충격을 주는 폭발력이 있다. 제자들의 발을 씻어준 이야기는 그리스도교에서 멋진 일화로 취급될 뿐, 그리스도교 조직과 운영 원리에 깊은 영향을 주지 못하고 있다.

최후의 만찬 이야기는 예배와 미사 때마다 반복하면서 제자들의 발을 씻어준 이야기는 왜 가뭄에 콩 나듯 할까. 제자들의 발을 씻어준 이야기가 초대교회 성례전에 기초[138]하는가. 정확히 알기는 어렵다. 예배나 미사 때마다 발을 씻어주면 안 되는가. 번거로운가. 가톨릭 미사에서 성체 분배하는 시간보다 발 씻어주는 시간이 오래 걸릴까. 현실적인 여러 사정도 없지는 않겠다.

최후의 만찬 이야기에 제자들의 발을 씻어준 이야기가 포함된 것으로 이해해도 좋겠다. 제자들의 발을 씻어준 이야기를 예배나 미사에서 잊지 않는 일이 중요하다. 일상생활에서도 기억하는 일이다. 기억만 하고 행동하지 않는다면 자신도 속이고 남도 속이는 일이다. 자신을 낮추는 일은 그리스도교 윤리에서 아주 중요하다.

누가 자신을 낮춰야 할까. 누구나 낮춰야 한다. 그러나 불평등이 구조화된 현실 사회에서 누구나 자신을 낮춰야 한다는 말은 부자와 권력자를 편드는 말이 되고 만다. 가난한 사람과 희생자를 편드는 말이 평등과 정의에 가깝다. 그러면 누가 먼저 자신을 낮춰야 할까. 부자, 권력자, 종교 지배층, 지식인이다. 윤리적으로 자신을 낮출 뿐 아니라 사회구조의 불평등을 없애기 위해 자신을 낮춰야 한다. '갑질' 하지 않는 정도를 넘어 권력을 분배하는 노력까지 해야 한다. 개인의 노력만 강조할 것이 아니라 사회와 종교 구조를 바꾸는 문제도 말해야 한다. 가난한 사람은 이제 자신을 낮출 필요가 없다.

누구의 발을 씻어줘야 할까. 다른 사람의 발을 씻어줘야 한다. 가난한 사람과 희생자의 발을 씻어줘야 한다. 누구의 발을 먼저 씻어줘야 할까.

가난한 사람과 희생자의 발을 먼저 씻어줘야 한다. 세월호 유가족의 발을 씻어줘야 한다. 누가 씻어줘야 할까. 부자, 권력자, 종교 지배층, 지식인이 씻어줘야 한다. 부자, 권력자, 종교 지배층, 지식인이 가난한 사람과 희생자의 발을 씻어줘야 한다. 그래야 세상이 바뀐다. 그래야 모두 함께 살아갈 수 있다. 가난한 사람과 희생자가 부자, 권력자, 종교 지배층의 발을 씻어줄 필요는 없다. 그동안 실컷 해왔고 강요당한 일이다.

발을 씻어주려면 어떤 몸가짐이 필요할까. 예수처럼 먼저 겉옷을 벗어야 한다. 호칭, 권위, 교만, '갑질'로 똘똘 뭉친 껍데기를 벗어던져야 한다. 그리고 몸을 굽혀야 한다. 발을 내민 사람 앞에 머리를 숙여야 한다. 가난한 사람 앞에서 고개를 숙여야 한다. 진리를 주우려면 내 몸을 굽혀야 한다. 내가 남보다 위라고 생각하는 것도 잘못이고, 내가 남보다 아래라고 생각하는 것도 잘못이다. 평등 없는 겸손은 비굴이다. 평등 없는 겸손은 필요 없다.

프란치스코 교황은 저항절 세족례에 여성, 이웃 종교 신도, 감옥에 있는 사람 등 다양한 사람을 포함한다. 2000년간 남자만 세족례에 포함해온 답답한 전통을 기쁘게 깨뜨린다. 놀랍고 고마운 일이다. 발을 씻어주는 행동이 단순히 종교 예식에 그치지 않고 사회 비판까지 할 수 있다는 모범이다. 제자들의 발을 씻어준 예수의 행동도 마찬가지다. 당시 사회의 관습을 송두리째 뒤흔든 사건이요 상징이다.

예수가 자신을 낮추는 행동도 하느님의 명령에서 왔다. 예수를 따른다고 자랑하는 종교인이 자신을 높이는 일은 하느님에게서 스스로 멀어지는 일이다. 주인이 종의 발을 씻어주는 일은 관행을 어기는 파격 정도가 아니라 사회질서를 무너뜨리는 행위다. 종교(특히 그리스도교)에서 위계질서가 왜 쓸모없는지, 인간 평등이 왜 중요한지 알려주려고 예수가 작심하고 한 행동이다. 평등이란 단어가 거의 들리지 않는 한국의 종교는 반성해야 한다. 평등 없는 사랑은 독재요, 길들이기에 불과하다. 평등 없는 사랑은 필요 없다.

예수가 제자들의 발을 씻어주는 모습은 지배와 복종 논리로 가득한 세상의 질서에 저항하는 행동이다. 윤리적 모범을 넘어, 정치 비판이요 종교 비판이다. 권력 구조를 뒤집고 바꾸라는 가르침이다. 사랑보다 평등이 우선이다. 예수에게서 사랑만 보고 평등을 보지 못하면 안 된다. 사랑만 말하고 평등을 외면하면 예수를 반쪽만 소개하는 셈이다. 사람들은 그리스도교가 사랑만 말하고 평등을 외면해온 모습에 실망하고 있다. 그리스도교는 전제주의 체제에서 착한 임금을 기다리는 것이 아니라, 민주 사회의 평등한 시민을 기대한다.

부활한 예수는 제자들의 발을 씻어주는 예수다. 부활한 예수는 십자가에서 정치범으로 처형된 예수다. 십자가에 매달린 예수는 제자들의 발을 씻어주는 예수다. 부활한 예수는 부활 이전의 예수를 기초로 한다. 부활한 예수를 믿는 사람은 제자들의 발을 씻어주는 예수를 기억해야 한다. 기억만 하고 실천하지 않으면 예수를 박물관에, 성서에 가두는 일이다. 〈요한〉 저자는 제자들의 발을 씻어준 예수 이야기(13,1-20)에 표징 σημεῖον이라는 단어를 쓰지 않았지만, 사실상 표징으로 알아듣는 것이 좋다.[139] 세상을 위해 목숨을 바친 예수라는 표징 말이다. 예수의 존재 자체가 표징이다.

눈치 빠른 독자는 내가 〈요한〉에서 아버지라는 단어를 하느님이란 단어로 바꿔 쓴다는 사실을 알았을 것이다. 가부장 사회인 예수 시대에 아버지라는 단어가 주는 안정감과 보호 받는 이미지는 하느님을 이해하는데 도움이 되었다. 지금도 비슷하리라. 그런데 하느님을 남성으로 부르면 남성이 하느님이 되는 연상 작용을 피할 도리가 없다.

그래서 나는 하느님을 가리키는 것이 분명한 아버지는 하느님으로 바꾼다. 21세기에 하느님을 남성으로 부르는 일은 남녀평등 원칙에 어울리지 않는다. 하느님을 남성으로 부르다 보면 나쁜 의도가 없음에도 결과적으로 여성을 차별하는 언어 습관에 빠질 수 있다. 예수가 하느님을 아빠라고 친근하게 부른 사실이 당시 사회와 종교에 충격을 주었다면, 하느님을 아버지라고 부르는 사실이 지금 세상과 종교에 나쁜 충격이 될 수 있다. 그때 맞는 것이 지금은 틀릴 수도 있다.

5막 2장 예수의 새 계명: 서로 사랑하라

²¹ 예수가 이 말씀을 하고 나서 몹시 번민하며 "정말 잘 들어두시오. 여러분 가운데 나를 팔아넘길 사람이 하나 있습니다" 하고 내놓고 말하였다. ²² 제자들은 누구를 가리켜서 하는 말인지 몰라 서로 쳐다보았다. ²³ 그때 제자 한 사람이 바로 예수 곁에 앉아 있었는데 그는 예수의 사랑을 받던 제자였다. ²⁴ 그래서 시몬 베드로가 그에게 눈짓을 하며 누구를 두고 하는 말인지 물어보라고 하였다. ²⁵ 그 제자가 예수에게 바싹 다가앉으며 "주님, 그게 누굽니까?" 하고 묻자 ²⁶ 예수는 "내가 빵을 적셔서 줄 사람이 바로 그 사람입니다" 하였다. 그리고는 빵을 적셔서 가리옷 사람 시몬의 아들 유다에게 주었다. ²⁷ 유다가 그 빵을 받아먹자마자 사탄이 그에게 들어갔다. 그때 예수는 유다에게 "당신이 할 일을 어서 하시오" 하고 일렀다. ²⁸ 그러나 그 자리에 앉아 있던 사람들은 예수가 왜 그에게 이런 말을 하였는지 아무도 몰랐다. ²⁹ 유다가 돈주머니를 맡아보고 있었기 때문에 더러는 예수가 유다에게 명절에 쓸 물건을 사 오라고 하였거나 가난한 사람들에게 무엇을 주라고 한 줄로만 알았다. ³⁰ 유다는 빵을 받은 뒤에 곧 밖으로 나갔다. 때는 밤이었다.

³¹ 유다가 나간 뒤에 예수가 이렇게 말하였다. "이제 사람의 아들이 영광을 받게 되었고 또 사람의 아들로 말미암아 하느님께서도 영광을 받으시게 되었습니다. ³² 하느님께서 사람의 아들로 말미암아 영광을 받으신다면 하느님께서도 몸소 사람의 아들에게 영광을 주실 것입니다. 아니, 이제 곧 주실 것입니다. ³³ 나의 사랑하는 제자들이여, 내가 여러분과 같이 있는 것도 이제 잠시뿐입니다. 내가 가면 여러분은 나를 찾아다닐 것입니다. 일찍이 유다인들에게 말한 대로 이제 여러분에게도 말하거니와 내가 가는 곳에 여러분은 올 수 없습니다. ³⁴ 나는 여러분에게 새 계명을 주겠습니다. 서로 사랑하시오. 내가 여러분을 사랑한 것처럼 여러분도 서로 사랑하시오. ³⁵ 여러분이 서로 사랑하면 세상 사람들이 그것을 보고 여러분이 내 제자라는 것을 알게 될 것입니다."

³⁶ 그때 시몬 베드로가 "주님, 어디로 가시겠습니까?" 하고 물었다. 예수는 "지금은 내가 가는 곳으로 따라올 수 없습니다. 그러나 나중에는 따라오게 될 것입니다" 하고 대답하였다. ³⁷ "주님, 어찌하여 지금은 따라갈 수 없습니까? 주님을 위해서라면 목숨이라도 바치겠습니다." 베드로가 이렇게 장담하자 ³⁸ 예수는 "나를 위해

서 목숨을 바치겠다고요? 정말 잘 들어두시오. 새벽닭이 울기 전에 당신은 나를 세 번이나 모른다고 할 것입니다" 하였다.(13,21-38)

〈요한〉도 식사 중간에 배신자 유다라는 주제를 포함했다(〈마르〉 14,18-21; 〈마태〉 26,21-25; 〈루가〉 22,21-23). 〈마르〉는 간단히 소개했지만 〈요한〉은 풍성하게 꾸몄다. 죽음이 다가오자 예수는 마음이 혼란스럽다(〈요한〉 11,33; 12,27). 죽음이 두렵지만 구원을 방해하는 죽음의 힘도 두렵다. 예수의 심정은 〈시편〉 42-43장 내용과 관계있다. 제자 중 한 사람이 배신하기 때문에 여러분 가운데 하나εἷς ἐκ라는 표현이 21절에 나온다(〈마르〉 14,10.43; 〈요한〉 6,71).

유다는 열두제자 명단에서 맨 마지막에 있다(〈마르〉 3,16-19; 〈마태〉 10,2-4; 〈루가〉 6,13-16). 21절에서 팔아넘기다παραδιδωμι는 경찰이나 법정에 넘긴다는 뜻이다. 베드로가 예수를 배신하리라는 예고는 올리브 산에 올라가는 길과 게쎄마니 이야기 사이에 있거나(〈마르〉 14,26-; 〈마태〉 26,30-), 고별 발언에 포함되었다(36-38절; 〈루가〉 22,31-). 5막 2장(〈요한〉 13,21-38)은 〈루가〉 22장을 참고한다.

〈요한〉에서 처음으로 예수의 사랑을 받던 제자가 23절에 등장한다. 23-26절은 〈요한〉 저자가 창작했다.[140] 아버지의 품 안에 계신(〈요한〉 1,18) 예수의 사랑받던 제자는 예수 곁에 앉아 있다. 가슴κόλπος이라는 단어는 〈요한〉 1,18과 13,23에만 나온다. 예수가 하느님을 해석한 분이듯, 예수의 사랑받던 제자는 예수를 해석하는 사람이다.[141] 〈요한〉 저자가 설정한 구도다. 23절 예수에게 사랑받는άγαπᾶν(19,26), φιλεῖν(20,2) 제자는 하느님과 예수의 사랑(3,35; 10,17; 15,9)처럼 놀라운 사랑 차원에 있다.

24절에서 시몬 베드로는 예수의 사랑받던 제자에게 눈짓하며 배신할 제자가 누구인지 알아보라고 부탁한다. 〈요한〉에서 베드로가 차지하는 변변찮은 비중을 알려주는 표현이다. 베드로가 예수의 사랑받던 제자보다 아래 위치라는 뜻은 아니다. 제자들에게 서로 사랑하라고 가르치는 〈요한〉이 특정한 제자를 다른 제자보다 높이거나 낮출 리 없다.[142]

〈요한〉은 베드로가 존중 받았으며 예수와 아주 가까웠다는 점을 강조하기 위해 예수의 사랑받던 제자에게 질문한 것으로 보기도 한다.[143] 배신할 제자가 누구인지 밝히려는 뜻이 아니라 베드로와 예수의 사랑받던 제자를 맞서게 하려는 〈요한〉 저자의 생각이다.[144] 〈루가〉에서만 베드로와 요한이 한 쌍으로 등장한다(22,8). 〈요한〉은 이것을 참조하여 베드로와 예수의 사랑받던 제자를 맞서게 했을까.[145]

〈요한〉에서 베드로의 처지는 궁색해 보인다.[146] 베드로는 대사제 저택 마당에서 예수를 세 번 부인한다(18,15-27). 베드로는 막달라 여자 마리아에게 빈 무덤 소식을 듣고, 다른 제자보다 늦게 무덤에 다다랐다(20,1-4). 여섯 사람을 이끌고 고기잡이 나간 베드로는 아무것도 잡지 못했으나, 부활한 예수의 지시에 따라서 고기를 많이 잡았다(21,2-6). 예수를 세 번 부인했지만 부활한 예수의 도움으로 다시 양들을 돌보는 임무를 맡았다(21,15-19). 베드로는 〈요한〉에서 중요한 제자로 강조되기보다 어설픈 제자로 그려진다.

25-26절에서 예수의 사랑받던 제자는 배신할 제자가 누구냐고 묻고, 예수는 빵을 적셔서 줄 사람이 바로 그 사람이라고 답한다. 티엔은 26절을 근거로 유다도 최후의 만찬에 참여했다는 결론을 내린다.[147] 예수가

최후의 만찬에서 유다에게 빵 조각(성체)을 주었느냐 아니냐를 놓고 초대 교회에서 불필요한 논쟁이 벌어지기도 했다.[148] "제자들의 발을 씻어준 예수의 행동이 세례와 연관된다면, 유다에게도 빵을 나눠 주는 예수의 모습은 성체성사와 연결된다. 거룩한 최후의 만찬에서 예수는 가장 비난받는 유다에게도 빵을 나눠 주었다."[149] 제자는 스승을 배신할지 몰라도 스승은 제자를 버리지 않는다.

그 이름은 가리옷 사람 시몬의 아들 유다(〈요한〉 6,71; 13,2.26), 가리옷 사람 유다(〈마르〉 3,19; 14,10)다. 가리옷 사람 Ἰσκαριώτου이라는 별명은 유다 남부의 케르욧Kerioth 출신 남자라는 뜻이다.[150] 26절 '빵을 적셔서'는 최후의 만찬 전승(〈마르〉 14,20)을 인용한 표현이다. 〈요한〉 저자는 최후의 만찬 이야기를 안다. 예수와 한 그릇에 빵을 적시는 사람(〈마르〉 14,20)에서 예수가 빵을 적셔서 유다에게 주는 모습으로 바뀌었다. 모든 상황을 예수가 결정하고 통제한다는 〈요한〉 저자의 생각에 따른 변화다. 같은 장면이라도 감독의 생각에 따라 다르게 표현된다.

유다의 배신은 시기나 질투, 돈 욕심(〈마르〉 14,11) 때문이 아니다. 유다에게 들어간 악마σατανᾶς 탓이다(27절). 개인이 어쩔 수 없는, 하느님과 적대하는 힘(〈요한〉 13,18; 17,12) 때문이다. 〈요한〉은 유다 개인에게 배신의 책임을 묻지 않는다. 유다는 구원 드라마에서 본의 아니게 악역을 맡아 하느님의 계획에 협조한다. 관객이 배우에게 돌을 던지면 되겠는가.

예수와 유다, 예수의 사랑받던 제자는 대본을 읽는다. 유다는 대본에 나온 대로 연기하면 된다. 그래서 예수는 유다에게 "당신이 할 일을 어서하시오" 하고 말한다(27절). 다른 배우들이 세 사람의 행동을 이해할 리 없다. 유다가 밤에 나간 장면(30절)은 상징적이다. 유다인들의 지도자 중한 사람인 니고데모가 밤에 예수를 찾아와 제자가 된다(〈요한〉 3,2). 유다는 밤에 예수에게서 벗어나 어둠의 세력으로 들어간다. 연극을 보는 관객의 심정이 착잡하겠다. 그 밤 유다는 얼마나 외로웠을까.

유다가 떠난 뒤 예수는 당황한 제자들에게 상황을 설명해야 했다. 관객, 독자, 그리스도인 모두 궁금하고 답답해 죽을 지경이다. 〈요한〉 저자는 〈루가〉 22,14-38을 보고 멋진 생각을 떠올리지 않았을까. 예수와 제자들의 고별 식사에서 빵과 포도주 말씀(14-20절), 배신자 예고(21-23절), 제자들 중 누가 제일 높으냐(24-27절), 제자들이 받을 상(28-30절), 베드로의 장담(31-38절)이 있었다. 〈루가〉에서 예수의 고별 발언이 좀 짧았다.

〈요한〉 저자는 예수의 고별 발언을 주제별로 나누고 늘였다. 공동체에게 주는 격려의 말(13,31-14장), 제자들에게 주는 위로의 말(15-16장), 하느님께 기도(17장)가 그것이다. 예수의 고별 발언은 〈요한〉 저자의 창작품이다. 예수가 느닷없이 고별 발언을 한 것은 아니고 여러 번 분위기를 풍겼다(3,8; 7,33; 8,14). 독자와 관객도 어느 정도 눈치챘다. 예수는 하느님에게서 왔고(1,1-4; 16,28), 세상은 예수에게 호의적이지 않으며(1,10; 15,18-20; 16,2), 하느님께 돌아가는 예수는 하느님에게서 왔다는 사실을 정당화할(3,13; 6,62) 것을 알았다.

예수의 고별 발언은 〈요한〉 13장과 17장 사이에 자리 잡았다. 바로 앞 12장에 베다니아에서 예수의 발에 향유를 부은 마리아(1-11절), 예루살렘 입성(12-19절), 죽음과 영광 예고(20-36절), 믿지 않는 사람들(37-50절) 등 예수의 죽음과 부활을 알리는 전주곡이 울려 퍼졌다.

예수의 고별 발언이 〈요한〉 13,31에서 시작된다는 근거는 다음 네 가지다.

1. 배신자 유다 때문에 벌어진 상황이 끝났다(30절).
2. 예수가 다른 제자들에게 자신이 떠나는 것에 대해 해명하기 시작한다(31절부터).
3. 예수가 남은 제자들과 같이 있는 시간도 잠시뿐이다(33절).
4. 서로 사랑하라는 계명(34-35절)이 고별 발언의 요약이다.

〈요한〉에 78번 나오는 세상κόσμος이라는 단어가 고별 발언에서 무려 38번이나 보인다. 예수는 당신을 믿지 않는 사람들에게 고별 발언을 남기지 않았다. 세상의 불신과 대결하는 고별 발언이다. 예수를 믿는 사람에게 위로를, 믿지 않는 세상에는 섭섭함을 표현하는 고별 발언이다. 영광을 받다δοξάσειν(14,13; 15,8; 16,14), 떠나다ὑπάγειν(14,4; 16,5), 사랑하다ἀγαπᾶν(14,15; 15,9; 17,23)라는 단어가 고별 발언에 자주 보인다.

31-32절은 〈요한〉 서문의 찬가(1,1-18)처럼 접속사 그리고καὶ로 연결된 네 문장 형식의 찬가Hymnus다.[151] 하느님과 예수의 일치를 근거로 예수가 영광 받으리라 노래한다. 고난 받는 종의 넷째 노래 중 "이제 나의 종은 할 일을 다 하였으니, 높이높이 솟아오르리라"(〈이사〉 52,13)에서 힌트를 얻은 것 같다. 첫 문장은 하느님과 예수가 영광을 받으리라고 수동태 형식으로 칭송한다. 둘째 문장은 하느님이 사람의 아들에게 하는 적극적 역할을 언급한다. 31절에서 영광을 받게 되었고ἐδοξάσθη라는 과거 동사가, 32절에서 영광을 주실 것δοξάσει이라는 미래 동사가 나온다.

〈요한〉 저자는 여기서 십자가의 영광과 하느님께 영광 받음을 구분한다.[152] 예수가 하느님을 알려준 분임을 강조한다. 예수와 하느님이 서로 해설한다. 예수와 하느님은 영광도, 십자가의 고난도 함께한다. "이제 나의 종은 할 일을 다 하였으니, 높이높이 솟아오르리라. 무리가 그를 보고 기막혀 했었지. 그의 몰골은 망가져 사람이라고 할 수가 없었고 인간의 모습은 찾아볼 수가 없었다. 이제 만방은 그를 보고 놀라지 않을 수 없고 제왕들조차 그 앞에서 입을 가리리라. 이런 일은 일찍이 눈으로 본 사람도 없고 귀로 들어본 사람도 없다"(〈이사〉 52,13-15)에 고난 받는 야훼의 종이 언젠가 과거의 영광으로 돌아오리라는 말은 없다. 사람의 아들의 영광은 다른 곳에서 근거를 찾아야 한다.

〈요한〉 12,37-41에 인용된 "우찌야 왕이 죽던 해에 나는 야훼께서 드높은 보좌에 앉아 계시는 것을 보았다. 그의 옷자락은 성소를 덮고 있었다. (⋯) '거룩하시다, 거룩하시다, 거룩하시다. 만군의 야훼, 그의 영광이 온 땅에 가득하시다.'"(〈이사〉 6,1-3)는 어떨까. 〈요한〉 저자는 드높은 보좌에 앉은 하느님과 온 땅에 가득한 그 영광을 예수에게 적용한 듯싶다.[153]

〈요한〉 저자는 베드로의 배신을 안 것 같다(33·36-38절). 〈요한〉에 나오는 베드로의 배신 이야기는 〈루가〉 22,31-34과 비슷하다. 33절에 나오는 단어 τεκνία는 〈요한〉에 여기만 있다. 이 단어는 독자를 가리키는 친근한 호칭이기도 하다(〈1요한〉 2,1; 3,7; 4,4). '나의 사랑하는 제자들아'(공동번역성서 개정판), '작은 자들아'(개역개정 성경전서)보다 '자녀들아', '내 새끼들아'로 옮기는 게 낫지 않을까. 예수는 제자들을 당신의 자녀라고 불렀다. 여기서 제자들은 열두제자만 가리키지 않는다.

예수는 당신을 믿고 따른 모든 이의 얼굴을 떠올렸을 것이다. 예수는 함께할 시간이 얼마 남지 않은 제자들을 측은하게 봤다. 제자들은 위기 상황에 있다. 제자들을 남겨놓고 세상을 떠나는 스승의 심정은 자녀를 두고 세상을 떠나는 부모의 마음과 같지 않을까. 자식을 낳지도, 키워보지도 않은 예수가 부모의 마음을 우리보다 잘 아는 것 같다. 스승이 제자를 자녀처럼 아끼고 돌보면 얼마나 좋을까.

스승이 떠나면 제자는 스승을 찾는다. 부모가 떠나면 자녀는 부모를 찾는다. 죽음은 생명이 끝난다는 사실보다 사랑하는 사람과 헤어짐을 뜻하지 않을까. 사랑하는 사람을 두고 어찌 눈을 감느냐 말이다. 세월호 어머니들은 자녀가 보고 싶어 어떻게 살까. 떠나는 사람은 남은 사람을 걱정하고, 남은 사람은 앞으로 살아갈 자신을 걱정한다. 예수의 제자들은 예수가 떠난 뒤 자신의 처지가 불쌍한 것이다. 예수 없는 세상을 어떻게 살아야 하는가. 처음 닥친 상황에 제자들은 어쩔 줄 몰랐다.

초대교회 사람들도 마찬가지다. 〈요한〉은 당황하는 그리스도인에게 예수의 입을 빌려 위로의 메시지를 전한다. 하느님께 돌아가는 예수의 죽음은 제자들과 영원한 헤어짐이 아니라 새로운 만남으로 건너가는 방식이다. 대사제의 종들과 바리사이파 사람들은 예수를 찾았으나 결국 찾아내지 못했다(〈요한〉7,34). 그러나 예수의 제자들은 예수를 찾을 것이고, 결국 다시 만날 것이다(〈요한〉20,11-29).

남은 자들끼리 사랑하는 수밖에 없다. 그것이 남은 자들과 예수를 연결하는 방법이다. 34-35절은 사랑의 계명이다. 〈요한〉이후 어떤 사람이 34-35절을 편집한 것이라고 추측하기도 한다.[154] 〈요한〉 저자가 썼다고 보기도 한다.[155] 사랑이란 주제는 고별 발언을 시작하고 마치는 단락에 있다(13,1-20; 17,24-26).[156]

31-38절을 〈요한〉 13장과 17장 사이에서 펼쳐지는 예수 고별 발언의 서문으로 보는 학자들이 많다.[157] 서로 사랑하라는 계명은 요한 공동체의 특징이다(〈2요한〉 1,4-7; 〈1요한〉 2,7-11). 서로 사랑하라는 말은 명령형으로 강력한 뜻을 나타낸다.[158] 그 계명은 제자들의 발을 씻어주는 데서 정확히 드러났다.[159] 〈마르〉〈마태〉〈루가〉에서 사랑의 계명을 이중 계명 형식으로 공동성서에서 이끌어냈다면(〈신명〉 6,4-5; 〈레위〉 19,18), 〈요한〉에서는 사랑의 계명이 예수의 입에서 곧바로 튀어나왔다.

성경이 예수를 증언한다(〈요한〉 5,46)고 보는 〈요한〉 입장에서 당연한 귀결이다. 사랑의 계명이 새로운 καινή 내용을 주진 않지만, 예수가 주는 계명이기에 새롭다. 개인은 사랑 안에서 자신을 발견하고, 이웃과 일치하며, 하느님에게 마음의 문을 연다. 우리 존재의 근원이신 하느님은 사랑이시다. "하느님은 사랑이시기 때문입니다."(〈1요한〉 4,8)

서로 사랑하라는 계명이 예수를 믿는 공동체 내부 윤리로 축소될 가능성이 크다는 점이 아쉽다. 서로 사랑하라는 계명은 위축된 공동체 내부의 결속을 다짐하고 강화하는 계기로 훌륭한 가르침이지만, 하느님 나라를 박해하는 세력에게 저항하고 싸우는 계기로 해석하기엔 아쉽다. 우리가 서로 사랑하는 모습을 보고 세상 사람들이 우리를 예수의 제자로 인정하는 것은 당연하다. 세상 사람들, 특히 하느님 나라를 거부하고 방해하는 사람들에게 우리는 어떻게 할까. 사랑으로 충분한가. 〈요한〉은 정의를 언제 말할 참인가.

36절에서 베드로가 다시 질문하러 나선다. 개인이 아니라 열두제자의 대표로 묻는다. 베드로만 예수를 이해하지 못하는 것이 아니다. 제자들 모두 어리둥절하다. 독자도, 관객도 예수가 언제나 명쾌하게 이해되는 것은 아니다. 예수가 제자들의 발을 씻어주었을 때 베드로는 이해하지 못했다. 예수의 죽음도 베드로는 이해할 수 없었다. 아니 찬성하기 싫었는지 모른다. 죽음이 패배나 무의미, 실패가 아니라는 예수의 해명과 설득이 못마땅하게 들렸는지 모른다. 제자들의 이익과 야심을 생각한다면 말이다.

지금 νῦν-나중에 ὕστερον 도식이 베드로를 기다린다. 지금은 이해하지 못하는 일이 나중에는 이해될 수도 있다. 37절에서 베드로는 주님을 위해서라면 목숨이라도 바치겠다고 다짐하지만, 예수가 고난 받는 시간에 세 번이나 배신하고 만다(〈요한〉 18,17.25-27). 예수의 고별 발언도 그렇지만, 예수의 죽음과 부활 이후 우리가 어떻게 예수와 연결될 수 있느냐는 질문에 〈요한〉이 제시한 답변 중 하나가 31-38절이다. 예수가 하느님께 돌아가는 일이 예수 따르기에 방해가 되는 것이 아니라, 예수를 따르기 위한 기초요 조건이다.

예수 따르기는 역설적으로 부활 이후에 비로소 가능해졌다.[160] 예수 이후 사람들처럼 시간 안에서 예수를 만날 수 없는 사람들은 부활 후에야 예수를 따를 수 있었다. 로메로 대주교도 마찬가지다. 안중근 의사도, 체 게바라도, 임피제 신부도 그들이 죽은 뒤에야 후대 사람들이 따른 것처럼 말이다. 예수가 우리를 떠나는 것이 역설적으로 예수와 우리를 이어준다. 떠나는 순간의 아픔과 아쉬움은 인간적으로 어쩔 수 없지만, 긴 시간으로 보면 예수가 떠나는 것이 곧 예수와 우리가 이어지는 길이다.

이런 의견이 있다. 마태오 공동체(〈마태〉 공동체)는 역사의 예수와 연결하는 데 공동체의 운명을 걸었고, 요한 공동체는 부활 이후 높이 들리고 영광 받은 예수와 연결하는 데 목숨을 걸었다. 요한 공동체는 역사의 예수에만 신경 쓴 마태오 공동체를 비판한다는 것이다.[161] 나는 이 주장에 찬성하기 어렵다. 〈마태〉가 부활한 그리스도를 외면하지 않았고, 〈요한〉이 역사의 예수를 무시하지도 않았다. 〈요한〉이 높이 들리고 영광 받은 예수만 강조하지 않는다. 〈요한〉은 십자가에 높이 들리고 영광 받은 예수가 불의에 저항하다 정치범으로 처형된 나자렛 예수라고 분명히 말한다.

〈요한〉이 부활한 뒤 높이 들리고 영광 받은 예수에게만 관심 있다고 잘못 생각할 수 있다. 실제로 그렇게 생각하고 살아가는 그리스도인이 적지 않다. 말씀에만 신경 쓰고 역사에는 관심 없는 그리스도인이 이런 부류다. 예수는 정치에 관심 없었다고 우기는 사람도 마찬가지다. 예수의 진짜 모습을 감추고 가짜 이미지를 만들어내는 사람들도 있다. 자신에게 유리한 예수의 이미지를 만들고 거기에 큰절하는 사람도 있다. 예수를 믿는 게 아니라 자신이 만든 가짜 예수를 숭배한다. 그들은 예수를 믿지 않고 우상을 모신다.

23절 '예수의 사랑을 받던 제자'는 〈요한〉 연구에서 여전히 풀리지 않는 수수께끼 중 하나다. 그는 실존 인물인가. 실존 인물이라면 그는 누구인가. 다른 복음서에 없는 그가 왜 〈요한〉에만 나타나는가. 예수의 사랑받던 제자는 베드로보다 먼저 제자로 부름 받았다(1,37-41). 예수를 해석하는 제자이자 제자들의 대변인이다(13,23-26). 그는 예수가 위기에 몰린 순간에도 예수에게 충실하다(18,15-18). 십자가에서 예수를 증언하고(19,34) 충실히 따르는 제자다(19,25-27). 예수의 어머니를 모셨다(19,27).

예수가 무덤에서 없어진 사실을 최초로 확인했다(20,2-10). 예수의 사랑받던 제자는 베드로 곁에 있지 않고 예수의 어머니와 충실한 여인들 옆에 있었다(19,25-27.35).

예수의 사랑받던 제자는 왜 〈요한〉에 필요했는가. 예수는 겉모습이 인간처럼 보일 뿐, 사실은 걸어 다니는 하느님이라는 가현설을 반박할 증인이 필요했다.[162] 〈요한〉계 문헌에 예수의 인성을 가리키는 표현이 많은 것도 그 때문이다(〈요한〉1,14; 4,22; 〈1요한〉1,1-4). 가현설, 유다인, 세상 등 적대자들과 다툼 외에 요한 공동체 내부의 역사적·정치적 상황도 예수의 사랑받던 제자를 등장시킬 수밖에 없는 이유다.[163]

〈요한〉이 쓰인 공통년 90년 당시 초대교회에 다섯 가지 흐름이 있었다.[164]

1. 바오로
2. 〈마르〉〈마태〉〈루가〉
3. 〈요한〉
4. 야고보와 유다계 그리스도교
5. 베드로

베드로는 그중에도 예수의 수제자로, 초대교회에서 가장 널리 권위를 인정받은 인물이다.[165] 예수가 죽음을 당하고 부활한 시기와 두 세대나 떨어진 요한 공동체에서 새로운 복음을 쓰고 인정받기 위해서는 베드로와 관계를 입증할 무엇이 필요했다.

〈요한〉 1-20장에는 예수의 사랑받던 제자가 베드로보다 우세하다. 21장에서 뒤집힌다. 예수가 다른 제자들보다 사랑하는 제자는 베드로다 (21,15). 부활한 예수는 베드로에게 세 번이나 사명을 준다(21,15-17). 교회론에서 예수의 사랑받던 제자보다 베드로를 강조했기 때문에 〈요한〉이 복음서의 영역에 안전하게 자리 잡았다. 베드로와 예수의 사랑받던 제자가 요한 공동체를 증언할 두 인물로 내세워진 것이다. 예수의 권위는 베드로에게서, 요한 공동체의 권위는 예수의 사랑받던 제자에게서 근거를 삼으려 한 것 같다.

티엔은 슈넬레의 주장과 달리 요한 공동체의 존재를 부인하고, 예수의 사랑받던 제자를 가공인물로 본다. 〈요한〉 저자가 모든 내용을 아는 극중 인물로 설정한 역할이다. 예수의 사랑받던 제자는 〈요한〉에 내재된 해설자[166]라는 말이다. 제베대오와 사도 요한이나 그 동생 야고보(〈사도〉 12,2)를 〈요한〉 저자로 생각하는 건 불가능하다.[167]

〈요한〉은 이론적 가현설과 싸웠지만, 지금 한국 그리스도교는 사실상 가현설과 싸워야 한다. 예수의 인성을 인정하지 못하고 신성만 받아들이는 가현설 지지자가 그리스도인 중에 의외로 많기 때문이다. 그들은 우리 눈에 예수가 고통 받은 것처럼 보이지만, 실제로 예수는 고통을 느끼지 않았다고 믿는다. 그들은 예수의 고통과 눈물, 죽음의 의미를 잘못 생각하고 있다.

5막 3장 예수의 작별 인사: 성령과 평화

....

¹ "여러분은 걱정하지 마시오. 하느님을 믿고 또 나를 믿으시오. ² 내 아버지 집에는 있을 곳이 많습니다. 그리고 나는 여러분이 있을 곳을 마련하러 갑니다. 만일 거기에 있을 곳이 없다면 내가 이렇게 말하겠습니까? ³ 가서 여러분이 있을 곳을 마련하면 다시 와서 여러분을 데려다가 내가 있는 곳에 같이 있게 하겠습니다. ⁴ 여러분은 내가 어디로 가는지 그 길을 알고 있습니다." ⁵ 그러자 토마가 "주님, 저희는 주님이 어디로 가시는지도 모르는데 어떻게 그 길을 알겠습니까?" 하고 말하였다. ⁶ 예수는 "나는 길이요 진리요 생명입니다. 나를 거치지 않고서는 아무도 아버지께 갈 수 없습니다. ⁷ 여러분이 나를 알았으니 나의 아버지도 알게 될 것입니다. 이제부터 여러분은 그분을 알게 되었습니다. 아니 이미 뵈었습니다" 하고 말하였다. ⁸ 이번에는 필립보가 "주님, 저희에게 아버지를 뵙게 하여주시면 더 바랄 것이 없겠습니다" 하고 간청하였다. ⁹ 예수는 이렇게 대답하였다. "필립보여, 들으시오. 내가 이토록 오랫동안 여러분과 같이 지냈는데도 당신은 나를 모른다는 말입니까? 나를 보았으면 곧 아버지를 본 것입니다. 그런데도 아버지를 뵙게 해달라니 무슨 말입니까? ¹⁰ 당신은 내가 아버지 안에 있고 아버지께서 내 안에 계시다는 것을 믿지 않습니까? 내가 여러분에게 하는 말도 나 스스로 하는 말이 아니라 아버지께서 내 안에 계시면서 몸소 하시는 일입니다. ¹¹ 내가 아버지 안에 있고 아버지께서 내 안에 계시다고 한 말을 믿으시오. 못 믿겠거든 내가 하는 이 일들을 보아서라도 믿으시오. ¹² 정말 잘 들어두시오. 나를 믿는 사람은 내가 하는 일을 할 뿐만 아니라 그보다 더 큰 일도 하게 될 것입니다. 그것은 내가 이제 아버지께 가서 ¹³ 여러분이 내 이름으로 구하는 것이면 무엇이든지 이루어주겠기 때문입니다. 그러면 아들로 말미암아 아버지께서 영광을 받으실 것입니다. ¹⁴ 여러분이 내 이름으로 구하는 것이면 무엇이든지 다 내가 이루어주겠습니다."

¹⁵ "여러분이 나를 사랑하면 내 계명을 지키게 될 것입니다. ¹⁶ 내가 아버지께 구하면 다른 협조자를 보내주셔서 여러분과 영원히 함께 계시도록 하실 것입니다. ¹⁷ 그분은 곧 진리의 성령이십니다. 세상은 그분을 보지도 못하고 알지도 못하기 때문에 그분을 받아들일 수 없지만 여러분은 그분을 알고 있습니다. 그분이 여러

분과 함께 사시며 여러분 안에 계시기 때문입니다. ¹⁸ 나는 여러분을 고아들처럼 버려두지 않겠습니다. 기어이 여러분에게로 돌아오겠습니다. ¹⁹ 이제 조금만 지나면 세상은 나를 보지 못하게 되겠지만 내가 살아 있고 여러분도 살아 있을 터이니 여러분은 나를 보게 될 것입니다. ²⁰ 그날이 오면 여러분은 내가 아버지 안에 있다는 것과 여러분이 내 안에 있고 내가 여러분 안에 있다는 것을 깨닫게 될 것입니다. ²¹ 내 계명을 받아들이고 지키는 사람이 바로 나를 사랑하는 사람입니다. 나를 사랑하는 사람은 내 아버지에게 사랑을 받을 것입니다. 나도 또한 그를 사랑하고 그에게 나를 나타내 보이겠습니다." ²² 가리옷 사람이 아닌 다른 유다가 "주님, 주님께서 왜 세상에는 나타내 보이지 않으시고 저희에게만 나타내 보이시려고 하십니까?" 하고 물었다. ²³ 예수는 이렇게 대답하였다. "나를 사랑하는 사람은 내 말을 잘 지킬 것입니다. 그러면 나의 아버지께서도 그를 사랑하시겠고 아버지와 나는 그를 찾아가 그와 함께 살 것입니다. ²⁴ 그러나 나를 사랑하지 않는 사람은 내 말을 지키지 않습니다. 내가 여러분에게 들려주는 것은 내 말이 아니라 나를 보내신 아버지의 말씀입니다."

²⁵ "나는 여러분과 함께 있는 동안에 여러 가지 이야기를 들려주었거니와 ²⁶ 이제 아버지께서 내 이름으로 보내주실 성령 곧 그 협조자는 모든 것을 여러분에게 가르쳐주실 뿐만 아니라 내가 여러분에게 한 말을 모두 되새기게 하여주실 것입니다." ²⁷ "나는 여러분에게 평화를 주고 갑니다. 내 평화를 여러분에게 주는 것입니다. 내가 주는 평화는 세상이 주는 평화와는 다릅니다. 걱정하거나 두려워하지 마시오. ²⁸ 내가 떠나갔다가 여러분에게로 다시 오겠다는 말을 여러분이 듣지 않았습니까? 아버지께서는 나보다 훌륭하신 분이니 만일 여러분이 나를 사랑한다면 내가 아버지께로 가는 것을 기뻐했을 것입니다. ²⁹ 내가 지금 이 일을 미리 알려주는 것은 그 일이 일어날 때 여러분으로 하여금 믿게 하려는 것입니다. ³⁰ 여러분과 이야기를 나눌 시간도 얼마 남지 않았습니다. 이 세상의 권력자가 가까이 오고 있습니다. 그가 나를 어떻게 할 수는 없지만 ³¹ 나는 아버지를 사랑하고 아버지께서 분부하신 대로 실천한다는 것을 세상에 알려야 하겠습니다. 자, 일어나 갑시다."(14,1-31)

〈요한〉 13-17장은 예수와 제자들의 이별 장면Farewell Type-Scene으로 가득하다.[168] 5막 3장(〈요한〉 14장)의 주제는 '예수와 제자들의 이별'이다. 길이요 진리요 생명인 예수(1-14절), 성령을 보낸다는 예수의 약속(15-24절), 예수가 주는 평화(25-31절)가 작은 주제다. 예수와 헤어짐은 앞으로 제자들과 예수의 관계가 어떻게 되느냐는 문제를 주었다. 제자들의 현재와 미래는 어떻게 되며, 그들의 현재와 미래는 어떻게 연결되느냐는 질문이다.

1절에 나오는 단어 걱정하다ταρασσω는 〈요한〉에서 예수의 심경을 표현하는 데 쓰였다(11,33; 12,27; 13,21). 떠나는 예수는 이제 남은 제자들을 걱정한다. 〈요한〉 저자는 여기서 〈시편〉 42-43장을 떠올린다. 1절에서 예수는 제자들이 걱정하지 않을 수 있는 근거로 두 가지를 말한다. 하느님을 믿고 또 나(예수)를 믿어라πιστεύετε라는 말이다. '믿어라'는 명령형 동사다. 〈요한〉에서 여기만 믿음이 하느님에 대한 신뢰로 이해된다.[169]

걱정거리가 없기 때문에 하느님을 믿고 예수를 믿는 것이 아니라, 하느님을 믿고 예수를 믿으면 걱정거리가 없어진다. 불트만은 1절 "하느님을 믿고 또 나를 믿으시오"를 다음과 같이 해설한다. "여러분은 하느님을 믿습니까? 그러면 또한 나를 믿는 것입니다. 여러분은 오직 나를 통해서 하느님을 믿을 수 있습니다."[170]

2절 '내 아버지 집'은 예수의 성전 항쟁 보도에서 나온 말이다. "내 아버지의 집을 장사하는 집으로 만들지 마시오."(〈요한〉 2,16) 그때 예수의 행동은 "당신 집을 향한 내 열정이 나를 불사릅니다"(〈시편〉 69,9)라는 말로 해설되었다. 예수가 마련하러 곧 떠날 하늘에 있는 아버지 집은 예루살렘성전과 이어진다.

예루살렘성전이나 교회, 성당 같은 집이 하늘의 집을 본뜨지 않으면 그런 건물은 장사하는 집에 불과하다. 예수의 성전 항쟁은 단순한 개혁 운동이 아니라 신학적 비판이요 행동이다. 예수는 자기 종교가 부패하는 꼴을 그냥 보고 있지 않았다. 종교 부패는 하느님을 모독하는 일이다. 자기 종교의 부패에 침묵하는 착한 종교인 덕분에 그리스도교는 뿌리까지 썩어가는지도 모른다.

"만일 거기에 있을 곳이 없다면 내가 이렇게 말하겠습니까?"(2절) 예수가 전에 이런 말을 했는가. 독자는 "누구든지 나를 섬기려면 나를 따라오시오. 내가 있는 곳에는 나를 섬기는 사람도 같이 있게 될 것입니다"(〈요한〉 12,26), "내가 이 세상을 떠나 높이 들리게 될 때에는 모든 사람을 이끌어 나에게 오게 할 것입니다"(〈요한〉 12,32)를 기억하리라.

3절 "가서 여러분이 있을 곳을 마련하면 다시 와서 여러분을 데려다가 내가 있는 곳에 같이 있게 하겠습니다"는 무슨 뜻일까. "나를 믿는 사람은 죽더라도 살겠고 또 살아서 믿는 사람은 영원히 죽지 않을 것입니다"(〈요한〉 11,25-26; 5,24)를 가리킨다. 부활한 예수를 우리가 사는 시간과 공간으로 집어넣어 해석하는 시도는 삼가야 한다.[171]

5절에 보면 베드로뿐 아니라 토마도 예수를 잘 이해하지 못한다. 베다니아 동네에 사는 마리아의 오빠 라자로가 죽었을 때 예수는 "우리 친구 라자로가 잠들어 있으니 이제 내가 가서 깨워야겠습니다"(〈요한〉 11,11)라고 말했다. 그때 다른 제자들에게 "우리도 함께 가서 그와 생사를 같이 합시다"(〈요한〉 11,16)라고 말한 사람이 토마다. 예수와 생사를 같이하겠다고 용감히 나선 토마가 예수의 가는 길조차 모른다.

열심히 믿는 사람이 잘못 믿을 수 있다. 뜨겁게 믿느냐, 미지근하게 믿느냐 따지기 전에 올바로 믿는지 따져봐야 한다. 믿는 태도wie 전에 믿는 내용was을 봐야 한다. 뜨거운 종교적 열정이 믿음의 내용을 보장하지 않는다.

6절에서 예수는 구체적 단어 길όδὸς, 추상적 단어 진리ἀλήθεια와 생명 ζωή으로 대답한다. 삶의 목표와 의미를 찾는 길에서 예수가 구원에 이르는 유일한 길이다. 예수 앞뒤의 훌륭한 인물을 무시하는 발언이 아니다. 예수는 붓다와 공자를 알지 못했고, 마호메트도 알 수 없었다. 예수는 확실히 구원의 길이라는 말이다.

예수는 구원의 길임을 우리가 기억하는 것으로 충분하지 않다. 길은 오직 걷는 사람에게 길이 된다. 제주 올레 지도를 다 외웠지만 한 번도 걷지 않은 사람과 실제로 걸어본 사람이 어찌 똑같을까. 지도에 길을 그리기만 하고 아직 걷지 않은 사람도 길을 찾은 것은 아니다. 믿음도 마찬가지다. 행동 없는 믿음은 길을 구경했을 뿐, 아직 걷지 않은 사람과 같다.

예수는 길일 뿐 아니라 진리요 생명이다. 예수는 길이기 때문에 진리와 생명을 줄 수 있다. 걷지 않는 사람은 진리와 생명을 얻을 수 없고, 줄 수도 없다. 내가 진리를 알기 전에 진리가 있었다(〈출애〉 20,2; 〈신명〉 6,4; 〈이사〉 44,6). 진리를 아는 순간에 비로소 진리가 생긴 것은 아니다. 진리가 없었다면 아무리 진리를 알려고 애써도 찾을 수 없다. 예수는 진리의 증거이자 진리다. 〈요한〉이 진리를 개념이 아니라 인격으로 보기 때문에 진리는 예수와 연결된다.

진리를 먼저 사람과 연결하는 것이 그리스도교의 특징 가운데 하나다. 진리가 무엇이냐는 주제로 철학 시간에 토론하는 것은 아니다. 진리를 어떻게 아느냐 따지는 것도 아니다. 나자렛 예수, 역사의 예수, 부패한 종교 지배층에 저항하는 예수, 가난한 사람을 무시하는 지식인을 비판하는 예수가 곧 진리라는 말이다.

6절에 있는 '진리'라는 단어는 〈마르〉 〈마태〉 〈루가〉에 합쳐서 겨우 7번 나온다. 거의 의미 없는 단어였다. 그런데 호칭보다 추상명사를 써서 예수를 표현하기 좋아하는 〈요한〉에서 중요한 단어가 되었다. 〈요한〉에서 '진리'의 뜻은 논란이 되지만 공통점이 있다. 진리는 예수라는 사람과 예수가 살아온 역사와 분리할 수 없다[172]는 것이다. 인간과 역사와 동떨어진 진리란 없다. 진리는 어떻게 아는가 묻는 인식론 이전에 역사 해석학이다. 진리의 자기실현 과정이 곧 진리 아닐까.

예수가 옳고, 예수처럼 사는 것이 옳다는 말이다. 로메로 대주교가 옳고, 안중근 의사가 옳다고 말할 수 있다. 나는 2000년 된 서양 그리스도교를 역사 빈곤, 철학 과잉이라고 표현하고 싶다. 신학이라는 교실에 철학자가 너무 많고 역사가는 드물었다. 신학은 개념 놀이가 아니라 사람을 보살피는 일이 우선이다. 신학자는 단어를 놓고 씨름하는 사람이 아니라 사람, 특히 가난한 사람을 먼저 생각하는 사람이다. 신학자에게 사전이나 도서관이나 교회나 성당보다 시장과 일터와 가난한 사람이 우선 아닐까. 가난한 사람은 죽어가는데 한가롭게 커피나 마시며 신학 토론을 할수는 없지 않은가.

진리와 사랑을 결합한 것도 〈요한〉의 특징이다. 하느님의 인간 구원은 예수그리스도 안에서 인간에 대한 하느님의 사랑으로 드러난다(〈요한〉 3,16; 〈1요한〉 4,8.16). 진리와 사랑은 서로를 해석해준다.[173] 진리 없는 사랑은 공허하고, 사랑 없는 진리는 맹목적이다. 가난한 사람과 연결 없는 사랑과 진리는 무의미하고 허무하다. 가난한 사람과 연결 없이 사랑과 진리는 존재하지 못한다. 진리든 사랑이든 사람, 특히 가난한 사람을 향해야 한다. 하느님과 예수는 사랑과 진리를 반드시 가난한 사람과 연결했다. 사랑에서 최우선이요 최고는 가난한 사람에 대한 사랑이다. 예수가 그 모범이다.

이상하게도 복음서에 희망ἐλπίς이란 명사는 나오지 않는다. 동사 희망하다는 "여러분이 희망을 걸어온 모세"(〈요한〉 5,45)라는 예수의 말에서 한 번 사용되었다. 그렇다고 복음서가 희망과 거리가 먼 것은 아니다. 〈요한〉에게 바오로의 다음 말은 유효하다. "우리는 이 희망으로 구원을 받았습니다τῇ γὰρ ἐλπίδι ἐσώθημεν."(〈로마〉 8,24) "이 희망은 우리를 실망시키지 않습니다."(〈로마〉 5,5)

2-3절에 독특한 표현이 나온다.

1. 예수는 떠난 뒤 하늘에 믿는 자들이 지낼 곳을 마련한다.
2. 예수는 믿는 사람들을 데려가기 위해 다시 온다.

예수의 재림(〈1데살〉 4,16.17)을 뜻하겠다. 〈요한〉 13,33-14,6은 예수를 따르던 순교자들이 하늘에 받아들여짐과 관계있다고 보기도 한다.[174] 2절에 나오는 '집'과 '있을 곳'은 구원의 비유다.[175] 나는 〈요한〉이 현재의 당황, 미래의 불안감, 죽음의 문제 때문에 현재 종말론(완세론)만 강조할 수 없었으리라고 생각한다.

6절 "나를 거치지 않고서는 아무도 아버지께 갈 수 없습니다"는 그리스도교의 절대성 주장과 관련되어 자주 인용되는 문장이다. 역사적으로 궁색한 처지에 몰린 초대교회가 내부 결속을 위해 다급하게 주장한 다짐일까. 예수가 하느님께 이르는 유일한 길이라는 말은 아니고, 예수는 당신을 알고 따르는 사람을 확실히 하느님께 인도한다는 뜻이다. 그리스도교 신앙의 분명한 자기 확신이다.

자기 종교의 절대성을 확신하는 일은 모든 종교에 공통일 것이다. 자기 종교의 절대성을 확신하는 일은 동시에 이웃 종교를 제대로 파악할 수 없다는 고백이 포함된 것 아닐까. 내 믿음에 확신하며 살아간다 해도, 다른 사람의 믿음을 내가 최종 판정할 수는 없다. "자기 종교의 신념 체계를 절대적으로 만드는 것은 자기 종교를 악마로 만드는 것이다"[176]라는 말이 자꾸 생각난다.

예수가 이웃 종교와 그리스도교의 가치와 비중에 대해 최종적으로 세미나 발표를 하는 것은 아니다. 6절 두 번째 문장 '나' 자리에 예수나 그리스도교보다 진리와 사랑을 대입하면 어떨까.

1. 진리와 사랑을 거치지 않고서는 아무도 하느님께 갈 수 없다.
2. 가난한 사람을 거치지 않고서는 아무도 하느님께 갈 수 없다.

그리스도교의 절대성이 아니라 진리와 사랑의 절대성 말이다. 가난한 사람에 대한 사랑의 절대성 말이다. 종교 사이에 교리 논쟁을 벌일 시간에 인류의 평화와 정의를 위해 서로 협조하고 노력하면 어떨까. 어느 종교의 주장이 타당하게 들리느냐보다 어느 종교의 행동이 가난한 사람에게 유리하고 매력적인가.

〈요한〉의 특징 가운데 하나는 하느님을 알려면 예수를 알아야 한다고 말하는 점이다. 공동성서만 보는 유다인은 하느님을 알 수 없다는 말이 아니다. 예수가 온 뒤에 이전 모든 종교와 사상이 무의미하다는 말이 아니다. 예수를 알면 하느님을 더 정확히, 잘 알 수 있다는 뜻이다. 예수가 온 뒤에 이전과 다른 새로운 종교 상황이 생겼다는 말이다. 예수를 봤으니 하느님을 뵌 셈이다.

예수가 온 뒤에 하느님을 찾으려고 온 세상을 뒤질 필요가 없다. 하느님이 예수 안에서 자신을 뚜렷이 보여주셨기 때문이다. 인간에 대한 하느님의 사랑 덕분에 인간은 큰 수고를 하지 않아도 하느님을 잘 알 수 있다. 예수를 알려면 예수가 한 말뿐 아니라 일ἔργα을 봐야 한다. 예수의 말씀에 집중[177]하는 것으로 하느님 알기에 충분하지 않다.

8절에서 제자 중 두 번째로 필립보가 예수에게 질문한다. 필립보는 하느님에 대한 열정은 가득하나, 하느님이 예수 안에 계심을 아직 이해하지 못한다. 예수는 하느님 안에 있고 하느님은 예수 안에 계시다. 예수를 봤으면 하느님을 뵌 것이다. 하느님에 대한 질문은 예수 안에서 답을 찾았다. 하느님과 예수의 관계는 서로 안에 있는 관계Inexistenz다.[178] 하느님은 단독으로도 의미 있는 존재지만, 예수와 관계에서 더 잘 드러난다. 예수는 단독으로도 의미 있는 존재지만, 하느님과 관계에서 더 잘 드러난다.

예수라는 존재뿐 아니라 예수가 한 일 ἔργα(10절)이 하느님을 드러낸다. 적어도 예수가 행한 기적이 하느님이 누구신지 밝혀준다. 기적에 한정할 필요는 없다. 예수의 모든 행동이 하느님을 드러낸다.[179] 제자들이 예수보다 더 큰 일을 하게 되리라(12절)는 엄청난 격려가 덧붙는다. 이 말이 무슨 뜻인지 여전히 논란이 된다.[180] 예수의 일은 예수가 떠나면서 중단되지 않고 성령과 함께 새로 시작된다는 뜻이다.[181] 제자들이 예수보다 질 높은 일을 한다는 말이 아니라, 생전의 예수보다 넓은 지역에서 복음을 전파한다는 말이다.

제자들은 예수 이름으로 기도할 수 있다. 예수 이름으로 기도한다는 말은 예수에게 기도한다는 말이다. 예수에게 기도한다는 말이 예수와 하느님을 분리하지 않는다. 모든 기도는 예수를 통해 하느님을 영광스럽게 하기 때문이다. "아들로 말미암아 아버지께서 영광을 받으실 것입니다."(13절) 하느님의 영광은 하느님이 칭송 받는 것이 아니라 사람이 사는 일이다. 하느님의 영광은 먼저 가난한 사람이 사는 일이다.

15-24절은 성령에 대한 첫 번째 예고다. 예수가 떠나면 협조자 성령이 공동체에 오실 것이다. 성령은 이미 예수와 함께 있었지만, 예수가 떠난 뒤 공동체에 더 뚜렷이 드러날 것이다. 예수가 떠남은 실패요 허무가 아니라 공동체에게 구원을 주는 유익한 사건이라는 말이다. 15절에서 새 단락이 시작된다.[182] 17절 이후 새 단락이 시작된다고 보기도 한다.[183] 동사 사랑하다 ἀγαπᾶν(21·23·24·28·31절)와 지키다 τηρῆῖν가 새 단락을 특징 짓는다.

"여러분이 나를 사랑하면 내 계명을 지키게 될 것입니다."(15절) 사랑과 계명, 즉 사랑과 믿음은 하나다. 믿음이 전부는 아니다. 사랑 없는 믿음은 아직 믿음 근처에도 가지 못한다. 사랑 없는 믿음은 독백에 불과하다. 행동으로 드러나지 않는 사랑은 아직 사랑이 아니다. 가난한 사람을 먼저 선택하지 않는 사랑은 아직 사랑이 아니다.

성령에 대한 첫 번째 예고(16-17절)은 〈요한〉 저자가 창작한 것이 아니고 전승에서 빌려 왔다.[184] 〈요한〉 저자가 전승을 그대로 기록해서인지 문장 사이에 긴장이 있다. 믿는 사람들에게 성령이 온다(16-17절)고 하더니 예수 자신이 온다(18·28절)고도 하고, 아버지와 아들이 온다(23절)고 한다. 이 긴장을 조화롭게 해설하기는 난감하다.

다른 협조자ἄλλον παράκλητον(16절)인 성령은 진리의 성령πνεῦμα τῆς ἀληθείας(17절)이다. 〈요한〉에서 '진리의 성령'은 고별 발언에만 나온다(14,17; 15,26; 16,13). 성령이 새로운 가르침을 주는 것은 아니고, 진리인 예수(6절)와 만남을 보증한다. 예수를 받아들이지 않는 세상을 안타깝게 생각하는 〈요한〉이 세상을 악마처럼 취급하는 것은 아니다. 18절 "여러분을 고아들처럼 버려두지 않겠습니다"는 예수의 재림을 기다리는 공동체 사람들의 심정을 가리킨다. 고아ὀρφανος라는 단어는 신약성서에서 여기와 〈야고〉 1,27에 나온다.

예수의 재림을 성령 오심과 동일시하면 안 된다. 성령은 부활한 예수의 선물(〈요한〉 20,22)이기 때문에 예수와 구분돼야 한다. "예수께서 영광을 받지 않으셨기 때문에 성령이 아직 사람들에게 와 계시지 않으셨던 것이다."(〈요한〉 7,39) 나는 성령 오심 안에서 예수가 온다[185]는 의견에 찬성하지 않는다. 미래의 구원자가 온다(〈다니〉 7,13; 〈마르〉 13,26; 14,62)는 생각이 배경에 있다. 그날이 오면*ἐν ἐκείνῃ τῇ ἡμέρᾳ*(20절)은 초대교회에서 예수의 재림을 나타내는 전문 용어*terminus technicus*다(⟨2데살⟩ 1,10; ⟨2디모⟩ 1,12).

21절 "내 계명을 받아들이고 지키는 사람이 바로 나를 사랑하는 사람입니다"는 15절 "나를 사랑하면 내 계명을 지키게 될 것입니다"를 다시 강조한다. ⟨요한⟩은 믿음과 사랑의 일치를 다른 복음서보다 강조한다. '사랑'은 ⟨요한⟩계 문헌에서 가장 두드러진 단어다.

⟨요한⟩에서 성령은 왜 예수의 고별 발언에만 나올까. 성령은 고별 발언과 특별한 관계가 있는가. 고별 발언이란 문학 양식이 예수 이전에도 있었는가. 고별 발언은 ⟨신명⟩ 31-34장, ⟨여호⟩ 23-24장, ⟨1사무⟩ 12장, ⟨1열왕⟩ 2,1-9에 있다. 고별 발언의 특징은 다음과 같다.

1. 고별 상황이 소개되고, 말하는 사람과 듣는 사람이 소개된다.
2. 발언자는 과거를 돌아보고 미래를 내다보며 직접화법으로 말한다.
3. 말하는 자의 죽음, 장례, 슬픔이 보도되며 마무리된다.
4. 발언자는 독백하고, 고별 발언을 자기 정당화에 사용한다.[186]

모세와 여호수아의 관계를 보면 예수와 성령의 관계를 좀 더 이해하기 쉽다. 여호수아는 모세의 후계자로 임명되었고(⟨신명⟩ 31,1-; ⟨민수⟩ 17,18), 하느님의 영을 받아 지혜가 넘쳤다. 모세가 그에게 손을 얹어준 것이다(⟨신명⟩ 34,9; ⟨민수⟩ 27,18-). 고별 발언은 유다교 문헌에서 과거의 위대한 인물이 남긴 행동을 정당화하고, 후대에게 계승을 권고하고 위로하는 역할을 했다. ⟨요한⟩은 이 모델을 받아들인 것 같다.[187] 진리의 성령은 유다교 문헌에 나온 이런 역할을 받아들인 데서 나온 표현이다.[188]

25-31절은 성령에 대한 두 번째 언급이자, 첫 번째 고별 발언이 마감되는 곳이다. 하느님께 돌아가는 예수는 역사 저편으로 사라지는 것이 아니라 하느님의 구원 역사에서 새 시대가 시작되게 한다. 〈요한〉 저자는 26절에서 협조자παράκλητος를 처음으로 성령πνεῦμα ἅγιον과 동일하게 부른다(〈요한〉 1,33; 20,22). 협조자는 초대교회의 성령이요, 성령은 곧 협조자다. 15-24절에서 성령에 대해 처음 언급할 때 협조자가 공동체 안에 존재한다는 점을 강조했다. 25-31절 두 번째 언급에서 성령의 기원과 역할을 더 자세히 설명한다.

성령은 복음서 저자들의 시대를 예수의 시대와 연결한다. 예수가 하느님의 대변인이었다면, 성령은 하느님과 예수의 대변인이 되었다. 성령은 예수의 이름으로 왔으니, 예수는 성령의 활동에 참여한다. 다른 협조자 ἄλλον παράκλητον(16절)와 내 이름으로ἐν τῷ ὀνόματί μου(26절)는 예수와 성령이 연결되지만, 동일시해서는 안 됨을 알려준다.[189] 성령은 근원과 본질, 활동에서 하느님과 예수와 연결되지만, 하느님과 예수와 구분되는 독립적 존재다. 성령과 예수를 동일시하는 구절은 〈요한〉 어디서도 찾아볼 수 없다.

성령은 가르치고 기억하게 해준다. 예수의 가르침과 전혀 다른 새로운 가르침을 주는 것은 아니다. 예수의 가르침을 기억하게 하며, 과거를 현재로 만든다. 지금 우리 시대에도 예수는 생생하게 말한다. 성서신학은 고고학이 아니라 역사 해석학이다. 성서는 그대로 있지만, 해석하는 시대 상황과 문제가 다르고 해석하는 사람이 달라졌다. 성서가 다루지 않던 문제가 계속 생긴다. 같은 노래를 듣기만 하는 것이 아니라 새롭게 해석하며 부른다.

올바른 성서 연구는 역사를 기억하며 과거를 현재로 만든다. 한국전쟁, 보도연맹 사건, 신천 학살 사건이 그저 지난날의 일이 아니다. 제주 4·3 사건, 5·18 민주화 운동, 세월호 참사도 먼 옛날 일이 아니다.

1. '2000년 전 〈요한〉은 예수를 어떤 분으로 봤는가'라는 주제는 여전히 우리에게 관심사다.
2. 동시에 우리는 예수가 성령을 통해 지금 한민족에게 어떤 말씀을 주시는지 알고 싶다.

성령은 예수의 가르침을 우리 시대에 맞게 가르쳐준다. 〈요한〉이 21세기 한반도에 어떤 교훈을 주는지 성령이 가르쳐준다.

예수가 선사한 평화는 특히 '로마의 평화Pax Romana'라는 배경에서 이해해야 한다.[190] 로마제국의 황제가 로마 시민과 식민지 백성에게 안녕과 평화를 준다는 사상이다.[191] 〈요한〉 저자는 로마제국의 평화 이데올로기에 반대하여 예수가 주는 평화를 내세웠다.[192] 군대가 무력으로 백성을 억압하는 상태에서 주는 평화는 의미 없다는 말이다. 〈요한〉을 반제국주의 신학 관점에서 볼 수 있다. 〈요한〉은 제국주의를 비판하는 분위기에서 쓰였다. 평화는 진정한 평화를 주는 예수그리스도에 대한 믿음에서 온다. 예수에 대한 믿음이 평화를 위한 싸움을 포기하는 것은 아니다. 예수에 대한 믿음은 평화를 위한 싸움에서 드러난다.

평화를 주고 가는 예수(27절)를 체포하러 세상의 권력자가 다가온다(30절). 고난의 시간이 다가왔다는 말로 예수의 첫 번째 고별 발언이 끝나간다. 이렇게 슬픈 유언이나 고별사가 인류사에 또 있을까. 예수의 죽음은 예수의 패배가 아니라 세상 권력의 패배다. 권력의 최고 위력은 사람을 죽이는 데서 드러난다. 세상 권력은 사람을 죽이는 그 이상을 할 수 없다. 예수의 죽음에서 세상 권력이 마지막으로 발악하는 모습이 폭로된다. 하느님은 죽음에서 사람을 살린다. 십자가의 길을 걷는 예수는 하느님의 사랑을 세상에 보여준다.

이별의 선물로 평화를 주고 가는 평화의 예수다. 평화는 하느님의 선물로, 결국 예수 자체다. 예수는 평화이고 평화는 곧 예수다. 예수는 평화를 준다는 말씀은 지금 한민족에게 정말 고마운 위로다. "나는 여러분에게 평화를 주고 갑니다"(27절)라는 예수의 말에 가슴이 뭉클하다. 예수가 판문점에 나타나 문재인 대통령과 김정은 국무위원장의 손을 잡고 셋이 산보하며 도보다리 의자에 앉아 커피 마시는 장면이 그려진다.

평화는 새로운 시작이다. 판문점은 이제 분단의 상징이 아니라 평화의 상징이 되어야 한다. 우리 민족은 평화를 사랑하는 민족이다. 평화라는 단어만 들어도 눈물이 나는 민족이다. 남과 북이 전쟁하지 않을 뿐 아니라 정의가 실현되는 세상을 만들어야 한다. 북과 남에 사는 가난한 사람이 불의와 불평등에 시달리지 않는 세상 말이다. 그것이 진짜 한반도의 평화 아닐까.

세상이 주는 평화와 예수가 주는 평화는 같지 않다. 평화는 결국 하느님의 선물이다. 평화를 위한 우리의 기도와 노력은 계속돼야 한다. 불의가 판치는 세상에서 평화는 언제나 위협받기 때문이다. 1965년 12월 7일, 2차 바티칸공의회는 다음과 같이 선언했다. "평화는 단순히 전쟁의 부재가 아니며, 오로지 적대 세력의 균형 유지로 전락될 수도 없고, 전제적 지배에서 생겨나는 것도 아니다. 올바로 정확히 덧붙이자면, 평화는 '정의의 작품'(〈이사〉 32,17 참조)이다. 인간 사회를 창설하신 하느님께서 심어놓으신 그 질서의 열매, 언제나 더 완전한 정의를 갈망하는 인간들이 행동으로 실천해야 할 사회질서의 열매가 바로 평화다."[193]

　　잘 알려진 예수가 덜 알려진 하느님을 알려주는가. 잘 알려진 하느님이 덜 알려진 예수를 알려주는가. 예수 덕분에 하느님에 대한 새로운 내용이 공동성서보다 신약성서에 추가되었는가. 하느님 없이 예수가 알려질 수 있었을까. 흥미로운 주제다. "〈요한〉에 특이하게도 예수가 하느님을 증언한다는 말은 없다. 언제나 그 반대다. 하느님이 예수를 증언한다. 하느님의 잘 알려지지 않은 아들 예수는 잘 알려진 하느님에 의해 알려진다."[194] 내 생각에 적어도 하나, 예수에 의해 하느님의 새로운 모습이 복음서를 통해 알려졌다. 십자가에 희생되는 메시아를 허락하신 약한 하느님 말이다.

5막 4장 예수의 유언: 박해받을 용기

¹ "나는 참 포도나무요 나의 아버지는 농부이십니다. ² 나에게 붙어 있으면서 열매를 맺지 못하는 가지는 아버지께서 모조리 쳐내시고 열매를 맺는 가지는 더 많은 열매를 맺도록 잘 가꾸십니다. ³ 여러분은 내 교훈을 받아 이미 잘 가꾸어진 가지들입니다. ⁴ 여러분은 나를 떠나지 마시오. 나도 여러분을 떠나지 않겠습니다. 포도나무에 붙어 있지 않는 가지가 스스로 열매를 맺을 수 없는 것처럼 여러분도 나에게 붙어 있지 않으면 열매를 맺지 못할 것입니다. ⁵ 나는 포도나무요 여러분은 가지입니다. 누구든지 나에게서 떠나지 않고 내가 그와 함께 있으면 그는 많은 열매를 맺습니다. 나를 떠나서는 여러분이 아무것도 할 수 없습니다. ⁶ 나를 떠난 사람은 잘려 나간 가지처럼 밖에 버려져 말라버립니다. 그러면 사람들이 이런 가지를 모아다가 불에 던져 태워버립니다. ⁷ 여러분이 나를 떠나지 않고 또 내 말을 간직해둔다면 무슨 소원이든지 구하는 대로 다 이루어질 것입니다. ⁸ 여러분이 많은 열매를 맺고 참으로 나의 제자가 되면 내 아버지께서 영광을 받으실 것입니다. ⁹ 아버지께서 나를 사랑하신 것처럼 나도 여러분을 사랑해왔습니다. 그러니 여러분은 언제나 내 사랑 안에 머무르시오. ¹⁰ 내가 내 아버지의 계명을 지켜 그 사랑 안에 머무르듯이 여러분도 내 계명을 지키면 내 사랑 안에 머무를 것입니다."

¹¹ "내가 이 말을 한 것은 내 기쁨을 같이 나누어 여러분 마음에 기쁨이 넘치게 하려는 것입니다. ¹² 내가 여러분을 사랑한 것처럼 여러분도 서로 사랑하시오. 이것이 나의 계명입니다. ¹³ 벗을 위하여 제 목숨을 바치는 것보다 더 큰 사랑은 없습니다. ¹⁴ 내가 명하는 것을 지키면 여러분은 나의 벗이 됩니다. ¹⁵ 이제 나는 여러분을 종이라고 부르지 않고 벗이라고 부르겠습니다. 종은 주인이 하는 일을 모릅니다. 그러나 나는 여러분에게 내 아버지에게서 들은 것을 모두 다 알려주었습니다. ¹⁶ 여러분이 나를 택한 것이 아니라 내가 여러분을 택하여 내세운 것입니다. 그러니 여러분은 세상에 나가 언제까지나 썩지 않을 열매를 맺으시오. 그러면 아버지께서는 여러분이 내 이름으로 구하는 것을 다 들어주실 것입니다. ¹⁷ 서로 사랑하시오. 이것이 여러분에게 주는 나의 계명입니다."

¹⁸ "세상이 여러분을 미워하거든 여러분보다도 나를 먼저 미워했다는 것을 알아두

시오. ¹⁹ 여러분이 만일 세상에 속한 사람이라면 세상은 여러분을 한집안 식구로 여겨 사랑할 것입니다. 그러나 여러분은 세상에 속하지 않았을뿐더러 오히려 내가 세상에서 가려낸 사람들이기 때문에 세상이 여러분을 미워하는 것입니다. ²⁰ 종은 그 주인보다 더 나을 수가 없다고 한 내 말을 기억하시오. 그들이 나를 박해했으면 여러분도 박해할 것이고 내 말을 지켰으면 여러분의 말도 지킬 것입니다. ²¹ 그들은 여러분이 내 제자라 해서 이렇게 대할 것입니다. 그들은 나를 보내신 분을 모르고 있습니다. ²² 내가 와서 그들에게 일러주지 않았던들 그들에게는 죄가 없었을 것입니다. 그러나 이제는 그들이 자기 죄를 변명할 길이 없게 되었습니다. ²³ 나를 미워하는 자는 나의 아버지까지도 미워합니다. ²⁴ 내가 일찍이 아무도 하지 못한 일들을 그들 앞에서 하지 않았던들 그들에게는 죄가 없었을 것입니다. 그런데 내가 한 일을 보고서도 그들은 나와 또 나의 아버지까지 미워합니다. ²⁵ 이리하여 그들의 율법서에 '그들은 까닭 없이 나를 미워하였다'고 기록되어 있는 말씀이 이루어졌습니다."

²⁶ "내가 아버지께 청하여 여러분에게 보낼 협조자 곧 아버지께로부터 나오시는 진리의 성령이 오시면 그분이 나를 증언할 것입니다. ²⁷ 그리고 여러분도 처음부터 나와 함께 있었기 때문에 나의 증인이 될 것입니다."

¹ "내가 여러분에게 이 말을 한 것은 여러분의 믿음이 흔들리지 않도록 하려는 것입니다. ² 사람들은 여러분을 회당에서 쫓아낼 것입니다. 그리고 여러분을 죽이는 사람들이 그런 짓을 하고도 그것이 오히려 하느님을 섬기는 일이라고 생각할 때가 올 것입니다. ³ 그들은 아버지도 나도 모르기 때문에 그런 짓들을 하게 되는 것입니다. ⁴ 그러한 때가 오면 내가 한 말을 기억하라고 여러분에게 이렇게 미리 말해 두는 것입니다." "지금까지 내가 이 말을 여러분에게 하지 않은 것은 내가 여러분과 함께 있었기 때문입니다.(15,1-16,4)

〈요한〉13-14장이 예수가 제자들에게 하는 말이라면, 15-16장은 예수가 부활한 뒤 공동체에게 주는 말이다.¹⁹⁵ 13-14장이 연극 무대에 출연하는 배우들을 향한다면, 15-16장은 관객을 더 의식한다. 예수의 독백이 시작된다. 무대에 예수 혼자 있다. 14장 주제가 '예수와 제자들의 이별'

이라면, 15-16장 주제는 '예수가 떠난 뒤 제자들이 어떻게 살아야 할까'
다.[196] 〈요한〉은 예수가 떠나지만 공동체는 예수와 계속 연결된다는 말을
하고 싶다.

〈요한〉 15,1-17은 비유Metapher라기보다 그림말Bildrede로 분류하면 좋
겠다. 내가 1988년부터 마인츠대학교에서 유학할 때 라이너 보리히Rainer
Borig 신부가 기숙사 학장이었다. 인품이 훌륭한 보리히 신부는 〈요한〉 전
공자로, 나를 8년간 세심하게 보살펴주었다. 〈요한〉 15,1-17을 그림말이
라는 문학 유형으로 표현한 그 제안이 성서학계에 전반적으로 자리 잡았
다.[197] 불트만은 〈요한〉 15,1-8이 유다교, 그리스도교, 영지주의가 혼합
된 만다Manda 종교 문헌에서 발견되는 생명나무 신화에서 비롯되었다고
본다.[198] 그러나 보리히는 포도나무 그림말이 온전히 〈요한〉 저자에게서
왔다고 본다.[199]

〈요한〉 15,1-10은 포도나무 그림말을 써서 제자들에게 예수 안에 머
무르라고 말한다. 포도밭과 열매 맺음을 연결하는 표현은 공동성서와 유
다교에 있었다. 포도밭 노래의 원조는 〈이사〉 5,1-7로 꼽을 수 있다.[200]
"야훼의 포도밭은 이스라엘 가문이요, 주께서 사랑하시는 나무는 유다
백성이다. 공평을 기대하셨는데 유혈이 웬 말이며 정의를 기대하셨는데
아우성이 웬 말인가?"(〈이사〉 5,7) 이 노래가 유다교에 널리 퍼졌다. "포도
나무에 나귀를 예사로 매어놓고 고급 포도나무에 새끼 나귀를 예사로 매
어두리라. 포도주로 옷을 빨고 포도의 붉은 즙으로 겉옷까지 빨리라"(〈창
세〉 49,11), "무화과나무와 포도 덩굴에 열매가 주렁주렁 달렸다"(〈요엘〉
2,22). 이 노래는 〈시편〉에서 결론을 만난다. "이집트에서 뺏어 온 포도나
무, 이민족들을 쫓아내시고 그 자리에 심으신 후 그 앞에 땅을 가꾸시니

뿌리박고 널리 퍼졌사옵니다."(〈시편〉 80,8-9) 바오로는 포도나무 노래를 본떠 올리브나무를 노래한 것 같다. "말하자면 여러분은 이 야생 올리브나무 가지들입니다."(〈로마〉 11,17)

1-3절에서 하느님은 포도밭 주인이요 농부, 예수는 참 포도나무, 제자들과 공동체는 가지로 그려졌다. 참ἀληθινός이라는 단어는 예수에게만 헌정된다(〈요한〉 4,23; 6,32). 그때까지 이스라엘이 차지하던 포도나무(〈예레〉 2,21) 자리를 예수가 대신한다.[201] 예수가 하느님의 포도나무인 이스라엘을 대신하여 하느님 앞에 대변인으로 나섰다.[202] 이스라엘의 효력이 없어졌다는 말이 아니라 전제되었다. 열매 맺기(〈시편〉 1,3)는 자세히 설명되지 않았고 가지치기 작업이 소개되었다. 내 교훈(3절)은 제자들의 발을 씻어준 예수의 모범을 떠올린다. 4절에 나오는 단어 μείνατε는 '나를 떠나지 마시오'(공동번역성서 개정판)보다 '내 안에 거하라'(개역개정 성경전서)는 번역이 낫다.

〈요한〉은 머무르다 μένειν라는 단어를 좋아한다. 신약성서에 118번 나오는 '머무르다'는 절반이 넘는 67번이 〈요한〉에 있다. 가지가 나무를 떠날 수는 없다. 〈요한〉에서 상호 존재성 reziproken Immanenzformel 혹은 관계성이 가장 강조된 곳이 15-17장이다.[203] 포도나무와 가지는 전체와 부분의 관계다. 포도나무는 가지보다 크고, 먼저 생겼다. 가지는 포도나무의 일부다. 가지가 자신을 나무 전체라고 과장하거나 우기면 안 된다. 가지는 나무를 기억해야 한다. 나무의 일부임을 망각한 가지는 나쁜 열매를 맺을 수 있다.

예수와 공동체의 관계를 되돌릴 수는 없다. 잘려 나간 가지(〈요한〉

6,66)인데 나무에 붙은 것으로 착각하는 가지도 있다. 예수를 떠난 사람은 잘려 나간 가지처럼 밖에 버려져 말라버린다(〈요한〉 15,6; 〈마태〉 5,13; 21,39). 이 구절을 교회나 성당을 그만두는 사람을 협박하는 용도로 인용하면 안 된다. '가나안 성도'나 '쉬는 신자'들이 예수를 떠난 사람이라고 낙인찍으면 안 된다.

교회나 성당이 부패로 가득하다면, 그런 교회나 성당 자체가 잘려 나간 가지일 수 있다. 참 예수를 찾기 위해 그런 교회나 성당을 멀리할 수 있다. 가나안 성도나 쉬는 신자들이 진짜 가지이고, 생각 없이 교회나 성당을 오가는 사람들이 잘려 나간 가지일 수도 있다. 매일 미사에 참석하고 새벽 기도에 나가는 성도들이 잘려 나간 가지일 수 있다. 누가 정말 예수 안에 머무르는 진짜 가지인지 예수만 안다.

6절에 있는 '불'은 심판(〈1고린〉 3,13.15; 〈묵시〉 8.5.7; 9,17)을 나타낸다. '잘려 나간 가지'도 심판을 가리킨다(〈말라〉 3,19; 〈마태〉 5,13; 〈로마〉 11,22).[204] 말씀과 기도는 예수 안에 머무르는 좋은 방법으로 소개된다. 7절 "무슨 소원이든지 구하는 대로 다 이루어질 것입니다"는 예수 이름으로 기도하라(〈요한〉 14,10-13)는 말이다. 나쁜 기도, 잘못된 기도는 기도가 아니다. 예수 이름으로 기도하라는 말은 예수가 바라는 뜻에 맞게 기도하라는 말이다. 무조건 내 뜻을 받아달라고 우기며 기도하는 사람이 많다.

하느님은 예수가 하느님께 돌아가는 것뿐 아니라 제자들이 열매 맺음으로써 영광을 받으신다. 제자들의 행동은 하느님을 영광스럽게 하고, 자기 신앙의 증거가 된다. 행동 없는 믿음은 믿음이 아니라는 사상은 복음서가 일치한다. 믿음으로 구원받느냐, 행동으로 구원받느냐는 양자택

일 질문에 복음서 저자들은 고개를 갸우뚱할 것이다. 믿음은 행동으로 증명되고, 행동은 믿음에서 힘을 얻는다. 참 제자는 말씀과 기도, 행동의 삼위일체 안에서 산다. 〈요한〉은 예수그리스도를 통해 얻는 구원이 반드시 좋은 열매를 맺는다고 강조한다. 그 열매는 특히 사랑에서 나타난다. 사랑은 가난한 사람을 먼저 사랑하는 데서 나타난다.

"내 사랑 안에 머무르시오."(9절) 제주 성클라라수녀원 대성당 옆 벽에 있는 구절이다. 사랑은 계명을 지키는 데서 구체화되고 실현된다(〈요한〉 14,15; 21,23). 예수의 행동이 제자들에게 모범이 된다. 제자들은 부활한 예수를 만나 기쁨을 누린다(〈요한〉 20,20). 부활의 기쁨, 성령 안에서 예수그리스도와 언제나 함께하는 기쁨이 예수를 따르는 공동체를 규정한다.[205]

제자들이 서로 사랑하는 모범은 제자들을 사랑한 예수에게서 찾을 수 있다. 최초의 그리스도교 신자인 세례자 요한은 이 기쁨을 노래했다. "신랑의 친구도 옆에 서 있다가 신랑의 목소리가 들리면 기쁨에 넘친다. 내 마음도 이런 기쁨으로 가득 차 있다."(〈요한〉 3,29)

"벗을 위하여 제 목숨을 바치는 것보다 더 큰 사랑은 없습니다."(13절) 바로 이 사랑의 모범이 예수다. 그리스철학도 친구를 위해 자기 목숨을 바치는 우정을 강조했다.[206] 예수는 목숨을 바쳐 제자들과 가난한 사람을 사랑했다. 제자들도 예수처럼 목숨을 바쳐 가난한 사람을 사랑해야 한다.

이름도 얼굴도 모르는 형제자매를 위해 목숨을 바친 사람이 인류 역사에 가득하다. 예수 시대 열혈 당원들이 자기 목숨을 바쳤고, 엘살바도르 농민군과 동학혁명에 앞장선 농민이 그랬다. 그들은 자기 죽음보다 가난한 이웃의 죽음에 충격을 받았다. 자기 죽음보다 가난한 사람의 죽음을 깊이 애통해하고 고뇌하는 이는 죽음을 극복한 사람이다. 그들은 벌써 하느님 가까이 있다.

가난한 사람을 사랑하려면 여러 가지가 필요하다. 먼저 가난한 사람의 고통에 공감하는 마음이 요구된다. 가난한 사람에게 빵을 나누는 자선도 의미 있지만, 가난을 낳는 불의한 사회구조와 논리를 꿰뚫어야 한다. 가난을 낳는 구조와 세력에 맞서 싸워야 한다. 가난한 사람에게 빵을 나누는 사람은 성인이라고 칭송 받지만, 누가 가난을 낳느냐 설명하는 사람은 빨갱이라고 비난 받는다. 사회 비리를 비판하는 사람은 의로운 사람이라고 칭송 받지만, 교회 적폐를 청산하자고 말하는 사람은 교회를 파괴하는 사람이라고 비난 받는다.

예수의 죽음을 저항의 결과로 볼 수도, 사랑의 결과로 볼 수도 있다. 복음서는 예수의 죽음이 불의한 세력에 저항한 결과이자, 제자들에 대한 사랑의 열매로 본다. 예수의 죽음에서 저항만 보고 사랑을 외면하면 안된다. 예수의 죽음에서 사랑만 보고 저항을 외면하면 안 된다. 예수의 죽음은 개인적 의미뿐 아니라 정치적 의미도 있다. 체 게바라의 죽음에서 누가 정치적 의미를 외면하겠는가. 노무현 대통령의 죽음을 누가 개인적 의미의 죽음으로 축소하겠는가. 예수의 죽음에서 저항의 의미를 애써 모른 체하는 풍토는 바람직하지 않다.

고대 신분 사회에서 주인과 종의 차별은 그리스도교 사랑 안에서 극복된다. 그리스도교가 탄생한 뒤 모든 차별이 사라졌다는 말이 아니다. 차별은 사회뿐 아니라 그리스도교 내부에도 여전히 존재한다. 모든 차별은 교회와 사회에서 예수의 말씀에 비춰 고쳐지고 없어져야 한다. "여러분을 종이라고 부르지 않고 벗이라고 부르겠습니다."(15절) 듣기 좋으라고 그냥 해본 소리가 아니다. 세상과 교회에 엄연히 존재하는 억압 구조를 부인하고 감추려는 말이 아니다. 아직 진정한 벗이 되지 못한 우리의 생각과 불평등한 사회구조를 고치려는 노력을 해야 한다.

하느님과 인간의 중재자인 예수 덕분에 예수가 하느님을 아는 것처럼 우리도 하느님을 알게 되었다. 하느님의 신비를 예수만 아는 것이 아니라 이제 우리도 안다. 여기서 제자들은 열두제자나 성직자만 가리키는 것이 아니다. 예수를 따르는 모든 사람이 예수의 제자다. 〈요한〉은 그리스철학과 문화에서 통용된 친구와 책임이라는 개념을 사용하여 제자들에 대한 예수의 사랑을 설명한다.[207] 그리스 사상에서 친구 개념은 유다교에도 흘러들었다. "지혜는 비록 홀로 있지만 모든 것을 할 수 있으며 스스로는 변하지 않으면서 만물을 새롭게 한다. 모든 세대를 통하여 거룩한 사람들의 마음속에 들어가서 그들을 하느님의 벗이 되게 하고 예언자가 되게 한다."(〈지혜〉 7,27)

"여러분이 나를 택한 것이 아니라 내가 여러분을 택하여 내세운 것입니다."(16절) 예수와 하느님과 우리의 관계는 우리가 노력으로 얻은 것이 아니라 예수와 하느님이 주신 선물이다. 우리가 하느님을 사랑하기 전에 하느님이 우리를 사랑하셨다는 말이다. 우리가 하느님을 알기 전에 하느님이 자신을 우리에게 알려주셨다는 말이다.

제자 뽑는 기준을 논하는 것이 아니다. 예수가 특별한 사람들만 제자로 뽑았다거나, 구원 받을 사람을 미리 정해놓았다는 말이 아니다. 목사나 신부는 하느님이 뽑은 사람이고 성도나 평신도는 그렇지 않다는 말이 아니다. 목사나 신부는 하느님이 뽑은 사람이니 비판하지 말라는 말도 아니다. 하느님은 목사나 신부뿐 아니라 성도와 평신도도 뽑아놓으신다. 그리스도교는 특정한 사람이나 계급을 우대하지 않는다. 예외가 하나 있다. 그리스도교는 가난한 사람을 유일하게 특별 대우한다.

16절 "여러분은 세상에 나가 언제까지나 썩지 않을 열매를 맺으시오"는 명령이기 전에 간절한 부탁이다. 썩을 열매를 맺는 제자도 있을 수 있다는 말을 포함한다. 하느님은 썩지 않을 열매를 맺는 제자의 기도만 들어주실 것이다. 예수 이름으로 기도하지 않고 자기 이름으로 기도하는 사람의 기도는 당연히 거절당한다.

예수 이름으로 기도하라는 말은 기도할 때 예수라는 단어를 꼭 넣으라는 뜻이 아니다. 예수의 가르침에 맞게 기도하라는 말이다. 부시George W. Bush 대통령이 아프가니스탄을 침략하기 전에 드린 기도는 참된 기도가 아니다. 여러분은 세상에 나가ἵνα ὑμεῖς ὑπάγητε(16절)는 선교 사명을 가리킨다.[208]

〈요한〉 15,18-25 주제는 '세상과 교회의 관계'다. 예수를 믿는 사람은 적고, 세상에서 미움 받던 시절이다. 교회가 사회에서 소수이고 주류에 편입되지 못했으며 박해받았다. 교회 밖에서 비롯된 박해가 교회에 다급한 문제였다. 교회 내부의 적폐가 생기기 전이었다. 지금 유럽이나 남미 그리스도교는 이와 다르다. 정치권력이 교회를 박해하는 일이 사라진 지금, 한국도 〈요한〉 15,18-25의 배경과 아주 다르다.

성서 구절의 맥락을 살피지 않으면 엉뚱한 해석이 나올 수 있다. 성서를 무턱대고 읽으면 자칭 성서학자가 되기 쉽다. 좋은 성서 해설 책과 성서를 함께 읽는 것이 좋다. 학술적인 책에서 차차 영성적인 책으로 나가는 순서를 추천하고 싶다. 성서 해설 책을 접하지 않은 채 성서를 베끼는 방법은 추천하기 어렵다. 성서 식견이 초보적인 사람이 렉시오 디비나 Lectio Divina를 꿈꾸는 욕심도 찬성하기 어렵다.

〈요한〉에서 12번 나오는 단어 미워하다 μισεῖν가 이 짧은 단락(18-25절)에 7번이나 보인다. 공동체 외부에서 오는 박해는 초대교회가 처음부터 경험한 일이다(〈1데살〉 2,14-16; 〈2고린〉 11,23-33). 요한 공동체는 예수가 겪은 운명보다 자기들 운명이 나아지리라고 생각하지 않았다. 예수가 박해를 당한 것처럼 예수를 따르는 사람도 당연히 박해받는 줄 알고 살았다. 그들은 박해를 피하지 않았고, 오히려 선교에 앞장섰다. 박해와 선교모두 목숨을 거는 일이었다.

박해 위험 속에서도 선교가 가능했다. 박해 위험을 당하는 상태에서하는 선교가 진짜 선교일 수 있다. 박해를 모르는 선교는 종교 영업 행위로 빠질 수도 있다. 200여 년 전 한국 천주교 초기에 신앙의 선조도 마찬가지다. 예수와 예수를 따르는 사람들 사이에 운명 공동체 의식이 생겼다. 지금 한국 그리스도인은 이런 공동체 의식이 아주 약하다. "내가 예수를 믿는다고 왜 박해받아야 해? 나는 복만 받으면 돼"라고 항의할 그리스도인도 있을 것이다.

예수를 믿는다는 이유로 누구에게 미움 받아본 적 없는 사람들이 박해를 생각할 리 없다. 예수를 믿으면 부자 된다고 생각하는 그리스도인이라면 박해를 받아들일 리 없다. "교회가 왜 박해를 받게 되었는지 그 이유를 아는 것이 중요합니다. 모든 사제가 박해를 받거나 모든 단체가 공격을 받지는 않았습니다. 가난한 사람 편에 서서 가난한 사람을 보호하는 데 헌신한 일부 사제와 단체만 공격받고 박해받았습니다."[209]

예수를 보내신 하느님을 세상이 몰라서 예수를 따르는 사람들이 박해받는다(21절). 세상이 하느님을 모르는 이유가 무엇일까. 하느님에 대한 지식과 정보가 부족했을 수 있다. 예수를 통해 전해지는 하느님을 인정하기 싫었을 수 있다. 핵심은 '예수는 누구인가'라는 주제다. 세상은 예수를 미워했기에 하느님도 미워하고 예수를 따르는 사람들도 미워했다. 세상의 죄는 예수를 불신한 죄다. 〈요한〉 저자는 예수를 믿는 사람이 세상 사람들에게 미움 받는 까닭은 전부 세상 쪽에 있다고 해설한다. 〈요한〉 저자의 강연은 '세상의 죄는 예수를 불신한 것'이라고 요약할 수 있다.

〈요한〉 저자는 지금 한국 그리스도인 앞에서 이런 강연을 할 수 있을까. 예수를 믿는 사람이 세상 사람들에게 미움 받는 까닭은 전부 세상 쪽에 있다고 말할 수 있을까. 상황은 크게 변했다. '세상은 왜 예수를 받아들이지 않고 예수 믿는 사람을 미워할까'라는 질문에 〈요한〉 저자는 어떻게 답할까. 교회의 죄는 예수를 배신한 것이라고 대답하지 않을까. 나는 〈요한〉 저자가 세상보다 교회를 나무랄 것이라고 본다. 지금 한국에서 예수에 대한 세상의 불신보다 예수에 대한 교회의 배신이 큰 문제다. 〈요한〉 저자는 세상의 불신을 경험했지만 교회의 배신은 알지 못했다.

지금 한국에서 그리스도인은 어떤 평가를 받을까. 예수를 믿는다는 이유로 칭송 받는 사람도 있다. 답답하고 이야기가 통하지 않으며 막힌 사람이라는 힐난을 들을 수 있다. 겉과 속이 다른 사람이라고 비난 받을 수 있다. 말만 앞서고 행동은 엉망이라고 비난 받을 수 있다. 성도나 평신도에 대한 세상의 신뢰도뿐 아니라 목사나 신부에 대한 세상의 존경심도 크게 줄었다. 우리 탓이다. 교회 탓이다. 한국 개신교와 가톨릭이 돈에 굴복한 탓이다. 해명보다 반성이 우선 아닐까. 교회가 지금 할 일은 적어도 두 가지다.

1. 예수가 누구인지 세상에 합리적으로 소개해야 한다.
2. 교회는 무엇인가라는 세상의 질문과 항의에 정직하게 답해야 한다.

돈 없으면 교회나 성당에 못 다닌다는 탄식이 여기저기서 자연스레 나온다. 요한 공동체가 세상에서 미움을 받았다면, 지금 교회는 세상에게 실망을 더 많이 주고 있다. 요한 공동체가 세상에서 불신이란 단어를 들었다면, 지금 우리는 세상에서 배신이란 단어를 듣는 것 같다. 요한 공동체가 세상에서 오는 박해를 어떻게 견딜까 고뇌했다면, 지금 우리는 돈에서 오는 박해를 어떻게 견딜까 고민해야 한다.

교회 밖에서 비롯된 박해가 〈요한〉의 주제 중 하나다. 교회 안에서 생기는 부패가 우리 시대 그리스도교의 주제 중 하나다. 〈요한〉을 보며 당시 요한 공동체의 사정을 아는 동시에, 지금 한국의 그리스도교를 〈요한〉의 눈으로 정직하게 보는 일도 중요하다. 우리 앞에 '세상의 불신'과 '교회의 배신'이란 주제가 놓였다.

24절 "내가 일찍이 아무도 하지 못한 일들을 그들 앞에서 하지 않았던들 그들에게는 죄가 없었을 것입니다"는 무슨 뜻일까. 예수가 기적을 행했지만(〈요한〉 2,11) 세상은 기적을 통해 드러나는 하느님의 뜻을 인정하거나 받아들이지 않았다는 말이다. 세상의 불신은 성경이 예언했다(〈시편〉 35,19; 69,4). 〈요한〉은 기적을 보고도 예수를 받아들이지 않는 세상을 나무란다. 예수는 진리인 당신을 증언할 성령을 보내주겠다고 약속한다. 성령뿐 아니라 예수를 따르는 사람들도 예수를 증언한다. 예수에 대해 듣고 예수를 믿었지만 결국 배신한 교회 역사와 현실을 성령뿐 아니라 우리 자신도 증언할 것이다.

예수가 떠나는 위기의 시대에도 예수를 따르는 공동체는 외롭지 않았다. 하느님과 예수가 성령 안에서 공동체와 함께 있기 때문이다. 성령의 또 다른 역할이 〈요한〉에서 처음으로 소개될 차례다. 성령이 예수를 증언한다는 말이다. 예수가 하느님을 증언하듯이 성령이 예수를 증언한다. 알려주면서 증언한다.

독자가 교통사고를 보도하는 기자를 인격적으로 신뢰할 필요는 없다. 상대성원리를 받아들인다고 아인슈타인Albert Einstein을 교주로 모시는 종교가 나올 필요는 없다. 예수와 성령은 이와 다르다. 예수와 성령이 전해주는 정보뿐 아니라 예수와 성령이라는 존재를 믿는다. 증언이라는 단어는 〈요한〉에서 중요하다.[210]

예수를 믿으면 구원 받는다는 말보다 예수를 증언하면 구원 받는다는 말이 〈요한〉에 훨씬 가깝다. 예수를 믿으면 구원 받는다는 말보다 예수를 증언하면 구원 받는다는 말이 교회나 성당에서 자주 쓰이면 좋겠다. 예수에 대한 지식과 정보를 쌓기보다 예수를 내 삶으로 어떻게, 얼마나 알리고 증언할지 고심해야 한다.

입으로 증언하는 데 그치지 말고 삶으로 증언해야 한다. 교회도 마찬가지다. 증거를 제시하지 못하는 증언은 말잔치에 불과하다. 말잔치는 무신론자도 할 수 있다. 하느님 나라를 방해하는 악의 세력도 성서를 인용할 수 있다. 증거는 개인 윤리뿐 아니라 역사 안에서 실천과 행동으로 먼저 드러나야 한다.

〈요한〉 16장에서 예수 시대가 아니라 요한 공동체 시절의 문제가 드러난다. 생전의 예수가 부닥친 상황이 아니라 요한 공동체가 겪은 아픔이라는 말이다. 세상의 불신과 공동체가 기다리는 예수가 다시 오지 않았다는 문제다. 요한 공동체는 예수가 다시 오지 않음에 크게 당황했다.[211] 요한 공동체는 예수를 받아들이지 않는 세상 때문에 예수의 재림을 더 간절히, 고통스럽게 기다렸다. 세상 끝 날이 언제라고 예고했다가 그 말이 실현되지 않아서 당황한 종교 집단이 한국에도 있지 않았는가. 그런 집단이 겪은 당황을 요한 공동체도 2000년 전에 경험했다.

〈요한〉 16,1-4은 충격에 빠진 요한 공동체를 위로하려 한다. 〈요한〉 저자가 예수의 입을 빌려 예수가 실제로 말한 것처럼 창작했다. 〈요한〉 저자가 요한 공동체의 고통을 내 고통처럼 느끼면서 하고 싶은 말을 이해하고 받아들이면 충분하다. 1절 "여러분의 믿음이 흔들리지 않도록 하려는 것입니다"는 요한 공동체에서 적지 않은 사람들이 흔들리고 있음을 알려준다. 박해받던 당시 상황(〈마르〉 13,12; 〈마태〉 5,10; 〈루가〉 12,4)을 배경으로 한다.[212] '죽음까지 이르는 박해'가 주제다(〈마르〉 13,12; 〈마태〉 10,21;

〈루가〉21,16). 때를 알리는 일은 유다교 묵시 사상에서 유행한 박해 주제에 속한다(〈이사〉39,6;〈예레〉7,32;16,4).

복음서는 박해받던 시대에 쓰인 희생자의 증언이요 증거다. 복음서를 읽을 때 언제나 기억해야 할 내용이 있다.

1. 복음서는 박해 시대에 쓴 책이다.
2. 성서는 역사의 희생자가 쓴 책이다.
3. 예수는 정치범으로 처형되었다.
4. 성서는 가난한 사람의 눈으로 봐야 한다.
5. 성서는 21세기 한반도에 사는 우리에게 무엇을 말하는가.

이런 내용을 망각하고 성서를 보면 영혼 없이 성서를 대하는 셈이다. 그러면 성서를 이솝 우화나 명상록처럼 좋은 말씀이 담긴 책 정도로 축소하고 왜곡하기 쉽다.

남북 교류가 활발해지고 평화통일의 날이 곧 다가올지 모른다. 북녘 땅에 하느님의 뜻과 말씀을 전하는 일을 준비해야겠다. 지금 남쪽 종교가 북쪽에 진출한다면 북쪽 인민에게 축복이 될까, 재앙이 될까? 남쪽 종교는 모금해서 북쪽에 땅을 사고 사람을 파견하는 일을 생각할 것이다. 교회나 성당을 짓고 신자를 늘리는 방법을 연구하는 사람도 있을 것이다. 돈으로 사람을 모으고 유혹하는 나쁜 선교가 시작될지 모르겠다. 북쪽에 땅부터 사려고 덤비지 않을까 모르겠다. 교회를 행정조직으로 보는 사람들이 그런 잔꾀를 부릴지 모르겠다.

500년 전 스페인과 포르투갈이 남미 선교에 나섰을 때 일이 생각난다. 선교를 시작하고 100년도 못 되어 남미 인구 상당수가 유럽 사람들이 퍼뜨린 전염병으로 목숨을 잃었다. 정복자 군인과 함께 남미에 들어간 선교사는 예수를 정복자의 모습으로 전파했다. 중국과 일본에서도 그리스도교 선교에 실패한 역사가 있다. 교회가 대토지를 소유하거나 잘못된 정치에 개입한 역사도 있다. 비슷한 실패를 남쪽 개신교와 가톨릭이 북쪽에서 반복하지 않을까 염려된다. 남쪽 종교가 북쪽 인민에게 피해를 주지 않을까 걱정된다. 북쪽에게 축복은커녕 재앙을 선물하지 않을까 염려된다. 지금 남쪽 개신교와 가톨릭의 현실과 수준으로 보면 북쪽 인민에게 바람직한 선교는 거의 불가능한 것 같다. 지금 같은 개신교와 가톨릭을 북쪽 인민에게 전하는 것이 선교라면, 그런 선교는 아예 시작하지 않는 게 어떨까.

남쪽 개신교와 가톨릭이 지금 같은 교회나 성당을 북쪽에 전한다면, 불량 식품을 전해주거나 전염병을 퍼뜨리는 격이 되지 않을까. 남쪽 종교의 적폐를 청산하고 개혁하는 일이 북쪽 선교를 준비하기 위해 먼저 할 일 아닐까. 종교는 인민의 아편이 아니라 인민 편이라는 진리를 보여줘야 한다. 종교는 부자 편이 아니라 가난한 사람 편임을 보여줘야 한다. 종교인이 돈에 무릎 꿇지 않고 가난하게 사는 모습을 보여줘야 한다.

종은 주인이 하는 일을 모르지만, 주인의 벗은 주인이 하는 일을 잘 안다. 예수는 하느님의 말과 생각을 우리에게 전해주었다. 우리를 종이라 부르지 않고 벗φίλους이라 부른 예수 앞에서, 우리는 누구를 종으로 취급하지 않았는지 반성해야 한다. 우리는 서로의 종이 되어야 한다. 착한 사마리아인의 비유를 보며 다른 사람에 의해 수갑이 채워진 채 피고석에 앉

는 연습이 필요하다.[213]

그리스도교는 사람들에게 노예 윤리를 강요하지 않고 자유와 해방의 기쁜 소식을 선포한다. 예수는 기쁨을 나누고 싶다. 예수는 평화와 통일의 기쁨을 21세기 한민족과 함께하고 싶다. 전쟁과 억압이 없는 한반도를 보고 싶다.

〈요한〉을 공부할 때 그리스도교가 박해받은 아픔뿐 아니라, 이웃 종교들이 그리스도교에 의해 박해받은 아픔도 기억하면 좋겠다. 박해받은 그리스도교가 어떻게 박해하는 종교가 되었는지 알아야 한다. 그리스도교가 인류에게 고통을 준 역사도 있다.

5막 5장 예수의 유언: 악에 저항하라

⁵ 나는 지금 나를 보내신 분에게 돌아갑니다. 그런데도 여러분은 어디로 가느냐고 묻기는커녕 ⁶ 오히려 내가 한 말 때문에 모두 슬픔에 잠겨 있습니다. ⁷ 그러나 사실은 내가 떠나가는 것이 여러분에게는 더 유익합니다. 내가 떠나가지 않으면 그 협조자가 여러분에게 오시지 않을 것입니다. 그러나 내가 가면 그분을 보내겠습니다. ⁸ 그분이 오시면 죄와 정의와 심판에 관한 세상의 그릇된 생각을 꾸짖어 바로잡아주실 것입니다. ⁹ 그분은 나를 믿지 않은 것이 바로 죄라고 지적하실 것이며 ¹⁰ 내가 아버지께 돌아가고 여러분이 나를 보지 못하게 된다는 것이 하느님의 정의를 나타내시는 것이라고 가르치실 것이고 ¹¹ 이 세상의 권력자가 이미 심판을 받았다는 사실로써 정말 심판을 받을 자가 누구인지를 보여주실 것입니다." ¹² "아직도 나는 할 말이 많지만 지금은 여러분이 그 말을 알아들을 수 없을 것입니다. ¹³ 그러나 진리의 성령이 오시면 여러분을 이끌어 진리를 온전히 깨닫게 하여주실 것입니다. 그분은 자기 생각대로 말씀하시지 않고 들은 대로 일러주실 것이며 앞으로 다가올 일들도 알려주실 것입니다. ¹⁴ 또 그분은 나에게서 들은 것을 여러분에게 전하여 나를 영광스럽게 하실 것입니다. ¹⁵ 아버지께서 가지고 계신 것은 모두 다 나의 것입니다. 그래서 성령께서 내게 들은 것을 여러분에게 알려주시리라고 내가 말했던 것입니다."

¹⁶ "조금 있으면 여러분은 나를 보지 못하게 될 것입니다. 그러나 얼마 안 가서 나를 다시 보게 될 것입니다." ¹⁷ 그러자 몇몇 제자들이 "조금 있으면 나를 보지 못하게 되겠고 또 얼마 안 가서 다시 보게 되리라든지, 나는 아버지께로 간다든지 하는 말씀은 도대체 무슨 뜻일까?" 하고 수군거렸다. ¹⁸ 그러면서 그들은 "'얼마 안 가서'라는 말씀이 무슨 뜻인가? 무슨 말씀인지 도무지 알 수가 없군!" 하고 말하였다. ¹⁹ 예수는 제자들이 묻고 싶어 하는 낌새를 알아채고 이렇게 말하였다. "조금 있으면 여러분은 나를 보지 못하게 되겠고 얼마 안 가서 다시 만나게 되리라고 한 내 말을 가지고 서로 논의하고 있는 것입니까? ²⁰ 정말 잘 들어두시오. 여러분은 울며 슬퍼하겠지만 세상은 기뻐할 것입니다. 여러분은 근심에 잠길지라도 그 근심은 기쁨으로 바뀔 것입니다. ²¹ 여자가 해산할 즈음에는 걱정이 태산 같습니다. 진통을

겪어야 할 때가 왔기 때문입니다. 그러나 아이를 낳으면 사람 하나가 이 세상에 태어났다는 기쁨에 그 진통을 잊어버리게 됩니다. ²² 이와 같이 지금은 여러분도 근심에 싸여 있지만 내가 다시 여러분과 만나게 될 때에는 여러분의 마음은 기쁨에 넘칠 것이며 그 기쁨은 아무도 빼앗아 가지 못할 것입니다.

²³ 그날이 오면 여러분이 나에게 물을 것이 하나도 없을 것입니다. 정말 잘 들어두시오. 여러분이 내 이름으로 아버지께 구하는 것이면 아버지께서 무엇이든지 주실 것입니다. ²⁴ 지금까지 여러분은 내 이름으로 아무것도 구해본 적이 없습니다. 구하시오. 받을 것입니다. 여러분은 기쁨에 넘칠 것입니다." ²⁵ "내가 지금까지는 이 모든 것을 비유로 들려주었지만 이제 아버지에 관하여 비유를 쓰지 않고 명백히 일러줄 때가 올 것입니다. ²⁶ 그날이 오면 여러분은 내 이름으로 아버지께 구할 것입니다. 따라서 내가 여러분을 위하여 따로 아버지께 구하지는 않겠다는 말입니다. ²⁷ 여러분은 이미 나를 사랑하고 또 내가 아버지께로부터 왔다는 것을 믿고 있습니다. 그래서 아버지께서는 친히 여러분을 사랑하시는 것입니다. ²⁸ 나는 아버지께로부터 나와서 세상에 왔다가 이제 세상을 떠나 다시 아버지께 돌아갑니다."

²⁹ 그제야 제자들이 "지금은 주님께서 조금도 비유를 쓰지 않으시고 정말 명백하게 말씀하시니 ³⁰ 따로 여쭈어볼 필요도 없게 되었습니다. 이제 우리는 주님께서 모든 것을 다 알고 계신다는 것을 깨달았습니다. 그래서 우리는 주님께서 하느님께로부터 오신 분이심을 믿습니다" 하고 말하였다. ³¹ 그러자 예수는 "여러분이 이제야 믿습니까? ³² 그러나 이제 여러분이 나를 혼자 버려두고 제각기 자기 갈 곳으로 흩어져 갈 때가 올 것입니다. 아니 그때는 이미 왔습니다. 하지만 아버지께서 나와 함께 계시니 나는 혼자 있는 것이 아닙니다. ³³ 나는 여러분이 내게서 평화를 얻게 하려고 이 말을 한 것입니다. 여러분은 세상에서 고난을 당하겠지만 용기를 내시오. 내가 세상을 이겼습니다" 하고 말하였다.(16,5-33)

〈요한〉 15장이 13장을 다시 해석한다면, 16장은 14장을 다시 해석한다.²¹⁴ 5막 5장(〈요한〉 16,5-33)은 세상에서 성령의 활동(5-15절), 예수의 재림 약속(16-22절), 주님의 날(23-28절), 두 번째 고별 발언 마침(29-33절)으로 구성된다. 네 번째 성령 언급인 5-11절은 예수가 하느님께 가야 제자들과 공동체가 존속할 수 있다고 해설한다. 〈요한〉은 동시에 제자들이 예수 없이 위기를 어떻게 극복할 수 있는지 답변한다. 성령은 부활 이후 공동체에 예수를 이해시키며, 공동체를 위기에서 지켜줄 것이다. 예수 활동의 처음ἐξ ἀρχῆς과 끝νῦν δὲ이 대조된다.

제자들은 예수가 어디로 가는지 애타게 묻는다(〈요한〉 13,36; 14,5). 제자들은 예수가 하는 말을 이해하지 못해 슬프다. 예수가 어디로 가는지 몰라 슬프고, 자신들의 앞날이 어떻게 될지 몰라 슬프다. 악한 세상에 스승 없이 내던져지는 처지가 두렵다. 그 두려움이 제자들에게 예수의 길에 대한 질문보다 우선이다.[215] 로메로 대주교가 떠날 때, 노무현 대통령이 떠날 때, 임피제 신부가 떠날 때 가난한 사람과 지지자들의 두려움을 생각해보라.

그런데 예수가 떠나야 성령이 오기 때문에 예수가 떠나는 것이 제자들의 구원에 도움이 된다. 내가 떠나야 나라에, 교회에 도움이 된다고 생각하고 결단하는 사람이 많아지면 좋겠다. 무능하고 부패한 사람이 과분한 자리에서 버티는 모습은 아름답지 않다.

〈요한〉에서 성령에 대한 네 번째이자 마지막 언급이 다가왔다. 7-8절은 세 차례 언급한 내용(14,16.26; 15,26)을 전제로 요약한다. 7-11절은 세상에서 성령의 역할을, 12-15절은 성령과 제자들의 관계를 다룬다. 그래서 12-15절을 성령에 대한 다섯 번째 언급으로 볼 수도 있다. 부활 이후 시대는 성령의 존재가 특징이다. 〈요한〉 15,26처럼 예수가 성령을 보낸다. 8-11절에서 성령의 활동 영역이 넓어진다. 성령은 믿지 않는 세상을 이끌어 하느님의 심판을 선포할 것이다. 세상을 이끌다ἐλέγξειν τὸν κόσμον

는 유다교 묵시 문헌에서 온 표현이다. 하느님께 쓰이던 표현이 〈요한〉에서 성령에게 적용되었다.[216]

〈요한〉에서 예수는 자신의 활동을 어떻게 해석할까. 몇 구절을 보자. "나를 믿는 사람은 나뿐 아니라 나를 보내신 분까지 믿는 것이고 나를 보는 사람은 나를 보내신 분도 보는 것입니다. 나는 빛으로서 이 세상에 왔습니다. 그러므로 누구든지 나를 믿는 사람은 어둠 속에서 살지 않을 것입니다"(12,44-46), "빛이 세상에 왔지만 사람들은 자기들의 행실이 악하여 빛보다 어둠을 더 사랑했습니다"(3,19), "여러분 가운데 누가 나에게 죄가 있다고 증명할 수 있습니까? 내가 진리를 말하는데도 왜 나를 믿지 않습니까?"(8,46), "내가 이 세상에 온 것은 보는 사람과 못 보는 사람을 가려, 못 보는 사람은 보게 하고 보는 사람은 눈멀게 하려는 것입니다"(9,39).

〈요한〉에서 최후의 심판은 마지막 날이 아니라 지금 당장 일어난다. 요한 공동체의 임무는 최후의 심판을 널리 알리는 일이다. 이 과정에서 성령의 역할은 죄, 정의, 심판이 무엇인지 밝혀주는 일이다. "내가 아버지께 청하여 여러분에게 보낼 협조자 곧 아버지께로부터 나오시는 진리의 성령이 오시면 그분이 나를 증언할 것입니다"(15,26)가 예수를 밝혀주는 성령을 소개한다면, 8절 "그분이 오시면 죄와 정의와 심판에 관한 세상의 그릇된 생각을 꾸짖어 바로잡아주실 것입니다"는 죄와 정의, 심판이 무엇인지 밝혀주는 성령을 말한다. 성령은 예수가 누구인지 가르쳐준다. 성령은 죄와 정의, 심판이 무엇인지 알려준다.

〈요한〉은 예수가 나타난 것이 세상의 위기라고 말한다. 예수가 나타나 세상의 악이 폭로되었기 때문이다. 개인은 예수 앞에서 구원이냐 아니냐를 최종적으로 선택하고 결단해야 한다. 〈요한〉에서 죄ἁμαρτία라는 단어는 세례자 요한에 의해 나왔다. "이 세상의 죄를 없애시는 하느님의 어린 양이 저기 오십니다."(1,29) 예수를 세상의 죄를 없애는 분으로 소개하기 위해서다. 예수를 믿지 않는 것이 죄다(9절). 세상의 죄를 없애는 분을 믿지 않는 것이 죄다. 〈요한〉에서 예수를 믿느냐 믿지 않느냐 문제는 하느님 나라를 찬성하느냐 반대하느냐 문제보다 심각하다. 〈요한〉은 예수를 믿느냐 믿지 않느냐에서 하느님 나라를 찬성하느냐 반대하느냐가 함께 결정된다고 생각했다.

예수가 하느님께 가는 일이 세상의 악을 극복하는 일이다. 〈요한〉은 예수그리스도 안에서 나타난 하느님의 구원 역사[217]가 정의라고 생각하는 것 같다. 정의는 온통 예수와 연결된다. 성령은 정의가 무엇인지 올바로 알려주는 동시에 불의가 무엇인지 폭로한다. 체 게바라는 말했다. "세계 어느 곳에서라도 누군가에게 부정이 행해지지 않는지 살펴봐야 한다."[218] 불의를 고발하는 일은 우리가 하는 일이지만 동시에 성령이 하는 일이다. 성령이 우리에게 불의를 고발하는 일을 시킨다. 우리는 지금 예수를 믿느냐 믿지 않느냐, 예수를 택하느냐 악을 택하느냐 결단해야 한다.

10절 "내가 아버지께 돌아가고 여러분이 나를 보지 못하게 된다는 것이 하느님의 정의를 나타내시는 것"에서 정의δικαιοσύνη가 무슨 뜻인지 논란이 된다.[219] 이 구절 해석에 도움이 되는 구절이 있다(〈1요한〉 2,29; 3,7.10). δικαιοσύνη는 신약성서에 92번 나오는데, 그중 50번이 바오로의 편지에 있다. 바오로는 δικαιοσύνη를 사회정의 차원보다 개인의 구원 차원에서 사용했다.

$\delta\iota\kappa\alpha\iota\sigma\sigma\acute{\nu}\nu\eta$는 〈요한〉에 두 번 나온다(8·10절). 〈요한〉은 불의와 정의가 아니라 죄와 정의를 대립시킨다. 불신이 죄, 믿음은 정의라는 말이다. 〈요한〉이 쓰는 정의라는 단어와 정치경제학이나 철학에서 쓰는 정의라는 개념이 같지 않다. 성서 언어가 현대 학문과 삶에서 통용되는 뜻과 다른 경우가 많다. 성서 언어와 현대 언어가 설교에서 뒤엉켜 사용되는 경우가 많으니 조심해야 한다.

예수의 죽음과 부활로 세상의 마지막 전환이 시작되었다. 성령은 공동체가 예수그리스도 안에서 세상과 대결하도록 격려한다. 세상 권력자가 이미 심판을 받았다면, 정말 심판 받을 자는 누구인가(11절). 예수를 죽이고 하느님 나라를 선포하지 못하도록 방해하는 사람이다. 정의를 억압하는 사람이 최후에 하는 일은 사람의 생명을 빼앗는 일이다. 그들은 심판 받아야 한다.

세상의 법정이 허술하다면 하느님의 법정은 의롭다. 죄가 드러나고 정의를 세우려면 심판이 필요하다. 억울한 희생자의 생명과 존엄을 회복해야 한다. 그 일을 성령이 한다. 죄와 정의, 심판을 우습게 아는 악인은 성령의 무서움을 체험할 것이다. 그리스도교 역사에서 죄와 정의, 심판이 무엇인지 고발하고 폭로하는 성령의 역할은 안타깝게도 덜 강조되었다. 정의를 위해 투쟁하는 사람을 보호하는 성령의 모습은 충분히 강조되지 못했다. 이런 성령의 역할을 강조해야 한다.

성령은 가해자를 밝혀내고 희생자를 복권하는 일을 한다. 예수가 정치범으로 십자가에 처형된다면 세상에 예수의 죽음만 공개되지 않는다. 예수를 누가, 왜 죽였는지 동시에 드러난다. 역사는 누가 친일파이고 민족 반역자이고 그 후손인지 공개한다. 박정희 독재 시절에 죄 없는 사람을 사형에 처하도록 협조한 법조인 이름도 밝혀진다. 신천 학살 사건, 보도연맹 사건, 제주 4 · 3 사건에 누가 참여하고 협조했는지 결국 드러난다. 정말 심판 받을 자가 누구인지 산천초목도 알고, 말없는 무덤도 십자가도 안다.

유다인에게 박해받던 요한 공동체의 두려움(〈요한〉15,21-25)은 〈요한〉이 생긴 지 2세기 뒤부터 유다인에 대한 미움과 박해로 돌변했다. 그리스도교가 국가 종교로 위력을 떨치기 시작하면서 유럽 역사에서 그리스도교의 유다인 박해가 최근까지 계속되었다. 〈요한〉에서 유다인을 향한 비난의 목소리는 이제 그리스도교에게 돌아가야 한다.[220] 〈요한〉에서 유다인에 대한 그리스도인의 두려움과 그리스도인에 대한 유다인의 두려움을 함께 느껴야 한다. 박해받던 그리스도교가 박해하는 그리스도교로 변한 역사가 있기 때문이다. 우리는 베트남에서 저지른 양민 학살을 반성하고 사과해야 한다.

12절 "아직도 나는 할 말이 많지만"은 〈요한〉 저자가 이야기를 끝맺을 때 즐겨 쓰는 표현이다(14,30).[221] 성령이 제자들을 진리로 이끌리라(13절)는 그동안 나오지 않은 말이다. 13-15절은 성령이 공동체에서 하는 일을 알려준다. 성령은 예수그리스도가 나타난 의미를 새롭게 밝혀줄 것이다. 진리의 성령은 예수그리스도가 누구인지 깊이 이해시킬 것이다.[222]

길ὁδό(〈요한〉14,6)과 연결되는 동사 걷다ὁδηγειν는 13절에만 나온다. 걷다ὁδηγειν는 가르치다διδάσκειν와 동의어로 쓰였다(〈시편〉24,5.9; 140,10).[223] 13절에서 ὁδηγήσει ὑμᾶς ἐν τῇ ἀληθείᾳ를 어떻게 번역하면 좋을까.

우리말 성서에 '여러분을 이끌어 진리를 온전히 깨닫게'(공동번역성서 개정판), '너희를 모든 진리 가운데로 인도하시리니'(개역개정 성경전서)로 옮겼다. 예수는 길(《요한》 14,6)이고, 성령은 우리가 진리의 길을 걷게 한다는 말이다. 길을 걷는다는 표현은 예수 부활의 복음을 전파하기 위해 여기저기 돌아다니던 선교사가 배경이다.[224]

예수의 가르침에 뭔가 부족한 부분을 성령이 보충한다는 말은 아니다.[225] 성령은 "자기 생각대로 말씀하시지 않고 들은 대로 일러주실 것"(13절)이다. "나는 여러분에게 내 아버지에게서 들은 것을 모두 다 알려주었습니다"(《요한》 15,15)라는 예수의 말은 '들은 대로 일러주는' 성령의 역할과 모순되지 않는다.[226] 성령은 우리에게 진리의 길을 알려주고 구경만 시키지 않는다.

성령은 우리와 함께 진리의 길을 걷는다고 좀 더 적극적으로 이해하고 싶다. 길을 보기만 하지 않고 실제로 걷는다. 나 혼자 걷지 않고 믿음의 동지들과 함께 걷는다. 제주 올레를 성령과 함께 걷는다고 상상해보자. 성령과 함께 백두산이나 개마고원 트레킹을 한다고 생각해보자. 믿음은 혼자 걷는 길이 아니다. 믿는 자는 혼자가 아니다.

여기서 〈요한〉이 삼위일체 방식으로 생각하는 모습이 보인다.[227] 하느님은 예수에게 말씀을 주신다. 예수는 말씀을 삶으로 실천하고 나타낸다. 성령은 하느님과 예수에 의해 파견된 분으로, 부활 이후 공동체 안에서 말씀이 살아 있게 하여 예수를 영광스럽게 만든다. 역사의 예수를 과거의 성령, 부활하여 드높아진 예수를 하늘의 성령, 공동체 안에서 활동하는 그리스도의 성령이라고 이른바 '세 성령'으로 이해하면 곤란하다.

예수와 성령은 동일하지 않다. 진리의 성령으로서 하느님과 예수를 드러내는 유일한 성령이 존재한다.

〈요한〉에서 베드로를 중심으로 하는 제도 교회와 예수에게 사랑받은 제자를 중심으로 하는 유랑 교회의 대조[228]를 볼 수 있을까. 이 주장에 거리를 두는 학자도 있다.[229] 14절 영광스럽게 하다$\delta o \xi \acute{a} \sigma \epsilon \iota \nu$는 〈요한〉 17,1-5뿐 아니라 예수 고난의 역사를 포함한다. 하느님과 예수가 성령 안에서 지금도 공동체에 함께 계신다. 〈요한〉이 예수 시대 제자들과 독자를 성령 안에서 연결한다. 예수 시대와 우리 시대가 성령 덕분에 이어지는 것이다.

〈요한〉에서 제자들(14,16)과 세상(14,17)이 성령이 활동하는 중요한 두 분야로 언급되다가, 증거 역할이 제자들(14,26)과 세상(15,26)에서 성령과 결합되었다. 13-15절에서 성령은 예수 고난의 역사와 복음 전파로 연결 폭이 넓어졌다. 그러자 세상과 예수의 갈등이 더 커졌다. 예수 죽음의 시간이 다가오자 성령의 도움이 더 크게 여겨졌다. 세상$\kappa \acute{o} \sigma \mu o \varsigma$은 〈요한〉에서 여러 뜻이 있기 때문에 문맥에 따라 해석해야 한다.[230] 〈요한〉 14,26에서 하느님께서 예수 이름으로 성령을 보내신다. 15,26에서 예수가 하느님께 청하여 보낸 성령이 오신다. 7절에서 예수가 단독으로 성령을 보낸다.

성령은 〈요한〉에서 큰 자리를 차지한다. 예수와 성령의 관계는 〈요한〉 처음부터 줄곧 강조된다(1,32-34; 3,34; 7,37-39). 예수는 성령 안에서 등장하고, 세례는 성령이 일으킨 사건으로 표현된다(3,3.5). 진리와 성령 안에서 하느님을 진정으로 경배할 수 있다(4,23). 하느님은 성령이시다

(4,24). 선교도 성령 안에서 이뤄지는 일이다(20,21-23). 성령이 우리에게 고대에나 현대에도 서로 떨어져 있다고 흔히 오해되는 하늘과 땅, 공간과 시간, 역사와 종말을 함께 생각할 기회를 준다.[231] 〈요한〉보다 성령의 활동을 강조하는 복음서는 없다. 이런 면에서 〈요한〉 저자를 성령 신학자라고 불러도 좋겠다.

16-22절에서 예수의 떠남과 돌아옴을 다시 다룬다. 예수의 떠남도 제자들에게 충격이고, 돌아옴도 충격이다. 예수의 떠남이 제자들에게 허무함을 선사한다면, 돌아옴은 제자들이 이해하기 어려운 주제다. 마치 예수와 제자들 사이에 두 주제를 놓고 토론이 있었던 것처럼 무대 위 대화 장면이 소개된다. 16-19절에서 7번이나 나온 '조금 있으면', '얼마 안 가서μικρόν'는 무슨 뜻일까. 이 단어는 앞에도 나왔다(〈요한〉 7,33; 12,35; 13,33; 14,19). 예수의 제자들뿐 아니라 지금 우리도 '얼마 안 가서'라는 그 말을 알아듣기 어려운(18절) 것은 마찬가지다. '예수가 죽음 당하고 부활하여 하느님께 올라갈 때까지, 부활한 예수가 제자들에게 나타날 때까지 함께'를 뜻하는 것 같다.[232]

21절에 나오는 아이 낳는 여인 비유는 유다교 묵시문학에도 있다(〈마르〉 13,8.15.17; 〈묵시〉 12,2-5). 예수의 재림을 가리키는 비유 같다.[233] 제자들은 울며 슬퍼하겠지만 세상은 왜 기뻐할까(20절). 세상이 예수를 이겼다고 착각하기 때문이다. 세상 사람들이 불의와 싸운 예수의 저항은 허무한 실패로 끝장났다고 오해한 것처럼 말이다. 로마 군대가 예수는 제거되었다고 기뻐한 것처럼 말이다. 일본 군대가 독립투사들을 잡아 죽였다고 기뻐한 것처럼 말이다. 악은 잠시 승리할지 모르지만 결국 패배한다. 선은 언제 이길지 모르지만 결국 승리한다.

요한 공동체 사람들은 예수의 제자들과 달리 예수가 부활한 뒤 사람들이다. 예수 당시 제자들은 〈요한〉 16장 시점에는 부활이 무엇인지 아직 모르지만, 요한 공동체 사람들은 안다. 부활이 무엇인지 아직 모르는 예수 당시 제자들만 당황한 것은 아니다. 부활 소식을 듣고 아는 요한 공동체 사람들도 충격에 빠졌다. 예수 당시 제자들은 부활이 주제였고, 요한 공동체 사람들은 예수의 재림이 주제였다고 할까.

예수 당시 제자들뿐 아니라 요한 공동체 사람들에게 신앙의 위기가 있었다. 부활을 알고 인정한다 하더라도 신앙의 위기는 있을 수 있다는 사실을 요한 공동체 사람들에게서 본다. 지금 우리는 예수 당시 제자들보다 요한 공동체 사람들의 처지에 가깝다. 지난날 나타난 예수의 부활로 지금 우리가 겪는 믿음의 위기를 극복할 수 있을까.

"세상을 하직하신 어른이 불쌍하다 울지 말고 붙잡혀 가신 어른을 생각하고 실컷 울어라."(〈예레〉 22,10) 예수의 체포부터 죽음까지 차근차근 생각하고 울어야 한다. 그 슬픔λύπη은 곧 기쁨χαρὰν으로 바뀔 것이다(20절). 21절에서 해산하는 여인의 비유는 억압 받는 백성의 고통을 나타내는 데 쓰였다(〈이사〉 13,8; 26,17; 37,3). 얼마나 놀라운 표현인가. 해산하는 여인의 비유가 메시아의 고통이라는 표현에 연결된다. 메시아의 고통은 묵시문학에서 재앙을 가리키는 전문 용어다. "몸을 비틀 사이도 없이 해산하여 진통이 오기도 전에 사내아이를 낳는구나."(〈이사〉 66,7)

예수는 제자들에게 슬픔을 참으라고 강요하지 않고, 슬픔이 기쁨으로 바뀌리라고 말한다. 슬픔을 참는다고 기쁨이 저절로 오는 것은 아니다. 슬픔을 기쁨으로 바꿔야 슬픔이 극복된다. 기쁨이 오기를 기다리지 말고 기쁨을 만들어야 한다. 감이 떨어지기를 기다리지 말고 감나무에 올라가거나 감나무를 흔들어야 한다. 십자가를 멍하니 바라보거나 경배하는 것으로 부족하다. 십자가는 예술 작품이 아니다.

십자가에 매달린 사람을 끌어내려야 한다. 가난한 사람이 십자가에 매달리지 않도록 악의 세력과 싸워야 한다. 사람들을 십자가에 매달려고 노리는 이가 누구인지 눈 부릅뜨고 지켜봐야 한다. 세상에 어떤 악이 저질러지는지 똑바로 봐야 한다.

1956년 멕시코에서 스물여덟 살 청년 체 게바라는 어머니께 편지를 썼다. "저는 예수와 전혀 다른 길을 걷고 있습니다. …저는 힘이 닿는 한 모든 무기를 동원하여 싸울 것입니다. 저들이 나를 십자가에 매달아두게 하지 않을 것이며, 어머니가 바라시는 방식대로 하지도 않을 것입니다."[234] 체 게바라는 사람들이 십자가에 매달리지 않도록 악의 세력과 싸우는 데 목숨을 바쳤다.

체 게바라와 같은 해(1928년) 태어난 페루 출신 구스타보 구티에레즈 Gustavo Gutiérrez 신부와 아일랜드 출신 임피제 신부를 잊을 수 없다. 구티에레즈 신부는 해방신학을 '가난한 사람을 먼저 선택하는 학문'으로 소개했다. 임피제 신부는 전쟁으로 폐허가 된 제주 땅에서 가난한 사람을 살리는 데 평생을 바쳤다. 세 사람 모두 가난한 사람이 십자가에 매달리지 않도록 자기 방식으로 싸우고 헌신했다.

23-24절에서 예수 재림의 전망은 더 넓어진다. 예수와 다시 만날 제자들의 기쁨은 얼마나 클까. 23절에서 그날이 오면ἐν ἐκείνῃ τῇ ἡμέρᾳ은 예

수가 다시 오심을 가리키는 데 흔히 쓰인 표현이다(〈마태〉7,22; 〈루가〉10,12; 〈2디모〉1,12). 기도가 그리스도인의 기본 존재 양식으로 다시 강조된다. 기도는 기쁨을 가득 준다. 〈요한〉은 '모든 것을 비유로 들려주는 지금'과 '비유를 쓰지 않고 명백히 일러줄 때'를 구분한다(25절). 예수의 죽음과 부활은 예수의 모든 말과 행동과 운명에 담긴 의미를 뚜렷이 드러낼 것이다. 예수가 다시 오면 모든 수수께끼가 풀리고 신비가 드러날 것이다.

28절 "나는 아버지께로부터παρὰ τοῦ πατρὸς 나와서 세상에 왔다가 이제 세상을 떠나 다시 아버지께πρὸς τὸν πατέρα 돌아갑니다"는 〈요한〉 신학을 요약한 문장이다. 예수의 신앙고백Credo이라고 해도 좋다. 예수의 신앙고백에 제자들의 신앙고백이 응답한다. 제자들은 깨달았기 때문에 믿습니다(30절)라고 고백한다. 깨달았기 때문에 믿었지, 믿었기 때문에 깨달은 것이 아니다.

예수는 제자들에게 무조건 믿으라고 윽박지르지 않고 끝까지 비유를 들어 논리적으로 설명한다. 엉터리로 해설한 뒤에 서둘러 이해했느냐고 추궁하거나 다그치지 않는다. 〈요한〉에서 믿음은 언제나 이해를 전제로 한다. 이해 없이 믿음 없다. 이해를 무시해서 믿음이 커지지도 않는다.

이해와 믿음의 관계를 마치 상극이나 모순처럼 생각하는 그리스도인이 적지 않다. 이런 태도는 〈요한〉의 예수와 반대된다. 이해와 믿음은 닭과 달걀처럼 무엇이 먼저인지 알 수 없는 관계가 아니다. 이해가 먼저이고 믿음은 다음이다. 〈요한〉이 그 순서를 가르쳐준다. 믿음과 이해는 구분할 수 있으나 분리할 수 없는 관계다.

믿을수록 더 이해되고 이해할수록 더 믿게 마련이다. 이해하려는 노력이 없는 믿음은 맹신에 불과하다. 이해에서 그치고 믿음에 이르지 않으면 공허하다. 한국 개신교와 가톨릭에 널리 퍼진 반지성주의 현상이 슬프다. 책을 멀리하고 생각하기 싫어하는 신도가 드물지 않다. 반지성주의를 선동하는 목사와 신부들이 없지 않다.

믿음은 다음 두 가지를 포함한다.

1. 나는 무엇was을 믿는가(믿는 내용).
2. 나는 어떻게wie 믿는가(믿는 태도).

먼저 무엇을 믿어야 하는지 이해하고, 진지하게 믿는 태도를 갖춰야 한다. 올바로 이해하기 위해 애써야 한다. 책을 읽고 강의를 듣고 질문하고 고뇌해야 한다. 믿는 내용도 모르고 열심히 믿는다고 우기는 사람은 대체 무엇을 믿는다는 말일까. 믿는 태도가 믿는 내용을 보증하지 못한다.

믿는 내용을 비교적 잘 이해했다 해도 믿는 태도가 진지하지 않으면 삶에 별로 도움이 되지 않는다. 한반도 평화통일이 무엇인지 잘 이해해도 통일을 바라는 마음이 뜨겁지 않으면 소용없다. 이런 태도가 한반도 평화통일에 무슨 도움이 되겠는가. 이해와 믿음은 물과 기름이 아니라 바늘과 실 같은 관계다.

예수의 설명을 깨닫고 이해했기에 드디어 믿는 제자들에게 예수는 슬픈 예고를 한다. "여러분이 나를 혼자 버려두고 제각기 자기 갈 곳으로 흩어져 갈 때가 올 것입니다."(32절) 예수가 체포될 때 제자들은 도망치리라는 예고다(《마르》 14,27). 믿는 제자들도, 믿는 우리도 예수를 떠날 수 있고 버릴 수 있다. 제자들은 각자 자기 길을 갈 것이라는 말이다. "우리 모두 양처럼 길을 잃고 헤매며 제멋대로들 놀아났지만, 야훼께서 우리 모두의 죄악을 그에게 지우셨구나."(《이사》 53,6) 십자가는 믿음의 디딤돌이지만, 어떤 사람에게는 걸림돌이 될 수 있다. 십자가를 이해하지 못하고 넘어지는 사람이 있고, 십자가를 이해하고도 넘어지는 사람이 있다.

그래도 예수는 제자들에게 평화의 인사를 남긴다. 예수와 제자들이 〈요한〉에서 마지막으로 나누는 이야기가 29-33절에 있다. 33절 "여러분은 세상에서 고난을 당하겠지만 용기를 내시오. 내가 세상을 이겼습니다"가 〈요한〉에서 예수가 제자들에게 마지막으로 한 말이다. 악의 세력이 예수를 이긴 것이 아니고 예수가 악의 세력을 이겼다. 예수가 세상의 악을 이겼기 때문에 평화가 우리에게 온다. 예수를 깨닫고 믿는 사람은 악이 패배할 것을 믿으며 산다. 현재의 고난 중에도 성령이 우리와 함께 있다(8-14절).

우리는 세상의 악과 싸우는 순간에 외롭지 않다. 불의한 세력에 저항하는 사람이 세상 사람들 눈에 외롭게 보일지 모른다. 제자들이 예수를 떠나버린 순간에도 예수는 하느님과 함께하듯이, 불의와 싸우는 사람은 언제나 하느님과 함께 있다. 불의와 싸우는 사람을 교회가 외면할 때도 하느님은 언제나 그들과 함께 계신다. 하느님이 나를 버리신 듯 느끼는 순간에도 하느님은 나를 업고 계신다.

우리가 하느님을 버린다 해도 하느님은 우리를 버리지 않으신다. 하느님은 당신을 거부하는 무신론자를 거부하지 않으신다. 성령은 우리와 함께 진리의 길을 걷는다. 성령이 우리 동지요 길동무인데 무엇이 두려우랴. 악의 세력? 우리도 예수처럼 세상을 이길 수 있고 악의 세력을 이길 수 있다.

예수가 주는 평화는 아름답다. 한반도에서 전쟁 위험이 사라지고 평화가 넘치는 날은 아름답다. 우리는 예수가 주는 평화와 한반도의 평화를 함께 바란다. 나는 예수가 주는 평화를 소개한 〈요한〉이 한반도의 평화에 이바지하길 간절히 소망한다. 그래서 〈요한〉 해설서인 이 책에 《평화의 예수》라는 제목을 붙이고 싶다. 독자가 예수를 더 잘 알고 평화를 누리기 바란다. 〈요한〉이 한반도에 평화를 격려하고 축복하길 바란다. 평화의 예수는 한반도에 평화를 선사하실 것이다.

5막 6장 세상과 믿는 자를 위한 기도

¹ 이 말을 마치고 예수는 하늘을 우러러보며 이렇게 말하였다. "아버지, 때가 왔습니다. 아들의 영광을 드러내주시어 아들이 아버지의 영광을 드러내게 하여주십시오. ² 아버지께서는 아들에게 모든 사람을 다스릴 권한을 주셨고 따라서 아들은 아버지께서 맡겨주신 모든 사람에게 영원한 생명을 주게 되었습니다. ³ 영원한 생명은 곧 참되시고 오직 한 분이신 하느님 아버지를 알고 또 아버지께서 보내신 예수 그리스도를 아는 것입니다. ⁴ 나는 아버지께서 나에게 맡겨주신 일을 다하여 세상에서 아버지의 영광을 드러냈습니다. ⁵ 아버지, 이제는 나의 영광을 드러내주십시오. 세상이 있기 전에 아버지 곁에서 내가 누리던 그 영광을 아버지와 같이 누리게 하여주십시오." ⁶ "나는 아버지께서 세상 사람들 가운데서 뽑아 내게 맡겨주신 이 사람들에게 아버지를 분명히 알려주었습니다. 이 사람들은 본래 아버지의 사람들이었지만 내게 맡겨주셨습니다. 이 사람들은 과연 아버지의 말씀을 잘 지켰습니다. ⁷ 지금 이 사람들은 나에게 주신 모든 것이 아버지께로부터 왔다는 것을 알고 있습니다. ⁸ 나는 나에게 주신 말씀을 이 사람들에게 전하였습니다. 이 사람들은 그 말씀을 받아들였고 내가 아버지께로부터 온 것을 참으로 깨달았으며 아버지께서 나를 보내신 것을 믿었습니다.

⁹ 나는 이 사람들을 위하여 간구합니다. 세상을 위하여 간구하는 것이 아니라 아버지께서 내게 맡기신 이 사람들을 위하여 간구합니다. 이 사람들은 아버지의 사람들입니다. ¹⁰ 나의 것은 다 아버지의 것이며 아버지의 것은 다 나의 것입니다. 그래서 이 사람들로 말미암아 내 영광이 나타났습니다. ¹¹ 나는 이제 세상을 떠나 아버지께 돌아가지만 이 사람들은 세상에 남아 있을 것입니다. 거룩하신 아버지, 나에게 주신 아버지의 이름으로 이 사람들을 지켜주십시오. 그리고 아버지와 내가 하나인 것처럼 이 사람들도 하나가 되게 하여주십시오. ¹² 내가 이 사람들과 함께 있을 때에는 나에게 주신 아버지의 이름으로 내가 이 사람들을 지켰습니다. 그동안에 오직 멸망할 운명에 놓인 자를 제외하고는 하나도 잃지 않았습니다. 하나를 잃은 것은 성경 말씀이 이루어지기 위한 것이었습니다. ¹³ 지금 나는 아버지께로 갑니다. 아직 세상에 있으면서 이 말씀을 드리는 것은 이 사람들이 내 기쁨을 마음껏

누리게 하려는 것입니다. ¹⁴ 나는 이 사람들에게 아버지의 말씀을 전해주었는데 세상은 이 사람들을 미워했습니다. 그것은 내가 이 세상에 속해 있지 않은 것처럼 이 사람들도 이 세상에 속해 있지 않기 때문입니다. ¹⁵ 내가 아버지께 원하는 것은 그들을 이 세상에서 데려가시는 것이 아니라 악마에게서 지켜주시는 일입니다. ¹⁶ 내가 이 세상에 속하지 않은 것처럼 이 사람들도 이 세상에 속한 사람들이 아닙니다. ¹⁷ 이 사람들이 진리를 위하여 몸을 바치는 사람들이 되게 하여주십시오. 아버지의 말씀이 곧 진리입니다. ¹⁸ 아버지께서 나를 세상에 보내신 것같이 나도 이 사람들을 세상에 보냈습니다. ¹⁹ 내가 이 사람들을 위하여 이 몸을 아버지께 바치는 것은 이 사람들도 참으로 아버지께 자기 몸을 바치게 하려는 것입니다."

²⁰ "나는 이 사람들만을 위하여 간구하는 것이 아니라 이 사람들의 말을 듣고 나를 믿는 사람들을 위하여 간구합니다. ²¹ 아버지, 이 사람들이 모두 하나가 되게 하여주십시오. 아버지께서 내 안에 계시고 내가 아버지 안에 있는 것과 같이 이 사람들도 우리들 안에 있게 하여주십시오. 그러면 아버지께서 나를 보내셨다는 것을 세상이 믿게 될 것입니다. ²² 아버지께서 내게 주신 영광을 나도 그들에게 주었습니다. 그것은 아버지와 내가 하나인 것처럼 이 사람들도 하나가 되게 하려는 것입니다. ²³ 내가 이 사람들 안에 있고 아버지께서 내 안에 계신 것은 이 사람들을 완전히 하나가 되게 하려는 것입니다. 이것은 세상으로 하여금 아버지께서 나를 보내셨다는 것을 알게 하려는 것이며 또 아버지께서 나를 사랑하신 것처럼 이 사람들도 사랑하셨다는 것을 알게 하려는 것입니다. ²⁴ 아버지, 아버지께서 나에게 맡기신 사람들을 내가 있는 곳에 함께 있게 하여주시고 아버지께서 천지창조 이전부터 나를 사랑하셔서 나에게 주신 그 영광을 그들도 볼 수 있게 하여주십시오. ²⁵ 의로우신 아버지, 세상은 아버지를 모르지만 나는 아버지를 알고 있습니다. 그리고 이 사람들도 아버지께서 나를 보내셨다는 것을 깨달았습니다. ²⁶ 나는 이 사람들에게 아버지를 알게 하였으며 앞으로도 그렇게 하겠습니다. 그것은 아버지께서 나를 사랑하신 그 사랑이 그들 안에 있고 나도 그들 안에 있게 하려는 것입니다."(17,1~26)

〈요한〉 17장은 '하늘을 우러러보며'(1절), '나는 이 사람들을 위하여 간구합니다'(9절), '나는 이 사람들만을 위하여 간구하는 것이 아니라'(20절)

등 기도 시작을 알리는 표현 덕분에 쉽게 세 부분으로 나눌 수 있다.[235] 〈요한〉17장은 〈마태〉6,9-13에 있는 주님의 기도와 관계가 깊다. 〈요한〉 저자는 〈마태〉〈루가〉에 나오는 주님의 기도를 안 것 같다. 〈마르〉〈마태〉 〈루가〉를 〈요한〉의 원천으로 여기는 성서학자들이 늘어난다.[236]

〈요한〉 저자는 주님의 기도를 글자 그대로 인용하지 않고 기도 일부 를 예수 고별 발언에서 해설한 듯 보인다. 〈요한〉 17장 예수의 기도가 초 대교회의 예배에서 낭독된 기도[237]일까. 요즘 가톨릭 미사의 성찬기도처 럼 초대교회 성례전에서 낭독된 기도일까. 예수는 17장의 기도를 바치 지 않았으며, 미사에서 이 기도가 낭독되지도 않았다.[238] 〈마태〉에 나오 는 주님의 기도는 미사 중 기도가 아니라 개인 기도의 모범으로 사용되었 다.[239] 〈요한〉 저자는 17장 예수의 기도를 〈마태〉에 나오는 주님의 기도와 대조하려 했다[240]는 의견도 있다.

〈요한〉에서 17장은 예수 발언의 종합이요, 〈요한〉 서문의 반대[241] 부분인가? 17장에서 자주 반복되는 단어를 주목해보자. 먼저 아버지 πάτερ(1·5·10·11·21·24·25절), 영광δόξα(1·4·5·10·22·24절), 알다γινώσκειν (3·7·8·23·25절), 주다διδόναι(2·4·6·7·8·11·14·22·24절), 보내다ἀποστελλει ν(3·8·18·21·23·25절), 세상κόσμος(5·9·11·13·14·15·16·18·21·23·25절)이 라는 단어가 보인다. 17장에서 예수는 자신이 한 구원 활동을 돌아본다. 동시에 예수는 높이 들린 분(11절)으로서 기도한다.

〈요한〉계 그리스도론은 파견 그리스도론을 강조한다. 〈요한〉계 문헌 에서 예수는 파견된 분이라는 말이다. 보내신 분은 하느님(〈요한〉3,17.34; 〈1요한〉4,9), 아버지(〈요한〉5,36; 6,44; 8,18)이시다. 나를 보내신 분ὁ πέμψαντός με(〈요한〉 4,34; 5,24; 6,38)은 하느님의 특징을 가리키는 단어가 되었다. 예수는 파견된 분으로서 아들(〈요한〉 3,17; 5,23; 〈1요한〉 4,14), 외아들(〈1요한〉 4,9)로 표현된다. 파견된 목적지는 세상(〈요한〉 3,17; 10,36; 17,18), 즉 인간 세상이다.

6-26절에서 하느님께 돌아가기 전에 제자들을 위해 기도하는 예수가 그려진다. 예수는 아직 제자들 가운데 있고 죽지 않았지만, 이미 죽고 부활하고 하느님께 돌아가고 높이 들린 분처럼 기도한다(〈요한〉 14,16; 〈1요한〉 2,1). 예수는 모든 인간과 창조된 세계를 위해 기도한다. "그분은 우리의 죄를 용서해주시려고 친히 제물이 되셨습니다. 우리의 죄뿐만 아니라 온 세상의 죄를 용서해주시려고 제물이 되신 것입니다."(〈1요한〉 2,2) 그래서 4세기 알렉산드리아의 키릴로스Kyrillos 이후 '대사제의 기도'라는 명칭을 새겼고, 16세기 다비드 치트레우스David Chytraeus는 '최고 대사제의 기도praedicatio summi sacerdotis'라는 명칭을 붙였다.[242]

〈마르〉는 예수 최후의 만찬을 "그들은 찬미의 노래를 부르고 올리브산으로 올라갔다"(14,26)로 마친다. 유다교 유월절 축제 마지막에 유다인 순례자는 찬송가 한 구절을 부른 것 같다.[243] 〈요한〉은 예수 최후의 만찬을 〈마르〉 〈마태〉 〈루가〉와 달리 유월절 만찬으로 보지 않는다. 그래서 최후의 만찬 끝에 이 찬송가를 부르지 않고 하나씩 해설한 듯하다.[244]

〈요한〉 17장 주제는 '제자들과 세상을 위해 하느님께 기도하는 예수'다. 예수 최후의 기도 중 마지막 부분이다. 예수의 입을 빌려 믿음의 내용을 요약하고, 제자들과 독자에게 믿음이 세상과 어떤 관계인지 밝히기 좋은 곳이다. 예수는 처음에 자신을 위해 기도하고, 그다음 제자들과 모든 믿는 이를 위해 차례로 기도한다. 예수는 당신이 미래에 받을 영광을 위해 기도(1-5절)하지만, 이미 영광 받은 분(10·11·13절)으로서 기도하기도 한다. 과거를 돌아보고 미래를 내다보는 기도 형식의 유언이다. 떠남을 준비하는 예수의 심정은 어땠을까.

내부에서 흔들리고 외부에서 위협 받는 신앙 공동체의 일치와 존재가 〈요한〉 저자의 두 현안이다. 〈요한〉의 교회론이 드러나는 곳이 17장이다. 〈요한〉 교회론의 핵심 주제는 다음 두 가지다.

1. 교회는 무엇인가.
2. 어떤 교회를 만들어야 하는가.

지금 한국 개신교와 가톨릭도 교회론이 크게 흔들리고 있다. '교회는 무엇인가'뿐만 아니라 '어떤 교회를 만들어야 하는가'에 의견이 일치하지 않는다. 지금 한국 가톨릭이 가난한 교회라거나 가난한 사람을 위한 교회라고 생각하는 사람은 거의 없다. 개신교 역시 대형 교회, 세습, 부패, 십일조 등 여러 문제로 길을 잃고 헤맨다.

2014년 방한한 프란치스코 교황은 한국 주교들과 만나 '가난한 사람을 위한, 가난한 이의, 가난한 교회'라는 모범 답안을 제시했다.

'가난한 사람을 위한, 가난한 이의 교회'라는 사도 시대의 이상은 여러분 나라의 첫 신앙 공동체에서 그 생생한 표현을 찾아볼 수 있습니다. 이런 이상이 미래를 향해 순례하는 한국 교회가 걸어갈 길에 계속 귀감이 되길 바랍니다.[245]

번영의 시대에 떠오르는 한 가지 위험에는 유혹이 있습니다. 그것은 그리스도인 공동체가 그저 '사교 모임'에 그치고 마는 위험입니다. …이는 영적 '번영', 사목적 번영의 유혹입니다. 그런 교회는 가난한 이를 위한 가난한 교회가 아닙니다. 오히려 부유한 이를 위한 교회, 돈 많고 잘나가는 이를 위한 중산층 교회입니다. …악마가 교회의 예언자적 구조에서 가난한 사람을 제거하려는 이런 유혹의 씨앗을 뿌리도록 내버려둬서는 절대 안 됩니다. 악마로 하여금 여러분이 부자를 위한 부유한 교회, 잘나가는 이의 교회가 되게 만들도록 허용해서는 절대 안 됩니다.[246]

돈 많고 잘나가는 이를 위한 중산층 교회가 아니라 가난한 사람을 위한, 가난한 이의, 가난한 교회를 만들라는 말이다. 〈요한〉 저자는 아직 이런 부탁을 할 필요가 없었다. 당시 공동체에 돈 많고 잘나가는 이를 위한 중산층 교회를 만들 힘도 없었다. 먼저 신자들의 흔들리는 믿음을 굳세게 해야 했다.

그리스도교가 초대교회를 잊고 살 위험이 언제나 있다. 한국 가톨릭이 첫 신앙 공동체를 잊고 살 위험이 있다. 곧 다가올 통일 한국에서 교회는 어때야 하는가. 한국 가톨릭과 개신교에 올바른 교회론이 시급하다. '교회는 무엇인가'라는 이론적 설명보다 '어떤 교회를 만들어야 하는가'라는 실천적 행동이 다급하고 중요하다.

1절에서 이 말을 마치고 Ταῦτα ἐλάλησεν 는 예수의 고별 발언이 곧 마무리된다는 느낌을 준다. 예수는 라자로의 무덤(〈요한〉 11,41)에서 그랬듯이 하늘을 우러러보며 기도한다. 게쎄마니 동산의 기도(〈요한〉 12,28)를 연상하듯 예수의 기도는 단순히 아버지(〈마르〉 14,36)를 부르며 시작한다. 예수는 하느님의 영역인 하늘을 일치하는 마음(〈요한〉 1,51; 12,28)으로 우러러 본다. 1절 '하늘을 우러러보는 예수'는 〈마태〉 6,9에서 주님의 기도를 바칠 때 '하늘에 계신 우리 아버지'를 대신하는 것으로 볼 수 있다.

예수는 왜 우리 아버지πάτερ ἡμῶν라고 하지 않고 아버지πάτερ라고 불렀을까. 〈요한〉 17장에서 예수의 기도는 구체적인 상황에서 예수 개인이 하는 기도지, 제자들이 매일 바치도록 한 모범적인 기도가 아니다.[247] 〈마태〉 〈루가〉에 나오는 주님의 기도처럼 공동체가 바치는 기도가 아니라 하늘에 계신 하느님께 외아들로서(〈요한〉 1,14) 바치는 단독 기도다.[248]

2절 모든 사람πάσης σαρκός은 〈요한〉에 여기만 있다. 인류를 가리킨다. "야훼의 영광이 나타나리니 모든 사람이 그 영화를 뵈리라."(〈이사〉 40,5) 2절 "아버지께서는 아들에게 모든 사람을 다스릴 권한을 주셨고"라는 말은 앞에도 있었다. "아버지께서는 또한 아들에게 심판하는 권한을 주셨다. 그는 사람의 아들이기 때문이다."(〈요한〉 5,27) 〈요한〉 저자는 "나는 밤에 또 이상한 광경을 보았는데 사람 모습을 한 이가 하늘에서 구름을 타고 와서 태곳적부터 계신 이 앞으로 인도되어 나아갔다"(〈다니〉 7,13)에서 사람의 아들이라는 표현을 떠올렸을까.

예수에게 다가오는 시간은 십자가의 시간이자, 영광 받고 드높아질 시간이기도 하다. 하느님은 예수의 죽음과 부활에서 예수를 영광스럽게 한다. 1절에서 아들이 아버지의 영광을 드러내게 하여주십시오ἵνα ὁ υἱὸς δοξάσῃ σέ는 예수의 미래 역할을 가리킨다.[249] 예수는 하느님의 영광을 믿음 공동체와 세상에 알릴 것이다. 생명인 로고스λόγος(〈요한〉 1,4) 예수를 통해 모든 사람에게 영원한 생명이 주어진다. 하느님과 예수에 대한 앎과 믿는 사람들의 생명이 연결된다.

3절 "영원한 생명은 곧 참되시고 오직 한 분이신 하느님 아버지를 알고 또 아버지께서 보내신 예수그리스도를 아는 것입니다"는 후대에 누가 써넣은 것[250]이 아니고 〈요한〉 저자가 창작한 구절로 보인다.[251] 아는 것은 이론적 정보를 쌓는 일이 아니고 실천적 지식을 가리킨다. 그리스도교가 지성을 반대하지 않지만, 지식인을 위한 엘리트 종교도 아니다. "신학을 아는 일이 믿음의 증거가 아니고 믿음의 증거가 곧 신학이다."[252]

지식은 정보 욕구를 만족시키는 정도가 아니라 생명과 이어진다. 올바른 지식은 가난한 사람의 생명부터 살린다. 3절에는 예수 입에서 '예수그리스도'라는 단어가 나왔다. 예수그리스도는 호칭이자 믿음의 내용이다(〈요한〉 1,17; 20,31). 그냥 호칭이 아니라 신앙고백을 포함한 호칭이다. 부활 이후 예수를 믿는 사람들이 예수에게 선사한 호칭은 30개가 넘는다. 예수가 탄생하기 전에 다른 인물에게도 선사된 호칭이다. 그중에 그리스도교에서 가장 자리 잡고 유명해진 호칭이 예수그리스도다. 지금은 거의 쓰이지 않는 호칭도 있다. 예수의 호칭을 연구해서 예수를 이해하는 방법이 성서신학에서 널리 유행했다.

호칭으로 존재를 이해하기도 하지만, 존재로 호칭을 비판할 필요도 있다. 호칭의 쓸모가 있는 반면, 호칭의 약점과 한계도 분명히 있다. 호칭이 존재를 정확히, 온전히 나타내지는 못한다. 호칭이 존재를 가리거나 축소하거나 과장할 위험도 있다. 진실을 왜곡하는 방법 중 하나가 호칭으로 사람을 평가하고 낙인찍는 일이다. 그런 뜻에서 호칭은 위장이요, 계급장이요, 껍데기다. 이름 뒤에 붙은 호칭이나 종교적 직분 호칭도 껍데기에 불과하다. 껍데기 호칭에 속하는 사람도 있다. 호칭에는 매력과 한계와 위험이 담겼다.

예수는 이름이고 그리스도는 호칭이다. 예수그리스도가 한 이름처럼 굳어져 사용된다 해도 예수는 이름이고 그리스도는 호칭이다. 예수는 그리스도이고 그리스도는 예수다.

1. 그리스도 이전에 나자렛 예수다.
2. 그리스도지만 우선 나자렛 예수다.

존재는 존재이고 호칭은 호칭이다. 존재와 호칭은 동일시할 수 없다. 존재와 호칭은 연결되지만 똑같지 않다. 예수의 호칭을 습관적으로 부르기보다 예수의 말과 행동을 정확히 알고 이해하려는 노력이 필요하다. 예수의 말과 행동을 알고 나서 예수의 호칭을 검토하는 일이 우리 시대에 정말 필요하다.

〈요한〉에서 예수에게 그리스도라는 호칭을 붙인 곳은 3절과 1,17뿐이다. 4절에 예수는 아버지께서 맡겨주신 일을 다하여 세상에서 아버지의 영광을 드러냈다(〈요한〉 4,34; 5,36)고 나온다. 여기서 일 ἔργον(〈요한〉 19,30)은 예수가 한 모든 구원 활동을 가리키는 단어다. 하느님의 일을 충실히 한 예수를 이제 하느님이 영광스럽게 드러내실 차례다(〈요한〉 12,41; 17,24). 세상이 있기 전(〈요한〉 1,1-2)에 예수가 하느님 곁에서 누리던 영광을 하느님이 십자가에서 드러내신다. 〈요한〉 저자는 하느님이 사람이 되심은 하느님의 영광이 포기된 것이 아니라 드러나는 것으로 이해한다.[253]

〈요한〉 저자는 요한 공동체도 하느님이 예수에게 맡긴 사람으로 이해한다. 요한 공동체의 존재와 믿음은 하느님의 자비 덕분이다. 예수는 요한 공동체에 하느님의 뜻을 전했고, 요한 공동체를 위해 하느님께 기도한다. 예수가 요한 공동체를 직접 세운 것은 아니지만, 요한 공동체는 예수와 연결된다. 예수가 부활하고 약 60년 뒤 〈요한〉이 쓰인 것으로 추측된다. 요한 공동체가 실제로 존재했다면 〈요한〉이 쓰인 시기 이전에 생기기 시작했을 것이다. 요한 공동체는 이런 주장으로 초대교회 역사에서 자기 공동체를 소개하고 정당화한다.

요한 공동체가 하느님과 직접 연결된다면 〈요한〉도 복음으로 인정받아야 한다. 〈요한〉이 쓰인 당시 교회에서 읽히고 인용되긴 했지만, 아직 성서로 인정받지 못했다. 〈요한〉이 쓰이고 300여 년이 지난 뒤 비로소 신약성서 27권이 정경으로 최종 확정되었다. 요한 공동체는 세상에 있고 세상에 남았지만, 세상에서 나온 것은 아니다. 요한 공동체는 하느님에게서 나왔다는 자기 확신이다. 공동체를 창립한 예수가 떠난 뒤에도 공동체는 흔들리지 않아야 한다. 그래서 예수는 11절과 15절에서 요한 공동체를 지켜달라고 하느님께 기도한다.

11절에 나오는 거룩하신 아버지πάτερ ἅγιε는 언젠가 사라지고 마는 허무한 존재와 다른 하느님의 특징이다.[254] 예수의 떠남, 즉 죽음이 하느님 구원 역사의 완성이므로 공동체는 슬퍼하지 말고 오히려 기쁨을 마음껏 누려야 한다(13절). 공동체도 예수처럼 세상에 속하지 않고 하느님에게 속한다. 공동체는 세상에 있지만 세상에 속하지 않는다. 공동체는 세상에 속하지 않으려는 노력에서 하느님의 도우심이 필요하다. 그래서 예수는 하느님께 공동체의 거룩함을 위해, 즉 하느님의 본질과 방식에 맞추도록[255] 기도한다.

교회가 세상에 속하지 않는다는 말은 교회가 세상일에 관심이 없다는 뜻이 아니다. 교회는 세상의 악과 관계없는 모임이라는 말이다. 교회는 치외법권 지역이라는 말이 아니다. 국가권력은 교회의 부패를 모른 척하고 가만히 있으라고 우기는 말도 아니다. 교회를 우상화하거나 절대시하는 말이 아니다. 교회를 악마에게서 지켜달라는 간절한 호소다.

예수는 공동체를 세상에서 분리해 멀리 데려가는 것이 아니라 악마에게서 지켜주십사(15절) 기도한다. 예수는 교회에게 현실도피를 추천하는 것이 아니라 복음 전파와 실천을 통해(18·20·21절) 세상의 악을 이겨내라고 격려한다. 악을 모른 체하거나 회피하지 말고 악과 정면으로 싸워 이겨라. 그리스도교는 도망치거나 눈감는 종교가 아니다.

세상 경멸, 현실도피, 체념이란 단어는 그리스도교 사전에 없다. 그리스도교는 세상을 멸시하지 않는다. 교회는 예수그리스도 안에서 세상을 구원하기 위한 하느님의 일을 증언하고 선포한다는 점에서 세상에 책임감이 있다. 세상을 무시하고 세상에서 도망칠 것이 아니라, 세상을 책임지고 구원하라고 격려하는 종교. "세상을 걸어 다니던 하느님의 사명에 걸맞은 공동체의 임무는 그 선포 의식 안에 지상적인 것에 대한 어떤 연대도 하지 않는 것이다"[256]라는 주장은 당연히 크게 비판받았다. "〈요한〉에서 사랑은 적대적인 세상과 거리를 둬야 한다는 유일한 목표가 있다"[257]는 생각도 〈요한〉과 거리가 멀다.

17절 "이 사람들이 진리를 위하여 몸을 바치는 사람들이 되게 하여주십시오"에서 '이 사람들'은 진리이신 하느님의 말씀을 위해 몸 바치는 사람을 가리킨다. 교회가 세상에 속하지 않는다는 말은 세상의 악을 따르지 않고 진리를 따른다는 말이다. 교회나 성당에 다니면서 악을 따르거나 악에 협조하는 사람은 세상에 속하고 진리를 따르지 않는 사람이다. 예수가 사람들을 위해 하느님께 목숨을 바치는 것은 사람들도 하느님께 자기 몸을 바치게 하려는 것이다(17절). 억울하게 목숨을 빼앗긴다는 뜻이 아니다. 옛날에 일부 지역에서 주인이 죽으면 종까지 강제로 순장殉葬한 나쁜 습관을 옹호하는 말이 아니다.

누구나 진리를 위해 몸을 바치는 사람이 될 수 있다. 학력이나 신학 공부의 양이나 기간과 상관없다. 예수가 대표적인 모범이다. 예수는 정규 신학 과정을 거치지 않았다는 이유로 유다교 신학자와 지식인 평신도에게 차별받았다. 예수는 실제로 학력 차별을 겪었다. 예수는 종교인이나 성직자가 아니라는 이유로 유다교 사제에게 차별받았다. 예수는 종교 차별과 신분 차별을 겪었다. 예수는 예레미야 예언자와 달리 유다교 사제 계급과 예루살렘성전에 지지자가 없었다. 예수는 아웃사이더이자 비주류로서 유다교 변방에 살았다. 예수는 평생 종교 권력의 중심부나 주류에 속한 적이 한 번도 없다.

예수와 교회의 관계는 예수와 하느님의 관계와 일치에 근거한다. 예수와 제자들의 관계는 예수와 하느님의 관계와 일치에 근거한다. 제자들은 목사나 신부뿐만 아니라 하느님의 모든 백성을 가리킨다. 목사나 신부는 교회의 대표자가 아니라 일부다. 그리스도교 역사에 교회를 하느님 나라와 동일시하는 잘못을 범한 시대가 있다. 성직자를 교회와 동일시한 착각이 진리처럼 통용된 시대도 있다. 지금도 목사만 주의 종이라고 착각하는 사람이 있다. 모든 인간이 주의 종이다. 지금도 목사나 신부는 1급 그리스도인, 성도와 평신도는 2급 그리스도인이라고 오해하는 사람이 있다.

예수는 제자들을 통해 믿음을 갖게 된 사람들을 위해서도 기도한다. 하느님과 예수가 일치하듯이 믿음을 가진 사람들도 일치해야 한다. "아버지와 내가 하나인 것처럼 이 사람들도 하나가 되게 하려는 것입니다."(22절) 예수가 그리스도교 역사에 여러 차례 벌어질 교회의 분열을 내다보고 예언한 것이 아니다. 동서 교회 분열, 개신교와 가톨릭의 분열, 개신교 내부의 분열 등을 예고한 것이 아니다. 일치는 공동체 구성원들의 의견 통일이 아니라 우선 하느님께서 주시는 선물이다.[258] 그리스도인이 일치하지 못하는 가장 큰 이유는 하느님께 일치의 기도를 소홀히 하기 때문이 아닐까.

우리에게 일치를 일상과 교회에서 실천하는 일도, 훈련도 부족하다. 목사나 신부에게 명령할 권한을 주고 신도에게 의무를 주면 되겠는가. 일치하라는 기도는 신도가 자기 의견을 말하지 말고 가만히 있으라는 협박이 아니다. 개인의 의견 없이 교회의 일치 없다. 개인의 의견을 바탕으로 교회의 일치가 가능하다. 성서는 제자들의 위계질서를 말한 적이 없고, 성직자와 신도의 차별과 계급 구조를 가르치지 않았다. 교회를 세우지도 않은 예수가 교회 구조를 결정하고 설명할 리 있겠는가.

예수는 교회를 세우지 않았지만 예수를 따르는 사람들이 모여 교회를 만들었다. 예수 정신에 가까워야 교회이고, 예수 정신에서 멀면 아직 교회가 아니다. 예수처럼 사는 사람들의 모임이 교회다. 예수와 관계없이 사는 사람들의 모임은 교회가 아니라 사교 모임이다.

예수가 하느님 안에 있고 하느님이 예수 안에 있듯이 믿는 사람도 하느님 안에 있고 예수 안에 있다. "누구든지 그리스도를 믿으면 새 사람이 됩니다. 낡은 것은 사라지고 새것이 나타났습니다"(〈2고린〉5,17)라고 말하는 바오로처럼 〈요한〉계 문헌 저자도 믿는 사람과 하느님의 관계를 성령 신학 관점에서 해설한다. "하느님께서 우리에게 당신의 성령을 주셨습니다. 그러므로 우리가 하느님 안에 있고 또 하느님께서 우리 안에 계시다는 것을 알 수 있습니다. 우리는 아버지께서 당신의 아들을 구세주로 보내신 것을 보았고 또 증언하고 있습니다. 누구든지 예수께서 하느님의 아들이시라는 것을 인정하면 하느님께서 그 사람 안에 계시고 그 사람도 하느님 안에 있습니다."(〈1요한〉4,13-15) 세상이 말씀을 받아들이면 예수를 믿을 가능성도 있다. 〈요한〉에 세상에 대한 긍정적 시각도 있음을 기억하자.

교회는 일치 안에서 하느님과 예수의 일치를 나타내며 예수의 영광에 참여한다. 교회 일치의 모범은 삼위일체이신 하느님이다. 삼위일체는 다양성 속의 일치를 가리킨다. 다양성이 없으면 일치도 없다. 일치가 무엇인지 이론적으로 해명하는 일뿐만 아니라, 무엇이 교회의 일치를 방해하는지 알아야 한다. 성직 중심주의는 한국 개신교와 가톨릭에서 교회의 일치를 크게 방해한다. 2018년 1월에 칠레를 방문한 프란치스코 교황은 "평신도는 우리의 일꾼이나 피고용인이 아니다"라며 성직 중심주의를 비판했다.[259]

민중의 일부라는 자각 없이 우리 삶과 성소와 사목을 유지할 수 없습니다. 주인이 아닌 종으로서 하느님의 신실한 사람들의 일부라는 자각을 하지 못하면 성직 중심주의에 빠질 수 있습니다. …미래의 사제들은 문화적 다양성을 인정하고 모든 형태의 성직 중심주의를 거부하는 사제가 되어야 합니다. 특히 신학교와 사제 양성 과정 전반에 걸쳐 성직 중심주의에 주의해야 합니다.[260]

성직 중심주의는 다양한 기여와 제안에 원동력을 불어넣는 것이 아니라, 교회 전체가 증언해야 할 예언의 불꽃을 점점 꺼버립니다. 성직 중심주의는 교회의 가시성과 성사가 소수의 '깨어 있는, 계몽된' 사람의 것이 아닌 하느님 사람의 것임을 망각합니다.[261]

24절은 아버지에 대한 발언, 하느님과 예수의 영광, 천지창조 이전의 영광을 말하며 고별 발언의 처음을 회상한다.[262] "아버지께서 나에게 맡기신 사람들을 내가 있는 곳에 함께 있게 하여주시고"(24절)는 어디를 가리키며 한 말일까. 예수와 제자들이 하늘에서 만난다[263]는 뜻일까, 사랑의 완성[264]을 가리킬까? 예수의 재림을 가리키는 말 같다.[265] "내가 가는 곳에 여러분은 올 수 없습니다"(〈요한〉 13,33)와 "내가 이 세상을 떠나 높이 들리게 될 때에는 모든 사람을 이끌어 나에게 오게 할 것입니다"(〈요한〉 12,32)가 서로 다르다.

김수환 추기경의 "고맙습니다. 사랑합니다"라는 유언이 국민에게 큰 울림을 주었다. 평소 삶이 훌륭한 분이어서 그 유언도 빛이 났다. 훌륭하게 살지 못한 사람이 그럴듯한 유언을 남긴다고 하면, 누가 그 말을 귀담아들을까. 최후 발언을 마무리하는 예수의 기도 역시 사랑의 기도다. 공동체가 가야 할 길은 사랑이다.

하느님을 안다는 말은 사랑을 안다는 말이다. 사랑을 아는 사람은 하느님을 안다. 안다는 말은 실천을 포함한다. 하느님과 예수의 이름을 모르고 어떤 분인지 몰랐다 해도, 사랑을 아는 사람은 이미 하느님을 안다. 사랑을 모르는 사람은 하느님을 모른다. 사랑을 모르는 사람은 하느님과 예수의 이름을 알고 어떤 분인지 안다 해도 아직 하느님을 모른다.

자기 탓 없이 하느님과 예수를 모르는 사람이 역사에 많았다. 하느님과 예수를 전해주는 교회나 신자의 삶과 역사가 못마땅해서 하느님과 예수를 가까이하지 않는 사람도 있다. 잘못 해설된 성서 탓에 성서를 멀리하는 사람도 있다. 이런 경우 하느님과 예수를 멀리한 결과를 누가 책임져야 할까. 교회와 신자들이 마땅히 감당해야 한다. 엉터리로 복음을 전해놓고 복음을 사절하는 사람을 탓할 수는 없다. 부패한 성직자는 예수를 가까이하지 않는 사람과 세태를 한탄할 자격이 없다. 악을 저지르는 그리스도인은 교회나 성당에 나오지 않는 사람을 나무랄 자격이 없다. 더러운 포장지에 담긴 선물을 기쁘게 열어볼 사람이 얼마나 되는가.

〈요한〉 17장에는 성령이 뚜렷하게 언급되지 않는다. 그러나 예수의 고별 발언과 고별 기도의 관계를 보면, 고별 발언에서 약속된 성령이 고별 기도의 내용에 기초한다.[266] 17장에서 하느님은 모든 존재의 근원으로, 믿는 사람을 예수와 성령 안에서 받아들이시는 분이다. 하느님께서 파견하신 예수는 십자가 시간을 거쳐 하느님께 돌아가고 높이 영광 받는다. 하느님과 예수가 보낸 성령은 예수의 삶과 가르침을 우리가 기억하고 재생하도록 도와준다. 예수그리스도는 성령과 함께 공동체와 계속 관계를 맺고 영향을 미친다. 믿음의 공동체는 세상 안에 머무르면서 성령의 보호와 인도 아래 사랑의 공동체가 된다. 17장은 믿음의 공동체가 하

느님의 구원 역사에 동참함을 〈요한〉 어디보다 강조한다.[267]

예수는 제자들에게 주는 고별 발언을 경고가 아니라 기도로 끝맺는다. 내게 그 점이 특히 인상 깊다. 〈요한〉 17장에 따르면 교회 공동체의 일치를 보증하는 것은 직분도, 제도도, 전통도 아니다. 그리스도인의 사랑이다. 가정과 그리스도교 내부, 종교 사이의 대화에도 이 원칙이 중요하지 않을까. 성직자와 평신도 사이에도, 개신교와 가톨릭 사이에도, 그리스도교와 이웃 종교 사이에도 대화 이전에 사랑이 필요하지 않을까.

사랑하지 않는 상대와 무슨 일치를 얼마나 하겠는가. 우리에게 대화가 부족한 것이 아니라 사랑이 부족하다. 한반도 북측과 남측도 대화 이전에 사랑하는 마음이 필요하다. 우선 사랑이고 그다음이 대화다. 일치를 말하고 대화를 논하기 전에 사랑하자. 사랑이 우선이고 대화와 일치는 그다음 문제다.

6막 1장 체포되고 재판 받는 예수

¹ 이 기도를 마친 뒤에 예수는 제자들을 데리고 키드론 골짜기 건너편으로 가서 거기에 있는 동산에 들어갔다. ² 예수와 제자들이 가끔 거기에 모이곤 했기 때문에 예수를 잡아줄 유다도 그곳을 잘 알고 있었다. ³ 그래서 유다는 대사제들과 바리사이파 사람들이 보낸 경비병들과 함께 한 떼의 군인들을 데리고 그리로 갔다. 그들은 무장을 갖추고 등불과 횃불을 들었다. ⁴ 예수는 신상에 닥쳐올 일을 모두 알고 앞으로 나서며 "여러분은 누구를 찾습니까?" 하고 물었다. ⁵ 그들이 "나자렛 사람 예수를 찾소" 하자 "내가 그 사람입니다" 하고 말하였다. 예수를 잡아줄 유다도 그들과 함께 서 있었다. ⁶ 예수가 "내가 그 사람입니다" 하고 말하였을 때 그들은 뒷걸음치다가 땅에 넘어졌다. ⁷ 예수가 다시 "여러분은 누구를 찾습니까?" 하고 묻자 그들은 "나자렛 사람 예수를 찾소" 하고 대답하였다. ⁸ "내가 그 사람이라고 하지 않았습니까? 여러분이 나를 찾고 있다면 이 사람들은 가게 내버려두시오" 하고 예수가 말하였다. ⁹ 예수는 "나에게 맡겨주신 사람을 하나도 잃지 않았습니다" 하신 말씀을 이루려고 그렇게 말하였던 것이다. ¹⁰ 이때에 시몬 베드로가 차고 있던 칼을 뽑아 대사제의 종을 내리쳐 오른쪽 귀를 잘라버렸다. 그 종의 이름은 말코스였다. ¹¹ 이것을 본 예수가 베드로에게 "그 칼을 칼집에 도로 꽂으시오. 아버지께서 나에게 주신 이 고난의 잔을 내가 마셔야 하지 않겠습니까?" 하고 말하였다.

¹² 그때에 군인들과 그 사령관과 유다인의 경비병들이 예수를 붙잡아 결박하여 ¹³ 먼저 안나스에게 끌고 갔다. 안나스는 그해의 대사제 가야파의 장인이었다. ¹⁴ 가야파는 일찍이 유다인들에게 "한 사람이 온 백성을 대신해서 죽는 편이 더 낫다" 하는 의견을 냈던 자이다.

¹⁵ 시몬 베드로와 또 다른 제자 한 사람이 예수를 따라갔다. 그 제자는 대사제와 잘 아는 사이여서 예수를 따라 대사제의 집 안뜰까지 들어갔으나 ¹⁶ 베드로는 대문 밖에 서 있었다. 대사제를 잘 아는 그 제자는 다시 나와서 문지기 하녀에게 말하여 베드로를 데리고 들어갔다. ¹⁷ 그 젊은 문지기 하녀가 베드로를 보더니 "당신도 저 사람의 제자가 아닙니까?" 하고 물었다. 베드로는 "아니오" 하고 부인하였다. ¹⁸ 날이 추워서 하인들과 경비병들은 숯불을 피워놓고 불을 쬐고 있었는데 베드로도 그

들 틈에 서서 불을 쬐고 있었다.

¹⁹ 대사제 안나스는 예수를 심문하며 그의 제자들과 그의 가르침에 관하여 물었다. ²⁰ 예수는 이렇게 대답하였다. "나는 세상 사람들에게 버젓이 말해왔습니다. 나는 언제나 모든 유다인들이 모이는 회당과 성전에서 가르쳤습니다. 내가 숨어서 말한 것이라고는 하나도 없습니다. ²¹ 그런데 왜 나에게 묻습니까? 내가 무슨 말을 했는지 들은 사람들에게 물어보시오. 내가 한 말은 그들이 잘 알고 있습니다." ²² 예수가 이렇게 말하였을 때 곁에 서 있던 경비병 한 사람이 "대사제님께 그게 무슨 대답이냐?" 하며 예수의 뺨을 때렸다. ²³ 예수는 그 사람에게 "내가 한 말에 잘못이 있다면 어디 대보시오. 그러나 잘못이 없다면 어찌하여 나를 때립니까?"라고 말하였다. ²⁴ 안나스는 예수를 묶은 채 대사제 가야파에게 보냈다.

²⁵ 시몬 베드로는 여전히 거기 서서 불을 쬐고 있었다. 그것을 보고 사람들이 "당신도 저 사람의 제자가 아니오?" 하고 물었다. 그러나 베드로는 아니라고 부인하였다. ²⁶ 그때 대사제의 종으로서 베드로한테 귀를 잘린 사람의 친척 되는 사람이 나서면서 "당신이 동산에서 그와 함께 있는 것을 내가 보았는데 그러시오?" 하고 몰아세웠다. ²⁷ 베드로가 또 아니라고 부인하자 곧 닭이 울었다.(18,1-27)

복음서는 사실을 중립적으로 보도하는 사건 기록이 아니라, 예수를 믿기로 작정한 사람들이 예수에게 유리하게 해석하여 쓴 신앙고백록이다. 〈요한〉은 역사 다큐멘터리보다 신학 다큐멘터리에 가깝다. 예수가 체포되어 죽음에 이르기까지 장면에서 독자와 관객은 여러 질문이 떠오를 것이다. 다음 세 가지 질문을 생각해보자.

　　1. 누가 진짜 왕이냐. 예수냐, 로마 황제냐.
　　2. 누가 진짜 재판관이냐. 빌라도냐, 예수냐.
　　3. 누가 진짜 우상숭배자냐. 예수냐, 유다교 대사제냐.

〈요한〉 18-19장은 예수의 체포부터 십자가 처형까지 한 덩어리로 묶은 이야기다. 저녁에 체포되고(18,1-27), 다음 날 오전에 재판을 받고 (18,28-19,16a), 그날 오후에 처형·매장된다(19,16b-42). 체포부터 십자가 처형까지 예수를 기본적으로 고통 받는 사람이 아닌 행동하는 사람[268]으로 봐야 하나. 나는 예수를 고통 받는 사람이자 행동하는 사람[269]으로 보고 싶다.

예수가 유다교 종교재판에서 받은 심문은 〈요한〉 10,22-39에 소개했다. 사형선고로 끝난 유다교 최고 회의 소식은 〈요한〉 11,47-54에서 다뤘다. '예수가 메시아인가'라는 주제가 중심인 〈마르〉 14,55-65을 되풀이할 필요는 없다. 예수는 메시아라는 말이 답변(〈요한〉 7,25.37; 10,25)되었기 때문이다. 〈마르〉〈마태〉〈루가〉가 예수의 수난사를 마지막에 배치해 자세히 설명한다면, 〈요한〉은 처음부터 끝까지 여러 곳에 나눠 소개한다. 〈요한〉 전체가 예수의 십자가 역사를 담은 고난의 기록이다. 〈요한〉은 말씀 신학보다 십자가 신학이다.

〈요한〉 저자가 〈마르〉〈마태〉〈루가〉를 잘 몰랐다는 성서학계의 오랜 속설은 무너졌다. 그래서 나는 〈마르〉〈마태〉〈루가〉를 공관복음共觀福音이라고 부르는 관행을 따르지 않는다. 공관복음이란 용어는 〈마르〉〈마태〉〈루가〉의 공통점을 드러내는 장점이 있다. 그러나 〈마르〉〈마태〉〈루가〉를 〈요한〉과 멀리 떨어뜨리는 부작용도 있다. 〈요한〉 저자가 〈마르〉〈마태〉〈루가〉를 알았다는 증거는 넘쳐난다. 다음과 같이 상상해보자. 〈요한〉 저자의 책상에 〈마르〉〈마태〉〈루가〉가 놓였다. 그는 세 책을 이리저리 뒤지며 자기가 쓸 책의 차례와 내용을 고민한다. 〈요한〉 저자는 〈마르〉〈마태〉〈루가〉의 예수 고난의 역사 보도 말고도 고유한 자료가 있었고, 그 자료를 참고했다는 생각이 독일어권 성서학계에 널리 퍼졌다.

나는 〈요한〉이 다른 복음서를 참조하고 나름의 시각으로 재구성했다[270]는 의견에 동의한다. 좁은 의미에서 예루살렘에서 예수 고난의 역사 (18-19장)와 부활 기사(20-21장)가 이어진다. 〈요한〉 전체가 고난 복음[271]이고, 고난 복음으로서 예수의 영광을 드러낸다. 더 나아가 〈요한〉을 십자가 복음이라고 말하고 싶다. 고난 복음이 십자가의 수동적인 모습에 중점을 둔다면, 십자가 복음은 십자가의 능동적인 모습을 강조한다. 나는 십자가에서 고통을 받아들이고 인내하는 예수보다 불의한 세력에게 저항하고 싸우는 예수를 강조하고 싶다.

〈요한〉에서 예수 수난의 시간이 갑자기 들이닥친 것은 아니다. 예수를 죽이려 했다는 유다인에 대한 보도는 많았다(5,18; 7,32; 8,59; 10,31). 수난 예고도 여러 번 있었다(1,29; 3,14). 〈요한〉은 처음부터 갈등과 수난의 분위기에 싸였다. 예수는 갈등을 겪기도 했지만, 갈등을 일으킨 분이다. 예수는 갈등 유발자다. 성전 항쟁(2,14-22), 게쎄마니 동산의 발언(12,27-32), 제자들의 발을 씻어줌(13,1-20)에서 예수 수난이라는 운명이 드러났다. 예수의 고별 발언에서 예수와 하느님의 일치가 다시 확인되었고, 예수는 제자들을 버리지 않는다는 약속이 있었다. 그 배경에서 예수 최후의 고난이 시작된다. 예수의 고난은 예수 활동의 목표다.

〈요한〉 저자는 예수의 체포에 대한 다른 복음서의 보도를 알았다.〈요한〉은 예수의 체포를 조금 다르게 본다. 예수는 악의 세력에게 희생되는 대상이라기보다 하느님과 일치 안에서 수난 장면을 주최하고 실행하는 역할을 맡았다. 체포되는 예수가 주연배우이고, 체포하는 사람들이 오히려 조연이다. 예수는 당신의 때가 다가오는 사실(13,1.13)을 알았기에 당황하지 않고 체포를 자연스럽게 받아들인다.

〈요한〉18,1-27은 7막 중 6막이 시작되는 부분이다. 〈요한〉 저자와 함께 떠난 여행이 마무리에 접어든다. 〈요한〉13-14장에서 예수는 지상에 사는 예수의 입장에서 지상을 떠난 뒤 제자들에게 성령을 보내주겠다고 말하고 약속한다. 13-14장에서 예수는 세상을 떠나 하느님 곁에 가까이 있는 입장에서 말한다.[272]

1절에서 예수는 이 기도를 마친 뒤에(〈요한〉7,9; 9,6; 11,43; 13,21) 제자들과 함께 이동한다. "여러분과 이야기를 나눌 시간도 얼마 남지 않았습니다. 이 세상의 권력자가 가까이 오고 있습니다. 그가 나를 어떻게 할 수는 없지만 나는 아버지를 사랑하고 아버지께서 분부하신 대로 실천한다는 것을 세상에 알려야 하겠습니다. 자, 일어나 갑시다"(〈요한〉14,30-31)에 이어지는 예수의 움직임(〈마르〉14,32; 〈루가〉22,39)이다.

예수는 제자들과 올리브 산 아래 겨울(우기)에만 물이 흐르는 키드론[273] 골짜기 건너편으로 간다. 예수는 동산κῆπος으로 자주 갔다(〈요한〉18,26; 19,41). 제주에 살면서부터 예수가 산이나 언덕에 오르는 장면에서 제주 오름을 떠올린다. 올리브 산으로 가려면 성전 동쪽에 있는 키드론 골짜기를 건너야 한다. 키드론 골짜기 물은 남쪽으로 흘러 사해에 도달한다. "너는 예루살렘에 집을 짓고 거기에서 살아라. 그리고 한 발짝도 나가면 안 된다. 나가서 키드론 시내를 건너면 정녕 죽으리라"(〈1열왕〉2,36-37)는 언급이 있었다. 예수는 죽음과 상징적으로 연결되는 키드론 시내를 건너갔다.

〈요한〉에 게쎄마니 동산 이름은 나오지 않는다. "할 수만 있으면 수난의 시간을 겪지 않게 해달라"(〈마르〉14,35)며 기도하는 모습은 〈요한〉 저자가 소개하고 싶은 예수의 당당한 이미지에 어울리지 않는다. 그래서 〈요한〉 저자는 게쎄마니 동산 이름을 아예 빼버린 것이 아닐까.[274] 예수와 제자들이 가끔 거기에 모이곤 했다(2절)는 말은 유다도 그곳을 안다는 말이다. 2절은 〈요한〉 자체 전승에서 빌려 온 것 같다.[275] 단어 παραδιδόναι 는 '배신하다'보다 '넘겨주다'라고 번역하는 것이 좋겠다.

〈요한〉에서 유다는 가난한 사람을 생각하는 이가 아니라 도둑(12,6)이나 악마의 도구(13,2.27)로 그려진다. 유다는 예수를 체포하기 위해 대사제들과 바리사이파 사람들이 보낸 경비병들과 로마 군인들을 데리고 왔다(3절). 예수를 체포하러 동원된 사람들은 '대사제들과 율법 학자들과 원로들이 보낸 무리'(〈마르〉 14,43), '대사제들과 백성의 원로들이 보낸 무리'(〈마태〉 26,47), '무리'(〈루가〉 22,47)로 복음서마다 다르게 표현한다. 예수를 체포하러 동원된 사람들은 무장을 갖추고 등불과 횃불을 들었다(3절). 예수를 국가 질서를 어지럽힌 대역죄인 정도로 취급했다는 말이다.

〈요한〉은 바리사이파 사람들이 보낸 경비병들과 로마 군인들을 정확하게 보도한다. "사람들이 예수를 두고 이렇게 수군거리는 소리를 바리사이파 사람들이 들었다. 그래서 그들과 사제들은 예수를 잡아 오라고 성전 경비병들을 보냈다."(7,32) "대사제들과 바리사이파 사람들은 의회를 소집하고 '그 사람이 많은 기적을 나타내고 있으니 어떻게 하면 좋겠소? 그대로 내버려두면 누구나 다 그를 믿을 것이고 그렇게 되면 로마인들이 와서 이 거룩한 곳과 우리 백성을 짓밟고 말 것입니다' 하며 의논하였다."(11,47-48)

유다인과 로마인으로 대표되는 악한 세상이 굳게 뭉쳐 예수에 대적

했다는 뜻이다. 바리사이파 사람들과 요한 공동체의 갈등도 의식한 것 같다. 〈요한〉은 바리사이파 사람들이 돈을 주고 사설 경호원이나 용역을 동원했는지 설명하지 않는다. 유다인 성전 경비병을 가리킨다[276]고 보기는 어렵다. 〈요한〉은 복음서 중 유일하게 로마 군인들을 등장시켰다.

예수 한 명을 체포하기 위해 동원된 로마 군인 규모는 얼마나 되었을까. 한 떼의 군인들(3절)은 몇 명을 가리킬까. 로마 군대에는 보병 1000명이 있는 부대σπεῖραι와 보병 600명에 기병 120명이 있는 부대σπεῖραι가 있었다.[277] 두 종류 병력이 10배면 더 큰 부대λεγιών(〈루가〉 8,30)가 된다.[278] 실제로 로마 군인들이 예수를 체포하는 데 동원된 것 같지는 않다.[279] 유다가 안토니아 언덕에 주둔하던 로마 군인들을 동원할 권력은 없었다. 로마 군인들이 예수를 체포했다 하더라도 빌라도에게 끌고 갔을 것이다.[280] 로마제국에 의해 쫓겨난 대사제 안나스에게 예수를 끌고 갔을(13절) 리 없다.

여러분은 누구를 찾습니까τίνα ζητεῖτε(4·7절), 당신은 누구를 찾습니까τί ζητεῖτε(20,15)라는 말은 〈요한〉에만 있다. 예수가 무엇을 미리 알고 있다는 사실이 〈요한〉에 자주 나온다(1,48; 3,8; 4,16; 5,32). 〈요한〉은 하느님이 준비하신 고난과 죽음의 길을 예수가 알았음을 강조한다(3,14; 7,6; 12,23; 13,1). 예수는 유다의 처신도 미리 알았다(6,64; 13,18.26). 4-9절은 〈요한〉 저자가 직접 작성한 것 같다.[281] 나자렛 사람Ναζωραῖος(5절)은 지역 출신(〈요한〉 19,19)을 나타내는 호칭이다.[282] 내가 그 사람ἐγώ εἰμι(6절)은 예수의 존엄을 나타내는 표현이다(〈요한〉 8,28; 13,19).

유다의 키스를 대신하는 문장으로 "예수를 잡아줄 유다도 그들과 함

께 서 있었다"(5절)²⁸³를 가리키기는 곤란하다. 예수는 유다가 지적하기
도 전에 내가 그 사람ἐγώ εἰμι(6절)이라고 답한다. 여기서 ἐγώ εἰμι는 하느
님의 존재 방식을 뜻하고 포함한다. 예수가 자신을 확인해준 정도에 그
치지 않고, 하느님께서 고통 받는 예수 곁에서 나 여기 있다고 선언하시
는 말이다. 예수가 체포될 때 하느님이 그 자리에 계셨다는 뜻이다.²⁸⁴

유다 덕분에 예수가 체포된 것이 아니라, 예수가 알고도 잡혀준 것이
다. 예수의 당당함에 놀라 체포할 사람들이 뒤로 넘어진다(6절). 반복되
는 예수의 질문과 체포하러 온 사람들의 답변은 예수가 허락해야 그들이
체포할 수 있다는 사실을 암시한다. 예수가 체포된 것이 아니라 체포를
지휘하고 허락했다. 예수는 무기력하게 체포되지 않았고 자진 출두하여
체포되었다.²⁸⁵ 9절 "예수는 '나에게 맡겨주신 사람을 하나도 잃지 않았
습니다' 하신 말씀을 이루려고 그렇게 말하였던 것이다"를 자세히 보자.

〈요한〉 저자는 신약성서에서 공동성서를 인용하는 방식에 따라 예수
의 말을 인용한다(12,38; 13,18; 15,25; 19,24). 예수의 말이 예수 생전에 벌써
성서 반열에 올랐다. 예수는 십자가로 가는 길에도 제자들을 염려하는
착한 목자다(〈요한〉 10,11.15.18). 독자와 관객은 제자들을 염려하는 예수를
보며 자신을 염려하는 예수를 느낀다. "나에게 맡겨주신 사람을 하나도
잃지 않았습니다"(9절)라는 성서 구절은 어디서도 찾을 수 없다. 〈요한〉
저자가 제자들을 염려하는 예수의 심정을 상상하고 몇 구절(6,39; 10,28;
17,12)을 엮어 작성한 것 같다. 〈요한〉 저자는 이 대목에서 "그러나 오늘
이렇게 된 것은 성서의 말씀이 이루어지기 위한 것입니다"(〈마르〉 14,49)를
생각한다. 제자들이 도망친 사실(〈마르〉 14,50)은 예수가 제자들은 가게 내
버려두라고 말한(8절) 것으로 바꿨다.

유다의 키스는 삭제되었다. 제자 중 누구 하나도 잃지 않으려는 예수의 마음(9절)을 헤아린 〈요한〉 저자의 글솜씨 덕분이다. 게쎄마니 동산에서 예수의 기도(〈마르〉 14,32-42)는 예수 최후의 시간이 아니라 훨씬 앞으로 위치를 바꿨다. "내가 지금 이렇게 마음을 걷잡을 수 없으니 무슨 말을 할까요? '아버지, 이 시간을 면하게 하여주소서' 하고 기원할까요? 아닙니다. 나는 바로 이 고난의 시간을 겪으러 온 것입니다."(〈요한〉 12,27)

〈요한〉 저자는 "그때 예수와 함께 서 있던 사람 하나가 칼을 빼어 대사제의 종의 귀를 쳐서 잘라버렸다"(〈마르〉 14,47)를 조금 바꿨다. 칼을 쓴 사람은 베드로요, 귀가 잘린 대사제의 종 이름은 말코스(10절)라고 구체적으로 표현했다. 유다식 이름은 아닌 말코스Μάλχος는 왕이란 뜻이 있다. 왜 그 이름이 나왔는지 알기 어렵다. 예전에 요한 공동체에서 그리스도인을 미워한 어느 신자 이름이 아닐까 추측[286]하기도 하지만, 근거는 없다. 베드로는 뜬금없이 칼을 썼다. 제자들이 안전하게 떠나도록 배려한 예수의 말(8절)도 듣지 않았다. 베드로처럼 예수의 말을 듣지 않은 제자가 또 있을까.

"칼을 도로 칼집에 꽂으시오. 칼을 쓰는 사람은 칼로 망하는 법입니다"(〈마태〉 26,52)를 〈요한〉 저자는 "그 칼을 칼집에 도로 꽂으시오. 아버지께서 나에게 주신 이 고난의 잔을 내가 마셔야 하지 않겠습니까?"(11절)로 조금 바꿨다. '고난의 잔'은 "아버지, 나의 아버지! 아버지께서는 무엇이든 다 하실 수 있으시니 이 잔을 나에게서 거두어주소서. 그러나 제 뜻대로 마시고 아버지의 뜻대로 하소서"(〈마르〉 14,36), "내 살을 먹고 내 피를 마시는 사람은 영원한 생명을 누릴 것이며 내가 마지막 날에 그를 살릴 것입니다"(〈요한〉 6,54), 제자들의 발을 씻어준 예수 이야기(〈요한〉 13,3-20)

와 연결된다. 고난의 잔을 마심은 공동성서에 자주 나온 표현이다(⟨이사⟩
51,17; ⟨예레⟩ 25,15; ⟨에제⟩ 23,32-34).

⟨요한⟩ 18장은 죽음을 앞둔 예수 심정을 보도하지 않는다. ⟨요한⟩은
"내가 지금 이렇게 마음을 걷잡을 수 없으니 무슨 말을 할까요? '아버지,
이 시간을 면하게 하여주소서' 하고 기원할까요? 아닙니다. 나는 바로 이
고난의 시간을 겪으러 온 것입니다"(12,27), "예수는 이 말을 하고 나서 몹
시 번민하며"(13,21)라고 죽음을 예고한 장면에서 예수의 심정을 미리 소
개했다. ⟨요한⟩은 예수가 죽음을 앞둔 장면에서도 개인의 심정보다 예수
와 하느님의 일치를 강조한다. ⟨마태⟩가 비폭력 저항을 말한다면, ⟨요한⟩
은 하느님의 계획을 충실히 따르는 예수를 강조한다.

예수가 체포되는 장면에서 ⟨요한⟩이 소개하고 싶은 예수는 어떤 분일
까. 예수는 자신을 체포하러 온 세력처럼 폭력이 필요하거나, 베드로처
럼 폭력을 사용하지 않는다. ⟨요한⟩은 예수를 체포하기 위해 엄청난 폭력
이 사용되었다는 사실을 강조하고 싶었다. 12절 '예수를 붙잡아 결박하
여'는 복음서 가운데 ⟨요한⟩에만 나온다. ⟨요한⟩은 군인들이 빌라도 총독
의 명령에 따라 예수를 체포하러 왔는지 설명하지 않는다. 빛과 생명인
예수의 비폭력과 어둠과 죽음의 무장 세력이 대조될 뿐이다. 우리는 실
제로 예수를 체포하러 온 사람들이 누구인지 알기 어렵다. 박정희와 전
두환 일당은 권력을 강탈하기 위해 많은 군인을 동원하지 않았는가.

베드로가 예수를 거듭 부인한 일은 초대교회 신자들과 공동체에게
곤혹스런 사례다. ⟨요한⟩은 베드로가 예수를 부인하는 장면을 두 개로 다
뤘다. ⟨마르⟩ 14,54과 14,66-72에서 두 장면으로 보도한 것을 그대로 받

아들였다. 12절은 3절에 이어진다. 12절에 로마 군인들의 사령관이 처음 등장한다. 예수를 체포하는 데 로마 군대와 유다인 경비병들이 합작했다. 19세기 말 일본 군대와 조선 정부군이 전봉준 장군을 체포하는 데 손잡은 것처럼 말이다.

예수는 범죄자처럼 손이 묶인 채 먼저 안나스에게 끌려갔다(13절). 안나스는 공통년 6년 키리니우스Quirinius 총독에 의해 대사제로 임명되었다가, 15년 그라투스Valerius Gratus 총독에게 쫓겨났다. 안나스는 세력 높은 대사제 가문의 장으로, 그 다섯 아들이 모두 대사제직을 맡았다.[287] 안나스는 쫓겨난 뒤에도 대사제라는 호칭이 있었다(〈사도〉 4,6).[288] 퇴임한 뒤에도 권력을 행사하는 종교인은 어디나 있는 모양이다. 한국의 개신교 일부에서 행하는 교회 세습이 2000년 전 유다교에 뿌리가 있는 줄은 예전에 몰랐다.

예수가 체포될 당시 현직 대사제는 가야파(〈요한〉 11,49)[289]다. 가야파는 공통년 18년 로마에 의해 대사제로 임명되어 37년까지 그 자리에 있었다. "당시의 대사제는 안나스와 가야파였다"(〈루가〉 3,2), "그 자리에는 대사제 안나스를 비롯하여 가야파와 요한과 알렉산더와 그 밖에 대사제 가문에 속한 여러 사람들이 있었다"(〈사도〉 4,6) 대신 "안나스는 그해의 대사제 가야파의 장인이었다"(13절)라고 기록되었다. 일제강점기에 나라를 빼앗긴 조선 가톨릭교회는 일본에 주재하는 교황청 대사가 감독하고 지휘했다.

베드로가 예수를 부인하는 장면 바로 앞에 대사제 안나스와 가야파를 소개한 것은 〈마르〉 14,53-54을 본뜬 것 같다. 〈마르〉 14,53-54의 대사제ὁ ἀρχιερεὺς와 모든 대사제들πάντες οἱ ἀρχιερεῖς 단어 차이에서 〈요한〉이 안나스와 가야파를 동시에 소개할 생각을 한 것 같다. 14절은 〈요한〉 11,47-52을 기억한다. "그해의 대사제인 가야파가 그 자리에 와 있다가 이렇게 말하였다. '당신들은 그렇게도 아둔합니까? 온 민족이 멸망하는 것보다 한 사람이 백성을 대신해서 죽는 편이 더 낫다는 것도 모릅니까?' 이 말은 가야파가 자기 생각으로 한 것이 아니라 그해의 대사제로서 예언을 한 셈이다. 그 예언은 예수가 유다 민족을 대신해서 죽게 되리라는 것과 자기 민족뿐만 아니라 흩어져 있는 하느님의 자녀들을 한데 모으기 위해서 죽는다는 뜻이었다."(〈요한〉11,49-52) 예수와 적대자들의 갈등이 커지면서 예수의 죽음은 당연한 순서가 되었다. 갈등은 〈요한〉 11장에서 최고에 달했다.

15-16절은 〈요한〉 이후 교회에서 누군가 써넣었을까,[290] 〈요한〉 저자가 써넣었을까?[291] 〈요한〉 저자는 예수가 죽은 과정을 정확히 증언해줄 인물이 분명히 존재한다고 주장하고 싶었던 모양이다. 그래서 일부러 15절에 또 다른 제자ἄλλος μαθητής를 넣지 않았을까. 그는 〈요한〉 전승을 입증할 인물이다. 그가 바로 예수에게 사랑받은 제자다(〈요한〉13,23;19,25; 20,2-10).[292] 다른 제자를 예수에게 사랑받은 제자라고 볼 수 없다는 의견도 있다.[293]

〈요한〉은 15-16절에서 베드로와 또 다른 제자 한 사람을 일부러 대조한다. 다른 제자 한 사람은 대사제와 잘 아는 사이지만, 베드로는 그렇지 못하다. 다른 제자는 예수를 따라 대사제의 집 안뜰까지 들어갔으나, 베드로는 대문 밖에 서 있었다. 다른 제자는 예수처럼 안에εἰς 있고, 베드로는 밖에ἔξω 있다. 베드로와 예수는 다른 공간에, 멀리 있다. 베드로는 다른 제자의 도움을 받고서야 대사제의 집 안뜰까지 들어갈 수 있었다. 수제자 베드로의 체면이 말이 아니다. 〈요한〉에서 아직 베드로가 예수와 특별히 가까운 사이로 소개되지 않았다. 대사제를 잘 아는 그 제자(〈요한〉 21,7)를 예수에게 사랑받은 제자(〈요한〉 20,2)로 생각[294]할 필요는 없다.

〈요한〉이 참고한 〈마르〉 14,66-67에서 대사제의 여종 하나가 뜰 아래쪽에서 불을 쬐던 베드로에게 나자렛 사람 예수와 함께 다니던 사람이라고 말했다. 〈요한〉은 문지기 하녀(16절)이라고 자세히 표현한다. 나자렛 예수에게서 시간적으로 좀 더 멀리 있는 〈요한〉이 좀 더 가까운 〈마르〉보다 자세히 말하는 이유가 무엇일까. 〈요한〉이 교회 안에서 인정받으려면 좀 더 정확한 증거를 확실히 만들어야 한다는 부담이 있었기 때문이다. 그래서 〈요한〉은 시간과 인물을 자세히 보도한다. 날이 추워서 사람들은 불을 피우고 쬐고 있었다(18절). 4월 초순에 예루살렘은 일교차가 크고 밤에 제법 쌀쌀하다. 2018년 4월 예루살렘 날씨를 보니 평균 최저기온 13도에 일교차는 9도다.

19절에서 대사제 안나스는 예수에게 메시아 질문(〈마르〉 14,61)을 하지 않고 예수의 가르침διδαχῆ과 제자들에 대해 물었다. 〈요한〉 저자는 니고데모가 "도대체 우리 율법에 먼저 그 사람의 말을 들어보거나 그가 한 일을 알아보지도 않고 죄인으로 단정하는 법이 어디 있습니까?"(7,51)라고 한 구절을 상기시킨다. 예수의 가르침은 예수의 활동을 가리킨다(〈요한〉 6,59; 7,16; 8,20).[295] 예수에게서 활동과 관계없는 가르침은 없었다. 가르침은 행동과 실천으로 증명되어야 한다. 예수의 가르침은 예수 자신에게서 온 것이 아니라 하느님에게서 왔다(〈요한〉 7,16.28; 8,28). 그래서 예수는 길이요 진리요 생명이다(〈요한〉 14,6).

대사제 안나스의 질문에 예수는 곧장 답하지 않고 들은 사람들에게 물어보라고 응수한다(20-21절). 예수의 가르침은 〈요한〉 6-8장과 10장에 잘 나타난다(6,59; 7,14; 8,20). 〈요한〉 저자는 "여러분은 내가 전에 날마다 성전에서 같이 있으면서 가르칠 때에는 나를 잡지 않았습니다"(〈마르〉 14,49)를 기억했다. 20절 숨어서ἐν κρυπτῷ와 공개적으로ἐν παρρησίᾳ라는 대조(7,4; 10,24)는 〈요한〉 저자가 즐겨 쓰는 문학 기법이다.

"나는 세상 사람들에게 버젓이 말해왔습니다. 나는 언제나 모든 유다인들이 모이는 회당과 성전에서 가르쳤습니다."(20절) 숨어서 가르치지 않고 공개적으로 가르쳤다는 말이다. 예수는 참스승이요 진짜 신학자라는 뜻이 더 있다. 〈요한〉에서 가르치는 예수를 나타내는 중요한 단어는 말씀λόγος(4,41; 5,24; 6,60), 말씀ῥήματα(3,34; 6,68; 17,8), 가르침διδαχὴ(7,16; 18,19)이 나온다.

예수가 회당이나 성전에서 가르칠 때 꼭 가르치다διδάσκειν라는 단어를 썼다. 예수는 회당이나 성전에서 진짜 가르치는 사람이라는 말이다. 학력으로 보아 스승이 아니라 하느님을 진실로, 정확히 가르친다는 뜻이다. 교회에서 정하고 마련한 정규 신학 과정을 거쳤지만 엉터리로 가르치는 종교인도 있고, 신학 공부를 하지 않았지만 삶으로 상식에 기초하여 정확히 가르치는 사람도 있다.

예수는 심문 받는 과정에서 폭력을 당했다. 예수는 언어폭력에 시달리고 체벌을 겪었으며, 고문까지 당했다. 군인에게 뺨을 맞은 예수는 순진하게 다른 뺨을 대주지 않았다. "누가 뺨을 치거든 다른 뺨마저 돌려대주고"(〈루가〉 6,29)라는 자신의 말을 외면하고, "내가 한 말에 잘못이 있다면 어디 대보시오. 그러나 잘못이 없다면 어찌하여 나를 때립니까?"라고 폭력을 행사한 군인에게 대들고 항의했다(23절). 예수도 우리처럼 성질 깨나 있는 사람이다.

대사제 안나스가 예수에게 질문한 이야기(19-24절)를 유다교 최고 회의가 연 공식 재판으로 보기는 어렵다.[296] 안나스는 예수를 범죄자처럼 취급하여 손을 묶은 채 사위인 대사제 가야파에게 보냈다(24절). 대사제 안나스가 예수에게 한 질문을 초대교회 사람들은 유다교 회당에서 쫓겨 날 때 받았을 것이다.[297]

〈요한〉 저자는 예수가 가야파에게 어떤 심문을 받았는지 알지만(〈마르〉 14,60-64) 기록하지 않았다. 25절에서 나는 아니요οὐκ εἰμί라는 베드로의 말은 5·8절에 나는 -이다ἐγώ εἰμι라는 예수의 말과 대립된다. 예수는 제자들을 보호하기 위해 죽음을 무릅쓰고 '나는 -이다'라고 답했지만, 베드로는 자기 목숨을 구하려고 스승을 배신하며 '나는 아니요'라고 둘러댔다. 자기가 살려고 예수를 배신하는 직업 종교인이 얼마나 많은가. 베드로처럼 처신하는 그리스도인이 얼마나 많은가. 예수를 팔아먹는 사람은 많아도 예수를 따르는 사람은 적다.

그런데 사람들은 어떻게 눈치채고 베드로에게 예수의 제자냐고 질문했을까. 갈릴래아 사투리를 듣고 짐작했을까. 베드로가 예수를 모른다고 세 번째 말한 것은 두 번째 부인한 시간과 별 차이 없다(25-27절). 〈루가〉 22,59에는 그렇지 않다. 히틀러 시대에 유다인이 발음하기 어려운 독일어를 낭독하게 시켜서 유다인을 골라내는 수법도 있었다고 한다. 전두환 시절에 전라도 사투리를 쓰는 사람은 여기저기서 곤욕을 치르고 수모를 당했다.

　독자는 베드로가 세 번이나 예수를 모른다고 말한 사실을 알 뿐, 베드로가 부인한 내용은 전해지지 않았다. 해가 뜨고 새벽이 다가오는 상징으로 닭이 두 번(〈마르〉 14,30.72) 나온다. 〈요한〉에서는 한 번 등장한다 (27절). 〈요한〉 저자는 닭이 울자 땅에 쓰러져 슬피 운 베드로(〈마르〉 14,72) 의 감정 상태에 관심이 없었다. 예수가 체포될 때 용감하게 칼을 휘두르며 저항한 베드로가 정작 예수를 모른다고 잡아떼며 무너지는 모습을 담담하게 기록할 뿐이다. 〈요한〉 저자는 예수가 시몬 베드로에게 예고한 말 (13,38)이 이뤄졌다는 사실을 독자가 기억하면 충분하다.[298]

6막 2장 로마 군대에게 사형선고 받는 예수

²⁸ 사람들이 예수를 가야파의 집에서 총독 관저로 끌고 갔다. 그때는 이른 아침이었는데 그들은 부정을 타서 과월절 음식을 먹지 못하게 될까 봐 총독 관저에는 들어가지 않았다. ²⁹ 결국 빌라도가 밖으로 나와 그들에게 "너희는 이 사람을 무슨 죄로 고발하느냐?" 하고 물었다. ³⁰ 그들은 빌라도에게 "이 사람이 죄인이 아니라면 우리가 왜 여기까지 끌고 왔겠습니까?" 하고 대답하였다. ³¹ 그러자 빌라도는 "너희가 데리고 가서 너희의 법대로 처리하여라" 하고 말하였다. 유다인들은 "우리에게는 사람을 사형에 처할 권한이 없습니다" 하고 대답하였다. ³² 이렇게 해서 예수가 당신이 어떻게 돌아갈 것인가를 암시하여 한 말이 이루어지게 되었다. ³³ 빌라도는 다시 관저 안으로 들어가서 예수를 불러놓고 "당신이 유다인의 왕인가?" 하고 물었다. ³⁴ 예수는 "그것은 당신 말입니까? 아니면 나에 관해서 다른 사람이 들려준 말을 듣고 하는 말입니까?" 하고 반문하였다. ³⁵ 빌라도는 "내가 유다인인 줄로 아느냐? 당신을 내게 넘겨준 자들은 당신 동족과 대사제들인데 도대체 당신은 무슨 일을 했느냐?" 하고 물었다. ³⁶ 예수는 이렇게 대답하였다. "내 왕국은 이 세상 것이 아닙니다. 만일 내 왕국이 이 세상 것이라면 내 부하들이 싸워서 나를 유다인들의 손에 넘어가지 않게 했을 것입니다. 내 왕국은 결코 이 세상 것이 아닙니다." ³⁷ "아무튼 당신이 왕이냐?" 하고 빌라도가 묻자 예수는 "내가 왕이라고 당신이 말했습니다. 나는 오직 진리를 증언하려고 났으며 그 때문에 세상에 왔습니다. 진리 편에 선 사람은 내 말을 귀담아듣습니다" 하고 대답하였다. ³⁸ 빌라도는 예수에게 "진리가 무엇인가?" 하고 물었다.

빌라도는 이 말을 하고 다시 밖으로 나와 유다인들에게 "나는 이 사람에게서 아무런 죄목도 찾지 못하였다. ³⁹ 과월절이 되면 나는 너희의 관례에 따라 죄인 하나를 놓아주곤 했는데 이번에는 이 유다인의 왕을 놓아주는 것이 어떻겠느냐?" 하고 물었다. ⁴⁰ 그러자 그들은 악을 쓰며 "그자는 안 됩니다. 바라빠를 놓아주시오" 하고 소리 질렀다. 바라빠는 강도였다. ¹ 빌라도는 안으로 들어가서 부하들을 시켜 예수를 데려다가 매질하게 하였다. ² 병사들은 가시나무로 왕관을 엮어 예수의 머리에 씌우고 자홍색 용포를 입혔다. ³ 그리고 예수 앞에 다가서서 "유다인의 왕 만세!"

하고 소리치면서 그의 뺨을 때렸다.

⁴ 빌라도는 다시 밖으로 나와서 유다인들에게 이렇게 말했다. "그를 너희 앞에 끌어내 오겠다. 내가 그에게서 아무런 혐의도 찾아내지 못했다는 것을 너희도 이제 보면 알 것이다." ⁵ 예수는 가시관을 머리에 쓰고 자홍색 용포를 걸치고 밖으로 나왔다. 빌라도는 사람들에게 예수를 가리켜 보이며 "자, 이 사람이다" 하고 말하였다. ⁶ 대사제들과 경비병들은 예수를 보자마자 "십자가에 못 박으시오. 십자가에!" 하며 큰 소리로 외쳤다. 그러자 빌라도는 "그러면 데려다가 너희의 손으로 십자가에 못 박아라. 나는 그에게서 아무 죄목도 찾아내지 못하였다" 하고 말하였다. ⁷ 유다인들은 또다시 "우리에게는 율법이 있습니다. 그 율법대로 하면 그자는 제가 하느님의 아들이라고 했으니 죽어 마땅합니다" 하고 대꾸하였다.

⁸ 빌라도는 이 말을 듣고 더욱 두려운 마음이 들어 ⁹ 예수를 데리고 안으로 들어가 "도대체 당신은 어디에서 온 사람이냐?" 하고 물었다. 예수는 아무 대답도 하지 않았다. ¹⁰ "나에게도 말을 하지 않을 작정이냐? 나에게는 당신을 놓아줄 수도 있고 십자가형에 처할 수도 있는 권한이 있는 줄을 모르느냐?" 빌라도의 이 말에 ¹¹ 예수는 이렇게 대답하였다. "당신이 하늘에서 권한을 받지 않았다면 나를 어떻게도 할 수 없을 것입니다. 그러므로 나를 당신에게 넘겨준 사람의 죄가 더 큽니다." ¹² 이 말을 들은 빌라도는 예수를 놓아줄 기회를 찾기 시작하였다. 그러나 유다인들은 "만일 그자를 놓아준다면 총독님은 카이사르의 충신이 아닙니다. 누구든지 자기를 왕이라고 하는 자는 카이사르의 적이 아닙니까?" 하고 큰 소리로 외쳤다. ¹³ 빌라도는 이 말을 듣고 예수를 데리고 나와 리토스트로토스라 하는 자리에 올라가 자기 재판관석에 앉았다. 리토스트로토스라는 말은 히브리말로 가빠타라고 하는데 '돌 깔아놓은 자리'라는 뜻이다. ¹⁴ 그날은 과월절 준비일이었고 때는 낮 열두 시쯤이었다. 빌라도는 유다인들을 둘러보며 "자, 여기 너희의 왕이 있다" 하고 말하였다. ¹⁵ 그들은 "죽이시오. 죽이시오. 십자가에 못 박아 죽이시오!" 하고 외쳤다. 빌라도가 "너희의 왕을 나더러 십자가형에 처하란 말이냐?" 하고 말하자 대사제들은 "우리의 왕은 카이사르밖에는 없습니다" 하고 대답하였다. ¹⁶ 그래서 빌라도는 예수를 십자가에 못 박으라고 그들에게 내어주었다. (18,28–19,16a)

〈요한〉은 18,28-19,16a에서 예수가 빌라도에게 심문 받는 장면을 확대했다.[299] 〈마르〉 14,61은 하느님의 아들과 그리스도 호칭을 한꺼번에 물었고, 〈루가〉 22,67-71은 예수가 메시아인지 그리고 하느님의 아들인지 따로 물었다. 33절 "당신이 유다인의 왕인가?"라는 빌라도의 질문은 "당신이 유다인들의 임금이오?"(〈마르〉 15,2)처럼 중요하다. 36절 "내 왕국은 이 세상 것이 아닙니다"라는 예수의 답변에 〈요한〉의 특징이 나타난다. 예수가 왕이냐는 문제뿐 아니라 예수가 어떤 왕국의 왕이냐는 문제 말이다. 〈요한〉에서 왕국βασιλεία이란 단어가 중요하다.

〈요한〉의 예수 수난 보도는 〈마르〉에 나타난 순서를 따른다. 체포되는 예수, 대사제에게 넘겨지는 예수, 예수를 처음 부인하는 베드로, 대사제에게 심문 받는 예수, 예수를 두 번째와 세 번째 부인하는 베드로, 이른 아침 빌라도에게 넘겨지는 예수 순서다. 빌라도에게 재판 받는 장면(18,28-19,16a)은 〈요한〉의 예수 수난 역사에서 내용으로나 구성으로나 가장 중요하다. 무대에 세 주연배우가 등장한다. 예수, 빌라도, 유다교 지배층이다. 유다교 지배층은 예수의 처형을 요구하고, 예수와 빌라도는 세계사적 논쟁과 담판을 한다. 빌라도는 자기 권력에 취한 사람[300]으로 나타난다.

6막 2장(〈요한〉 18,28-19,16a)은 건물 안에서 세 장면(18,33-38a; 19,1-3; 19,9-12), 건물 밖에서 네 장면(18,29-32; 18,38b-40; 19,4-7; 19,13-16a) 등 모두 일곱 부분으로 나눌 수 있다.[301] 여덟 부분으로 나눌 수도 있다.[302] 내 스승 센케 교수는 아홉 부분으로 나누자고 제안했다.[303]

1. 시작: 빌라도에게 넘겨진 예수(18,28)

2. 고발자와 재판관 빌라도: 고발(18,29-32)

3. 빌라도와 고발된 예수: 진리 질문(18,33-38a)

4. 고발자와 빌라도: 예수가 아니라 바라빠(18,38b-40)

5. 고발된 예수: 매질과 모욕(19,1-3)

6. 빌라도, 고발자, 예수: 구인拘引(19,4-7)

7. 빌라도와 예수: 권력 질문(19,8-11)

8. 고발자와 빌라도: 권력자의 약점(19,12)

9. 빌라도, 고발자, 예수: 판결(19,13-16a)

건물 밖에서 예수를 고발하고 그 이유가 언급되며, 건물 안에서 예수의 왕권이 논쟁 주제가 된다. 건물 밖에서 군중은 예수를 죽이라고 요구하고, 건물 안에서 예수는 진짜 왕으로 드러난다. 빌라도가 건물 안팎을 오가며 사정을 알아야 했다는 보도는 조금 우스꽝스럽다.[304] 〈요한〉은 바로 앞에서 예수가 유다교 지배층에게 심문 받는 장면을 〈마르〉〈마태〉〈루가〉에 비해 아주 짧게 보도했다. 유다인들과 로마인들이 빌라도 앞에서 예수가 재판 받는 장면에 집중하도록 하기 위해서다. 온 세상이 예수의 재판을 지켜본다. 남북 정상의 판문점 회담처럼 예수의 재판이 전 세계에 생중계되는 셈이다.

예수를 체포한 병력은 예수를 대사제 가야파 집에서 빌라도 총독 관저로 끌고 간다(18,28). 명절에 안토니아 언덕에 주둔하던 로마 군대로 짐작된다.[305] 공통년 6년 유다 지역이 로마의 속주가 된 후, 로마 총독은 체사리아에 주둔했다. 총독이 가끔 예루살렘으로 내려오면 예루살렘 성벽 왼쪽에 있는 하스모네아 궁전에 머물렀다.[306] 예루살렘성전이 내려다보여 감시하기 좋고, 보병 600-1000명과 기병 120명으로 구성된 부대가

있었다. 헤로데 궁전 위쪽에 있는 작은 건물로 추측하기도 한다.[307]

28절 이른 아침 ἦν δὲ πρωΐ은 날이 새는 오전 6시경을 가리킨다(〈마르〉 15,1). "유다는 빵을 받은 뒤에 곧 밖으로 나갔다. 때는 밤이었다."(〈요한〉 13,30) 유다는 밤에 예수를 배신했지만, 이른 아침에 예수의 무죄가 환히 밝혀진다. '이른 아침'은 과월절 축제에 쓰이는 양이 도살되기 8시간 전쯤이다. 양이 도살되는 시각에 진짜 양인 예수는 십자가에서 죽음을 당한다. 〈요한〉 저자는 '과월절 음식을 먹기 전'이라는 표현으로 예수가 죽은 날짜를 알려준다. 28절은 빌라도가 건물 안에 있는 예수와 건물 밖에 있는 유다인 사이를 왔다 갔다 하는 전제를 만들어준다.[308]

유다인이 이방인의 집에 들어가면 정결 예식 규칙에 위반된다(〈민수〉 19,4).[309] 이방인뿐만 아니라 나병 환자, 생리 중인 여성, 다른 이유로 정결 예식 규칙을 어긴 유다인도 과월절 축제 참여가 금지되었다.[310] 28절을 보면 예수는 과월절 축제 전날인 니산 달 14일에 처형되었다. 〈마르〉〈마태〉〈루가〉의 보도에 따르면, 과월절 축제 첫날인 니산 달 15일에 처형되었다. 복잡하고 어려운 문제인 예수가 죽은 날짜를 여기서 우리가 확정하지는 말자.[311]

유다인들이 정결 예식 규칙을 지키는 사실을 비판하여 반유다주의를 부추긴다는 혐의를 받을 만한 해설이 그리스도교 성서신학 작품에서 드물지 않다. "유다인은 하느님이 보내신 분을 죽음에 이르게 했으면서 정결 예식 규칙을 고통스럽게 지킨다."[312] "유다인들은 정결 예식 규칙을 지키는 일과 예수를 죽이는 일을 합쳤다."[313] 1세기 말 예수를 메시아로 믿은 어느 유다인이 이집트 종살이에서 벗어나게 해주신 하느님의 역사를 기념하는 과월절 축제가 극복되었다고 생각하겠는가.[314] 29-32절은 두 가지를 주장한다. 예수는 죄가 없으며, 예수가 드높아지리라는 예수의 말은 실행된다.

로마 군인 빌라도 총독은 일제강점기 조선총독부 총독에 해당하는 사람이다. 일본이 우리 땅을 무력으로 점령하고 다스렸듯이, 로마가 이스라엘을 그렇게 지배했다. 빌라도는 공통년 26-36년 유다 총독이었다. 그는 유다인과 자주 충돌했다고 알려진다. 로마 군대 깃발을 내세우고 예루살렘으로 행진했고,[315] 운하 건설을 명분으로 예루살렘성전 금고에서 돈을 약탈했으며,[316] 가리짐 성소에 있는 사마리아 군중을 습격했다.[317] 빌라도는 이런 이유로 시리아에 주둔한 로마 상관에 의해 총독 자리에서 쫓겨나고, 로마로 가서 황제에게 해명해야 했다.[318] 크리거K. St. Krieger는 빌라도를 성품이 악독한 사람으로 묘사하는 이런 기록을 조심스럽게 살펴야 한다고 주장했다.

예수가 빌라도에게 넘겨지기 전, 빌라도는 가야파와 예수의 사건에 대한 정보를 들었다.[319] 예수를 체포하는 데 로마 군인들이 가담했다는 보도는 빌라도가 예수의 사건을 정치적 사건으로 본다[320]는 말이다. 29절에서 빌라도는 무슨 죄로 예수를 고발하느냐고 물었다. 30절에서 예수를 붙잡아 온 사람들은 예수가 죄인이 아니라면 왜 끌고 왔겠느냐며 엉뚱하게 반문한다. 앞으로 증명해야 할 결론을 벌써 증명된 전제처럼 악용하는 수법이다.

그들은 예수를 죽이고 싶은 마음은 많지만, 예수의 죄가 무엇인지 잘 모르고 확신도 없다. 악인은 타당한 의견을 묵살하기 위해 정당한 의견을 말한 사람을 인신공격하는 수법도 쓴다. 메시지를 공격하기 위해 메시지를 말한 사람을 공격하는 작전이다. 결론을 내려놓고 나중에 이유를 꾸며내고 조작하는 나쁜 수법도 있다. "빌라도가 '도대체 이 사람의 잘못이 무엇이냐?' 하고 물었으나 사람들은 더 악을 써가며 '십자가에 못 박으시오!' 하고 외쳤다"(〈마르〉 15,14)는 구절에 나온 사람들처럼 막무가내로 우기면 되는가.

31절에서 유다인들은 "우리에게는 사람을 사형에 처할 권한이 없습니다"라고 말하면서 예수를 죽이고 싶다는 뜻을 빌라도 총독에게 분명히 드러냈다. 사형을 선고하고 집행하는 권한은 오직 로마 군대 총독에게 있었다.[321] 32절 "이렇게 해서 예수가 당신이 어떻게 돌아갈 것인가를 암시하여 한 말이 이루어지게 되었다"는 〈요한〉 저자가 썼거나[322] 〈요한〉 이후 교회가 편집한[323] 것으로 추측된다. "'내가 이 세상을 떠나 높이 들리게 될 때에는 모든 사람을 이끌어 나에게 오게 할 것입니다' 하고 말하였다. 이것은 예수가 당신이 어떻게 돌아가리라는 것을 암시한 말이었다"(〈요한〉 12,32-33)를 떠올리게 하는 구절이다.

유다인이 동족 예수를 죽이기 위해서는 이방인 로마 군대의 힘을 빌려야 했다. 동포를 죽이려고 다른 민족의 힘을 빌린다? 이런 비극은 한반도에서도 자주 일어났다. 동족을 죽이기 위해 외세와 협력하는 슬픈 역사가 우리 땅에서 계속되었다. 어서 치욕의 역사를 끝장내야 한다. 예수를 죽이려는 유다인을 보면서 부끄러운 우리 역사를 돌아본다.

나는 예수를 이해하는 데 로메로 대주교나 체 게바라의 삶에서 큰 도움을 받았다. 그러나 식민지, 외세, 독립, 자주, 평화 같은 주제에서 예수와 가장 가까운 처지에 있는 사람은 전봉준 장군과 안중근 의사 아닐까.
나는 전봉준 장군과 안중근 의사 덕분에 예수를 더 잘 이해했다. 예수 덕
분에 전봉준 장군과 안중근 의사를 더 가까이 알았다. 동학혁명 이후 한
국 현대사 120여 년을 보면서 예수와 성서를 더 잘 이해할 수 있었다.

로마 군대 재판에서는 아침 일찍 재판이 열리는 일이 보통이었다.[324]
예수가 세상을 이기는 날이 시작되었다.[325] 빌라도는 예수를 관저 안으로
데리고 들어가 로마법 소송coercitio 절차에 따라 심문을 시작했다. 독자는
재판 기록을 읽는 느낌이 들겠다. 재판을 진행한 로마 군대 측이 작성한
기록이 아니라, 예수 편에 선 인물이 상상력을 동원해서 쓴 방청 기록이
다. 당시 재판에 녹화나 녹음은 없었다. 33절 "당신이 유다인의 왕인가?"
는 빌라도나 〈요한〉 저자에게 핵심 질문이다. 빌라도에게는 정치권력의
문제, 〈요한〉 저자에게는 진리의 문제다.

로마 군대는 유다교 내부의 종교 논쟁에 관심이 없었다. 유다교 지배
층과 예수의 율법에 대한 논쟁은 로마 군대에게 아무런 흥미도 못 된다.
유다교 지배층이 예수를 죽이라고 로마 군대를 유혹했거나 압박했다고
상상할 수밖에 없다. 로마 군대는 왜 예수를 죽이려 했을까. 그것이 알고
싶다.

빌라도 총독이 예수의 말과 행동을 제자들처럼 자세히 알았을 리 없
다. 예수와 함께 지내고 움직이던 제자들도 예수를 잘 이해하지 못했다.
빌라도가 밀정이나 정보기관에게서 예수의 성전 항쟁에 대해 보고 받았
을 가능성은 있다. "당신이 유다인의 왕인가?"는 당시 재판에서 실제로
한 질문일 수 있다.[326] 예수를 십자가형에 처하려면 로마법에 따라 정치

범에 해당하는 죄가 있어야 하기 때문이다. '유다인의 왕'이라는 호칭은
예수의 재판에서 실제로 역할을 할 수 있었다.[327]

34절에서 예수는 "그것은 당신 말입니까? 아니면 나에 관해서 다른
사람이 들려준 말을 듣고 하는 말입니까?"라고 반문한다. 유다인이 예수
를 고발했다는 사실을 빌라도가 확인해달라는 뜻이다.[328] 빌라도가 어디
서 그런 정보를 들었는지 묻는다. 34-38a절은 〈요한〉 저자의 글솜씨와
편집[329] 능력이 돋보이는 부분이다. 35절 "당신을 내게 넘겨준 자들은 당
신 동족과 대사제들"이라는 빌라도의 발언에 예수 죽음의 책임을 유다교
지배층에게 추궁하려는 〈요한〉 저자의 의도가 담겼다.

36절에서 예수는 "내 왕국은 이 세상 것이 아닙니다"라고 두 번이나
강조했다. 예수의 왕국은 지상에 근원을 두지 않기 때문에 지상의 권력
이 아니다.[330] 예수의 권력은 로마제국의 권력과 같은 차원에 있지 않지
만, 폭력에 근거한 로마제국의 권력이 정당한지 따져 물을 수 있다.[331] 예
수의 권력이 지상 권력이 아니기 때문에 정치 분야 전체를 질문할 수 있
다.[332] 권력을 진리라고 믿는 정치권력과 진리를 권력으로 믿는 예수의
대결이다.

대사제는 예수를 죽이려는 뜻을 이미 노골적으로 드러냈다. "그들과
사제들은 예수를 잡아 오라고 성전 경비병들을 보냈다."(〈요한〉 7,32) 대사
제는 유다교에서 가장 큰 권력과 높은 지위를 가진 사람이다. 종교계 최
고 지도자가 사람을 죽이려는 것이다. 종교계 최고 지도자라면 사람을
살리는 데 앞장서야 할 인물 아닌가. 한국 종교계에서 지배자와 지도자
라는 단어가 분별없이 뒤섞여 쓰인다. 종교 지배자와 종교 지도자는 동

의어가 아니다. 종교 지배자가 저절로 종교 지도자인 것은 아니다. 종교 권력을 장악한 종교 지배자가 신도와 백성에게 존경받지 못하는 광경은 드물지 않다.

빌라도 총독은 예수가 유다 지방의 정치적 왕 자리를 노린다는 소문 때문에 예수에게 관심을 보인 듯하다.[333] 예수는 빌라도 앞에서 정치권력을 장악하는 데 아무 관심이 없다고 해명한다. 예수가 빌라도 총독 앞에서 하는 해명이라기보다 요한 공동체를 비롯한 초대 그리스도교가 로마제국에 보내는 메시지 같다. 그리스도교는 로마제국에게 정치적 위협이 되지 않는다는 설명이다. 〈요한〉 저자는 복음을 전파할 사명도 알지만, 우선 그리스도교 공동체를 로마제국의 억압에서 보호하는 일이 절박했을 것이다. 조직으로서 교회의 생존이 복음 전파라는 교회의 사명을 압박하는 시대였다.

'유다인의 왕' 질문은 빌라도에게 권력의 질문이고, 예수에게 진리의 질문이다.[334] 나는 좀 더 정확히 빌라도는 정치적 질문을 했고, 예수는 신학적 답변을 했다고 말하고 싶다. 정치적 왕은 그 부하들이 무력으로 싸워서 쟁취하거나 지킨다. 신학적 왕은 고난과 십자가 죽음으로 영광 받고 높이 들린다. 정치적 왕과 신학적 왕이 아무 관계없다는 뜻은 아니다. 신학적 왕이 정치적 왕이라는 권력 구조를 하느님의 진리 관점에서 질문한다.[335] 세상의 권력은 하느님의 진리 질문 앞에 발가벗고 선다.

예수는 빌라도 앞에서 진리를 설명할 기회를 얻었다. 37절 "내가 왕이라고 당신이 말했습니다"는 "빌라도는 예수에게 '당신이 유다인의 왕인가?' 하고 물었다. 예수는 '그것은 당신 말입니다' 하고 대답하였다"

(〈마르〉 15,2)에서 왔다. 예수는 사람이 된 로고스(〈요한〉 1,14)로서 진리를 전하고(〈요한〉 8,32), 당신의 말을 듣는 사람을 모으기 위해(〈요한〉 10,16,27) 세상에 왔다(〈요한〉 1,9; 3,16; 6,14; 11,27). 진리를 알려주고 전하는 예수는 진리의 왕이다. 왕의 권력 때문에 백성이 왕을 따르듯, 예수의 진리 때문에 사람들이 예수를 따른다. 예수의 진리에 매혹된 사람들은 강제력이 아니라 진리가 주는 빛과 생명 때문에 기쁘게, 자발적으로 예수를 따른다. 예수는 세상 권력을 쥐었기 때문이 아니라 진리를 전하고 진리 자체이기 때문에 왕이다. 예수의 재판과 죽음 과정에서 진리라는 단어가 느닷없이 튀어나온 것은 아니다.

예수에게 진리가 중요하지만, 빌라도에게는 권력이 중요하다. 권력이 진리를 다스리는가, 진리가 권력을 다스리는가? 권력이 진리를 다스리면 지식인과 언론인, 종교인은 권력자에게 봉사하는 하수인에 불과하다. 그때 진리는 권력의 종으로, 억압 도구로 쓰이고 만다. 진리가 권력을 다스리면 지식인과 언론인, 종교인은 권력을 감시하고 비판한다. 그때 진리는 가난한 사람을 해방하기 위한 도구가 될 수 있다.

진리를 홀로 외치는 것으로 종교의 책임이 끝나지 않는다. 종교는 권력이 진리를 억압하는 현실을 고발해야 한다. 권력 비판으로서 종교의 기능이 중요하다. 종교가 권력을 비판하지 않으면 가난한 사람과 역사의 희생자를 외면하고 만다. 가난한 사람과 역사의 희생자를 책임지지 않는 종교는 참된 종교가 아니다. 종교는 정치권력은 물론, 종교 권력도 비판해야 한다.

예수는 진리를 증언하려고 사람이 되었으며, 진리를 전하려고 세상에 왔다. 진리는 지식뿐 아니라 생명과 먼저 관계된다. 진리는 철학 수업에서 가난한 사람이 사는 시장과 일터, 현장으로 나왔다. 진리는 옳고 그름을 따지기 전에 생명이냐 죽음이냐를 따진다. 진리는 지식과 정보, 인식론 차원을 뛰어넘는다. 진리의 동의어는 생명이다.

그리스도교에서 진리의 반대말은 무지나 거짓이 아니라 죽음이다. 가난한 사람과 희생자를 살리는 일이 진리다. 가난한 사람과 희생자에게 유리한 모든 말과 행동이 그리스도교에서 진리다. 가난한 사람과 희생자를 억압하는 악의 세력에 맞서 싸우는 모든 몸짓이 진리다. 가난한 사람과 희생자를 속이는 일은 죽음이다.

빌라도가 예수에게 "진리가 무엇인가?"라고 물은 38절은 〈요한〉 저자가 쓴 구절이다. 빌라도가 모르는 것을 알고 싶어 질문한 것이 아니다. 빌라도가 판단을 하지 못해 던진 질문[336]으로 보기 어렵다. 빌라도가 예수의 진리 개념을 반박하는 말이다.[337] 빌라도는 진리에 관심 없고 권력에 관심 있다. 권력이 최고인데 무엇이 더 필요하냐는 빈정거림이다. 권력이 진리를 억압할 수 있다는 오만을 과시하려는 질문이다. 역사에 권력으로 진리를 억압하려는 독재자가 많았다. 빌라도는 진리를 선택하지 않고 권력을 선택했다. 예수는 권력 편이 아니라 진리 편이다. 예수의 운명은 죽음이었다.

33·39절에서 이방인 빌라도는 예수에게 '유다인의 왕'이라는 호칭을 쓰지만, 유다인들은 '이스라엘의 왕'(〈요한〉 1,49; 12,13)이라는 호칭을 쓴다. 38절에서 빌라도는 다시 밖으로 나와 유다인들에게 예수에게서 아무 죄목도 찾지 못하였다(〈루가〉 23,4)고 말한다. 39-40절에서 과월절에

죄수 하나를 풀어주는 이야기는 다른 복음서(〈마르〉 15,6-20; 〈마태〉 27,15-31; 〈루가〉 23,13-25)에 비해 아주 간단히 소개되었다. 이 관행에 대한 기록은 복음서 밖에서 전혀 찾아볼 수 없다. 그럼에도 이 사면Amnestie의 역사성을 의심할 수 없다[338]고 말할 수 있을까. 과월절에 죄수 하나를 풀어주는 사면이 실제로 있었을 가능성은 희박하다.[339]

39절 "이번에는 이 유다인의 왕을 놓아주는 것이 어떻겠느냐?"는 빌라도의 제안은 〈마르〉 15,9과 단어가 거의 똑같다. 빌라도가 거절당할 것을 짐작하고 한 말 아닐까.[340] 예수를 고발한 유다교 지배층이 체면을 잃지 않고 예수를 죽이려는 음모를 포기하라는 타협안을 제시한 것일까.[341] 고발자들과 예수를 모두 만족시킬 방안을 말한 것일까.[342] 빌라도는 예수를 석방하고 고발자들의 체면도 살려주려 했을까.[343]

〈마르〉 15,8과 〈마태〉 27,15에서는 군중이 먼저 죄수 한 사람을 풀어달라고 요구하고 빌라도가 그 청을 들어주었다. 39절과 〈루가〉 23,16에서는 빌라도가 먼저 죄수 하나를 풀어주겠다고 제안하고 군중은 바라빠를 풀어달라고 요구했다. 40절에서 사람들은 바라빠를 놓아달라고 소리질렀다(〈루가〉 23,18). 바라빠Βαραββᾶς는 '아버지의 아들'[344]을 뜻하는 고유한 이름이다.[345] 유다 역사가 요세푸스의 책에 유다인 무장 독립 세력인 젤로데Zelote[346] 대원을 로마 군대의 시각에서 강도λῃστής라고 불렀다. 요세푸스는 펠릭스 총독이 십자가 처형한 강도의 수가 엄청나다고 기록했다.[347]

로마 군대 입장에서 유다인 무장 독립 세력인 젤로데 대원은 강도지만, 유다인 입장에서는 독립투사다. 40절 "바라바는 강도였더라"(개역개정 성경전서), "바라빠는 강도였다"(공동번역성서 개정판)는 잘못된 번역이다. 독립투사라고 어서 고쳐야겠다. 폭동과 살인죄로 감옥에 갇혀 있던 바라빠(〈루가〉 23,25)는 강도가 아니라 독립투사(〈마르〉 15,7.27)다. 유다인들은 왜 예수를 버리고 바라빠를 선택했을까. 유다 독립 전쟁에 가담한 무장 독립 세력의 지도자를 택했는가.[348] 유다인들이 바라빠를 살리기로 하여 공통년 66-73년 로마제국에 대한 독립 전쟁의 길로 들어선 것[349]인가. 유다인들은 로마 군대에 더 저항하는 마음에서 예수보다 독립운동 지도자 바라빠를 살려내려 했다고 말이다.

39절에서 빌라도가 유다인들에게 예수를 유다인의 왕으로 소개하는 장면이 〈요한〉의 예수 수난 기록의 큰 특징이다. 〈요한〉 19,1 공개 매질은 사형수를 겁주려는 처벌이다.[350] 매질은 사형 집행 절차 중 시작에 속한다. 긴 가죽끈 끝에 달린 쇳조각이 사형수의 몸에 깊은 상처를 낼 수 있다. 휘두르는 매질로 죽기도 한다. 매질은 사형 판결 이후 행해졌거나(〈마르〉 15,15;〈마태〉 27,26), 판결 전에 언급되었지만 실제로 매질하는 장면이 나타나진 않았다(〈루가〉 23,16.22). 1절에서 빌라도는 예수에게 아직 사형선고를 내리지 않은 상태에 매질을 시킨다. 불법 고문이다. 〈요한〉은 예수에게 매질한 것이 불법이고 부당하다고 주장한다.

군인들은 예수를 희롱하고 모욕했다. 2a절은 〈마태〉 27,29a과 단어가 거의 비슷하다. 2절은 〈마르〉 15,17을 순서만 바꾼 문장이다. 예수의 머리를 때린 갈대, 침 뱉음, 무릎 꿇고 경배하는 모습(〈마르〉 15,18-19;〈마태〉 27,29-30)은 〈요한〉에서 삭제되었다. 3절에서 군인들이 예수의 뺨을 때린 ῥαπίσματα 이야기는 〈요한〉에만 나온다(18,22). 빌라도는 예수의 무죄를 세 번이나 주장한다.

예수를 석방하려던 빌라도의 노력이 실패한 것은 하느님이 그렇게 원했기 때문이라는 의견[351]은 지나치다. 예수의 말에서 폭력 사용에 대한 하느님의 항의를 보는 것[352]이 더 설득력 있다. 예수에게서 아무 혐의도 찾지 못했다고 말하던 빌라도가 돌변하여 예수를 사형수처럼 매질하고 처형하라고 시켰다. 〈요한〉은 빌라도의 모순된 행동을 제대로 고발한다. 예수 죽음의 책임은 빌라도에게 있다. 예수 죽음의 책임은 빌라도 뒤에 있는 로마제국에게 있다. 죄 없는 예수를 사형에 처하라고 명령한 빌라도의 잘못이 죄 없는 예수를 죄 있다고 허위로 고발한 유다교 지배층의 잘못보다 왜 대수롭지 않게 여겨져야 한단 말인가.[353]

5절에서 가시관을 머리에 쓰고 자홍색 용포를 걸치고 밖으로 나온 예수는 어떤 모습일까. 풍자만화에 나오는 주인공 같다.[354] 자홍색 용포는 군인의 겉옷이다. 군복을 강제로 입은 예수가 사형장으로 걸어간다. 예수는 원래 입은 옷으로 갈아입지 않고, 로마 군대가 입혀준 군복 차림으로 사형장에 갔다.[355] 가시관을 쓰고 낡은 군복을 걸치고 법원 문을 나서는 예수를 상상해보자. 수많은 기자와 카메라가 예수를 기다린다.

〈요한〉은 여기서 〈이사〉 예언서를 생각한다. "이제 나의 종은 할 일을 다하였으니, 높이높이 솟아오르리라. 무리가 그를 보고 기막혀 했지. 그의 몰골은 망가져 사람이라고 할 수가 없었고 인간의 모습은 찾아볼 수가 없었다."(〈이사〉 52,13-14) 예수는 겉보기에 망가진 사람[356]이나 아무 힘없는 사람[357]이 아니라 진짜 망가지고 힘없는 사람이었다.

5절에서 빌라도는 이런 예수를 사람들에게 이 사람 ἰδοὺ ὁ ἄνθρωπος이라고 소개했다. 그리스어 ἰδοὺ ὁ ἄνθρωπος보다 라틴어 번역어 Ecce homo가 많이 알려졌다. '이 사람'에 여러 뜻이 담겼다.[358]

1. 영지주의가 주장하는 인간 신화Anthropos-Mythos를 반대한다.[359]
2. 사람의 아들ὁ υἱὸς τοῦ ἀνθρώπου(〈요한〉 5,27)과 같은 뜻이다.[360]
3. '구원을 가져다주는 사람'이란 뜻이다.[361]
4. 사람이 된 로고스ὁ λόγος σὰρξ ἐγένετο(〈요한〉 1,14)가 최종적으로 드러난 경우다.[362]

예수를 십자가에 못 박으라고 외친 사람들은 과연 누구일까. 대사제들에게 선동된 군중ὄχλος(〈마르〉 15,11), 모두πάντες(〈마태〉 27,22), 온 무리πα μπληθεί(〈루가〉 23,18), 대사제들과 경비병들οἱ ἀρχιερεῖς καὶ οἱ ὑπηρέται(〈요한〉 19,6)이다. 〈루가〉 〈요한〉에서 예수는 죄가 없다는 빌라도의 선언은 십자가에 못 박으라는 요구 앞에서 두 번, 요구 뒤에서 한 번 더 나온다. 빌라도는 예수가 죄 없다고 세 번이나 확인한다(〈루가〉 23,4.14.22; 〈요한〉 18,38b; 19,4.6).

〈루가〉 〈요한〉은 빌라도의 무죄 선언을 왜 세 번이나 기록했을까. 예수의 죽음에 대한 책임이 빌라도가 아니라 유다교 지배층과 군중에게 있는 것처럼 보일 수 있다. 그러나 빌라도는 세 번이나 무죄 선언을 하고도 예수를 석방하지 않았다. 빌라도는 예수를 석방할 수 있었고 석방해야 했지만, 그러지 않았다. 빌라도는 유다교 지배층을 무고죄로 수사하고 처벌해야 했지만, 그러지 않았다. 빌라도는 정치적 판단에 따라 예수를 사형에 처했다. 〈요한〉은 빌라도의 거짓된 행동과 사악함을 고발한다.

〈요한〉은 예수를 십자가에 처형하라고 요구한 사람들은 군중이 아니라 대사제들과 경비병들이라고 정확히 기록했다.[363] 당시 유다인 전체가 예수를 십자가에 못 박으라고 요구하지도 않았다. 바리사이파 사람들도 그러지 않았다. 바리사이파 사람들은 〈요한〉 1-12장에 18번 나오지만, 예수 수난 기록에 딱 한 번(〈요한〉 18,3) 나온다. 바리사이파 사람들은 예수와 자주 종교 논쟁을 했지만, 예수를 죽이라고 요구하지는 않았다. 〈요한〉 저자는 그 사실을 정확히 알고 있다. 대사제들과 경비병들은 예수를 박해하고 체포하고 죽이는 장면에 여러 번 나온다(7,32.45-46; 18,3; 19,6). 그들은 예수가 하느님의 아들이라 자칭했으니 죽어 마땅하다(〈레위〉 24,16)고 주장했다(5,18; 10,33).

〈요한〉 19,8-11에서 빌라도의 심문이 계속된다. 9절 "당신은 어디에서 온 사람이냐?"는 〈요한〉의 예수(7,27; 8,14; 9,29)를 설명하기 딱 좋은 유도신문이다. 예수는 아무 대답도 하지 않았다. 땅에 붙잡힌 빌라도가 하늘에서 온 예수의 말을 알아들을 리 없다. 침묵은 다른 복음서(〈마르〉 14,61; 15,5; 〈루가〉 23,9)와 달리 〈요한〉에서 별다른 역할을 하지 않는다. 철학자들은 법정에서 침묵한다[364]는 통념이 있기도 했다. 11절 "당신이 하늘에서 권한을 받지 않았다면 나를 어떻게도 할 수 없을 것입니다"라는 예수의 말에서 "국가권력은 세상에서 오지 않고 하느님에 근거한다"[365]는 해석을 이끌어낼 수는 없다.

여기서 예수가 빌라도의 권력이 하늘에서 왔다고 신학적으로 해설하는 것이 아니다. 국가권력은 하느님의 눈으로 보면 아무것도 아니라는 뜻이다. 예수는 국가권력의 한계를 알려준다.[366] 하느님의 권력으로 국가권력을 정당화하는 것이 아니라, 하느님의 권력이 국가권력을 비판한다. 예수를 죽이기 위해 유다교 지배층과 빌라도의 동맹이 드디어 시작되었다.

12절에서 유다교 지배층은 정치 논리를 들고 나왔다. 빌라도는 유다인의 왕을 자칭하여 로마 황제의 적이 된 예수를 죽여 마땅하다는 것이다. 유다교 지배층은 예수를 죽이지 않으면 로마 황제의 충신이 아니라며 빌라도를 압박했다. 로마 황제 티베리우스는 유력한 귀족과 장군, 측근에게 충신amicus Caesaris 호칭을 주어 부하를 장악했다.[367]

13절에서 빌라도는 재판장 의자에 앉는다. 로마제국의 권위가 실린 정식 재판을 한다는 뜻이다. 그날은 과월절 준비일(전날)이고 여섯 번째 시간(〈요한〉4,6), 즉 정오였다. 복음서 모두 예수가 처형된 날은 금요일이라고 보도한다(〈마르〉15,42; 〈마태〉27,62; 〈루가〉23,54; 〈요한〉19,14.31.42). 과월절 축제 첫날인 니산 달 15일(〈마르〉14,12; 〈마태〉26,17; 〈루가〉22,7)이다. 〈요한〉에만 과월절 준비일인 니산 달 14일 금요일 오후 시간이다(18,28; 19,14.31).

그 시간에 성전 마당에서 과월절 축제에 쓰일 양이 도살된다. 〈요한〉 저자는 예수가 참된 양이라는 사실을 강조하기 위해 예수가 처형된 날과 시간을 일부러 성전 마당에서 양이 도살되는 시간에 맞췄다.[368] 〈요한〉에 따르면 예수가 처형된 날은 지금 우리가 쓰는 달력으로 공통년 30년 4월 7일 금요일에 해당한다. 티엔은 예수가 처형된 날이 니산 달 14일이라면서 그날은 안식일[369]이라고 의아한 말을 했다.

14절 "여기 너희의 왕이 있다"는 빌라도 총독의 말은 예수를 석방하기 위해 유다인의 자존심에 호소하는 말[370]이 아니다. 빌라도가 예수를 고발한 유다인들을 비웃는 말이다. 내 생각에 이 말은 여러 가지 뜻을 포함한 듯하다.

1. 예수는 로마제국이 임명한 왕이 아니다.

2. 예수는 로마제국에 위험한 인물이다.

3. 로마제국은 예수를 정치범으로 처형할 수밖에 없다.

유다교 지배층과 유다인들은 이런 사실을 받아들이겠느냐는 협박이다. 이렇게 이해해야 15절에서 "너희의 왕을 나더러 십자가형에 처하란 말이냐?"는 빌라도의 질문에 대사제들이 "우리의 왕은 카이사르밖에는 없습니다"라고 대답한 이유를 알 수 있다. 유다교 지배층은 로마제국에 충성 서약을 재확인했다. 일본 군대에 끌려간 전봉준과 로마 군대에 처형된 예수는 같은 운명을 겪었다.

15절 "십자가에 못 박아 죽이시오!"와 "우리의 왕은 카이사르밖에는 없습니다"라는 말을 두고 성서신학 일부에서 다음과 같이 슬픈 해설이 있다. "유다인은 그 대답으로 메시아 백성의 권리를 포기했다."[371] "유다인은 이방인의 권력에 완전히 굴복해서 이스라엘의 메시아 희망을 포기했다."[372] "유다인은 진짜 왕을 포기한 동시에 유다인의 메시아 희망을 포기했다."[373] "유다인은 메시아 희망만 망가뜨린 것이 아니라 당신 백성에 대한 하느님의 다스림조차 없애버렸다."[374] 나는 이런 해설에 찬성하지 않는다.

유다교는 예수를 메시아로 인정하지 않았을 뿐, 메시아 희망을 포기한 것은 아니다. 신실한 유다인이 오늘도 매일 바치는 18기도 중 11번과 15번 기도에서, 유다인은 하느님이 유다인의 왕임을 고백하고 메시아가 오시기를 기다린다.

예수 죽음의 책임은 결국 누구에게 있는가. 나는 예수 죽음의 책임을 유다교 지배층에게만 묻는[375] 데 찬성하지 않는다. 유다교 지배층에게는 예수를 고발하고 죽이라고 요구한 죄를 물어야 한다. 유다교 지배층에게 예수를 죽여야 하는 이유는 예수가 하느님의 아들이라고 자칭했기 때문이다. 유다교 지배층은 종교적 이유로 예수를 죽이려 했다. 실제로 예수에게 사형 판결을 내리고 집행한 사람은 빌라도 총독으로 대표되는 로마제국이다.

로마제국은 예수가 유다인의 왕이기 때문에 죽이려 했다. 로마제국은 정치적 이유로 예수를 죽였다. 예수 죽음의 주요 책임은 유다교 지배층이 아니라 로마제국에 있다. 예수를 살해한 주범은 빌라도로 대표되는 로마제국이고, 종범은 예수를 고발한 유다교 지배층이다. 유다교 지배층이 아니라 로마제국이 예수를 죽였다. 빌라도 개인을 보는 데서 그치지 말고 로마제국을 봐야 한다.

6막 3장 정치범으로 십자가에 처형되는 예수

예수는 마침내 그들의 손에 넘어가 [17] 몸소 십자가를 지고 성 밖을 나가 히브리말로 골고타라는 곳으로 향하였다. 골고타라는 말은 해골산이란 뜻이다. [18] 여기서 그들은 예수를 십자가에 못 박았다. 그리고 다른 두 사람도 십자가에 달아 예수를 가운데로 하여 그 양쪽에 하나씩 세워놓았다. [19] 빌라도가 명패를 써서 십자가 위에 붙였는데 거기에는 '유다인의 왕 나자렛 예수'라고 씌어 있었다. [20] 그 명패는 히브리말과 라틴말과 그리스말로 적혀 있었다. 예수가 십자가에 달린 곳이 예루살렘에서 가깝기 때문에 많은 유다인들이 와서 그것을 읽어보았다. [21] 유다인들의 대사제들은 빌라도에게 가서 "'유다인의 왕'이라 쓰지 말고 '자칭 유다인의 왕'이라고 써 붙여야 합니다"라고 말하였으나 [22] 빌라도는 "한번 썼으면 그만이다" 하고 거절하였다.

[23] 예수를 십자가에 못 박아 단 병사들은 예수의 옷가지를 가져다가 네 몫으로 나누어서 한 몫씩 차지하였다. 그러나 속옷은 위에서 아래까지 혼솔 없이 통으로 짠 것이었으므로 [24] 그들은 의논 끝에 "이것은 찢지 말고 누구든 제비를 뽑아 차지하기로 하자" 하여 그대로 하였다. 이리하여 "그들은 내 겉옷을 나누어 가지며 내 속옷을 놓고는 제비를 뽑았다" 하신 성서의 말씀이 이루어졌다.

[25] 예수의 십자가 밑에는 그 어머니와 이모와 글레오파의 아내 마리아와 막달라 여자 마리아가 서 있었다. [26] 예수는 당신의 어머니와 그 곁에 서 있는 사랑하는 제자를 보고 먼저 어머니에게 "어머니, 이 사람이 어머니의 아들입니다" 하고 [27] 그 제자에게는 "이분이 당신 어머니입니다" 하고 말하였다. 이때부터 그 제자는 마리아를 자기 집에 모셨다.

[28] 예수는 모든 것이 끝났음을 알고 "목마르다" 하고 말하였다. 이 말로 성서의 예언이 이루어졌다. [29] 마침 거기에는 신 포도주가 가득 담긴 그릇이 있었는데 사람들이 그 포도주를 해면에 담뿍 적셔서 히솝 풀대에 꿰어 가지고 예수의 입에 대어드렸다. [30] 예수는 신 포도주를 맛본 다음 "이제 다 이루었다" 하고 고개를 떨어뜨리며 숨을 거두었다.

[31] 그날은 과월절 준비일이었다. 다음 날 대축제일은 마침 안식일과 겹치게 되었으

므로 유다인들은 안식일에 시체를 십자가에 그냥 두지 않으려고 빌라도에게 시체의 다리를 꺾어 치워달라고 청하였다. 32 그래서 병사들이 와서 예수와 함께 십자가에 달린 사람들의 다리를 차례로 꺾고 33 예수에게 가서는 이미 숨을 거두신 것을 보고 다리를 꺾는 대신 34 군인 하나가 창으로 그 옆구리를 찔렀다. 그러자 곧 거기에서 피와 물이 흘러나왔다.

35 이것은 자기 눈으로 직접 본 사람의 증언이다. 그러므로 이 증언은 참되며, 이 증언을 하는 사람은 자기 말이 틀림없는 사실이라는 것을 잘 알고 있다. 그는 여러분도 믿게 하려고 이렇게 증언하는 것이다. 36 이렇게 해서 "그의 뼈는 하나도 부러지지 않을 것이다" 한 성서의 말씀이 이루어졌다. 37 그리고 성서의 다른 곳에는 "그들은 자기들이 찌른 사람을 보게 될 것이다"라는 기록도 있다.

38 그 뒤 아리마태아 요셉이 빌라도에게 예수의 시체를 가져가게 하여달라고 청하였다. 그도 예수의 제자였지만 유다인들이 무서워서 그 사실을 숨기고 있었다. 빌라도의 허락을 받아 요셉은 가서 예수의 시체를 내렸다. 39 그리고 언젠가 밤에 예수를 찾아왔던 니고데모도 침향을 섞은 몰약을 백 근쯤 가지고 왔다. 40 이 두 사람은 예수의 시체를 모셔다가 유다인들의 장례 풍속대로 향료를 바르고 고운 베로 감았다. 41 예수가 십자가에 못 박힌 곳에는 동산이 있었는데 거기에는 아직 장사 지낸 일이 없는 새 무덤이 하나 있었다. 42 그날은 유다인들이 명절을 준비하는 날인데다가 그 무덤이 가까이 있었기 때문에 그들은 예수를 거기에 모셨다.(19,16b-42)

〈요한〉에서 예수는 왕으로서 죽는다. 예수는 스스로 십자가를 지고 당당히 간다. 십자가에 못 박힐 때도 〈마태〉 27,45과 달리 〈요한〉에서 어둠은 언급되지 않았다. 예수는 빛이기 때문이다(〈요한〉 1,4; 8,12). "나의 하느님, 나의 하느님, 어찌하여 나를 버리셨나이까?"(〈마르〉 15,34) 같은 외침도 당연히 보도되지 않았다. 십자가 죽음은 하느님의 뜻을 이루는 일이므로, 하느님은 십자가 위 예수 곁에 계신다. "나를 보내신 분은 나와 함께 계시고 나를 혼자 버려두시지는 않습니다. 나는 언제나 아버지께서 기뻐하시는 일을 하기 때문입니다."(〈요한〉 8,29)

16b절 "예수는 마침내 그들의 손에 넘어가"에서 '그들'은 누구인가. 유다교 대사제들이 아니라 로마 군인들을 가리킨다. 〈마르〉 15,21에서 키레네 사람 시몬이 로마 군인들에게 강제로 붙들려 십자가를 지고 갔는데, 〈요한〉에서는 예수가 몸소 십자가를 지고 간다. 실제로 예수가 직접 십자가를 지고 갔을 것이다.[376] 예수가 직접 십자가를 지고 가는 모습에 별다른 의미를 두지 않는 성서학자도 있다.[377] 이 의견은 좀 아쉽다. 십자가 세로 기둥은 처형장에 이미 설치되었다. 처형될 당사자가 십자가 가로 기둥만 처형장까지 끌고 간다.

〈요한〉 저자는 키레네 사람 시몬이 십자가를 지고 가는 장면을 삭제했다.[378] 예수가 몸소 십자가를 지고 가는 모습에서 예수의 영웅적인 모습[379]이나 자발적인 당당함[380]을 볼 수 있다. 고통 받는 하느님의 아들 예수그리스도의 낮춤을 강조[381]하려는 뜻도 있다. 예수가 직접 십자가를 지고 가는 모습에서 예수의 겸손과 인성도 보면 좋겠다. "하느님의 어린 양이 저기 가신다."(〈요한〉 1,36) 예수는 실제로 고통 받지 않았다고 우기며 예수의 인성을 부인하던 가현설에 반대하는 의미도 있다.[382] 요한 공동체는 가현설이 공동체에 미친 해악 때문에 골머리를 앓았다.

요한 공동체나 독자는 몸소 십자가를 진 예수의 모습에서 그 고난의 길을 따라야 한다(〈요한〉 9,22; 12,42; 16,2)고 느낄 것이다. 십자가는 남에게 강요하지 않고 자발적으로 지는 것이다. 남에게 강요하는 십자가는 폭력이다. 자신이 기쁘게 져야 진짜 십자가다. 십자가는 폭력이 아니라 희생이다. 신도에게 십자가를 요구하면서 자신은 십자가를 지지 않겠다고 버티는 종교인이 얼마나 많은가. 회개하지 못한 종교인이 마이크를 독점하고 이미 회개한 신도에게 회개하라고 외치는 모습은 얼마나 우스운가.

십자가 처형장은 예루살렘 성 밖에 있었다(17a절).[383] 해골산이란 뜻이 있는 골고타(17b절)는 〈요한〉 전승에 해당한다.[384] 아람어 원어가 그리스어로 번역되었다. 거룩한무덤성당ecclesia Sancti Sepulchri은 십자가 처형장 골고타에 자리한 것 같다. 십자가 처형이 어떻게 진행되는지 아주 짧게 기록했다. 18절에서 예수를 가운데로 하여δὲ τὸν Ἰησοῦν는 〈요한〉 저자가 써넣었다. 〈요한〉 저자는 예수와 함께 십자가 처형을 당한 두 사람을 강도(=독립투사)λῃστής(〈마르〉 15,27; 〈마태〉 27,38; 〈요한〉 18,40)라고 하지 않고 다른 두 사람ἄλλους δύο(18절)이라고 썼다. 정치적 오해를 막기 위해[385] 그렇게 했을까. 내 생각은 조금 다르다.

로마 군대는 독립투사 두 사람과 예수를 함께 처형할 때, 예수도 독립투사라는 사실을 유다인에게 알리고 겁주려는 계획이 있지 않았을까. 독립투사 두 사람을 양쪽에 두고 가운데 매달린 예수를 보고 어느 누가 예수는 독립투사가 아니라고 생각하겠는가. 어떤 이유든 로마제국이 예수를 위험인물로 생각했다는 사실은 당시 누구나 느꼈을 것이다. 십자가 처형은 반란과 독립 운동이 잦은 지방에서 주로 실행되었다. 전쟁 중에 포로를 처형하는 데 널리 쓰인 방법이다.[386]

예수는 정치범으로 십자가에 처형되었다. 예수는 종교적 이유로 처형되지 않았다. 그런데도 유다인이 예수를 죽였다고 잘못 믿거나 가르치는 사람이 여전히 많다. 예수는 정치범이 아니라 종교적 이유로 처형되었다고 억지 부리는 사람들이 아직도 많다.

십자가에 달린 명패는 〈요한〉에서 중요하다. 19절 "빌라도가 명패를 써서 십자가 위에 붙였는데 거기에는 '유다인의 왕 나자렛 예수'라고 씌어 있었다"는 〈요한〉 저자가 〈요한〉 이전에 생긴 전승을 받아들여 조금 고친 것 같다.[387] 빌라도가 명패를 써서 십자가 위에 붙였다(19절)거나 명패는 라틴어로도 쓰였다(20절)는 말은 〈요한〉에만 있다. 명패를 십자가 위에 붙였다고 말한 곳은 〈요한〉뿐이다. 〈마태〉 27,37과 〈루가〉 23,38에는 그 사실이 전제되었을 뿐, 언급되지 않았다. 〈마르〉 15,26은 예수의 죄목을 적은 명패가 있었다는 사실만 말했다. 복음서 모두 십자가에 매달린 예수의 죄목은 '유다인의 왕'이라는 데 일치한다.

처형된 십자가에 사형수의 죄목이 적힌 명패가 붙었다. 명패가 없었으리라는 추측[388]에는 근거가 없다. 전해 내려오는 명패 글은 유다인의 왕ὁβασιλεὺς τῶν Ἰουδαίων(〈마르〉 15,26)이었을 것이다. 거기에 출신 지역을 쓴 나자렛 예수Ἰησοῦς ὁ Ναζωραῖος가 덧붙었다. 나자렛 예수는 "하느님의 어린 양"(〈요한〉 1,36), "하느님의 아들이며 이스라엘의 왕"(〈요한〉 1,49)이라는 고백과 연결된다. 유다교 지배층이 아니라 로마제국이 붙인 명패다. 로마제국은 명패에 쓴 '유다인의 왕'이란 표현으로 유다인에게 무슨 말을 하고 싶었을까.

1. 로마제국은 나자렛 예수를 정치범으로 판단한다.
2. 나자렛 예수는 로마제국의 질서와 안녕을 어지럽힌 중대 범죄를 저지른 자다.
3. 예수처럼 말하거나 행동하는 유다인은 사형에 처한다는 협박이다.

20-22절은 〈요한〉 저자가 지어낸 이야기 같다.[389] 〈요한〉 저자는 명패를 비문ἐπιγραφή이라 하지 않고 호칭τίτλος이라 했다. 죄목과 경칭을 함께 뜻하는 단어로 보인다. 명패는 아람어(대중 언어), 라틴어(관청 언어), 그리

스어(무역 언어)로 쓰였다. 명패에 사형수 이름이 여러 언어로 쓰인 사례가 있다.³⁹⁰ 빌라도의 명패 덕분에 많은 나라 사람이 예수를 알게 되었다.

'유다인의 왕'을 '자칭 유다인의 왕'이라고 바꾸자는 대사제들의 이야기(21절)에 무슨 뜻이 있을까. 유다인의 왕이라는 호칭을 거부하고 예수를 이스라엘의 왕으로 동일시하자는 〈요한〉 저자의 생각이 담겼다³⁹¹는 말일까. 명패는 예수의 판결이 유다 민족에게 존재 의미와 희망을 준 유다교에 대한 심판임을 동시에 나타낸다³⁹²는 말은 지나치다. 세 언어로 쓰인 명패는 역설적으로 빌라도를 이스라엘 언어권을 넘어 예수를 전하는 최초의 선교사로 만든다.³⁹³

〈요한〉은 처형이 진행된 순서를 다른 복음서와 달리 사형장으로 가는 길(16b-17절), 처형 집행(18절), 십자가 명패(19절), 예수의 옷 나눠 갖기(23-24절)로 보도한다. 〈요한〉 저자가 〈요한〉 전승이나 〈마르〉〈루가〉의 예수 수난 기록을 안다는 증거다.³⁹⁴ 〈요한〉 저자는 "겉옷은 저희끼리 나눠 가지고 속옷을 놓고서는 제비를 뽑습니다"(〈시편〉 22,18)를 인용한 〈마르〉 15,24b을 알았다. 사형수의 옷은 집행하는 군인들이 나눠 가질 수 있었다.³⁹⁵

다른 복음서에서 군인들은 주사위를 던져 예수의 옷을 나누어 가졌다(〈마르〉 15,24; 〈마태〉 27,35; 〈루가〉 23,34). 〈요한〉에 주사위 이야기는 없다. 23절에서 군인들은 예수의 옷가지를 네 몫으로 나누어 한 몫씩 차지했다. 23-24절 예수의 속옷 이야기, 속옷을 차지하려고 군인들이 제비 뽑은 이야기는 〈요한〉에만 있다. 혼솔 없이 통으로 짠 속옷(23절)에서 '대사제 예수의 바느질하지 않은 겉옷이나 교회의 일치'라는 상징적인 뜻을 이끌어내는 해설[396]은 지나치다. 본문은 그 주제와 아무 관련이 없다.

예수가 속옷까지 발가벗긴 상태로 십자가에 매달렸다는 사실을 나타낸다. 예수의 인성을 있는 그대로 보여주며 가현설에 반대하는 의미가 있다.[397] 인간적으로 모욕을 주는 사형 집행 방식이다. 남자 사형수는 발가벗긴 상태에서 십자가에 앞을 보고 매달렸고, 여자 사형수는 등을 보인 채 매달렸다. 나체로 고문 받은 정치범이 인류 역사에 얼마나 많은가. 예수도 고문 받은 사람이다. 예수는 고문이 무엇인지 모르지 않았다. 예수는 수치가 무엇이고 모욕이 무엇인지 몸으로 겪었다. 예수는 세상과 역사의 모든 정치범과 고통을 나눈다.

예수를 사형에 집행한 군인 네 사람과 대조되게 네 여인과 예수가 사랑하는 제자가 예수의 십자가 밑에 있다(25-26절). 다른 복음서에 예수의 어머니 마리아가 아들이 처형되는 십자가 곁에 없었다는 점이 초대교회에서 큰 문제가 되었다. 도망친 열두제자도 그렇지만, 아들이 죽어가는 십자가 현장에 없는 마리아도 그리스도교 공동체에 큰 충격을 주었다. 〈요한〉은 마리아의 체면을 어떻게든 살려야 했다.

그러면 마리아를 어디에 등장시켜야 할까. 이 장면이 딱 좋다. 십자가에 매달린 예수가 어머니 마리아와 대화하는 장면은 얼마나 멋진 반전이요 감동인가. 〈요한〉 저자는 〈마르〉 15,40에 세 여인이 언급된 사실을 참고해서 예수와 어머니 마리아가 대화하는 장면을 꾸며[398] 26절에 배치했다. 예수의 어머니 마리아는 〈요한〉에서 두 번, 아주 중요한 자리에 등장한다. 예수의 어머니 마리아는 〈요한〉에서 예수 활동의 첫 증인(2,3-5)이자 마지막 증인(19,25-27)이다.

막달라 여자 마리아는 부활한 예수의 발현 보도에서 중요한 위치를 차지한다(〈마르〉 16,1; 〈요한〉 20,1-2.11-18). 예수의 어머니 마리아의 자매와 글레오파의 아내 마리아는 〈요한〉에서 여기만 나온다(25절). 다른 복음서에 여인들은 멀리서μακρόθεν(〈마르〉 15,40; 〈마태〉 27,55; 〈루가〉 23,49) 십자가를 지켜보지만, 〈요한〉은 여인들을 십자가 바로 아래παρὰ τῷ σταυρῷ(25절) 놓았다. 예수가 죽는 순간에 가장 가까이 있는 사람은 여성이다.

〈마르〉 15,40에서 예수가 숨을 거둔 뒤 여인들이 등장하는데, 〈요한〉에는 숨을 거두기 전에 나온다. 〈요한〉 저자가 〈마르〉 15,40을 알았기에 25-27절을 지어낼 수 있었다. 〈요한〉 저자가 25-27절을 창작하지 않았다고 주장하는 성서학자는 거의 없다.[399] 거의 유일한 예외는 베커다. 그는 25-27절이 〈요한〉이 쓰인 뒤 편집된 것으로 본다.[400] 여인들은 예수와 어머니의 대화, 예수와 사랑하는 제자의 대화를 곁에서 들은 증인이다. 예수가 사랑하는 제자는 이때부터 마리아를 자기 집에 모셨다. 예수가 사랑하는 제자가 마리아를 모시는 것이지, 마리아가 예수가 사랑하는 제자를 모시는 것이 아니다.[401] 예수는 죽는 순간까지 "부모를 공경하라"(〈출애〉 20,12)는 효도 의무를 잊지 않았다.

예수의 어머니 마리아는 모든 시대 신앙인의 모범으로 제시되었다.[402] 〈요한〉 〈로마〉 연구에서 존중받는 개신교 성서학자 울리히 빌켄스의 말을 들어보자. "예수의 어머니는 부활 이후 예수가 사랑하는 제자의 보호 아래 어머니 역할을 유지한다. 그녀는 예수의 어머니이고 예수의 어머니로 있다. 예수가 사랑하는 제자는 그녀를 예수의 어머니로서 받아들이고 존중해야 마땅하다."[403] 예수의 어머니 마리아의 체면이 살았고, 요한 공동체는 예수의 어머니와 예수가 사랑하는 제자의 새로운 인연 덕분에 신학적으로 인정받았다. 요한 공동체와 예수의 인연은 예수의 어머니와 예수가 사랑하는 제자의 인연으로 보장받았다.

26절 "어머니, 이 사람이 어머니의 아들입니다"라는 말은 예수의 형제 야고보에게 간접적으로 피해를 주었을까. 이 발언으로 야고보는 자기 형제 예수에게 중요하지 않게 여겨진 셈인가. 야고보는 예수에게 사랑받지 못한 형제[404]인가. 재미있는 추측일 뿐이다. 독자는 네 여인과 예수가 사랑하는 제자가 나오는 이 장면이 사실에 근거하지 않음을 알리라. 〈요한〉 저자가 참고한 〈마르〉 15,40에 네 여인이 나온 것도 아니다. 〈요한〉 저자가 등장인물을 새로 꾸몄다.

십자가에 못 박힌 사람이 지인과 커피를 마시듯 편히 대화할 상황은 아니다. 십자가에 못 박혀 피 흘리며 고통 받는 사람이 무슨 말을 할 수 있으랴. 고함은커녕 작은 신음조차 내기 힘겨웠을 것이다. 〈요한〉에 나오는 '예수의 일곱 가지 십자가 발언'이 우리에게 깊은 울림을 주지만, 예수가 실제로 한 말은 아니다.

유언도 없이, 무덤도 없이, 죽음 당하는 이유도 모르고 세상을 떠난 사람이 역사에 얼마나 많은가. 예수의 십자가는 역사에서 억울한 죽음이 있어선 안 된다는 하느님의 선언이다. 십자가는 억울한 죽음에 저항하고 항의하는 하느님의 외침이다. 깊은 침묵에 빠진 십자가 처형장이 복음을 전파하는 장소가 되었다.[405]

이제 예수의 때가 왔다. 가나안 혼인 잔치(〈요한〉 2,4)에서 아직 오지 않은 때다. 예수가 십자가에 못 박히고 드높아진 때가 바로 교회가 탄생한 시간이다.[406] 교회는 십자가에서 탄생했다. 십자가를 버리거나 지지 않으면 교회가 아니다. 하느님께 부탁 받은 예수의 활동은 죽음으로 완성된다(〈요한〉 4,34; 5,36; 17,4). 하느님의 인류 구원 역사는 예수의 십자가 죽음에서 목적을 이룬다.

세상의 구원은 예수가 자신을 가장 낮춘 죽음에서 완성된다. 모든 것 πάντα(〈요한〉 1,3)이 로고스를 통해 존재가 되었듯이, 모든 것(28절)이 예수의 십자가 죽음에서 완성되었다. 이 말로 성서의 예언이 이루어졌다ἵνα τε λειωθῇἡγραφή(〈요한〉 13,18; 17,12). 〈요한〉 저자는 공동성서가 그리스도에 대해 말한 내용이 드디어 이루어졌다고 주장한다. 예수는 공동성서의 예언을 이루었다erfüllt 정도가 아니고 완성했다vollendet.[407]

28절 목마르다διψῶ는 '목마르다 하면 초를 주는 자들'(〈시편〉 69,21)을 활용한 데서 나왔다. 〈요한〉 저자는 "깨진 옹기 조각처럼 목이 타오르고 혀는 입천장에 달라붙었습니다. 개들이 떼 지어 나를 에워싸고 악당들이 무리 지어 돌아갑니다. 손과 발이 마구 찔려 죽음의 먼지 속에 던져진 이 몸"(〈시편〉 22,15-16), "'네 하느님이 어찌 되었느냐?' 비웃는 소리를 날마다 들으며 밤낮으로 흘리는 눈물, 이것이 나의 양식입니다"(〈시편〉 42,3)를 떠올린 것 같다.

28절에서 예수는 〈마르〉 15,36과 달리 스스로 목마르다고 말한다. "아버지께서 나에게 주신 이 고난의 잔을 내가 마셔야 하지 않겠습니까"(〈요한〉 18,11)와 연결되는 말이다. 목마름은 십자가 처형에서 생기는 몸의 고통에 속한다. 예수가 사람임을 드러내는 대목이다. 우리 눈에는 예수가 목마른 듯 보이지만 실제로 전혀 목마르지 않았으리라고 추측하면 안 된다.

29절에 나오는 신 포도주ὄξος는 서민과 군인이 마시는 평범한 음료다. 사람들은 술이 고통을 좀 잊게 해줄까 싶어 예수의 입에 포도주를 적셔준다. 십자가에 매달린 예수에게 술을 건넨 행위는 자선에 속한다. 해면에 적신 신 포도주는 갈대(〈마르〉15,36)가 아니라 히솝ysop(=우슬초, 박하) 풀대에 꿰어 예수 입에 닿았다. 히솝이 과월절 축제에 쓰인(〈출애〉12,22; 〈레위〉14,4;〈히브〉9,19) 관행을 떠올렸는지 모르겠다.[408]

히솝은 떫은맛이 나는 두꺼운 잎이 달린 식물로, 길이가 50센티미터 정도 된다. 〈요한〉 저자는 예수가 실제로 술을 마셨다는 사실을 빼놓지 않았다. 〈요한〉에서 예수의 활동은 가나안 혼인 잔치의 술로 시작해서 십자가 위의 술로 끝났다. 예수는 마지막 순간에 술을 맛보고 세상을 떠났다. 술로 시작해서 술로 끝난 예수다.

30절 '고개를 떨어뜨리며 숨을 거두었다'에는 예수의 인성이 잘 나타난다. 예수도 여느 평범한 인간처럼 죽는 순간에 고개를 떨궜다. 30절은 〈요한〉 저자가 가현설을 고집하는 사람들에게 들으라고 하는 말이다.[409] 교회나 성당에 다니지만 가현설을 믿는 그리스도인이 하나둘이 아니다. 예수의 신성만 인정하고 인성을 외면하는 일은 신앙이 돈독해서가 아니라 예수를 잘 모르는 탓에 생긴다. 숨을 거둔 예수는 성령을 가져온 분이다(〈요한〉1,32.34). 예수의 죽음은 믿는 사람들에게 성령이 주어지기 위한 전제다(〈요한〉7,39).

예수의 마지막 말 "이제 다 이루었다"(30절)는 〈요한〉에서 아주 중요하다. 예수의 말이라기보다 〈요한〉의 신앙고백이다. 24절 '성서의 말씀이 이루어졌다'는 〈요한〉이 즐겨 쓰는 표현이다(13,18; 17,12). 〈요한〉은 다른 복음서와 달리 〈시편〉 22,18을 단어 그대로 인용했다. 〈요한〉 저자는 예수의 고통과 죽음 속에서도 하느님의 뜻은 실현된다는 말을 하고 싶었다. 세상의 눈에 모든 것이 실패한 그 순간에 모든 것이 완성되었다.[410]

'다 이루었다'는 말의 배경을 그리스철학에서 찾으려는 시도[411]보다 "내 입에서 나가는 말도 그 받은 사명을 이루어 나의 뜻을 성취하지 아니하고는 그냥 나에게로 돌아오지는 않는다"(〈이사〉 55,11)를 보는 시도[412]가 설득력 있게 다가온다. 제자들의 발을 씻어준 사랑이 십자가 죽음에서 완성된다. 이제 다 이루었다τετέλεσται(30절)는 아버지께로 가실εἰς τέλος(〈요한〉 13,1)이라는 표현과 같은 단어를 쓴다. 발을 씻어주는 것과 '이제 다 이루었다'는 말의 연결이 우리말 성서에 잘 나타나지 않아 아쉽다.

〈요한〉에서 예수의 십자가 죽음을 이 세상에서 탈출하는 통과의례[413]로 보면 안 된다. 나는 "예수의 죽음은 생명으로 가는 길에 지나는 과정에 속한다. 예수의 죽음 그 자체로는 특별한 구원의 의미가 없다"[414]는 의견에 찬성하기 어렵다. 예수의 십자가 죽음은 구원의 장소[415]다. 십자가는 〈요한〉의 일부가 아니라 〈요한〉은 처음부터 끝까지 십자가 복음이다.

예수의 십자가 죽음은 하느님과 함께 있던 로고스가 사람이 되어 세상에 왔다가 하느님께 돌아가는 과정 가운데 하나가 아니다. 여행 중에 스쳐 지나가는 일정이 아니다. 〈요한〉 저자는 예수의 십자가 죽음을 말하려고 창조의 처음과 하느님 곁의 마지막을 두 지점으로 설정한다.

〈요한〉 저자는 31-37절에서 〈요한〉 고유의 전승을 손질했다.[416] 안식일과 겹치는 과월절 준비일은 위대한 안식일이라고 불렀다. 과월절 축제 첫날이기에 그렇게 불렀을 수 있다.[417] 31a절은 〈요한〉 저자가 "그 명절의 고비가 되는 마지막 날"(7,37)과 연결해서 써넣은 것 같다.[418] "죽을죄를 지은 사람을 처형하고는 나무에 달아 효시할 경우가 있다. 이렇게 나무에 달린 시체는 하느님께 저주를 받은 것이니, 그 시체를 나무에 단 채 밤을 보내지 말고 그날로 묻어라. 그렇게 두어서 너희 하느님 야훼께 유산으로 받은 너희 땅을 더럽히면 안 된다."(〈신명〉 21,22-23) 로마 군인들이 이미 숨진 예수의 다리를 부러뜨릴 필요도 없었다(33절).

군인 하나가 창으로 예수 옆구리를 찌르니 곧 거기에서 피αἵμα와 물 ὕδωρ이 나왔다(34절). 가현설에 반대하는 뜻으로 쓴 구절이다. 예수가 진짜 사망했음을 가리킨다. "〈요한〉은 예수가 인간이며 실제로 고통을 겪는다는 사실을 〈마르〉〈마태〉〈루가〉보다 강조한다. 예수의 처형 장면은 가현설에 반대하는 데 중점을 둔다."[419] 사람은 피 흘리면 죽는다(〈창세〉 4,10; 〈레위〉 17,14; 〈신명〉 12,23). 피와 물은 성체성사와 세례를 가리킨다.[420] 〈요한〉 저자는 피를 거의 성체성사 관점에서 쓴다(6,53-56). 유일한 예외는 1,13이다. "물과 성령으로 새로 나지 않으면 아무도 하느님 나라에 들어갈 수 없다"(3,5)에서 물은 세례의 의미로 사용된다.

35절 "이것은 자기 눈으로 직접 본 사람의 증언이다. 그러므로 이 증언은 참되며, 이 증언을 하는 사람은 자기 말이 틀림없는 사실이라는 것을 잘 알고 있다." 이 문장에 나오는 사람은 예수가 사랑하는 제자를 가리키는 것 같다.[421] 예수가 사랑하는 제자는 요한 공동체와 〈요한〉의 전통과 가치를 예수와 연결한다. 35절 '여러분도 믿게 하려고'는 요한 공동체를 향한다(〈요한〉 20,31). 진리는 보고, 전하고, 알아야 한다. 〈요한〉 저자는 이세 가지 관계를 자주 강조한다(1,34; 3,11; 4,29). 진리는 관찰하고 고개를 끄덕이며 동의하는 단계를 삶에서 실천하여 전해야 한다. 예수 알기와 예수 따르기를 넘어 예수처럼 살기가 필요하다.

36절 "그의 뼈는 하나도 부러지지 않을 것이다"는 "다음 날 아침까지 아무것도 남겨서는 안 되며 뼈다귀 하나라도 부러뜨려서는 안 된다. 이과월절의 규정을 모두 어김없이 그대로 지켜야 한다"(〈민수〉 9,12)를 참조한다. 〈출애〉 12,19.46과 〈시편〉 33,21을 섞어서 작성한 문장일 수 있다. 어느 쪽 설명이 더 나은지 판단하기 어렵다.

예수가 여기서 과월절 축제에 쓰이는 희생양으로 해석된다는 사실이 중요하다. 37절 "그들은 자기들이 찌른 사람을 보게 될 것이다"는 "내가 다윗 가문과 예루살렘 성민들에게 용서를 빌 마음을 품게 하리니 그들은 내 가슴을 찔러 아프게 한 일을 외아들이나 맏아들이라도 잃은 듯이 슬퍼하며 곡하리라"(〈즈가〉 12,10)를 가리킨다. 예수가 죽은 시간에 성체성사와 세례를 기초로 교회가 탄생한다.

예수와 함께 처형된 두 사람의 장례 이야기는 〈요한〉 저자가 언급하지 않았다. 그들은 주목받을 필요가 없었을까. 죽은 자를 존엄하게 장사지내는 일은 유다교에서 높이 칭송 받았다. 십자가에 처형된 사람은 공동묘지에 매장되기 때문에 개인 무덤에 묻히지 않았다.[422] 제주 4·3 사건, 한국전쟁 당시 양민 학살, 5·18 민주화 운동, 유다인 포로수용소, 캄보디아 킬링 필드, 엘살바도르 등에서 어디에 묻혔는지도 모르는 죽음이 하나둘이 아니다. 자기 무덤과 비석, 비문이 있는 죽음은 행복한 죽음인지 모른다. 예수도 아리마태아 요셉 덕분에 집단 매장을 피했다(38절).

아리마태아 요셉은 유다교 최고 회의 의원 같다(⟨마르⟩ 15,43). 그는 빌라도에게 예수의 시신을 모시겠다고 간청한다(⟨마르⟩ 15,43; ⟨마태⟩ 27,58; ⟨루가⟩ 23,52). 빌라도에게 청할 위치에 있었고, 품위 있게 장례 치를 능력으로 보아 그는 상류층에 속한 인물이다.[423] 빌라도가 허락한 것은 예외적인 일이다. 십자가에 처형된 사람은 보통 사람처럼 장례를 치르지 못하게 하는 것까지 처벌에 포함되기 때문이다.[424] 언젠가 밤에 예수를 찾아온 니고데모(⟨요한⟩ 7,50)는 이제 낮에 예수를 찾아온다. 아리마태아 요셉과 니고데모는 유다인 중에 유력한 계층에 속하는 사람으로, 예수에게 호감이 있는 숨은 추종자다. ⟨요한⟩ 저자는 예수의 죽음이 그들에게 실패로 해석되지 않았다는 사실을 말하고 싶었다.

39절 '침향을 섞은 몰약'은 시신이 부패하는 냄새를 방해한다. 백 근 λίτρας ἑκατόν은 약 33킬로그램에 해당하는 엄청난 양이다. 벵스트가 계산한 바에 따르면 육체노동자 한 사람의 1만 일(약 27년) 일당, 아니 평생 수입에 해당한다.[425] 우리 돈으로 일당을 10만 원 잡아도 약 10억 원어치 몰약을 가져온 것이다. 니고데모가 부자라기보다 예수의 장례에 정성을 쏟는다는 뜻이다. 니고데모는 예수의 장례를 왕의 장례처럼 치른다.

시신에 기름을 바른다는 말은 없다. ⟨요한⟩ 12,3에서 이미 예수의 발에 기름을 부었기 때문이다. 고운 베ὀθόνια로 예수의 시신을 감았다(40절)는 말은 ⟨루가⟩ 24,12과 ⟨요한⟩ 20,5-7에만 있다. 고운 베로 시신의 손발과 머리를 감싼다(⟨요한⟩ 11,44; 20,6-7). 라자로를 묶었던 베는 다른 사람이 풀어주었지만(⟨요한⟩ 11,44) 부활한 예수는 스스로 풀고 나타났다(⟨요한⟩

20,6.12).

〈요한〉 전승은 십자가 처형장 근처에 예수의 무덤이 있었음을 알려준다. 〈마르〉 15,46에서 시신을 동굴 안에 안치했는데, 〈요한〉은 동산에 있는 무덤(41절)을 말한다. 임피제 신부 무덤은 제주 성클라라수녀원이 내려다보이는 작은 오름 기슭에 있다. 예수는 처형장에서 멀지 않은 개인 무덤에 안장된 것 같다. 41절 '아직 장사 지낸 일이 없는 새 무덤'은 예수 무덤의 존엄을 강조하는 표현이다. 예수 최후의 시간은 〈요한〉 18장에서 시작하여 19장 예수의 무덤 기사에서 마침내 끝난다. 죽음은 끝이런가. 죽음은 예수의 실패인가.

그리스도교에서 예수의 죽음을 해석할 때 반유다주의 해석이 나올 위험은 언제나 있다. 주의해야 한다. 유다인의 왕 예수를, 이스라엘을 위한 메시아라는 의미에서 '이스라엘의 메시아'라고 말할 수 있어야 하고, 또 말해야 하지 않을까.[426] 예수를 유다교와 그리스도교를 분리하고 가로막는 장벽이 아니라 유다교와 그리스도교를 이어주는 다리로 받아들일 그날은 언제 오려나.

7막 1장 죽음과 악을 이기고 부활한 예수

¹ 안식일 다음 날 이른 새벽의 일이었다. 아직 어두울 때에 막달라 여자 마리아가 무덤에 가보니 무덤을 막았던 돌이 이미 치워져 있었다. ² 그래서 그 여자는 달음질을 하여 시몬 베드로와 예수가 사랑하던 다른 제자에게 가서 "누군가가 주님을 무덤에서 꺼내 갔습니다. 어디에다 모셨는지 모르겠습니다" 하고 알려주었다. ³ 이 말을 듣고 베드로와 다른 제자는 곧 떠나 무덤으로 향하였다. ⁴ 두 사람이 같이 달음질쳐 갔지만 다른 제자가 베드로보다 더 빨리 달려가 먼저 무덤에 다다랐다. ⁵ 그는 몸을 굽혀 수의가 흩어져 있는 것을 보았으나 안에 들어가지는 않았다. ⁶ 곧 뒤따라온 시몬 베드로가 무덤 안에 들어가 그도 역시 수의가 흩어져 있는 것을 보았는데 ⁷ 예수의 머리를 싸맸던 수건은 수의와 함께 흩어져 있지 않고 따로 한 곳에 잘 개켜져 있었다. ⁸ 그제야 무덤에 먼저 다다른 다른 제자도 들어가서 보고 믿었다. ⁹ 그들은 그때까지도 예수가 죽었다가 반드시 살아날 것이라는 성서의 말씀을 깨닫지 못하고 있었던 것이다. ¹⁰ 두 제자는 숙소로 다시 돌아갔다.

¹¹ 한편 무덤 밖에 서서 울고 있던 마리아가 몸을 굽혀 무덤 속을 들여다보니 ¹² 흰 옷을 입은 두 천사가 앉아 있었다. 한 천사는 예수의 시체를 모셨던 자리 머리맡에 있었고 또 한 천사는 발치에 있었다. ¹³ 천사들이 마리아에게 "왜 울고 있습니까?" 하고 물었다. "누군가가 제 주님을 꺼내 갔습니다. 어디에다 모셨는지 모르겠습니다." 마리아가 이렇게 대답하고 나서 ¹⁴ 뒤를 돌아다보았더니 예수가 거기에 서 있었다. 그러나 그분이 예수인 줄은 미처 몰랐다. ¹⁵ 예수가 마리아에게 "왜 울고 있습니까? 누구를 찾고 있습니까?" 하고 물었다. 마리아는 그분이 동산지기인 줄 알고 "여보셔요. 당신이 그분을 옮겨 갔거든 어디에다 모셨는지 알려주셔요. 내가 모셔 가겠습니다" 하고 말하였다. ¹⁶ 예수가 "마리아야!" 하고 부르자 마리아는 예수에게 돌아서서 히브리말로 "라뽀니!" 하고 불렀다. (이 말은 '선생님'이라는 뜻이다.) ¹⁷ 예수는 마리아에게 "내가 아직 아버지께 올라가지 않았으니 나를 붙잡지 말고 어서 내 형제들을 찾아가시오. 그리고 '나는 내 아버지이며 여러분의 아버지 곧 내 하느님이며 여러분의 하느님이신 분께 올라갑니다'라고 전하시오" 하고 일러주었다. ¹⁸ 막달라 여자 마리아는 제자들에게 가서 자기가 주님을 만나 뵌 일과 주님

께서 자기에게 일러주신 말씀을 전하였다.

¹⁹ 안식일 다음 날 저녁에 제자들은 유다인들이 무서워서 어떤 집에 모여 문을 모두 닫아걸고 있었다. 그런데 예수가 들어와서 그들 한가운데 서며 "여러분에게 평화가 있기를!" 하고 인사하였다. ²⁰ 그리고 나서 당신의 손과 옆구리를 보여주었다. 제자들은 주님을 뵙고 너무 기뻐서 어쩔 줄을 몰랐다. ²¹ 예수가 다시 "여러분에게 평화가 있기를! 내 아버지께서 나를 보내주신 것처럼 나도 여러분을 보냅니다" 하고 말하였다. ²² 이렇게 말한 다음 예수는 그들에게 숨을 내쉬며 말을 계속하였다. "성령을 받으시오. ²³ 누구의 죄든지 여러분이 용서해주면 그들의 죄는 용서받을 것이고 용서해주지 않으면 용서받지 못한 채 남아 있을 것입니다."

²⁴ 열두제자 중 하나로서 쌍둥이라고 불리던 토마는 예수가 왔을 때에 그들과 함께 있지 않았다. ²⁵ 다른 제자들이 그에게 "우리는 주님을 뵈었소" 하고 말하자 토마는 그들에게 "나는 내 눈으로 그분의 손에 있는 못 자국을 보고 내 손가락을 그 못 자국에 넣어보고 또 내 손을 그분의 옆구리에 넣어보지 않고는 결코 믿지 못하겠소" 하고 말하였다. ²⁶ 여드레 뒤에 제자들이 다시 집 안에 모여 있었는데 그 자리에는 토마도 같이 있었다. 문이 다 잠겨 있었는데도 예수가 들어와서 그들 한가운데 서며 "여러분에게 평화가 있기를!" 하고 인사하였다. ²⁷ 그리고 토마에게 "당신 손가락으로 내 손을 만져보시오. 또 당신 손을 내 옆구리에 넣어보시오. 그리고 의심을 버리고 믿으시오" 하고 말하였다. ²⁸ 토마가 예수에게 "나의 주님, 나의 하느님!" 하고 대답하자 ²⁹ 예수는 "당신은 나를 보고야 믿습니까? 나를 보지 않고도 믿는 사람은 행복합니다" 하고 말하였다.

³⁰ 예수는 제자들 앞에서 이 책에 기록되지 않은 다른 기적들도 수없이 행하였다. ³¹ 이 책을 쓴 목적은 다만 사람들이 예수는 그리스도이며 하느님의 아들임을 믿고, 또 그렇게 믿어서 주님의 이름으로 생명을 얻게 하려는 것이다.(20,1~31)

〈요한〉 20장은 '부활한 예수의 나타남'이 주제다. 결론은 29절 "보지 않고도 믿는 사람은 행복합니다"이다. 예수는 이렇게 주장하면서도 부활한 당신의 몸을 제자들에게 보여주려고 애쓴다. 보지 않고도 믿는 사람은 행복하다고 말하려면, 부활한 예수가 제자들에게 나타나지 않는 것이 논리에 맞지 않는가. 사랑이 넘쳐서 자기 논리를 무너뜨리는 예수다. 베드로와 예수가 사랑하던 제자가 빈 무덤에서 수의와 수건만 보았을 때 (7-8절), 예수는 막달라 마리아에게 나타난다(13-17절). 예수가 사랑하던 제자는 보지 않고도 믿었지만, 막달라 마리아는 직접 예수를 보고야 믿었다(16절). 제자들은 부활한 예수를 보고 기뻐했다(20b절).

'예수의 몸 신학'은 〈요한〉에서 중요한 주제 중 하나다. 〈요한〉 서문 (1,1-18)은 '사람이 된 로고스'가 주제다. 자세히 말하면, 부활한 예수의 몸이 아니라 부활한 예수의 몸을 우리가 보는 것이다. 〈요한〉 20장에 보다 βλέπειν(1·5절), 보다θεωρεῖν(6·11·14절), 보다ὁράν(8·18·20·25·29절)가 있다. 〈요한〉의 처음과 끝이 몸 신학이다. 〈요한〉은 몸과 세상, 삶을 업신여기는 복음이 아니다. 몸과 세상, 삶을 무시하거나 가볍게 보는 종교가 인간에게 무슨 의미가 있겠는가. 〈요한〉을 보고 나서 몸과 세상, 삶을 더 존중한다면 〈요한〉을 제대로 본 것이다. 〈요한〉을 보고 나서 몸과 세상, 삶에 대한 애정이 식었다면 〈요한〉을 잘못 본 것이다.

예수의 빈 무덤 이야기(1-18절)에는 빈 무덤을 보고 제자들에게 알린 막달라 마리아(1-2절), 무덤에 달려간 두 제자(3-10절), 막달라 마리아에게 나타난 예수 이야기(11-18절)가 포함된다. 1절에서 막달라 마리아가 예수의 무덤으로 간 이야기는 복음서에 공통이다(〈마르〉16,2-4; 〈마태〉28,1; 〈루가〉24,1.10). 〈요한〉20,1-29을 빈 무덤의 막달라 마리아와 두 제자(1-10절), 예수와 막달라 마리아의 만남(11-18절), 예수와 제자들의 만남(19-23절), 예수와 토마의 만남(24-29절)으로 나눌 수 있다.

복음서에서 무덤에 간 제자들은 막달라 여자 마리아와 야고보의 어머니 마리아와 살로메(〈마르〉 16,1), 막달라 여자 마리아와 다른 마리아(〈마태〉 28,1), 막달라 여자 마리아와 요안나와 또 야고보의 어머니 마리아(〈루가〉 24,10) 등 전부 여자 제자다. 남자 제자는 권력 다툼, 배신, 도망에 동작이 빠르다.

〈요한〉에는 왜 무덤에 간 제자가 한 사람으로 나올까. 〈요한〉 저자가 다른 복음서를 모르지 않았는데 말이다. 성서 무오설을 신봉하는 사람은 이 경우 어떻게 해야 하는가. 성서 저자들이 성서 무오설을 듣는다면 어떤 표정일지 궁금하다. 성서 저자들은 메시지를 분명히 전달하기 위해 인용하는 사람, 숫자 등을 자유롭게 구성하고 창작도 했다. 눈치 빠른 독자는 알겠지만, 〈요한〉은 특히 개인에 관심이 많다. 또 사건 시간을 정확히 알려주고 현재를 강조한다.

그래서 〈요한〉은 무덤에 간 제자를 막달라 마리아로 좁히고 집중한다. 1절 막달라 마리아Μαρία ἡ Μαγδαληνή는 공동번역성서 개정판에 막달라 여자 마리아(〈마르〉 16,1; 〈마태〉 28,1; 〈루가〉 24,10)라고 나온다. 개역개정 성경전서에는 네 곳 모두 막달라 마리아로 성서 본문에 맞게 번역되었다. 막달라 마리아를 존중하는 마음에서 '여자'라는 호칭을 덧붙였다고 주장한다면, 왜 나자렛 남자 예수라고 하지 않았을까.

아리마태아 요셉Ἰωσὴφ [ὁ] ἀπὸ Ἀριμαθαίας(〈요한〉 19,38)은 아리마태아 남자 요셉이라고 하지 않고 아리마태아 사람 요셉(공동번역성서 개정판), 아리마대 사람 요셉(개역개정 성경전서)이라고 번역되었다. 그리스어 본문에 있지도 않은 '사람'이라는 단어를 우리말 성서에서 쓸데없이 덧붙였다. 공동번역성서 개정판은 막달라 사람 마리아라고 하지도 않았다. 여성 작가 이름 앞에 꼭 여류_{女流}라는 단어를 넣어야 하나. 남성 작가 이름 앞에는 왜 남류_{男流}라는 단어를 넣지 않을까.

성서를 번역한 한국인 성서학자의 남녀평등 의식에 문제가 있는 것은 아닐까. 남녀평등 의식뿐만 아니다. 성서학자의 부족한 역사의식은 성서 해설에도 영향을 끼칠 수밖에 없다. 나는 독일 성서학자의 작품에서 학문적 탁월함에 자주 감탄하면서도 부족한 역사의식에 조금 실망했다. 독일 성서학자를 일반화해서 평가하는 말은 아니다. 성서학자의 글과 의견에 무조건 따를 필요는 없다.

성서학자의 글과 생각에 어떤 감각과 의식이 부족한지 살피는 것도 성서 연구에서 피할 수 없는 과제다. 남녀평등 의식과 역사의식 부족이 성서학자에 국한된 문제일까. 남성 신학자인 나는 하느님을 아버지로 부르는 데도 멈칫거린다. 내가 남성이란 사실이 제대로 신학을 하는 데 부정적 요소 중 하나로 여겨진다. 신학은 남성이 심하게 독점하고 오염해 왔다. 남성인 나는 죄송한 마음으로 신학을 해야 한다.

설교자가 성서학자보다 그리스도교 신자에게 현실적으로 직접, 많은 영향을 끼친다. 목사나 신부가 남녀평등 의식과 역사의식에 문제가 있다면 그들의 말과 행동, 설교에서 생기는 부작용은 어떨까. 보통 문제가 아니다. 잘못된 설교 내용을 나중에라도 고치고 신도에게 해명하는 설교자가 많을까. 교회나 성당에 초빙되는 강사 역시 마찬가지다. 설교자와 강사에게 어떤 감각과 의식이 부족한지 살피는 것도 듣는 사람의 지혜다.

설교자와 강사의 의견을 무조건 받아들일 필요는 없다. 마이크 잡거나 글 쓰는 사람이 독자나 청중보다 문제인 경우가 드물지 않다. 하나하나 따져보려면 신자도 성서 공부를 많이 해야 한다. 설교는 토론이나 비판이 현실적으로 차단된 일방적 소통이다. 우리 시대에는 설교의 긍정적인 모습보다 설교 방식의 부작용이 문제가 되기도 한다. 성서를 잘 모르는 설교자가 마이크를 독점하고 설교하는 문제는 더 말해 무엇 하랴.

막달라 마리아는 예수의 제자다(〈루가〉 8,2). 부활한 예수가 나타나는 장면에 등장하는 보도로 보면 막달라 마리아는 갈릴래아에서 예루살렘으로 동행한 제자 그룹에 속한 것 같다. 여자들과 남자들이 집을 떠나 며칠씩 함께 걷고 먹고 자는 광경을 상상해보자. 당시 유다 사회에서 큰 파문을 일으켰을 수 있겠다. 예수와 제자들은 사회질서를 어기고 풍기가 문란한 패륜아 집단으로 몰리지 않았을까. 예수는 겁도 없고 자기 검열도 하지 않았다. 사회 통념도, 남의 눈도 전혀 의식하지 않는다. 자유와 해방을 몸소 실천하고 살았던 놀라운 분이다.

1절 '안식일 다음 날 이른 새벽'은 다른 복음서에서 '안식일 다음 날 아직 동이 채 트기도 전'(〈루가〉 24,1), '안식일이 지나고 그 이튿날 동틀 무렵'(〈마태〉 28,1), '안식일 다음 날 이른 아침 해가 뜨자'(〈마르〉 16,2)로 기록했다. 〈요한〉은 막달라 마리아가 왜 무덤으로 갔는지 말하지 않는다. 〈마르〉 16,1에서 여인들은 예수의 시신에 향료를 바르려고 무덤으로 갔다. 〈마태〉에서는 무덤을 지키는 사람 때문에 향료를 바르려는 의도가 삭제되었다. 〈요한〉 12,3에서 마리아가 예수의 발을 향유로 닦았고, 19,40에서 아리마태아 요셉과 니고데모가 예수의 시체에 향료를 발랐다.

무덤 입구 돌이 치워진 것을 본 막달라 마리아는 누가 주님을 무덤에서 꺼내 갔다고 짐작하고, 베드로와 예수가 사랑하던 제자에게 달려가 소식을 알렸다(1-2절). 막달라 마리아는 무덤 안을 살펴보지도 않았는데 말이다. 2-4절은 〈요한〉 저자가 지어냈다.[427] 베드로와 막달라 마리아만 무덤으로 간 것 같다.[428] 3-4절에서 무덤으로 향하는 베드로와 예수가 사랑하던 제자가 느닷없이 달리기 시합을 했다는 보도는 자연스럽지 않다.

4-5절에서 먼저 무덤에 도착한 예수가 사랑하던 제자가 무덤 안에는 들어가지 않았다는 부자연스러운 말을 어떻게 이해해야 할까. 부활한 예수가 베드로에게 나타났다는 전승을 아는 〈요한〉 저자는 예수가 사랑하던 제자가 무덤을 맨 처음 들여다보았다고 말할 수 없었다. 초대교회 전승(〈1고린〉 15,5; 〈마르〉 16,7)을 거슬러 예수가 사랑하던 제자가 최초로 무덤에 들어가 부활한 예수의 증인이 되었노라고 우길 수 없는 노릇이다.

〈요한〉 저자가 베드로와 예수가 사랑하던 제자를 경쟁 관계로 설정한 의도는 무엇일까. 예수가 사랑하던 제자를 베드로보다 강조하려는 것이다. 달리기 시합 보도는 "그러나 베드로는 벌떡 일어나 무덤에 달려가서 몸을 굽혀 안을 들여다보았다. 그랬더니 수의밖에는 아무것도 없었으므로 그는 어떻게 된 일인가 하고 이상히 여기면서 집으로 돌아갔다"(〈루가〉 24,12)에서 생각해낸 것 같다. 〈루가〉 24,12은 몇몇 성서 사본에 없지만, 대다수 연구는 원본에 있던 구절로 생각한다. 〈요한〉 전승이나 〈요한〉 저자는 〈루가〉 24,12을 알았다고 많은 연구에서 인정된다.

베드로가 무덤 안으로 들어갔다(6절)는 말에서 땅을 판 무덤이 아니라 동굴에 시신이 안치된 무덤임을 알 수 있다. 7절 "예수의 머리를 싸맸던 수건은 수의와 함께 흩어져 있지 않고 따로 한 곳에 잘 개켜져 있었다"

는 보도에 두 가지 뜻이 있다. 예수가 실제로 부활했다고 주장할 뿐만 아니라, 예수의 시신이 다른 곳으로 옮겨졌다는 의심을 반박[429]하기 위해서다. 관객은 부활한 예수가 자신의 몸을 싸맸던 천을 풀고 잘 개켜 한쪽에 가지런히 놓는 모습을 지켜본다. 예수의 몸을 싸맸던 천은 죽은 자가 아니라 부활의 상징이 되었다.

8절 "그제야 무덤에 먼저 다다른 다른 제자도 들어가서 보고 믿었다"도 〈요한〉 저자가 창작했다. 예수가 사랑하던 제자는 베드로보다 먼저 도착했지만 나중에 무덤 안에 들어가 이 광경을 보고 예수의 부활을 믿었다. 그에겐 토마(25절)처럼 예수의 부활을 믿기 위해 손에 잡히는 증거가 필요하지 않았다. 눈으로 보는 것으로도 믿음에 이르기 충분하다. 부활한 예수를 처음 만난 사람은 막달라 마리아지만, 부활한 예수를 처음 믿은 사람은 예수가 사랑하던 제자다. 예수가 사랑하던 제자는 토마뿐 아니라 요한 공동체에게도 예수의 부활을 믿는 모범이 되었다.[430] 예수가 사랑하던 제자는 예수의 죽음과 부활의 증인이 되었다.

9절 "그들은 그때까지도 예수께서 죽었다가 반드시 살아날 것이라는 성서의 말씀을 깨닫지 못하고 있었다"는 8절 "그제야 무덤에 먼저 다다른 다른 제자도 들어가서 보고 믿었다"보다 앞에 나오는 것이 좋았다. 8절에서 제자들이 부활한 예수를 믿었다고 해놓고, 9절에 제자들이 아직 성서 말씀을 깨닫지 못했다고 말하는 것은 논리적으로 자연스럽지 않다. 8절은 〈요한〉 저자가 창작했고, 9절은 전해 들은 자료를 그대로 적은 것 같다. 9절은 〈요한〉 이후 어느 필사자가 창작하여 끼워 넣은 것으로 보기도 한다.[431] 베드로도 빈 무덤을 보았을 때 비로소 믿음에 이르렀다는 해석[432]은 찬성하기 어렵다.

8절과 9절 사이의 긴장을 어떻게 이해해야 할까. 〈요한〉저자는 이 문제를 알지만 심각하게 생각하지 않았을 수 있다. '보고 믿는다'는 주제는 베드로와 예수가 사랑하던 제자에게 해당한다. 보지 않고 공동성서의 말씀만 깨달아도 예수의 부활을 믿을 수 있다는 말은 성서 독자에게 해당하기 때문이다. 공동성서 말씀에 의지하여 예수의 부활을 믿은 베드로와 공동성서 말씀 없이도 부활을 믿은 예수가 사랑하던 제자를 대조하려고[433] 8-9절이 쓰였을까. 본문에서 그런 구분을 찾아내긴 어렵다.

베드로와 예수가 사랑하던 제자는 빈 무덤에서 예수의 부활을 믿고 왜 숙소로 돌아갔을까(10절). 다른 제자들에게 예수가 부활한 소식을 빨리 전해야 하지 않는가. 적어도 무덤에서 누군가 예수의 시신을 꺼내 갔다고 알려준 막달라 마리아에게는 소식을 전해야 마땅하지 않은가. 〈요한〉저자는 "베드로는 벌떡 일어나 무덤에 달려가서 몸을 굽혀 안을 들여다보았다. 그랬더니 수의밖에는 아무것도 없었으므로 그는 어떻게 된 일인가 하고 이상히 여기면서 집으로 돌아갔다"(〈루가〉24,12)를 놓고 고민[434]하지 않았을까. 어떻게 된 일인가 이상히 여기던 베드로(〈루가〉24,12)가 예수의 부활을 믿게 되었다고 〈요한〉저자가 바꾸긴 했다. 〈요한〉저자는 베드로가 집으로 돌아갔다는 말을 어떻게 처리하지 못하고 둔 것 같다.

11-18절 막달라 마리아에게 나타난 예수 이야기(〈마르〉16,9-11;〈마태〉28,9-10)는 〈루가〉에만 없다. 막달라 마리아에게 나타난 두 천사 이야기는 바로 뒤 막달라 마리아에게 나타난 예수 이야기에 별다른 의미를 주지 못한다.[435] 막달라 마리아가 슬픔에서 헤어 나오지 못해서 누군가의 도움이 필요하다고 여긴 〈요한〉저자가 두 천사 이야기를 써넣었다[436]고 봐야 할까. 막달라 마리아는 다른 제자들보다 강하게 예수의 무덤에 연결된다.

11절 '한편 무덤 밖에 서서 울고 있던 마리아'는 베드로와 예수가 사랑하던 제자에게 아무런 소식(3-8절)도 듣지 못했음을 알려준다.

막달라 마리아는 울고 있다가 이제야 무덤 안을 들여다본다. 베드로와 예수가 사랑하던 제자가 본 수건과 수의는 언급되지 않고, 흰옷을 입은 두 천사가 등장한다(12절). 흰옷은 천상 세계를 나타내는 상징이다. 뭔가 초자연적인 사건이 일어났음을 암시한다. 〈마르〉 16,5-7에서 웬 젊은 이가 무덤 안으로 들어간 여인들에게 "겁내지 마시오. 여러분은 십자가에 달리셨던 나자렛 사람 예수를 찾고 있지만 예수는 다시 살아나셨고 여기에는 계시지 않습니다. 보시오. 여기가 예수의 시체를 모셨던 곳입니다. 자, 가서 제자들과 베드로에게 예수는 전에 말씀한 대로 그들보다 먼저 갈릴래아로 갈 것이니 거기서 그분을 만나게 될 것이라고 전하시오"라고 말했다.

〈요한〉에서 두 천사는 이런 사명을 전하지 않고 "왜 울고 있습니까?"(13절)라고 묻는다. 막달라 마리아는 예수의 시신이 보이지 않으니 도둑맞은 것으로 이해한다. 〈요한〉 저자와 독자는 부활한 예수가 거기 있음(14절)을 알지만, 막달라 마리아는 알 리 없다. 두 천사와 예수가 막달라 마리아에게 똑같이 한 말은 "왜 울고 있습니까?"(13·15절)이다. 우는 이유가 궁금해서가 아니라 위로하려는 질문이다. 남자의 언어와 여자의 언어는 화성과 금성처럼 멀 수 있다. 우리는 성서 저자가 남성인지 여성인지, 여성과 남성이 함께 썼는지 아직 모른다.

14절 '예수가 거기에 서 있었다'에서 서 있는 자세는 살아 있다는 뜻이다(〈에제〉 37,10). 부활한 예수는 "누구를 찾고 있습니까?"라고 두 천사보다 한 마디 더 묻는다(15절). 예수의 첫 번째 제자들(〈요한〉 1,35-51)을 돌아보는 이야기다. 거기서 예수는 제자가 되고 싶어 따라오는 세례자 요한의 제자 둘에게 "여러분이 바라는 것이 무엇입니까?" 하고 물었다 (1,38). 그들은 "선생님, 묵고 계시는 데가 어딘지 알고 싶습니다" 하고 대답하였다(1,38).

예수의 집이 어디인지 주소를 묻는 것이 아니라 제자가 되고 싶다는 뜻을 밝힌 것이다. 부활한 예수가 마리아를 부르자 막달라 마리아는 예수를 알아보고 답한다(16절). 막달라 마리아가 자기 힘으로 부활한 예수를 알아본 것이 아니다. 부활한 예수가 마리아의 이름을 부름으로써 막달라 마리아는 부활한 예수를 알아본다. 사랑으로 부른 예수와 기쁘게 응답한 마리아다.

우리가 먼저 하느님을 탐구하고 그리워한 것이 아니다. 하느님이 당신을 먼저 알려주셨기 때문에 우리는 비로소 하느님을 알 수 있었다. 내가 하느님을 찾기 전에 하느님이 나를 찾아오셨다. 내가 하느님께 다가서기 전에 하느님이 내게 가까이 오셨다. 하느님이 먼저 사람이 되셨기 때문에 우리는 사람이 되신 하느님을 알 수 있었다.

20세기 독일 가톨릭 신학자 카를 라너는 하느님이 당신 자신을 인간에게 알려주셨다Selbstmitteilung Gottes[437]는 사상을 강조했다. 주시는 하느님은 또한 선물이시다Der Geber ist selbst die Gabe.[438] 하느님이 차려놓으신 잔칫상에 우리는 숟가락만 얹었다.

16절에서 라뽀니ραββουνι는 선생님이라는 경칭보다 '쌤'이라는 애칭이다. 라뽀니는 여기와 〈마르〉 10,51에만 나온다. 예리고에서 티매오의 아들 바르티매오라는 앞 못 보는 거지가 겉옷을 벗어버리고 벌떡 일어나 예수에게 다가와 "쌤, 제 눈을 뜨게 해주십시오"라고 간청했다(〈마르〉 10,46-51). 거지 바르티매오와 막달라 마리아만 예수에게 선생님 대신 "쌤" 하고 애정 넘치게 불렀다. 그밖에 예수는 선생님ῥαββί(〈요한〉 1,38.49; 3,2; 4,31; 6,25; 9,2; 11,8)이라고 불렸다. 16절 괄호 안에 "이 말은 '선생님'이라는 뜻이다"라고 설명을 넣었다. 〈요한〉 저자가 팔레스타인 밖에 머문 것 같은 요한 공동체에 ῥαββουνι를 설명한 것으로 보인다. 요한 공동체 사람들이 그 단어 뜻을 모른다고 여겼기 때문이다.

예수는 부활했지만 아직 하느님께 올라가지 않은 상태이기 때문에 막달라 마리아는 예수의 몸을 만질 수 없었다. 그 대신 막달라 마리아는 예수가 하느님께 올라간다는 소식을 제자들에게 전하라는 사명을 받았다(17절). 막달라 마리아는 예수 부활의 첫 번째 증인이 되었다. 보통 일이 아니다. 당시 여인에게는 증인 자격이 없었다.[439] 예수가 통념을 깨고 여인의 인권을 찾아주었다고 해석하고 싶다. 예수는 〈요한〉에서 여기만 '내 아버지이며 여러분의 아버지 곧 내 하느님이며 여러분의 하느님'이란 표현을 쓴다. 하느님께 돌아가는 예수에게서 예수와 제자들의 새로운 관계가 정립된다는 뜻이다.[440]

예수가 하느님께 돌아가는 일은 공동체에게 손해가 아니다. 예수를 믿고 따르는 사람들이 하느님의 자녀(〈요한〉 1,12)가 되는 전제 조건이다. 18절에서 막달라 마리아는 예수를 만난 소식과 예수에게 받은 사명을 제자들에게 전했다. 막달라 마리아는 예수가 사랑하던 제자와 함께 예수의 죽음과 부활의 목격자요 증인으로서 요한 공동체에서 중요한 역할을 한다. 막달라 마리아의 말을 경청하는 제자들의 모습에서 여성 주교가 성당에서 신자들에게 예수의 부활에 대해 설교하는 모습을 상상한다. 여성 사제뿐 아니라 여성의 설교 권리를 제안하고 싶다. 예수가 찾아준 여성의 권리를 가톨릭교회는 무슨 이유와 권리로 거절한단 말인가.

17절에서 부활한 예수는 제자들을 '내 형제들'이라고 불렀다. 〈요한〉의 이웃 사랑 해석은 형제자매 사랑에 집중[441]하는 것이다. 서로 사랑하라(13,34; 15,12)는 부탁에 걸맞게 예수는 제자들을 끝까지εἰς τέλος 사랑했다(13,1). "여러분이 서로 사랑하면 세상 사람들이 그것을 보고 여러분이 내 제자라는 것을 알게 될 것입니다."(13,35) 파견과 사랑은 연결된다. 사랑하라고 세상에 파견된 것이다. 부활한 예수는 하느님께 돌아가는 분으로, 제자들에게 하느님과 완전한 공동체를 전할 과제가 있었다. 성령을 보내고(14,16), 기도하고(14,13), 위대한 일을 행하고(14,12), 하느님 사랑의 체험을 전하고(14,23) 한마디로 예수가 한 일의 열매를 전하는 역할이다.[442]

17절에 '내 형제들', '여러분의 하느님'이라는 놀라운 호칭이 〈요한〉에서 처음으로 예수 입에서 나왔다. 하느님께 부탁 받은 모든 일을 예수가 죽음으로 완수하여 성서 말씀이 이루어지고, 예수의 친구들은 예수의 형제자매가 되었다. 그때까지 예수가 언제나 '나의 하느님'으로 부르던 하느님이 이제 '여러분의 아버지', '여러분의 하느님'이 되었다.[443] 예수 덕분에 하느님과 우리 사이가 새로워졌고, 우리와 예수의 관계도 달라졌다.

〈요한〉은 막달라 마리아의 전갈에 대한 제자들의 반응을 전하는 대신, 19-23절에 부활한 예수가 제자들에게 나타난 이야기(〈마르〉 16,14-18;

〈마태〉28,16-20;〈루가〉24,36-49)를 소개한다.〈요한〉저자는 19절에 '안식일 다음 날 저녁'이란 표현을 왜 썼을까. '막달라 마리아가 제자들에게 소식을 전한 뒤'라는 표시다. 막달라 마리아에게 예수가 부활한 기쁜 소식을 들었지만, 제자들의 행동이 전혀 달라지지 않았다는 말이다.

19절에서 문을 모두 닫고 집에 모인 모습은 부활의 기쁜 소식을 듣고 믿는 사람의 자세와 거리가 멀다. '유다인들이 무서워서'(7,13; 9,22; 19,38)는 〈요한〉 저자가 창작했다고 볼 수밖에 없다. 제자들은 예수의 부활을 믿고 나서도 상당 기간 유다교 회당의 안식일 예배에 두려움 없이 참여했다.

부활한 예수가 제자들에게 나타난 이야기는 두 부분으로 나뉜다. 부활한 예수가 제자들에게 처음 한 말은 평화다. 여러분에게 평화가 있기를 εἰρήνη ὑμῖν이라고 두 번이나 말했다(19·21절). 그만큼 평화가 간절하다. 20절과 27절에서 부활한 예수는 제자들에게 손과 옆구리를 자청해서 보여준다.〈루가〉24,39-40에는 손과 발을 보여주었다고 기록되었다. 제자들이 손과 옆구리를 보여달라고 요청하지도 않았다. 부활한 예수의 몸이 요한 공동체에서 논란이 되었다는 말이다.[444]

부활한 예수를 본 제자들은 두 가지 반응을 나타냈다. 십자가에 못 박힌 예수와 부활한 예수는 동일 인물이라고 인정하며 기뻐하는 제자들(20절)과 여전히 의심하는 제자 토마(25절)로 나뉜다. 요한 공동체 사람들의 두 가지 상반된 태도를 보여준다. 제자들도 막달라 마리아처럼 예수를 본 것이다.

평화를 준 예수는 제자들을 세상에 보낸다. 선교는 믿음의 자연스런 결과다.[445] 사랑을 아는 사람은 더 사랑하듯, 예수를 믿는 사람은 예수를 어서 알리고 싶다. 선교는 우리의 능력이 아니라 성령의 힘으로 가능하다. 내가 선교하는 것이 아니라 성령이 나를 통해 선교한다.

22절에서 부활한 예수는 숨을 내쉬며ἐνεφύσησεν 제자들에게 성령을 받으라고 말한다. 〈요한〉 저자는 "야훼 하느님께서 진흙으로 사람을 빚어 만드시고 코에 입김을 불어 넣으시니, 사람이 되어 숨을 쉬었다"(〈창세〉 2,7)를 뚜렷이 생각하고 있다. 하느님께서 숨을 쉬어 진흙을 사람으로 만드셨듯이, 부활한 예수는 숨을 내쉬며 제자들을 새로운 존재(〈요한〉 3,3.5)로 다시 창조한다. 부활을 아직 모르는 사람을 부활을 아는 존재로 다시 창조한 것이다.

성령은 제자들이 예수의 일을 계속하도록 힘을 준다. 제자들을 목사나 신부로 좁혀서 생각하면 안 된다. 예수를 따르는 모든 사람이 예수의 제자다. 예수를 따르는 모든 사람이 부활한 예수에게서 선교 임무를 받았다. "하느님의 백성 전체가 복음을 선포한다."[446]

예수는 부활 이전에 죄를 용서해주었다(〈요한〉 1,29; 3,16; 6,51; 10,11; 13,1). 23절에서 부활한 예수는 제자들과 공동체에 죄를 용서하는 권한을 준다. 어떤 방식으로 죄를 용서해주라는 말은 없다. 죄의 용서가 세례와 복음 전파에서만 일어나는 것으로 제한할 수 없다.[447] 용서할 죄와 용서하지 못할 죄가 구분된 곳은 있다(〈1요한〉 1,8-10; 3,9).

죄를 용서할 결정권을 공동체에 주기 위해 필요한 과정, 즉 죄가 무엇인지 언급되지는 않았다. 23절이 죄가 무엇인지, 공동체가 어떤 죄인과 함께할 수 없는지 등 공동체 내부 문제에 대한 갈등을 암시한다. 예수를 따르는 공동체와 죄는 거리가 멀다. 심판보다 은총이 우선이라는 생각이 공동체에 있었다.

부활한 예수를 믿는 제자들과 만난 이야기에 이어 24-29절에 부활한 예수를 아직 의심하는 토마 이야기가 나온다. 열두제자 중 하나로 소개된 토마는 다른 제자들에게 "우리도 함께 가서 그와 생사를 같이합시다" 라고 말한 충실한 제자다(〈요한〉 11,16; 14,5). 예수에게 그토록 용기 있던 토마가 부활한 예수를 믿는 데 아직 용기를 내지 못한다.

25절은 20절을 다시 소개한다. 〈요한〉 저자는 A하지 않으면ἐὰν μὴ B 하지 않겠다οὐ μὴ는 이중부정 조건법 문장을 즐겨 쓴다. 〈요한〉에 ἐὰν μὴ 는 18번, οὐ μὴ는 17번 나온다. "여러분은 기적이나 신기한 일을 보지 않고서는 믿지 않습니다"(4,48)가 대표적이다. 토마는 25절에서 이중부정 조건법 문장으로 말한다.

26절 '여드레 뒤에'는 다음 일요일을 가리킨다. 유다인은 한국인처럼 사건 발생 당일부터 하루로 친다. 금요일 낮에 사망한 예수가 일요일 새벽에 부활했으니 사흘 만에, 즉 셋째 날에 부활했다. 예수는 "여러분에게 평화가 있기를!"이라는 인사를 세 번째 한다. 27절에서 부활한 예수는 토마의 의심을 인정하고 의심을 풀 방법을 제안했다. 직업 종교인은 신앙에 대한 신자들의 정당한 의문을 묵살하지 말고 존중해야 한다. "쓸데없는 질문하지 말고 기도나 해"라고 함부로 말하는 종교인이 혹시 없는가.

〈요한〉은 토마가 손가락으로 부활한 예수의 손을 만졌는지, 예수의 옆구리에 손을 넣어보았는지 말하지 않는다. 28절에서 토마가 "나의 주님, 나의 하느님!"이라고 곧장 대답한 것을 보면, 예수의 손을 만지고 옆구리에 손가락을 넣은 것 같다.[448] 그렇게 하지 않았으리라 추측하기도 한다.[449] 중요한 문제는 아니다. 토마의 의심을 인정하고 이해를 도우려는 예수의 배려가 토마를 믿음에 이르게 했다. 의심 많은 토마를 훈계하는 정도로 지나칠 장면이 아니다. 우리는 이해를 도우려는 예수에게서 배워야 한다.

27절 "의심을 버리고 믿으시오"는 믿음의 내용을 이해하려는 노력을 나무라는 말이 아니다. 이해하기 위해 먼저 의심해야 한다. 의심 없는 이해는 모래 위에 쌓은 성과 같다. 이해할 수 있을 때까지 의심의 끈을 놓지 말아야 한다. 이해하도록 평생 애써야 한다. 의심과 이해 전에 알고 싶어 하는 간절한 마음이 중요하다. 남양주 성베네딕도회요셉수도원 백찬현 (요셉) 수사의 말처럼, 마음이 없으면 길은 보이지 않는다.

내게 큰 영향을 끼쳐온 스승 혼 소브리노의 일화를 다시 소개하고 싶다. 소브리노는 해방신학의 그리스도론에서 탁월한 작품을 많이 남겼다. 스승은 수업 시간에 "여러분, 잘 이해하셨어요?"라고 한 번도 말하지 않았다. "제가 설명을 제대로 했나요?"라고 물었다. 부실하게 설명해놓고 청중의 이해력을 탓하는 사람들의 태도와 크게 달랐다. 스승의 정직하고 올바른 자세는 내게 놀라움과 감동을 주었다.

토마는 예전에 지상의 예수를 알았지만(〈요한〉 11,16) 이제 부활한 예수까지 보았다. 그래서 자연스럽게 "나의 주님, 나의 하느님!"(28절)이라고 고백한다. 부활한 예수만 알고 지상의 예수를 외면하는 사람도 답답하지만, 지상의 예수만 알고 부활한 예수를 외면하는 사람도 안타깝기 그지 없다. 주님과 하느님ὁ κύριός μου καὶ ὁ θεός이라는 표현은 "나의 하느님, 나의 주여, 떨치고 일어나시어 재판하소서, 시비를 가리소서"(〈시편〉 35,23)에 있다.

〈요한〉에서 예수를 "하느님의 아들이며 이스라엘의 왕"(1,49)이라 고백한 나타나엘, 주님을 만나 뵌 일과 주님께서 일러주신 말씀을 제자들에게 전한 막달라 마리아(20,18), 하느님과 함께 계시던 로고스(1,1), 아버지의 품 안에 계신 외아들(1,18)이 어우러진다. 요한 공동체는 부활한 예수는 주님이요 하느님이라고 고백했다.

요한 공동체에서 예수의 칭호 문제는 공동체 밖에서 어떻게 받아들여졌을까. 로마 황제 도미티아누스Titus Flavius Domitianus는 자신을 우리 주님이요 하느님Dominus et Deus noster[450]라고 불렀다. 이런 배경에서 요한 공동체가 예수를 나의 주님, 나의 하느님이라 부른 것은 개인의 단순한 신앙고백에 그치지 않는다.

요한 공동체가 황제숭배를 거부하고 비판한 것이다. 나의 주님, 나의 하느님(28절)이라는 요한 공동체의 신앙고백은 반제국주의 의미가 있다.[451] "그분이야말로 참 하느님이시며 영원한 생명이십니다"(〈1요한〉 5,20)라는 고백 바로 뒤에 "우상을 멀리하십시오"(〈1요한〉 5,21)라는 경고가 나온다. 황제숭배는 우상이라는 뜻이다.

예수는 로마제국에게 큰 위협이 되었다. 로마제국이 그렇게 느꼈다는 사실이 중요하다. 예수는 정치에 관심이 없었다는 주장이 여전히 교회나 성당에서 자주 들린다. 아주 잘못된 생각이다. 요한 공동체는 로마 황제가 아니라 부활한 예수가 우리 주님이요 하느님이라 고백했다. 박정희, 전두환, 이명박이 아니라 예수가 우리 주님이요 하느님이다. 미국, 돈, 권력이 아니라 예수가 우리 주님이요 하느님이다.

돈과 권력을 숭배하는 일은 우상숭배에 속한다. 지금 그리스도교가 겉으로 부활한 예수가 우리 주님이요 하느님이라 고백하지만, 속으로 돈과 권력을 우리 주님이요 하느님이라고 믿지는 않는가. 예수는 당신을 믿으면 부자 된다는 말을 한 적이 없다. 예수 믿으면 부자 된다고 설교하는 종교인은 우상숭배에 빠진 사람들이다.

24-29절에 지상의 예수가 보여준 기적과 부활한 예수의 나타남이 이어진다. 기적을 보든, 부활한 예수를 보든, 예수를 봄으로써 믿음에 이를 수 있다. 하느님은 우리가 하느님을 보기 전에 우리에게 나타나려고 애쓰신다. 성서 시대에 예수를 보는 일은 지상의 예수가 보여준 기적과 부활한 예수가 보여준 나타남으로 제시되었다. 요한 공동체는 토마 이야기를 통해 부활한 예수와 지상의 예수는 다르다는 가현설을 비판한다. 가현설은 지상의 예수는 이제 관심 둘 필요가 없고, 부활한 예수만 신경 쓰면 된다고 주장했다. 부활한 예수만 알면 지상의 예수는 아는 것과 마찬가지 아니냐는 잘못된 생각이다.

〈요한〉은 부활한 예수와 지상의 예수가 같을 뿐 아니라, 부활한 예수는 곧 지상의 예수라고 강조한다. 부활한 예수를 알려면 지상의 예수부터 알아야 한다. 지상의 예수도 모르면서 어떻게 부활한 예수를 알 수 있는가. 하나도 모르는 사람이 어떻게 열을 알까. 〈요한〉은 부활한 예수에 앞서 지상의 예수를 소개한다. 〈요한〉을 읽으면 부활한 예수보다 먼저 지상의 예수를 읽어야 한다. 부활한 예수를 아는 것으로 충분하다면, 〈요한〉은 예루살렘 최후의 일주일 모습만 자세히 보도했을 것이다.

그러나 〈요한〉은 지상의 예수를 강조하기 위해 〈마르〉〈마태〉〈루가〉보다 예수의 활동을 무려 세 배로 확장하여 보도한다. 예수의 저항, 예수와 적대자의 갈등도 그만큼 강조되었다. 〈마르〉가 길고 자세한 서문이 있는 고난의 역사[452]라면, 〈요한〉은 처음부터 고난 복음$_{Passionsevangelium}$[453]이라고 말할 수 있다. 나는 〈요한〉을 고난 복음이라기보다 십자가 복음$_{Kreuzesevangelium}$이라고 이름 붙이고 싶다.

말씀이 세상에 와서 사람이 되고, 역사가 되고, 십자가에 못 박혔다. 예수를 십자가에서 부활까지 3일 신학$_{Theologie der 3 Tagen}$으로 축소하면 안 된다. 예수의 탄생부터 부활까지 33년 신학$_{Theologie der 33 Jahren}$으로 늘려야 한다. 아니 천지창조에서 세상 완성까지 확장해야 한다. 그것이 거시 신학자 〈요한〉 저자의 원대한 포부다. 〈요한〉 저자는 역사 드라마를 넘어 우주 드라마를 썼다. 철학자 헤겔이 "역사는 절대정신의 자기실현 과정"이라고 말했다면, 〈요한〉 저자는 "역사는 구원의 자기실현 과정"이라고 말하고 싶었던 것 같다.

〈요한〉에서 부활한 예수와 지상의 예수를 알았다. 그러면 우리 시대에 예수를 어디서 만날까. 우선 기적과 부활한 예수가 고백과 증언으로 보존되고 재현되는 성서와 성례전이 있다. 성서와 성례전에서 예수를 만날 뿐 아니라 가난한 사람에게서 예수를 만날 수 있다. 성서와 성례전에서 지난 시절 예수를 만난다면, 가난한 사람에게서 오늘의 예수를 생생하게 만난다. 예수는 교회나 성당뿐 아니라 거리와 시장, 일터에서 만날 수 있다. 예수는 가난한 사람에게서 만날 수 있다. 우리 삶 자체가 하느님께 드리는 거룩한 예배요 미사다. 그래서 프란치스코 교황이 한 말이 의미 깊다.

> 저는 가난한 이들을 위한 가난한 교회를 바랍니다. 가난한 이들은 우리에게 많은 것을 가르쳐줍니다. 그들은 신앙 감각sensus fidei이 있을 뿐만 아니라, 자신의 고통 속에서 고통 받으시는 그리스도를 알아뵙는 것입니다. 우리는 가난한 이들을 통하여 우리 자신이 복음화되어야 합니다. 새로운 복음화는 가난한 이들의 삶에 미치는 구원의 힘을 깨닫고 그들을 교회 여정의 중심으로 삼으라는 초대입니다. 우리는 가난한 이들 안에 계신 그리스도를 알아뵙고, 그들의 요구에 우리의 목소리를 실어주도록 부름 받고 있습니다.[454]

가난과 가난한 사람에게 우리가 드러내는 무지는 무엇일까. 적어도 네 가지를 꼽고 싶다.

    1. 우리는 가난과 가난한 사람을 제법 안다.
    2. 가난은 경제문제다.
    3. 우리는 가난한 사람에게 복음을 전해야 한다.
    4. 가난한 사람은 교회의 중심이 아니다.

이런 무지와 미신을 어서 벗겨내야 한다. 위 문장을 다음과 같이 고치고 싶다.

1. 우리는 가난과 가난한 사람을 잘 모른다.
2. 가난은 경제문제가 아니라 신학 문제다.
3. 가난한 사람을 통해 우리가 복음화되어야 한다.
4. 가난한 사람은 교회의 중심이다.

보고 믿을 수 있는 사람은 예수와 동시대에 산 사람뿐이다. 요한 공동체 사람들은 보지 않고 믿어야 했다. 직접 보지 않고 증인들이 전하는 말만 듣고도 부활한 예수를 믿는다[455]고 말할 수 있을까. 요한 공동체는 이 주제로 고뇌하고 갈등했다. '보다'와 '믿다'가 핵심 단어다. 21세기에 사는 우리도 요한 공동체 사람들과 다르지 않다. 더구나 요한 공동체 사람들이 전혀 경험하지 못한 새로운 문제가 우리 앞에 있다. 부패한 교회를 보고도 부활한 예수를 믿을 수 있느냐는 주제다.

예수를 믿기 위해 예수만 바라보는 것으로 충분한 시대는 벌써 지났다. 우리는 예수를 세상에 전하는 데 교회가 방해되기도 하는 시대에 산다. 예수를 믿기 위해 교회가 뭔가 해명해야 하는 시대가 왔다. 예수를 믿고 따른다는 사람들의 공동체와 삶과 역사가 이 모양인데, 어떻게 예수를 믿으라고 말할 수 있을까.

부패한 교회는 신경 쓰지 말고 예수를 믿으라는 말은 설득력이 없고 감동도 주지 못한다. 소수 모범적인 사람과 사례를 인용해 교회의 부패를 감추고 무마하는 작전은 이제 효과가 없다. 장점으로 단점을 덮어버리는 방법은 정직하지 않다. 장점은 장점대로 말하고 단점은 단점대로 고백해야 한다. 예수는 누구인가 설명하기 전에 예수를 믿는다는 사람들이 모인 교회가 왜 이 모양이 되었는지 정직하게 해명해야 한다.

성서 강의뿐 아니라 교회사 강의도 해야 한다는 말이다. 공동성서에
는 하느님과 멀어진 유다 백성이 배신한 역사가 담겼지만, 신약성서에는
하느님과 멀어진 그리스도교의 역사가 거의 없다. 공동성서에 있는 예언
서 부분도 신약성서에는 거의 없는 것과 마찬가지다. 복음 전파에 교회
사와 예언서를 회복할 필요가 있다. 선택이 아니라 의무다.

⟨요한⟩은 원래 20,30-31에서 끝난다고 여겨졌다. 여기서 ⟨요한⟩이
기록된 목적이 나오고[456] 설명된 이야기들이 선택되었음이 드러나기[457]
때문이다. 20,30-21,25을 끝이라고 보기도 한다.[458] ⟨요한⟩ 이전에 표징
원천이 있었다고 주장하는 학자들은 ⟨요한⟩ 저자가 20,30-31을 받아들
여 복음의 끝으로 마무리했다고 여긴다.[459] ⟨요한⟩은 원래 20,30-31에서
끝났고, 30-31절은 ⟨요한⟩ 저자가 창작하여 덧붙였다.[460] 30-31절을 누
가 썼느냐 문제는 해결할 수 없고 중요하지 않다[461]는 의견도 있다.

⟨요한⟩ 저자는 예수의 공식 활동을 마무리하는 부분인 12,37에서 마
지막으로 나온 단어 기적σημεῖα을 왜 30절에 다시 썼을까. ⟨요한⟩ 저자는
기적을 예수그리스도의 구원 사업이 눈에 보이는 사례로 이해했다. ⟨요
한⟩에 기록되지 않은 다른 기적도 많다고 말하고 싶었다. 기적이 믿음을
일으키는 역할을 한다는 말을 남기고 싶었다.[462] 기적이 ⟨요한⟩을 이해하
는 해석학적 열쇠[463]라는 점을 책 마무리에 남기려 했다.

문헌 유형사로 보면 ⟨요한⟩계 문헌 저자는 고대 문헌에서 애용된 말
할 수 없음Unsagbarkeit이라는 소재를 썼다(⟨2요한⟩ 1장; ⟨3요한⟩ 1장). 30절에서
제자들을 앞세운 이유는 무엇일까. "예수가 그렇게도 많은 기적을 사람
들 앞에서 행했지만 그들은 예수를 믿으려 하지 않았다"(⟨요한⟩ 12,37)를

관객에게 떠올리려는 뜻이다. 〈요한〉 저자는 "이때부터 많은 제자들이 예수를 버리고 물러갔으며 더 이상 따라다니지 않았다"(6,66)는 아픈 추억을 잊지 않았다. 부활한 예수가 제자들에게 나타난 이야기(19-29절)도 기억하자고 말하는 것이다. 예수는 제자들 앞에서 기적을 많이 행했다는 말이다.

〈요한〉은 유다인이나 이방인에게 선교하기 위해서가 아니라 요한 공동체 사람들에게 믿음을 격려하기 위해 쓰였다. "여러분은 걱정하지 마시오. 하느님을 믿고 또 나를 믿으시오."(14,1) 〈요한〉은 선교 문서라기보다 그리스도교 내부 문서로 보는 것이 좋겠다. 31절에 명시된 것처럼 〈요한〉은 책βιβλίον이다(〈묵시〉 1,11; 22,7.9.18). 부활 이전 예수의 말과 행동을 부활 이후 성령의 도우심을 받아 쓴 책이다. 부활 이전 예수의 말과 행동이 행해진 기적σημεία ποιεῖν(Zeichen tun)이라면, 부활 이후 복음서는 쓰인 기적σημεία γεγραμμένα(geschriebene Zeichen)이라고 표현할까.[464]

믿음의 내용은 〈요한〉에 나오는 두 호칭, 그리스도χριστὸς와 하느님의 아들υἱὸς θεοῦ에서 잘 드러난다. 〈요한〉 저자는 예수의 여러 호칭 가운데 최종적으로 두 개를 선택한다. 하느님의 아들 예수그리스도(〈마르〉 1,1)에 관한 복음을 쓴 〈마르〉 저자도 마찬가지다. 첫 복음인 〈마르〉의 첫 구절과 마지막 복음인 〈요한〉의 마지막 부분이 예수에 대해 똑같은 호칭을 썼다. 우연이 아니다. 예수의 역사를 알려면 예수에 대한 두 호칭 '그리스도'와 '하느님의 아들'에 집중할 필요가 있다. 복음서 모두 공통이다.

그리스도 호칭으로 구세주를 기다리는 이스라엘 백성의 희망이 반영되었다. 그리스도교와 유다교의 공통점과 연결점을 강조한 것이다. '하느님의 아들'이라는 호칭으로 예수는 하느님과 일치하며 신성이 있다는 그리스도교의 새로운 내용이 추가되었다. 예수는 유다교와 연결될 뿐 아니라 그리스도교라는 새로움을 선사했다는 뜻이다. 〈요한〉은 두 호칭을 써서 나자렛 예수와 부활한 예수가 같은 분이며, 천지창조 이전부터 계시던 로고스는 사람이 되어 죽음을 당하고 부활했다가 다시 하늘에 오르셨다는 내용을 확인한다.

부활한 예수는 제자들에게 평화를 선사했고 제자들은 기뻐했다. 여기서 나는 이 책 제목을 어떻게 할까 고뇌했다. 《평화의 예수》? 《기쁜 예수》? 평화가 있기에 기쁘다. 기쁨 없는 평화는 아직 평화가 아니다. 한반도 현실에 평화가 다급하고 간절하기 때문에 《평화의 예수》를 택했다. 평화의 예수로 한반도에 기쁨이 넘치기를 빈다. 평화의 예수를 알아서 독자도 기쁨을 누리기를 빈다. 한반도의 평화 없이 한국인에게 기쁨은 없다. 아무리 예수를 잘 알고 따른다 해도 한반도의 평화 없이는 우리에게 진짜 평화가 없다. 평화로 가는 길은 쉽지 않다. 그래도 꾸준히 걸어야 한다. 거짓 평화는 거짓 기쁨을 줄 뿐이다.

나는 1년 전에 〈루가〉 해설서 《가난한 예수》에 다음과 같이 썼다.

휴전선에서 북쪽과 남쪽을 보며 눈물 흘리는 하느님이 상상된다. 평양과 서울을 보며 눈물 흘리는 예수가 상상된다. "한반도여, 오늘 네가 평화의 길을 알았다면 얼마나 좋을까! 그러나 너는 그 길을 보지 못하는구나" 하고 탄식하시는 것 같다.[465]

한반도에서 사는 것은 십자가를 지고 사는 것과 같다. 분단은 모든 한국인을 고통에 빠뜨린다. 한반도에서 그리스도인으로 사는 것은 통일 문제를 언제나 생각하고 사는 것을 전제한다. 어느 종교인도, 신학자도 분단문제를 피하면서 그리스도인으로 살아갈 수 없다. 분단 문제는 공기처럼한국인에게 전제요, 기본이다. 그리스도교는 분단에서 이익을 얻으려고생각하지 말고 한반도 평화를 위해 애써야 한다. 교회는 전쟁을 부추기는세력, 평화를 방해하는 세력과 당당히 맞서 싸워야 한다.[466]

〈요한〉은 인류 구원을 위해 예수 중심 이야기로 엮은 책이다. 〈요한〉은 중립적인 역사가의 눈이 아니라 믿음을 격려하기 위한 신학자의 마음으로 쓴 책이다. 우리 믿음이 나자렛 예수를 직접 보고 성서를 읽는 것으로 충분하지 않다. 성서는 구경하는 책이 아니다. 역사 현실과 일상생활에서 실천하는 믿음이 필요하다. 십자가 복음인 〈요한〉은 우리에게 십자가를 요청한다. 불의에 저항하며 가난한 사람을 먼저 사랑하는 십자가말이다. 자발적인 십자가로 한반도에 평화의 예수를 알리고 증언하자.우리 역사로 다시 쓰는 〈요한〉이 되겠다.

에필로그

예수가 원하는 세상과 교회

¹ 그 뒤 예수가 티베리아 호숫가에서 제자들에게 다시 나타났는데 그 경위는 이러하다. ² 시몬 베드로와 쌍둥이라는 토마와 갈릴래아 가나 사람 나타나엘과 제베대오의 아들들과 그 밖의 두 제자가 한자리에 모여 있었다. ³ 그때 시몬 베드로가 "나는 고기를 잡으러 가겠소" 하자 나머지 사람들도 같이 가겠다고 따라나섰다. 그들은 배를 타고 고기잡이를 나갔으나 그날 밤에는 아무것도 잡지 못하였다. ⁴ 이튿날 날이 밝아올 때 예수가 호숫가에 서 있었다. 그러나 제자들은 그분이 예수이신 줄을 미처 몰랐다. ⁵ 예수가 "여러분, 무얼 좀 잡았습니까?" 하고 묻자 그들은 "아무것도 못 잡았습니다" 하고 대답하였다. ⁶ "그물을 배 오른편에 던져보시오. 그러면 고기가 잡힐 것입니다." 그들이 예수가 이르는 대로 그물을 던졌더니 그물을 끌어 올릴 수 없을 만큼 고기가 많이 걸려들었다. ⁷ 예수의 사랑을 받던 제자가 베드로에게 "저분은 주님이십니다" 하고 말하였다. 주님이라는 말을 듣자 옷을 벗고 있던 시몬 베드로는 몸에 겉옷을 두르고 그냥 물속에 뛰어들었다. ⁸ 나머지 제자들은 고기가 잔뜩 걸려든 그물을 끌며 배를 저어 육지로 나왔다. 그들이 들어갔던 곳은 육지에서 백 미터쯤밖에 떨어지지 않은 곳이었다. ⁹ 그들이 육지에 올라와 보니 숯불이 있고 그 위에 생선이 놓여 있었다. 그리고 빵도 있었다. ¹⁰ 예수가 제자들에게 "방금 잡은 고기를 몇 마리 가져오시오" 하고 말하였다. ¹¹ 시몬 베드로는 배에 가서 그물을 육지로 끌어 올렸다. 그물 속에는 백쉰세 마리나 되는 큰 고기가 가득히 들어 있었다. 그렇게 많은 고기가 들어 있었는데도 그물은 터지지 않았다. ¹² 예수가 그들에게 "와서 아침을 드시오" 하고 말하였다. 제자들 중에는 감히 "당신은 누구십니까?" 하고 묻는 사람이 없었다. 그분이 바로 주님이라는 것이 분명하였기 때문이다. ¹³ 예수는 제자들에게 가까이 와서 빵을 집어주고 또 생선도 집어주었다. ¹⁴ 예수가 부활한 뒤 제자들에게 나타난 것은 이것이 세 번째였다.

¹⁵ 모두들 조반을 끝내자 예수가 시몬 베드로에게 "요한의 아들 시몬이여, 당신은 이 사람들이 나를 사랑하는 것보다 더 나를 사랑합니까?" 하고 물었다. 베드로가 "예, 주님. 아시는 바와 같이 저는 주님을 사랑합니다" 하고 대답하자 예수는 "내

어린 양들을 잘 돌보시오" 하고 일렀다. ¹⁶ 예수는 두 번째 "요한의 아들 시몬이여, 당신은 나를 정말 사랑합니까?" 하고 물었다. "예, 주님. 아시는 바와 같이 저는 주님을 사랑합니다." 베드로가 이렇게 대답하자 예수는 "내 양들을 잘 돌보시오" 하고 일렀다. ¹⁷ 예수가 세 번째로 "요한의 아들 시몬이여, 당신은 나를 사랑합니까?" 하고 묻자 베드로는 세 번이나 예수가 "나를 사랑합니까?" 하고 묻는 바람에 마음이 슬퍼졌다. 그러나 "주님, 주님께서는 모든 일을 다 알고 계십니다. 그러니 제가 주님을 사랑한다는 것을 모르실 리가 없습니다" 하고 말하였다. 그러자 예수는 "내 양들을 잘 돌보시오" 하고 분부하였다. ¹⁸ 이어서 "정말 잘 들어두시오. 당신이 젊었을 때에는 제 손으로 띠를 띠고 마음대로 돌아다닐 수 있었습니다. 그러나 이제 나이를 먹으면 그때는 팔을 벌리고 남이 와서 허리를 묶어 당신이 원하지 않는 곳으로 끌고 갈 것입니다" 하고 말하였다. ¹⁹ 예수의 이 말은 베드로가 장차 어떻게 죽어서 하느님의 영광을 드러내게 될 것인가를 암시한 말이었다. 이 말을 한 뒤 예수는 베드로에게 "나를 따르시오" 하고 말하였다.

²⁰ 베드로가 돌아다보았더니 예수의 사랑을 받던 제자가 뒤따라오고 있었다. 그 제자는 만찬 때에 예수의 옆자리에 앉아 있다가 "주님, 주님을 팔아넘길 자가 누굽니까?" 하고 묻던 제자였다. ²¹ 그 제자를 본 베드로가 "주님, 저 사람은 어떻게 되겠습니까?" 하고 예수에게 물었다. ²² 예수는 "내가 돌아올 때까지 그가 살아 있기를 내가 바란다고 한들 그것이 당신과 무슨 상관이 있습니까? 당신은 나를 따르시오" 하고 말하였다. ²³ 그래서 예수를 믿는 사람들 사이에서 그 제자는 죽지 않으리라는 소문이 퍼졌다. 그러나 예수는 그가 죽지 않으리라고 하지는 않았고 다만 "설사 내가 돌아올 때까지 그가 살아 있기를 내가 바란다고 한들 그것이 당신과 무슨 상관이 있습니까?"라고 말한 것뿐이다. ²⁴ 그 제자는 이 일들을 증언하고 또 글로 기록한 사람이다. 우리는 그의 증언이 참되다는 것을 알고 있다.

²⁵ 예수는 이 밖에도 여러 가지 일을 하였다. 그 한 일들을 낱낱이 다 기록하자면 기록된 책은 이 세상을 가득히 채우고도 남을 것이라고 생각된다.(21,1-25)

〈요한〉 21장은 부활한 예수가 나타난 또 다른 이야기다. 부활한 예수는 꼭 제자들에게 나타났다. 이번엔 티베리아 호숫가, 즉 갈릴래아 지방에서 벌어진 일이다. 1-14절은 고기잡이 기적 이야기(〈루가〉 5,1-11)와 부활한 예수가 나타난 이야기(〈루가〉 24,13-35)를 연결한 것 같다.[467] 〈요한〉 저자가 〈루가〉를 알았다는 뜻도 포함되겠다. 〈루가〉 5,1-11에는 베드로와 제베대오의 두 아들 야고보와 요한 등 셋이 있었다. 〈요한〉 저자는 완성을 뜻하는 숫자 일곱을 채우기 위해 토마, 나타나엘과 두 제자까지 넷을 더 넣었다.[468]

예수가 부활한 뒤 제자들은 자기 직업으로 돌아갔다. 베드로는 일꾼을 부리는 어부 같다. 그들은 횃불로 고기를 유혹하기 위해 밤에 고기잡이 나갔지만 허탕을 쳤다. 한치잡이 배가 밝히는 제주의 밤바다 풍경은 정말 멋지다. 제자들이 부활한 예수를 못 알아보는 장면은 부활한 예수가 나타나는 이야기에서 공통이다.[469] 5절에서 부활한 예수는 제자들을 마치 어린아이παιδία(〈1요한〉 2,13.18)처럼 부른다.

6절에서 그물을 왜 배 오른쪽으로 던지라고 했을까. "그들이 무덤 안으로 들어갔더니 웬 젊은이가 흰옷을 입고 오른편에 앉아 있었다"(〈마르〉 16,5), "양은 오른편에, 염소는 왼편에"(〈마태〉 25,33), "주님의 천사가 즈가리야에게 나타나 분향 제단 오른쪽에 서 있었다"(〈루가〉 1,11)처럼 구원의 자리인 오른쪽이 강조된다. 특히 〈요한〉 저자는 "야훼께서 내 주께 선언하셨다. '내 오른편에 앉아 있어라'"(〈시편〉 110,1)를 기억하고 싶었다.

7절에서 베드로는 부활한 예수를 알아보지 못했고, 예수의 사랑받던 제자는 알아보았다. 밤에 호수 가운데 배 위에서 같이 고기잡이한 예수의 사랑받던 제자는 100미터쯤 떨어진 호숫가에 서 있는 예수를 어떻게 알아봤을까. 당연히 〈요한〉 저자의 창작이겠다. 옷을 벗고 고기잡이하던 베드로는 예수의 사랑받던 제자에게 주님이 나타났다는 말을 듣자마자 예의를 갖추기 위해 서둘러 겉옷을 입었다. 자기 죄를 의식한 아담은 알몸을 드러내기 두려워 숨었지만(〈창세〉 3,10), 부활한 예수를 본 베드로는 알몸이 부끄럽지 않았다. 〈요한〉 저자는 부활이 죄를 이겨낸 모습을 강조하려고 아담과 베드로를 대조했다.

베드로는 어서 예수 가까이 가고 싶었다. 베드로는 다른 제자들보다 빨리 예수에게 닿기 위해 잡은 고기는 신경 쓰지 않고 물속으로 뛰어들었다(7절). 다른 여섯 제자는 고기가 잔뜩 걸려든 그물을 끌며 100미터쯤 배를 저어 육지로 나왔다(8절). 그들이 육지에 올라와 보니 숯불 위에 생선이 있고 빵도 있었다(9절). 예수가 몸소 아침 식사 준비를 해놓았다는 인상을 준다.

예수는 식탁의 주인이다(〈요한〉 6,1-15). 식탁의 주인은 음식을 먹으려고 앉아서 기다리는 사람이 아니라, 음식을 준비하고 봉사하는 사람이다. 나는 한국 신부들이 식복사를 두지 말고 음식을 직접 차려 먹기를 기대한다. 음식 차리기가 편하고 불편한 문제가 아니다. 식탁의 주인인 예수를 본받고 따르라는 신학적 이유다.

예수는 생명의 예수다. 제자들에게, 가난한 사람에게 먹을 것을 주는 예수다. 추상적인 생명이 아니라 식량부터 준다. 성례전에서 빵과 포도주를 주기 전에 하루 세끼 양식을 준다. 예수가 생선과 빵을 준비했지만, 제자들이 잡은 물고기도 올렸다(10절). 예수는 어떤 아이가 가진 보리빵 다섯 개와 작은 물고기 두 마리로 수많은 사람이 배불리 먹는 기적을 행했다(〈요한〉 6,1-15).

제자들이 일해서 얻은 고기로 준비한 잔치가 열린다. 하느님과 인간이 함께 준비하고 누리는 잔치다. 인간의 노력이 거절되고 하느님 혼자 누리는 잔치는 없다. 하느님에게 '혼밥'은 없다. 하느님은 인간의 노력을 존중하며 기특하게 보신다. 직업 종교인이 직접 노동해서 얻은 열매로 가난한 사람을 위한 잔치가 열린다. 교회가 모은 돈으로 가난한 사람을 위한 먹거리가 준비된다.

교회는 성례전에서 빵과 포도주를 생각하기 전에 가난한 사람의 식량을 생각해야 한다. 종교인이 자기 먹을 것만 생각하고 신자나 가난한 사람이 먹을 것을 생각하지 않는다면 말이 되는가. 가난한 사람이 먹을 것이 없다는 사실은 뉴스거리도 되지 않는 세상에서, 신부나 목사가 먹을 것이 없으면 왜 뉴스거리가 되어야 하는가. 가난한 사람은 수없이 굶어 죽었지만, 신부나 목사가 굶어 죽은 일은 아직 한 번도 없었다. 신부나 목사가 가난하지 않다는 현실이 그리스도교의 큰 스캔들 중 하나다.

11절 '터지지 않은 그물 속에 있는 물고기 153마리'에 대한 해석은 다양하다.[470]

1. '153'은 어떤 수로도 나눠지지 않는 숫자로, 전체로서 완성과 보편성을 상징한다.
2. 고기 하나하나가 구체적인 의미가 있다. 고대 동물학에 따르면 어류는 153가지였다.
3. 히브리문자나 그리스문자를 숫자로 환산해서 더하는 방식으로 본다. "이 강의 물고기 종류는 지중해의 그것만큼이나 많아서 엔게디에서 에네글라임에 이르기까지 그 언덕에는 어부들이 그물을 쳐놓

고 늘어서 있으리라"(《에제》47,10)를 생각한다.

4. 숫자 '17'에 근거한 상징으로 생각한다. 17 역시 완성과 보편성을 상징한다. 1에서 17까지 숫자를 모두 더하면 153이다. 아우구스티누스Aurelius Augustinus 이후 널리 유행한 해석이다. 내 스승 셴케 교수는 숫자 10과 7을 더하는 해석을 제안했다.[471] 보리빵 다섯 개와 남은 열두 광주리(《요한》6,13)를 더해 17을 생각하기도 한다.[472]

그동안 〈요한〉 연극에서 주연을 맡지 못한 베드로가 연극이 끝날 무렵 갑자기 중요한 배역을 맡았다. 3절에서 베드로의 제안으로 제자 여섯이 고기잡이에 따라나섰다. 죄의식 때문에 옷으로 맨몸을 가린 아담과 달리, 베드로는 기쁜 마음으로 겉옷을 입었다(7절). 〈요한〉 저자는 죄를 이긴 새로운 인간의 모범으로 베드로를 등장시켰다. 베드로는 예수에게 먼저 닿으려고 물속에 거침없이 뛰어들었고(7절), 물고기 가득한 그물을 혼자 육지로 끌어 올렸다(11절).

베드로는 이 장면이 준비된 덕분에 다음 장면에서 예수와 대화하는 영광을 누린다. 이 장면이 없었다면 베드로는 〈요한〉에서 여러 제자 중 하나로, 그렇고 그런 제자로 남았을 것이다. 이 장면이 없었다면 베드로의 지위와 역할이 인정된 다른 복음서와 달리 〈요한〉이 초대 그리스도교에서 인정받는 데 상당한 어려움을 겪었을지 모른다.

식사 장면에서 부활한 예수가 나타나는 전승은 마지막이자 최고에 달한다. 제자들은 식사하다가 부활한 예수가 주님이심(《루가》24,31)을 깨닫는다. 15절에서 아침 식사를 끝내고 제자들이 다 모였을 때 예수는 베드로에게 질문한다. 예수와 베드로만 있는 자리가 아니다. 제자들과 관객과 독자가 곁에서 지켜본다.

15-17절에서 예수는 '요한의 아들 시몬이여'라고 베드로의 전체 이름을 부른다. 전체 이름을 부르는 장면은 취임식, 대관식, 서품식 등 공식 행사를 연상케 한다. 질문은 시몬 개인뿐 아니라 집안과 가문 전체를 끌어들인다. 한 번이 아니라 세 번이나 부르고 묻는 모습이 진지하고 심각하다. 예수의 질문과 베드로의 답변이 세 차례 오간다. 그냥 해보는 말이 아니다.

예수는 베드로에게 자질구레한 질문을 쏟아붓지 않았다. 질문은 딱 하나, 나를 사랑합니까φιλεῖς με이다. 교황 선거가 끝나고 선출된 교황에게 수락하겠느냐고 공개적으로 묻는 장면이 떠오른다. 예수가 베드로를 사랑하지 않는데 베드로에게 나를 사랑하느냐고 물은 것이 아니다. 예수는 베드로를 사랑해서 물은 것이다. 아니 물을 필요도 없는데, 다른 제자들이 들으라고 물은 것이다. 결혼식에서 신랑 신부에게 하는 질문은 신랑 신부가 모르는 내용이 아니다.

15절 "이 사람들이 나를 사랑하는 것보다 더πλέον 나를 사랑합니까?"에서 〈요한〉 저자는 예수의 사랑받던 제자를 일부러 베드로와 경쟁시킨다. 예수의 사랑받던 제자는 한 번도 예수를 배신한 적이 없다. 베드로는 세 번째 답변에서 마음이 슬퍼졌다(17절). 자신이 세 번 배신한 것(〈요한〉 18,15-18.25-27)을 기억한 심정이겠다. 〈요한〉 저자는 "그때 시몬 베드로가 '주님, 어디로 가시겠습니까?' 하고 물었다. 예수는 '지금은 내가 가는 곳으로 따라올 수 없습니다. 그러나 나중에는 따라오게 될 것입니다' 하고 대답하였다"(13,36)를 기억한다.

자신이 배신한 것을 그 누가 잊으랴. 한 번 배신한 사람은 다시 배신한다는 말도 있지 않은가. 한 번도 아니고 세 번이나 배신한 베드로에게 임무를 맡기는 예수도 참 무던하고 어지간한 분이다. 예수는 배신한 베드로를 용서하고 복권시키려 한다. 베드로가 예수에게 용서해달라고, 복권시켜달라고 조른 적도 없다. 베드로는 왜 "저는 주님을 사랑합니다"라고 말하면 될 것을 "아시는 바와 같이 저는 주님을 사랑합니다"(15-16절)이라고 말했을까.

베드로는 권력의지Wille zur Macht가 강하고 사랑 의지Wille zur Liebe는 약한 사람일까. 베드로는 사랑하는 자기 마음보다 사랑해주는 예수의 너그러움에 의지하려고 한 것 같다. 베드로는 자신보다 예수를 믿은 것 같다. 나 자신보다 예수를 믿는 행동이 믿음 아닐까. 사랑받기가 사랑하기보다 어려울 수 있다. 내 마음대로 사랑하면 그만일 수도 있지만, 사랑받으려면 사랑하는 사람의 마음까지 온전히 헤아려야 하기 때문이다. 사랑받을 사람의 심정까지 헤아리며 사랑할 수 있다면 얼마나 좋을까.

부활한 예수는 배신한 베드로를 용서하고 복권시키려 한다. 그래서 베드로에게 임무를 준다. 15절 "내 어린 양들을 잘 돌보시오βόσκε τὰ ἀρνία μου", 16절 "내 양들을 잘 돌보시오ποίμαινε τὰ πρόβατά μου", 17절 "내 양들을 잘 돌보시오βόσκε τὰ πρόβατά μου"로 세 문장에 쓰인 단어가 조금씩 다르다. 〈요한〉 저자는 요한 공동체 내부에서 예수의 사랑받던 제자가 받는 존경을 인정했다. 베드로를 공동체 맨 앞에 내세우는 것도 잊지 않았다.[473]

예수는 베드로에게 큰 역할을 맡기고, 곧바로 베드로의 죽음을 예언한다(18절). 자연사가 아니라 순교를 가리킨다. "당신이 어떻게 돌아가리라는 것을 암시한"(〈요한〉 12.33) 말을 한 예수가 베드로는 어떻게 죽으리라고 암시한다. 자신도 스승 예수처럼 참혹하게 죽으리라는 말을 들은 베드로의 심정이 어땠을까. 로메로 대주교도 같은 심정이었으리라. 베드로는 공통년 64년 로마제국의 네로 황제 때 일어난 그리스도인 박해 중에 로마에서 순교했다고 전해진다(〈클레멘스1서〉 5,17).

예수가 베드로에게 마지막으로 남긴 말은 "나를 따르시오"(19절)다. "나를 믿으시오"가 아니라 "나를 따르시오". 믿기와 따르기는 하늘과 땅처럼 금방 닿을 듯 가깝기도 하지만, 아득히 멀기도 하다. 믿기와 따르기는 같지 않다. 예수를 믿기는 어려운 일이 아닐지 모르지만, 예수를 따르기는 훨씬 어렵다. 예수를 믿는 사람은 제법 있지만, 예수를 따르는 사람은 많지 않다.

목사나 신부로 평생 산다고 해서 자동적으로 예수를 따르는 사람은 아니다. 예수 이름도 모르는 사람 중에, 예수를 믿는다고 입 벌려 말하지 않은 사람 중에, 심지어 죽어도 예수를 믿지 않겠다고 다짐한 사람 중에 자기도 모르게 행동으로 이미 예수를 따르는 사람이 하나둘이 아니다.

예수의 질문과 베드로의 답변에서 무엇을 배울까. 나를 사랑하느냐고 남에게 물으려면 내가 먼저 남을 사랑해야 한다. 예수가 바로 그랬다. 남을 사랑하지 않는 사람이 남에게 나를 사랑하느냐고 묻는 것은 의미 없다. 연인이나 배우자, 가족 사이에만 해당하는 논리가 아니다. 믿음이나 종교, 한반도 평화를 이루는 과정에도 마찬가지 아닐까. 한반도 남측 사람과 정부가 북측 사람과 정부에게 남측을 사랑하느냐고 묻기 전에, 남측 사람과 정부가 북측 사람과 정부를 사랑하는지 물어야 한다.

〈요한〉 21장은 예수의 사랑받던 제자를 베드로와 대조한다. "베드로가 돌아다보았더니 예수의 사랑을 받던 제자가 뒤따라오고 있었다."(20절) 제자들이 예수를 뒤따르듯이 예수의 사랑받던 제자가 예수를 따르는 베드로를 뒤따라온다. 베드로가 예수의 사랑받던 제자를 뒤따르지 않고 예수의 사랑받던 제자가 베드로를 뒤따른다. 베드로가 예수의 사랑받던 제자에게 스승 역할을 맡는다는 뜻이다. 요한 공동체를 이끌고 지키는 세 인물은 예수, 베드로, 예수의 사랑받던 제자라는 말이다.

"그때 제자 한 사람이 바로 예수 곁에 앉아 있었는데 그는 예수의 사랑을 받던 제자였다. 그래서 시몬 베드로가 그에게 눈짓을 하며 누구를 두고 하시는 말씀인지 물어보라고 하였다. 그 제자가 예수에게 바싹 다가앉으며 '주님, 그게 누굽니까?' 하고 묻자"(〈요한〉 13,23-25)와 "베드로가 '주님, 저 사람은 어떻게 되겠습니까?' 하고 예수에게 물었다(21절)"를 비교해보자. 예수의 사랑받던 제자와 베드로의 역할이 완전히 뒤바뀌었다. 22절에서 예수의 사랑받던 제자가 죽으면 요한 공동체가 겪을 당황과 충격이 암시된다.[474]

요한 공동체의 많은 신도는 예수의 사랑받던 제자가 살아 있을 때 예수가 다시 오시리라 기대했기 때문이다.[475] 24절에서 일인칭 복수 주어 '우리'가 나온다. 예수의 사랑받던 제자와 다른 제자들에 속하지 않은 사람 같다. 누구를 가리키는지 궁금하다. 아직 뚜렷한 해답은 없다. 마치 예수의 사랑받던 제자가 〈요한〉 1,1-21,23을 쓴 사람이라고 말하는 것 같다. 예수와 아주 가까운 사람이 〈요한〉을 썼다는 사실을 강조한다.

1-20장에서 〈요한〉을 이해하는 열쇠로 예수의 사랑받던 제자가 소

개되었다. 21장에서 교회를 이해하는 열쇠로 베드로가 소개되었다. 〈요한〉 저자는 〈요한〉을 베드로의 권위와 연결하도록 종용 받은 것 같다.[476] 예수의 사랑받던 제자를 〈요한〉 저자로 보는 의견이 성서학계에 자리 잡은 것은 아니다. 예수의 사랑받던 제자는 요한 공동체에 예수 전승을 전해준 인물일 뿐 아니라 〈요한〉을 쓴 사람으로 소개된다(24절).

예수의 사랑받던 제자가 실제로 〈요한〉 저자일까. 〈요한〉 저자가 연극의 모든 내용을 아는 전지적 시점의 인물로 창작하여 일부러 넣은 상상의 인물일까. 예수의 사랑받던 제자는 제베대오의 아들(2절) 요한과 동일한 인물로 생각해야 할까. 우리는 〈요한〉 저자가 누구인지 아직 모른다.

나는 엘살바도르 유학 시절에 로메로 대주교가 살해되기 직전까지 몇 년 동안 지낸 작은 집에 여러 번 가보았다. 자그마한 로메로 대주교가 누운 침대 곁에서 멍하니 서 있곤 했다. 지금도 그 음성이 들리는 듯하다. "백성이 학살당할 때 함께 피 흘리는 교회는 존경받습니다."[477] 〈요한〉 저자는 이렇게 말하고 싶을지 모르겠다. "가난한 사람이 고통 받을 때 함께 피 흘리는 예수는 존경받습니다."

〈요한〉에서 평화의 예수를 배우고 따르자. 평화의 예수를 배우고 따르면서 우리 땅 한반도를 평화의 땅으로 만들어가자.

하느님 감사합니다Deo gracias.

주

1부 예수 증언의 책

1   Joachim Gnilka, *Johannesevangelium, Die Neue Echter-Bibel,* Würzburg, 2009(9 판), p.13.

2   Joachim Gnilka, *Theologie des neuen Testaments,* Freiburg/Basel/Wien, 1994, p.235.; Udo Schnelle, *Das Evangelium nach Johannes, Theologischer Handkommentar zum Neuen Testament(ThHK),* Leipzig, 2016(5판), p.41.

3   Rudolf Bultmann, *Das Evangelium des Johannes, KEK,* Göttingen, 1968(19판), p.40.

4   Ernst Käsemann, *Jesu letzter Wille nach Johannes 17,* Tübingen, 1980(4판), p.27.

5   Rudolf Schnackenburg, *Das Johannesevangelium I. Teil: Einleitung und Kommentar zu Kap.1.(Herders theologischer Kommentar zum Neuen Testament) Bd. 4/1,* Freiburg/Basel/Wien, 1981(5판), p.198.

6   M. Theobald, *Die Fleischwerdung des Logos,* Münster, 1988, pp.462-466.

7   W. Eltester, *Der Logos und sein Prophet: Apophoreta (Festschrift E. Haenchen),* Berlin, 1964, pp.109-134.; Hartwig Thyen, *Das Johannesevangelium (Handbuch zum Neuen Testament),* Tübingen, 2015(2판), p.62.

8   M. Theobald, *Die Fleischwerdung des Logos,* p.372.

9   Joachim Gnilka, *Theologie des neuen Testaments,* p.236.

10   M. Theobald, *Die Fleischwerdung des Logos,* p.295.

11   Klaus Wengst, *Theologischer Kommentar zum Neuen Testament (ThKNT): Das Johannesevangelium Kapitel 1-10: Bd. 4/1,* Stuttgart, 2004(2판), p.42.

12   Ludger Schenke, *Das Johannesevangelium, Einführung, Text, dramatische Gestalt, UB 446,* Stuttgart/Berlin/Köln, 1992, p.3.

13   Hartwig Thyen, *Das Johannesevangelium,* p.61.

14   Udo Schnelle, *Das Evangelium nach Johannes,* p.47.

15   Raymond E. Brown, *The Gospel According to John I,* New York, 1966, p.24.

16   Wilhelm Heitmüller, *Das Johannesevangelium*, *SNT 4*, Göttingen, 1918(3판), p.27; Ernst Käsemann, *Jesu letzter Wille nach Johannes 17*, p.28.

17   Udo Schnelle, *Das Evangelium nach Johannes*, p.51.

18   Rudolf Bultmann, *Das Evangelium des Johannes*, *KEK*, Göttingen, 1986(21판), p.3.

19   Klaus Wengst, *Das Johannesevangelium 1*, p.52.

20   Michael Wyschogrod, *Gott und Volk Israel. Dimensionen jüdischen Glaubens*, Stuttgart, 2001, p.23.

21   Michael Wyschogrod, "Inkarnation aus jüdischer Sicht", *EvTh* 55, 1995, pp.13-28.

22   Rudolf Schnackenburg, *Das Johannesevangelium I*, p.151.

23   Luise Schottroff, *Der Glaubende und die feindliche Welt. Beobachtungen zum gnostischen Dualismus und seiner Bedeutung für Paulus und das Johannesevangelium* zum *Alten und Neuen Testament, Band 37*, Neukirchen, 1970, p.295.

24   Joachim Gnilka, *Theologie des neuen Testaments*, p.239.

25   Ulrich Wilckens, *Das Neue Testament Deutsch (NTD 4)*, Bd.4, *Das Evangelium nach Johannes*, Göttingen, 1998, p.22.

26   Udo Schnelle, *Das Evangelium nach Johannes*, p.43.

27   Hartwig Thyen, *Das Johannesevangelium*, p.65.

28   Hartwig Thyen, *Das Johannesevangelium*, p.213.

29   Hartwig Thyen, *Das Johannesevangelium*, p.201.

30   Hartwig Thyen, *Das Johannesevangelium*, p.109.

31   Udo Schnelle, *Das Evangelium nach Johannes*, p.75.

32   John P. Meier, *A Marginal Jew: Rethinking The Historical Jesus, Volume V: Probing The Authenticity Of The Parables*, New Haven/London, 2016, p.1.

33   Johannes Beutler, *Das Johannesevangelium*, Freiburg/Basel/Wien, 2016(2판), p.104.

34   Joachim Gnilka, *Theologie des neuen Testaments*, p.268.

35   Johannes Beutler, *Das Johannesevangelium*, pp.108-109.

36   Hartwig Thyen, *Das Johannesevangelium*, p.137.

37   John P. Meier, *A Marginal Jew: Rethinking the Historical Jesus, Volume II: Mentor, Message, and Miracles*, New Haven/London, 1994, p.129.

38   Udo Schnelle, *Das Evangelium nach Johannes*, p.80.

39   Joachim Gnilka, *Johannesevangelium*, p.230.

40   Raymond E. Brown, *The Gospel According to John I*, p.79.

41   Rudolf Bultmann, *Das Evangelium des Johannes*, p.70.

42   Raymond E. Brown, *The Gospel According to John I*, p.75.

43 Hartwig Thyen, *Das Johannesevangelium*, p.129.

44 Raymond E. Brown, *The Gospel According to John I*, p.73.; Oscar Cullmann, *Der johanneische Kreis. Zum Ursprung des Johannesevangeliums*, Tübingen, 1975, p.75.

45 Joachim Kügler, *Der Jünger, den Jesus liebte. Literarische, theologische und historische Untersuchungen zu einer Schlüsselgestalt johanneischer Theologie und Geschichte*, Stuttgart, 1988, pp.421-424; Hartwig Thyen, *Das Johannesevangelium*, p.132.

46 Peter Dschulnigg, *Jesus begegnen. Personen und ihre Bedeutung im Johannesevangelium*, Münster, 2000, p.39.

47 Udo Schnelle, *Das Evangelium nach Johannes*, p.83.

48 Rudolf Schnackenburg, *Das Johannesevangelium I*, p.313.

49 Rudolf Bultmann, *Das Evangelium des Johannes*, p.73.

50 *Septuaginta: Das Alte Testament Griechisch*, Alfred Rahlfs und Robert Hanhart Hg., 2014, 〈미가〉 4,3-; Hartwig Thyen, *Das Johannesevangelium*, p.141.

51 Rudolf Schnackenburg, *Das Johannesevangelium I*, p.412.

52 John P. Meier, *A Marginal Jew: Rethinking The Historical Jesus, Volume V*, p.14.

53 F. Hahn, "Jüngerberufung Joh 1, 35-51", in: Joachim Gnilka Hg., *Neues Testament und Kirche. Festschrift R. Schnackenburg*, Freiburg, 1974, p.182.

54 Johannes Beutler, *Das Johannesevangelium*, p.119.; 그러나 티엔은 〈요한〉 1-10장을 '증언의 책'이라고 이름 붙였다. Hartwig Thyen, *Das Johannesevangelium*, p.IX.

55 Joachim Gnilka, *Theologie des neuen Testaments*, p.227.

56 Jürgen Becker, *Das Evangelium nach Johannes: Kapitel 1-10. Ökumenischer Taschenbuchkommentar zum Neuen Testament 4/1*, Gütersloh, 1991(3판), p.35.

57 Joachim Gnilka, *Theologie des neuen Testaments*, p.227.

58 Udo Schnelle, *Das Evangelium nach Johannes*, p.93.

59 Joachim Gnilka, *Theologie des neuen Testaments*, p.227; Joachim Gnilka, *Johannesevangelium*, p.6.

60 Joachim Gnilka, *Theologie des neuen Testaments*, p.229.

61 Hartwig Thyen, *Das Johannesevangelium*, p.151.

62 Gerd Theißen, *Urchristliche Wundergeschichten, StNT 8*, Gütersloh, 1998. p.111.

63 Udo Schnelle, *Das Evangelium nach Johannes*, p.88.

64 John P. Meier, *A Marginal Jew: Rethinking the Historical Jesus, Volume II*, p.495.

65 John P. Meier, *A Marginal Jew: Rethinking the Historical Jesus, Volume II*, p.442.

66 Rudolf Bultmann, *Das Evangelium des Johannes*, p.79.; Jürgen Becker, *Das Evangelium nach Johannes I*, p.127.

67 Klaus Wengst, *Das Johannesevangelium I*, p.112.

68 Johannes Beutler, *Das Johannesevangelium*, p.120.

69 Karl Barth, *Erklärung des Johannesevangelium*, Zürich, 1976, p.197.

70 Udo Schnelle, *Das Evangelium nach Johannes*, p.90.

71 Rudolf Bultmann, *Das Evangelium des Johannes, KEK*, 1968(19판), p.83.

72 Hartwig Thyen, *Das Johannesevangelium*, p.149.

73 Rudolf Bultmann, *Das Evangelium des Johannes*, p.520.

74 Hartwig Thyen, *Das Johannesevangelium*, p.153.

75 Udo Schnelle, *Das Evangelium nach Johannes*, p.94.

76 Udo Schnelle, *Das Evangelium nach Johannes*, p.95.

77 Klaus Wengst, *Das Johannesevangelium 1*, p.116.

78 Jürgen Becker, *Das Evangelium nach Johannes 1*, p.145.

79 Raymond E. Brown, *The Gospel According to John 1*, p.115.

80 Hartwig Thyen, *Das Johannesevangelium*, p.168.

81 S. Safari, *Die Wallfahrt im Zeitalter des zweiten Tempels (FJCD 3)*, Neukirchen-Vluyn, 1981, p.185.

82 Gerd Theißen, A. Merz, *Der historische Jesus*, Göttingen, 1996, p.383.

83 Martin Hengel, "Die Schriftauslegung des 4. Evangeliums auf dem Hintergrund der urchristlichen Exegese", *JBTh 4*, 1989, p.276.

84 *Septuaginta*, 〈시편〉 68,10.

85 Hartwig Thyen, *Das Johannesevangelium*, p.169.

86 Ernst Haenchen, *Das Johannesevangelium: Ein Kommentar*, Hg. v. U. Busse, Tübingen, 1980, pp.204-210.; Jürgen Becker, *Das Evangelium nach Johannes 1*, p.147.

87 Hartwig Thyen, *Das Johannesevangelium*, p.170.

88 John P. Meier, *A Marginal Jew: Rethinking the Historical Jesus, Volume V*, p.17.

89 Rudolf Bultmann, *Das Evangelium des Johannes*, p.88.

90 E. Stegemann, "Zur Tempelreinigung im Johannesevangelium", in: *Die Hebräische Bibel und ihre zweifache Nachgeschichte* (FS R. Rendtorff), Hg. v. E. Blum u. a., Neukirchen-Vluyn, 1990, pp.503-516.

91 Hartwig Thyen, *Das Johannesevangelium*, p.165.

92 Udo Schnelle, *Das Evangelium nach Johannes*, pp.97-98.

93 Rudolf Bultmann, *Das Evangelium des Johannes*, p.92.; Rudolf Schnackenburg, *Das Johannesevangelium 1*, p.373.; Raymond E. Brown, *The Gospel According to John 1*, p.127.

94 Rudolf Schnackenburg, *Das Johannesevangelium 1*, pp.374-377.

95 Rudolf Bultmann, *Das Evangelium des Johannes*, p.92.

96 Hartwig Thyen, *Das Johannesevangelium*, p.181.

97 Hartwig Thyen, *Das Johannesevangelium*, p.181.

98 Johannes Beutler, *Das Johannesevangelium*, p.135.

99 Raymond E. Brown, *The Gospel According to John I*, p.138.

100 Rudolf Schnackenburg, *Das Johannesevangelium I*, p.381.; Rudolf Bultmann, *Das Evangelium des Johannes*, p.95에서 '새로운'으로 번역한다.

101 Hartwig Thyen, *Das Johannesevangelium*, p.188.

102 Rudolf Bultmann, *Das Evangelium des Johannes*, p.98.

103 Udo Schnelle, *Das Evangelium nach Johannes*, p.102.

104 Hartwig Thyen, *Das Johannesevangelium*, p.191.

105 Jürgen Becker, *Das Evangelium nach Johannes I*, p.171.

106 Ulrich Wilckens, *Das Evangelium nach Johannes*, p.71.

107 U. B. Müller, "Zur Eigentümlichkeit des Johannesevangeliums. Das Problem des Todes Jesu", *ZNW 88*, 1997, pp.24-55.

108 Udo Schnelle, *Das Evangelium nach Johannes*, p.103.

109 Udo Schnelle, *Das Evangelium nach Johannes*, p.110.

110 Hartwig Thyen, *Das Johannesevangelium*, p.224.

111 Rudolf Bultmann, *Das Evangelium des Johannes*, p.124.

112 Hartwig Thyen, *Das Johannesevangelium*, p.225.

113 Rudolf Schnackenburg, *Das Johannesevangelium I*, p.450.; Raymond E. Brown, *The Gospel According to John I*, p.151.

114 Udo Schnelle, *Das Evangelium nach Johannes*, p.114.

115 Johannes Beutler, *Das Johannesevangelium*, p.146.

116 Raymond E. Brown, *The Gospel According to John I*, p.160.; Ulrich Wilckens, *Das Evangelium nach Johannes*, p.74.

117 Hartwig Thyen, *Das Johannesevangelium*, p.229.

118 Ulrich Wilckens, *Das Evangelium nach Johannes*, p.76.

119 Udo Schnelle, *Das Evangelium nach Johannes*, p.116.

120 Johannes Beutler, *Das Johannesevangelium*, p.147.

121 Johannes Beutler, *Das Johannesevangelium*, p.149.

122 Udo Schnelle, *Das Evangelium nach Johannes*, p.117.

123 《논어論語》〈위정편爲政篇〉.

124 A. Link, "Was redest Du mit ihr?" Eine Studie zur Exegese-, Redaktions-, und Traditionsgeschichte von Joh 4,1-2, BU 24, Regensburg, 1992, p.182.

125 T. Okure, *The Johannine Approach to Mission. A Contextual Study of John 4,1-42. WUNT II/31*, Tübingen, 1988, pp.181-188.

126 Rudolf Bultmann, *Das Evangelium des Johannes*, p.128.; Rudolf Schnackenburg, *Das Johannesevangelium I*, p.485.

127 H. G. Kippenberg, G. A. Wewers Hg., *Grundrisse zum Neuen Testament, Bd.8, Textbuch zur neutestamentlichen Zeitgeschichte*, Göttingen, 1979, pp.91-97.

128 Udo Schnelle, *Das Evangelium nach Johannes*, p.121.

129 Udo Schnelle, *Das Evangelium nach Johannes*, p.121.

130 Hartwig Thyen, *Das Johannesevangelium*, p.241.

131 Hartwig Thyen, *Das Johannesevangelium*, p.245.

132 Joachim Gnilka, *Theologie des neuen Testaments*, p.244.

133 H. G. Kippenberg, G. A. Wewers Hg., *Grundrisse zum Neuen Testament, Bd.8, Textbuch zur neutestamentlichen Zeitgeschichte*, p.106.

134 Rudolf Bultmann, *Das Evangelium des Johannes*, p.131.

135 Ludger Schenke, *Johannes. Kommentar*, Düsseldorf, 1998, p.86.

136 Rudolf Schnackenburg, *Das Johannesevangelium I*, p.468.

137 F. Wessel, "Die fünf Männer der Samaritanerin", *BN 68*, 1993, pp.26-34.

138 Udo Schnelle, *Das Evangelium nach Johannes*, p.124.

139 Jürgen Becker, *Das Evangelium nach Johannes I*, p.208.

140 Hartwig Thyen, *Das Johannesevangelium*, p.256.

141 Ferdinand Hahn, "Das Heil kommt von den Juden", Erwägungen zu Joh 4,22b, in: B. Benzing u.a., Hg., *Wort und Wirklichkeit*. FS E. L. Rapp, Meisenheim, 1976, pp.67-84.

142 Rudolf Schnackenburg, *Das Johannesevangelium I*, p.470.

143 Udo Schnelle, *Das Evangelium nach Johannes*, p.126.

144 Hartwig Thyen, *Das Johannesevangelium*, pp.263-264.

145 P. Billerbeck, *Kommentar zum Neuen Testament aus Talmud und Midrasch I-IV*, München, 1961(3판), p.301.; Udo Schnelle, *Das Evangelium nach Johannes*, pp.121-122에서 재인용.

146 Rudolf Schnackenburg, *Das Johannesevangelium I*, p.478.

147 Rudolf Bultmann, *Das Evangelium des Johannes*, p.144.

148 Rudolf Schnackenburg, *Das Johannesevangelium I*, p.484.

149 Karl Barth, *Erklärung des Johannesevangelium*, p.365.

150 Udo Schnelle, *Das Evangelium nach Johannes*, p.121.

151 Joachim Gnilka, *Theologie des neuen Testaments*, p.64.

152 Alexander Faure, "Die alttestamentlichen Zitate im 4. Evangelium und die Quellenscheidungshypothese", *ZNW 21*, 1922, pp.99-121.

153 Rudolf Bultmann, *Das Evangelium des Johannes*, p.78.

154 Udo Schnelle, *Das Evangelium nach Johannes*, p.137.

155 Hartwig Thyen, *Das Johannesevangelium*, p.286.

156 Rudolf Bultmann, *Das Evangelium des Johannes*, p.150.; Rudolf Schnackenburg,

Das Johannesevangelium I, p.494.

157 Udo Schnelle, *Das Evangelium nach Johannes*, p.131.

158 E. C. Hoskyns, *The Fourth Gospel(ed. by F. N. Davey)*, London, 1947, p.260.; C. H. Dodd, *The Interpretation of the Fourth Gospel*, Cambridge, 1968(8판), p.351.; Hartwig Thyen, *Das Johannesevangelium*, p.284.; Johannes Beutler, *Das Johannesevangelium*, p.171.

159 Udo Schnelle, *Das Evangelium nach Johannes*, p.132.

160 Rudolf Bultmann, *Das Evangelium des Johannes*, p.152.

161 Johannes Beutler, *Das Johannesevangelium*, p.175.

162 Rudolf Bultmann, *Das Evangelium des Johannes*, p.151.; Jürgen Becker, *Das Evangelium nach Johannes I*, p.223.; Luise Schottroff, *Der Glaubende und die feindliche Welt*, p.248.

163 Hartwig Thyen, *Das Johannesevangelium*, p.289.

164 Gerd Theißen, *Urchristliche Wundergeschichten*, p.69.

165 Luise Schottroff, *Der Glaubende und die feindliche Welt*, p.248.

166 Rudolf Bultmann, *Das Evangelium des Johannes*, p.152.

167 Hartwig Thyen, *Das Johannesevangelium*, p.289.

168 Hartwig Thyen, *Das Johannesevangelium*, p.288.

169 Hartwig Thyen, *Das Johannesevangelium*, p.290.

170 Rudolf Bultmann, *Die Geschichte der synoptischen Tradition*, FRLANT 29, Göttingen, 1970(8판), p.240.; Rudolf Schnackenburg, *Das Johannesevangelium I*, p.494.

171 Raymond E. Brown, *The Gospel According to John I*, p.191.

172 Hartwig Thyen, *Das Johannesevangelium*, p.290.

173 Hartwig Thyen, *Das Johannesevangelium*, p.294.

174 Johannes Beutler, *Das Johannesevangelium*, p.179.

175 Johannes Beutler, *Das Johannesevangelium*, p.182.

176 Jürgen Becker, *Das Evangelium nach Johannes I*, p.276.

177 F. Neirynck, "John 5,1–18 and the Gospel of Mark. A Response to Peter Borgen", in: D. van Segbroeck, ed., *Evangelica II*, Leuven, 1991, pp.699–711.

178 Rudolf Schnackenburg, *Das Johannesevangelium II*, p.117.

179 Johannes Beutler, *Das Johannesevangelium*, p.185.

180 Hartwig Thyen, *Das Johannesevangelium*, p.293.

181 Jürgen Becker, *Das Evangelium nach Johannes I*, p.277.

182 Hartwig Thyen, *Das Johannesevangelium*, p.295.

183 Udo Schnelle, *Das Evangelium nach Johannes*, p.139.

184 Hartwig Thyen, *Das Johannesevangelium*, p.296.

185 Rudolf Schnackenburg, *Das Johannesevangelium II*, p.121.

186 Josef Blank, *Das Evangelium nach Johannes, GSL NT 4/1-3*, Ib, Düsseldorf, 1981(2판), p.14.; Rudolf Bultmann, *Das Evangelium des Johannes*, p.180; Rudolf Schnackenburg, *Das Johannesevangelium II*, p.121.

187 Hartwig Thyen, *Das Johannesevangelium*, p.297.

188 Hartwig Thyen, *Das Johannesevangelium*, p.296.

189 Hartwig Thyen, *Das Johannesevangelium*, p.302.

190 Rudolf Bultmann, *Das Evangelium des Johannes*, p.182.

191 R. Metzner, "Der Geheilte von Johannes 5-Repräsentant des Unglaubens", *ZNW 90*, 1999, pp.177-193.

192 E. M. Boring, "John 5:19-24": *Interp 45*, 1991, pp.176-181.

193 Ludger Schenke, *Johannes*, p.101.

194 Rudolf Bultmann, *Das Evangelium des Johannes*, p.192.

195 Rudolf Bultmann, *Das Evangelium des Johannes*, p.194.

196 Josef Blank, *Das Evangelium nach Johannes, GSL NT 4/1-3*, Ib, p.42.

197 Klaus Wengst, *Das Johannesevangelium 1*, p.214.

198 Udo Schnelle, *Das Evangelium nach Johannes*, p.149.

199 Udo Schnelle, *Das Evangelium nach Johannes*, p.144.

200 Udo Schnelle, *Das Evangelium nach Johannes*, p.149.

201 Johannes Beutler, *Martyria, FTS 10*, Frankfurt, 1972, p.234.

202 Udo Schnelle, *Das Evangelium nach Johannes*, p.152.

203 Udo Schnelle, *Das Evangelium nach Johannes*, p.188.

204 Joachim Gnilka, *Johannesevangelium*, p.228.

205 Jürgen Becker, *Das Evangelium nach Johannes I*, p.35.

206 G. A. Philips, "This is a Hard Saying, Who Can be Listener to it?" Creating a Reader in John 6: *Semeia 26*, 1983, pp.23-56.

207 Jürgen Becker, *Das Evangelium nach Johannes I*, p.35.

208 Rudolf Bultmann, *Das Evangelium des Johannes*, p.154.

209 Rudolf Schnackenburg, *Das Johannesevangelium II*, p.6.

210 Johannes Beutler, *Das Johannesevangelium*, p.210.

211 Udo Schnelle, *Das Evangelium nach Johannes*, p.159.

212 Hartwig Thyen, *Das Johannesevangelium*, p.332.

213 Hartwig Thyen, *Das Johannesevangelium*, p.335.

214 W. Wilkens, *Die Entstehungsgeschichte des vierten Evangeliums*, Zürich, 1958, p.9.

215 Klaus Wengst, *Das Johannesevangelium 1*, p.232.

216 Klaus Wengst, *Das Johannesevangelium 1*, p.234.

217 Hartwig Thyen, *Das Johannesevangelium*, p.335.

218 Rudolf Schnackenburg, *Das Johannesevangelium II*, p.17.

219 Hartwig Thyen, *Das Johannesevangelium*, p.339.; Udo Schnelle, *Das Evangelium nach Johannes*, p.161.

220 Udo Schnelle, *Das Evangelium nach Johannes*, p.169.

221 Hartwig Thyen, "Ich-bin-Worte", *RAC 35*, 1992, pp.19-46.

222 J. A. Bühner, *Der Gesandte und sein Weg im 4. Evangelium, WUNT 2.2*, Tübingen, 1977, pp.116-166.

223 Hartwig Thyen, *Das Johannesevangelium*, p.341.

224 Ulrich Wilckens, *Das Evangelium nach Johannes*, p.100.

225 Hartwig Thyen, *Das Johannesevangelium*, p.346.

226 P. Scherer, *Jesus und das Gesetz im Johannesevangelium*, Innsbruck, 1976, p.176.

227 스콧 라이트, 김근수 옮김, 《희망의 예언자 오스카 로메로》, 아르테, 2015.

228 Joachim Gnilka, *Neutestamentliche Theologie. Ein Überblick*, Würzburg, 1989, p.136.

229 Udo Schnelle, *Das Evangelium nach Johannes*, p.172.

230 Udo Schnelle, *Das Evangelium nach Johannes*, p.175.

231 Udo Schnelle, *Das Evangelium nach Johannes*, p.134.

232 Joachim Gnilka, *Theologie des neuen Testaments*, p.263.

233 C. Westermann, *Genesis II*, Neukirchen, 1981, p.553.

234 G. von Rad, *Das vierte Buch Mose Numeri*, Göttingen, 1966, p.137.

235 Jürgen Becker, *Das Evangelium nach Johannes I*, p.147.

236 Rudolf Schnackenburg, *Das Johannesevangelium II*, p.321.

237 Marius Reiser, "Eucharistische Wissenschaft, Eine exegetische Betrachtung zu Joh 6,26-59", in; *Ökumenische Bemühungen um die Eucharistie* (FS Theodor Schneider), Hg. v. B. J. Hilberath u. D. Sattler, Mainz, 1995, pp.164-177.

238 Udo Schnelle, *Antidoketische Christologie im Johannesevangelium*, Göttingen, 1987, p.181.

239 Rudolf Schnackenburg, *Das Johannesevangelium II*, p.94.

240 Joachim Gnilka, *Theologie des neuen Testaments*, p.323.

241 Michael Theobald, *Das Evangelium nach Johannes. Kap. 1-12*, Regensburg, 2009, p.484.

242 Udo Schnelle, *Das Evangelium nach Johannes*, p.182.

243 Rudolf Bultmann, *Theologie des Neuen Testaments, Hg. v. O. Merk*, Tübingen, 1977(7판), p.411.

244 Raymond E. Brown, *The Gospel According to John I*, pp.300-301.; Ludger Schenke, "Das johanneische Schisma und die Zwölf (Joh 6,60-71)", *NTS 38*, 1992, pp.105-121.

245 Klaus Wengst, *Bedrängte Gemeinde und verherrlichter Christus*, München, 1992(4판), p.124.

246 Raymond E. Brown, *The Community of the Beloved Disciple*, New York/ Toronto, 1979, pp.73-74.; Udo Schnelle, *Das Evangelium nach Johannes*, p.186.

247 John P. Meier, *A Marginal Jew: Rethinking the Historical Jesus, Volume III: Companions and Competitors*, New Haven/London, 2001, p.25.

248 Rudolf Bultmann, *Das Evangelium des Johannes*, p.345.

249 Udo Schnelle, *Das Evangelium nach Johannes*, p.187.

250 Flavius Josephus, *Jewish Antiquities, Hg. u. übers. v. H. S. J, Thackeray u. a.*, LCL, London/Cambridge, 1926-1965, Ant VIII 100.

251 Johannes Beutler, *Das Johannesevangelium*, p.240.

252 Josef Blinzler, *Die Brüder und Schwestern Jesu*, Stuttgart, 1967.; Chr. Dietzfelbinger, "Der ungeliebte Bruder, Der Herrenbruder Jakobus im Johannesevangelium", *ZThK 89*, 1992, pp.377-403.; John P. Meier, *A Marginal Jew: Rethinking the Historical Jesus, Volume I: The Roots of the Problem and the Person*, New Haven/London, 1991, pp.318-332.

253 Rudolf Pesch, *Herders theologischer Kommentar zum Neuen Testament: Das Markusevangelium: Teil 1. Einleitung und Kommentar zu Kap. 1,1-8,26*, Freiburg/Basel/Wien, 1976, pp.322-325.

254 Raymond Edward Brown, *Joseph A. Fitzmyer, Karl Paul Donfried(Hg), Mary in the New Testament*, New York, 1987, p.72.

255 John P. Meier, *A Marginal Jew: Rethinking the Historical Jesus, Volume I*, p.331.

256 Johannes Beutler, *Martyria*, p.223.

257 Justinus, *Dial*, 68,8-.

258 Rudolf Schnackenburg, *Das Johannesevangelium II*, p.201.

259 Günter Stemberger, *Das klassische Judentum. Kultur und Geschichte der rabbinischen Zeit*, München, 1979, pp.83-91.

260 E. C. Hoskyns, *The Fourth Gospel*, p.267.

261 Udo Schnelle, *Das Evangelium nach Johannes*, p.195.

262 Ludger Schenke, *Johannes*, p.161.

263 Ulrich Wilckens, *Das Evangelium nach Johannes*, p.131.

264 Joachim Jeremias, *Jerusalem zur Zeit Jesu*, Göttingen, 1967(4판), p.203.

265 Rudolf Schnackenburg, *Das Johannesevangelium II*, p.202.

266 Hartwig Thyen, *Das Johannesevangelium*, p.396.

267 Ulrich Wilckens, *Das Evangelium nach Johannes*, p.132.

268 Josef Blank, *Das Evangelium nach Johannes, GSL NT 4/1-3*, Ib, p.96.

269 Jürgen Becker, *Das Evangelium nach Johannes I*, p.328.

270 Hartwig Thyen, *Das Johannesevangelium*, p.401.

271 Raymond E. Brown, *The Gospel According to John I*, p.150.

272 Friedrich-Wilhelm Marquardt, *Das christliche Bekenntnis zu Jesus, dem Juden*, Bd.2, Gütersloh, 1998, p.304.

273 Wilhelm Thüsing, *Die Erhöhung und Verherrlichung Jesu im Johannesevangelium*, Münster, 1970(3판), p.163.

274 Rudolf Schnackenburg, *Das Johannesevangelium II*, p.218.

275 Hartwig Thyen, *Das Johannesevangelium*, p.407.

276 Marinus de Jonge, *Jesus, Stranger from Heaven and Son of God: Jesus Christ and the Christians in Johannine perspective (Sources for Biblical study)*, Missoula, 1977, pp.37, 50.

277 Rudolf Bultmann, *Das Evangelium des Johannes*, p.231.

278 Raymond E. Brown, *The Gospel According to John I*, p.330.

279 Hartwig Thyen, *Das Johannesevangelium*, p.409.

280 Hartwig Thyen, *Das Johannesevangelium*, p.409.

281 John P. Meier, *A Marginal Jew: Rethinking the Historical Jesus, Volume III*, p.30.

282 Hartwig Thyen, *Das Johannesevangelium*, p.410.

283 Johannes Beutler, *Das Johannesevangelium*, p.261.

284 Ulrich Becker, *Jesus und die Ehebrecherin. Untersuchungen zur Text-und Überlieferungsgeschichte von Joh 7,53-8,11. BNZW 28*, Berlin, 1963, p.39.

285 Ulrich Becker, *Jesus und die Ehebrecherin*, p.104.

286 Klaus Wengst, *Das Johannesevangelium 1*, p.315.

287 Udo Schnelle, *Das Evangelium nach Johannes*, p.153.

288 H. v. Campenhausen, "Zur Perikope von der Ehrbrecherin (Joh 7,53-8,11)", *ZNW 68*, 1977, pp.164-175.; Hartwig Thyen, "Jesus und die Ehebrecherin (Joh 7,53-8,11)", in: *Religiongeschichte der Neuen Testaments* (FS K. Berger), Hg. v. A. V. Dobbereler/K. Erlemann/R. Heiligenthal, Tübingen, 2000, pp.433-446.

289 Ulrich Wilckens, *Das Evangelium nach Johannes*, p.138.

290 Raymond E. Brown, *The Gospel According to John I*, p.335.

291 Klaus Wengst, *Das Johannesevangelium 1*, p.316.

292 Rudolf Bultmann, *Die Geschichte der synoptischen Tradition*, p.67.

293 Ulrich Becker, *Jesus und die Ehebrecherin*, p.83.

294 Rudolf Schnackenburg, *Das Johannesevangelium II*, p.233.

295 Klaus Wengst, *Das Johannesevangelium 1*, p.118.

296 Rudolf Bultmann, *Das Evangelium des Johannes*, p.236.

297 Rudolf Schnackenburg, *Das Johannesevangelium II*, pp.224-236.

298 Rudolf Schnackenburg, *Das Johannesevangelium II*, p.226.

299 Klaus Wengst, *Das Johannesevangelium 1*, p.316.

300 Klaus Wengst, *Das Johannesevangelium 1*, p.316.

301 Klaus Wengst, *Das Johannesevangelium 1*, p.317.

302 Josef Blinzler, "Die Strafe für Ehebruch in Bibel und Halacha. Zur Auslegung von Joh 8,5", *NTS4*, 1957/1958, pp.32-47.

303 J. Jeremias, "Zur Geschichtlichkeit des Verhörs Jesu vor dem Hohen Rat", *ZNW 43*, pp.145-150.

304 Josef Blinzler, "Die Strafe für Ehebruch in Bibel und Halacha. Zur Auslegung von Joh 8,5", *NTS4*, 1957/1958, pp.32-47.

305 Rudolf Schnackenburg, *Das Johannesevangelium II*, p.227.; Udo Schnelle, *Das Evangelium nach Johannes*, p.152.

306 Rudolf Schnackenburg, *Das Johannesevangelium II*, p.227.

307 Udo Schnelle, *Das Evangelium nach Johannes*, p.203.

308 Jürgen Becker, *Das Evangelium nach Johannes I*, p.334.

309 H. v. Campenhausen, "Zur Perikope von der Ehrbrecherin (Joh 7,53-8,11)", *ZNW 68*, p.173.

310 Ulrich Wilckens, *Das Evangelium nach Johannes*, p.139.

311 Klaus Wengst, *Das Johannesevangelium 1*, p.319.

312 Udo Schnelle, *Das Evangelium nach Johannes*, p.202.

313 Rudolf Schnackenburg, *Das Johannesevangelium II*, p.231.

314 Udo Schnelle, *Das Evangelium nach Johannes*, p.202.

315 Jürgen Becker, *Das Evangelium nach Johannes I*, p.139.

316 Josef Blank, *Das Evangelium nach Johannes, GSL NT 4/1-3*, Ib, p.128.

317 Udo Schnelle, *Das Evangelium nach Johannes*, p.204.

318 Hartwig Thyen, *Das Johannesevangelium*, p.426.

319 Rudolf Bultmann, *Das Evangelium des Johannes*, p.213.

320 Hartwig Thyen, *Das Johannesevangelium*, p.424.

321 Karl Barth, *Erklärung des Johannesevangelium*, p.359.

322 Delbert Burkett, *The Son of Man in the Gospel of John. JSNT.S 56*, Sheffield, 1991, p.152.

323 Hartwig Thyen, *Das Johannesevangelium*, p.425.

324 Rudolf Schnackenburg, *Das Johannesevangelium II*, p.254.; Ulrich Wilckens, *Das Evangelium nach Johannes*, p.143.; Ludger Schenke, *Johannes*, p.169.

325 Theodor Zahn, *Das Evangelium nach Johannes*, 1921(6판), Wuppertal, 1983(재발간), p.411.

326 C. K. Barrett, *Das Evangelium nach Johannes. KEK. S*, Göttingen, 1990, p.347.; Hartwig Thyen, *Das Johannesevangelium*, p.426.

327　Hartwig Thyen, *Das Johannesevangelium*, p.428.

328　Jon Sobrino, *With Hope and Gratitude*, in: *Robert Lassalle-Klein, Blood and Ink. Ignacio Ellacuría, Jon Sobrino, and The Jesuit Martyrs of the University of Central America*, New York, 2014, p.xiii.

329　Ignacio Ellacuría, "Discernir el signo de los tiempos", in: *Escritos teologicos II*, San Salvador, 2002, p.134.

330　Hartwig Thyen, *Das Johannesevangelium*, p.431.

331　Rudolf Schnackenburg, *Das Johannesevangelium II*, p.260.

332　Hartwig Thyen, *Das Johannesevangelium*, p.434.

333　Udo Schnelle, *Das Evangelium nach Johannes*, p.208.

334　C. H. Dodd, *Historical Tradition in the Fourth Gospel*, Cambridge, 1963, p.380.

335　Ernst Haenchen, *Das Johannesevangelium*, p.371.

336　Jürgen Becker, *Das Evangelium nach Johannes I*, p.358.

337　Raymond E. Brown, *The Gospel According to John I*, p.360.

338　Hartwig Thyen, *Das Johannesevangelium*, p.451.

339　Udo Schnelle, *Das Evangelium nach Johannes*, pp.214-217.

340　Rudolf Bultmann, *Das Evangelium des Johannes*, p.59.

341　Johannes Beutler, *Das Johannesevangelium*, p.289.

342　Hartwig Thyen, *Studien zum Corpus Iohanneum*, Tübingen, 2007, p.577.

343　Johannes Beutler, *Das Johannesevangelium*, p.293.

344　Raymond E. Brown, *The Gospel According to John I*, p.371.

345　Hartwig Thyen, *Das Johannesevangelium*, p.455.

346　Rudolf Bultmann, *Das Evangelium des Johannes*, p.253.

347　Hartwig Thyen, *Das Johannesevangelium*, p.463.

348　Ludger Schenke, *Johannes*, p.185.

349　Hartwig Thyen, *Das Johannesevangelium*, p.464.

350　Hartwig Thyen, *Das Johannesevangelium*, p.465.

351　Udo Schnelle, *Das Evangelium nach Johannes*, p.224.

352　Udo Schnelle, *Das Evangelium nach Johannes*, p.225.

353　Hartwig Thyen, *Das Johannesevangelium*, p.461.

354　Udo Schnelle, *Das Evangelium nach Johannes*, p.228.

355　Hartwig Thyen, *Das Johannesevangelium*, p.471.

356　Johannes Beutler, *Das Johannesevangelium*, p.297.

357　C. H. Dodd, *Historical Tradition in the Fourth Gospel*, p.382.

358　Hartwig Thyen, *Das Johannesevangelium*, p.478.

359　Rudolf Bultmann, *Das Evangelium des Johannes*, p.274.

360　Jürgen Becker, *Das Evangelium nach Johannes I*, p.366.

361　C. H. Dodd, *The Interpretation of the Fourth Gospel*, p.358.

362　Udo Schnelle, *Das Evangelium nach Johannes*, p.230.

363　Hartwig Thyen, *Das Johannesevangelium*, p.477.

364　Ruben Zimmermann, *Christologie der Bilder im Johannesevangelium: Die Christopoetik des vierten Evangeliums unter besonderer Berücksichtigung von Joh 10 (Wissenschaftliche Untersuchungen zum Neuen Testament, Band 171)*, Tübingen, 2004, p.280.

365　Klaus Berger, *Exegese des Neuen Testaments. Neue Wege vom Text zur Auslegung. UTB 658*, Heidelberg, 1984(2판), p.77.

366　Rudolf Schnackenburg, *Das Johannesevangelium II*, p.352.

367　Rudolf Bultmann, *Das Evangelium des Johannes*, p.284.

368　Rudolf Schnackenburg, *Das Johannesevangelium II*, p.365.

369　Rudolf Schnackenburg, *Das Johannesevangelium II*, p.366.

370　Johannes Beutler, *Das Johannesevangelium*, p.299.

371　A. J. Simonis, *Die Hirtenrede im Johannes-Evangelium. AnBib 29*, Rom, 1967, p.145.

372　M. R. Ruiz, "El discurso del buen pastor(Jn 10,1-18)", *EstB XLVIII*, 1990, pp.5-45, 389.

373　Hartwig Thyen, *Das Johannesevangelium*, p.488.

374　Ignacio Ellacuría, "Hacia una fundamentacion del metodo teologico latinoamericano". in: *Escritos teologicos I*, San Salvador, 2000, pp.187-218.

375　Rudolf Bultmann, *Das Evangelium des Johannes*, p.278.

376　Udo Schnelle, *Das Evangelium nach Johannes*, p.234.

377　Hartwig Thyen, *Das Johannesevangelium*, p.505.

378　Raymond E. Brown, *The Gospel According to John I*, p.414.

379　Dorit Felsch, *Die Feste im Johannesevangelium: Jüdische Tradition und christologische Deutung (Wissenschaftliche Untersuchungen zum Neuen Testament, Band 308)*, Tübingen, 2011, pp.228-232.

380　Rudolf Bultmann, *Das Evangelium des Johannes*, p.295.

381　Walter Grundmann, *Der Zeuge der Wahrheit : Grundzüge der Christologie des Johannesevangeliums*, Berlin, 1985, p.43.

382　Hartwig Thyen, *Das Johannesevangelium*, p.499.

383　John P. Meier, *A Marginal Jew: Rethinking the Historical Jesus, Volume II*, p.130.

384　Maria Lopez Vigil, *Oscar Romero: Memories in Mosaic, Rafael Moreno and Rutilio Sanchez*, New York, 2000, p.380.; 스콧 라이트, 김근수 옮김, 《희망의 예언자 오스카 로메로》, p.266.

385　Oscar A. Romero, "The political Dimension of the Faith from the Perspective of the Option for the Poor", in: Oscar Romero and Michael J. Walsh, *Voice of the Voiceless. The Four pastoral letters and Other Statements,* New York, 1985, p.182.

386 Oscar A. Romero, *The Violence of Love, com, and trans. James Brockman,* New York, 2004, p.200. 1980년 3월 26일 설교.

387 Oscar A. Romero, "The Church's Mission amid the national Crisis", in: Oscar Romero and Michael J. Walsh, *Voice of the Voiceless,* p.138.

388 Udo Schnelle, *Das Evangelium nach Johannes,* p.238.; Udo Schnelle, "Trinitarische Denken im Johannesevangelium", in: *Israel und seine Heilstraditionen im Johannesevangelium* (FS Johannes Beutler), Hg. v. M. Labahn/K. Scholtisek/A. Strottmann, Paderborn, 2003, pp.367-386.

389 Ricardo Antoncich, "Teologia de la liberacion y doctrina social de la iglesia", in: Ignacio Ellacuría/Jon Sobrino(ed), *Mysterium Liberationes. Conceptos fundamentales de la teologia de la liberacion I,* San Salvador, 1993, pp.145-168.

390 Johannes Beutler, *Das Johannesevangelium,* p.319.

2부 예수 영광의 책

1 Udo Schnelle, *Das Evangelium nach Johannes,* p.244.

2 Hartwig Thyen, "Die Erzählung von den bethanischen Geschwistern (Joh 11,1-12,19) als 'Palimpsest' über synoptischen Texten", in: *The Four Gospels* (FS F. Neirynck), Hg. v. F. van Segbroeck u. a., Leuven, 1992, pp.2021-2050.

3 Hartwig Thyen, *Das Johannesevangelium,* p.508.

4 Rudolf Schnackenburg, *Das Johannesevangelium II,* p.396.

5 Rudolf Schnackenburg, *Das Johannesevangelium II,* p.396.

6 Rudolf Schnackenburg, *Das Johannesevangelium II,* p.396.

7 Gerd Theißen, *Urchristliche Wundergeschichten,* p.59.

8 Ludger Schenke, *Johannes,* p.210.

9 Rudolf Schnackenburg, *Das Johannesevangelium II,* p.404.

10 Udo Schnelle, *Das Evangelium nach Johannes,* p.246.

11 Udo Schnelle, *Das Evangelium nach Johannes,* p.246.

12 Hartwig Thyen, *Das Johannesevangelium,* p.518.

13 Hartwig Thyen, *Das Johannesevangelium,* p.516.

14 Rudolf Schnackenburg, *Das Johannesevangelium II,* p.399.

15 Klaus Wengst, *Das Johannesevangelium 2. Teilband: Kapitel 11-21 Bd. 4/2,* Stuttgart, 2007, p.24.

16 Udo Schnelle, *Das Evangelium nach Johannes,* p.189.

17 Rudolf Schnackenburg, *Das Johannesevangelium II,* p.414.

18 F. J. Moloney, "The Faith of Martha and Mary. A Narrative Approach to John 11,17-40". *Bib. 75*, 1994, pp.471-493.

19 Ludger Schenke, *Johannes*, p.226.

20 Jörg Frey, *Die johanneische Eschatologie. Band II: Das johanneische Zeitverständnis (Wissenschaftliche Untersuchungen zum Neuen Testament, Band 110)*, Tübingen, 1998, p.104.

21 Rudolf Schnackenburg, *Das Johannesevangelium II*, p.418.

22 Udo Schnelle, *Das Evangelium nach Johannes*, p.249.

23 Thomas L. Brodie, *The Gospel according to John*, Oxford, u.a., 1993, p.392.

24 Rudolf Bultmann, *Das Evangelium des Johannes*, p.306.

25 Rudolf Bultmann, *Das Evangelium des Johannes*, p.310.

26 Raymond E. Brown, *The Gospel According to John I*, p.435.

27 E. P. Sanders, *Jesus and Judaism*, Minneapolis, 1985, pp.174-211.

28 E. P. Sanders, *Jesus and Judaism*, pp.206-208.

29 Udo Schnelle, *Das Evangelium nach Johannes*, p.188.

30 Udo Schnelle, *Das Evangelium nach Johannes*, p.250.

31 Rudolf Bultmann, *Das Evangelium des Johannes*, p.309.

32 W. Stenger, "Die Auferweckung des Lazarus", *TThZ 83*, 1974, pp.17-37.

33 Klaus Wengst, *Das Johannesevangelium 2*, p.41.

34 Rudolf Schnackenburg, *Das Johannesevangelium II*, p.410.

35 Rudolf Bultmann, *Das Evangelium des Johannes*, p.303.

36 Hartwig Thyen, *Das Johannesevangelium*, p.536.

37 Rudolf Bultmann, *Das Evangelium des Johannes*, p.428.

38 Ferdinand Hahn, "Der Prozess Jesu nach dem Johannesevangelium", in: *EKK, Vorarbeiten 2*, Neukirchen, 1970, pp.23-96.

39 Hartwig Thyen, *Das Johannesevangelium*, p.540.

40 Rudolf Bultmann, *Das Evangelium des Johannes*, p.314.; Jürgen Becker, *Das Evangelium nach Johannes: Kapitel 11-21. 4/2*, Gütersloh, 1991(3판), p.433.

41 Rudolf Schnackenburg, *Das Johannesevangelium II*, p.449.; Martin Hengel, *Die johanneische Frage*, Tübingen, 1993, p.296.

42 Flavius Josephus, *Jewish Antiquities*, Ant XVIII 118.

43 Josef Blank, *Das Evangelium nach Johannes*, GSL NT 4/1-3, Ib, p.279.

44 Udo Schnelle, *Das Evangelium nach Johannes*, p.254.

45 Hartwig Thyen, *Das Johannesevangelium*, p.541.

46 S. Pancaro, "'People of God' in St. John's Gospel (Joh 11,50-52)": *NTS 16*, 1969/70, pp.114-129.

47 Jürgen Becker, *Das Evangelium nach Johannes II*, p.434.

48 S. Pancaro, "'People of God' in St. John's Gospel (Joh 11,50-52)": *NTS 16*, 1969/70, p.123.

49 Hartwig Thyen, *Das Johannesevangelium*, p.540.

50 Flavius Josephus, *De Bello Judaico III, Hg. u. übers. v. O. Michel/O. Bauernfeind*, München, 1959-1968, p.551.

51 Udo Schnelle, *Das Evangelium nach Johannes*, p.255.

52 Rudolf Schnackenburg, *Das Johannesevangelium II*, p.457.

53 W. Wilkens, *Die Entstehungsgeschichte des vierten Evangeliums*, p.123.

54 Flavius Josephus, *De Bello Judaico III*, pp.423-427.

55 Joachim Jeremias, *Jerusalem zur Zeit Jesu*, Göttingen, 1967(4판), p.36.

56 C. H. Dodd, *The Interpretation of the Fourth Gospel*, p.383.

57 Hartwig Thyen, *Das Johannesevangelium*, p.546.

58 Joachim Jeremias, *Die Abendmahlsworte Jesu*, Göttingen, 1967(4판), p.42.

59 Rudolf Bultmann, *Das Evangelium des Johannes*, 1968(19판), p.317.

60 Hartwig Thyen, *Das Johannesevangelium*, p.547.

61 Klaus Wengst, *Das Johannesevangelium 2*, p.56.

62 Jörg Augenstein, *Das Liebesgebot im Johannesevangelium und in den Johannesbriefen*, Stuttgart/Berlin/Köln, 1993, p.31.

63 K. Beckmann, "Funktion und Gestalt des Judas Iskarioth im Johannesevangelium": *BThZ 11*, 1994, pp.181-200.

64 Ernst Haenchen, *Das Johannesevangelium*, p.434.

65 혼 소브리노, 김근수 옮김,《해방자 예수—해방신학으로 본 역사의 예수》, 메디치 미디어, 2015, pp.531-532.

66 E. C. Hoskyns, *The Fourth Gospel*, p.421.

67 Walter Bauer, *Das Johannesevangelium, HNT 6*, Tübingen, 1933(3판), p.160.

68 B. Lindars, *The Gospel of John. NCeB*, London, 1972, p.422.

69 P. Billerbeck, *Kommentar zum Neuen Testament aus Talmud und Midrasch I*, p.850.

70 Udo Schnelle, *Das Evangelium nach Johannes*, p.265.

71 Klaus Wengst, *Das Johannesevangelium 2*, p.63.

72 Ulrich Wilckens, *Das Evangelium nach Johannes*, p.188.

73 E. Stegemann/W. Stegemann, "König Israels, nicht König der Juden? Jesus als König Israels im Johannesevangelium", in: *Messias-Vorstellungen bei Juden und Christen*, Hg. v., E. Stegemann, Stuttgart, 1993, pp.41-56.

74 Udo Schnelle, *Das Evangelium nach Johannes*, p.267.

75 Rudolf Schnackenburg, *Das Johannesevangelium II*, p.478.; Johannes Beutler, "Greeks come to see Jesus (John 12,20f)", *Bib 71*, 1990, pp.333-347.

76   P. Billerbeck, *Kommentar zum Neuen Testament aus Talmud und Midrasch II*, pp.549-551.

77   Hartwig Thyen, *Das Johannesevangelium*, p.556.

78   Ernst Käsemann, "Johannes 12,20-26", in: Ders, *Exegetische versuche und Besinnungen I*, Tübingen, 1960, pp.254-257.

79   Hartwig Thyen, *Das Johannesevangelium*, p.557.

80   C. K. Barrett, *Das Evangelium nach Johannes*, p.415.

81   James R. Brockman, *Romero: A Life*, New York, 1989, p.233.

82   O. A. Romero, "A Pastor's Last Holily", *Sojourners Magazine*(May 1980), 1980년 3월 23일 설교.; 스콧 라이트, 김근수 옮김, 《희망의 예언자 오스카 로메로》, pp.268-274.

83   Orientacion, 1980.4.13.; James R. Brockman, *Oscar Romero. Eine Biographie*, Freiburg, 1990, p.355.

84   Ernst Käsemann, "Johannes 12,20-26", in: Ders, *Exegetische versuche und Besinnungen I*, pp.254-257.

85   James R. Brockman, *Oscar Romero*, p.325.

86   Rudolf Schnackenburg, *Das Johannesevangelium II*, p.484.

87   Johannes Beutler, *Das Johannesevangelium*, p.361.

88   Rudolf Bultmann, *Das Evangelium des Johannes*, p.327.; Jürgen Becker, *Das Evangelium nach Johannes II*, p.452.

89   Johannes Beutler, "Psalm 42/43 im Johannesevangelium": *NTS 25*, 1978, pp.33-57.

90   Walter Bauer, *Das Johannesevangelium*, p.162.

91   Rudolf Schnackenburg, *Das Johannesevangelium II*, p.486.

92   Peter Kuhn, *Offenbarungsstimmen im antiken Judentum. Untersuchungen zur Bat Qol und verwandten Phänomenen*, Tübingen, 1989, p.56.

93   Klaus Wengst, *Das Johannesevangelium 2*, p.76.

94   Thomas Knöppler, *Die theologia crucis des Johannesevangeliums: Das Verständnis des Todes Jesu im Rahmen der johanneischen Inkarnations- und Erhöhungschristologie zum Alten und Neuen Testament, WMANT 69*, Neukirchen, 1994, p.162.

95   Udo Schnelle, *Das Evangelium nach Johannes*, p.270.

96   E. Straub, "Der Irdische als der Auferstandene. Kritische Theologie bei Johannes ohne ein Wort vom Kreuz", in: *Kreuzestheologie im Neuen Testament*, Hg. v. A. Dettwiler/J. Zumstein, WUNT 151, Tübingen, 2002, pp.239-264.

97   Ernst Käsemann, *Jesu letzter Wille nach Johannes 17*, p.111.; Jürgen Becker, *Das Evangelium nach Johannes II*, p.470.; U. B. Müller, "Zur Eigentümlichkeit des Johannesevangeliums. Das Problem des Todes Jesu", *ZNW 88*, pp.24-55.

98 Martin Hengel, "Die Schriftauslegung des 4. Evangeliums auf dem Hintergrund der urchristlichen Exegese", *JBTh 4*, pp.249-288.; Udo Schnelle, *Antidoketische Christologie im Johannesevangelium*, pp.189-192.; Klaus Wengst, *Bedrängte Gemeinde und verherrlichter Christus*, pp.199-219.

99 Udo Schnelle, *Das Evangelium nach Johannes*, pp.269-270.

100 Jürgen Becker, *Das Evangelium nach Johannes II*, p.470.

101 Udo Schnelle, *Das Evangelium nach Johannes*, p.270.

102 Hartwig Thyen, *Das Johannesevangelium*, p.565.

103 Klaus Wengst, *Das Johannesevangelium 2*, p.80.

104 Roman Kühschelm, *Verstockung, Gericht und Heil. Exegetische und bibeltheologische Untersuchung zum sogenannten Dualismus in Joh 12,35-50, BBB 76*, Frankfurt, 1990, p.74.

105 Ludger Schenke, *Johannes*, p.248.

106 Raymond E. Brown, *The Gospel According to John I*, p.485.

107 Josef Blank, *Krisis. Untersuchungen zur johanneischen Christologie und Eschatologie*, Freiburg, 1964, p.301.

108 Roman Kühschelm, *Verstockung, Gericht und Heil*, p.192.

109 Klaus Wengst, *Das Johannesevangelium 2*, p.86.

110 Udo Schnelle, *Das Evangelium nach Johannes*, p.273.

111 Ulrich Wilckens, *Das Evangelium nach Johannes*, p.200.

112 Klaus Wengst, *Das Johannesevangelium 2*, p.87.

113 Johannes Beutler, *Das Johannesevangelium*, p.373.

114 Hartwig Thyen, *Das Johannesevangelium*, p.580.

115 Josef Blank, *Das Evangelium nach Johannes, GSL NT 4/1-3*, II, 1986(2판), p.36.

116 H. Kohler, *Kreuz und Menschwerdung im Johannesevangelium, AThANT 72*, Zürich, 1987, p.201.

117 Udo Schnelle, *Das Evangelium nach Johannes*, pp.277-278.

118 H. Kohler, *Kreuz und Menschwerdung im Johannesevangelium*, p.196.

119 Walter Bauer, *Das Johannesevangelium*, p.167.

120 T. Onuki, "Die johanneische Abschiedsreden und die synoptische Tradition", *AJBI 3*, 1977, pp.157-268.; H. Kohler, *Kreuz und Menschwerdung im Johannesevangelium*, p.204.

121 Raymond E. Brown, *The Gospel According to John II*, New York, 1970, p.551.; E. C. Hoskyns, *The Fourth Gospel*, p.437.

122 Udo Schnelle, *Das Evangelium nach Johannes*, p.279.

123 H. Kohler, *Kreuz und Menschwerdung im Johannesevangelium*, p.209.

124 Hartwig Thyen, *Das Johannesevangelium*, p.585.

125 Raymond E. Brown, *The Gospel According to John II*, p.566.

126 Rudolf Bultmann, *Das Evangelium des Johannes*, p.351.

127 Joachim Gnilka, *Theologie des neuen Testaments*, p.259.

128 T. Onuki, "Die johanneische Abschiedsreden und die synoptische Tradition", *AJBI 3*, p.173.; K. Th, Kleinknecht, "Johannes 13, die Synoptiker und die Methode der johanneischen Evangelienschreibung", *ZThK 82*, 1985, pp.361–388.

129 Rudolf Schnackenburg, *Das Johannesevangelium III*, 1979(3판), p.12.; Jürgen Becker, *Das Evangelium nach Johannes II*, p.507.

130 Rudolf Bultmann, *Das Evangelium des Johannes*, p.351.

131 Rudolf Schnackenburg, *Das Johannesevangelium III*, p.29.

132 H. Kohler, *Kreuz und Menschwerdung im Johannesevangelium*, p.227.

133 Seneca, *Ep*, in: Elaine Fantham, Seneca. Selected Letters. Oxford World's Classics. Oxford, 2010, 75,7.

134 Seneca, *Ep*, in: Elaine Fantham, Seneca. Selected Letters. Oxford World's Classics. Oxford, 2010, 20,2.

135 Hartwig Thyen, *Das Johannesevangelium*, p.582.

136 Hartwig Thyen, *Das Johannesevangelium*, p.582.

137 Udo Schnelle, *Das Evangelium nach Johannes*, p.278.

138 J. C. Thomas, *Footwashing in John 13 and the Johannine Community, JSNT.S 61*, Sheffield, 1991, p.184.

139 Hartwig Thyen, *Das Johannesevangelium*, p.584.

140 Thorwald Lorenzen, *Der Lieblingsjünger im Johannesevangelium, SBS 55*, Stuttgart, 1971, pp.12–18.

141 Udo Schnelle, *Das Evangelium nach Johannes*, p.285.

142 Hartwig Thyen, *Das Johannesevangelium*, p.599.

143 Rudolf Schnackenburg, *Das Johannesevangelium III*, p.35.; Hartwig Thyen, *Das Johannesevangelium*, p.599.

144 Thorwald Lorenzen, *Der Lieblingsjünger im Johannesevangelium*, p.17.

145 M. Sabbe, "The Footwashing in Jn 13 and Its Relation to the Synoptic Gospels", in: ders., *Studia Neotestamentica. Collected Essays*. BEThL 98, Leuven, 1991, pp. 443–466.

146 Rudolf Bultmann, *Das Evangelium des Johannes*, p.515.; Rudolf Schnackenburg, *Das Johannesevangelium III*, p.323.

147 Hartwig Thyen, *Das Johannesevangelium*, p.598.

148 F. J. Moloney, "A Sacramental Reading of John 13,1–38": *CBQ 53*, 1991, pp.237–256.

149 F. J. Moloney, *The Gospel of John. Sacra Pagina Series 4*, Collegeville/Minnesota, 1998, p.254.

150 Raymond E. Brown, *Death of the Messiah II*, New York, 1994, pp.1410-1416.

151 T. Onuki, "Die johanneische Abschiedsreden und die synoptische Tradition", *AJBI 3*, p.199.; S. Schulz, *Untersuchungen zur Menschensohn-Christologie im Johannesevangelium*, Göttingen, 1957, p.120.

152 Delbert Burkett, *The Son of Man in the Gospel of John*, p.125.

153 Delbert Burkett, *The Son of Man in the Gospel of John*, p.127.

154 Jürgen Becker, *Das Evangelium nach Johannes II*, p.536.; Rudolf Schnackenburg, *Das Johannesevangelium III*, p.59.

155 Udo Schnelle, *Das Evangelium nach Johannes*, p.297.

156 Chr. Hoegen-Roles, *Der nachösterliche Johannes. Die Abschiedsreden als hermneutischer Schlüssel zum vierten Evangelium*, WUNT 2.84, Tübingen, 1996, p.97.

157 Raymond E. Brown, *The Gospel According to John II*, p.581.; Ludger Schenke, *Johannes*, p.277.; Rudolf Schnackenburg, *Das Johannesevangelium III*, p.53.

158 Georg Strecker, *Die Johannesbriefe. Kritisch-Exegetischer Kommentar über das Neue Testament, Bd.14*, Göttingen, 1989, pp.328-333.

159 F. J. Moloney, *The Gospel of John*, p.385.

160 Andreas Dettwiler, *Die Gegenwart des Erhöhten. Forschungen zur Religion und Literatur des Alten und Neuen Testaments, Band 169*, Göttingen, 1997, p.139.

161 Chr. Dietzfelbinger, "Die größeren Werke (Joh 14,12f)", *NTS 35*, 1989, pp.27-47.

162 Udo Schnelle, *Die ersten 100 Jahre des Christentums (30-130 n. Chr). Die Entstehungsgeschichte einer Weltreligion*, Göttingen, 2016(2판), pp.60-69.

163 Udo Schnelle, *Das Evangelium nach Johannes*, p.289.

164 Udo Schnelle, *Die ersten 100 Jahre des Christentums (30-130 n. Chr)*, pp.496-508.

165 Ulrich Luz, *Das Evangelium nach Matthäus: (Mt 1-7): Bd 1/1 (Evangelisch-Katholischer Kommentar zum Neuen Testament)*, Neukirchen, 1990, p.458.

166 Hartwig Thyen, *Das Johannesevangelium*, p.597.

167 Hartwig Thyen, *Das Johannesevangelium*, p.597.

168 Fernando F. Segovia, *The Farewell of the Word: The Johannine Call to Abide*, Minneapolis, 1991, p.2.

169 Walter Bauer, *Das Johannesevangelium*, p.177.

170 Rudolf Bultmann, *Das Evangelium des Johannes*, p.463.

171 Hartwig Thyen, *Das Johannesevangelium*, p.618.

172 Joachim Gnilka, *Theologie des neuen Testaments*, p.252.

173 Andreas Dettwiler, *Die Gegenwart des Erhöhten*, pp.166-168.

174 Fritz Neugebauer, *Die Entstehung des Johannesevangeliums. AzTh 1/36*, Stuttgart, 1968, p.137.

175 Imre Peres, *Griechische Grabinschriften und neutestamentliche Eschatologie (Wissenschaftliche Untersuchungen zum Neuen Testament, Band 157)*, Tübingen, 2003, pp.141-148.

176 C. H. Ratschow, *Die Regilionen. HST 16*, Gütersloh, 1979, p.126.

177 Ernst Käsemann, *Jesu letzter Wille nach Johannes 17*, p.67.

178 Rainer Borig, *Der wahre Weinstock. Untersuchungen zu Joh 15,1-10. StANT 16*, München, 1967, pp.199-236.

179 Andreas Dettwiler, *Die Gegenwart des Erhöhten*, p.173.

180 Rudolf Schnackenburg, *Das Johannesevangelium III*, p.80.

181 Josef Blank, *Das Evangelium nach Johannes, GSL NT 4/1-3*, II, p.97.

182 Johannes Beutler, *'Habt keine Angst'. Die erste johanneische Abschiedsrede (Joh 14), SBS 116*, Stuttgart, 1984, p.51.

183 Rudolf Schnackenburg, *Das Johannesevangelium III*, p.80.

184 Johannes Beutler, *'Habt keine Angst'*, p.63.

185 Rudolf Bultmann, *Das Evangelium des Johannes*, p.477.; Jürgen Becker, *Das Evangelium nach Johannes II*, p.556.

186 Udo Schnelle, *Das Evangelium nach Johannes*, p.306.

187 Udo Schnelle, *Das Evangelium nach Johannes*, p.306.

188 U. B. Müller, "Die Parakletvorstellung im Johannesevangelium", *ZThK 71*, 1974, pp.31-77.

189 Udo Schnelle, "Die Abschiedsreden im Johannesevangelium", *ZNW 80*, 1989, pp.64-79.

190 Klaus Wengst, *Pax Romana-Anspruch und Wirklichkeit. Erfahrungen und Wahrnehmungen des Friedens bei Jesus und im Urchristentum*, München, 1986, pp.19-71.

191 Manfred Clauss, *Kaiser und Gott: Herrscherkult im römischen Reich*, Stuttgart, 1999, pp.54-75.

192 Udo Schnelle, *Das Evangelium nach Johannes*, p.309.

193 〈현대 세계의 교회에 관한 사목 헌장Gaudium et spes〉, 2차 바티칸공의회 문헌, 한국 천주교중앙협의회, 1965, 78항.

194 Karl Barth, *Erklärung des Johannesevangeliums*, p.365.

195 Johannes Neugebauer, *Die eschatologischen Aussagen in den johanneischen Abschiedsreden. BWANT 7/20*, Stuttgart/Berlin/Köln, 1995, p.153.

196 Hartwig Thyen, *Das Johannesevangelium*, p.636.

197 Rainer Borig, *Der wahre Weinstock*, p.21.; Johannes Beutler, *Das Johannesevangelium*, p.421.

198 Rudolf Bultmann, *Das Evangelium des Johannes*, p.407.

199 Rainer Borig, *Der wahre Weinstock*, p.79.

200 Johannes Beutler, *Das Johannesevangelium*, p.421.

201 Rainer Borig, *Der wahre Weinstock*, p.97.

202 Hartwig Thyen, *Das Johannesevangelium*, p.639.

203 Klaus Scholtissek, *In ihm sein und bleiben. Die Sprache der Immanenz in den johanneischen Schriften (HBS 21)*, Freiburg/Basel/Wien, 2000, p.290.

204 Rainer Borig, *Der wahre Weinstock*, p.51.

205 Udo Schnelle, *Das Evangelium nach Johannes*, p.318.

206 Jörg Augenstein, *Das Liebesgebot im Johannesevangelium und in den Johannesbriefen*, p.72.

207 Udo Schnelle, *Das Evangelium nach Johannes*, p.319.

208 Rudolf Schnackenburg, *Das Johannesevangelium III*, p.127.

209 Oscar A. Romero, "The political Dimension of the Faith from the Perspective of the Option for the Poor", in: *Voice of the Voiceless*, p.182.

210 Johannes Beutler, *Martyria*, pp.273-276.

211 Johannes Neugebauer, *Die eschatologischen Aussagen in den johanneischen Abschiedsreden*, p.157.

212 C. K. Barrett, *Das Evangelium nach Johannes*, p.485.; Jürgen Becker, *Das Evangelium nach Johannes II*, p.493.

213 Emmanuel Lévinas, *Wenn Gott ins Denken einfällt: Diskurse über die Betroffenheit von Transzendenz*, Freiburg/München, 1988(2판), p.224.

214 Raymond E. Brown, *The Gospel According to John II*, p.588.; Andreas Dettwiler, *Die Gegenwart des Erhöhten*, p.213.

215 Hartwig Thyen, *Das Johannesevangelium*, p.656.

216 Udo Schnelle, *Das Evangelium nach Johannes*, p.324.; U. B. Müller, "Die Parakletvorstellung im Johannesevangelium", *ZThK 71*, p.69.

217 Udo Schnelle, *Das Evangelium nach Johannes*, p.324.

218 장 코르미에, 김미선 옮김, 《체 게바라 평전》, 실천문학사, 2005(2판), p.15.

219 Hartwig Thyen, *Das Johannesevangelium*, p.661.

220 Ludger Schenke, *Johannes*, p.307.; Klaus Wengst, *Das Johannesevangelium 2*, p.158.

221 Rudolf Bultmann, *Das Evangelium des Johannes*, p.441.; Chr. Dietzfelbinger, *Der Abschied des Kommenden. Eine Auslegung der johanneischen Abschiedsreden. WUNT 95*, Tübingen, 1997, p.193.

222 Andreas Dettwiler, *Die Gegenwart des Erhöhten*, p.234.; H. Chr. Kammler, "Jesus Christus und der Geistparaklet, Eine Studie zur Verhältnisbestimmung von Pneumatologie und Christologie". In: O. Hofius/H. Chr. Kammler, *Johannesstudien*, WUNT 88, Tübingen, 1996, pp.87-190.

223 Hartwig Thyen, *Das Johannesevangelium*, p.663.

224 Hartwig Thyen, *Das Johannesevangelium*, p.664.

225 Andreas Dettwiler, *Die Gegenwart des Erhöhten*, p.232.

226 Klaus Wengst, *Das Johannesevangelium 2*, p.160.

227 Udo Schnelle, *Das Evangelium nach Johannes*, p.325.

228 A. Kragerud, *Der Lieblingsjünger im Johannesevangelium*, Oslo, 1959, p.113.

229 Rudolf Schnackenburg, *Das Johannesevangelium III*, p.170.

230 Hartwig Thyen, *Das Johannesevangelium*, p.657.

231 Udo Schnelle, *Das Evangelium nach Johannes*, p.326.

232 Hartwig Thyen, *Das Johannesevangelium*, p.666.

233 Jörg Frey, *Die Johanneische Eschatologie. Band III: Die Eschatologische Verkündigung in Den Johanneischen Texten (Wissenschaftliche Untersuchungen Zum Neuen Testament 117)*, Tübingen, 2000, pp.209-215.

234 장 코르미에, 《체 게바라 평전》, p.35.

235 Raymond E. Brown, *The Gospel According to John II*, pp.748-751.; F. J. Moloney, *The Gospel of John*, p.458.

236 Hartwig Thyen, *Das Johannesevangelium*, p.679.

237 Oscar Cullmann, *Urchristentum und Gottesdienst. AThANT 3*, Zürich, 1944, 1962(4판), p.108.

238 Jürgen Becker, *Das Evangelium nach Johannes II*, p.510.

239 Hartwig Thyen, *Das Johannesevangelium*, p.677.

240 Wilhelm Thüsing, "Die Bitten des johanneischen Jesus in dem Gebet Joh 17 und die Intention Jesu von Nazareth", in: Rudolf Schnackenburg u.a. Hg., *Die Kirche des Anfangs*. (FS Heinz Schürmann), Leipzig, 1977, pp.307-337.

241 Ernst Käsemann, *Jesu letzter Wille nach Johannes 17*, p.14.

242 Hartwig Thyen, *Das Johannesevangelium*, p.679.

243 Joachim Jeremias, *Die Abendmahlsworte Jesu*, p.34.

244 Johannes Beutler, *Das Johannesevangelium*, p.449.

245 김근수·김용운, 〈프란치스코 교황의 한국 주교들과 만남〉, 《교황과 98시간》, 메디치미디어, 2014, p.58.

246 김근수·김용운, 〈프란치스코 교황의 한국 주교들과 만남〉, 《교황과 98시간》, pp.59-60.

247 W. O. Walker, "The Lord's prayer in Matthew and John": *NTS 28*, 1982,

pp.237-256.

248 Jürgen Becker, *Das Evangelium nach Johannes II*, p.214.

249 Rudolf Schnackenburg, *Das Johannesevangelium III*, p.193.

250 Rudolf Schnackenburg, *Das Johannesevangelium III*, p.195.; Chr. Dietzfelbinger, *Der Abschied des Kommenden*, p.344.

251 Udo Schnelle, *Das Evangelium nach Johannes*, p.335.; M. Th. Sprecher, *Einheitsdenken aus der Perspektive von Joh 17, EHS 23.495*, Frankfurt, 1993, pp.267-273.

252 Johannes Fischer, *Glaube als Erkenntnis. BEvTh 105*, München, 1989, p.51.

253 Udo Schnelle, *Das Evangelium nach Johannes*, pp.335-336.

254 Udo Schnelle, *Das Evangelium nach Johannes*, p.337.

255 Josef Blank, *Das Evangelium nach Johannes, GSL NT 4/1-3*, II, p.273.

256 Ernst Käsemann, *Jesu letzter Wille nach Johannes 17*, p.137.

257 Luise Schottroff, *Der Glaubende und die feindliche Welt*, p.294.

258 H. F. Weiss, "Ut omnes unum sint. Zur Frage der Einheit der Kirche im Johannesevangelium und in den Briefen des Ignatius", *ThVX*, 1979, pp.67-81.

259 〈교황, "평신도는 우리의 일꾼이나 피고용인이 아냐"〉, 프란치스코 교황이 2016년 마크 우엘레 추기경에게 보낸 서한, '가톨릭프레스', 2018년 1월 19일.

260 〈교황, "평신도는 우리의 일꾼이나 피고용인이 아냐"〉, '가톨릭프레스', 2018년 1월 19일.

261 〈교황, "평신도는 우리의 일꾼이나 피고용인이 아냐"〉, '가톨릭프레스', 2018년 1월 19일.

262 M. Th. Sprecher, *Einheitsdenken aus der Perspektive von Joh 17*, p.187.

263 Rudolf Bultmann, *Das Evangelium des Johannes*, p.398.; Rudolf Schnackenburg, *Das Johannesevangelium III*, p.223.

264 Josef Blank, *Das Evangelium nach Johannes, GSL NT 4/1-3*, II, p.283.

265 Johannes Neugebauer, *Die eschatologischen Aussagen in den johanneischen Abschiedsreden*, p.160.; Udo Schnelle, *Das Evangelium nach Johannes*, p.339.

266 Chr. Hoegen-Roles, *Der nachösterliche Johannes*, p.254.

267 Udo Schnelle, *Das Evangelium nach Johannes*, p.339.

268 Rudolf Bultmann, *Das Evangelium des Johannes*, p.490.

269 Klaus Wengst, *Das Johannesevangelium 2*, p.210.

270 Hartwig Thyen, *Das Johannesevangelium*, p.704.

271 Hartwig Thyen, *Das Johannesevangelium*, p.704.

272 Hartwig Thyen, *Das Johannesevangelium*, p.702.

273 Anton Dauer, *Die Passionsgeschichte im Johannesevangelium. Eine traditionsgeschichtliche und theologische Untersuchung zu Joh 18,1-19, StANT*

30, München, 1972, p.22.

274 Hartwig Thyen, *Das Johannesevangelium*, p.704.

275 Anton Dauer, *Die Passionsgeschichte im Johannesevangelium*, p.25.

276 Josef Blinzler, *Der Prozess Jesu*, Regensburg, 1969(4판), pp.90-98.

277 Flavius Josephus, *De Bello Judaico III*, p.67.

278 Hartwig Thyen, *Das Johannesevangelium*, p.706.

279 Rudolf Schnackenburg, *Das Johannesevangelium III*, p.251.; Udo Schnelle, *Das Evangelium nach Johannes*, p.341.

280 Klaus Wengst, *Das Johannesevangelium 2*, p.216.

281 Manfred Lang, *Johannes und die Synoptiker: Eine redaktionsgeschichtliche Analyse von Joh 18-20 vor dem markinischen und lukanischen Hintergrund (Forschungen zur des Alten und Neuen Testaments, Band 182)*, Göttingen, 1999, pp.71-78.; Udo Schnelle, *Das Evangelium nach Johannes*, p.342.

282 Rudolf Schnackenburg, *Das Johannesevangelium III*, p.353.

283 M. Sabbe, "The Arrest of Jesus in Jn 18,1-11 and its Relation to the Synoptic Gospels", in: ders., *Studia Neotestamentica. Collected Essays*. BEThL 98, Leuven, 1991, pp.355-388.

284 Thomas L. Brodie, *The Gospel according to John*, p.525.

285 Rudolf Schnackenburg, *Das Johannesevangelium III*, p.253.

286 Udo Schnelle, *Das Evangelium nach Johannes*, p.343.

287 Flavius Josephus, *Jewish Antiquities*, Ant XX, p.198.

288 Joachim Jeremias, *Jerusalem zur Zeit Jesu*, p.178.

289 Flavius Josephus, *Jewish Antiquities*, Ant XVIII 95.

290 Jürgen Becker, *Das Evangelium nach Johannes II*, p.651.

291 Thorwald Lorenzen, *Der Lieblingsjünger im Johannesevangelium*, p.49.; Udo Schnelle, *Das Evangelium nach Johannes*, p.346.

292 Raymond E. Brown, *The Gospel According to John II*, p.822.; Thorwald Lorenzen, *Der Lieblingsjünger im Johannesevangelium*, p.51.

293 Rudolf Bultmann, *Das Evangelium des Johannes*, p.369.; Rudolf Schnackenburg, *Das Johannesevangelium III*, p.266.; Hartwig Thyen, *Das Johannesevangelium*, p.713.

294 Ludger Schenke, *Johannes*, p.344.; Udo Schnelle, *Das Evangelium nach Johannes*, p.267.

295 Udo Schnelle, *Das Evangelium nach Johannes*, p.347.

296 Rudolf Bultmann, *Das Evangelium des Johannes*, p.501.; Klaus Wengst, *Das Johannesevangelium 2*, p.225.

297 Jürgen Becker, *Das Evangelium nach Johannes II*, p.657.

298 Rudolf Schnackenburg, *Das Johannesevangelium III*, p.272.

299 Joachim Gnilka, *Johannesevangelium*, p.234.; Ulrich Wilckens, *Das Evangelium nach Johannes*, p.277.

300 Klaus Wengst, *Das Johannesevangelium 2*, p.231.

301 Udo Schnelle, *Das Evangelium nach Johannes*, p.349.

302 Carola Diebold-Scheuermann, *Jesus vor Pilatus: Eine exegetische Untersuchung zum Verhör Jesu durch Pilatus (Joh 18,28-19,16a) (Stuttgarter Biblische Beiträge 32)*, Stuttgart, 1996, pp.105-137.

303 Ludger Schenke, *Johannes*, p.348.

304 Jürgen Becker, *Das Evangelium nach Johannes II*, p.663.

305 Josef Blank, *Das Evangelium nach Johannes, GSL NT 4/1-3, III*, Düsseldorf, 1988(2판), p.71.

306 Hartwig Thyen, *Das Johannesevangelium*, p.714.

307 Manfred Lang, *Johannes und die Synoptiker*, p.121.

308 Christine Schlund, "Kein Knochen soll gebrochen werden", *Studien zu Bedeutung und Funktion des Pesachfests in Texten des frühen Judentums und im Johannesevangelium. WANT 107*, Neukirchen-Vluyn, 2005, p.140.

309 P. Billerbeck, *Kommentar zum Neuen Testament aus Talmud und Midrasch II*, p.838.

310 Flavius Josephus, *De Bello Judaico III*, p.426.

311 Hartwig Thyen, *Das Johannesevangelium*, p.715.

312 Rudolf Bultmann, *Das Evangelium des Johannes*, p.504.

313 Christian Dietzfelbinger, *Das Evangelium nach Johannes. Teilband 2: Johannes 13-21, ZBK.NT4.1/2*, Zürich, 2001, p.268.

314 Klaus Wengst, *Das Johannesevangelium 2*, pp.235-236.

315 Flavius Josephus, *De Bello Judaico II*, pp.169-174.

316 Flavius Josephus, *De Bello Judaico II*, pp.175-177.

317 Flavius Josephus, *Jewish Antiquities, Ant XVIII*, pp.85-89.

318 K. St. Krieger, "Pontius Pilatus-ein Judenfeind? Zur Problematik einer Pilatusbiographie", *BN 78*, 1995, pp.63-83.

319 Hartwig Thyen, *Das Johannesevangelium*, p.717.

320 Thomas L. Brodie, *The Gospel according to John*, p.532.

321 P. Egger, *"Crucifixus sub Pontio Pilato". Das "crimen" Jesu von Nazareth im Spannungsfeld römischer und jüdischer Verwaltungs-und rechtsstrukturen*, NTA 32, Münster, 1997, pp.41-50.; Manfred Lang, *Johannes und die Synoptiker*, pp.129-134.

322 Udo Schnelle, *Das Evangelium nach Johannes*, p.351.

323 Rudolf Bultmann, *Das Evangelium des Johannes*, p.505.; Rudolf Schnackenburg, *Das Johannesevangelium III*, p.281.

324 Klaus Wengst, *Das Johannesevangelium 2*, p.234.

325 Rudolf Bultmann, *Das Evangelium des Johannes*, p.504.

326 Thomas L. Brodie, *The Gospel according to John*, p.533.

327 Jürgen Becker, *Das Evangelium nach Johannes II*, p.671.

328 Rudolf Schnackenburg, *Das Johannesevangelium III*, p.283.; Ulrich Wilckens, *Das Evangelium nach Johannes*, p.280.

329 Anton Dauer, *Die Passionsgeschichte im Johannesevangelium*, p.112.; Manfred Lang, *Johannes und die Synoptiker*, pp.137–155.

330 Rudolf Bultmann, *Das Evangelium des Johannes*, p.506.

331 Klaus Wengst, *Das Johannesevangelium 2*, p.243.

332 Josef Blank, *Das Evangelium nach Johannes, GSL NT 4/3, III*, p.83.

333 Udo Schnelle, *Das Evangelium nach Johannes*, p.353.

334 Udo Schnelle, *Das Evangelium nach Johannes*, p.272.

335 Thomas Söding, "Die Macht der Wahrheit und das Reich der Freiheit", *ZThK 93*, 1996, pp.35–58.

336 Rudolf Schnackenburg, *Das Johannesevangelium III*, p.287.; Ferdinand Hahn, "Der Prozess Jesu nach dem Johannesevangelium", in: *EKK, Vorarbeiten 2*, pp.23–96.

337 Manfred Lang, *Johannes und die Synoptiker*, pp.146–156.; Udo Schnelle, *Das Evangelium nach Johannes*, p.354.

338 Udo Schnelle, *Das Evangelium nach Johannes*, p.355.

339 Klaus Wengst, *Das Johannesevangelium 2*, p.245.

340 Klaus Wengst, *Das Johannesevangelium 2*, p.246.

341 Rudolf Schnackenburg, *Das Johannesevangelium III*, p.289.

342 Jürgen Becker, *Das Evangelium nach Johannes II*, p.677.

343 Ernst Haenchen, *Das Johannesevangelium*, p.537.

344 C. K. Barrett, *Das Evangelium nach Johannes*, p.519.

345 Udo Schnelle, *Das Evangelium nach Johannes*, p.355.

346 Martin Hengel, *Die Zeloten: Untersuchungen zur jüdischen Freiheitsbewegung in der Zeit von Herodes I. bis 70 n. Chr*, Leiden/Köln, 1961, pp.25–47.

347 Flavius Josephus, *De Bello Judaico II*, p.253.

348 Udo Schnelle, *Das Evangelium nach Johannes*, p.356.

349 Christian Dietzfelbinger, *Das Evangelium nach Johannes. Teilband 2: Johannes 13–21, ZBK.NT4.1/2*, p.282.

350 Flavius Josephus, *De Bello Judaico III*, p.200.

351   Ernst Haenchen, *Das Johannesevangelium*, p.540.

352   Klaus Wengst, *Das Johannesevangelium 2*, p.257.

353   Klaus Wengst, *Das Johannesevangelium 2*, p.257.

354   Rudolf Bultmann, *Das Evangelium des Johannes*, p.510.; Rudolf Schnackenburg, *Das Johannesevangelium III*, p.294.

355   Hartwig Thyen, *Das Johannesevangelium*, p.723.

356   Rudolf Schnackenburg, *Das Johannesevangelium III*, p.296.

357   Rudolf Schnackenburg, *Das Johannesevangelium III*, p.302.

358   Manfred Lang, *Johannes und die Synoptiker*, pp.182–184.

359   Joachim Gnilka, "Zur Christologie des Johannesevangeliums", in: *Christologische Schwerpunkte*, Hg. v. W. Kasper, Düsseldorf, 1980, pp.92–107.

360   C. K. Barrett, *Das Evangelium nach Johannes*, p.520.; Anton Dauer, *Die Passionsgeschichte im Johannesevangelium*, p.109.

361   Raymond E. Brown, *The Gospel According to John II*, p.876.

362   Rudolf Bultmann, *Das Evangelium des Johannes*, p.510.

363   Klaus Wengst, *Das Johannesevangelium 2*, p.232.

364   D. Zeller, "Jesus und die Philosophen vor dem Richter (zu Joh 19,8–11)", *BZ 37*, 1993, pp.88–92.

365   Rudolf Bultmann, *Das Evangelium des Johannes*, p.512.

366   Udo Schnelle, *Das Evangelium nach Johannes*, p.359.

367   Udo Schnelle, *Das Evangelium nach Johannes*, p.360.

368   O. Betz, *Probleme des Prozesses Jesu, ANRW 25.1*, Berlin, 1982, p.572.; Joachim Jeremias, *Die Abendmahlsworte Jesu*, p.73.

369   Hartwig Thyen, *Das Johannesevangelium*, p.584.

370   Rudolf Bultmann, *Das Evangelium des Johannes*, p.515.

371   Rudolf Bultmann, *Das Evangelium des Johannes*, p.515.

372   Ulrich Wilckens, *Das Evangelium nach Johannes*, p.290.

373   Udo Schnelle, *Das Evangelium nach Johannes*, p.281.

374   Jean Zumstein, *Kreative Erinnerung. Relectrue und Auslegung im Johannesevangelium*, Zürich, 1999, p.151.

375   Udo Schnelle, *Das Evangelium nach Johannes*, p.358.

376   Udo Schnelle, *Das Evangelium nach Johannes*, p.363.

377   Rudolf Bultmann, *Das Evangelium des Johannes*, p.517.; Jürgen Becker, *Das Evangelium nach Johannes II*, p.692.

378   Anton Dauer, *Die Passionsgeschichte im Johannesevangelium*, p.169.

379   Josef Blank, *Das Evangelium nach Johannes, GSL NT 4/1–3, III*, p.114.

380   Anton Dauer, *Die Passionsgeschichte im Johannesevangelium*, p.168.

381   Udo Schnelle, *Das Evangelium nach Johannes*, p.364.

382   Manfred Lang, *Johannes und die Synoptiker*, p.210.; W. Schmithals, *Johannesevangelium und Johannesbriefe, BZNW 64*, Berlin, 1992, p.409.

383   Flavius Josephus, *De Bello Judaico III*, p.360.

384   Anton Dauer, *Die Passionsgeschichte im Johannesevangelium*, p.170.

385   Udo Schnelle, *Das Evangelium nach Johannes*, p.364.; Christian Dietzfelbinger, *Das Evangelium nach Johannes. Teilband 2: Johannes 13–21, ZBK.NT4.1/2*, p.298.

386   Klaus Wengst, *Das Johannesevangelium 2*, p.268.

387   Udo Schnelle, *Das Evangelium nach Johannes*, p.365.

388   Josef Blank, *Das Evangelium nach Johannes GSL NT 4/1–3, III*, p.109.

389   Anton Dauer, *Die Passionsgeschichte im Johannesevangelium*, pp.177–182.

390   Flavius Josephus, *Jewish Antiquities Ant XIV*, p.191.; *De Bello Judaico III*, p.125.

391   E. Stegemann/W. Stegemann, "König Israels, nicht König der Juden? Jesus als König Israels im Johannesevangelium", in: *Messias-Vorstellungen bei Juden und Christen*, Hg. v., E. Stegemann, pp.41–56.

392   Rudolf Bultmann, *Das Evangelium des Johannes*, p.518.

393   Hartwig Thyen, *Das Johannesevangelium*, p.736.

394   Manfred Lang, *Johannes und die Synoptiker*, pp.219–223.

395   Josef Blinzler, *Der Prozess Jesu*, p.368.

396   Anton Dauer, *Die Passionsgeschichte im Johannesevangelium*, pp.186–191.

397   Andreas Obermann, *Die christologische Erfüllung der Schrift im Johannesevangelium: Eine Untersuchung zur johanneischen Hermeneutik anhand der Schriftzitate Untersuchungen zum Neuen Testament, Band 831*, Tübingen, 1996, p.294.

398   Rudolf Bultmann, *Das Evangelium des Johannes*, p.520.

399   Udo Schnelle, *Das Evangelium nach Johannes*, p.369.

400   Jürgen Becker, *Das Evangelium nach Johannes II*, p.699.

401   Jean Zumstein, "Johannes 19,25–27", *ZThK 94*, 1997, pp.131–154.

402   Heinz Schürmann, "Jesu letzte Weisung Jo 19,16–27c", in: ders., *Ursprung und Gestalt*, Düsseldorf, 1970, pp.13–28.

403   Ulrich Wilckens, "Maria, Mutter der Kirche, (Joh 19,26f)", in: *Ekklesiologie des Neuen Testaments* (FS K. Kertelge), Hg. v. R. Kampling/Th. Söding, Freiburg, 1996, pp.247–266.

404   Chr. Dietzfelbinger, "Der ungeliebte Bruder, Der Herrenbruder Jakobus im Johannesevangelium", *ZThK 89*, p.389.

405   Thomas L. Brodie, *The Gospel according to John*, p.545.

406   Udo Schnelle, *Das Evangelium nach Johannes*, p.369.

407   W. Kraus, "Johannes und das Alte Testament", *ZNW 88*, 1997, pp.1-23.

408   Martin Hengel, "Die Schriftauslegung des 4. Evangeliums auf dem Hintergrund der urchristlichen Exegese", *JBTh 4*, p.280.; Rudolf Schnackenburg, *Das Johannesevangelium III*, p.331.

409   Martin Hengel, "Die Schriftauslegung des 4. Evangeliums auf dem Hintergrund der urchristlichen Exegese", *JBTh 4*, p.279.

410   Rudolf Bultmann, *Das Evangelium des Johannes*, p.523.

411   Manfred Lang, *Johannes und die Synoptiker*, p.235.

412   Anton Dauer, *Die Passionsgeschichte im Johannesevangelium*, p.212.

413   Jürgen Becker, *Das Evangelium nach Johannes II*, p.472.

414   U. B. Müller, "Zur Eigentümlichkeit des Johannesevangeliums. Das Problem des Todes Jesu", *ZNW 88*, p.48.

415   Udo Schnelle, *Das Evangelium nach Johannes*, p.371.

416   Rudolf Bultmann, *Das Evangelium des Johannes*, p.516.; Ernst Haenchen, *Das Johannesevangelium*, p. 553.

417   C. K. Barrett, *Das Evangelium nach Johannes*, p.533.

418   Rudolf Schnackenburg, *Das Johannesevangelium III*, p.334.

419   Udo Schnelle, *Das Evangelium nach Johannes*, p.287.

420   Ernst Haenchen, *Das Johannesevangelium*, p. 554.; Wilhelm Thüsing, *Die Erhöhung und Verherrlichung Jesu im Johannesevangelium*, p.171.

421   Joachim Kügler, *Der Jünger, den Jesus liebte, Literarische, theologische und historische Untersuchungen zu einer Schlüsselgestalt johanneischer Theologie und Geschichte*, pp.265-267.; Thorwald Lorenzen, *Der Lieblingsjünger im Johannesevangelium*, pp.53-59.

422   Josef Blinzler, *Der Prozess Jesu*, p.385.

423   Jürgen Becker, *Das Evangelium nach Johannes II*, p.710.

424   Udo Schnelle, *Das Evangelium nach Johannes*, p.375.

425   Klaus Wengst, *Das Johannesevangelium 2*, p.288.

426   Klaus Wengst, *Das Johannesevangelium 2*, p.271.

427   Udo Schnelle, *Das Evangelium nach Johannes*, p.379.

428   Rudolf Schnackenburg, *Das Johannesevangelium III*, p.359.

429   C. K. Barrett, *Das Evangelium nach Johannes*, p.540.; Rudolf Bultmann, *Das Evangelium des Johannes*, p.530.; Rudolf Schnackenburg, *Das Johannesevangelium III*, p.367.

430   Thorwald Lorenzen, *Der Lieblingsjünger im Johannesevangelium*, p.25.; Rudolf Schnackenburg, *Das Johannesevangelium III*, p.368.

431 Rudolf Bultmann, *Das Evangelium des Johannes*, p.530.; W. Wilkens, *Die Entstehungsgeschichte des vierten Evangeliums*, p.157.

432 Rudolf Bultmann, *Das Evangelium des Johannes*, p.530.

433 Jean Zumstein, "Die johanneische Ostergeschichte als Erzaelung gelesen", *ZNT 3*, 1999, pp.11-19.

434 Thorwald Lorenzen, *Der Lieblingsjünger im Johannesevangelium*, p.36.

435 Rudolf Schnackenburg, *Das Johannesevangelium III*, p.371.

436 Udo Schnelle, *Das Evangelium nach Johannes*, p.383.

437 Karl Rahner, *Grundkurs des Glaubens, Einführung in den Begriff des Christentums*, Freiburg/Basel/Wien, 1976, pp.123-126.

438 Karl Rahner, *Grundkurs des Glaubens*, p.126.

439 Flavius Josephus, *Jewish Antiquities Ant IV*, p.219.

440 Frances Back, *Gott als Vater der Jünger im Johannesevangelium, WUNT 2.336*, Tübingen, 2012, p.169.

441 Joachim Gnilka, *Theologie des neuen Testaments*, p.260.

442 Rudolf Schnackenburg, *Das Johannesevangelium III*, p.377.

443 Hartwig Thyen, *Das Johannesevangelium*, p.764.

444 Udo Schnelle, *Das Evangelium nach Johannes*, p.386.

445 M. R. Ruiz, *Der Missionsgedanke des Johannesevangeliums, fzb 55*, Würzburg, 1987, pp.257-276.

446 프란치스코 교황, 《복음의 기쁨 — 현대 세계의 복음 선포에 관한 교황 권고》, 한국천주교중앙협의회, 2014, p.111.

447 Udo Schnelle, *Das Evangelium nach Johannes*, p.386.

448 Udo Schnelle, *Das Evangelium nach Johannes*, p.388.

449 Rudolf Schnackenburg, *Das Johannesevangelium III*, p.396.

450 Suet, *Domitian*, in: Jones, B. W. The Emperor Domitian, London, 1992, 13,2.

451 Udo Schnelle, *Das Evangelium nach Johannes*, p.389.

452 M. Kähler, *Der sogenannte historische Jesus und der geschichtliche, biblische Christus*, München, 1956(2판), p.60.

453 Hartwig Thyen, *Das Johannesevangelium*, p.704.

454 프란치스코 교황, 《복음의 기쁨》, p.198.

455 Rudolf Schnackenburg, *Das Johannesevangelium III*, p.399.

456 Udo Schnelle, *Das Evangelium nach Johannes*, p.392.

457 Rudolf Bultmann, *Das Evangelium des Johannes*, p.540.

458 Hartwig Thyen, *Das Johannesevangelium*, p.771.

459 Rudolf Bultmann, *Das Evangelium des Johannes*, p.541.; Ernst Haenchen, *Das Johannesevangelium*, p.574.; Rudolf Schnackenburg, *Das Johannesevangelium III*,

p.401.

460 Udo Schnelle, *Das Evangelium nach Johannes*, p.393.

461 Jean Zumstein, *Das Johannesevangelium (Kritisch-exegetischer Kommentar über das Neue Testament)*, Göttingen, 2015, p.769.

462 Thomas Söding, "Die Schrift als Medium des Glaubens", in: *Schrift und Tradition* (FS Josef Ernst), Hg. v. K. Backhaus/F. G. Untergassmair, Paderborn, 1996, pp.343-371.

463 Udo Schnelle, *Das Evangelium nach Johannes*, p.394.

464 Udo Schnelle, *Das Evangelium nach Johannes*, p.394.

465 김근수,《가난한 예수 ─가난한 사람의 눈으로 본 〈루가복음〉》, 동녘, 2017, p.493.

466 김근수,《가난한 예수》, p.487.

467 Rudolf Schnackenburg, *Das Johannesevangelium III*, p.410.

468 Jürgen Becker, *Das Evangelium nach Johannes II*, p.762.; Rudolf Pesch, *Der reiche Fischfang. Lk 5,1-11/Joh 21,1-4*, Düsseldorf, 1969, p.91.

469 Rudolf Pesch, *Der reiche Fischfang*, p.94.

470 Udo Schnelle, *Das Evangelium nach Johannes*, p.400.

471 Ludger Schenke, *Johannes*, p.391.

472 Hartwig Thyen, *Das Johannesevangelium*, p.785.

473 Ernst Haenchen, *Das Johannesevangelium*, p.600.

474 Martin Hengel, *Die johanneische Frage*, p.212.; Rudolf Schnackenburg, *Das Johannesevangelium III*, p.440.

475 Rudolf Schnackenburg, *Das Johannesevangelium III*, p.442.

476 Udo Schnelle, *Das Evangelium nach Johannes*, p.404.

477 오스카 로메로 대주교, 1980년 2월 17일 설교, 스콧 라이트, 김근수 옮김,《희망의 예언자 오스카 로메로》, p.280.

참고 문헌

1. 성서

Novum Testamentum Gräce, Barbara und Kurt Aland Hg, 2015(28판).

Septuaginta: Das Alte Testament Griechisch, Alfred Rahlfs und Robert Hanhart Hg, 2014.

공동번역성서 개정판.

개정개역 성경전서 4판.

2. 주석서

C. K. Barrett, *Das Evangelium nach Johannes. KEK. S,* Göttingen, 1990.

Walter Bauer, *Das Johannesevangelium, HNT 6,* Tübingen, 1933(3판).

Jürgen Becker, *Das Evangelium nach Johannes: Kapitel 1-10. Ökumenischer Taschenbuchkommentar zum Neuen Testament 4/1,* Gütersloh, 1991(3판).; *Kapitel 11-21. 4/2,* Gütersloh, 1991(3판).

Johannes Beutler, *Das Johannesevangelium,* Freiburg/Basel/Wien, 2016(2판).

Josef Blank, *Das Evangelium nach Johannes, GSL NT 4/1-3,* Düsseldorf, Ⅰa, Ⅰb, 1981(2판), Ⅱ, 1986(2판), Ⅲ, 1988(2판).

Thomas L. Brodie, *The Gospel according to John,* Oxford, u.a., 1993.

Raymond E. Brown, *The Gospel According to John I,* New York, 1966, *Ⅱ,* New York, 1970.

Rudolf Bultmann, *Das Evangelium des Johannes, KEK,* Göttingen, 1968(19판), 1986(21판).

Christian Dietzfelbinger, *Das Evangelium nach Johannes. Teilband 1: Johannes 1-12; Teilband 2: Johannes 13-21, ZBK.NT4.1/2,* Zürich, 2001.

Joachim Gnilka, *Johannesevangelium. Die Neue Echter-Bibel,* Würzburg, 2009(9판).

Ernst Haenchen, *Das Johannesevangelium: Ein Kommentar, Hg. v. U. Busse*, Tübingen, 1980.

E. C. Hoskyns, *The Fourth Gospel(ed. by F. N. Davey)*, London, 1947.

B. Lindars, *The Gospel of John. NCeB*, London, 1972.

F. J. Moloney, *The Gospel of John. Sacra Pagina Series 4*, Collegeville/Minnesota, 1998.

Ludger Schenke, *Johannes. Kommentar*, Düsseldorf, 1998.

Rudolf Schnackenburg, *Das Johannesevangelium I. Teil : Einleitung und Kommentar zu Kap.1(Herders theologischer Kommentar zum Neuen Testament) Bd. 4/1-4*, Freiburg/Basel/Wien, 1981(5판), 1980(3판), 1979(3판).

Udo Schnelle, *Das Evangelium nach Johannes, Theologischer Handkommentar zum Neuen Testament (ThHK)*, Leipzig, 2016(5판).

Michael Theobald, *Das Evangelium nach Johannes. Kap. 1-12*, Regensburg, 2009.

Hartwig Thyen, *Das Johannesevangelium (Handbuch zum Neuen Testament)*, Tübingen, 2015(2판).

Klaus Wengst, *Theologischer Kommentar zum Neuen Testament (ThKNT): Das Johannesevangelium Kapitel 1–10: Bd. 4/1*, Stuttgart, 2004(2판). *Teilband: Kapitel 11-21 Bd. 4/2*, Stuttgart, 2007.

Ulrich Wilckens, *Das Neue Testament Deutsch (NTD 4), Bd.4, Das Evangelium nach Johannes*, Göttingen, 1998.

Theodor Zahn, *Das Evangelium nach Johannes*, 1921(6판), Wuppertal, 1983(재발간).

Jean Zumstein, *Das Johannesevangelium (Kritisch-exegetischer Kommentar über das Neue Testament)*, Göttingen, 2015.

3. 기타 인용 문헌

Ricardo Antoncich, "Teologia de la liberacion y doctrina social de la iglesia", in: Ignacio Ellacuría/Jon Sobrino(ed), *Mysterium Liberationes. Conceptos fundamentales de la teologia de la liberacion I*, San Salvador, 1993.

Jörg Augenstein, *Das Liebesgebot im Johannesevangelium und in den Johannesbriefen*, Stuttgart/Berlin/Köln, 1993.

Frances Back, *Gott als Vater der Jünger im Johannesevangelium, WUNT 2.336*, Tübingen, 2012.

Karl Barth, *Erklärung des Johannesevangelium*, Zürich, 1976.

Ulrich Becker, *Jesus und die Ehebrecherin. Untersuchungen zur Text-und Überlieferungsgeschichte von Joh 7,53-8,11. BNZW 28*, Berlin, 1963.

K. Beckmann, "Funktion und Gestalt des Judas Iskarioth im Johannesevangelium",

BThZ 11, 1994.

Klaus Berger, *Exegese des Neuen Testaments. Neue Wege vom Text zur Auslegung. UTB 658*, Heidelberg, 1984(2판).

O. Betz, *Probleme des Prozesses Jesu, ANRW 25.1*, Berlin, 1982.

Johannes Beutler, "Greeks come to see Jesus (John 12,20f)", *Bib 71*, 1990.

Johannes Beutler, *'Habt keine Angst'. Die erste johanneische Abschiedsrede (Joh 14), SBS 116*, Stuttgart, 1984.

Johannes Beutler, *Martyria, FTS 10*, Frankfurt, 1972.

Johannes Beutler, "Psalm 42/43 im Johannesevangelium": *NTS 25*, 1978.

P. Billerbeck, *Kommentar zum Neuen Testament aus Talmud und Midrasch I-IV*, München, 1961(3판).

Josef Blank, *Krisis. Untersuchungen zur johanneischen Christologie und Eschatologie*, Freiburg, 1964.

Josef Blinzler, *Die Brüder und Schwestern Jesu*, Stuttgart, 1967.

Josef Blinzler, *Der Prozess Jesu*, Regensburg, 1969(4판).

Josef Blinzler, "Die Strafe für Ehebruch in Bibel und Halacha. Zur Auslegung von Joh 8,5", *NTS4*, 1957/1958.

Rainer Borig, *Der wahre Weinstock. Untersuchungen zu Joh 15,1-10. StANT 16*, München, 1967.

E. M. Boring, "John 5:19-24": *Interp 45*, 1991.

James R. Brockman, *Romero: A Life*, New York, 1989.

James R. Brockman, *Oscar Romero. Eine Biographie*, Freiburg, 1990.

Raymond E. Brown, *The Community of the Beloved Disciple*, New York/Toronto, 1979.

Raymond E. Brown, *Death of the Messiah II*, New York, 1994.

Raymond Edward Brown, *Joseph A. Fitzmyer, Karl Paul Donfried(Hg), Mary in the New Testament*, New York, 1987.

J. A. Bühner, *Der Gesandte und sein Weg im 4. Evangelium, WUNT 2.2*, Tübingen, 1977.

Rudolf Bultmann, *Die Geschichte der synoptischen Tradition, FRLANT 29*, Göttingen, 1970(8판).

Rudolf Bultmann, *Theologie des Neuen Testaments, Hg. v. O. Merk*, Tübingen, 1977 (7판).

Delbert Burkett, *The Son of Man in the Gospel of John. JSNT.S 56*, Sheffield, 1991.

H. v. Campenhausen, "Zur Perikope von der Ehrbrecherin (Joh 7,53-8,11)", *ZNW 68*,

1977.

Manfred Clauss, *Kaiser und Gott: Herrscherkult im römischen Reich*, Stuttgart, 1999.

Oscar Cullmann, *Der johanneische Kreis. Zum Ursprung des Johannesevangeliums*, Tübingen, 1975.

Oscar Cullmann, *Urchristentum und Gottesdienst. AThANT 3*, Zürich, 1944, 1962(4판).

Anton Dauer, *Die Passionsgeschichte im Johannesevangelium. Eine traditionsgeschichtliche und theologische Untersuchung zu Joh 18,1-19, StANT 30*, München, 1972.

Marinus de Jonge, *Jesus, Stranger from Heaven and Son of God: Jesus Christ and the Christians in Johannine perspective (Sources for Biblical study)*, Missoula, 1977.

Andreas Dettwiler, *Die Gegenwart des Erhöhten. Forschungen zur Religion und Literatur des Alten und Neuen Testaments, Band 169*, Göttingen, 1997.

Carola Diebold-Scheuermann, *Jesus vor Pilatus: Eine exegetische Untersuchung zum Verhör Jesu durch Pilatus (Joh 18,28-19,16a) (Stuttgarter Biblische Beiträge 32)*, Stuttgart, 1996.

Chr. Dietzfelbinger, *Der Abschied des Kommenden. Eine Auslegung der johanneischen Abschiedsreden. WUNT 95*, Tübingen, 1997.

Chr. Dietzfelbinger, "Die größeren Werke (Joh 14,12f)", *NTS 35*, 1989.

Chr. Dietzfelbinger, "Der ungeliebte Bruder, Der Herrenbruder Jakobus im Johannesevangelium", *ZThK 89*, 1992.

C. H. Dodd, *Historical Tradition in the Fourth Gospel*, Cambridge, 1963.

C. H. Dodd, *The Interpretation of the Fourth Gospel*, Cambridge, 1968(8판).

Peter Dschulnigg, *Jesus begegnen. Personen und ihre Bedeutung im Johannesevangelium*, Münster, 2000.

P. Egger, *"Crucifixus sub Pontio Pilato". Das "crimen" Jesu von Nazareth im Spannungsfeld römischer und jüdischer Verwaltungs-und rechtsstrukturen*, NTA 32, Münster, 1997.

Ignacio Ellacuría, "Discernir el signo de los tiempos", in: *Escritos teologicos II*, San Salvador, 2002.

Ignacio Ellacuría, "Hacia una fundamentacion del metodo teologico latinoamericano", in: *Escritos teologicos I*, San Salvador, 2000.

W. Eltester, *Der Logos und sein Prophet; Apophoreta (Festschrift E. Haenchen)*, Berlin, 1964.

Alexander Faure, "Die alttestamentlichen Zitate im 4. Evangelium und die Quellenscheidungshypothese", *ZNW 21*, 1922.

Dorit Felsch, *Die Feste im Johannesevangelium: Jüdische Tradition und christologische*

Deutung (Wissenschaftliche Untersuchungen zum Neuen Testament, Band 308), Tübingen, 2011.

Jörg Frey, *Die johanneische Eschatologie. Band II: Das johanneische Zeitverständnis (Wissenschaftliche Untersuchungen zum Neuen Testament, Band 110),* Tübingen, 1998.

Jörg Frey, *Die Johanneische Eschatologie. Band III: Die Eschatologische Verkündigung in Den Johanneischen Texten (Wissenschaftliche Untersuchungen Zum Neuen Testament 117),* Tübingen, 2000.

Johannes Fischer, *Glaube als Erkenntnis. BEvTh 105,* München, 1989.

Joachim Gnilka, "Zur Christologie des Johannesevangeliums", in: *Christologische Schwerpunkte,* Hg. v. W. Kasper, Düsseldorf, 1980.

Joachim Gnilka, *Neutestamentliche Theologie. Ein Überblick,* Würzburg, 1989.

Joachim Gnilka, *Theologie des neuen Testaments,* Freiburg / Basel / Wien, 1994.

Walter Grundmann, *Der Zeuge der Wahrheit : Grundzüge der Christologie des Johannesevangeliums,* Berlin, 1985.

Ferdinand Hahn, "Das Heil kommt von den Juden", Erwägungen zu Joh 4,22b, in: B. Benzing u.a., Hg., *Wort und Wirklichkeit.* FS E. L. Rapp, Meisenheim, 1976.

F. Hahn, "Jüngerberufung Joh 1,35-51", in: Joachim Gnilka Hg., *Neues Testament und Kirche. Festschrift R. Schnackenburg,* Freiburg, 1974.

Ferdinand Hahn, "Der Prozess Jesu nach dem Johannesevangelium", in: *EKK, Vorarbeiten 2,* Neukirchen, 1970.

Martin Hengel, *Die johanneische Frage,* Tübingen, 1993.

Martin Hengel, "Die Schriftauslegung des 4. Evangeliums auf dem Hintergrund der urchristlichen Exegese", *JBTh 4,* 1989.

Martin Hengel, *Die Zeloten: Untersuchungen zur jüdischen Freiheitsbewegung in der Zeit von Herodes I. bis 70 n. Chr,* Leiden / Köln, 1961.

Wilhelm Heitmüller, *Das Johannesevangelium, SNT 4,* Göttingen, 1918 (3판),

Chr. Hoegen-Roles, *Der nachösterliche Johannes. Die Abschiedsreden als hermneutischer Schlüssel zum vierten Evangelium, WUNT 2.84,* Tübingen, 1996.

Joachim Jeremias, *Die Abendmahlsworte Jesu,* Göttingen, 1967 (4판).

J. Jeremias, "Zur Geschichtlichkeit des Verhörs Jesu vor dem Hohen Rat", *ZNW 43,* 1950-1951.

Joachim Jeremias, *Jerusalem zur Zeit Jesu,* Göttingen, 1967 (4판).

Flavius Josephus, *Jewish Antiquities, Hg. u. übers. v. H. S. J, Thackeray u. a., LCL,* London / Cambridge, 1926-1965.

Flavius Josephus, *De Bello Judaico* I-Ⅲ, Hg. *u. übers. v. O. Michel/O. Bauernfeind*, München, 1959-1968.

Justinus, *Dial.*

M. Kähler, *Der sogenannte historische Jesus und der geschichtliche, biblische Christus*, München, 1956(2판).

Ernst Käsemann, *Jesu letzter Wille nach Johannes 17,* Tübingen, 1980(4판).

Ernst Käsemann, "Johannes 12,20 -26", in: Ders, *Exegetische versuche und Besinnungen I,* Tübingen, 1960.

H. Chr. Kammler, "Jesus Christus und der Geistparaklet, Eine Studie zur Verhältnisbestimmung von Pneumatologie und Christologie". In: O. Hofius/H. Chr. Kammler, *Johannesstudien*, WUNT 88, Tübingen, 1996.

H. G. Kippenberg, G. A. Wewers Hg., *Grundrisse zum Neuen Testament, Bd.8, Textbuch zur neutestamentlichen Zeitgeschichte*, Göttingen, 1979.

K. Th, Kleinknecht, "Johannes 13, die Synoptiker und die Methode der johanneischen Evangelienschreibung", *ZThK 82*, 1985.

Thomas Knöppler, *Die theologia crucis des Johannesevangeliums: Das Verständnis des Todes Jesu im Rahmen der johanneischen Inkarnations-und Erhöhungschristologie zum Alten und Neuen Testament*, WMANT 69, Neukirchen, 1994.

H. Kohler, *Kreuz und Menschwerdung im Johannesevangelium*, AThANT 72, Zürich, 1987.

A. Kragerud, *Der Lieblingsjünger im Johannesevangelium*, Oslo, 1959.

W. Kraus, "Johannes und das Alte Testament", *ZNW 88*, 1997.

K. St. Krieger, "Pontius Pilatus-ein Judenfeind? Zur Problematik einer Pilatusbiographie", *BN 78*, 1995.

Joachim Kügler, *Der Jünger, den Jesus liebte. Literarische, theologische und historische Untersuchungen zu einer Schlüsselgestalt johanneischer Theologie und Geschichte*, Stuttgart, 1988.

Peter Kuhn, *Offenbarungsstimmen im antiken Judentum. Untersuchungen zur Bat Qol und verwandten Phänomenen*, Tübingen, 1989.

Roman Kühschelm, *Verstockung, Gericht und Heil. Exegetische und bibeltheologische Untersuchung zum sogenannten Dualismus in Joh 12,35-50*, BBB 76, Frankfurt, 1990.

Manfred Lang, *Johannes und die Synoptiker: Eine redaktionsgeschichtliche Analyse von Joh 18-20 vor dem markinischen und lukanischen Hintergrund (Forschungen zur des Alten und Neuen Testaments, Band 182)*, Göttingen, 1999.

Emmanuel Lévinas, *Wenn Gott ins Denken einfällt: Diskurse über die Betroffenheit von Transzendenz*, Freiburg/München, 1988(2판).

A. Link, "Was redest Du mit ihr?" Eine Studie zur Exegese-, Redaktions-, und Traditionsgeschichte von Joh 4,1-2, BU 24, Regensburg, 1992.

Thorwald Lorenzen, *Der Lieblingsjünger im Johannesevangelium*, SBS 55, Stuttgart, 1971.

Ulrich Luz, *Das Evangelium nach Matthäus: (Mt 1-7): Bd 1/1 (Evangelisch-Katholischer Kommentar zum Neuen Testament)*, Neukirchen, 1990.

Friedrich-Wilhelm Marquardt, *Das christliche Bekenntnis zu Jesus, dem Juden, Bd.2*, Gütersloh, 1998.

John P. Meier, *A Marginal Jew: Rethinking the Historical Jesus, Volume I: The Roots of the Problem and the Person*, New Haven/London, 1991; *Volume II: Mentor, Message, and Miracles*, New Haven/London, 1994; *Volume III: Companions and Competitors*, New Haven/London, 2001; *Volume IV: Law and Love*, New Haven/London, 2009; *Volume V: Probing The Authenticity Of The Parables*, New Haven/London, 2016.

R. Metzner, "Der Geheilte von Johannes 5-Repräsentant des Unglaubens", *ZNW* 90, 1999.

F. J. Moloney, "The Faith of Martha and Mary. A Narrative Approach to John 11,17-40", *Bib.* 75, 1994.

F. J. Moloney, "A Sacramental Reading of John 13,1-38": *CBQ 53*, 1991.

U. B. Müller, "Zur Eigentümlichkeit des Johannesevangeliums. Das Problem des Todes Jesu", *ZNW 88*, 1997.

U. B. Müller, "Die Parakletvorstellung im Johannesevangelium", *ZThK 71*, 1974.

F. Neirynck, "John 5,1-18 and the Gospel of Mark. A Response to Peter Borgen", in: D. van Segbroeck, ed., *Evangelica II*, Leuven, 1991.

Fritz Neugebauer, *Die Entstehung des Johannesevangeliums. AzTh I/36*, Stuttgart, 1968.

Johannes Neugebauer, *Die eschatologischen Aussagen in den johanneischen Abschiedsreden. BWANT 7/20*, Stuttgart/Berlin/Köln, 1995.

Andreas Obermann, *Die christologische Erfüllung der Schrift im Johannesevangelium: Eine Untersuchung zur johanneischen Hermeneutik anhand der Schriftzitate Untersuchungen zum Neuen Testament, Band 831*, Tübingen, 1996.

T. Okure, *The Johannine Approach to Mission. A Contextual Study of John 4,1-42. WUNT II/31*, Tübingen, 1988.

T. Onuki, "Die johanneische Abschiedsreden und die synoptische Tradition", *AJBI 3*, 1977.

S. Pancaro, "'People of God' in St. John's Gospel (Joh 11,50-52)": *NTS 16*, 1969/70.

Imre Peres, *Griechische Grabinschriften und neutestamentliche Eschatologie (Wissenschaftliche Untersuchungen zum Neuen Testament, Band 157)*, Tübingen, 2003.

Rudolf Pesch, *Der reiche Fischfang. Lk 5,1-11/ Joh 21,1-4*, Düsseldorf. 1969.

Rudolf Pesch, *Herders theologischer Kommentar zum Neuen Testament: Das Markusevangelium: Teil 1. Einleitung und Kommentar zu Kap. 1,1–8,26*, Freiburg / Basel/Wien, 1976.

G. A. Philips, "This is a Hard Saying, Who Can be Listener to it?" Creating a Reader in John 6: *Semeia 26*, 1983.

G. von Rad, *Das vierte Buch Mose Numeri*, Göttingen, 1966.

Karl Rahner, *Grundkurs des Glaubens, Einführung in den Begriff des Christentums*, Freiburg/Basel/Wien, 1976.

C. H. Ratschow, *Die Regilionen. HST 16*, Gütersloh, 1979.

Marius Reiser, "Eucharistische Wissenschaft, Eine exegetische Betrachtung zu Joh 6,26-59", in: *Ökumenische Bemühungen um die Eucharistie* (FS Theodor Schneider), Hg. v. B. J. Hilberath u. D. Sattler, Mainz, 1995.

Oscar A. Romero, "The Church's Mission amid the national Crisis", in: Oscar Romero and Michael J. Walsh, *Voice of the Voiceless. The Four pastoral letters and Other Statements*, New York, 1985.

Oscar A. Romero, "The political Dimension of the Faith from the Perspective of the Option for the Poor", in: Oscar Romero and Michael J. Walsh, *Voice of the Voiceless. The Four pastoral letters and Other Statements,* New York, 1985.

O. A. Romero, "A Pastor's Last Holily", *Sojourners Magazine*, 1980년 3월 23일 설교.

Oscar A. Romero, *The Violence of Love, com, and trans. James Brockman*, New York, 2004.

M. R. Ruiz, "El discurso del buen pastor(Jn 10,1-18)", *EstB XLVIII*, 1990.

M. R. Ruiz, *Der Missionsgedanke des Johannesevangeliums, fzb 55*, Würzburg, 1987.

M. Sabbe, "The Arrest of Jesus in Jn 18,1-11 and its Relation to the Synoptic Gospels", in: ders., *Studia Neotestamentica. Collected Essays*. BEThL 98, Leuven, 1991.

M. Sabbe, "The Footwashing in Jn 13 and Its Relation to the Synoptic Gospels", in: ders., *Studia Neotestamentica. Collected Essays*. BEThL 98, Leuven, 1991.

S. Safari, *Die Wallfahrt im Zeitalter des zweiten Tempels (FJCD 3)*, Neukirchen-

Vluyn, 1981.

E. P. Sanders, *Jesus and Judaism*, Minneapolis, 1985.

Ludger Schenke, *Das Johannesevangelium. Einführung, Text, dramatische Gestalt, UB 446*, Stuttgart/Berlin/Köln, 1992.

Ludger Schenke, "Das johanneische Schisma und die Zwölf (Joh 6,60-71)", *NTS 38*, 1992.

P. Scherer, *Jesus und das Gesetz im Johannesevangelium*, Innsbruck, 1976.

Christine Schlund, "Kein Knochen soll gebrochen werden", *Studien zu Bedeutung und Funktion des Pesachfests in Texten des frühen Judentums und im Johannesevangelium. WANT 107*, Neukirchen-Vluyn, 2005.

W. Schmithals, *Johannesevangelium und Johannesbriefe, BZNW 64*, Berlin, 1992.

Udo Schnelle, "Die Abschiedsreden im Johannesevangelium", *ZNW 80*, 1989.

Udo Schnelle, *Antidoketische Christologie im Johannesevangelium*, Göttingen, 1987.

Udo Schnelle, *Die ersten 100 Jahre des Christentums (30-130 n. Chr). Die Entstehungsgeschichte einer Weltreligion*, Göttingen, 2016(2판).

Udo Schnelle, "Trinitarische Denken im Johannesevangelium", in: *Israel und seine Heilstraditionen im Johannesevangelium* (FS Johannes Beutler), Hg. v. M. Labahn/ K. Scholtisek/A. Strottmann, Paderborn, 2003.

Klaus Scholtissek, *In ihm sein und bleiben. Die Sprache der Immanenz in den johanneischen Schriften (HBS 21)*, Freiburg/Basel/Wien, 2000.

Luise Schottroff, *Der Glaubende und die feindliche Welt. Beobachtungen zum gnostischen Dualismus und seiner Bedeutung für Paulus und das Johannesevangelium zum Alten und Neuen Testament, Band 37*, Neukirchen, 1970.

Heinz Schürmann, "Jesu letzte Weisung Jo 19,16-27c", in: ders., *Ursprung und Gestalt*, Düsseldorf, 1970.

S. Schulz, *Untersuchungen zur Menschensohn-Christologie im Johannesevangelium*, Göttingen, 1957.

Fernando F. Segovia, *The Farewell of the Word: The Johannine Call to Abide*, Minneapolis, 1991.

Seneca, *Ep*, in: Elaine Fantham, Seneca. Selected Letters. Oxford World's Classics. Oxford, 2010.

A. J. Simonis, *Die Hirtenrede im Johannes-Evangelium. AnBib 29*, Rom, 1967.

Jon Sobrino, *With Hope and Gratitude*, in: *Robert Lassalle-Klein, Blood and Ink. Ignacio Ellacuría, Jon Sobrino, and The Jesuit Martyrs of the University of Central America*, New York, 2014.

Thomas Söding, "Die Macht der Wahrheit und das Reich der Freiheit", *ZThK 93*,
1996.

Thomas Söding, "Die Schrift als Medium des Glaubens", in: *Schrift und Tradition* (FS
Josef Ernst), Hg. v. K. Backhaus/F. G. Untergassmair, Paderborn, 1996.

M. Th. Sprecher, *Einheitsdenken aus der Perspektive von Joh 17, EHS 23.495*,
Frankfurt, 1993.

E. Stegemann, "Zur Tempelreinigung im Johannesevangelium", in: *Die Hebräische
Bibel und ihre zweifache Nachgeschichte* (FS R. Rendtorff), Hg. v. E. Blum u. a.,
Neukirchen-Vluyn, 1990.

E. Stegemann/W. Stegemann, "König Israels, nicht König der Juden? Jesus als König
Israels im Johannesevangelium", in: *Messias-Vorstellungen bei Juden und Christen*,
Hg. v., E. Stegemann, Stuttgart, 1993.

Günter Stemberger, *Das klassische Judentum. Kultur und Geschichte der rabbinischen
Zeit*, München, 1979.

W. Stenger, "Die Auferweckung des Lazarus", *TThZ 83*, 1974.

E. Straub, "Der Irdische als der Auferstandene. Kritische Theologie bei Johannes ohne
ein Wort vom Kreuz", in: *Kreuzestheologie im Neuen Testament*, Hg. v. A.
Dettwiler/J. Zumstein, WUNT 151, Tübingen, 2002.

Georg Strecker, *Die Johannesbriefe. Kritisch-Exegetischer Kommentar über das Neue
Testament, Bd.14*, Göttingen, 1989.

Suet, *Domitian*, in: Jones, B. W. The Emperor Domitian, London, 1992.

Gerd Theißen, *Urchristliche Wundergeschichten, StNT 8*, Gütersloh, 1998.

Gerd Theißen, A. Merz, *Der historische Jesus*, Göttingen, 1996.

M. Theobald, *Die Fleischwerdung des Logos*, Münster, 1988.

J. C. Thomas, *Footwashing in John 13 and the Johannine Community, JSNT.S 61*,
Sheffield, 1991.

Wilhelm Thüsing, "Die Bitten des johanneischen Jesus in dem Gebet Joh 17 und die
Intention Jesu von Nazareth", in: Rudolf Schnackenburg u.a. Hg., *Die Kirche des
Anfangs*. (FS Heinz Schürmann), Leipzig, 1977.

Wilhelm Thüsing, *Die Erhöhung und Verherrlichung Jesu im Johannesevangelium*,
Münster, 1970(3판).

Hartwig Thyen, "Die Erzählung von den bethanischen Geschwistern (Joh 11,1-12,19)
als 'Palimpsest' über synoptischen Texten", in: *The Four Gospels* (FS F. Neirynck),
Hg. v. F. van Segbroeck u. a., Leuven, 1992.

Hartwig Thyen, "Ich-bin-Worte", *RAC 35*, 1992.

Hartwig Thyen, "Jesus und die Ehebrecherin (Joh 7,53-8,11)", in: *Religiongeschichte der Neuen Testaments* (FS K. Berger), Hg. v. A. V. Dobbereler/K. Erlemann/R. Heiligenthal, Tübingen, 2000.

Hartwig Thyen, *Studien zum Corpus Iohanneum*, Tübingen, 2007.

Maria Lopez Vigil, *Oscar Romero: Memories in Mosaic, Rafael Moreno and Rutilio Sanchez*, New York, 2000.

W. O. Walker, "The Lord's prayer in Matthew and John": *NTS 28*, 1982.

H. F. Weiss, "Ut omnes unum sint. Zur Frage der Einheit der Kirche im Johannesevangelium und in den Briefen des Ignatius", *ThVX*, 1979.

Klaus Wengst, *Bedrängte Gemeinde und verherrlichter Christus*, München, 1992(4판).

Klaus Wengst, *Pax Romana-Anspruch und Wirklichkeit. Erfahrungen und Wahrnehmungen des Friedens bei Jesus und im Urchristentum*, München, 1986.

F. Wessel, "Die fünf Männer der Samaritanerin", *BN 68*, 1993.

C. Westermann, *Genesis II*, Neukirchen, 1981.

Ulrich Wilckens, "Maria, Mutter der Kirche, (Joh 19,26f)", in: *Ekklesiologie des Neuen Testaments* (FS K. Kertelge), Hg. v. R. Kampling/Th. Söding, Freiburg, 1996.

W. Wilkens, *Die Entstehungsgeschichte des vierten Evangeliums*, Zürich, 1958.

Michael Wyschogrod, *Gott und Volk Israel. Dimensionen jüdischen Glaubens*, Stuttgart, 2001.

Michael Wyschogrod, "Inkarnation aus jüdischer Sicht", *EvTh 55*, 1995.

D. Zeller, "Jesus und die Philosophen vor dem Richter (zu Joh 19,8-11)", *BZ 37*, 1993.

Ruben Zimmermann, *Christologie der Bilder im Johannesevangelium: Die Christopoetik des vierten Evangeliums unter besonderer Berücksichtigung von Joh 10 (Wissenschaftliche Untersuchungen zum Neuen Testament, Band 171)*, Tübingen, 2004.

Jean Zumstein, "Die johanneische Ostergeschichte als Erzälung gelesen", *ZNT 3*, 1999.

Jean Zumstein, *Kreative Erinnerung. Relectrue und Auslegung im Johannesevangelium*, Zürich, 1999.

Jean Zumstein, "Johannes 19,25-27", *ZThK 94*, 1997.

김근수, 《가난한 예수―가난한 사람의 눈으로 본 〈루가복음〉》, 동녘, 2017.

김근수·김용운, 〈프란치스코 교황의 한국 주교들과 만남〉, 《교황과 98시간》, 메디치미디어, 2014.

스콧 라이트, 김근수 옮김, 《희망의 예언자 오스카 로메로》, 아르테, 2015.

혼 소브리노, 김근수 옮김, 《해방자 예수―해방신학으로 본 역사의 예수》, 메디치미디어, 2015.

장 코르미에, 김미선 옮김,《체 게바라 평전》, 실천문학사, 2005(2판).

〈하느님의 계시에 관한 교의 헌장Dei verbum〉, 2차 바티칸공의회 문헌, 한국천주교중앙협의회, 1965.

〈현대 세계의 교회에 관한 사목 헌장Gaudium et spes〉, 2차 바티칸공의회 문헌, 한국천주교중앙협의회, 1965.

프란치스코 교황,《복음의 기쁨―현대 세계의 복음 선포에 관한 교황 권고》, 한국천주교중앙협의회, 2014.

4. 신문과 인터넷 매체

Orientacion, 1980.4.13.

〈교황, "평신도는 우리의 일꾼이나 피고용인이 아냐"〉, 프란치스코 교황이 2016년 마크 우엘레 추기경에게 보낸 서한, '가톨릭프레스', 2018년 1월 19일.